Karlheinz Simon

Die Deutsche Frage vom Reichsende bis zur Reichsgründung (1806–1871)

Die kleindeutsche Lösung

Veröffentlichungen
aus Hochschule, Wissenschaft und Forschung
BAND XXVI

Karlheinz Simon

Die Deutsche Frage

Vom Reichsende bis zur Reichsgründung (1806–1871)

Die kleindeutsche Lösung

GRABERT-TÜBINGEN

Druck und Bindung: Kösel, Krugzell
Gestaltung: Claude Michel, Rottenburg a. N.
Umschlagmotiv Vorderseite. Eine Abordnung der Nationalversammlung bietet dem preußischen König Friedrich Wilhelm IV. die Kaiserkrone an (3. April 1849). Rückseite: Otto von Bismarck.

Simon, Karlheinz :
Die Deutsche Frage
vom Reichsende bis zur Reichsgründung (1806–1871) :
Die kleindeutsche Lösung /Karlheinz Simon.-
Tübingen : Grabert-Verlag 2010
(Veröffentlichungen aus Hochschule, Wissenschaft
und Forschung ; Bd. 26)
ISBN 978-3-87847-257-5
ISSN 0506-7669

ISBN 978-3-87847-257-5
ISSN 0506-7669

Postfach 1629, D-72006 Tübingen
www.grabert-verlag.de

Gedruckt in Deutschland

Inhaltsverzeichnis

Vorwort

Im 19. und 20. Jahrhundert haben die Deutschen vergeblich versucht, eine geeinte Nation in einem sie möglichst alle umfassenden liberalen und demokratischen Nationalstaat zu werden. Die französische Fremdherrschaft NAPOLEONS I. hatte das formale Ende des machtpolitisch schon längst untergegangenen Heiligen Römischen Reiches Deutscher Nation herbeigeführt. In diesem hatten seit Jahrhunderten die in viele Stämme gegliederten Deutschen – teilweise zusammen mit nichtdeutschen Völkern – gelebt. Das Reich und sein Kaiser, der immer wieder aus dem Kreis der deutschen Könige emporstieg, waren besonders im Hochmittelalter eng verknüpft mit der Tradition des untergegangenen Römischen Reiches und schützten die universale christliche Kirche und ihr Oberhaupt, den Papst, bis dieser selbst sich gegenüber dem Kaiser emanzipierte.

Die kultur- und machtpolitische Ausrichtung der Reichspolitik beruhte auf dieser Voraussetzung. Sie entfaltete neben ihren römischen Verpflichtungen bis weit hinein nach Osteuropa eine besonders im Hochmittelalter aufblühende christlich-deutsche Kultur, verhinderte aber wegen der Vielfalt ihrer universalen Aufgaben die eigene nationale Einheit. Die Deutschen blieben gewissermaßen eine unfertige Nation. In Konkurrenz zur kaiserlichen Reichszentrale bildeten ihre Fürsten und Machthaber unterschiedliche und schließlich kaum noch zu zählende Territorien, in denen sie die deutschen Stämme regierten. Sie scheuten sich teilweise nicht, ausländische Mächte zum Nachteil des Reiches zu unterstützen.

Während benachbarte fremde Völker sich nicht selten auf Kosten der Reichshoheit ausbreiteteten und national einigten,

- besonders in Italien, wo die Päpste im Zusammenwirken mit italienischen Partikularbestrebungen die kaiserliche Schutz- und Vormacht abzuwälzen versuchten,
- in Frankreich, das kontinuierlich die Rheingrenze erstrebte und schon 1681 die deutsche Reichsstadt Straßburg besetzte,
- aber auch im Osten, wo die Polen die Macht des eng mit dem Reich verbundenen Staates des Deutschen Ordens brechen konnten,

verharrte das deutsche Volk im Erbe seiner komplizierten Vergangenheit und in der machtpolitischen Uneinigkeit seiner Herrscher.

Im 16. Jahrhundert ging durch die aus deutschen Landen entsprungene Reformation auch die christliche Glaubenseinheit verloren. Im Zeitalter der Renaissance und des Humanismus drängten die Kunst, die Philosophie sowie die gleichzeitig aufblühenden Naturwissenschaften die traditionell christliche Weltanschauung zunehmend in die Defensive. Politik und Denken hatten begonnen, sich zu befreien und zu säkularisieren. Unter diesem Aspekt erschien der Dreißigjährige Krieg letztlich als ein vergeblicher Versuch, diese Entwicklung anzuhalten oder mindestens zu verlangsamen.

Die feudalen mittelalterlichen Gesellschaftsstrukturen bestanden allerdings in vielfältiger Weise weiter, weil die deutschen Territorialherren 1648 durch den Westfälischen Frieden eine fast souveräne Stellung erreicht hatten. Sie ließen sich in der Regel ihre nach wie vor metaphysisch begründeten Herrschaftsrechte nicht so leicht entreißen. Sie gerieten aber immer stärker in Gegensatz zum modernen Denken, das überlieferte und zweifelhaft gewordene Glaubenswahrheiten durch die autonome Vernunft ersetzte und sich besonders im 18. Jahrhundert mit seinen zahlreichen Reformansätzen unter dem Begriff der Aufklärung zusammenfassen läßt.

Das Heilige Römische Reich Deutscher Nation, immer noch mit universalen Aufgaben belastet, wie etwa der Abwehr der Türken, die zuletzt 1683 vor Wien standen, überdauerte diese ganze Entwicklung formal bis 1806, während andere bedeutende Völker, wie Engländer und Franzosen, in Nordamerika und Indien bereits imperialistisch in die Welt hinausgriffen.

- Trotz großer territorialer Verluste durch den Westfälischen Frieden von Osnabrück und Münster, wie etwa des Ausscheidens der nördlichen Niederlande und der Schweiz aus dem Reichsverbande und des Ausgreifens Schwedens auf die deutsche Ostseeküste,
- des kontinuierlichen französischen Vordringens nach Osten, das gegen Ende des 18. Jahrhunderts im Frieden von Basel zum Verlust des gesamten linken Rheinufers führte,
- und der inneren Reichsauflösung, die sich vor allem aus dem kriegerischen Emanzipationsstreben Preußens gegenüber Österreich, der altehrwürdigen ersten Macht des Reiches, während der Regierungszeit Friedrichs des Großen und Maria Theresias ergab,

bestand das Reich – gleichsam als anachronistisches und kraftloses Schattengebilde – theoretisch weiter, bis die von Frankreich seit der Revolution von 1789 ausgehenden modernen Ideen und Kriege ihm den Todesstoß versetzten.

Der Versuch Napoleons I., an die Stelle des untergegangenen Reiches ein Empire Français zu errichten, scheiterte nicht nur an der damit verbundenen Übersteigerung französischer Möglichkeiten, sondern vor allem an der Tatsache, daß sich die französische Fremdherrschaft mit ihren Lasten und Kriegsanstrengungen für die Deutschen als unerträglich erwies. Ihre Fürsten, von denen viele durch Kollaboration mit dem französischen Kaiser Vorteile und Rangerhöhungen eingeheimst hatten, schlossen sich dem Widerstand gegen Napoleon an.

Der innere Widerspruch zwischen der Propagierung von Bürger- und Menschenrechten und Volkssouveränität einerseits und den immer drückender werdenden Lasten andererseits, die der praktisch als Militärdiktator herrschende Napoleon den Völkern zur Führung seiner Kriege aufbürdete, erzeugte nicht nur bei den Deutschen einen Willen zur nationalen Befreiung. Er verband sich bei den führenden Vertretern des politischen Fortschritts mit dem Wunsche nach einem liberalen und demokratischen Nationalstaat, während die Fürsten vornehmlich an die Wiedererlangung ihrer früheren Herrschaftsrechte dachten und keineswegs zu liberaldemokratischen Zugeständnissen bereit waren, wenn sie sich der antinapoleonischen Koalition anschlossen.

Der machtpolitische und ideologische Konflikt zwischen den Fürsten und ihren Untertanen, der auf die Niederlage NAPOLEONS folgte, wurde nicht erst auf dem Wiener Kongreß sichtbar, sondern kündigte sich bereits während der Befreiungskriege an.

Wichtig für die Weiterentwicklung der politischen Verhältnisse in Deutschland war die Tatsache, daß hier besonders in intellektuellen und besitzbürgerlichen Kreisen fortan ein mit liberaldemokratischen Forderungen verbundenes Nationalbewußtsein vorhanden war, das sich künftig nicht mehr allein kulturell, sondern vor allem politisch verstand, indem ihm als Ziel ein aus Sprache, Tradition und Überzeugung erwachsender Nationalstaat vorschwebte.

Liberaldemokratisches Denken und Wünschen hatte sich mit einem modernen politischen Nationalbewußtsein verbunden, das dem deutschen Volk im Rahmen eines möglichst alle Deutschen umfassenden Nationalstaates eine große Zukunft zu verheißen schien.

Auf diese Weise war zu Beginn des 19. Jahrhunderts die *deutsche Frage* entstanden.

Wie konnte man

- im Einklang mit modernem und liberaldemokratischem Denken
- möglichst in friedlicher Auseinandersetzung mit den Dynastien, die ihre Herrschaftsrechte traditionell ›von Gottes Gnaden‹ ableiteten und die bestehenden Gesellschaftsverhältnisse nicht grundsätzlich zu verändern bereit waren,
- unter Beachtung des den innerdeutschen wie den europäischen Frieden wahrenden Mächtegleichgewichts
- in Mitteleuropa einen möglichst alle Deutschen umfassenden Nationalstaat schaffen, der in der Tradition der deutschen Geschichte auf ein neues deutsches Reich hinauslief?

Begrifflich verstanden die Staatsmänner des Wiener Kongresses unter dem Volk der Deutschen zunächst die deutschen Einwohner der sich durch die beschlossene Bundesakte zum Deutschen Bunde zusammenschließenden deutschen Staaten, aber das politische Nationalbewußtsein schloß auch jene Menschen deutscher Kultur und Sprache mit ein, die in den außerhalb der Bundesgrenzen gebliebenen Provinzen und Landesteilen Preußens und Österreichs oder etwa in Schleswig lebten.

Die vorliegende Arbeit versucht, die *Entwicklung* der *deutschen Frage* und die auf sie gegebenen politischen *Antworten* in ihren Grundzügen darzustellen. Dabei liegt der *Schwerpunkt* der Untersuchung auf der

- Zeit zwischen dem Ende des Heiligen Römischen Reiches Deutscher Nation und der Gründung des neuen Deutschen Reiches durch Bismarck,
- der Darstellung landständischer Verfassungen der bedeutsameren deutschen Staaten
- und der Analyse der Stellung, die der österreichische Reichstag in Wien und Kremsier 1848/49 gegenüber der deutschen Frage eingenommen hat.

Während die allgemeinpolitische Entwicklung jedem Fachhistoriker bekannt sein dürfte, könnte der detaillierte Einblick in die Vorstellungswelt der österreichischen Abgeordneten des Revolutionsreichstages manche noch nicht bekannte Einzelheit zum Verständnis der Frage beitragen, warum Österreich dem ursprünglich von den Abgeordneten der deutschen Nationalversammlung in der Frankfurter Paulskirche geplanten großdeutschen Reich *nicht beitreten wollte und konnte.*

Österreich hatte als europäische und deutsche Großmacht und als Vielvölkerstaat, in dem die Deutschen nicht mehr die Mehrheit besaßen, im Revolutionsjahr 1848/49 bereits ein derartig großes Eigengewicht – also eine eigene Staatsraison – gewonnen, daß es nicht bereit war, diese zugunsten einer großdeutschen politischen Einheit zu opfern und seine Bedeutung in Deutschland mit seinem Rivalen Preußen zu teilen.

Die politische Spaltung des deutschen Volkes als Folge des preußisch-österreichischen Gegensatzes bedeutete aber nicht, daß sich die im Kaiserstaat Österreich verbliebenen Deutschen künftig nicht mehr als zum deutschen Volk gehörig gefühlt hätten. Man fand sich zwar trotz des Waffenganges von 1866 mit der nicht zu verhindernden politischen Trennung ab; aber das Bewußtsein, mit der großen Mehrheit der außerhalb Österreichs lebenden Deutschen dem deutschen Volke anzugehören, blieb als Selbstverständlichkeit bis in die Mitte des 20. Jahrhunderts erhalten.

Die hochfliegenden, teilweise unrealistischen und mit einem fast religiösen Gefühlsüberschwang erfüllten Ziele der von ihrem neuen Nationalgefühl erfüllten Deutschen zu Beginn des 19. Jahrhunderts erfüllten sich nicht.

Wenn die heutigen Deutschen manche nationale und patriotische Texte der Vergangenheit in ihrem Pathos innerlich nicht mehr nachvollziehen können, so sollten sie bedenken, daß sich die nationale deutsche Gefühlslage um 1800 grundlegend von der heutigen unterschied. Es gab keine aus der unmittelbaren Vergangenheit stammenden Defizite und Bedenken, die den deutschen Namen moralisch hätten verdunkeln können. Ein idealisiertes Mittelalterbild verband mit dem alten Reich Macht und Größe. Jetzt hatte es sich aufgelöst, nachdem es in den letzten Jahrhunderten und besonders unter der unmittelbar erlebten Fremdherrschaft NAPOLEONS I. vornehmlich ein Opfer fremder Aggression geworden war. Daß es selbst in neuerer Zeit offensiv gegen fremde Völker hätte vorgehen wollen oder können, war eine absurde Vorstellung. Die Türkenkriege und der schwache Widerstand gegen das französische Vordringen an den Rhein waren Verteidigungsmaßnahmen, und die drei Teilungen Polens in der zweiten Hälfte des 18. Jahrhunderts eine Angelegenheit der drei europäischen Großmächte Rußland, Österreich und Preußen und nicht des Reiches gewesen.

Den hochfliegenden Plänen der Deutschen des 19. Jahrhunderts für ihren neuen von Menschenrechten und Demokratie getragenen Nationalstaat folgten aber nur Teilfortschritte und – eigentlich – Mißerfolge.

- 1848/49 scheiterte nicht nur der groß-, sondern auch der kleindeutsche liberaldemokratische Reichsgründungsversuch.
- Obrigkeitliche, von Preußen und Österreich ausgehende Reform- und Vereinheitlichungsversuche brachen 1850 und 1863 zusammen.
- Der preußische Alleingang, der schließlich das kleindeutsche Reich BISMARCKS 1871 hervorbrachte, war zwar einerseits ein gewaltiger machtpolitischer Erfolg, aber er wurde begleitet von der Spaltung des deutschen Volkes, dessen österreichischer Teil fortan staatsrechtlich von den Reichsdeutschen getrennt war. Zudem war die Reichsgründung, wenn sie auch von der Zustimmung vieler Deutscher begleitet wurde, ein hoheitlicher Akt der deutschen Souveräne gewesen, und nicht die organische Folge einer demokratischen Entwicklung.

Nach dem Ersten Weltkriege waren zwar auf reichsdeutscher wie auf österreichischdeutscher Seite alle inneren Hindernisse für ihren nationalen Zusammenschluß auf liberaler und demokratischer Grundlage beseitigt.

Die deutschen Dynastien mit ihren entgegenstehenden Interessen waren alle abgetreten, und Abstimmungen und Verfassungsberatungen zeigten deutlich, daß der Anschluß Österreichs an das Deutsche Reich dem Willen der weitaus größten Mehrheit des ganzen deutschen Volkes entsprach. Die den Frieden diktierenden Siegermächte erzwangen aber in den Verträgen von Versailles und Saint Germain entgegen dem von ihnen selbst proklamierten Selbstbestimmungsrecht der Völker die Trennung Österreichs von Deutschland und verordneten, um ein neues und übermächtiges deutsches Machtpotential zu verhindern, dem deutschen Volk seine fortwährende politische *Spaltung*.

Die deutsche Nationalgeschichte nach dem verlorenen Ersten Weltkrieg zeigte aber deutlich, daß die politische Trennung der Reichsdeutschen von den Deutschen Österreichs nicht die letzte historische Antwort auf die deutsche Frage gewesen war. Ihr Zusammenschluß blieb auch in der Zeit der Weimarer Republik ein politisches Wunschziel.

Das von HITLER 1938 geschaffene Großdeutsche Reich beendete zwar unter dem Jubel der Volksmassen die deutsche Spaltung und erschien vielen Zeitgenossen als Erfüllung der deutschen Nationalgeschichte; aber seine nationalsozialistische Grundlage und Ausgestaltung entsprachen nicht den seit dem 19. Jahrhundert bestehenden liberalen, demokratischen und moralischen Vorstellungen, die die deutsche Nation auch innerlich hätte einigen können.

Durch die totale Niederlage am Ende des Zweiten Weltkrieges wurde nicht nur das nationalsozialistische Großdeutsche Reich zerstört, sondern die deutsche Frage selbst schien fortan als entleert und vernichtet in sich zusammenzufallen.

Hatte sie seit dem Wiener Kongreß in der Problematik bestanden, für die Deutschen eine für sie und ihre Nachbarn vernünftige politische staatliche Einheit als Nation zu finden, so wurde ihnen nach 1945 zunächst darüber hinaus jedes souveräne nationalpolitische Existenzrecht abgesprochen.

Die deutsche Frage erlebte geradezu einen *Paradigmenwechsel*:

- Es ging vorerst nicht mehr allein wie seit fast einem und einem halben Jahrhundert um die Art und Weise, wie die deutsche Nation ihre Existenz zu organisieren und zu sichern hatte,
- sondern um die Frage, ob man ihr überhaupt ein weiteres politisches Existenzrecht zugestehen sollte.

Die heutige Bundesrepublik Deutschland ist das Ergebnis einer weltpolitischen Entwicklung, die nach dem Anschluß der von der Sowjetunion in ihrer Besatzungszone gegründeten Deutschen Demokratischen Republik

- dem deutschen Volk zwar seine Existenz bis jetzt bewahrt,
- es auf ein Kerngebiet zwischen Rhein und Oder beschränkt
- und durch Umerziehung sich voll auf das politische Weltbild der westlichen Siegermächte festgelegt hat.

Das gegenwärtige Deutschland, von dem Österreich wie jeder andere ausländische Staat grundsätzlich ausgeklammert bleibt, ist zwar nach dem Verlust seiner gesamten Ostprovinzen und der Vertreibung ihrer vielen Millionen Einwohner von zufriedengestellten Nachbarn umgeben, aber wie klein es geworden ist, erkennt man, wenn man auf eine historische Landkarte mit der deutschen Staatenwelt um 1815 blickt.

Die heutige deutsche Frage besteht vornehmlich in der Ungewißheit, ob sich die Deutschen im Rahmen eines sich bildenden vereinigten Europas trotz der vielen entnationalisierenden Tendenzen, denen sie ausgesetzt sind, unter den anderen selbstbewußten Nationen als eigenständige Nation behaupten werden oder nicht.

Meine Darstellung der ›deutschen Frage‹ versucht,

- ihre tatsächliche historische Entwicklung nachzuzeichnen,
- und zwar unter Vermeidung jeder opportunistischen Einseitigkeit,
- der Wahrhaftigkeit zu dienen, derer gerade das deutsche Volk so sehr bedarf,

- und unsichere subjektive Einschätzungen zu vermeiden.

Ich fühle mich unter diesen Voraussetzungen der bekannten Forderung Leopold VON RANKES verpflichtet, die Geschichtswissenschaft habe zu zeigen, »wie es eigentlich gewesen«, obwohl ich weiß, wie schwer die Forderung nach historischer Objektivität gerade in dieser Wissenschaft zu erfüllen ist.

Der Historiker sollte sie jedoch stets als sein Idealziel ansehen, wenn er der Geschichte ihren Rang als Wissenschaft sichern und sie nicht zu einem Instrument politischer Kräfte und Machtverhältnisse verbiegen lassen will.

DR. PHIL. KARLHEINZ SIMON

Aufklärung

Für viele nach politischer Erneuerung strebende Zeitgenossen, die den Untergang des Heiligen Römischen Reiches Deutscher Nation, die französische Fremdherrschaft und die Kriege zur Befreiung von der Hegemonie NAPOLEONS I. erlebt hatten, war die ›deutsche Frage‹ identisch mit dem Problem, das in zahlreiche Stämme und Staaten gegliederte deutsche Volk möglichst vollständig in einem *liberalen* und *demokratisch* legitimierten *Nationalstaat* politisch zu einigen.

Sie bekannten sich zur Philosophie der Aufklärung, die dem Ancien Régime[1] seine verbindlichen Grundlagen entzogen hatte, und befürworteten die durch die Französische Revolution ins allgemeine politische Bewußtsein getretenen freiheitlichen Forderungen nach individuellen *Menschenrechten* und *Volkssouveränität.* Sie wurden geleitet von der optimistischen Überzeugung, aufgrund seiner Vernunft und Menschenwürde habe jedes menschliche Individuum und jedes Volk nicht nur das unveräußerliche Recht auf seine spezifische Eigenart, sondern auch auf seine unbevormundete freie politische Entwicklung oder Entfaltung.

Sie unterschieden sich zwar in den Vorstellungen, wie ihre Freiheitswünsche im einzelnen zu erfüllen seien, gerieten aber konsequenterweise in der bestehenden hierarchisch gegliederten Gesellschaft alle in Konflikt mit den als legitim angesehenen Herrschaftsansprüchen der bestehenden fürstlichen Dynastien und Privilegien höherer Stände. Das Ringen um freiheitliche Reformen war schwierig, weil alle staatlichen und sozialen Machtmittel in den Händen der traditionellen Obrigkeit lagen.

Die Philosophie der *Aufklärung* hatte die Autonomie der menschlichen Vernunft und die aus ihr abgeleitete Menschenwürde mit ihren unveräußerlichen Rechten als Grundlage einer modernen Gesellschaftsordnung erkannt. Sie hatte so die geistige Unmündigkeit des untertänigen Menschen gegenüber seinen traditionellen politischen, gesellschaftlichen und religiösen Autoritäten prinzipiell gebrochen.

Staatstheoretiker, wie etwa LOCKE, MONTESQUIEU, VOLTAIRE und ROUSSEAU, die im 17. und 18. Jahrhundert zu großer geistiger Wirkung gelangt waren, hatten schon lange vor dem Ausbruch der Französischen Revolution Systeme und Staatsmodelle erdacht, durch die sie zeigten, wie mit unantastbaren Menschenrechten ausgestattete Bürger in praktizierter Volkssouveränität und Rechtsgleichheit ihr politisches Zusammenleben als freie Menschen gestalten könnten, wenn man es ihnen nur erlaubte.

Der deutsche Philosoph Immanuel KANT fand 1784 in seinem Essay *Was ist Aufklärung?* die klassische Definition für den Begriff ›Aufklärung‹: Sie sei der »Ausgang des Menschen aus seiner selbstverschuldeten Unmündigkeit«. Unmündigkeit sei das »Unvermögen, sich seines Verstandes ohne Leitung eines anderen zu bedienen«. Die Unmündgkeit sei »selbstverschuldet, wenn die Ursache derselben nicht am Mangel des Verstandes, sondern der Entschließung und des Mutes« liege, »sich seiner ohne Leitung eines anderen zu bedienen. Sapere aude! Habe Mut, dich deines eigenen Verstandes zu bedienen!« sei »also der Wahlspruch der Aufklärung«.[2]

Die in Europa bestehenden feudalistischen und absolutistischen Regime, die bisher ihre Legitimität aus der Tradition einer hierarchischen, als gottgewollt angesehenen und durch das Gottesgnadentum ihrer Herrscher begründeten Gesellschaftsordnung bezogen hatten, sahen sich durch dieses neue Denken in ihrer Existenz bedroht. Sie konnten seine Verbreitung jedoch nicht verhindern, so daß der unumschränkte ›höfische‹ Absolutismus sich allmählich in einen ›aufgeklärten‹ umwandelte, der die Würde des vernunftbegabten Menschen zu respektieren begann.

In England wurde die königliche Allgewalt allerdings schon Jahrhunderte vorher eingeschränkt. Erinnert sei an die »Magna Carta Libertatum« von 1215, die dem Adel gegenüber dem Königtum wichtige Rechte sicherte. Seit 1689 besaß England ein Parlament mit festgesetzten Rechten. Es war zwar eine konstitutionelle Monarchie geworden; aber gleiche demokratische Wahlen für die breiten Massen des Volkes ließen noch sehr lange auf sich warten.

Preußen hatte seit dem Regierungsantritt FRIEDRICHS DES GROSSEN manche fortschrittliche Grundsätze übernommen, wie etwa die religiöse Toleranz, die Abschaffung der Folter vor Gericht, die Unabhängigkeit des Rechts und die Pflicht des Herrschers, das Wohl seiner Untertanen zu gewährleisten. Sein ab 1794 geltendes *Allgemeines Landrecht* war ein Markstein des ›aufgeklärten‹ Absolutismus.

In Österreich, der traditionellen deutschen Vormacht, versuchte Kaiser JOSEPH II., wenn auch im ganzen überstürzt, Reformen im Sinne der Aufklärung durchzusetzen.

Nach wie vor aber bestand auch in den ›aufgeklärten‹ absolutistischen Ländern eine in ihren Rechten und Pflichten streng nach Ständen abgestufte Gesellschaftsstruktur, in der das Volk im Vertrauen auf seine der Menschenwürde und dem Gemeinwohl mehr oder weniger verpflichtete Führung politisch die Rolle des gehorsamen Untertanen zu übernehmen hatte.

Man sollte beachten, daß die in Deutschland durch aufgeklärtes Denken sichtbar werdenden Reformansätze sich bereits vor dem Ausbruch der Französischen Revolution zeigten.

Sie wurden allerdings durch die revolutionäre Dynamik, die seit 1789 von Frankreich ausging, gefördert und beschleunigt, aber nicht eigentlich jetzt erst hervorgerufen.[3]

Die geistige und soziale *Krise des Ancien Régimes* nahm in demselben Tempo zu, wie die modernen Ideen in das allgemeine Bewußtsein eindrangen.

Äußere Gründe, wie Staatsverschuldung, gesellschaftliche Mißstände, etwa soziale Not sowie Machtmißbrauch, steigerten darüber hinaus beispielsweise in

Frankreich die Unzufriedenheit des steuerzahlenden dritten Standes und die Empörung der notleidenden breiten Massen.

In Deutschland erregte der ›Soldatenhandel‹ mancher deutscher Kleinfürsten den heftigsten Unwillen aufgeklärter Kreise. Besonders berüchtigt und bekannt geworden ist der 1776 abgeschlossene Subsidienvertrag des Landgrafen FRIEDRICH II. von Hessen-Kassel mit dem englischen König GEORG III., der auf diese Weise 12 000 Soldaten für den Krieg gegen die um ihre Unabhängigkeit kämpfenden amerikanischen Kolonien erhielt.

Zusätzlich nährten Dichter den Zorn über die bestehenden Gesellschaftsverhältnisse. Christian Daniel SCHUBART griff tyrannische Herrscherwillkür in seinem Gedicht *Fürstengruft* so massiv an, daß er sich eine zehnjährige Haft auf dem württembergischen Hohenasberg einhandelte.

Andere steigerten durch ihre Werke das geistige und kulturelle Selbstbewußtsein der Menschen.

Erwähnt sei Gotthold Ephraim LESSING, der für Vernunft und Menschenwürde, Toleranz und Meinungsfreiheit eintrat; Friedrich Gottlieb KLOPSTOCK, der individuellem Gefühl und Empfinden den Weg bahnte und in seiner Lyrik auch patriotische Töne erkennen ließ. Seine Ode *Die beyden Musen* von 1752[4] schildert visionär den Beginn eines Wettlaufs zwischen der sieggewohnten britischen und der zaghaften, aber hoffnungsvollen teutonischen Muse. Wer von beiden den Siegeslorbeer erringt, sagt der Dichter in der letzten Strophe nicht; aber man spürt, daß er es der deutschen Muse zutraut, ebenbürtig neben die seit SHAKESPEARE bewunderte englische Dichtung zu treten. Ohne politische Ambitionen zeigte KLOPSTOCK in seinem Gedicht das wachsende kulturelle Selbstvertrauen der Deutschen.

Genannt sei auch der sogenannte ›Göttinger Hain‹, ein Dichterbund, der sich zu KLOPSTOCK bekannte, oder der ›Sturm und Drang‹, dessen Dichter sich mit ihrem Gefühlsüberschwang sozialkritisch und anklagend äußerten.

Die zweite Auflage von Friedrich SCHILLERS Erstlingswerk *Die Räuber* trug bezeichnenderweise 1782 in ihrer Titelvignette die Inschrift »In Tirannos«.

Wie sehr die gesellschaftlich-politische Wirkung des Stückes die konservativen Fürsten des Ancien Régimes empörte, zeigte sich in der Tatsache, daß SCHILLER als württembergischer Untertan ins kurpfälzische Mannheim fliehen mußte, um es dort aufzuführen und dem Zorn seines Herzogs zu entgehen. In der Kurpfalz fiel die Forderung nach Meinungsfreiheit auf fruchtbaren Boden, was auch aus der Begeisterung zu schließen ist, die das Stück nach seiner Aufführung bei den Zuschauern auslöste.

Vergessen darf man nicht die große geistige Wirkung Johann Gottfried HERDERS, der über die deutschen Volksgrenzen hinaus den Sinn für die eigene Sprache und die den Völkern anhaftenden Wesenseigentümlichkeiten schärfte. Unter seinem Einfluß rief der junge GOETHE in seiner 1773 erschienenen Schrift *Von deutscher Baukunst* »die individuelle deutsche Kunst DÜRERS und STEINBACHS, des legendären Meisters des Straßburger Münsters, gegen die Regelmäßigkeit des Rokoko und des französischen Klassizismus auf«.[5]

HERDER und andere versuchten, die allgemein auf die Menschheit schlechthin bezogenen Aufklärungsideale in den spezifischen *Individualitäten der Völker* zu entdecken. So wurde der Grund für ein kulturell-eigenständiges *Volksbewußtsein* gelegt, das sich später – besonders während der Fremdherrschaft NAPOLEONS I., in den Befreiungskriegen und aus Enttäuschung über die rückwärtsgewandte Friedensordnung des Wiener Kongresses – in enger Verknüpfung mit den aufklärerischen Idealen zu einem politischen *Nationalbewußtsein* weiterentwickeln sollte.

Hatten die Protagonisten der Aufklärung vornehmlich für die Würde und Rechte des Menschen als solchen gekämpft, so trat jetzt neben den freiheitlichen Gesellschaftsbegriff, der die Menschen aller Sprachen und Kulturen unterschiedslos umfaßte und in ihnen das allen gemeinsame wesenhaft Menschliche sah, namentlich bei den Deutschen und den slawischen Völkern, der *Volksbegriff*, für den sich die allen gemeinsame Menschenwürde und die von ihr abgeleiteten Rechte und Wesenszüge in der Individualität der Völker und ihrer Kulturen konkret verwirklichte.

Man sollte allerdings – noch einmal sei es betont – stets im Auge behalten, daß das Sichbewußtwerden des individuellen Denkens und Fühlens, das sich in Muttersprache und Dichtung widerspiegelte, in Deutschland ganz überwiegend einen kulturellen und weniger nationalpolitischen Charakter trug. Erst durch den Untergang des Heiligen Römischen Reiches Deutscher Nation und die anschließende Fremdherrschaft, die auch das letzte und sehr locker gewordene politische Band unter den Deutschen zerrissen hatte, wurde es zur Hauptwurzel für die im 19. Jahrhundert entstehende ›*deutsche Frage*‹.

Sie bestand aus dem sehr schwierigen innen- wie außenpolitischen Problem, die Deutschen in einem sie möglichst alle umfassenden Staat im Einklang mit den seit der Französischen Revolution von 1789 nicht mehr wegzudenkenden Freiheitsrechten politisch zu erfassen und zu einigen.

Revolution

Grundrechte und Volkssouveränität in Amerika

Im Jahre 1776 war die Unabhängigkeitserklärung der dreizehn englischen Kolonien in Amerika ein erster spektakulärer und am Ende erfolgreicher Versuch freier und gleichberechtigter Bürger, ein von der britischen Krone unabhängiges Gemeinwesen und eine vom Willen des Volkes abhängige und auf ihre Wohlfahrt ausgerichtete Staatsgewalt zu organisierten. Kurz vorher hatten die Bürger Virginias bereits ihre unveräußerlichen Grundrechte als freie Menschen proklamiert.

Die vorausgegangenen Streitigkeiten mit der englischen Kolonialmacht hatten sich an deren Eingriffen in Wirtschaft und Handel und an Steuerbestimmungen entzündet, die die Kolonisten nicht mehr hinnehmen wollten, weil sie nicht durch frei gewählte Abgeordnete im englischen Parlament am Zustandekommen der entsprechenden Gesetze mitgewirkt hatten. »No taxation without representation«, lautete ihre zum Schlagwort gewordene deutliche politische Forderung, die aber dann wegen des Widerstandes der Kolonialmacht zum Verlangen nach vollständiger politischer Unabhängigkeit führte.

Erst nach einem langjährigen Krieg erreichten die amerikanischen Kolonisten ihr Ziel: Im Jahre 1783 mußte Großbritannien im Frieden von Paris die Unabhängigkeit der Vereinigten Staaten von Amerika offiziell anerkennen.

Dieses Musterbeispiel einer im Sinne der Aufklärung geglückten Emanzipation des freien und vernunftbegabten Menschen war in Amerika so erfolgreich, weil die aufbegehrenden und sich gleichberechtigt fühlenden Einwohner in einem Kontinent lebten, in dem es die Hindernisse feudaler, hierarchischer und absolutistischer Traditionen nicht gab, die im alten Europa auf eine lange Geschichte zurückblicken konnten.

»Als sich der Kampf der Kolonien zum Positiven entschied, da veröffentlichte die *Berlinische Monatsschrift* in ihrem ersten Jahrgang (1783) das Gedicht *Die Freiheit Amerikas*. Das für die friderizianische Aufklärung repräsentative Organ macht noch bei Lebzeiten des Königs den Sieg der guten Sache in der Neuen Welt zum Gegenstand eines republikanischen Appells an die alte, welche Amerika nachfolgen werde.

›Und du, Europa, hebe das Haupt empor!
Einst glänzt auch dir der Tag, da die Kette bricht,
Du, Edle, frei wirst; deine Fürsten
Scheuchst, und Ein glücklicher Volksstaat grünest.‹«[6]

Exemplarisch zeigt dieser publizistische Lobpreis, wie weit im aufgeklärten Preußen Friedrichs des Grossen bereits das Recht auf Meinungsfreiheit ging. In der Monarchie lebend, durfte man hier sogar den Sturz des Ancien Régimes und die Volkssouveränität in einem geeinten ›Volksstaat‹ wünschen.

Allerdings war man im 18. Jahrhundert im als Vorbild gepriesenen Amerika trotz des auch in Europa aufflammenden allgemeinmenschlichen Freiheitspathos vor allem aus gesellschafts- und wirtschaftspolitischen Gründen noch weit von der Erkenntnis entfernt, daß die aus der Menschenwürde fließenden Rechte grundsätzlich allen Menschen, also auch den amerikanischen Farbigen und Sklaven, zustanden.

In der deutschen Geschichte wurde das amerikanische Beispiel zu einem Ansporn, das sich während der napoleonischen Fremdherrschaft bildende nach Einheit und äußerer Freiheit strebende politische Nationalbewußtsein stets mit liberalen Forderungen nach individuellen Menschenrechten und Volkssouveränität zu verbinden.

Französische Revolution

Menschen- und Bürgerrechte, Volkssouveränität

In Europa begann der offene Konflikt des gegenüber der Staatsgewalt selbstbewußt gewordenen Bürgertums am 17. Juni 1789, als sich in Frankreich die Vertreter des dritten Standes in der vom König zur Beratung über die Staatsnotlage einberufenen Versammlung der Generalstände in eigener souveräner Entscheidung zur Vertretung der gesamten Nation und auf diese Weise zur *Nationalversammlung* erklärten. Sie forderten den ersten und zweiten Stand zum Beitritt auf und gelobten durch den wenige Tage später geleisteten berühmten ›Ballhausschwur‹, nicht eher wieder auseinanderzugehen, als bis Frankreich eine Verfassung erhalten habe und eine konstitutionelle Monarchie geworden sei.

Der Sturm auf die Bastille am 14. Juli 1789 und andere Volksaufstände beschleunigten die Beratungen der jetzt ›Verfassunggebende Nationalversammlung‹ genannten Volksvertretung, so daß sie schon Anfang August 1789 die sozialen Privilegien des Adels abschaffen, die Bauern befreien und am Ende desselben Monats die Menschen- und Bürgerrechte in demonstrativer Weise proklamieren konnte. Bezeichnenderweise hatte der Marquis de La Fayette, der schon am amerikanischen Unabhängigkeitskrieg teilgenommen hatte, diese Proklamation vorgeschlagen. Weitere revolutionäre Maßnahmen folgten.

Die am 3. September 1791 verkündete Verfassung, die auf den neuen geistigen Freiheitsgrundlagen beruhte, besiegelte den Zusammenbruch des französischen Ancien Régimes und lief auf den Beginn einer parlamentarischen Monarchie hinaus.

Das Prinzip der Volkssouveränität hatte sich auf diese Weise in der Theorie mit der Monarchie versöhnt, weil die königliche Herrschaft fortan auf einer Akzeptanz des Volkswillens beruhte, indem sie diesen exekutierte. Frankreich war zu einer *konstitutionellen Monarchie* geworden.

Radikalisierung und Krieg

Das Modell einer konstitutionellen Monarchie scheiterte jedoch, weil die Revolution sich aufgrund ausufernder Mißstände radikalisierte und der König schon im Juni 1791 einen fehlgeschlagenen Fluchtversuch ins Ausland unternommen hatte. Er hatte sich dadurch in den Augen der revolutionären Öffentlichkeit mit den in- und ausländischen Feinden der Revolution solidarisiert und einseitig auf deren Seite gestellt. Zu diesen zählte man vor allem Österreich und seinen Herrscher, der als Kaiser die Krone des immer noch bestehenden Heiligen Römischen Reiches Deutscher Nation trug.

Als Reaktion und zugleich zur Ablenkung von den inneren Schwierigkeiten erklärte die neugewählte Gesetzgebende Nationalversammlung im April 1792 Österreich und dem Kaiser den Krieg. Diese Kriegserklärung entsprach einem enthusiastischen revolutionären Sendungsbewußtsein. Man wollte auch in Deutschland, wo sich Preußen bereits mit Österreich verbündet hatte, und im übrigen Europa das Ancien Régime als solches vernichten und die modernen Freiheitsideen ebenso wie in Frankreich durchsetzen.

Der Krieg verlagerte den innerfranzösischen Konflikt mit dem Ancien Régime auf die internationale europäische Ebene. Gleichzeitig verschärfte er als Folge eines zum Schutz des Königs erlassenen, aber politisch ungeschickten Manifests des Herzogs von Braunschweig, der die antirevolutionären Truppen der sogenannten ›ersten Koalition‹ befehligte, die innerfranzösischen Gegensätze zwischen den gemäßigten und den radikalen Revolutionären. Letztere gewannen die Oberhand und stürzten das Land in blutige Exzesse, die zum Sturz des Königs, zur Errichtung eines republikanischen Nationalkonvents und schließlich im Januar 1793 zur Hinrichtung LUDWIGS XVI. führten. Einige Monate später tötete man auch seine Gemahlin MARIE ANTOINETTE, eine Tochter der Kaiserin MARIA THERESIA.

Der bisherige Verlauf der Revolution hatte ihre *widersprüchliche Doppelwirkung* bereits deutlich gezeigt:

War sie zunächst ähnlich wie die Unabhängigkeit der Vereinigten Staaten von Amerika auch in Deutschland von namhaften Persönlichkeiten als politischer Durchbruch für Menschenrechte und Volkssouveränität begrüßt worden, so erschreckte sie jetzt dieselben Kreise durch ihre fortschreitende Radikalisierung und Brutalisierung, die sich besonders in der Hinrichtung des französischen Königspaares gezeigt hatte.

Gleichzeitig wurden durch den Krieg, den die Gesetzgebende Nationalversammlung dem Kaiser erklärt hatte, die Fürsten des Heiligen Römischen Reiches Deutscher Nation zu Verteidigern des Ancien Régimes und damit zu Feinden der Menschenrechte und der Volkssouveränität gestempelt.

Richtig an dieser Anprangerung ist, daß die deutschen Fürsten tatsächlich die Revolution als gewaltsame Insubordination der Untertanen ablehnten und in ihren liberalen und demokratischen Zielen eine Einschränkung ihrer bisherigen

Herrschaftsrechte sahen und daß sie deswegen von nicht wenigen ihrer Untertanen kritisiert wurden.

Andererseits wurden diese – vor allem aus den besitz- und bildungsbürgerlichen Kreisen – wegen ihrer Angst vor der Radikalisierung der Revolution trotz ihrer grundsätzlichen Sympathie für die ursprünglichen revolutionären Freiheitsideen zur Verteidigung gegen den aus Frankreich kommenden äußeren Feind mehr oder weniger auf die Seite ihrer herkömmlichen Obrigkeit gezwungen.

Als die französischen Heere ins Heilige Römische Reich Deutscher Nation einrückten, zeigte sich überall dieser geistig-politische Widerspruch der Zeit:

Der Krieg war nicht mehr nur eine der bisher üblichen Machtauseinandersetzungen zwischen Mächten von gleichen Grundüberzeugungen, sondern wurde zu einem sich gegenseitig ausschließenden Kampf zwischen konservativen und modernen Herrschaftsprinzipien. Die Frontlinien zwischen beiden bestimmte allerdings nicht allein das Schlachtfeld, sondern sie reichten besonders bei den Besiegten tief hinein in ihre eigenen Grundüberzeugungen. Auf der einen Seite kam mit den Franzosen, nachdem sie die radikale Phase ihrer Revolution überwunden hatten, die von vielen in der Theorie begrüßte Proklamation der Menschenrechte und Volkssouveränität, auf der anderen Seite aber etablierten die neuen Herren als notwendige Folge ihrer Eroberungen gleichzeitig eine drükkende Fremdherrschaft, die von allen freiheitlich gesinnten Menschen abgelehnt und bekämpft wurde.

Die politische *Paradoxie* bestand in der Tatsache, daß die in Frankreich proklamierten und von Deutschen und anderen Völkern weithin begrüßten Freiheitsideale sich als Folge des Krieges zwangsläufig gegen ihre französischen Verkünder wenden mußten und auf diese Weise zur Entstehung eines auf Abwehr gegen Frankreich zielenden politischen deutschen Nationalbewußtseins beitrugen. Weil dieses aber von Anfang an durch liberale und demokratische Grundsätze geprägt war, stand es ebenfalls im Gegensatz zu dem auf das Ancien Régime fixierten Kaiser und seinen fürstlichen Verbündeten, mit denen die Deutschen gegen Frankreich als ihren äußeren Feind verknüpft waren.

Inzwischen nahm die sich radikalisierende Revolution in Frankreich ihren alle Welt in Schrecken setzenden weiteren Verlauf.

Ihr Ziel war jetzt die Errichtung einer radikaldemokratischen Republik. Ein Wohlfahrtsausschuß, der zur Sicherung der unbeschränkten Volksherrschaft aus der neuen republikanischen Konventsverfassung hervorgegangen war, aber praktisch allein über die ungebundene und unkontrollierte politische Macht verfügte, führte in den Jahren 1793/94 durch den mit dem Namen der Jakobiner und Robespierres verbundenen Terror zu einer Pervertierung der ursprünglichen revolutionären Freiheitsideen. Als schließlich die Selbstreinigungsmaßnahmen und Todesurteile des zu einer unbeschränkten Diktatur ausgearteten Wohlfahrtsausschusses zur Liquidierung der eigenen revolutionären Befürworter schritt, ermannten sich die Mitglieder des Nationalkonvents in einer Art von Notwehr zu dessen Entmachtung. Robespierre und andere der radikalsten Anführer wurden gestürzt, zum Tode verurteilt und hingerichtet. Anschließend brach die Schrekkensherrschaft in sich zusammen.

Staatsstreich und plebiszitäre Herrschaft Napoleons I.

Als Reaktion auf die Schrecken der soeben überwundenen und zur radikaldemokratischen Form entarteten Revolution erhielt Frankreich eine Direktorialverfassung mit Zensuswahlrecht zugunsten des Besitzbürgertums. Zwar war die Revolution wegen ihrer gerade überwundenen Schreckensherrschaft als solche kompromittiert, aber das neue Regime konnte seine Autorität gegenüber den zerstrittenen politischen Kräften nicht behaupten.

Unberührt von den innerfranzösischen Veränderungen, war jedoch der von der Gesetzgebenden Nationalversammlung 1792 erklärte Krieg gegen den äußeren Feind weitergeführt worden.

In dieser gesellschaftspolitisch unsicheren, von sozialen Unruhen, Krieg und allgemeiner Zerrüttung gekennzeichneten Zeit war die Stunde Napoleon Bonapartes gekommen. Ihm gelang es durch seinen berühmten Staatsstreich vom 18./19. Brumaire des Jahres VIII des Revolutionskalenders (= 9./10. November 1799), das Direktorium zu entmachten, als erster von drei Konsuln die Herrschaft an sich zu reißen und im Jahre 1800 eine neue Verfassung nach seinen Wünschen durch eine Volksabstimmung bestätigen zu lassen.

Der jetzt beginnende Aufstieg führte Napoleon vom Konsul auf Lebenszeit bis zum französischen Kaiser in eine durch Plebiszite abgesicherte diktatorische Machtposition. Napoleons *Diktatur* beruhte im Gegensatz zum Gottesgnadentum absolutistischer Herrscher auf der *Paradoxie* der formalen Anerkennung der durch die Revolution als Recht erkämpften *Volkssouveränität.*

Napoleons Bedeutung für die Entstehung der ›deutschen Frage‹

Napoleon ist wegen seines hegemonialen Herrschaftssystems nicht nur für die französische, sondern auch für die gesamte europäische Geschichte von größter historischer Bedeutung, so auch besonders für die *Entstehung der ›deutschen Frage‹* in Mitteleuropa:

Er zerriß nämlich durch die *Zerstörung des Heiligen Römischen Reiches Deutscher Nation* das schon ohnehin sehr schwach gewordene letzte politische Band, das den größten Teil der deutschen Stämme umschloß.

Er versuchte vergeblich, die auf diese Weise akut werdende Frage nach einer neuen politischen Struktur der Deutschen im Rahmen seines Europa beherrschenden *Empires* zu lösen, indem er

- große Teile Deutschlands dem Staatsgebiet Frankreichs eingliederte,
- andere in Form des Rheinbundes in ein satellitenhaftes Bündnis zwang,

- die beiden seit dem 18. Jahrhundert konkurrierenden deutschen Großmächte Österreich und Preußen auf ihre eigenen Staatsinteressen zurückwarf
- und zugleich in einen Zustand der mehr oder weniger großen Abhängigkeit von der französischen Führungsmacht versetzte.

Durch die negativen Folgen der auf diese Weise entstandenen französischen Fremdherrschaft trug NAPOLEON entscheidend dazu bei, daß das seit dem Aufklärungszeitalter wachsende und vornehmlich kulturelle Eigenbewußtsein der Deutschen umschlug in ein politisches Nationalbewußtsein, das sich in der Forderung nach unabhängiger staatlicher Einheit für alle Deutschen äußerte.

Durch die Paradoxie seiner Militärdiktatur, die einerseits die besonders seit der Französischen Revolution modern gewordenen individuellen Menschenrechte und das Recht auf Volkssouveränität verbreitete, obwohl sie sich andererseits nur durch deren Niederhaltung behaupten konnte, trug NAPOLEON *entscheidend* dazu bei, daß die auf politische Einheit für alle Deutschen zielende *deutsche Nationalbewegung aufs engste verknüpft wurde mit eben diesen liberalen und demokratischen Ideen.*

Auf diese Weise hat er ebenfalls den *ideologischen Zwiespalt* zwischen den auf ihre traditionellen Herrschaftsrechte von Gottes Gnaden pochenden *fürstlichen Obrigkeiten* und der von ihnen unterdrückten und auf persönliche und politische Freiheit ausgerichteten *deutschen Nationalbewegung* entscheidend mitverursacht. Er wurde schon während der Befreiungskriege sichtbar, mündete aber erst seit dem Wiener Kongreß für die nächsten Jahrzehnte in einen mehr oder weniger offenen Konflikt.

Wegen seiner außerordentlichen Bedeutung für die deutsche Geschichte ist es daher notwendig, NAPOLEONS politischen Aufstieg gründlicher zu betrachten.

Revolutionskrieg und Eingreifen Napoleons

Der 1792 durch die Gesetzgebende Nationalversammlung im Namen der Revolution Österreich und dem Römischen Kaiser erklärte Krieg hatte nach anfänglichen französischen Mißerfolgen seit der sogenannten ›Kanonade von Valmy‹ am 20. September 1792 zu einer Wende geführt, die den französischen Siegeslauf der nächsten Jahre einleitete.

Berühmt ist GOETHES Ausspruch, nachdem er den Tag im Lager des Herzogs KARL AUGUST VON WEIMAR miterlebt hatte, in seinem Feldzugsbericht:

> »Von hier und heute geht eine neue Epoche der Weltgeschichte aus, und ihr könnt sagen, ihr seid dabei gewesen.«[7]

GOETHE bezeichnete mit seinen Worten genau die historische Bedeutung dieses Tages – ob bewußt oder unbewußt, sei dahingestellt. Denn obwohl die Franzosen im Jahre 1793 noch einmal vorübergehend in Bedrängnis gerieten, gelang es ihnen, als Folge einer von nationalem und revolutionärem Sendungsbewußtsein durchdrungenen *Levée en masse* sowie ihrer modernen Kampftechnik das Kriegsglück endgültig zu ihren Gunsten zu wenden. Kämpferischer *Nationalismus*, gepaart mit modernen *Freiheitsideen* und *Kampftechniken*, trat seinen *Siegeszug* an.

Im *Sonderfrieden von Basel* war Preußen 1795 aus dem Koalitionskrieg ausgeschieden, um im Osten die aus der dritten polnischen Teilung gewonnenen Gebiete ungestört integrieren zu können, und hatte den Franzosen, die bereits in Holland eine Batavische Republik errichtet hatten, so das gesamte linke Rheinufer überlassen.

Der Friede von Basel gehört »zu den umstrittensten Friedensschlüssen der deutschen Geschichte« und ist »für die Epoche von 1789 bis 1815 verhängnisvoll geworden«.[8] Während Frankreich und seine Armee immer stärker vom Nationalgefühl erfaßt wurden, war die preußische Großmacht blind für die Aufgabe, die Verteidigung der Reichsgrenzen im Westen fortzusetzen, und wandte sich lieber ihren außerhalb des Reiches liegenden Staatsinteressen in den neu erworbenen polnischen Provinzen zu. Die preußische Führung war unfähig zu erkennen, daß das Reich durch den Verlust des Rheinlandes in seine entscheidende Existenzkrise gestürzt wurde. Eine ›deutsche Frage‹ schien es für das Preußen von 1795 überhaupt nicht zu geben.

Fast gleichzeitig betrat Napoleon Bonaparte in Oberitalien 1796 erstmals den Schauplatz der großen Politik.

Als erfolgreicher und in der Revolution emporgestiegener Offizier führte er, formal im Auftrag des Direktoriums stehend, tatsächlich aber als selbstherrlicher General das Revolutionsheer zum Sieg über Österreich, so daß dieses 1797 den Frieden von Campo Formio schloß. Österreich stimmte der Errichtung französischer Tochterrepubliken in Italien zu, verzichtete auf Belgien und erklärte sich mit der im Frieden von Basel 1795 vereinbarten Abtretung des linken Rheinufers an Frankreich einverstanden, erhielt jedoch als Ausgleich die Republik Venedig, deren jahrhundertealte Freiheit auf diese Weise ihr Ende fand.

Ähnlich wie Preußen schien jetzt auch die älteste deutsche Großmacht für eine ›deutsche Frage‹ blind geworden zu sein, weil sie ihr Interesse an der Erhaltung der territorialen Integrität des alten Reiches offensichtlich ebenfalls aufgegeben hatte.

Napoleons Kaisertum und Militärdiktatur

Seit dem italienischen Feldzug, der den sogenannten Ersten Koalitionskrieg für Frankreich erfolgreich beendet hatte, galt Napoleon als ruhmbedeckter Heerführer. Die Fähigkeit, sein öffentliches Ansehen und seine tatsächliche politische Macht noch zu steigern, bewies er nach seinem im Auftrag des Direktoriums gegen England gerichteten, aber letztlich erfolglosen ägyptischen Feldzug des Jahres 1798/99 dadurch, daß er im November 1799 durch einen Staatsstreich das Direktorium beseitigte und anschließend Österreich, das 1799 wieder in den Krieg gegen Frankreich eingetreten war, in der Schlacht bei Marengo schlagen und 1801 zum Frieden von Lunéville zwingen konnte.

Der mit England im Jahre 1802 geschlossene Friedensvertrag von Amiens beendete diesen Zweiten Koalitionskrieg und steigerte schließlich NAPOLEONS Prestige so sehr, daß er – jedesmal durch ein Plebiszit – erster Konsul auf Lebenszeit und 1804 in Gegenwart des Papstes, der ihn salbte, erblicher Kaiser der Franzosen wurde.

> »Die Legende... will, daß NAPOLEON während des großen Augenblicks dem Papst die Krone unerwartet aus den Händen genommen habe, aber das ist unrichtig.«[9]

Gewiß ist richtig, daß NAPOLEON die Kaiserkrone nicht von der Gnade des Papstes oder gar von dessen beanspruchten Verleihungsrechten wie bei der mittelalterlichen römischen Kaiserkrone abhängig machen wollte.

Die der Kaiserkrönung vorangegangene Volksabstimmung war sorgfältig inszeniert worden. Der Senat, ein aus achtzig vom Ersten Konsul – also von NAPOLEON selbst – ernannten Mitgliedern bestehendes Staatsorgan der Konsulatsverfassung, hatte sie beantragt.

> »Die Schlußabstimmung lag gemäß den Prinzipien der Revolution in den Händen des souveränen Volkes.« Sie war »vor allem bemerkenswert wegen der Fragen, die nicht gestellt wurden. Nicht erbeten wurde das Urteil des Volkes bezüglich der Einrichtung des Kaisertums selbst... Das Plebiszit wurde nur ausgeschrieben hinsichtlich der Erblichkeit der Frage.«

Das Ergebnis war überwältigend, es gab kaum Gegenstimmen. Trotzdem:

> »Mit Interesse wartete Napopleon auf die Namen derjenigen, welche eine Gegenstimme abgegeben hatten. Präfekten, welche hierüber nicht schnell genug berichteten, wurden auf ihre Pflicht hingewiesen. Das Resultat waren die üblichen 100 Prozent, die bei derartigen Volksabstimmungen immer herauskommen.«[10]

Diese Sätze eines sehr kritischen Biographen NAPOLEONS enthüllen bereits den politischen Charakter und die Praxis seiner bald über weite Teile Europas ausgreifenden Herrschaft. Schon als Erster Konsul hatte er sich auf diese Weise durchgesetzt:

> »Alle Gewalt der Initiative und Exekutive lag... nach der neuen Verfassung beim Ersten Konsul.«[11]

Diese Macht hatte er sich auch bereits durch Plebiszite verleihen lassen, deren Fragen politisch geschickt formuliert worden waren. Die Abstimmungsergebnisse ließen sich propagandistisch leicht auf den Volkswillen zurückführen und formal als im Einklang stehend mit den modernen Prinzipien der Volkssouveränität interpretieren.

Berücksichtigt man dann noch, daß das Volk bei seiner Stimmabgabe indirekt dadurch kontrolliert wurde, daß NAPOLEON Wert auf die Namen seiner Abstimmungsgegner legte, über Unregelmäßigkeiten während der Abstimmungsprozedur hinweggesehen wurde, Spitzel und Geheimpolizei ihre Wirkung nicht verfehlten, wundert man sich nicht, daß Historiker seine Herrschaft als ›Diktatur‹ bezeichnet haben, die aber durch die geschickt inszenierten Plebiszite ihre »legale Basis« bekommen habe.[12] Sie sei »ein auf dem Heer und dem Vertrauen der Massen beruhender militärisch-demokratischer Cäsarismus« gewesen.[11] Übrig bleibt allerdings das Problem, daß sich Popularität und Massenvertrauen nicht allein durch Lenk- und Kontrollmaßnahmen erklären lassen.

Wenn man von den opportunistischen und ängstlichen Mitläufern absieht, die sich in jeder Gesellschaft um persönlicher Vorteile willen in den Dienst der Macht stellen, so fand Napoleon über diese Kreise hinaus vielfache Zustimmung, weil er als Kaiser ein Frankreich vertrat, das außenpolitisch einen Höhepunkt seiner politischen Machtentfaltung erreicht zu haben schien. Außerdem hatte er im Innern sowohl die Schrecken der Revolution endgültig beendet, als auch ihre für das bürgerliche Leben errungenen wichtigen Freiheiten und Menschenrechte bestätigt, soweit sie seine politische Macht nicht gefährdeten. Er hatte in vielfacher Hinsicht in fortschrittlicher Weise den gesellschaftlichen inneren Frieden wiederhergestellt.

Der *Code Civil*, der 1804 erschien, wurde zu einem »Rechtsbuch der neuen bürgerlichen Gesellschaft«, weil es die Rechte, um die seit 1789 gekämpft worden war, sicherte, nämlich

> »persönliche Freiheit, Gleichheit vor dem Gesetz, Gewissensfreiheit, Gewerbefreiheit – und alles übergreifend die Anerkennung der Weltlichkeit des Staates, die Säkularisierung des bürgerlichen Lebens«.[13]

Staat und Gesellschaft erhielten moderne Strukturen, und auch Wissenschaft und Technik machten Fortschritte. Der äußere Friede mit der Kirche wurde wiederhergestellt. Sie verzichtete auf die Rückgabe ihres während der Revolution eingezogenen Gutes und stellte durch ein Konkordat ihre Beziehungen zum Staat auf eine neue rechtliche Grundlage.

Napoleon sah in sich selbst den *Erfüller der auf Menschenrechte und Volkssouveränität ausgerichteten ursprünglichen revolutionären Ziele.*

Napoleons Herrschaft über Europa

Außenpolitisch aber hatte er noch keine Konsolidierung seiner Herrschaft erreicht.

Unmittelbar nach dem Frieden von Amiens ergaben sich wegen kolonialpolitischer Gegensätze und der französischen Besetzung des Kurfürstentums Hannover neue Spannungen mit England, das durch Personalunion mit Hannover verbunden war.

Sie führten zum Dritten Koalitionskrieg. Die französische Niederlage in der Seeschlacht bei Trafalgar im Oktober 1805 zeigte jedoch, daß England militärisch kaum zu besiegen war.

NAPOLEON konnte nicht verhindern, daß es zu einem englisch-russischen Bündnis kam, dem auch Österreich beitrat. Anfang Dezember 1805 gelang es ihm jedoch, nachdem er bereits in Wien eingezogen war, durch seinen Sieg in der sogenannten ›Dreikaiserschlacht‹ bei Austerlitz Österreich so sehr zu demütigen, daß es im *Frieden von Preßburg* an das von Frankreich abhängige Königreich Italien Venetien und Dalmatien abtrat und seine süddeutschen Besitzungen an die im Rang erhöhten und mit ihm verbündeten Staaten Bayern, Württemberg und Baden.

Preußen, die norddeutsche Großmacht, spielte gegenüber der wachsenden Macht NAPOLEONS eine klägliche Rolle. Es war nicht nur der Koalition ferngeblieben, sondern ließ sich sogar von NAPOLEON das Kurfürstentum Hannover übereignen, was ihm sofort einen Kriegszustand mit England eintrug.

Es geriet in eine immer prekärer werdende Lage. Seit 1795 war es den Kriegsschauplätzen ferngeblieben und hatte eine Politik des eigenstaatlichen Interesses betrieben. Diese hatte zwar Norddeutschland den Frieden gesichert, aber Preußen zugleich von NAPOLEON abhängig gemacht. Als NAPOLEON dann, um mit England zu einer Verständigung zu kommen, diesem die Rückgabe Hannovers anbot, fühlte sich Preußen derart hintergangen und mißachtet, daß es, militärisch so gut wie völlig auf sich allein gestellt und in Überschätzung seiner Macht, NAPOLEON im September 1806 ein Ultimatum stellte, in dem es ihn aufforderte, Deutschland vollständig zu räumen.

Man muß sich über die Kühnheit dieses Ultimatums wundern: Preußen war zwar mit Sachsen und Rußland verbündet, was sich aber seit dem soeben errungenen Sieg NAPOLEONS bei Austerlitz machtpolitisch kaum auswirkte. Österreich war seit dem Preßburger Frieden ebenfalls ausgeschaltet, und mit England befand Preußen sich wegen des Kurfürstentums Hannover im Kriegszustand. Das preußische Ultimatum schien ein Verzweiflungsschritt der politischen Selbstachtung zu sein und wurde von NAPOLEON sofort militärisch beantwortet.

Am 14. Oktober 1806 besiegte er Preußen bei Jena und Auerstedt. Weitere Siege folgten. Er zog in Berlin ein, verkündete hier, um England wenigstens wirtschaftlich in die Knie zu zwingen, die *Kontinentalsperre* und zwang Preußen am 7. Juli 1807 zu dem katastrophalen *Frieden von Tilsit*, durch den es territorial riesige Verluste erlitt und erneut zum Zwangsverbündeten NAPOLEONS degradiert wurde, allerdings jetzt zusätzlich belastet mit kaum zu tragenden Reparationen und Verpflichtungen.

Als Sieger an der russischen Grenze angelangt, bot NAPOLEON dem Zaren einen machtpolitischen russisch-französischen Interessenausgleich an. Beide Herrscher vereinbarten zum äußeren Zeichen der Anerkennung ihres gegenseitigen Machtbereiches ein offizielles Zusammentreffen auf einem Floß inmitten des Grenzflusses Memel. Sie schlossen Frieden, und NAPOLEON konnte es sogar durchsetzen, daß Rußland der von ihm verhängten Kontinentalsperre gegen England beitrat. Dieses russische Zugeständnis zeigte, daß Rußland zwar bis jetzt seine Souveränität behaupten konnte, aber sich durch ein Einschwenken auf die napoleonische Machtpolitik vor weitergehenden französischen Machtbestrebungen absichern wollte.

NAPOLEON war nach dem Ende dieses Vierten Koalitionskrieges zum Herrscher Europas aufgestiegen. Der von ihm einberufene und von Ende September bis Anfang Oktober 1808 tagende *Fürstenkongreß in Erfurt* zeigte den Kaiser äußerlich auf dem Höhepunkt seiner Macht. Selbst GOETHE, der von NAPOLEON empfangen wurde, war von seiner Persönlichkeit äußerst beeindruckt. Die mit dem Kaiser zwangsverbündeten deutschen Fürsten benahmen sich ihm gegenüber wie devote Lakaien.[14]

Die glänzenden Tage von Erfurt konnten aber nicht verbergen, daß NAPOLEON den Zenit seiner Macht bereits überschritten hatte.

Der von ihm gegen England verhängten Kontinentalsperre schien auf die Dauer der erhoffte Erfolg versagt zu bleiben. Der Zar konnte in Erfurt trotz aller öffentlich gezeigten Freundschaftsbekundungen nicht wirklich in NAPOLEONS Pläne eingebunden werden. Spanien, dem NAPOLEON seinen Bruder JOSEPH als König aufgezwungen hatte, erhob sich seit Mai 1808 gegen die französische Besatzung, und in Österreich bereitete man sich angesichts der französischen Schwierigkeiten auf einen neuen Krieg vor.

Ziel des auch durch Presse und Propaganda vorbereiteten Feldzuges war nicht nur die Hoffnung Österreichs, die napoleonische Hegemonie abschütteln zu können, sondern man wollte möglichst ganz Deutschland von ihr befreien. Obwohl Bemühungen, Verbündete zu gewinnen, fehlschlugen, wagte Österreich den Alleingang. Dem am 10. April 1809 unter dem Oberbefehl von Erzherzog KARL begonnenen militärischen Angriff blieb jedoch der Erfolg versagt. Bereits im Mai marschierte NAPOLEON in Wien ein, mußte zwar bei Aspern eine Niederlage einstecken, konnte dann aber im Juli bei Wagram den entscheidenden Sieg erringen. Durch die harten Bedingungen des *Friedens von Schönbrunn* am 14. Oktober 1809 wurde Österreich jetzt ebenso wie vorher Preußen in Tilsit in das napoleonische Herrschaftssystem einbezogen.

NAPOLEONS Machtbereich hatte sich zwar äußerlich erneut vergrößert, aber bei Aspern war sein Nimbus der Unbesiegbarkeit durch eine von ihm zum ersten Male verlorene Schlacht zerstört worden. Die Unzufriedenheit der besetzten Völker wuchs, als NAPOLEON 1810 Holland und Norddeutschland bis Lübeck in das französische Kaiserreich einfügte und sich in Spanien trotz französischer Erfolge ein Guerillakrieg ausbreitete.

Darüber hinaus wuchsen die Spannungen mit Rußland. NAPOLEON hatte nämlich durch die Annexion Norddeutschlands auch das Herzogtum Oldenburg, dessen Landesherr mit dem Zarenhaus verwandt war, aufgehoben. Des weiteren lag die Existenz des von Frankreich abhängigen Großherzogtums Warschau nicht im russischen Interesse. NAPOLEON selbst aber fühlte sich durch das Ausscheiden Rußlands aus der Kontinentalsperre getroffen, weil es den ersehnten Sieg über seinen Hauptgegner England ins Reich der Illusion verwies.

Als Napoleon im Juni 1812 mit seiner Großen Armee, zu der die deutschen Zwangsverbündeten Österreich, Preußen und die Rheinbundstaaten starke Kontingente hatten hinzufügen müssen, ohne Kriegserklärung in Rußland einmarschierte, um auch den Zaren in sein Herrschaftssystem hineinzuzwingen, ahnte er nicht, daß dieser Feldzug fehlschlagen und das Ende seiner Herrschaft einleiten werde.

Der unglückliche Ausgang dieses Feldzuge sollte auch das Ende seines europäischen Herrschaftssystems einleiten, in das Napoleon Deutschland nach der bereits 1806 erfolgten Zerstörung des Heiligen Römischen Reich Deutscher Nation hineingezwungen hatte.

Ende des Heiligen Römischen Reiches Deutscher Nation

Verlust des linken Rheinufers und Reichsdeputationshauptschluß

Durch den Verlust des linken Rheinufers aufgrund des französisch-preußischen Friedens von Basel 1795 und der österreichisch-französischen Friedenschlüsse von Campo Formio 1797 und Lunéville 1801 wurde das Reich zur Entschädigung der Fürsten gezwungen, die ihren linksrheinischen Besitz an Frankreich verloren hatten.

Der Rastatter Fürstenkongreß, der Ende 1797 in Anwesenheit NAPOLEONS zusammentrat und von französischen Interessen beherrscht wurde, sollte die entsprechenden Voraussetzungen schaffen. Das Ergebnis war der *Reichsdeputationshauptschluß* von 1803, der im Reich den größten Teil des Kirchenguts säkularisierte, die Herrschaften der kleinsten Reichsstände mediatisierte und die Zahl der Reichsstädte verringerte, um die durch diese ›politische Flurbereinigung‹ gewonnene Territorialmasse als Ausgleich zugunsten der anspruchsberechtigten Fürsten für ihren an Frankreich verlorenen linksrheinischen Besitz verwenden zu können.

Auf diese Weise wurden mit einer bisher unbekannten Radikalität althergebrachte Besitzstände aufgehoben. Gestärkt aber wurden vor allem die mittelgroßen deutschen Staaten, die durch ihren territorialen Gewinn von NAPOLEON begünstigt worden waren und auf Rangerhöhung spekulierten.

Wie sich in der zweiten Hälfte des 19. Jahrhunderts zeigen sollte, verbesserte die Verminderung der kaum noch zu überblickenden Zahl deutscher Staaten allerdings die im Augenblick durchaus unvorstellbare Möglichkeit einer späteren politischen Einigung Deutschlands.

> »In Frankreich ist es NAPOLEON von den Späteren, vereinzelt aber auch schon von Zeitgenossen, sehr verdacht worden, daß er... der zukünftigen nationalen Einheit Deutschlands den Weg gebahnt habe. Anstatt Deutschland noch weiter zu zerstückeln, leitete er mit seiner großen Flurbereinigung und der damit verbundenen Vereinfachung der deutschen Landkarte die Umkehr des Nachbarlandes zum Nationalstaat ein! Nicht zu übersehen ist allerdings, daß auf deutscher Seite Machtgier und Vergrößerungsdrang kleiner Potentaten für diese Flurbereinigung ebenso wichtig geworden sind wie auf französischer der unersättliche Herrscherwille des großen.«[15]

Als Historiker steht man vor dem *paradoxen Befund*, daß der *Zerstörer des alten deutschen Reiches* zusammen mit den von ihm geförderten partikularistisch eingestellten deutschen Fürsten ungewollt und unbewußt durch die Verringung der territorialen Zersplitterung Deutschlands die Herbeiführung der späteren *kleindeutschen Einheit* erleichtert hat.

Erlöschen des universalen römischen Kaisertums

Nach dem Reichsdeputationshauptschluß beschleunigte sich die *Agonie des Reiches*.

Der akute Selbstauflösungsprozeß wurde sichtbar, als Kaiser Franz II. sich am 11. August 1804 zum österreichischen Erbkaiser erklärte, ohne vorher die Krone des Heiligen Römischen Reiches Deutscher Nation niedergelegt zu haben, und er gleichzeitig Napoleon als Gegenleistung für dessen Zustimmung zur Schaffung eines österreichischen Kaisertums die Anerkennung des durch seine Krönung am 2. Dezember 1804 begründeten französischen Erbkaisertums zusicherte.

Die unter Historikern diskutierte Frage, ob Franz II. durch die formale Aufrechterhaltung seiner römischen Kaiserwürde habe verhindern wollen, daß Napoleon selbst nach der Krone des Römischen Reiches greife, bleibe an dieser Stelle unerörtert.[16]

Wie grotesk die staats- und völkerrechtliche Lage allerdings jetzt war, erkennt man, wenn man sich vergegenwärtigt, daß Franz II. fortan beides war, nämlich erwählter römischer Kaiser und österreichischer Erbkaiser. Und neben ihm stand Napoleon als dritter Kaiser, der als französischer Erbkaiser die tatsächliche Macht verkörperte.

Inhaber des einst durch Karl den Grossen im Abendland erneuerten römischen Kaisertums waren seit Otto dem Grossen seit Jahrhunderten die deutschen Könige gewesen. Als Kaiser hatten sie zusammen mit ihrer Schutzfunktion gegenüber Papst und Kirche unter den Herrschern Europas trotz ihrer immer mehr schrumpfenden tatsächlichen politischen Macht stets den höchsten Rang besessen.

Zwar hatte sich schon nach dem Fall Konstantinopels in der Nachfolge des oströmischen Kaisertums im russischen Zarentum ein weiteres Kaisertum entwickelt, dessen Rang in der kulturell anders geprägten orthodoxen Welt Osteuropas zwar anerkannt, aber im abendländischen Westen kaum als störend empfunden wurde. Daß hier jedoch jetzt ein zweites und drittes Kaisertum geschaffen wurde, kam einer revolutionären Neuerung gleich.

Die Idee der römisch–universalen, letztlich aus der Weltherrschaft des Römischen Reiches stammenden kaiserlichen Tradition des Abendlandes war offensichtlich zu Ende. An ihre Stelle traten Einzelstaaten, die die höchste Herrscherwürde lediglich aufgrund ihrer tatsächlichen politischen Macht und Bedeutung beanspruchten. Man gewöhnte sich an das Vorhandensein mehrerer Kaiser.

Hinter der fortschreitenden *Liquidierung des traditionellen römischen Kaisertums* stand der Wille des mächtigen französischen Herrschers, bei dem, wie bereits bemerkt, die Antwort auf die Frage offen bleiben muß, ob er sein französisches Erbkaisertum, falls er 1812 aus Rußland siegreich zurückgekommen wäre, ähnlich dem untergegangenen römischen zu einem neuen Kaisertum mit universalen Ansprüchen umgeformt hätte. Napoleon Pläne dieser Art zu unterstellen ist nicht unrealistisch, wenn man bedenkt, daß er als der aus revolutionärem Ursprung stammende Emporkömmling die Kaiseridee als solche für den Bestand und den

Inhalt seiner Herrschaft als so wichtig ansah, daß er sich selbst die kaiserliche Würde zugelegt hatte.

Rheinbund und formale Auflösung des Heiligen Römischen Reiches Deutscher Nation

Die meisten deutschen Reichsfürsten zogen aus dem Verfall des römischen Kaisertums und der durch NAPOLEONS Sieg bei Austerlitz und den Preßburger Gewaltfrieden mit Österreich faktisch übermächtig gewordenen Machtposition des Korsen die für ihr politisches Überleben günstigste Konsequenz. Hatten sie schon vorher mit NAPOLEONS Billigung als Folge des Reichsdeputationshauptschlusses von 1803 territoriale Gewinne und Rangerhöhungen, etwa durch die Erhebung Bayerns und Württembergs zu Königreichen, zu verbuchen gehabt, so sagten sie sich jetzt, die ehrwürdige Reichstradition offen brechend, am 12. Juli 1806 als ›*Rheinbund*‹ in einem in französischer Sprache abgefaßten Vertrag vom 1. August 1806 offiziell von Kaiser und Reich los:

> »Chacun des Rois et Princes confédérés renoncera à ceux de ses titres qui expriment des rapports quelquonques à l'Empire Germanique; et le premier Aout prochain il fera notifier à la Diète sa séparation d'avec l'Empire.« (Art. 3)

Sie schlossen mit NAPOLEON eine Offensiv- und Defensivallianz:

> »Il y aura entre L'Empire Francais et les États confédérés du Rhin collectivement et séparément une alliance en vertu de laquelle toute guerre continentale, que l'une des Parties contractantes aurait à soutenir, deviendra immédiatemenet commune à toutes les autres.« (Art. 35)

Für den Kriegsfall wurden für alle beteiligten Staaten die zu stellenden Kontingente ihrer Soldaten festgeschrieben (Art. 38).[17]

Die *Auflösung des Reichstages* in Regensburg erfolgte auf intensiven französischen Druck. Die äußeren Umstände waren grotesk:

Am 31. Juli 1806 hatte der französische Geschäftsträger Théobald BACHER das Manuskript der soeben aus Paris eingetroffenen Note bereits dem Kanzleidirektor HAAS mitgeteilt, der als ranghöchster kaiserlicher Diplomat in der kaiserlichen Vertretung anwesend war, und angekündigt, diese werde am folgenden Tage dem Reichstag in einer offiziellen Erklärung übergeben. Der Reichstag aber hatte sich bereits am 7. Juli in die Sommerferien verabschiedet, so daß es HAAS nur mit größter Mühe gelang, wenigstens die Gesandten der aus dem Reich austretenden Rheinbundfürsten zu erreichen, damit durch sie »der finale Staatsakt des Reiches« am 1. August 1806 beglaubigt werden konnte.[18]

In dem wichtigsten Satz seiner offiziellen Note betonte NAPOLEON, daß er sich gezwungen sehe zu erklären, »qu'Il ne reconnait plus l'existence de la constitution germanique«. Den Rheinbundfürsten sicherte er die »Souveraineté entière et absolue« zu und betonte, er habe »le titre de Protecteur de la Conféderation du Rhin« übernommen.[19]

Die deutschen Rheinbundfürsten vollzogen, im Einklang mit der napoleonischen Politik stehend, gleichzeitig mit folgender Erklärung ihren bereits in der Rheinbundakte vom 12. Juli 1806 angekündigten offiziellen Austritt aus dem Reich:

»Die Begebenheiten der letzten drei Kriege... haben die traurige Wahrheit in das hellste Licht gesetzt, daß das Band, welches bisher die verschiedensten Glieder des deutschen Staatskörpers mit einander vereinigen sollte, für diesen Zweck nicht mehr hinreiche, oder vielmehr, daß es in der That schon aufgelöst sey; das Gefühl dieser Wahrheit ist schon seit langer Zeit in dem Herzen jedes Deutschen, und so drückend auch die Erfahrung der letztern Jahre war, so hat sie doch im Grunde nur die Hinfälligkeit einer in ihrem Ursprung ehrwürdigen, aber durch den allen menschlichen Anordnungen anklebenden Umstand fehlerhaft gewordenen Verfassung bestätiget. Nur diesem Umstande muß man ohne Zweifel die im Jahre 1795 im Reiche selbst sich hervorgethane Trennung zuschreiben. Von diesem Augenblicke an mußten nothwendig alle Begriffe von gemeinschaftlichem Vaterlande und Interesse verschwinden; die Ausdrükke: Reichskrieg und Reichsfrieden wurden Worte ohne Schall; vergeblich suchte man Deutschland mitten im deutschen Reichskörper. Die Frankreich zunächst gelegenen, von allem Schutz entblößten und allen Drangsalen eines Krieges, dessen Beendigung in den verfassungsmäßigen Mitteln zu suchen nicht in ihrer Gewalt stand, ausgesetzten Fürsten sahen sich gezwungen, sich durch Separatfrieden von dem allgemeinen Verbande in der That zu trennen. Der Friede von Lunéville, und mehr noch der Reichsschluß von 1803, hätten allerdings hinlänglich scheinen sollen, um der deutschen Reichsverfassung neues Leben zu geben, indem sie die schwachen Teile des Systems hinwegräumten und die Hauptgrundpfeiler desselben befestigten. Allein die in den letztverflossenen zehn Monaten unter den Augen des ganzen Reichs sich zugetragenen Ereignisse haben auch die letzte Hoffnung vernichtet und die gänzliche Unzulänglichkeit der bisherigen Verfassung auf's Neue außer allem Zweifel gesetzt. Bei dem Drange dieser wichtigen Betrachtungen haben die Souverains und Fürsten des mittäglichen und westlichen Deutschlands sich bewogen gefunden, einen neuen und den Zeitumständen angemessenen Bund zu schließen. Indem sie sich durch gegenwärtige Erklärung von ihrer bisherigen Verbindung mit dem deutschen Reichskörper lossagen, befolgen sie bloß das durch frühere Vorgänge und selbst durch Erklärungen der mächtigeren Reichsstände aufgestellte System. Sie hätten zwar den leeren Schein einer erloschenen Verfassung beibehalten können, allein sie haben im Gegentheil ihrer und der Reinheit ihrer Zwecke angemessener geglaubt, eine offene und freie Erklärung ihres Entschlusses und der Beweggründe, durch welche sie geleitet worden sind, abzugeben. Vergeblich aber würden sie sich geschmeichelt haben, den gewünschten Endzweck zu erreichen, wenn sie sich nicht zugleich eines mächtigeren Schutzes versichert hätten, wozu sich nunmehr der nämliche Monarch, dessen Absichten sich stets mit dem wahren Interesse Deutschlands übereinstimmend gezeigt haben, verbindet. Eine so mächtige Garantie ist in doppelter Hinsicht beruhigend. Sie gewährt die Versicherung, daß Se. Majestät der Kaiser von Frankreich, Allhöchstdero Ruhms halber ebenso sehr als wegen der eigenen Interessen des französischen Kaiserstaates, die Aufrechterhaltung der neuen Ordnung der Dinge in Deutschland und die Befestigung der inneren und äußeren Ruhe sich angelegen seyn lassen werden.«

Diese »kostbare Ruhe« sei »der Hauptzweck des rheinischen Bundes«. Zum Schluß erfuhren die »bisherigen Reichsmitstände«, die dem Bund noch nicht angehörten, daß der »Beitritt zu demselben offen gelassen« sei.[20]

Dieser Erklärung folgte schon am 6. August 1806 die offizielle *Niederlegung der römischen Kaiserkrone* durch Kaiser Franz II.:

Ausgehend von den Folgen des Preßburger Friedens und dem Austritt »vorzüglicher Stände« aus dem Reich und »ihrer Vereinigung zu einer besonderen Conföderation«, sprach der Kaiser seine »Überzeugung von der gänzlichen Unmöglichkeit« aus, »die Pflichten Unseres kaiserlichen Amtes länger zu erfüllen«, und fuhr fort:

»Wir erklären demnach durch Gegenwärtiges, daß Wir das Band, welches Uns bis jetzt an den Staatskörper des deutschen Reiches gebunden hat, als gelöst ansehen, daß wir das reichsoberhauptliche Amt und Würde durch die Vereinigung der conföderierten rheinischen Stände als erloschen und Uns dadurch von allen übernommenen Pflichten gegen das deutsche Reich losgezählt betrachten und die von wegen desselben bis jetzt getragene Kaiserkrone und geführte kaiserliche Regierung niederlegen.«[21]

Will man den politischen Zusammenhang, in dem sich die Auflösung des Heiligen Römischen Reiches Deutscher Nation vollzogen hat, verstehen, sollte man bei der Deutung des Wortlauts der offiziellen Dokumente stets berücksichtigen, daß letztere unter dem übermächtigen politischen *Druck* Napoleons entstanden sind, so daß ihr alle amtlichen Erklärungen in vorsichtigen Formulierungen Rechnung tragen mußten.

Gewiß war der Hinweis auf »die gänzliche Unzulänglichkeit der bisherigen Verfassung« des Reiches in der Austrittserklärung der Rheinbundfürsten vom 12. Juli 1806 richtig:

Die Verfassungsstruktur des Heiligen Römischen Reiches Deutscher Nation war bereits in der Zeit vom Westfälischen Frieden bis zur Französischen Revolution derart kompliziert, unübersichtlich und brüchig geworden, daß das Reich spätestens seit dem preußischen Sieg im Siebenjährigen Krieg unter den fünf europäischen Großmächten kaum noch ein nennenswertes Gewicht als einheitliches, politisch handlungsfähiges Staatswesen besaß. Österreich, dessen Herrscher die Reichskrone trug, und Preußen gehörten zu diesen konkurrierenden europäischen Großmächten und waren mit dem Schwerpunkt ihrer Territorien zugleich Teile des Reiches und in diesem politische Rivalen.

Das Reich und sein Symbol, die Kaiserkrone, sowie die uralte Reichstradition mit ihren ideellen Bindungen besaßen zwar immer noch eine gewisse formalrechtliche und gefühlsbedingte Bedeutung, diese ließ sich aber politisch kaum noch verwirklichen.

Das letzte Reichsgesetz, der oben erwähnte Reichsdeputationshauptschluß von 1803, war beispielsweise nur unter dem Zwang der französischen Großmacht möglich gewesen und wirkte sich nicht, wie man von einem Reichsgesetz eigentlich hätte erwarten müssen, als Reichsreform im Sinne einer Stärkung des römischen Kaisertums aus, sondern traf dieses in seinem politischen Kern; denn die säkularisierten und mediatisierten kleinen Reichsstände waren in der Regel stets eine Stütze des Kaisers gewesen. Die mittleren und größeren, zu denen die meisten späteren Rheinbundfürsten gehörten, hatten aber immer versucht, ihre politische Unabhängigkeit gegenüber dem Kaiser zu sichern. Sie hatten die kleinen Reichsstände in Ausführung des Reichsdeputationshauptschlusses fast alle annektiert und waren faktisch gegenüber Kaiser und Reich bereits zur vollen Souveränität gelangt, bevor beider Autorität offiziell erlosch.

In der politischen Realität aber waren sie trotz gleichzeitiger Rangerhöhungen zu abhängigen Zwangsverbündeten NAPOLEONS I. geworden. Zwar war ihr Hinweis, daß das Band, das den deutschen Staatskörper umschlossen habe, zerrissen sei, richtig, aber sie mußten verschweigen, daß die Kriege, die diesen Zustand in die akute Krise geführt hatten, von Frankreich ausgegangen waren. Gezwungenermaßen erklärten sie, die tatsächliche politische Situation auf den Kopf stellend, die Absichten NAPOLEONS I. »als mit den wahren Interessen Deutschlands übereinstimmend«.

Sie, die sich aus der Oberhoheit des römischen Kaisers befreit hatten, erkoren NAPOLEON, dem Zwang der von ihm bestimmten Machtverhältnisse folgend, zum »Protektor« des aus dem Reich ausgetretenen Rheinbundes und ließen sich von ihm in seinem Brief vom 11. September 1806 mitteilen, daß er »le titre de Protecteur de la Confédération du Rhin« angenommen habe. Gleichzeitig versprach er ihnen: »Les princes de la confédération du Rhin sont des souverains qui n'ont point de suzerain«,[22] obwohl sie genau wissen mußten, daß sie als seine Satelliten keinen politischen Spielraum hatten und sich sogar durch genau festgelegte Truppenkontingente an den Kriegen NAPOLEONS zu beteiligen hatten.

Insgesamt erweist sich der *Austritt der Rheinbundfürsten* aus dem ohnmächtig gewordenen Heiligen Römischen Reiches Deutscher Nation als eine *opportunistische Anpassung* an die durch NAPOLEON I. verkörperte neue politische Macht. Für die Kündigung ihres Verhältnisses zum römischen Kaiser und ihrer Bindungen an das Reich hatten sie sich durch einen traditionslosen Emporkömmling und Machthaber in diplomatisch wohlgeformten Worten eine *Scheinsouveränität* bescheinigen lassen.

Es ist nicht denkbar, daß die Rheinbundfürsten, aus alten Herrschergeschlechtern stammend, sich dieses Sachverhalts nicht bewußt gewesen wären. Schon die ihnen gewiß bekannte brutale Beseitigung des royalistischen französischen Herzogs von Enghien im März 1804, der als Emigrant in Baden lebte und von Napoleon durch ein völkerrechtswidriges Kommando-unternehmen nach Frankreich entführt wurde, um hier zur Abschreckung seiner royalistischen Gegner erschossen zu werden, hatte ihnen gezeigt, wie willkürlich sich Napoleon gegebenenfalls über die ihnen zugestandene Souveränität hinwegsetzen konnte.

Dem römischen Kaiser Franz II. blieb konsequenterweise jetzt nur noch die Niederlegung der Krone und die offizielle Auflösung des Reiches übrig.

Man sollte allerdings nicht übersehen, daß er an der Auflösung des Römischen Reiches und Kaisertums selbst schon ab 1804 mitgewirkt hatte, als er in den mit der Idee des römischen Kaisertums unvereinbarlichen politischen Tauschhandel einwilligte, Napoleons französisches Erbkaisertum anzuerkennen und als dessen Gegenleistung die Anerkennung seines österreichischen Erbkaisertums zu erhalten.

»... vergeblich suchte man Deutschland mitten im deutschen Reichskörper«, lautete ein Satz in der Reichsaustrittserklärung der Rheinbundfürsten vom 1. August 1806. Dieser Satz bezeichnete genau die historische Lage, wenn man das politische Verhalten der maßgeblichen deutschen Reichsstände betrachtet:

Im Frieden von Basel hatte Preußen schon 1795, nur seinen eigenen Staatsinteressen folgend, mit der Abtretung des linken Rheinufers an Frankreich die Reichsinteressen preisgegeben. Die altehrwürdige deutsche Vormacht Österreich war ihm 1797 in Campo Formio und 1801 in Lunéville in dieser Haltung gefolgt. 1803 hatte man die zumeist reichsfreundlichen kleinen Reichsstände zugunsten der großen beseitigt, und diese traten jetzt, soweit sie sich opportunistisch im Napoleon hörigen Rheinbund zusammengefunden hatten, unter gleichzeitiger Annahme formaler Rangerhöhungen aus dem Reich aus.

Wenn man also Deutschland »mitten im Reichskörper« nicht mehr finden konnte, wie die Rheinbundfürsten klagten, so verschwiegen sie, daß sie selbst mitgeholfen hatten, diesen Zustand herbeizuführen.

Reaktionen

Die Gesandten der Rheinbundfürsten haben das offizielle Ende von Kaiser und Reich als schmählich empfunden:

> »... selbst jene Regensburger Gesandten, welche die Austrittserklärung im Namen der Rheinbundfürsten unterzeichnet hatten, zeigten sich entrüstet. Der bayerische Gesandte von Rechberg erklärte noch am Abend des 1. August, er sei ›erzürnt, dass er habe hierher reisen müssen, um die Vernichtung des deutschen Namens zu unterzeichnen‹. Am liebsten hätte er sich, wie Türckheim, diesen Auftritt erspart.«[23]

Im übrigen hat die

> »Auflösung des Reiches... unter den Deutschen keinen Aufschrei, keine tiefe

Empörung, ja nicht einmal einen stillen nagenden Schmerz ausgelöst, der die Menschen in all ihrer Ohnmacht, den Gang der Dinge aufzuhalten, erfüllt hätte«.[24]

Andererseits stellten Historiker fest:

»Von Hamburg bis Wien, von Stuttgart bis Berlin Erschütterung: Die Deutschen zeigten sich angesichts des Untergangs des Reiches fassungs- und verfassungslos.«[25]

Diese widersprüchlichen Aussagen zwingen zu einer *differenzierten Analyse*: Bei den deutschen Fürsten, die die Auflösung des Reiches mit napoleonischer Hilfe vollzogen hatten, war ein öffentlicher ›Aufschrei‹ nicht zu erwarten. Sie hatten sich den machtpolitischen Verhältnissen zur Rettung ihrer sonderstaatlichen Existenz und ihrer Scheinsouveränität gegenüber NAPOLEON faktisch angepaßt, mögen manche sich auch innerlich nur zähneknirschend in ihre Lage gefügt haben. Kronprinz LUDWIG VON BAYERN soll NAPOLEON beispielsweise »aus tiefer Seele« gehaßt haben.[26]

In Wien, der Hauptstadt des immer noch bedeutendsten deutschen Staates, hatte die Öffentlichkeit sich offensichtlich nicht mit dem Ende des alten Reiches abgefunden und die Hoffnung auf eine Befreiung von der napoleonischen Herrschaft noch nicht aufgegeben:

»Die Bewohner der kaiserlichen Hauptstadt zeigten sich angesichts der Auflösung des Reiches mehr als betroffen, sie waren entsetzt. Die Österreicher und besonders die Wiener gründeten ihren Patriotismus bis 1806 auf den Umstand, daß ihr Herrscher traditionell das Oberhaupt des römisch-deutschen Reiches und damit der ranghöchste Monarch der Christenheit war.«[27]

Der in Breslau geborene Friedrich VON GENTZ, der aus dem preußischen in den österreichischen Staatsdienst gewechselt hatte,

»war Vordenker und Sprachrohr der antinapoleonischen Partei am Wiener Hof. Er organisierte den nationalen Widerstand gegen NAPOLEON an allen Fronten... GENTZ war auf keinen Fall bereit, die nationale Sache aufzugeben«.[28]

»Auch Erzherzog JOHANN, der jüngere Bruder des Kaisers, widerstand allen defätistischen Anwandlungen. Als sich das Ende abzeichnete, schrieb er: ›Meine Hoffnung gründet sich auf den entscheidenden Augenblick, wo die deutsche Nation, erdrückt unter der Last hasserfüllter Bedrückungen und willkürlicher Taten Frankreichs einen Aufschwung nehmen und das entehrende Joch abschütteln wird.‹ ... Wien... blieb wie kein anderer Ort in Deutschland auch nach Austerlitz und angesichts der Augustereignisse des Jahres 1806 ein Hort der Hoffnung.«[29]

Diese Hoffnung aber brach in sich zusammen, nachdem Österreich sich 1809 erneut vergeblich gegen Napoleon erhoben hatte und durch den Frieden von Schönbrunn ebenfalls zur Anerkennung des napoleonischen Herrschaftssystems gezwungen worden war.

Deutschland unter der Fremdherrschaft

Enttäuschung

Die innere Ablehnung der politischen Umwälzungen in Deutschland wurde wesentlich verstärkt durch die zunehmend unerträglicher werdenden konkreten Lasten, die das napoleonische Herrschaftssystem mit sich brachte. Besonders ab 1810 spitzte die Unzufriedenheit sich zu, als NAPOLEON ganz Norddeutschland bis Lübeck territorial in das französische Kaiserreich einfügte, weil ihm zur Durchführung der gegen England gerichteten Kontinentalsperre das Zwangsbündnis mit den Rheinbundstaaten sowie mit Österreich und Preußen allein nicht mehr wirksam genug erschien.

Ausführliche historische Analysen[30] zeigen jedoch, daß man aus dieser allgemeinen Mißstimmung in der Regel nicht den Wunsch nach Wiederherstellung des untergegangenen Reiches ableiten darf, obwohl viele Zeitgenossen seinen Untergang als bedauerlich empfanden.

Das alte Reich war nämlich abgelöst worden durch die in eine moderne Zukunft weisenden Ideen der Französischen Revolution, die eine persönliche Emanzipation aus konservativen und feudalen Strukturen verhießen, obwohl die allgemeine Sympathie mit diesen fortschrittlichen Gesellschaftsvorstellungen bereits einen ersten Dämpfer erhalten hatte, nachdem die Revolution in Frankreich in eine Schreckensherrschaft ausgeartet war.

Einerseits waren mit dem alten Reich altvertraute Vorstellungen der politischen Ordnung verlorengegangen. Andererseits aber empfanden die Menschen sehr deutlich, daß das Reich, wie es der deutsche Philosoph Georg Wilhelm Friedrich HEGEL ausgedrückt hatte, um 1800 »ein Staat in Gedanken und kein Staat in der Wirklichkeit« mehr gewesen war.[31] HEGEL hatte schon früh die ursprünglichen Ideale der Französischen Revolution begrüßt und soll in NAPOLEON bei seinem Einzug in Jena die Verkörperung des »Weltgeistes« gesehen haben, unter dem er in seiner Philosophie den zu sich selbst kommenden Geist der Menschheitsentwicklung verstand.

Die als fortschrittlich empfundenen *Modernisierungsmaßnahmen* in Recht und Verwaltung, die mit den französischen Heeren nach Deutschland gekommen waren, *überlagerten* die mehr oder weniger emotionale *Trauer* über den Untergang des alten Reiches; aber das *Wissen*

- um den Revolutionsterror in Frankreich
- sowie drückende Kriegslasten,
- unerträgliche Besatzungsübergriffe
- und die erzwungenen militärischen Hilfskontinente, die die deutschen Staaten bereitzustellen hatten,

führten im Volk einen *antifranzösischen Stimmungswandel* herbei, der auch jene ergriff, die in dem untergegangenen Heiligen Römischen Reich Deutscher Nation ein anachronistisch gewordenes Gebilde sahen.

Enttäuscht waren besonders die Deutschen, die Napoleon anfänglich bewundert hatten. Mochten sie die mit ihm gekommenen Modernisierungsschübe in Verwaltung und Rechtswesen, die theoretische Anerkennung der Menschenrechte und der Volkssouveränität begrüßt haben, so erfuhren sie jetzt seine *Diktatur* mit ihrem immer drückender werdenden Besatzungsregime, in dem persönliche und politische Freiheit praktisch gar nicht mehr möglich waren und sich oft genug in ihr Gegenteil verkehrten.

Jacques Presser hebt in seiner Napoleon-Biographie, polemisch zuspitzend, hervor:

> »Maßlos ist Napoleon von den Deutschen seiner Zeit verherrlicht und angebetet worden, er selbst, seine Familie und seine Mitarbeiter. Es ist beinahe unbegreiflich, wie abstoßend servil die Deutschen bis hin zu den Besten vor dem Unterdrücker ihres Landes auf dem Bauch gekrochen sind.«[32]

Andererseits zeigt er,

> »wie Napoleons wirtschaftliche und militärische Politik Deutschland einfach wie eine Kolonie gebrauchte und ausnützte, wie große Teile des Landes in tiefe Armut gerieten, und zwar durch drückende Abgaben, das Ausfuhrverbot für Korn und Futterpflanzen. Wie insbesondere das Rheinland durch seine Abschneidung von den anderen Landesteilen zu leiden hatte, wie die Hansestädte infolge der Kontinentalsperre verarmten, die vor allem von Davoust in Hamburg entschlossen, wenn auch ohne unnötige Härte, durchgeführt wurde. In Lübeck verarmte ein Viertel der Bevölkerung. Die Betriebe lagen still, die ›droits réunis‹, die Registrierung, die Tür- und Fenstersteuer, die Personensteuer, die Grundsteuer, das ist ein ganzer Katalog von fiskalischen Bestimmungen, womit die napoleonische Administration die Menschen plagte, während die unentbehrliche Kontrolle mit ihrem ganzen Apparat von Spionen und Angebern, ihrer Vernichtung kostbarer Güter und ihren harten Urteilen wie eine neue Inquisition verabscheut wurde«.[33]

Überall, wo sich die Macht des Empires zeigte, schuf der fortdauernde Kriegszustand mit seinen Einschränkungen und Leiden trotz der Propagierung der durch die Französische Revolution erkämpften bürgerlichen Freiheiten unter den Menschen ein Gefühl der Unterdrückung und Ausbeutung durch eine brutale Besatzung.

Fortleben der Reichsidee

Auf diese Weise entstand während der napoleonischen Herrschaft in Deutschland der Wunsch nach einer Flucht aus der Gegenwart in eine bessere Zukunft.

Und so sehr man diese nicht in der Wiederherstellung des untergegangenen Reiches sah, erwartete man sie aber von einem *neuen* Reich.

Bezeichnenderweise hatte der Untergang des alten Reiches die *Reichsidee als solche nicht zerstört.* Man wird

> »darauf hinweisen müssen, daß die Inaktualität eines deutschen Reichs in der Situation von 1806, die die meisten klarer Sehenden stark empfanden, doch nicht so viel hieß, daß das deutsche Volk den Verlust seines noch so lockeren staatlichen Bandes auf die Dauer hinnehmen konnte und hinnehmen würde – erst recht nicht in einem Jahrhundert, das durch den Vormarsch der nationalen Idee gekennzeichnet war. Der Wegfall der politischen Wirklichkeit des Reichs hat erst den *Traum vom Reich* ausgelöst, der, weit ›gefährlicher‹ als jene, anstelle des erhaltenden Prinzips in Europa ein revolutionierendes gesetzt hat. Das ›Reich‹ nicht mehr als Aufhaltekraft, sondern als Element dynamischer Erneuerung, das es in den nächsten 150 Jahren, zuerst als nationale Bewegung und dann als staatliche Wirklichkeit geworden ist!«[34]

Dieser Befund berechtigt zu der Aussage, daß die nationale Komponente der ›deutschen Frage‹, die das In- und Ausland bis ins zwanzigste Jahrhundert hinein beschäftigt und beunruhigt hat, mit einer ihrer wichtigsten Wurzeln in das Jahr 1806 zurückführt. Mit dem Untergang des alten Reiches, das sich wegen seiner historischen Überfälligkeit kaum jemand zurückwünschte, wurde für jene Deutschen, die für die modern gewordenen Ideen der Menschenrechte, der Volkssouveränität und der nationalen Einheit eintraten, unter dem Druck der napoleonischen Fremdherrschaft die *Sehnsucht nach einem neuen Reich* geboren.

Niemand konnte zu dieser Zeit allerdings ahnen, wie schwierig und schließlich verhängnisvoll sich die Verwirklichung dieser Sehnsucht und damit die befriedigende Antwort auf die nunmehr gestellte deutsche Frage für das deutsche Volk gestalten würde.

Deutsche Frage und *Reichsgedanke* blieben von Anfang an *aufs engste mit einander verknüpft.*

Aktiver Widerstand

Trotz der zunehmenden Lasten, die die französische Fremdherrschaft den Deutschen aufbürdete, war es ihnen wegen der Vielfalt ihrer zum Teil gegensätzlichen politischen Interessen und Bindungen schon vor 1806 nicht möglich gewesen, einen sie alle umfassenden einheitlichen Widerstand zu organisieren.

Es gab aber einzelne Deutsche, die einen ehrenvollen, wenn auch vergeblichen Widerstand wagten und oft mit ihrem Leben bezahlten.

> »Mit dem Zerfall des Deutschen Reiches war alles zerbrochen, was dem Gedanken und dem Empfinden einer deutschen Zusammengehörigkeit bis dahin einen Halt gegeben hatte. 1806, im Jahr der größten Hoffnungslosigkit, gab der Nürnberger Buchhändler Johann Philipp PALM eine Flugschrift unter

dem Titel *Deutschland in seiner tiefsten Erniedrigung* heraus, die auch in Österreich vertrieben wurde. Der Text, dessen Verfasser unbekannt geblieben ist, brandmarkte die Willkürherrschaft NAPOLEONS und den schamlosen Flaggenwechsel der deutschen Fürsten. NAPOLEON ließ PALM und zwei österreichische Kaufleute, die das Büchlein verbreitet hatten, im August von einem Militärgericht zum Tode verurteilen und erschießen. Die Flugschrift selbst hätte niemals eine so aufrüttelnde Wirkung haben können wie Palms Exekution. Seit dem 26. August 1806 besaßen die deutschen Patrioten ihren ersten Märtyrer.«[35]

Als im Oktober 1809, während NAPOLEON nach seinem Sieg über Österreich in Schönbrunn weilte, hier ein junger Mann namens Friedrich STAPSS aufgegriffen wurde, weil er die Ermordung des Kaisers plante,

> »entsetzte sich NAPOLEON über die Entschlossenheit des jungen Deutschen, der ihm beim Verhör ins Gesicht sagte, daß es kein Verbrechen sei, den Kaiser zu töten, sondern eine Pflicht. ›Es lebe die Freiheit! Es lebe Deutschland!‹ waren seine letzten Worte, ehe er erschossen wurde. Der Kaiser konnte diesen Jüngling lange nicht vergessen. ›Dieser Unglückliche will mir nicht aus dem Sinn‹, erklärte er, ›wenn ich an ihn denke, verwirren sich meine Gedanken. Dies geht über mein Verstehen.‹«[36]

Als sich im Frühjahr 1809 österreichische Erfolge im Krieg gegen NAPOLEON zeigten, kam es zu einem von den Franzosen schnell niedergeschlagenen Aufstand des Obersten der königlich-westfälischen Leibgarde Friedrich VON DÖRNBERG.

Zu nennen ist in diesem Zusammenhang auch FRIEDRICH WILHELM VON BRAUNSCHWEIG, der wegen der schwarzen Uniform seines mit Österreich verbündeten Freikorps der »Schwarze Herzog von Braunschweig« genannt wurde. Er hatte bei Jena und Auerstedt gegen NAPOLEON gekämpft und unternahm 1809 mit seinem Freikorps weitere Aktionen, bis er nach England entkam. Er fiel 1815 während der Befreiungskriege in Belgien.

Schließlich muß man auf das im April 1809 begonnene Unternehmen des Husarenmajors Friedrich VON SCHILL hinweisen, das von Österreich mit Geldmitteln unterstützt, aber vom preußischen König, der mit NAPOLEON zwangsverbündet war, mißbilligt wurde. SCHILL schlug sich mit seiner Einheit bis nach Stralsund durch, fand hier aber im Straßenkampf gegen die Franzosen und ihre Verbündeten den Tod. Die gefangenen Soldaten und Offiziere sahen ihrer strengen Bestrafung entgegen. In Wesel erschossen die Franzosen am 16. September 1809 standrechtlich 11 SCHILLsche Offiziere.[37]

Eine besondere Rolle spielte bei den gegen die französische Fremdherrschaft gerichteten Einzelaktionen der am 20. Februar 1810 in Mantua standrechtlich erschossene Tiroler Andreas HOFER.

Im Frieden von Preßburg hatte Österreich 1805 Tirol an das mit NAPOLEON verbündete Bayern abtreten müssen, aber den Tirolern im Krieg von 1809 die Rückkehr zu Österreich versprochen. Wegen seiner erneuten Niederlage hatte Österreich jedoch im Frieden von Schönbrunn Tirol wiederum preisgeben müssen.

Unter der Führung von Andreas HOFER hatten die Tiroler sich 1809 mit wechselndem Erfolg auf österreichischer Seite am Krieg beteiligt, und sie führten ihn nach dem Schönbrunner Frieden eigenständig weiter. Der dafür geächtete Andreas HOFER geriet durch Verrat in französische Hand und wurde zum Tode verurteilt. Eine Intervention des österreichischen Kaisers und des bayerischen Kronprinzen LUDWIG konnte ihn nicht vor der Vollstreckung des Todesurteils retten.[38]

Besonders das Jahr 1809 hatte deutlich gezeigt, daß die Deutschen trotz des letzten österreichischen Versuchs, die Macht NAPOLEONS militärisch zu brechen, und trotz der dargestellten Einzelaktionen auf sich gestellter Widerstandskämpfer nicht zu einem sie alle vereinenden Freiheitskampf fähig waren.

Alle deutschen Fürsten standen als ängstliche Zwangsverbündete und Satelliten NAPOLEONS unentschlossen und skeptisch zwischen seiner bisher immer siegreichen Macht und dem sich äußernden Freiheitswillen ihrer Untertanen.

Welche Alternativen waren für sie vorstellbar?

- Was würde mit den deutschen Dynastien geschehen, wenn eine von ihnen mitgetragene Erhebung gegen NAPOLEON mit einer neuen Niederlage endete?
- Und was geschähe im Falle eines Sieges? Würden sie ihre als legitim angesehene obrigkeitliche Herrschaft gegenüber dem Freiheitswillen ihrer von den modernen nationalen, liberalen und demokratischen Ideen erfüllten Untertanen behaupten können?

Die ›*deutsche Frage*‹ kündigte sich bereits in der Zeit der fast unumschränkten Herrschaft des napoleonischen Empires als ein *äußerst schwieriges und vielseitiges politisches Problem* an.

Philosophie, Dichtung, Bildung

Ein äußerlich sehr merkwürdiger Widerspruch verbirgt sich hinter der Tatsache, daß das klägliche Ende des Heiligen Römischen Reiches Deutscher Nation und die völlige politische Entmachtung der Deutschen durch NAPOLEON I. einherging mit einem großartigen *Höhepunkt* ihrer *Kultur*. Offensichtlich konnten sich die vielen hoffnungsvollen Ansätze der deutschen geistigen Entwicklung, die sich bereits im 18. Jahrhundert gezeigt hatten, trotz des völligen Verlustes der politischen Macht kontinuierlich fortsetzen.

Man darf die Behauptung wagen, daß der Zerfall der traditionellen politischen Strukturen ausgeglichen wurde durch den Höhenflug der gerade jetzt einsetzenden geistigen Entwicklung, oder zugespitzt ausgedrückt, daß dem machtpolitischen Bankrott nicht der geistige gefolgt ist, sondern im Gegenteil eine durch ihn beschleunigte *Entfaltung des deutschen Geistes*, die in der Geschichte Deutschlands ihresgleichen sucht.

Die *Philosophie* entwickelte ein Menschenbild, das zur geistigen Grundlage eines gegen das napoleonische Herrschaftssystem gerichteten Befreiungskampfes werden konnte.

Zu nennen sind neben der oben bereits angeführten berühmten Definition der Aufklärung durch Immanuel KANT vor allem seine bis 1790 erschienenen Werke, die die Möglichkeiten und Grenzen menschlichen Erkenntnisvermögens sowie eine autonome Ethik der praktischen Vernunft begründeten. »Die praktische Vernunft«, die bei KANT identisch mit dem Willen ist, »empfängt das Gesetz weder vom Willen Gottes noch vom Naturtriebe, sondern schöpft es aus der eigenen Tiefe, sie verpflichtet sich selbst.« Im kategorischen Imperativ brachte KANT seine Ethik auf einen Punkt:

> »Handle so, daß die Maxime deines Willens jederzeit zugleich als Prinzip einer allgemeinen Gesetzgebung dienen könne.«[39]

Die aus dem menschlichen Willen und der menschlichen Vernunft entspringende Ethik wurde von KANT nicht inhaltlich bestimmt, sondern formal. Sie schaffte den aufgeklärten Menschen, der mutig für die von ihm erkannte Wahrheit eintrat. Es liegt auf der Hand, daß diese Philosophie im weitesten Sinne auch die Grundlage für den politisch mündigen Menschen werden konnte, der sich in der Gegenwart der napoleonischen Diktatur gegen eben diese auflehnte.

Zwar hat der Rigorismus der KANTschen Ethik, der den Gegensatz von sittlicher Pflicht und sinnlicher Neigung betonte, bei Friedrich SCHILLER zur abmildernden Theorie der »schönen Seele« geführt, in der Pflicht und Neigung zur Harmonie gelangten. Diese mehr ästhetische Weiterentwicklung des KANTschen Denkens konnte während der napoleonischen Herrschaft das verantwortliche politische Handeln der Menschen zusätzlich anspornen.

Zu den führenden Gestalten der geistigen Entwicklung in Deutschland gehörte Johann Gottlieb FICHTE, der seit 1790 die KANTsche Philosophie kennenlernte und bekannte:

> »Ich lebe in einer neuen Welt, seit ich die Kritik der praktischen Vernunft gelesen habe. Dinge, von denen ich glaubte, sie könnten mir nie bewiesen werden, z. B. der Begriff einer absoluten Freiheit und Pflicht, sind mir bewiesen, und ich fühle mich darum um so froher. Es ist unbegreiflich, welche Achtung für die Menschheit, welche Kraft uns diese Philosophie gibt, welch ein Segen sie für ein Zeitalter ist, in welchem die Moral in ihren Grundfesten zerstört und der Begriff der Pflicht in allen Wörterbüchern durchgestrichen war.«[40]

FICHTE entwickelte in seiner *Wissenschaftslehre* den Gedanken der Selbsttätigkeit der Vernunft und des Ichs, dessen Produkt alle Wirklichkeit ist. Er wurde zum Verkünder des reinen Idealismus, der vor allem die Generation der romantischen Dichter begeisterte. Während der napoleonischen Fremdherrschaft ist FICHTE in den Jahren 1807/08 durch seine *Reden an die deutsche Nation* hervorgetreten, in denen er eine Nationalerziehung forderte, um die Grundlagen eines deutschen National- und Freiheitsbewußtseins zu schaffen.

1810 wurde die *Berliner Universität* gegründet, FICHTE war bald ihr Rektor. Sie wurde zur Trägerin einer Bildungsreform, die untrennbar mit dem Namen des aus preußischem Beamtenadel stammenden Wilhelm VON HUMBOLDT verbunden ist und mitten in der Zeit der tiefsten politischen Erniedrigung Preußens begann. Grundlage der Reform war das nach dem Vorbild der griechischen Antike durch die Weimarer Klassik entwickelte Ideal einer harmonischen Humanität, in der Geist und Sinnlichkeit, Pflicht und Neigung zu einem ausgewogenen Ausgleich gelangten.

HUMBOLDT stand auf der Höhe der Bildung seiner Zeit und kannte die Weimarer Klassiker. Seine als Leiter der preußischen Sektion für Kultus durchgeführte Bildungsreform sollte für mehr als hundert Jahre die deutsche Universität und das deutsche Gymnasium prägen.

Bei den Weimarer Klassikern und der deutschen Klassik im allgemeinen denkt man vor allem an SCHILLER und GOETHE während ihrer Freundschaft in den Jahren 1794 bis 1805. In seiner *Iphigenie auf Tauris* hatte GOETHE dem Ideal der Humanität bereits 1787 ein Denkmal gesetzt, während SCHILLER sich mit ihr in seinen theoretischen Schriften und seiner Gedankenlyrik während der folgenden mit den revolutionären und kriegerischen Unruhen erfüllten Jahren auseinandersetzte. Seine Dramen *Die Jungfrau von Orleans* (1802) und *Wilhelm Tell* (1804) wirkten sich in dieser Zeit zwangsläufig als Aufruf zu Freiheit und Vaterlandsliebe aus.

Man muß auch auf das Drama *Die Hermannsschlacht* hinweisen, das Heinrich VON KLEIST, erfüllt von einer tiefen Feindschaft gegen die Fremdherrschaft NAPOLEONS, 1809 erscheinen ließ.

Die deutsche klassische Dichtung, die hier nur knapp und pauschal erwähnt werden kann, hat gewiß in erster Linie die an Aufklärung und griechischer Antike orientierten allgemeinmenschlichen Werte und Ideale verwirklichen wollen. Sie enthielt keine Rezepte zu aktuellem politisch-praktischen Verhalten. Doch unbestreitbar ist, daß jene Deutschen, die vom Geist ihrer klassischen Dichter erfaßt waren, deutlich spüren mußten, daß dieser in krassem Gegensatz zur Wirklichkeit der napoleonischen Fremdherrschaft stand.

Schließlich muß man Ernst Moritz ARNDT nennen, der mit seinen patriotischen Liedern erst während der Befreiungskriege der großen Öffentlichkeit bekannt geworden ist, aber auch schon vorher zum Widerstand gegen Unfreiheit und nationale Unterdrückung aufgerufen hat. Als Sohn eines freigelassenen Leibeigenen auf Rügen geboren, war ARNDT schon früh von dem Drang nach persönlicher Freiheit und der Notwendigkeit unantastbarer Menschenrechte überzeugt gewesen. Daher gehörte er anfangs durchaus nicht zu den Feinden der Französischen Revolution und hatte NAPOLEON sogar bewundert. Als dieser dann aber seine drückende Fremdherrschaft auf Deutschland ausdehnte, wandelte er sich zu einem seiner glühendsten Feinde.

ARNDT war 1805 Professor in Greifswald und mußte wegen seiner antinapoleonischen Flugschrift *Geist der Zeit* nach Stockholm fliehen. Später war er Privatsekretär des Freiherrn VOM STEIN, nachdem dieser vor der napoleonischen Verfolgung nach St. Petersburg ausgewichen war.

ARNDT stand vor allem unter dem Einfluß Johann Gottfried HERDERS und der Geisteshaltung der deutschen Romantik, die sich gleichzeitig mit jener der deutschen Klassik entwickelte und etwa bei Schillers *Jungfrau von Orleans* in diese hineinwirkte.

Die deutschen Romantiker, auf die ebenso wie auf die Klassiker hier nur pauschal hingewiesen werden kann, protestierten gegen die durch die Aufklärung eingeleitete einseitige Herrschaft der Vernunft, indem sie das Individuelle, Subjektive, Irrationale und von Sehnsucht und Gefühl bestimmte Wesen des Menschen betonten, das sich vor allem in der Sprache, im Volkslied, im Märchen offenbare.

Hatte HERDER bereits im 18. Jahrhundert den Weg gewiesen, so ließen Clemens BRENTANO und Achim VON ARNIM in den Jahren 1805 bis 1808 ihre dreibändige Sammlung *Des Knaben Wunderhorn* erscheinen. Sie enthielt Lieder vom späten Mittelalter bis zur Gegenwart. Die beiden Dichter hatten sie teilweise selbst umgestaltet und stellten mit ihnen in einer Zeit der politischen Erniedrigung die Vielseitigkeit und den Reichtum der deutschen Kultur dar.

Schon vorher hatten sie die Brüder GRIMM zur Sammlung von Volksmärchen angeregt, die schließlich ab 1812 unter dem Namen *Kinder- und Hausmärchen* erschienen. Die Brüder GRIMM begründeten zugleich die deutsche Philologie und Altertumswissenschaft und stärkten mit ihrer Märchensammlung, die zu einem der meistgedruckten Bücher deutscher Sprache werden sollte, das kulturelle deutsche Selbstbewußtsein.

In die gleiche Richtung wirkte der Rheinländer Josef GÖRRES, der eng mit ARNIM und BRENTANO zusammenarbeitete und von einem Bewunderer der Französischen Revolution zum leidenschaftlichen Gegner NAPOLEONS geworden war. Mit seinen 1807 herausgegebenen *Teutschen Volksbüchern* richtete er den Blick auf das Mittelalter und weckte so besonders das Verständnis für die altdeutsche Art.

Das Mittelalter und das vergangene Reich erschienen den Romantikern häufig in einem verklärten Licht und weckten in ihnen die Sehnsucht nach einem neuen. Durch ihre Begeisterung für das Ursprüngliche, das sie in der Sprache, im Wesen unverfälschten Volkstums und in der Geschichte zu finden glaubten, wurden sie zu kulturellen Wegbereitern eines sich bildenden deutschen Nationalbewußtseins.

Soziale, politische und militärische Reformen

Philosophie, klassische und romantische Dichtung sowie die ihnen in ihren Wertvorstellungen verwandte HUMBOLDTsche Bildungsreform waren aus demselben Geist erwachsen, der auch grundlegende politische, gesellschaftliche und militärische Reformen hervorbrachte.

Preußen wurde während seiner politischen Ohnmacht nach dem Tilsiter Frieden durch Wilhelm von Humboldt und andere der erfolgreichste deutsche Reformstaat Es modernisierte auch seine Sozial- und Verwaltungsordnung sowie sein Militärwesen. Es schuf auf diese Weise die notwendigen geistigen und materiellen Voraussetzungen für die nach dem verunglückten napoleonischen Rußlandfeldzug beginnende Befreiung Deutschlands.

Die sozialen und verwaltungspolitischen Reformen sind vor allem mit dem Namen des Reichsfreiherrn Heinrich Friedrich Karl vom und zum Stein, aber auch seines Nachfolgers Karl August von Hardenberg verbunden, die militärischen hauptsächlich mit Gerhard von Scharnhorst, August von Gneisenau und Carl von Clausewitz.

Stein stammte aus uraltem Adel, sein reichsunmittelbarer Besitz lag in Nassau und wurde als Folge des Reichsdeputationshauptschlusses von 1803 mediatisiert. Schon früh in preußische Dienste getreten, wurde er 1804 als Minister ins Generaldirektorium berufen, aber schon im Januar 1807 vom König wieder entlassen. Sein Drängen, Preußen aus seiner seit 1795 bestehenden Neutralität an der Seite Österreichs und Rußlands gegen Napoleon zu führen, sowie seine Reformvorschläge, die Eigentümer in die politische Verantwortung einzubeziehen und die Untertanenverhältnisse abzuschaffen, um die Menschen innerlich mit ihrem Staat zu verbinden, hatten ihm die Ungnade des zögernden und vor Radikalmaßnahmen zurückschreckenden Königs eingetragen, so daß dieser ihn nach der verlorenen Schlacht bei Jena und Auerstedt entließ.

Jedoch nach dem für Preußen katastrophalen Frieden von Tilsit berief ihn der König erneut in sein Ministerium.

> »Friedrich Wilhelm hatte... verlegen nach Vorschlägen des Kaisers wegen eines neuen Mannes gefragt, und Napoleon hatte auf Stein verwiesen. Sicherlich wußte er vom Konflikt des Königs mit ihm und hoffte heimlich, bei dem Verhältnis zwischen Monarch und Diener sei es ihm um so leichter, Einfluß auf die preußische Politik zu gewinnen. Vielleicht dachte er auch daran, Stein ganz auf seine Seite zu ziehen, zumal der französische Kommandant von Berlin, bei dem Stein bei seiner Rückkehr von Nassau in Berlin vorgesprochen hatte, ein günstiges Urteil über Stein abgab. – Jedenfalls hat Napoleon selbst dem Reformator Preußens den Weg zurück ins Amt gebahnt und damit den Mann an die Spitze des preußischen Staates gebracht, dessen Sinnen und Denken bei Tag und Nacht nur dem einen Ziel galt, den Tyrannen Europas zu stürzen.«[41]

Ab Juli 1807 an die Spitze der preußischen Politik zurückgelangt, begann er sofort, seine Reformen so, wie er sie in der kurzen Zeit seiner Amtsenthebung in seiner Nassauer Denkschrift dargestellt und begründet hatte, zu verwirklichen. Indem er von dem Grundsatz ausging, daß die Menschen, wenn sie zur Mitverantwortung in Staat und Gesellschaft befähigt werden sollten, über die persönliche Freiheit und die aus ihr fließenden Rechte verfügen müßten, knüpfte er an die Zeit seiner ersten Tätigkeit im preußischen Dienst an. Gewiß stand er dabei unter dem Einfluß der durch die Französische Revolution proklamierten Freiheitsrechte; aber im Gegensatz zu dieser wollte er sie nicht durch die radikale Zerstörung der althergebrachten Gesellschaftsverhältnisse erreichen, sondern durch ihre konstruktive Weiterentwicklung. Adel und Besitz sollten nicht abgeschafft, sondern in Einklang gebracht werden mit der politischen und gesellschaftlichen Emanzipation des bisher in Untertänigkeit und Besitzlosigkeit gehaltenen Volkes.

> »Auf drei großen Gebieten ist während seiner 14monatigen Amtstätigkeit die Neuordnung des Lebens der preußischen Nation angebahnt worden: in der Bauernbefreiung, der neuen Städteordnung und der Reorganisation der obersten Verwaltungsbehörden.«[42]

Das am 9. Oktober 1807 vom König erlassene »Edikt, den erleichterten Grundbesitz und den freien Gebrauch des Grundeigentums sowie die persönlichen Verhältnisse der Landbewohner betreffend«, beseitigte vom Martinitag 1810 an die bäuerliche Unfreiheit auf dem Lande. Dieses Gesetz war in seiner politischen und gesellschaftlichen Gesamtwirkung ein großer Durchbruch auf dem Wege zur Schaffung eines freien, sich selbst bestimmenden Menschen; aber es schuf andererseits das Problem der Grundherrenentschädigung, weil der Grundsatz der Rechtsstaatlichkeit, der den Schutz des Eigentumsrechts beinhaltete, nicht aufgegeben werden konnte.

STEIN wollte zwar verhindern, daß sich die Grundherren durch Einziehen des Bauernlandes für den Verzicht auf ihre bisherigen Rechte entschädigten, und verbot durch eine Verordnung vom 14. Februar 1808 »die Verwandlung von Bauernland in Hofland«,[43] aber sein im Juli 1810 ernannter Nachfolger VON HARDENBERG, der das STEINsche Reformwerk auch in anderen Bereichen in einem liberalisierten Sinne fortsetzte, schuf durch das Regulierungsedikt vom 14. September 1811 die gesetzlichen Grundlagen für diese Entschädigung durch Teile des bisherigen Bauernlandes. Diese Lösung der Eigentumsfrage führte bei manchen befreiten Bauern zur Landflucht, weil der ihnen verbleibende Grund und Boden ihre bäuerliche Existenz nicht mehr sicherte oder weil sie unfähig waren, von ihrer neuen Freiheit den richtigen Gebrauch zu machen.

Trotz dieser gesellschaftlich abträglichen Nebenwirkung bleibt STEINS Bauernbefreiung ein großer Fortschritt auf dem Wege zur Abschaffung überholter feudalistischer Strukturen. Es ist anzunehmen, daß er, falls er länger im Amt hätte bleiben können, sozialverträgliche Lösungen der Entschädigungsfrage gefunden hätte.

Die Städteordnung vom 19. Oktober 1808 schuf die kommunale Selbstverwaltung freier Bürger.

> »Nach dieser Verordnung kann man mit Recht den Freiherrn VOM STEIN als den Schöpfer der preußischen und deutschen Städtefreiheit bezeichnen.«[44]

Ihr folgte am 24. November 1808 ein Edikt, das die preußische Staatsführung modernisierte, indem ein Staatsrat mit Ressortministern unter dem Vorsitz des Königs gebildet wurde.

Ebenso wie STEIN ließen sich auch die Reformer des preußischen Heeres von dem Grundgedanken leiten, daß die aus absolutistischen Zeiten stammenden Strukturen, die dem Adel das Privileg der Offiziers- und Kommandostellen mit dem entsprechenden öffentlichen Ansehen und den Untertanen die Rolle des unmündigen und oft unwürdig behandelten einfachen Soldaten zuwiesen, abgeschafft werden müßten. Aus Untertanen seien nur dann verantwortungsbewußte und ihr Land innerlich bejahende Menschen zu machen, wenn sie auch als Soldaten entsprechend emanzipiert würden. In dieser Meinung waren sich die preußischen Militärreformer mit den Erneuerern auf anderen Gebieten, wie STEIN und HUMBOLDT, einig.

Hinter dieser Grundüberzeugung stand bei allen die Hoffnung, auf diese Weise die Voraussetzungen zu schaffen für die irgendwann mögliche Befreiung von der napoleonischen Diktatur.

Gerhard VON SCHARNHORST, der einige Jahre vorher aus hannoverschem in preußischen Dienst getreten war, wurde als maßgebliches Mitglied der vom König nach der Katastrophe von Jena und Auerstedt eingesetzten Militär-Reorganisationsorganisation zum »eigentlichen Schöpfer des neuen preußischen Heeres«. Er arbeitete eng mit Carl VON CLAUSEWITZ zusammen, der später das bedeutende militärtheoretische Buch *Vom Kriege* schrieb.

Neithardt VON GNEISENAU stand

> »seit 1786 in preußischem Dienst, trat... im Kriege 1806/1807 vor allem durch seinen Anteil an der beispielhaften Verteidigung Kolbergs hervor. Von hoher geistiger Kultur geprägt, von stürmischem Idealismus und leidenschaftlichem Nationalgefühl erfüllt, war er in seiner Bereitschaft zum Appell an den ursprünglichen Kampfeswillen einer durch Fremdherrschaft unterdrückten und ausgebeuteten Nation weit radikaler als SCHARNHORST«.[45]

Die preußischen Militärreformer wollten ein Volksheer mit allgemeiner Wehrpflicht und Aufstiegschancen auch für Soldaten aus den unteren Volksschichten schaffen. Entehrende Disziplinarstrafen wurden abgeschafft. Heeresstruktur, Militärausbildung, Kriegstechnik wurden modernisiert, und gewiß stand hinter allem bis zu einem gewissen Grade das Vorbild des Feindes, der mit seiner revolutionären *Levée en masse* die Franzosen zu Nationalgefühl und militärischen Höchstleistungen befähigt hatte.

> »Nach dem Willen der Reformer sollte das Heer eine Schule der mit dem vaterländischen Boden verbundenen Menschen werden.«[46] Soldatsein wurde zum nationalen Ehrendienst.

Durch sein ›Krümpersystem‹, indem er Mannschaftsjahrgänge schon nach verkürzter Ausbildung wieder entließ, um neue einziehen zu können, schuf

SCHARNHORST trotz der von NAPOLEON beschränkten Mannschaftshöchstgrenze ein Mehrfaches an Kampfkraft des preußischen Heeres. Auf diese Weise entstand in den Jahren 1808 bis 1812 eine ansehnliche und kriegstüchtige preußische Armee.

NAPOLEON hatte selbstverständlich schnell erkannt, daß die preußischen Reformen sich als Schwächung seines Herrschaftssystems auswirken würden und daß er sich besonders in dem von ihm selbst einige Monate vorher empfohlenen Leiter der preußischen Politik, dem Freiherrn VOM STEIN, getäuscht hatte.

Zwar war STEIN der französischen Besatzungsmacht in ihren Forderungen teilweise sehr weit entgegengekommen, um Ruhe für seine preußische Reformpolitik zu gewinnen, andererseits erwog er ernsthaft die Möglichkeit, mit Österreich und Rußland offensiv gegen NAPOLEON vorzugehen, weil Österreich sich 1808 bereits auf einen neuen Feldzug vorbereitete und die Franzosen durch den spanischen Aufstand militärisch in Schwierigkeiten geraten waren. Vor solchen Plänen aber schreckte der ängstliche König zurück, weil er NAPOLEON nach der preußischen Katastrophe von 1806/1807 militärisch für unbesiegbar hielt.

Ein entsprechender Brief STEINS vom 15. August 1808 wurde von der französischen Polizei abgefangen und gelangte in die Hand NAPOLEONS, so daß dieser die soforige Abberufung STEINS verlangte und Preußen zu einem Abkommen mit sehr harten Bedingungen zwang.[47] Der König beugte sich dem französischen Druck. Hatte er STEIN im Juli 1807 auf französischen Wunsch zum Leiter der preußischen Politik gemacht, so entließ er ihn jetzt am 14. November 1808, weil NAPOLEON sich anders entschieden hatte. Deutlicher konnte die politische Ohnmacht Preußens nicht demonstriert werden.

Einer von NAPOLEON am 16. Dezember 1808 verfügten Verhaftung entging STEIN nur, weil der französische Gesandte, »ein Kavalier alter Schule«, ihn rechtzeitig gewarnt hatte.

> »Dazu wurde STEIN mitgeteilt, daß NAPOLEONS Truppen angewiesen seien, ihn zu erschießen, falls sie seiner habhaft würden.«[48]

STEIN entkam nach Böhmen und im Mai 1812 auf Einladung des Zaren nach St. Petersburg, wo er sich leidenschaftlich für die Bekämpfung NAPOLEONS einsetzte

Die Flucht STEINS und das ängstliche Zurückweichen des Königs vor NAPOLEON, das sich noch verstärkte, nachdem dieser 1809 Österreich erneut besiegt hatte, erzeugten in Preußen eine schwere Krise, so daß es nach Meinung des Staatskanzlers VON HARDENBERG eigentlich nur noch um die Erhaltung seiner staatlichen Existenz ging.[49]

HARDENBERG entwickelte zwar durch die Einführung der Gewerbefreiheit, das schon erwähnte Regulierungsedikt und die Judenemanzipation das preußische Reformwerk in liberalem Sinne weiter; aber die außenpolitische Zwangslage nötigte ihn zu einem vorsichtigen Lavieren zwischen Rußland und Frankreich.

Zusammenbruch des napoleonischen Herrschaftssystems

Napoleons Rußlandfeldzug

Entschluß zum Angriff und Zwangslage Preußens und Österreichs

Rußland war durch den Beitritt zur Kontinentalsperre in große wirtschaftliche Schwierigkeiten geraten. Daher setzte es sich zunehmend über die auferlegten Zwangsmaßnahmen hinweg. Vor allem aus diesem Grund beschloß NAPOLEON, den Widerstand des Zaren militärisch zu brechen. Schließlich war Rußland neben Großbritannien die einzige europäische Macht, die das französische Herrschaftssystem in Europa noch gefährden konnte.

Für *Preußen* war in dieser Situation die *Überlebensfrage* gestellt. Wem sollte es sich anschließen, um im bevorstehenden Machtkampf nicht seine Existenz zu verlieren?

Nach parallelen Verhandlungen mit beiden Seiten entschloß sich der König am 24. Februar 1812 zu einem Bündnis mit NAPOLEON, das aber praktisch wegen der Gestellung eines preußischen Hilfskorps von 20 000 Mann und anderer Verpflichtungen einem Unterwerfungsvertrag gleichkam.

Der König hatte es nicht gewagt, sich einseitig Rußland zu nähern und Plänen GNEISENAUS, CLAUSEWITZ' und anderer zur Entfachung eines Volkskrieges in Nordwestdeutschland zuzustimmen. GNEISENAU wäre angesichts der Not und Unzufriedenheit mit der französischen Zwangsherrschaft bereit gewesen, an die Spitze einer Erhebung zu treten, dem jedoch England die erhoffte Zustimmung versagt hatte.

> »Unter den Patrioten der Kriegspartei machten sich« infolgedessen »im Frühjahr 1812 Resignation und Verzweiflung breit. Hunderte von Offizieren erbaten und erhielten ihren Abschied, GNEISENAU wurde unter Weiterzahlung seiner Bezüge beurlaubt und reiste über Österreich, Rußland und Schweden nach England, BOYEN ging nach Rußland, ebenso CLAUSEWITZ, der diesen Schritt in seiner berühmten ›Bekenntnisschrift‹ rechtfertigte.
>
> Dem allgemeinen Defätismus, der von der Regierungspolitik selbst ausstrahlte und in zunehmendem Maße vor allem die oberen Stände und die Beamtenschaft erfaßte, stellte er noch einmal seine Überzeugung von der Notwendigkeit und Möglichkeit einer nationalen Erhebung entgegen. SCHARNHORST allerdings blieb auf seinem Posten als Chef des Generalstabs und heimlicher Kriegsminister und sicherte auf diese Weise die Kontinuität der preußischen Heeresreform bis zum Ausbruch der Befreiungskriege.[50]

In *Österreich* hatte Clemens Fürst VON METTERNICH im Oktober 1809 das Außenministerium übernommen. Er wurde für die nächsten Jahrzehnte zum wichtigsten

Leiter der österreichischen Politik. Sein Ziel war es zunächst, die Monarchie nach dem soeben geschlossenen prekären Frieden von Schönbrunn vor weiteren Verlusten zu bewahren und zu NAPOLEON ein erträgliches Verhältnis anzustreben.

METTERNICH war konservativ eingestellt, bewunderte aber bis zu einem gewissen Grad den aus eigener Kraft zum Inhaber der Macht emporgestiegenen NAPOLEON als

> »den Bändiger der Revolution, den genialen Administrator und autoritären Herrscher, der die obrigkeitlichen Funktionen des Staates wieder zur Geltung gebracht hatte«.[51]

Er wußte aber auch, daß NAPOLEONS Autorität nur so lange bestehen konnte, wie seine tatsächliche Macht andauerte, weil er nicht über die traditionelle Legitimation eines alten Herrschergeschlechts verfügte. Andererseits neigte METTERNICH aber auch zur Vorsicht gegenüber Rußland, weil er dessen Druck auf Österreich und Europa ebenfalls fürchtete.

Offensichtlich besaß NAPOLEON jedoch wie für Preußen auch für ihn das stärkere Gewicht, so daß er schon im Februar 1810 die Ehe der Erzherzogin MARIE LUISE mit NAPOLEON befürwortet hatte und am 14. März 1812 gegen starke Widerstände am Hof und in der Bevölkerung ein Bündnis mit Frankreich schloß. In diesem war Österreich zwar auch der schwächere Partner, aber es war keineswegs ein Unterwerfungsvertrag wie jenes zwischen Preußen und Frankreich.

METTERNICHS Politik verriet, daß er ähnlich wie Preußen in der bevorstehenden Auseinandersetzung einen Sieg NAPOLEONS über Rußland für wahrscheinlich hielt und aus diesem Grunde in einem Zusammengehen mit Frankreich die einzige realistische Möglichkeit sah, die Existenz des eigenen Staates zu sichern. Die Zukunftsaussichten Österreichs waren allerdings unvergleichlich größer als jene Preußens. Österreich stand nicht unter französischer Besatzung und verfügte, obwohl es noch 1809 militärisch besiegt worden war, auch über ein stärkeres Heer. Außerdem, so hoffte man, werde die Ehe der Erzherzogin MARIE LUISE mäßigend auf NAPOLEON wirken und das moralische Gewicht Österreichs erhöhen.

Niederlage

Im Mai 1812 begann der französische Angriff auf Rußland.

NAPOLEONS Heer ist unter dem Namen ›Große Armee‹ in die Geschichte eingegangen, weil es über die damals unerhörte Zahl von mehr als 500 000 Soldaten verfügte.[52] Von diesen bildeten die Franzosen selbst nur eine Minderheit, während die Mehrzahl aus anderen Europäern bestand, von denen die Deutschen aus den mit NAPOLEON verbündeten deutschen Staaten das Hauptkontingent stellten. Der Feldzug verlief von Anfang an vor allem deswegen schwierig, weil die Russen vor einer großen Entscheidungsschlacht in die Tiefe ihres Landes auswichen. Die Franzosen gelangten zwar unter großen Verlusten, die sich nicht nur aus einzelnen blutigen Kämpfen, sondern auch aus der Unwirtlichkeit des Landes, aus Organisationsmängeln, aber auch aus einer grassierenden Fahnenflucht ergaben, bis Moskau. Hier aber warteten sie vergeblich auf Verhandlungen mit dem Zaren, so daß sie nach einem Großbrand in der Stadt viel zu spät den Rückzug antraten, der sich im russischen Winter zu einer fürchterlichen Katastrophe steigerte.[53] Nur etwa der zehnte Teil des großen Heeres soll die preußischen und polnischen Grenzen lebend wieder erreicht haben. Die Kunde von ihrem jämmerlichen Zustand verbreitete sich schnell in ganz Europa. Zum ersten Mal hatte NAPOLEON eine entscheidende Niederlage erlitten.

Steins und Arndts Wirken in Rußland

Der Freiherr VOM STEIN weilte zu dieser Zeit als Berater des Zaren »in allen deutschen Fragen« in Rußland und hatte sich leidenschaftlich für die Bekämpfung NAPOLEONS und »die antinapoleonische Propaganda unter den deutschen Soldaten in der französischen Armee« eingesetzt. Er versuchte sogar, aus Überläufern und Gefangenen eine »deutsche Legion« zu bilden und Pläne für die Neuordnung Deutschlands nach seiner Befreiung zu entwickeln.

> »Als Verfasser zahlreicher Flugschriften war« der ebenfalls nach Rußland geflohene »Ernst Moritz Arndt sein treuer Weggenosse. . .; mit seinem *Kurzen Katechismus für deutsche Soldaten* verbreitete er unter den Truppen der mit NAPOLEON verbündeten deutschen Fürsten die Überzeugung, daß die Treue zu Volk und Vaterland und das Gefühl für Freiheit und Ehre der Nation höher zu achten seien als ein Fahneneid, der einen Soldaten verpflichte und zum Werkzeug einer tyrannischen Fremdherrschaft mache.«[54]

Während STEIN, ARNDT und ihre Gesinnungsfreunde voller Zuversicht auf einen endgültigen Sturz NAPOLEONS hinarbeiteten, näherten sich die russischen Truppen der preußischen Grenze.

Unsicherheit und Uneinigkeit der Napoleongegner

NAPOLEON aber hatte die Reste seiner ›Großen Armee‹ im Stich gelassen, fühlte sich keineswegs endgültig geschlagen und kam bereits am 18. Dezember 1812 wieder in Paris an, um sofort mit neuen Streitkräften auf den Kriegsschauplatz zurückzukehren. Er war gezwungen, die Geburtsjahrgänge, die für 1813 und 1814 als Rekruten vorgesehen waren, einzuberufen.[55] Seine Reserven waren offensichtlich so sehr erschöpft, daß er auf Soldaten zurückgreifen mußte, die kaum dem Kindesalter entwachsen waren.

NAPOLEONS Rückkehr auf das Schlachtfeld verhieß für die Zukunft Deutschlands nichts Gutes. Die politische Lage war unsicher und undurchsichtig:

- Würden die russischen Truppen ihren Vormarsch nach der Befreiung Rußlands fortsetzen und gegebenenfalls die mit NAPOLEON zwangsverbündeten deutschen Staaten, vor allem Preußen, angreifen?

- Kündigte die Katastrophe der ›Großen Armee‹ bereits das Ende der napoleonischen Herrschaft an, oder würde NAPOLEON seine deutschen Verbündeten mit seiner neuen Armee weiterhin zur Gefolgschaft zwingen können?

Wie sollten sich die deutschen Fürsten verhalten? Sie befanden sich immer noch in dem gleichen Dilemma wie vor dem Rußlandfeldzug, als sie sich ängstlich vor einer Solidarisierung mit ihren aufbegehrenden Untertanen hüteten.

- Ein nationaler Befreiungskampf, wie ihn STEIN und andere deutsche Patrioten forderten, würde sie im Falle einer Niederlage dem französischen Kaiser noch hilfloser als bisher ausliefern.
- Ein Sieg aber würde wegen der im Volk verbreiteten nationalen, liberalen und demokratischen Forderungen ihre eigene Herrschaftslegitimität gefährden.
- War unter diesen Voraussetzungen eine völlige Vernichtung der napoleonischen Herrschaft für sie überhaupt wünschenswert?

Die antinapoleonischen Kräfte wurden aber angesichts der vorrückenden Russen trotz ihrer inneren Gegensätze zum *gemeinsamen Handeln* gezwungen.

Geradezu symptomatisch für die Lage war die in der Geschichte als *›Konvention von Tauroggen‹* bezeichnete Abmachung vom 30. Dezember 1812 zwischen dem General VON YORCK, der ein preußisches Hilfskorps als Teil der französischen Nordarmee befehligte, und dem russischen General VON DIEBITSCH, als dessen Truppen in Grenznähe vorstießen. Ohne Beauftragung durch seinen König schloß YORCK mit DIEBITSCH ein Neutralitätsabkommen und verhinderte so einen feindlichen Einmarsch der Russen in das mit NAPOLEON zwangsverbündete Preußen. YORCK war sich als grundsätzlich loyal eingestellter Offizier der Unerhörtheit seines Ungehorsams bewußt, als er an der mit DIEBITSCH geschlossenen Konvention konsequent festhielt, obwohl der König sie mißbilligte und ihn absetzte.

Der Zar hatte nach der von YORCK bewirkten Neutralisierung Ostpreußens den Freiherrn VOM STEIN am 18. Januar 1813 als den »getreuesten Untertan des preußischen Königs« vorläufig mit diktatorischer Gewalt in Preußen ausgestattet.[56]

Wenn der Zar STEIN bisher als seinen Berater akzeptiert und jetzt mit konkreten politischen Aufgaben betraut hatte, hatte er sich eines Mannes bedient, der zwar die Prinzipien autokratischer Herrschaft ablehnte, ihm jedoch im Kampf gegen NAPOLEON nützlich war – aber eben nur so lange, wie der preußische König durch sein Zwangsbündnis an NAPOLEON gebunden war.

Machtpolitisch konnte STEIN den Zaren überzeugen, »es liege auch im russischen Interesse, über die Weichsel hinaus gegen die Franzosen vorzustoßen, um den französischen Eroberer endgültig zu besiegen«; aber für seine weitergehenden, sich über die Rechte althergebrachter Legitimität deutscher Fürsten hinwegsetzenden Pläne zugunsten der nationalen Einheit eines im freiheitlichen

Sinne emanzipierten Volkes war der Zar nicht ohne weiteres zu gewinnen, obwohl er zeitweise modernen Wünschen nach einer Reform absolutistischer Herrschaft nicht ohne Sympathie gegenüberstand.

> »Für STEIN waren diese Pläne mit der Mobilisierung der nationalen Leidenschaften der Deutschen gegen NAPOLEON verbunden. Auf dem Wege zur nationalen Einheit und Freiheit ging STEIN souverän über den Partikularismus und die Rechte deutscher Fürsten hinweg. Ihm waren die Dynastien in diesem Augenblick großer Entwicklung vollkommen gleichgültig, es waren bloß ›Werkzeuge‹. ›Mein Glaubensbekenntnis ist Einheit.‹ Deutschland sollte zwischen Frankreich und Rußland selbständig, unabhängig, im Besitz seiner Nationalität groß und stark sein, das sei das Interesse der Nation, aber auch Europas.«[57]

STEINS Einfluß auf den Zaren und dessen Sympathien für moderne Ideen waren gewiß nicht zu unterschätzen, aber man sollte stets im Auge behalten, daß in Wirklichkeit die traditionellen russischen Gesellschafts- und Herrschaftsverhältnisse ihr großes Gewicht behaupteten.

Zwischen dem *national-freiheitlichen* STEIN und dem *konservativen* YORCK, die sich beide in der äußeren Bekämpfung NAPOLEONS einig waren, zeigte sich sofort der heftigste *ideologische Konflikt*. Als sich beide Männer in Königsberg trafen, prallten in ihnen der Wille zu moderner liberaler Veränderung und die Beharrung auf altpreußische Tradition schroff aufeinander. YORCK hatte schon, als STEIN noch die offizielle preußische Politik bestimmte, dessen Reformen scharf abgelehnt. Jetzt weigerte er sich, »so einen Revolutionär« anzuerkennen, obwohl er durch seine Tauroggener Konvention soeben selbst dem König gegenüber formal revolutionär gehandelt hatte.

YORCKS eigenverantwortliches Handeln in Tauroggen war aus einer Gewissensnot entstanden, in der er immer den Interessen des Königs dienen wollte, und bedeutete für ihn selbst keineswegs einen grundsätzlichen Bruch mit seinen altkonservativen Anschauungen oder gar eine Anerkennung der von STEIN vertretenen politischen Prinzipien. Vor sich selbst rechtfertigte er sein Handeln als mit dem eigentlichen Dienst gegenüber seinem König in Einklang stehend. Dem König schrieb er:

> »Ich erwarte nun sehnsuchtsvoll den Ausspruch Ew. Majestät, ob ich gegen den wirklichen Feind vorrücken soll, oder ob es die politischen Verhältnisse erheischen, daß Ew. Majestät mich verurteilen. Beides werde ich mit treuer Hingebung erwarten, und ich schwöre Ew. Majestät, daß ich ebenso ruhig auf dem Sandhaufen, wie auf dem Schlachtfelde, auf dem ich grau geworden bin, die Kugel erwarten würde.«[58]

Die nach der Konvention von Tauroggen schon vor Beginn der eigentlichen Befreiungskriege unter den politischen Vorkämpfern im Rahmen der gemeinsamen Front gegen NAPOLEON sichtbar gewordenen inneren machtpolitischen, gesellschaftlichen und ideologischen Zielsetzungen deuteten bereits die Größe der zu erwartenden Schwierigkeiten an, die nach dem Zusammenbruch des napoleonischen Herrschaftssystems bei der Lösung der deutschen Frage entstehen würden:

- Wie würde die konservative fürstliche Legitimitäts- und Herrschaftsauffassung in Einklang zu bringen sein mit den als Folge der Französischen Revolution und der jüngsten französischen Fremdherrschaft in Deutschland politisch wirksam gewordenen nationalen, liberalen und demokratischen Volksinteressen?
- Würde ein Kompromiß überhaupt möglich sein?

Jedoch die deutschen Untertanen, die von ihren mit NAPOLEON zwangsverbündeten Fürsten regiert wurden, waren in ihrer großen Mehrheit selbst noch nicht von den revolutionären Zukunftsideen ergriffen.

> »Die deutsche Nation existierte zunächst nur in den Köpfen von STEIN, ARNDT und einigen wenigen anderen, in ihren Herzen und Sinnen. Selbst ARNDT war nur der gewaltige Publizist, der große Sänger und Poet, solange Deutschland unter dem Druck der Besatzung ächzte, solange er Deutschland durch den fremden Zwang noch nicht ›bei sich selbst‹ sah, solange er noch glauben und hoffen konnte, daß der Todfeind des Deutschtums, der Deutschen und ihrer Einheit kein anderer war als NAPOLEON und nicht, wie er seit 1813 endgültig zu begreifen begann, die fürstliche Obrigkeit der Deutschen.«[59]

Befreiungskrieg

Preußisch-russisches Kriegsbündnis

Das Vorrücken der russischen Streitkräfte zwang die preußische Politik, sich endlich zwischen dem Zaren und NAPOLEON zu entscheiden.

Der Zar schickte STEIN zur Anbahnung eines russisch-preußischen Bündnisses mit einem entsprechenden Angebot zum preußischen König, der seine Residenz nach Breslau verlegt hatte, weil er in Berlin unter unmittelbarer Beobachtung der französischen Besatzung stand. Ende Februar 1813 wurde im russischen Hauptquartier in Kalisch und am preußischen Regierungssitz in Breslau eine Allianz geschlossen, der etwa einen Monat später eine Proklamation mit den vereinbarten Kriegszielen folgte:

Man wolle die Freiheit und Unabhängigkeit der Fürsten und Völker Deutschlands wiederherstellen, den Rheinbund auflösen und die Wiedergeburt eines Reiches mit einer Verfassung »aus dem ureignen Geist des deutschen Volkes« ohne Intervention, aber unter dem Schutz Rußlands fördern. Die Unabhängigkeit aller europäischen Staaten solle wiederhergestellt und Frankreich in »rechtmäßigen« Grenzen erhalten bleiben. Alle Fürsten wurden aufgefordert, dem antinapoleonischen Bündnis beizutreten, andernfalls sie ihren Thron verlören, wenn sie auf der Seite NAPOLEONS verharrten.

Inzwischen hatte Preußen am 16. März 1813 Frankreich den Krieg erklärt und FRIEDRICH WILHELM III. einen Tag später den in der deutschen Geschichte berühmten Aufruf »An mein Volk« erlassen.

Der König appellierte an das nationale Freiheitsverlangen und die Opferbereitschaft des durch NAPOLEON ausgebeuteten Volkes. Im Einklang mit den Vorstellungen der Reformer SCHARNHORST und GNEISENAU wurden die Preußen aufgerufen, für ihren König, ihr Vaterland und ihre Ehre in Freikorps einzutreten, der Allgemeinen Wehrpflicht zu folgen und sich für die Landwehr und den Landsturm bereit zu halten. Als Tapferkeitsauszeichnung für den bevorstehenden Befreiungskampf stiftete der König das Eiserne Kreuz.

In großer Zahl folgten Freiwillige – vor allem aus den bildungsbürgerlichen Schichten– dem Aufruf ihres Königs, während jenen, die sich vor der Wehrpflicht drückten, Strafen angedroht wurden.

Ohne Zweifel gewann im *Volk* insgesamt eine Stimmung an Boden, die in teilweise emotionsgeladenen und unklaren Vorstellungen nach *nationaler Freiheit* verlangte, während die *offiziellen* russisch-preußischen Bündnisvereinbarungen sich in dieser Beziehung sehr *vieldeutig* ausdrückten. Sie ließen sich durchaus in restaurativem Sinne interpretieren.

Formulierungen, wie etwa die ›Wiederherstellung der Freiheit und Unabhängigkeit der Fürsten und Völker Deutschlands‹, enthielten keineswegs ein Bekenntnis zu den seit der Französischen Revolution bekannten modernen liberalen und demokratischen Prinzipien. Und der Hinweis auf ein Reich mit einer aus dem »ureignen Geist des deutschen Volkes« ausgestatteten Verfassung klang zwar national und konstitutionell. Aber er konnte durchaus auch eine Auferstehung legitimistischen Obrigkeitsdenkens der Vergangenheit ankündigen.

Die nach Wiederherstellung ihrer traditionellen Herrschaft strebenden Fürsten bedienten sich zwar im Kampf gegen NAPOLEON der Stimmung ihrer antinapoleonisch gesinnten Untertanen, aber sie vermieden ihnen gegenüber von Anfang an jedes sie klar bindende nationalfreiheitliche Zugeständnis.

Metternichs Vermittlungs- und Ausgleichsvorschläge

Österreich schloß sich vorerst dem russisch-preußischen Bündnis nicht an. Sein leitender Minister METTERNICH war als realistischer Politiker angesichts der unsicheren Zukunftsaussichten vielmehr auf vorsichtige *Vermittlung* und politisches *Mächtegleichgewicht* ausgerichtet.

- Er war bereit, ein auf Frankreich mit seinen ›natürlichen‹ Grenzen – also der Rheingrenze – beschränktes Kaisertum NAPOLEONS anzuerkennen.
- Er wollte außerdem einen allzu großen Einfluß Rußlands in Europa, vor allem auf dem Balkan, das zum Interessengebiet Österreichs gehörte, vermeiden.

- Und schließlich wollte er in Deutschland eine Staatenordnung schaffen, in der Preußen nicht vorherrschen sollte, sondern Österreich seine traditionell wichtige Rolle aufrechterhalten konnte.
- Populäre nationale oder liberaldemokratische Ziele waren METTERNICH fremd, weil sie in seinen Augen Kräfte mobilisierten, die das von ihm erstrebte obrigkeitsstaatliche, auf dynastischer Legitimität beruhende und in einem machtpolitischen Gleichgewicht stehende Staaten- und Herrschaftssystem zersetzen würden. Nur durch restaurative Rückbesinnung auf bewährte Herrschaftsprinzipien und das Zugeständnis der Einbindung eines in seinen Machtbestrebungen beschränkten NAPOLEON glaubte er die durch die Französische Revolution und NAPOLEON entfesselten und in seinen Augen zerstörerischen Kräfte überwinden zu können.

Die militärischen Erfolge, die NAPOLEON im Frühjahr 1813 in Sachsen und Schlesien erzielen konnte, bestärkten METTERNICH in seiner vorsichtigen Politik, zumal sie bei Russen und Preußen sogar Zweifel an ihrer militärischen Fähigkeit erzeugten, NAPOLEON entscheidend schlagen zu können. Ein schwerer Verlust war auch der Tod des bekannten preußischen Heeresreformers SCHARNHORST als Folge einer Verwundung auf dem Schlachtfeld.

Jedoch auch NAPOLEON war wegen seiner nur noch knappen Reserven vorsichtig geworden, so daß er unter Vermittlung Österreichs Anfang 1813 einen Waffenstillstand abschloß, um Zeit für die Reorganisierung seiner militärischen Schlagkraft zu gewinnen. Später sah er in diesem Waffenstillstand allerdings einen schweren Fehler, weil seine Gegner ihn für sich selbst zu dem gleichen Zweck ausgenutzt hatten.

Der eingetretene militärische Stillstand bestärkte METTERNICH in seiner Absicht, einen stabilen Mächteausgleich und daher einen Friedenskongreß anzustreben. Ende Juni 1813 reiste er nach Dresden, nachdem auch die vorsichtiger gewordenen Staaten Preußen und Rußland seinem Friedensplan zugestimmt hatten,

> »um mit NAPOLEON persönlich zu verhandeln. Die Alternative wurde NAPOLEON jetzt gestellt: Entweder sei er bereit, den Kongreßplan METTERNICHS anzunehmen und Grenzen für Frankreich anzuerkennen, die mit einer europäischen Friedensordnung vereinbar seien, oder Österreich werde in die Koalition und damit in den Krieg gegen Napoleon eintreten«.[60]

Der Bericht METTERNICHS über sein mehr als achtstündiges Gespräch mit NAPOLEON enthüllte in aller Deutlichkeit die beiderseitige Lage:

Auf der einen Seite stand das auf einen europäischen Friedensplan hinauslaufende österreichische Angebot mit ausgleichenden und festgelegten Staatsgrenzen in Europa unter Beibehaltung von NAPOLEONS Kaisertum in einem territorial verringerten, aber weiterhin als Großmacht anerkannten Frankreich.

Auf der anderen Seite zeigte sich das Dilemma napoleonischer Herrschaft: NAPOLEON konnte seine Machtposition nicht einschränken, weil sie für ihn das einzige Fundament seiner politischen Existenz war. Zugeständnis und Mäßigung mußte er als Vorboten seines politischen Untergangs betrachten:

»Meine Herrschaft überdauert den Tag nicht, an dem ich aufgehört habe, stark und folglich gefürchtet zu sein«, soll er gesagt haben. Er empfand sich deutlich als Emporkömmling, der sich nur aufgrund von Macht und Stärke behaupten konnte, während seine Gegner ihre Herrschaft zusätzlich auf eine durch Tradition gerechtfertigte Legitimität stützen konnten.

> »Indem ich eine Erzherzogin heiratete, habe ich das Neue mit dem Alten verschmelzen wollen, die gotischen Vorurteile mit den Institutionen meines Jahrhunderts: Er wiederholte, daß er einsehe, sich getäuscht zu haben, und die ganze Größe seines Irrtums empfinde. ›Es kann mich den Thron kosten, aber ich werde die Welt unter seinen Trümmern begraben.‹«[60]

Napoleon mußte schon seit Beginn seiner Laufbahn als der durch außergewöhnliche militärische Erfolge, Staatsstreich und gelenktes Plebiszit in den Besitz der Macht gelangte Emporkömmling den eigenen *Mangel an traditioneller Legitimität* empfunden haben. Ein Bedürfnis nach ihr hätte dem aus der Revolution mit Hilfe ihrer Ideen emporgestiegenen Machthaber eigentlich fremd sein müssen. Die Revolution wollte doch die sakrosankte Souveränität des Herrschers, die sich aus der legitimen Tradition einer alten Dynastie ergab und daher als »von Gottes Gnaden verliehen« angesehen wurde, ein für allemal abschaffen. Offensichtlich aber hatte sich die Vorstellung von der besonderen Würde der in Jahrhunderten entstandenen fürstlichen Herrschaftslegitimität so stark behaupten können, daß selbst ein Napoleon wie nach einer höheren Weihe schon sehr früh nach ihr verlangt hatte.

Wie anders war schon der zeremonielle Pomp seiner Kaiserkrönung zu verstehen, durch die er sich eine über seine traditionslose Machtstellung hinausgehende Legitimation geben wollte? Der gleichen Absicht hatte seine Ehe mit der österreichischen Kaisertochter gedient, weil sie der ältesten und vornehmsten Dynastie Europas entstammte.

> »So begreift man schließlich einen Napoleon, der nach elf Jahren Diktatur bei seiner Eheschließung mit Marie Louise genau Etikette und Kontrakt der Trauung von Ludwig XVI. und Marie Antoinette nachahmt: Legitimitätsersatz.«[61]

Jetzt, im Sommer 1813, erkannte er, daß seine Legitimitätsanleihen beim Ancien Régime erfolglos geblieben waren und er in Wirklichkeit *keine Legitimation in althergebrachtem Sinne* besaß. In dem Gespräch mit Metternich äußerte er:

> »Ihre auf dem Throne geborenen Souveräne können sich zwanzigmal schlagen lassen und immer wieder in ihre Hauptstadt zurückkehren; aber ich kann das nicht, weil ich ein militärischer Emporkömmling bin. Meine Herrschaft wird den Tag nicht überleben, an dem ich nicht mehr stark und daher nicht mehr gefürchtet werde.«[61]

Für NAPOLEON gab es 1813 als einzige Existenzgrundlage nur die faktische Macht eines aus dem Nichts Aufgestiegenen. Daher konnte er zu keinem auf eigener Schwäche beruhenden Verständigungsfrieden im Sinne METTERNICHS bereit sein, sondern er war gezwungen zu kämpfen, gleichgültig, ob er am Ende triumphieren oder untergehen würde.

Welche unbegrenzten Opfer er für seine allein durch die faktische Macht gewährleistete Existenz zu bringen bereit war, sagte er, als METTERNICH ihn auf die hohen Verluste seines mißglückten Rußlandfeldzuges hinwies:

> ». . . ein Mann wie ich schert sich wenig um das Leben einer Million Menschen.«

Und diesen Machtstandpunkt verband er mit einem nationalen Hochmut revolutionären Ursprungs, indem er hinzufügte:

> »Ich habe in dem Feldzug von Moskau dreihunderttausend Mann verloren, es waren nicht mehr als dreißigtausend Franzosen darunter.«

Obwohl METTERNICH nationalistisches Denken grundsätzlich fremd war, soll er protestierend geantwortet haben:

> »Sie vergessen, Sire, daß Sie zu einem Deutschen sprechen.«[62]

Eintritt Österreichs in die preußisch-russische Koalition

In METTERNICH und NAPOLEON standen sich zwei Kontrahenten mit einander ausschließenden Herrschaftsprinzipien gegenüber.

METTERNICH schwebte eine europäische Friedensordnung von Staaten vor, die von legitimen Dynastien beherrscht würden und sich in einem machtpolitischen Gleichgewicht befinden sollten. Frankreich sollte als Großmacht in diese Friedensordnung eingefügt werden. Dafür war METTERNICH bereit – gleichsam als Ausnahme von seinen grundsätzlichen Legitimitätsvorstellungen –, in Frankreich den »Emporkömmling« NAPOLEON zu tolerieren.

NAPOLEON wußte, daß ihm die traditionelle Legitimation fehlte und daß seine Versuche, sie zu erlangen, gescheitert waren. Ob er wollte oder nicht, sein einziges Herrschaftsfundament war und blieb seine faktische Macht. Er konnte daher in keine seine Macht beschränkenden Kompromisse gegenüber den europäischen Großmächten einwilligen, weil sie auf seinen politischen Selbstmord hinauslaufen würden.

Stand NAPOLEON so in einem unüberbrückbaren Gegensatz zu den legitimen Herrschern Europas, so hatte er aber auch den nationalen Haß der nach Emanzipation gegenüber ihren Fürsten verlangenden Völker auf sich gezogen.

Er hatte sich zunächst zur Errichtung seiner plebiszitären Diktatur in Frankreich der revolutionären liberalen, demokratischen und nationalen Prinzipien geschickt bedient, sie dann auch im Gefolge seiner siegreichen Feldzüge teilweise mit großer populärer Zustimmung in Europa verbreitet. Er hatte so ganz entscheidend zu den politischen Freiheitsforderungen der Völker gegenüber ihren fürstlichen Herrschern beigetragen. Dann aber hatte er als notwendige Folge seiner Eroberungsfeldzüge durch seine Unterdrückungsmaßnahmen diese Prinzipien wieder verraten, so daß sich die Völker in ihrem Freiheitsverlangen, dem häufig genug oft nur der Wunsch nach physischem Überleben zugrunde lag, jetzt ebenfalls gegen ihn wandten.

- In den Völkern war eine allgemeine Feindschaft gegen die französische Fremdherrschaft entstanden, die von liberalen und zunehmend auch von nationalen Impulsen getragen wurde.
- Unter ihren Fürsten herrschte allerdings lediglich der Wille, NAPOLEONS Hegemonie machtpolitisch zu brechen, um eine neue restaurative und legitimistische Friedensordnung zu schaffen.

Obwohl das Gespräch zwischen METTERNICH und NAPOLEON bereits die grundsätzliche Unvereinbarkeit der beiderseitigen Positionen gezeigt hatte, schien NAPOLEON zunächst auf die Vorschläge einer bewaffneten österreichischen Vermittlung eingehen zu wollen.

Er war mit einer Verlängerung des Waffenstillstandes einverstanden, aber auf die harten territorialen Bedingungen des am 27. Juni 1813 zwischen Österreich, Rußland und Preußen ausgehandelten Vertrages von Reichenbach, die NAPOLEON annehmen sollte, um einen österreichischen Kriegseintritt zu verhindern, antwortete er nicht. Die logische Folge war, daß Österreich am 12. August 1813 NAPOLEON den Krieg erklärte und der russisch-preußischen Koalition beitrat. Dem am 9. September 1813 abgeschlossenen *Allianzvertrag*, der die Kriegsziele der Verbündeten enthielt, trat England bei, so daß NAPOLEON sich jetzt einer geschlossenen Front aller europäischen Großmächte gegenübersah.

Die Verbündeten versprachen, den Krieg mit jeweils 150 000 Mann zu führen und Frieden nur gemeinsam auf der Grundlage des europäischen Gleichgewichts von 1805 zu schließen, was für Deutschland auf eine Hinnahme der französischen Rheingrenze hinauslief und eine Ungültigkeitserklärung der durch den Reichsdeputationshauptschluß von 1803 bewirkten Veränderungen ausschloß.[63]

Deutlich zeigte dieser Allianzvertrag den Unterschied zwischen den politischen Zielen der Großmächte und den Wünschen der nach nationaler Einheit auf freiheitlicher Grundlage strebenden Männer, wie des Freiherrn VOM STEIN, Ernst Moritz ARNDTS, Joseph GÖRRES', Wilhelm VON HUMBOLDTS und vieler anderer Deutscher. Solange NAPOLEON unbesiegt war, wurden jedoch alle zum gemeinsamen Kampf gegen seine Herrschaft zusammengezwungen.

Äußere Befreiung Deutschlands

Der antinapoleonischen Koalition war inzwischen auch Schweden beigetreten.

Die Verbündeten behaupteten sich in verlustreichen Kämpfen, bis es ihnen vom 16. bis 18. Oktober 1813 in der sehr blutigen ›*Völkerschlacht von Leipzig*‹ gelang, den entscheidenden Sieg zu erringen. Er beseitigte mit einem Schlag das gesamte Herrschaftssystem NAPOLEONS im rechtsrheinischen Deutschland.

Hoffnungsvolle nationale Stimmungen verbreiteten sich sofort unter den kämpfenden Soldaten und im Volk, wie die zahlreichen Freiheitsgedichte und –lieder, die jetzt entstanden, bezeugten. Die Verse des 1813 gefallenen Theodor KÖRNER, der dem Lützower Freikorps angehörte, des aus Tilsit stammenden Max VON SCHENKENDORF oder Ernst Moritz ARNDTS und anderer waren von einem hohen Freiheitspathos getragen. Sie drückten nicht nur ihren Haß gegenüber der Fremdherrschaft NAPOLEONS aus, sondern beschrieben darüber hinaus als Wunschziel ein einiges Vaterland mit freien Menschen. Die starke Emotionalität vieler Texte verband mit dem ›Vaterlandsbegriff‹ alle positiven ethischen Werte und hob den Kampf um die Freiheit bisweilen in eine fast religiöse Sphäre.

In dem 1814 entstandenen Lied Max von SCHENKENDORFS *Frühlingsgruß an das Vaterland* wurde das nationale Freiheitsverlangen sogar mit einem weiter lebenden Reichsgedanken verknüpft:

> »Weiter, weiter mußt du dringen, du, mein deutscher Freiheitsgruß, sollst vor meiner Hütte klingen an dem fernen Memelfluß. Wo noch deutsche Worte gelten, wo die Herzen, stark und weich, zu dem Freiheitskampf sich stellten, ist auch heil'ges deutsches Reich.«

In einer weiteren Strophe scheint der Dichter auf den Kampf um die bürgerliche Freiheit anzuspielen, der nach der Erringung der äußeren Freiheit noch bevorstehe:

> »Aber einmal müßt ihr ringen noch in ernster Geisterschlacht, und den letzten Feind bezwingen, der im Innern drohend wacht. Haß und Argwohn müßt ihr dämpfen, Geiz und Neid und böse Lust; dann nach schweren langen Kämpfen, kannst du ruhen, deutsche Brust.«

In der letzten Strophe, auf dem Gipfel seines Appells, ruft er aus:

> »Ihr in Schlössern, ihr in Städten, welche schmücken unser Land, Ackersmann, der auf den Beeten deutsche Frucht in Garben band; traute deutsche Brüder, höret meine Worte alt und neu: nimmer wird das Reich zerstöret, wenn ihr einig seid und treu!«[64]

Angesichts der Tatsache, daß die politische Führung und Macht der gegen NAPOLEON verbündeten Staaten bei den auf Restauration ihrer althergebrachten Herrschaft erpichten Fürsten lag, denen die auf nationale Einheit mit freien Bürgern zielenden Volkswünsche eine unwillkommene Einschränkung verhießen, konnte Max VON SCHENKENDORF diese nur indirekt in seinem ethischen Appell zur Überwindung von Haß und Argwohn formulieren. Sein Wunsch, daß alle, nämlich jene, die in Schlössern, und jene, die in Städten und auf dem Lande lebten, einige Brüder in einem nicht zerstörbaren Reich würden, ist nur so zu deuten. Unüberhörbar ist auch die nationale Sehnsucht nach einem alle Deutschen umfassenden

Reich; denn auch die Gebiete an der Memel, die nicht zum 1806 untergegangenen alten Reich gehört hatten, wurden von SCHENKENDORF ausdrücklich genannt.

Man sollte sich allerdings hüten, die sich ohne Zweifel nach der Leipziger Schlacht häufenden und lauten Stimmen als Ausdruck eines Nationalgefühls anzusehen, das das gesamte Volk bis in seine untersten Schichten erfaßt hätte.

In einem Gespräch mit dem Historiker Heinrich LUDEN soll GOETHE gesagt haben:

> »Sie sprechen von dem Erwachen, von der Erhebung des deutschen Volkes und meinen, dieses Volk werde sich nicht wieder entreißen lassen, was es mit Gut und Blut teuer erkauft hat, nämlich die Freiheit. Ist denn wirklich das Volk erwacht? Weiß es, was es will und was es vermag?... Der Schlaf ist zu tief gewesen, als daß auch die schärfste Rüttlung so schnell zur Besinnung zurückzuführen vermöchte... Erhebt sich, wer gewaltsam aufgestöbert wird? Wir sprechen nicht von den Tausenden gebildeter Jünglinge und Männer, wir sprechen von der Menge, den Millionen.«[65]

STEIN, dessen gesamtdeutsche und freiheitliche Einstellung bekannt war, wurde zum Leiter einer Zentralverwaltung für jene deutschen Gebiete ernannt, über die NAPOLEON verfügt hatte und die nach seiner Niederlage herrenlos geworden waren, wie etwa das Königreich Westfalen. Seine Ernennung war aber gewiß nur ein taktisches Zugeständnis an die jetzt wach gewordenen nationalen und freiheitlichen Stimmungen, weil man auf sie zur endgültigen Niederringung NAPOLEONS nicht verzichten konnte.

Es zeigte sich von Anfang an, daß STEIN gegenüber den auf legitimistische Restauration ausgerichteten Zielen der Fürsten wenig auszurichten vermochte.

Er mußte es hinnehmen, daß die Landesherren des nach der Leipziger Völkerschlacht zusammengebrochenen Rheinbundes sich beeilten, unter Zusicherung ihres Besitzstandes und ihrer Souveränität Anschluß an die Koalition der Siegermächte zu gewinnen. Sein

> »Wirkungskreis ward von Tag zu Tag enger. Zwar antichambrierten wochenlang die deutschen Souveräne bei dem grimmigen Reichsfreiherrn im Hauptquartier zu Frankfurt am Main. Dieser ließ sie seine Verachtung gründlich spüren. Er sprach von der Sintflut von ›Prinzlein‹, die sehr erstaunt seien, daß man so viel Umstände mit ihnen macht und ihnen ein viel ehrenvolleres Dasein zugesteht, als sie durch ihr erbärmliches Betragen verdienen.«[66]

STEIN konnte die restaurative Entwicklung nicht verhindern, sondern ihr nur die Verachtung eines national und freiheitlich denkenden Mannes entgegensetzen.

Hatten sich die Rheinbundfürsten 1806 opportunistisch unter das Patronat des mächtigen französischen Kaisers gestellt, ihre Bindung an das dahinsinkende Heilige Römische Reich Deutscher Nation zerrissen, sich teilweise Rangerhöhungen von NAPOLEONS Gnaden verschafft und seine Machtpolitik aktiv mit unterstützt, so verließen sie ihn jetzt ebenso skrupellos, als seine Macht zerbrach, um unter den neuen Machtverhältnissen ihre alten Herrschaftsrechte wieder zu festigen.

»In einem Punkt aber setzte STEIN sich durch. Den Friedensbestrebungen METTERNICHS gegenüber gelang es ihm, den Zaren für den Plan der völligen Niederwerfung Frankreichs zu gewinnen. Wie BLÜCHER militärisch, so trieb STEIN politisch die Monarchen ständig voran auf das unverrückbare Ziel Paris.«[67]

Angesichts der großen Unterschiede der erbündeten in ihren politischen Zukunftsplänen kann man diese Bemühungen STEINS gar nicht hoch genug einschätzen.

Wenigstens die Niederringung NAPOLEONS und damit die *äußere Befreiung* ganz Deutschlands schien zu gelingen, während die national-freiheitlichen Volksinteressen zunehmend in den Hintergrund traten, und zwar nicht zuletzt auch deswegen, weil sie nach GOETHES Meinung noch nicht unter den »Millionen« verbreitet waren.

Napoleons endgültige Niederringung

Vor allem METTERNICH hatte immer noch nicht die Hoffnung auf einen Friedensschluß unter Einbeziehung NAPOLEONS aufgegeben. Seine Politik war nach wie vor auf ein international stabiles Gleichgewicht der europäischen Großmächte ausgerichtet. Er fürchtete bei Fortsetzung des Krieges zum Nachteil Österreichs in Europa ein allzu starkes Anwachsen der Macht Rußlands und in Deutschland ein zu mächtig werdendes Preußen. Daher machte er im Einvernehmen mit England und Rußland, aber ohne Beteiligung Preußens, NAPOLEON sogar jetzt noch einmal ein Friedensangebot, in dem er Frankreich »natürliche Grenzen« zusicherte. Und erst, als der zu einem Machtkompromiß unfähige NAPOLEON dieses abgelehnt hatte, überschritten die Verbündeten den Rhein und drangen in Frankreich ein.

Anfang Februar 1814 einigten sie sich auf einem Friedenskongreß in Chatillon unter maßgeblicher Vermittlung des englischen Außenministers CASTLEREAGH auf Kriegsziele, die Frankreich immer noch den Großmachtstatus, aber nicht mehr seine »natürlichen Grenzen«, also den Rhein, sondern nur noch sein vorrevolutionäres Territorium von 1792 zugestanden. NAPOLEON, dessen formale Abdankung aber auch jetzt noch niemand gefordert hatte, lehnte trotz seiner immer aussichtsloser werdenden Lage diese Bedingungen ab, weil er wußte, daß jeder verlustreiche Kompromiß die Grundlage seiner politischen Existenz mit Sicherheit zerstören werde und er daher weiterhin versuchen müsse, sich militärisch zu behaupten.

Die vier alliierten Großmächte hatten inzwischen auf der Grundlage ihres von NAPOLEON verschmähten Friedensangebotes am 1. März 1814 ihr Kriegsbündnis in Chaumont erneuert und konnten bereits Ende März 1814 Paris erobern.

NAPOLEON aber erlebte jetzt auch im Herzen seines eigenen Landes, was er immer schon gewußt hatte, daß seine Autorität einzig und allein durch seine bisherige Macht gewährleistet worden war und in sich zusammenstürzte, sobald er ohnmächtig geworden war.

Obwohl die äußeren Umstände seiner Abdankung für die Problematik der deutschen Frage unwichtig sind, seien sie doch als Beispiel gesinnungsloser politischer Anpassungsfähigkeit erwähnt. Seine Anhänger und Nutznießer verhielten sich nämlich in Frankreich ähnlich wie jene in Deutschland, über die STEIN sich bereits verächtlich geäußert hatte. Solange er mächtig war, waren sie seine servilen Befehlsempfänger gewesen. Jetzt verließen sie ihn skrupellos, weil seine Macht sich in nichts aufgelöst hatte.

> »Der Rest ist bekannt. Es sind die ärgsten Kriecher, die krummsten Rücken, die sich jetzt aufrichten: Der Senat, jahrelang der Schuhputzer NAPOLEONS, verkündet seine Absetzung, zwei Marschälle des Kaiserreichs, die Sitz im Senat haben, stimmen dafür. Zugleich bestimmen diese Herren, daß ihr Amt erblich ist, und garantieren sich selbst ihre Einkünfte! Und die anderen Waffengefährten, die jahrelang mit Millionen, mit Palästen, mit Titeln und Auszeichnungen überschüttet worden sind? Sie zwingen ihn jetzt in Fontainebleau, ihnen zu Willen zu sein und sich zu fügen. Sie kommen daher und erzählen ihm, daß die Armee genug von ihm habe, daß die Nation ihn bespucke und daß er so schnell wie möglich zu verschwinden habe. Ein vergoldeter Abzug: Elba und ein Jahresgehalt für ihn. Parma für MARIE-LUISE und das Kind, reichliche Trinkgelder für den Clan. NAPOLEON schlägt ein, hat allerdings auch keine andere Wahl.«

Sogar seine Diener verleugnen und verlassen ihn; aber er weiß sich in Fontainebleau

> »zu dem Theaterstück des Abschieds aufzuschwingen. Hier ist wieder alles da: die geküßte Fahne, die Schnurrbärte, die eine Träne wegfluchen, der umarmte General, eine Regie, eine Theaterinszenierung, die jetzt noch Bewunderung für eine so unvergleichliche Geste hervorrufen und uns etwas von der Kraft des Talents spüren lassen, mit der NAPOLEON selbst an seiner eigenen Legende gewoben hat«.[68]

Er, der, seiner Macht beraubt, den skrupellosen menschlichen Opportunismus seiner engsten Mitstreiter und Vertrauten erkennen mußte, hinterließ aber durch seinen theatralischen Abschied in Fontainebleau für sein Andenken in der Geschichte wenigstens ein heroisches Bild.

Schon am 30. Mai 1814 konnte der Erste Pariser Friede geschlossen werden, durch den Frankreich im wesentlichen seine Grenzen von 1792 behauptete und LUDWIG XVIII., der Bruder des 1793 hingerichteten LUDWIG XVI., als französischer Herrscher und legitimer König anerkannt wurde. Das auf diese Weise wiederhergestellte bourbonische Frankreich wurde nicht als besiegter Feindstaat behandelt, sondern zu dem ebenfalls angekündigten Friedenskongreß eingeladen, der eine nach dem Zusammenbruch des napoleonischen Herrschaftssystems notwendig gewordene politische Neuordnung Europas beschließen sollte.

Die Sieger verzichteten auf eine Kriegsentschädigung und ließen sich von

Frankreich nur einen Teil der in Europa geraubten Kunstschätze, wie etwa die Quadriga des Berliner Brandenburger Tores, zurückgeben.

Napoleon durfte den Kaisertitel behalten, bekam als Souverän die kleine Insel Elba als Wohnsitz zugewiesen und sollte sogar vom französischen Staat jährlich eine Geldzahlung erhalten.

Übrig blieb die Frage, wie sich der bis zu seiner Niederlage kompromißlos kämpfende Kaiser in seinem Stolz und Selbstverständnis damit abfinden konnte, sein Leben fortan als von seinen Feinden geduldeter Kleinfürst zu verbringen. Ein Selbstmordversuch soll seiner Abdankung vorausgegangen sein. Oder hat er, nachdem dieser mißlungen war, noch mit einer sich ihm irgendwie und irgendwann bietenden Möglichkeit gerechnet, den Kampf um die Macht erneut aufnehmen zu können?

Die Bestimmungen des Ersten Pariser Friedens schienen äußerlich unter Ausklammerung der Französischen Revolution und ihrer Folgen das Ancien Régime fortsetzen zu wollen, weil man mit dem Bruder des 1793 hingerichteten Königs ein Mitglied des durch die Revolution abgesetzten bourbonischen Königshauses inthronisierte, der sich offiziell als Ludwig ›den Achtzehnten‹ bezeichnete. Diese Zählung signalisierte die Fiktion einer Kontinuität der bourbonischen Dynastie, indem der während der Revolutionsjahre im Kindesalter verstorbene Sohn Ludwigs XVI. stillschweigend als ›Ludwig der Siebzehnte‹ vorausgesetzt wurde.

Der Verzicht der Siegermächte auf Kriegsentschädigung zeigte, daß ein restauratives Frankreich bis zu einem gewissen Grad ihren Wünschen entsprach und man dieses nicht mit Wiedergutmachungspflichten gegenüber den durch die napoleonischen Kriege geschädigten Völkern belasten wollte.

Andererseits bewiesen die Siegermächte durch die glimpfliche Behandlung Napoleons, daß sie vor einem Tribunal zu seiner Aburteilung zurückschreckten, nicht zuletzt, um wahrscheinliche Diskussionen über die durch die Revolution und Napoleon verbreiteten Ideen und Proteste seiner Anhänger zu verhindern.

Auch Ludwig XVIII. konnte diese Ideen und die durch sie bewirkten Veränderungen nicht einfach übergehen, weil er eine vom Senat beschlossene neue Verfassung nicht souverän abzulehnen wagte, sondern den durch die Revolution aufgewerteten Volkswillen dadurch berücksichtigte, daß er diese Verfassung zwar aufhob, um sie anschließend unverändert, aber formal aus königlicher Souveränität wieder zu erlassen. Man könnte darin einen Versuch sehen, den Konflikt zwischen der absolutistischen Idee legitimer und souveräner Königsherrschaft und den durch die Revolution mächtig gewordenen Forderungen eines auf der Volkssouveränität beruhenden Konstitutionalismus zu vermeiden.

Der Kongreß zur politischen Neuordnung Deutschlands und Europas trat im Herbst 1814 in Wien zusammen und dauerte unter dramatischen Umständen bis zum Sommer 1815. Nicht nur die sich widerstreitenden Machtinteressen der siegreichen Verbündeten führten zu inneren Spannungen, die sich teilweise bis zu Kriegsdrohungen steigerten, sondern auch der für überwunden gehaltene Napo-

LEON betrat noch einmal als Akteur die politische Bühne und versetzte Europa erneut in spannungsgeladene Unruhe.

Im März 1815 war er, von Elba kommend, in Südfrankreich gelandet und anschließend im Triumphzug als zurückgekehrter Kaiser in Paris eingezogen. Dieser glänzende Erfolg hatte zwar gezeigt, wie groß seine Anhängerschaft in Frankreich immer noch war. Aber in dem sofort wieder ausbrechenden Krieg wurde er im Mai 1815 bei Waterloo von Engländern und Preußen endgültig geschlagen. Er mußte zum zweiten Mal – und diesmal endgültig – abdanken und wurde anschließend bis an sein Lebensende auf die ferne britische Insel Sankt Helena verbannt.

LUDWIG XVIII. konnte seine Herrschaft erneut antreten, mußte allerdings mit den Siegermächten am 20. November 1815 den Zweiten Frieden von Paris schließen, der zwar nicht mehr so günstig war wie der erste, weil er einige Territorialverluste, eine Kriegsentschädigung und eine zeitweilige Besatzung vorsah. Insgesamt aber ließ auch er Frankreich als handelnde Großmacht bestehen. Offensichtlich hielten die Siegermächte an ihrer Vorstellung fest, nicht Frankreich als Land für die überwundene Kriegsepoche in Europa verantwortlich zu machen, sondern allein die Ideen der Französischen Revolution und den Machtwillen ihres angeblichen Vollstreckers und Überwinders NAPOLEON.

Wiener Kongreß

Uneinheitliche politische Stimmungs- und Ausgangslage

Zunächst herrschte überall in Europa nach dem Sturz NAPOLEONS eine unmittelbare äußere Genugtuung darüber, daß eine mehr als zwanzigjährige Kriegsepoche mit ihren Opfern und Entbehrungen zu Ende gegangen war.

Andererseits waren die Völker, ihre Fürsten und Regierungen sowohl hinsichtlich der Beurteilung der unmittelbaren Vergangenheit als auch in ihren politischen Interessen und Zielen tief gespalten.

Restaurative Tendenzen als Reaktion auf die Greuel und Opfer der überwundenen Epoche zur Wiederherstellung staatlicher und gesellschaftspolitischer Strukturen, wie sie bis zum Ausbruch der Französischen Revolution bestanden hatten, rivalisierten mit den durch die Revolution lebendig gewordenen Wünschen, Menschenrechte und Volkssouveränität in nationaler Einheit zu verwirklichen.

Restaurativ eingestellt waren vor allem die *Fürsten* und der *Adel*, aber auch *Teile des Besitzbürgertums.*

Die Kollaborateure und Profiteure des napoleonischen Herrschaftssystems hatten ihre Vergünstigungen und Einflußmöglichkeiten verloren. Sie mußten sich mit ihrer Ausschaltung abfinden oder, wenn sie neue Bedeutung gewinnen wollten, geschmeidig – was nicht selten geschah – den geänderten politischen Verhältnisse anpassen.

Bekanntestes Beispiel für die Fähigkeit, auf politische Umwälzungen opportunistisch und erfolgreich zu reagieren, war Charles-Maurice DE TALLEYRAND-PÉRIGORD, der offizielle Vertreter Frankreichs auf dem Wiener Kongreß. Er war während des Ancien Régimes Priester und Bischof von Autun geworden, nach der Einberufung der Generalstände in den Dritten Stand übergetreten und hatte in der Nationalversammlung die Verstaatlichung des Kirchengutes befürwortet, so daß der Papst ihn exkommuniziert hatte. Nach der Schreckensherrschaft war er Außenminister des Generaldirektoriums geworden. Am Aufstieg NAPOLEONS hatte er sich rechtzeitig beteiligt, anschließend dessen Kaisertum befürwortet und war auch sein Außenminister geworden. Trotzdem wirkte er nach dem Zusammenbruch NAPOLEONS bald in demselben Amt unter dem restaurativen LUDWIG XVIII.

Das vom Freiherrn VOM STEIN verachtete opportunistische Verhalten deutscher Fürsten[69] bezog sich vor allem auf die Angehörigen des Rheinbundes, die ihren Parteiwechsel zu den Siegermächten mit der Anerkennung ihrer durch NAPOLEON ermöglichten Rangerhöhungen zu verbinden trachteten. Die Herrscher Bayerns, Württembergs, Sachsens behielten ihre Königskronen wie auch alle anderen ihre angehobenen Titel und Würden. Sie verteidigten zwar ihre Herrschaftsrechte, mußten jedoch auf gewisse territoriale Gewinne, die sie NAPOLEON verdankten, verzichten oder sich Einschränkungen fügen.

Der Wiederherstellung alter Reichsverhältnisse standen sie je nach Interessenlage ablehnend bis zustimmend gegenüber:

> »Die auf souveränen Machterhalt und territorialen Zugewinn bedachten deutschen Fürsten einschließlich des österreichischen Kaisers FRANZ I., der als Kaiser FRANZ II. 1806 die römische Kaiserkrone niedergelegt hatte, waren gegen eine Wiederherstellung alter Reichsverhältnisse«, während vor allem die »Standesherren als ehemalige reichsunmittelbare Fürsten und Grafen« zusammen mit dem Papst für die »Restauration des Alten Reiches« eintraten, weil sie ihre verlorenen Rechte wiederzuerlangen hofften.

Ihre jeweilige Einstellung hing offensichtlich davon ab, ob sie sich als Profiteure oder Opfer des Reichsdeputationshauptschlusses und der politischen Umwälzungen während der napoleonischen Herrschaft betrachten konnten.

Es wäre allerdings falsch, anzunehmen, daß die deutschen Fürsten einzig und allein die Wiederherstellung der alten Rechte ihrer eigenen Dynastien und Familien im Auge gehabt hätten. Manche, wie beispielsweise der preußische und der bayerische Kronprinz, die späteren Könige FRIEDRICH WILHELM IV. und LUDWIG I., schwärmten vorübergehend von der »Auferstehung des heiligen Deutschen Reiches« oder vom großen Vaterland »Teutschland«.[70]

Diese emotionalen Anwandlungen waren über die persönlichen Befindlichkeiten hinaus ein Anzeichen für die Tatsache, daß in manchen fürstlichen Kreisen gegenüber allen Bedenken und Schwierigkeiten – wenn auch auf obrigkeitsstaatlicher Grundlage – ein deutsches Einheitsbewußtsein vorhanden war.

Auch unter den Regierungen der europäischen Mächte bestand seit Beginn der Freiheitskriege ein stillschweigendes Einvernehmen darüber, daß Deutschland nach den Wirren der napoleonischen Zeit nicht als Summe unverbunden nebeneinanderbestehender souveräner Einzelstaaten weiterbestehen solle, sondern daß es *irgendeine Form staatlicher Einheit* erhalten würde. Das verlangten nicht nur die fortwirkenden Traditionen deutscher Geschichte und das sichtbar werdende Zusammengehörigkeitsgefühl der Nation, sondern auch das Interesse der beiden deutschen Vormächte an einer hegemonialen Kontrolle der deutschen Kleinstaaten und das Interesse der Großmächte an einer Konsolidierung der Verhältnisse in Mitteleuropa.

So war bereits in der Proklamation von Kalisch, die Preußen und Rußland im Frühjahr 1813 vereinbart hatten,

> »die Wiedergeburt eines ehrwürdigen Reiches aus dem ureigensten Geist der deutschen Nation angekündigt worden, hatten sich die vormaligen Rheinbundstaaten bis auf Bayern bei ihrem Übertritt auf die Seite der Verbündeten im voraus etwaigen Souveränitätsbeschränkungen durch eine deutsche Verfassung unterwerfen müssen, war im Allianzvertrag von Chaumont und im Ersten Pariser Frieden festgelegt worden, daß die Unabhängigkeit der deutschen Einzelstaaten durch eine föderative Union eingeschränkt werden würde.

Welche Form diese Verfassung haben würde, blieb allerdings bis zum Wiener Kongreß offen«.[71]

Weitgehend einig war man sich in der Überzeugung, daß eine einfache Wiederherstellung des 1806 untergegangenen Reiches unmöglich sein werde, weil man wußte, daß dieses nicht allein durch NAPOLEON zerstört worden war, sondern sich im wesentlichen auch wegen seiner eigenen inneren Schwächen überlebt hatte.

Divergierende österreichische und *preußische* Überlegungen zur staatlichen Neugestaltung Deutschlands mündeten schließlich im Oktober 1814 in ein gemeinsames *Verfassungsprogramm*, das aus 12 Artikeln bestand, den beiden deutschen Großmächten Vorrechte einräumte, aber auf eine Nationalrepräsentation verzichtete. Die Funktionsfähigkeit und Konstruktivität dieses Vorschlags hing allerdings von der unsicheren Voraussetzung ab, daß Preußen und Österreich in allen wesentlichen Fragen ihre Einigkeit bewahrten.

Darüber hinaus war dieses obrigkeitsstaatliche Programm eine *Enttäuschung für alle Anhänger einer freiheitlichen* und *einheitlichen nationalen Verfassung*.

Zu ihnen gehörten vor allem aus dem Befreiungskrieg heimkehrende Soldaten, Teile des Bildungsbürgertums, Professoren und Studenten an den Universitäten. Sie drängten auf moderne Verwirklichung der durch Revolution und Fremdherrschaft entbundenen Ideale.

War die Herstellung einer von den Fürsten und ihren Regierungen zu schaffenden Mächtevereinbarung in einer deutschen und europäischen Friedensordnung schon kompliziert genug, so wurden die politischen Probleme durch die erwachten Interessen der Völker noch viel verwickelter, weil diese auf nationalstaatliche Einheitsvorstellungen mit einem liberalen, möglichst auf Volkssouveränität beruhenden politischen System ausgerichtet waren, das den Obrigkeitsstaat als solchen in Frage stellte.

Zwar waren die Revolution und die aus ihr hervorgegangene Fremdherrschaft NAPOLEONS als Ursache von Krieg und Unterdrückung heillos kompromittiert. Aber beide hatten andererseits im Zusammenhang mit manchen modernen Reformen die in der Aufklärung entwickelten Ideen von Menschenwürde, Menschenrechten, Volkssouveränität so sehr in das öffentliche politische Bewußtsein gehoben, daß sie sich zu drängenden aktuellen politisch-gesellschaftlichen Forderungen weiterentwickelt hatten.

Zugleich hatten sie häufig genug das *allgemeine deutsche Kulturbewußtsein* zunehmend in ein *nationales Einheitsverlangen* umgewandelt und dieses mit den *freiheitlichen Ideen* verbunden.

Der Wille des Volkes, soweit dieses überhaupt von den ideellen Voraussetzungen der politischen Umwälzungen Kenntnis nahm oder sie aufgrund seiner Bildung und gesellschaftlichen Stellung begreifen konnte oder wollte, hatte sich während der Niederringung NAPOLEONS bereits in patriotischen Freiheitsliedern offenbart. Er spiegelte sich auch jetzt in aktuellen Versen.

Das 1813 entstandene leidenschaftliche Gedicht Ernst Moritz ARNDTS *Was ist des deutschen Vaterland?*,[72] das alle Landstriche, in denen die deutsche Muttersprache gesprochen wurde, in ein neu zu bildendes Vaterland einbezog, hatte kühne idealistische Vorstellungen entwickelt. Auf diese spielte gewiß TALLEYRAND an, als er im Oktober 1814 in einem Brief an LUDWIG XVIII. schrieb, daß in Deutschland »überall revolutionäre Gärungsstoffe verbreitet« seien und der mediatisierte Adel, die Universitätslehrer und vor allem die Jugend »die Einheit des deutschen Vaterlandes« schwärmerisch und fanatisch forderten, weil sie in der »Kleinstaaterei Deutschlands« den Grund für Leiden und Kriege sähen.[73]

Aber selbst die die politische Einheit Deutschlands in einer freiheitlichen Verfassung zutiefst wünschenden Männer, wie etwa die Reformer Wilhelm VON HUMBOLDT und Freiherr VOM STEIN, wußten, daß ihr Wunsch schon wegen der preußisch-österreichischen Rivalität kaum zu erfüllen war.[73] In Verfassungsdenkschriften beschäftigten sie sich mit der zukünftigen Gestaltung Deutschlands und entwickelten als Kompromißmöglichkeiten unterschiedliche föderative Modelle. Außerdem traten sie nicht für einen revolutionären gesellschaftlichen Umsturz ein, sondern für eine organische *Kombination von ausgewogenen Volks- und Adelsrechten*, und sie befürworteten daher gleichsam als Kompromißlösung die Einführung *landständischer Verfassungen*.

Die nach Abschaffung obrigkeitsstaatlicher und feudaler Strukturen strebenden Kräfte hatten von Anfang an geringe Aussichten, ihre Ziele zu verwirklichen, weil die *politische Führung* der gegen NAPOLEON siegreichen Großmächte *in der Hand konservativer Fürsten* lag oder – wie im Falle Englands – vornehmlich auf ein friedenserhaltendes äußeres Mächtegleichgewicht in Europa ausgerichtet war.

Es war sehr fraglich, ob sich auf dem Wiener Kongreß die Probleme der deutschen Staaten in ihrem eigenen Verhältnis zueinander und mit ihren nach politischer Emanzipation und nationaler Einheit strebenden Untertanen im Zusammenhang mit ihrer Abhängigkeit von den Machtinteressen der europäischen Großmächte zu einer konstruktiven Lösung zusammenfügen würden.

Die Fürsten hatten sich zwar in den Befreiungskriegen ihrer als Soldaten kämpfenden Untertanen bedient; aber sie hatten es stets vermieden, sich ihnen gegenüber zu binden oder ihnen gar konkrete liberale und nationale Zugeständnisse zu machen. Der Sieg über NAPOLEON war in Gefahr, sich als Niederlage der fortschrittlichen nationalen und freiheitlichen Zukunftsvorstellungen gegenüber den obrigkeitsstaatlichen Herrschaftsinteressen der Fürsten auszuwirken.

Es war zwar *theoretisch* eine offene Frage, ob sich der bevorstehende Wiener Kongreß einem modernen, auf nationale Einheit zielenden Konstitutionalismus öffnen werde oder nicht. Angesichts der Tatsache aber, daß Fürsten und nicht Volksvertreter die Inhaber der Macht waren und jede grundsätzliche Umwälzung wegen der nicht vergessenen Revolutionsgreuel und Kriegsleiden als schwer belastet galt, war die Frage *praktisch* bereits vor Beginn des Kongresses *zu Ungunsten nationalfreiheitlicher Volkswünche* entschieden.

Mächtegleichgewicht und Legitimität

Der österreichische Kaiser FRANZ I. wirkte in Wien als Gastgeber. Persönlich anwesend waren der russische Zar ALEXANDER I. und der preußische König FRIEDRICH WILHELM III. Zu den herausragenden Diplomaten gehörten METTERNICH für Österreich, HARDENBERG für Preußen, CASTLEREAGH für England und TALLEYRAND für Frankreich. Schweden, Spanien, Portugal, der Papst sowie viele deutsche Kleinfürsten, Adlige und Kirchenvertreter waren ebenfalls vertreten.

Die vier siegreichen Großmächte der antinapoleonischen Koalition, Rußland, England, Österreich, Preußen, bestimmten die Richtlinien des Kongresses, während es TALLEYRAND gelang, das Gewicht des besiegten Frankreichs vom bloßen Beobachterstatus zur gleichberechtigten fünften Großmacht zu steigern.

Ziel des Kongresses war eine *Friedensordnung*, die auf einem ausbalancierten *Gleichgewicht* der *Großmächte* beruhte und in dieses die deutschen Staaten einbezog.

Strittig unter ihnen – teilweise bis zu Kriegsdrohungen – war bei der Diskussion ihrer gegenseitigen Machtansprüche vor allem das Schicksal Polens, das nicht wiederhergestellt wurde. Es sollte aber nicht zu sehr unter russischen Einfluß geraten, um ein Übergewicht des Zarenreiches in Europa zu verhindern. Außerdem waren preußische und österreichische Ansprüche aus den Teilungen Polens im 18. Jahrhundert zu berücksichtigen.

Preußen wollte das ganze Königreich Sachsen annektieren, weil dieses bis zur Leipziger Völkerschlacht an der Seite NAPOLEONS verblieben war und deshalb »dem Eroberungsrecht verfallen«[74] sei. Dem widersprach vor allem Österreich, weil es eine zu starke Stellung Preußens in Norddeutschland befürchtete. Preußen zeigte sich kompromißbereit, begnügte sich mit der Annexion von zwei Fünfteln des sächsischen Staatsgebietes und erhielt als Ausgleich dafür im Westen die Herrschaft im Rheinland bis zur Nahe.

Die Übernahme des Rheinlandes durch Preußen erwies sich von Anfang an als problematisch. Die französischen Revolutionstruppen, die am 6. Oktober 1794 die Reichsstadt Köln besetzt hatten, waren feierlich vom Stadtrat begrüßt worden. Mochte diese Anbiederung noch als Folge eigener Ohnmacht aus opportunistischen Gründen erfolgt sein, so war die folgende zwanzigjährige französische Herrschaft im ganzen Rheinland wegen ihrer freiheitlichen und modernen Reformen vom Volk keineswegs einhellig abgelehnt, sondern sogar teilweise bis zu einer NAPOLEON-Begeisterung begrüßt worden. Andererseits hatten die jahrelangen Kriegsleiden dann doch dazu geführt, daß die Kölner froh waren, als am 14. Januar 1814 die verbündeten Russen und Preußen als Befreier in die Stadt einzogen. Aber sie wandten sich zur Regelung der neuen Verhältnisse bezeichnenderweise zuerst an die Russen, und nicht an die Preußen.

»Es war ein starker Gegensatz zwischen dem freiheitlich gesinnten, in demokratischer Tradition gewachsenen Köln und dem streng absolutistischen Preußen«, bemerkte ein Kölner Stadthistoriker.[75]

Denkt man dann noch an die konfessionellen und mentalitätsbedingten Unterschiede, versteht man, daß Preußen zögerte, die Herrschaft im Rheinland zu übernehmen. TALLEYRAND gab schließlich in der Hoffnung, daß es Preußen nicht gelingen werde, das Rheinland zu integrieren, und sich später hier auf diese Weise neue politische Chancen für Frankreich ergeben könnten, den Ausschlag dafür, daß Preußen das Rheinland erhielt. Die neuen Machtverhältnisse anerkennend, versuchte die Stadt Köln, sich bereits auf ihre Weise zu arrangieren, indem sie, ohne dazu aufgefordert zu sein, am 3. August 1814 den Geburtstag des preußischen Königs FRIEDRICH WILHELM III. festlich beging.[76] *Preußen* wuchs auf diese Weise praktisch *in Deutschland hinein* und übernahm zugleich als deutsche Großmacht *den Schutz der deutschen Westgrenze.*

Österreich verzichtete auf seine alten Rechte in den südlichen Niederlanden und auf seine bisherigen Besitzungen am Oberrhein, erhielt aber alle Gebiete zurück, die es in den verlustreichen Friedensschlüssen mit NAPOLEON eingebüßt hatte. Dazu gehörten nicht nur Vorarlberg, Tirol, das Innviertel und Salzburg, sondern auch Illyrien und seine italienischen Besitzungen Mailand und Venetien. Letztere verschafften Österreich maßgeblichen Einfluß in dem politisch ungeeinigt bleibenden Italien. Im Gegensatz zu Preußen wurde seine *»Präsenz in Deutschland schwächer«*.[77] Es behauptete aber als älteste deutsche Vormacht weiterhin seinen traditionellen *Führungsanspruch* in Deutschland.

Hannover wurde in Personalunion mit England Königreich.

Den süddeutschen Ländern Bayern, Württemberg und Baden, von denen Bayern seine als ehemaliger Rheinbundstaat von Österreich annektierten Gebiete zurückgab, bestätigte man ihre durch den Reichsdeputationshauptschluß gemachten Territorialgewinne. Sie bildeten mit Sachsen, Hannover, Hessen-Darmstadt und Kurhessen die Reihe der deutschen Mittelstaaten, neben denen sich Hamburg, Bremen, Lübeck, Frankfurt als Freie Städte und noch eine Anzahl territorialer Kleinstaaten behaupteten.

Es war aufgrund dieser Verhandlungsergebnisse abzusehen, daß Deutschland – ebenso wie Polen und Italien – nach Abschluß der Beratungen die politische Einheit vorenthalten bleiben werde.

Die ausgehandelten territorialen Besitzstände waren also keineswegs eine bloße Wiederherstellung der vor der eigentlichen napoleonischen Fremdherrschaft in Deutschland durch den Reichsdeputationshauptschluß von 1803 geschaffenen Rechtstitel, sondern viele deutsche Staaten erlitten erst jetzt Landverluste oder konnten Landgewinne für sich verbuchen.

Außer einem zwischen ihnen zu schaffenden äußeren Mächtegleichgewicht mußten die kontinentaleuropäischen Staaten eine Lösung finden für ein erträgliches inneres Verhältnis der Völker und Untertanen zu ihren Regierungen.

Obwohl auf dem Wiener Kongreß nur Fürsten und Regierungen vertreten waren, die ihre als legitim angesehenen dynastischen Herrschaftsinteressen in obrigkeitsstaatlichem Sinne durchzusetzen bestrebt waren, konnten sie die in ihren Völkern und bei ihren Untertanen als modern geltenden und in den letzten beiden unruhigen Jahrzehnten weitverbreiteten liberalen Ideen bis hin zu der maximalen Forderung nach Volkssouveränität nicht einfach schweigend übergehen. Sie mußten beschwichtigende Zwischenlösungen finden, etwa *landständische Verfassungen* und Bündnismöglichkeiten. Diese durften aber die *Grundprinzipien des konservativen Obrigkeitsstaates* nicht wirklich gefährden; jene sollten sogar gegebenenfalls durch *solidarisches Handeln* verteidigt werden können.

Das Prinzip der Legitimität, das jeder Herrschaft nach den Beschlüssen des Wiener Kongresses erst ihre Rechtsgrundlage verlieh, konnte aber wegen der neu verfügten territorialen Veränderungen nicht einheitlich als Wiederherstellung traditioneller ständisch-dynastischer Regentschaft aufgefaßt werden.

Dem französischen Vertreter TALLEYRAND gelang es, den Legitimitätsbegriff zu erweitern, indem er ihn

> »auf die Fähigkeit einer Regierung« bezog, »im Innern eines Landes Gesetzlichkeit und Ordnung sowie die Wohlfahrt der Bevölkerung dauerhaft zu gewährleisten (wie immer dies im einzelnen definiert sein mag) und auf dieser Basis auch die internationale Anerkennung zu gewinnen. Im Grunde entscheidet somit also der politische Erfolg einer Regierung auch über ihre Legitimität«.[78]

Dieser *erweiterte Legitimitätsbegriff* ließ zwar ein Zugeständnis an freiheitliche Mitwirkungsrechte des Volkes vermissen, enthielt aber immerhin das Eingeständnis, nicht kompromißlos an vorrevolutionäre Herrschaftsverhältnisse anzuknüpfen oder sie unverändert wiederherstellen zu können, sondern zukünftige legitime Regentschaft von der Fähigkeit einer Regierung abhängig zu machen, »Gesetzlichkeit und Ordnung sowie die Wohlfahrt der Bevölkerung dauerhaft zu gewährleisten.«

Auf diese Weise wurde die auf die Wiederherstellung alter Ordnungen zielende *restaurative* und *legitimistische Tendenz* des Wiener Kongresses zugleich auf die Gestaltung einer sie *verändernden* zukünftigen *Friedensordnung* ausgerichtet.

Der veränderte Legitimitätsbegriff trug konkret dazu bei, die Herrschaft der Staaten in ihren durch Säkularisation und Mediatisierung, aber auch die durch den Kongreß vorgenommenen politischen Gebietsveränderungen als legitim anzusehen, wie zum Beispiel die territorialen Erwerbungen süddeutscher Staaten oder die Ausdehnung der preußischen Herrschaft auf das Rheinland.

Der Wiener Kongreß fühlte sich kompetenzberechtigt sowohl für eine Restauration als auch für eine von ihr abweichende Veränderung außen- und innenpolitischer Strukturen. Seine Entscheidung in dieser Alternative wurde bestimmt durch die obrigkeitsstaatlichen Interessen seiner fürstlichen Teilnehmer und zur hinhaltenden Abwehr der in den Völkern vorhandenen und vordringenden nationalstaatlichen und liberaldemokratischen Ideen.

Solange die Souveränität der einzelnen deutschen Obrigkeitsstaaten die einheitliche nationalpolitische Lösung der ›deutschen Frage‹ verhinderte, ergänzten sich die nationalen und liberaldemokratischen Ideen wie die beiden Seiten einer Medaille. Erst die sich ab 1866 verwirklichende kleindeutsche Lösung auf obrigkeitsstaatlicher Grundlage durch Preußen schuf zwischen beiden stark gegensätzliche Spannungen.

Für die nach einem modernen liberalen und demokratischen deutschen Reich strebenden Kräfte war diese Zerreißprobe jedoch jetzt noch nicht akut.

Die »Deutsche Bundesakte«

Die wichtigsten Bestimmungen

Aus den Vorschlägen der Großmächte Österreich und Preußen und der deutschen Mittel- und Kleinstaaten ging am 8. Juni 1815 als zukünftige Bundesverfassung die »Deutsche Bundesakte«[79] hervor. Die Präambel lautete:

> »Im Namen der allerheiligsten und untheilbaren Dreyeinigkeit.
>
> Die souverainen Fürsten und freien Städte Deutschlands den gemeinsamen Wunsch hegend den 6. Artikel des Pariser Friedens vom 30. May 1814 in Erfüllung zu setzen, und von den Vortheilen überzeugt, welche aus ihrer festen und dauerhaften Verbindung für die Sicherheit und Unabhängigkeit Deutschlands, und die Ruhe und das Gleichgewicht Europas hervorgehen würden, sind übereingekommen, sich zu einem beständigen Bunde zu vereinigen, und haben zu diesem Behufe ihre Gesandten und Abgeordneten am Congresse in Wien mit Vollmachten versehen, nämlich. . .«

Es folgten die Namen der Bevollmächtigten und anschließend die einzelnen Artikel der Akte.

Den unmißverständlich formulierten Zielen der Präambel folgten als »Allgemeine Bestimmungen« die ersten 11 Artikel der Bundesakte. Sie regelten die Mitgliedschaft, den territorialen Umfang, den Zweck, die innere Struktur und die Funktionalität des Deutschen Bundes:

Die souveränen Fürsten und freien Städte Deutschlands mit Einschluß des Kaisers von Österreich und des Königs von Preußen für ihre zum ehemaligen Deutschen Reich gehörenden Besitzungen sowie der König von Dänemark für Holstein und der König der Niederlande für Luxemburg schlossen einen beständigen Bund, »welcher der deutsche Bund heißen soll«. (Art. 1)

Zweck des Bundes war »die Erhaltung der äußeren und inneren Sicherheit Deutschlands und der Unabhängigkeit und Unverletzbarkeit der einzelnen deutschen Staaten«. (Art. 2)

Alle Bundesmitglieder waren »als solche« gleichberechtigt und verpflichteten sich, »die Bundes-Akte unverbrüchlich zu halten«. (Art. 3)

Die »Angelegenheiten des Bundes« wurden durch eine »Bundesversammlung« mit insgesamt 17 Stimmen »besorgt«:

- Österreich, Preußen, Bayern, Sachsen, Hannover, Württemberg, Baden, Kurhessen, Großherzogtum Hessen, Dänemark für Holstein, Niederlande für Luxemburg erhielten je eine eigene Stimme,
- während die anderen Einzelstimmen auf folgende Gruppen der deutschen Kleinstaaten entfielen:
  die großherzoglichen und herzoglichen sächsischen Häuser,
  Braunschweig und Nassau,
  Mecklenburg-Schwerin und Mecklenburg-Strelitz,
  Holstein-Oldenburg, Anhalt und Schwarzburg,
  Hohenzollern, Liechtenstein, Reuß, Schaumburg-Lippe, Lippe und Waldeck,
  die freien Städte Lübeck, Frankfurt, Bremen und Hamburg (Art. 4).

In dieser »Bundesversammlung« hatte Österreich den Vorsitz (Art. 5). Für wichtige Entscheidungen wurde ein Plenum mit insgesamt 69 Stimmen eingerichtet, die sich auf

- jeweils 4 Stimmen für Österreich, Preußen, Sachsen, Bayern, Hannover, Württemberg,
- jeweils 3 Stimmen für Baden, Kurhessen, Großherzogtum Hessen, Holstein, Luxemburg,
- jeweils 2 Stimmen für Braunschweig, Mecklenburg-Schwerin, Nassau
- und jeweils 1 Stimme für die Kleinstaaten und die 4 freien Städte

verteilten.

Das Plenum entschied in allen Angelegenheiten, die die Bundesgesetze, die Bundesakte selbst und »gemeinnützige Anordnungen sonstiger Art« betrafen (Art. 6).

Die Bundesversammlung tagte »beständig«. Ihre gültigen Entscheidungen mußten zunächst in der »engeren Versammlung« (mit ihren 17 Stimmen) die absolute Mehrheit erreicht haben, um anschließend im Plenum (mit seinen 69 Stimmen) die Zweidrittelmehrheit zu erzielen (Art. 7).

»Frankfurth am Main« wurde als Sitz der Bundesversammlung bestimmt und ihre Eröffnung auf den 1. September 1815 festgesetzt (Art. 9).

Alle Mitglieder versprachen, Deutschland als ganzes sowie die einzelnen Bundesstaaten »gegen jeden Angriff« zu schützen. In einem erklärten »Bundeskrieg« sollte es weder einseitige Verhandlungen noch einen separaten Waffenstillstand oder Friedensschluß geben.

Die Bundesmitglieder behielten sich allerdings das Recht auf »Bündnisse aller Art« vor, die sich nicht »gegen die Sicherheit des Bundes oder einzelner Bundesstaaten« richteten. Schließlich verpflichteten sie sich, sich

> »einander unter keinerley Vorwand zu bekriegen, noch ihre Streitigkeiten mit Gewalt zu verfolgen, sondern sie bey der Bundesversammlung einzubringen«. (Art. 11)

Der zweite Abschnitt der »Bundesakte« enthielt »Besondere Bestimmungen« (Art. 12–20).

»Bundes-Glieder«, deren Volkszahl unter »300 000 Seelen« blieb, sollten sich mit anderen über »die Bildung eines gemeinschaftlichen Obersten-Gerichts vereinigen«. (Art. 12)

»In allen Bundesstaaten wird eine Landständische Verfassung statt finden,« lautete der lapidare Satz des Artikels 13.

Um so ausführlicher wurden in gegliederten Unterabschnitten den »im Jahre 1806 und seitdem mittelbar gewordenen ehemaligen Reichsständen und Reichs-Angehörigen in Gemäßheit der gegenwärtigen Verhältnisse in allen Bundesstaaten« ihre Rechte garantiert. Sie gehörten als fürstliche und gräfliche Häuser weiterhin zum »hohen Adel in Deutschland.« Ihre »Häupter« waren die »ersten Standesherren«, und sie »bilden die privilegirteste Klasse. . . insbesondere in Ansehung der Besteurung«. Weiterhin wurden ihnen »diejenigen Rechte und Vorzüge gesichert. . ., welche aus ihrem Eigenthum und dessen ungestörten Genusse herrühren«. Dazu gehörten auch ein »privilegirter Gerichtsstand und Befreyung von aller Militairpflichtigkeit für sich und ihre Familien«. (Art. 14)

Die durch den Reichsdeputationshauptschluß von 1803 festgesetzten Zahlungen und Renten wurden ausführlich anerkannt. (Art. 15)

Die »Verschiedenheyt der christlichen Religions-Partheyen« durften »keinen Unterschied in dem Genusse der bürgerlichen und politischen Rechte begründen«, und für die »Bekenner des jüdischen Glaubens« wurde eine »bürgerliche Verbesserung« angekündigt. (Art. 16)

Die Rechte und Angelegenheiten des Fürstenhauses Thurn und Taxis wurden geregelt. (Art. 17)

Den »Unterthanen der deutschen Bundesstaaten« wurden folgende Rechte zugesichert:

»Die Befugniß

1. des freyen Wegziehens aus einem deutschen Bundesstaat in den andern, der erweißlich sie zu Unterthanen nehmen will, auch
2. in Civil und Militairdienste desselben zu treten, beydes jedoch nur in so fern keine Verbindlichkeiten zu Militairdiensten gegen das bisherige Vaterland im Wege stehe.«

Außerdem wurde in Aussicht gestellt, daß die Bundesversammlung sich bei ihrer ersten Zusammenkunft »mit der Abfassung gleichförmiger Verfügungen über die Preßfreiheit und die Sicherstellung der Rechte der Schriftsteller und Verleger gegen den Nachdruck« beschäftigen werde. (Art. 18)

Mit einer in Art. 19 angekündigten Regelung von Handel, Verkehr und Schiffahrt und in Art. 20 beschriebenen Ratifikationsprozedur der Bundesakte endete ihr offizieller Text.

Restauration des konservativen Obrigkeitsstaates

Schon die Präambel der Bundesakte verriet ihren *restaurativen, obrigkeitsstaatlichen Gesamtcharakter:*

Sie bezeichnete die Bundesakte unmißverständlich als Entschließung der souveränen deutschen Fürsten und freien Städte. An ihrer Entstehung waren Stände oder Volk nicht beteiligt. Ihr politischer Charakter wurde durch den Bezug auf den christlichen Gottesbegriff sanktioniert. Ein beständiger Bund sollte die Sicherheit und Unabhängigkeit Deutschlands durch eine Ordnung der Ruhe und des Gleichgewichts gewährleisten.

Garanten des zukünftigen Friedens waren allein die vertragschließenden Souveräne in ihrem ausgehandelten politischen Mächtegleichgewicht.

Die politische Handlungsfähigkeit des Bundes wurde nicht nur durch die im Besitz der Souveränität bleibenden Einzelstaaten, sondern auch durch die Tatsache besonders kompliziert, daß weite Teile Österreichs und Preußens außerhalb des Bundes blieben, wobei es sich bei Österreich zumeist um Territorien handelte, die nicht von Deutschen bewohnt wurden, während die preußischen bis auf einige Ausnahmen in den Ostprovinzen überwiegend deutsche Einwohner hatten.

Weitere Schwierigkeiten ergaben sich aus dem Umstand, daß ausländische Herrscher in einigen Bundesstaaten die Souveräne waren, wie zum Beispiel der König von Hannover, der gleichzeitig die englische Krone trug, der niederländische König in Luxemburg und der dänische König in Holstein.

Außerdem erschwerte das Abstimmungsverfahren im engeren Rat und im Plenum der Bundesversammlung mit seiner unterschiedlichen Stimmenverteilung und Mehrheitsfindung die Möglichkeit einer den ganzen Bund betreffenden Gesetzgebung. Weil der Bund keine eigene Regierung und keine eigenen Exekutivorgane besaß, war er zur Durchführung seiner Beschlüsse auf die staatlichen Organe seiner Einzelstaaten angewiesen.

Daß der österreichische Gesandte in der Bundesversammlung den Vorsitz innehatte, obwohl Österreichs deutscher Besitz kleiner geworden war, war gewiß auf seine führende Stellung im alten deutschen Reich zurückzuführen, andererseits aber für das seit 1815 in Deutschland viel stärker gewordene Preußen eine ständige politische Herausforderung.

Als konstruktiv waren grundsätzlich die Bestimmungen zu werten, soweit sie sich zur Friedenswahrung und territorialen Integrität des Bundes gegenüber außerdeutschen territorialen Ansprüchen auf die gegenseitige Schutzverpflichtung aller Bundesmitglieder bezogen und ihnen Bündnisse zum Schaden des Bundes oder seiner einzelnen Staaten verboten.

»Der Zweck des Bundes bestand in der Gewährleistung der äußeren und inneren Sicherheit aller seiner Glieder. Nach außen waren die Bundesstaaten zu gemeinsamer Verteidigung gehalten. Auf Grund der Souveränität der Einzelstaaten war der Bund in seiner Gesamtheit zu anderem als der Abwehr von Angriffen auf die Grenzen Deutschlands nicht in der Lage, solange seine innere Verfassung nicht konstruktiv ausgestaltet wurde: Er war ein passiver Ordnungsfaktor im europäischen Staatensystem.«[80]

Es war jedoch im Einzelfall fraglich, ob die Bündnisfreiheit der souverän bleibenden Bundesstaaten in der praktischen Politik stets mit dem Verbot von Bündnissen »gegen die Sicherheit des Bundes oder einzelner Bundesstaaten« in Einklang gebracht werden konnte oder nicht.

»Der Deutsche Bund eignete sich infolge seiner Verfassung und Struktur« ebenfalls »nicht zum Ausbau als unitarisches nationales Staatswesen. Er war deutsch und europäisch zugleich.«[81]

Er konnte wegen der vorausgesetzten Souveränität seiner Einzelstaaten nicht zu einem nationalen Einheitsstaat umgebildet werden, selbst wenn dieser nicht auf liberale Weise hätte durchgesetzt werden sollen.

Auffällig war die starke Betonung des Adels als »privilegirteste Klasse«, zu der vor allem jene Kreise gehörten, die ihre Reichsunmittelbarkeit vor dem formalen Ende des Heiligen Römischen Reiches Deutscher Nation verloren hatten. Dem Adel wurden ausdrücklich seine Vorrechte in der Besteuerung, im Gerichtsstand und in seinen militärischen Pflichten zugesichert. Die Bestimmungen der Bundesakte bestätigten das Weiterbestehen unterschiedlicher feudaler Gesellschaftsstrukturen.

Das Versprechen auf eine »Landständische Verfassung« in allen Bundesstaaten schien zumindest auf eine Lockerung obrigkeitsstaatlicher Verhältnisse zu deuten. Ansätze auf Anerkennung von persönlichen Grundrechten waren in der Genehmigung von Grunderwerb und Freizügigkeit für die »Unterthanen« zu erkennen, während die Ankündigung der »Abfassung gleichförmiger Verfügungen« über die Pressefreiheit, die Rechte von Schriftstellern und Verlegern nicht nur positiv klang, sondern auch negative Zensurerwartungen erzeugen konnte.

Die in Wien tagenden konservativen Siegermächte mußten dem in ihren Völkern hauptsächlich während der Befreiungskriege erstarkten politischen Denken mit aller Vorsicht begegnen, wenn sie die allumfassende Souveränität des monarchischen Prinzips ›von Gottes Gnaden‹ verteidigen wollten.

›Landständische Verfassungen‹ waren ein gesellschaftlich-politischer Fortschritt; sie waren aber keineswegs eine Anerkennung des Prinzips der ›Volkssouveränität‹ Die starke Betonung der Fürstensouveränität und der gesellschaftlich-politischen Privilegien des Adels in der Bundesakte ließ nur einen *scheinbaren Konstitutionalismus auf konservativer Grundlage* zu:

In ihrer nach wie vor behaupteten Souveränität erwiesen die Fürsten ihren Untertanen aus eigener Machtvollkommenheit die Gnade, ihnen in gewissen politischen Bereichen in einer ständisch abgestuften Weise Mitwirkungsrechte in Form von schriftlich fixierten Verfassungen zu versprechen. Daß demokratische Gleichheitsgrundsätze nicht beachtet werden würden, hatte die Bundesakte schon in ihrer Betonung von Adelsprivilegien indirekt angekündigt.

Außerdem bestanden zahlreiche innerstaatliche Möglichkeiten, die Einlösung des Verfassungsversprechens zu verzögern.

Offen blieb, auf welchen politischen Feldern überhaupt Mitwirkungsrechte gewährt werden sollten.

Zu erwarten war also ein Konstitutionalismus, in dem der Souverän innerhalb einer in ihren Privilegien abgestuften Gesellschaftsordnung den Ständen ein Mitwirkungsrecht in Form einer Verfassung einräumte und sich anschließend an sie zu halten versprach. Er war zwar geeignet, in Zukunft mögliche Willkürakte des Monarchen zu erschweren und sein Verantwortungsbewußtsein gegenüber seinen Untertanen zu stärken, aber er war weit entfernt von den demokratischen Prinzipien einer Volkssouveränität und der Anerkennung gleicher menschlicher Grundrechte, auch wenn die Bundesakte einige der letzteren, wie etwa Freizügigkeit oder Meinungsfreiheit, unter gewissen Bedingungen zaghaft andeutete.

Man braucht eigentlich nicht mehr eigens zu betonen, daß auch die auf eine nationale politische Einheit für alle Deutschen hoffenden Kreise von dieser »Bundesakte« tief enttäuscht waren. Wurde eine deutsche Einheit auf obrigkeitsstaatlicher Grundlage schon durch die Fixierung der Souveränität der deutschen Fürsten aufgrund ihrer unterschiedlichen Interessen erschwert, so rückte sie die *Erfüllung nationaler Einheitswünsche auf freiheitlich-demokratischer Grundlage erst recht in weite Ferne.*

Männer, wie der Reichsfreiherr VOM STEIN, beklagten das Fehlen zentraler Elemente in Form eines Bundeshauptes oder Bundesgerichts. Ernst Moritz ARNDT hielt sich nicht mit spöttischen Kommentaren zurück, während Wilhelm VON HUMBOLDT als erster preußischer Gesandter am Frankfurter Bundestag bei nüchterner Betrachtung im Deutschen Bund den einzigen politischen Kompromiß sah, der im Augenblick möglich war, und hoffnungsvoll auf nicht zu verhindernde spätere nationale Einheitsentwicklungen der Deutschen hinwies.[82]

Internationale Verankerung der neuen Friedensordnung

Die Deutsche Bundesakte wurde Teil der von allen beteiligten Mächten am 9. Juni 1815 beschlossenen Kongreßakte des Wiener Kongresses und so zugleich *»Bestandteil des ius publicum Europaeum«*.[83] Aufgrund dieser Tatsache war sogar das Binnenverhältnis der deutschen Staaten zueinander, also die Weiterentwicklung der ›deutschen Frage‹, internationalisiert und zusätzlich erschwert worden.

Um diese Friedensordnung in ihrem konservativen Charakter sowohl innen- als auch außenpolitisch durch solidarisches Handeln zu erhalten, schlossen die drei östlichen Großmächte Rußland, Österreich und Preußen auf Vorschlag des

Zaren am 26. September 1815 die ›*Heilige Allianz*‹. Sie war ein restauratives Bündnis, das sich klar zur christlichen Religion als Grundlage, zum Gottesgnadentum der Monarchen und zur gemeinsamen Abwehr nationalliberaler Forderungen und Aktionen bekannte. Fast alle europäischen Staaten traten dem Bündnis bei, der englische Prinzregent allerdings nur in seiner Eigenschaft als deutscher Bundesfürst für das Königreich Hannover. Daß England als Staat dem konservativen Bündnis fernblieb, entsprach dem Prinzip seiner schon seit langer Zeit bestehenden konstitutionellen Monarchie.

Die Heilige Allianz wurde durch die *Quadrupelallianz* ergänzt, die alle vier europäischen Großmächte, also einschließlich Englands, am 20. November 1815 zusammen mit der Unterzeichnung des Zweiten Pariser Friedens miteinander schlossen. Diese Quadrupelallianz war praktisch eine Fortsetzung des antinapoleonischen Kriegsbündnisses von Chaumont (März 1814).

Der Deutsche Bund besaß im europäischen Staatensystem lediglich, wie bereits erwähnt, eine »passive Funktion«.[83] Er war als solcher nicht an den Friedensschlüssen und Bündnissen beteiligt, sondern nur indirekt durch seine Einzelstaaten, von denen Österreich und Preußen als europäische Großmächte ein entscheidendes Gewicht hatten.

Die Kombination von Heiliger Allianz und Quadrupelallianz ermöglichte den Großmächten ein Interventionsrecht gegenüber allen revolutionären Versuchen in Europa und schuf die Grundlage für ihre Konferenzen und Maßnahmen in den Jahren nach dem Wiener Kongreß.

Für den österreichischen Staatskanzler METTERNICH war besonders die Heilige Allianz ein Instrument zur Bekämpfung aller nationalen und liberalen Bestrebungen in Deutschland und im übrigen Europa, während Englands Politik, um ungestört imperialistisch in die Welt ausgreifen zu können, von Anfang an vornehmlich auf die Erhaltung des äußeren Friedens und des Mächtegleichgewichts der europäischen Staaten ausgerichtet war.

Auseinandersetzung mit den liberal-demokratischen und nationalen Ideen

Verfassungsversprechen und Verfassungen

Allgemeine Ausgangslage

Auf den Artikel 13 der »Bundesakte«, der nach dem Befreiungskrieg für alle Mitgliedsstaaten als beschwichtigende Konzession an den freiheitlichen Zeitgeist »landständische Verfassungen« angekündigt hatte, reagierten die deutschen Staaten nach ihren individuellen Bedürfnissen und Notwendigkeiten.

> »Bis zur Mitte der 20ger Jahre hatten 29 der 41 Staaten des Bundes dieser Pflicht genügt, allerdings in einer Variationsbreite, die den Regionalismus in den politischen und sozialen Strukturen der deutschen Länder ebenso wie die Spannweite der Auslegung jener lakonischen Vorschrift widerspiegelte. In einigen Staaten – Mecklenburg-Schwerin und Mecklenburg-Strelitz, Hohenzollern-Hechingen, Anhalt und Reuß – bestanden die altständischen, auf älteren Vergleichen zwischen Landesherr und Landständen beruhenden Verfassungen unverändert fort. In den vier Freien Städten stellte man die altständisch-patrizischen Stadtverfassungen aus der Zeit vor dem Rheinbund und der französischen Okkupation wieder her, in Frankfurt in modifizierter Form.«[84]

Wichtiger für den Konstitutionalismus im Deutschen Bund wurde jedoch die Verfassungsproblematik in den deutschen Groß- und Mittelstaaten:

Österreich

Österreich war sowohl europäische Großmacht als auch Präsidialmacht des Deutschen Bundes. Es gehörte diesem aber nur mit den folgenden westlich der March und der Leitha gelegenen ehemaligen Territorien des Heiligen Römischen Reiches Deutscher Nation an:

- dem Königreich Böhmen,
- den Erzherzogtümern Ober- und Niederösterreich,
- der Markgrafschaft Mähren,
- den Herzogtümern (österr.) Schlesien, Salzburg, Steiermark, Kärnten, Krain (bis 1848 Teil des Königreiches Illyrien) und der Grafschaft Tirol mit Vorarlberg.

Außer in Böhmen und Mähren, Krain und Tirol, in denen nichtdeutsche Nationalitäten die Mehrheitsbevölkerung oder teilweise starke Minderheiten bildeten, lebte in den anderen genannten Landesteilen eine durchweg deutsche Bevölkerung.

Der am 8. Juni 1815 auf dem Wiener Kongreß ins Leben gerufene Deutsche Bund.
Karte aus: wipo.mieo.de/.../04/551px-deutscher_bund.png

Kaiser Franz I. neigte zu einer konservativen Festigung des Gesamtstaates, um sein Vielvölkerreich angesichts nationalliberaler Zeittendenzen vor innenpolitischen Zerreißproblemen zu bewahren. Er mißtraute den neuen freiheitlichen Ideen und baute auf die Treue seiner Völker zur habsburgischen Monarchie. Sein Außenminister Metternich, der ab 1821 zum maßgeblichen Staatskanzler aufstieg, stützte den Kaiser in dieser Haltung. Er vertrat sie auch im Deutschen Bund.

Zugeständnisse in der Verwaltungsstruktur, wie die beginnende Einrichtung von Ressortministerien und die Wiederherstellung von Landtagen, die in den traditionellen Landesteilen die Standesinteressen sicherten, sollten nur die obrigkeitliche Regierung und Verwaltung erleichtern; denn jegliches Gesetzgebungsrecht wurde den jeweiligen Vertretungen vorenthalten.

Der Artikel 13 der »Deutschen Bundesakte«, der für die deutschen Bundesstaaten eine landständische Verfassung vorsah, war daher für Österreich *weder politisch opportun noch aktuell.*

> Der »österreichisch-erbländische Beamtenapparat, wie ihn die fromme Maria-Theresia geschaffen und ihre Nachfolger perfektioniert hatten, verfügte sehr wohl über Realpräsenz – zumindest außerhalb Ungarns.« Er war »ein Produkt des aufgeklärten Absolutismus« und geeignet, »die Gewalt der höheren Aristokratie durch bürgerliche Talente zu contrabalancieren«. Außerdem war »die Empfindsamkeit der Untertanen für die Obrigkeit noch kein Gegenstand der Sorge«.[85]

Der Verwaltungsapparat funktionierte also.

> »Im übrigen suchte Metternich... den ›Zeitgeist‹, das heißt, jede Regung eines freieren politischen und geistigen Lebens, durch repressive Maßnahmen zu unterdrücken.«[86]

Eine zentrale Zensurbehörde überwachte die Vereinbarkeit aller Formen der mündlichen und schriftlichen Meinungsäußerung mit der offiziellen obrigkeitsstaatlichen Politik; denn die nationalliberalen, demokratischen Ideen wirkten auf den Vielvölkerstaat Österreich wie ein Sprengsatz. Jedoch:

> »Dieser geistige Mauerbau Metternichs blieb erfolglos, was den Import gefährlicher Ideen betrifft. Er war in einer gewissen Beziehung aber wiederum erfolgreicher, als ihm vielleicht selbst lieb sein konnte, weil er auf lange Sicht die Chancen für ein wirksames Auftreten Österreichs in Deutschland untergrub.«[87]

Diese Chancen für Österreich als deutsche Macht – und das sollte man nie vergessen – wurden stets zusätzlich durch die Tatsache gemindert, daß jede österreichische Regierung die großen Teile der von nichtdeutschen Nationalitäten bewohnten Territorien der Monarchie, wie etwa Lombardo-Venetien, Dalmatien, Ungarn und Galizien, die staatsrechtlich nicht zum Deutschen Bund gehörten, mitzuberücksichtigen hatte.

Die Leitlinien der österreichischen Politik, die bald als das ›*Metternichsche System*‹ bezeichnet wurden, dienten der Erhaltung sowohl des inneren Friedens durch eine obrigkeitsstaatliche, die Nationalitäten überwölbende und einende Monarchie als auch des äußeren Friedens durch die Sicherung eines europäischen Mächtegleichgewichts. Sie waren daher gegen alle sich innen- und außenpolitisch zeigenden revolutionären Tendenzen gerichtet, die durch liberale, demokratische und nationale Ideen hervorgerufen wurden.

Die Aussichten auf eine Verwirklichung der durch die »Deutsche Bundesakte« vorgesehenen landständischen Verfassung waren für das Kaiserreich Österreich sehr trübe. Erst im Revolutionsjahr 1848 konnte man sich zu einer Verfassung durchringen.

Preußen

In Preußen, wo der Freiherr VOM STEIN während der französischen Besatzungszeit mit liberalen Reformen zur Bauernbefreiung und städtischen Selbstverwaltung begonnen hatte, gab König FRIEDRICH WILHELM III. auf Betreiben seines Staatskanzlers, des Freiherrn Karl August VON HARDENBERG, der die Reformen als Nachfolger STEINS fortgesetzt hatte, bereits am 22. Mai 1815 während seiner Anwesenheit in Wien das verbindliche Versprechen einer schriftlichen Verfassungsurkunde und einer aus Provinzialständen hervorgehenden Volksrepräsentation ab.

Der König betonte in seiner Verordnung,[88] daß die Geschichte des Preußischen Staates zwar zeige,

> »daß der wohlthätige Zustand bürgerlicher Freiheit und die Dauer einer gerechten, auf Ordnung gegründeten Verwaltung in den Eigenschaften der Regenten und in ihrer Eintracht mit dem Volke bisher diejenige Sicherheit fanden, die sich bei der Unvollkommenheit und dem Unbestande menschlicher Einrichtungen erreichen« lasse, er aber, um sie desto fester zu begründen und der »Preußischen Union ein Pfand Unsers Vertrauens« zu geben, »vermittelst einer schriftlichen Urkunde, als Verfassung des Preußischen Reichs... Nachstehendes beschlossen« habe:
>
> »§ 1. Es soll eine Repräsentation des Volks gebildet werden.«

Zu diesem Zweck sollten noch vorhandene »Provinzialstände« hergestellt und den Bedürfnissen der Zeit angepaßt oder, wo keine bestanden, neue angeordnet werden (§ 2).

Aus diesen Provinzialständen solle die »Versammlung der Landes-Repräsentanten« mit Sitz in Berlin gewählt werden (§ 3).

Ihre Wirksamkeit habe sich »auf die Berathung über alle Gegenstände der Gesetzgebung, welche die persönlichen und Eigenthumsrechte der Staatsbürger, mit Einschluß der Besteuerung betreffen«, zu beziehen (§ 4).

Der König befahl, daß sofort mit den Vorbereitungen zur Einberufung einer Kommission begonnen werde, damit diese am 1. September in Berlin unter dem Vorsitz des Staatskanzlers zusammentreten könne, um über die Organisation der Provinzialstände und Landesrepräsentanten sowie über die Ausarbeitung einer Verfassungsurkunde zu beraten (§§ 5–8).

Hardenberg, der die königliche Verordnung mitunterzeichnet hatte, hielt auf diese Weise die Verfassungsfrage, ohne daß sie bereits vollständig beantwortet worden war, offen.

Der königliche Erlaß war noch ganz durchdrungen von dem herkömmlichen Souveränitätsbewußtsein des seiner Legitimität bewußten Herrschers. Dieser war aber bereit, den Untertanen aus freiem Willen eine »schriftliche Urkunde« zu gewähren, die ihnen Beratungsrechte über »alle Gegenstände« der Gesetzgebung einräumte. Und von diesen wurden ausdrücklich jene Gesetze genannt, die die persönlichen Rechte, die Eigentumsrechte und die Besteuerung der Staatsbürger betrafen.

Mitregierungs- oder Zustimmungsrechte der Stände oder gar des gesamten Volkes wurden an keiner Stelle angedeutet, sondern nur ein schriftlich zu fixierendes Beratungsrecht, dessen Legitimität dem freien Willen des Monarchen entsprang.

Die Einlösung dieses formal freiwilligen Verfassungsversprechens ließ allerdings angesichts der seit dem Wiener Kongreß herrschenden Furcht vor revolutionären Veränderungen bis in das Revolutionsjahr 1848 auf sich warten.

Preußen war durch seine neuen Provinzen im Westen Deutschlands gesellschaftlich und ökonomisch zu einem sehr heterogenen Staat geworden. Freiheitliche Entwicklungen des Zeitgeistes waren eher in besitz- und bildungsbürgerlichen Gesellschaftskreisen des Westens mit seiner fortschreitenden Industrialisierung und technischen Entwicklung und vor allem wegen seiner Bekanntschaft mit entsprechenden Ideen aus der Zeit der soeben beendeten französischen Fremdherrschaft zu erwarten als im überwiegend agrarisch geprägten Osten.

Zwar wirkte sich hier inzwischen die mit Stein begonnene Bauernbefreiung aus, aber in Westpreußen und besonders in Posen gab es große nationale Probleme mit einer stellenweise polnischen Mehrheitsbevölkerung. Außerdem gehörten diese preußischen Provinzen wie auch das ganz überwiegend von Deutschen bewohnte Ostpreußen staatsrechtlich nicht zum Deutschen Bund – eine innenpolitische Schwierigkeit, die Preußen ähnlich wie Österreich für seine außerhalb des Deutschen Bundes liegenden Territorien stets zu beachten hatte.

Bayern

Einige deutsche Staaten lösten schon sehr schnell das Verfassungsversprechen des Artikels 13 der »Bundesakte« ein.

Zu ihnen gehörten die süddeutschen Staaten Bayern, Württemberg, Baden und Hessen-Darmstadt sowie in Norwestdeutschland Hannover.

Ein wichtiger Beweggrund war die Hoffnung, die neuen Untertanen, die sie durch die Friedensordnung des Wiener Kongresses hinzugewonnen hatten, innerlich mit dem Obrigkeitswechsel zu versöhnen. Zugleich wollte man populäre liberale und demokratische Strömungen zur Festigung des Staatsgefüges auffangen und kanalisieren.

In der »Verfassungs-Urkunde für das Königreich Bayern vom 26. Mai 1818«[89] betonte Maximilian Joseph, »von Gottes Gnaden, König von Baiern«, in der Präambel, »Unserem Reiche« schon 1808 eine damals »angemessene Verfassung« gegeben zu haben, und er bezeichnete die »gegenwärtige Acte« als »das Werk Unseres ebenso freyen als festen Willens«.

Der König stellte also die neue Verfassung, die er jetzt nach schwierigen Verhandlungen mit den beharrenden und fortschrittlichen Kräften verkünden konnte, in eine freiheitliche Tradition, die schon bezeichnenderweise während der Rheinbundzeit in Bayern begonnen habe

Betrachtet man die bayerische Verfassung als ganze, so begründete sie einen Konstitutionalismus, dessen Wesen schon in der Präambel enthüllt wurde.

Er war ein vorsichtiger *Kompromiß*, den der fürstliche Obrigkeitsstaat mit Rücksicht auf die sich in der Öffentlichkeit entwickelnden freiheitlichen Tendenzen einging. Der König gestand seinen Landständen politische Mitwirkungsrechte zu, behauptete aber formal seine Souveränität, indem er die gemachten Zugeständnisse als Ausdruck seines freien Willens bezeichnete.

War die erste Kammer den Mitgliedern der regierenden Dynastie, den Besitzern von Staats- und Kirchenämtern, den Angehörigen ehemaliger Reichsstände und vor allem den durch den König persönlich Berufenen vorbehalten, so dominierten in der zweiten Kammer gewählte Vertreter aus Adel, Landbesitzern und Kirchenmännern.

Der König war zwar verpflichtet, die Ständeversammlung alle drei Jahre einzuberufen und ihre übereinstimmenden Beschlüsse in den ihnen zugestandenen Bereichen zu sanktionieren. Andererseits stand ihm »jederzeit das Recht zu, die Sitzungen der Stände zu verlängern, sie zu vertagen oder die ganze Versammlung aufzulösen«. Außerdem mußten Anträge der Ständeversammlung, bevor sie zu Gesetzen erhoben werden konnten, vorher seine Zustimmung gefunden haben. Er besaß also nach wie vor gegenüber der Vertretung seiner nach Ständen differenzierten Untertanen ein entscheidendes Gewicht.

Ein liberaler Zug der Verfassung wurde ohne Zweifel in der Zusicherung persönlicher Rechte und Pflichten für alle Untertanen deutlich. Ihre Begrenzung lag allerdings in der Tatsache, daß sie nur den bayerischen Staatsbürgern, und nicht allen sich im Königreich aufhaltenden Menschen zugebilligt wurden. Auch konnten Pressefreiheit und persönliche Freiheitsrechte durch »ein Gesetz, welches die Freyheit der Personen oder das Eigenthum des Staatsangehörigen betrifft«, mit Zustimmung der Stände abgeändert oder aufgehoben werden. Die in der Verfassung allen Untertanen unterschiedslos zugestandenen Freiheitsrechte waren also nicht unantastbar. Diese Begrenzung änderte allerdings nichts an dem Befund, daß die bayerische Verfassung im Hinblick auf die Anerkennung liberaler und individueller Persönlichkeitsrechte gegenüber dem alten Obrigkeitsstaat einen Fortschritt darstellte, wenn sie auch ausdrücklich im »Titel V« ständische Sonderrechte festschrieb.

In der Frage einer gesamtdeutschen Bindung vermißte man allerdings diesen Fortschritt, denn die Zugehörigkeit des Königreiches Bayern zum Deutschen Bund wurde verfassungsrechtlich nicht erwähnt, ebenfalls nicht die Frage der innerbayerischen Anwendung der durch den Deutschen Bund erlassenen Anordnungen.

Man sollte allerdings die Ambivalenz, die eine solche Bindung an den Deutschen Bund gehabt hätte, nicht übersehen. Sie hätte zwar formal eine gesamtdeutsche Komponente enthalten, aber andererseits hätte sie gerade dadurch den von der deutschen Bundeszentrale ausgehenden antinationalen und antiliberalen Tendenzen das Tor besonders weit geöffnet.

Eigenständiges bayerisches Selbstbewußtsein spiegelte sich gewiß auch in der Verwendung des Wortes ›Reich‹ für den eigenen Staat.

Mochten vorsichtige Reformer in der Verfassung einen ersten Schritt in die richtige Richtung sehen, so empfanden jene Liberalen sie gewiß als unbefriedigend, die darüber hinaus nach vollständiger Abschaffung ständischer Privilegien sowie nach unantastbaren persönlichen Grundrechten strebten und sich unter Einschränkung einzelstaatlicher Souveränität eine nationaldeutsche Einheit wünschten.

Baden

Großherzog CARL gab seinem Land Baden – ebenfalls nach vielfältigen inneren und verwickelten Auseinandersetzungen mit konservativen und liberaldemokratischen Kreisen – am 22. August 1818 eine Verfassung.[90]

Schon in der Präambel äußerte CARL mit Rücksicht auf das Versprechen landständischer Verfassungen in der »Deutschen Bundesakte« »die Hoffnung, daß sämmtliche Bundesglieder über eine unabänderliche, wesentliche Grundlage dieser allen deutschen Völkern zugesicherten Einrichtung übereinkommen«.

Seine Ausdrucksweise, daß er von »allen deutschen Völkern« sprach, verriet ein differenziertes gesamtdeutsches Nationalgefühl.

Dem Großherzog verblieb wie dem bayerischen König innerhalb seines konstitutionellen Systems eine starke Stellung; aber die liberalen Grundrechte der badischen Untertanen wurden ebenso wie die Zustimmungsrechte der Ständeversammlung bei der Gesetzgebung im einzelnen ausführlicher als in der bayerischen Verfassung dargestellt. War in der bayerischen Verfassung als Voraussetzung für ein vom König zu erlassendes Gesetz die Zustimmung beider Kammern erforderlich, war diese Voraussetzung in der badischen Verfassung bereits gegeben, wenn die in beiden Kammern zusammengezählten Stimmen die Mehrheit erhalten hatten.

Die badische Verfassung

> »entsprach von allen süddeutschen Verfassungen dem *konstitutionellen Modell am meisten* und sicherte den Verhandlungen in den badischen Kammern des Vormärz eine politische Bedeutung, die das staatliche Gewicht des Großherzogtums im Deutschen Bund weit übertraf«.[91]

Dieser Einschätzung kann man zustimmen, wenn man an die genannte Möglichkeit der Zusammenzählung der Stimmen beider Kammern und an die Aufmerksamkeit denkt, die Reden von badischen Kammermitgliedern in Deutschland erregten; aber der grundsätzliche konstitutionelle Vertragscharakter kam in der ein Jahr später verkündeten Verfassung des Königreiches Württemberg in deren Präambel deutlicher als in jener des Großherzogtums Baden zum Ausdruck.

Die offizielle politische Grundvoraussetzung der gesamten Verfassung blieb in Baden wie in Bayern die gleiche, daß nämlich der Großherzog seinen Untertanen ihre neuen begrenzten Rechte aus freier, souveräner Entscheidung zugestanden habe.

Württemberg

Im Gegensatz zur bayerischen und badischen Verfassung war die Verfassung für das Königreich Württemberg, die am 25. September 1819 von König Wilhelm verkündet wurde, als Folge heftigster innenpolitischer Auseinandersetzungen *formal ein wirklicher Vertrag* zwischen dem Staatsoberhaupt und seinen Untertanen.[92]

Die Verfassungspräambel begann mit den Worten:

> »Wilhelm, von Gottes Gnaden, König von Württemberg, thun kund und zu wissen für Uns und Unsere Nachfolger in der Regierung«, und endete mit dem Satz: ». . . so ist endlich durch höchste Entschließung und allerunterthänigste Gegenerklärung eine vollkommene beiderseitige Vereinigung über folgende Punkte zu Stande gekommen«.

Das Staatsoberhaupt verlieh seinen Untertanen also aus souveräner Gnade keine Rechte, sondern verkündete sie als Ergebnis beiderseitiger Verhandlungen. Die politische Position der Untertanen war auf diese Weise gegenüber ihrem Landesherrn formal in ein gewisses Gleichgewicht gebracht worden, wenn sie auch nach traditioneller Gepflogenheit als »allerunterthänigste Gegenerklärung« bezeichnet wurde.

Wie in Baden wurde auch in Württemberg die Zugehörigkeit des *Königreiches zum Deutschen Bund* verfassungsrechtlich festgelegt. Hatte der König bereits in der Präambel die ihm »als einem Gliede des deutschen Bundes obliegenden Verbindlichkeiten« betont, bestimmte der Abschnitt »Von dem Königreiche« eindeutig:

»Das Königreich ist ein Theil des deutschen Bundes; daher haben alle organischen Beschlüsse der Bundesversammlung, welche die verfassungsmäßigen Verhältnisse Deutschlands oder die allgemeinen Verhältnisse deutscher Staatsbürger betreffen, nachdem sie vom König verkündet sind, auch in Württemberg verbindende Kraft. Jedoch tritt in Ansehung der Mittel zu Erfüllung der hiedurch begründeten Verbindlichkeiten die verfassungsmäßige Mitwirkung der Stände ein.« (§ 3)

Wie in Baden war das Inkrafttreten von Bundesgesetzen zur Betonung der Eigenstaatlichkeit an die Verkündigung durch das Staatsoberhaupt gebunden, das so verfassungsrechtlich wie in den beiden anderen süddeutschen Staaten eine starke Stellung behielt. Man sollte aber auch nicht übersehen, daß zur Genehmigung der durch die Bundesgesetze erforderlich werdenden »Mittel« die »verfassungsmäßige Mitwirkung der Stände« erforderlich war.

»Der König« war »das Haupt des Staates«. Er vereinigte »in sich alle Rechte der Staatsgewalt und übt sie unter den durch die Verfassung festgesetzten Bestimmungen aus. – Seine Person ist heilig und unverletzlich«. (§ 4)

Er konnte die Minister seiner Regierung, den »Geheimen Rat«, »nach eigener freier Entschließung« ernennen und entlassen (§ 57).

Die Minister waren aber inhaltlich für alle in ihrem Bereich erlassenen königlichen Verfügungen selbst verantwortlich (§§ 51 f.).

Zwar war er in der Gesetzgebung an die Zustimmung der Stände gebunden, hatte aber allein das Recht, den Ständen Gesetzentwürfe vorzulegen, während diesen für ihre eigenen nur der Weg der Petition möglich war (§ 172).

Der König hatte ein starkes Exekutivrecht, nämlich »ohne Mitwirkung der Stände die zu Vollstreckung und Handhabung der Gesetze erforderlichen Verordnungen und Anstalten zu treffen und in dringenden Fällen zur Sicherheit des Staates das Nöthige vorzukehren«. (§ 89)

Ihm war erlaubt, die Ständeversammlung »zu vertagen oder ganz aufzulösen«. (§ 186) Im letzteren Falle mußte aber binnen sechs Monaten eine neue Ständeversammlung zusammentreten oder gewählt werden.

Der württembergische Konstitutionalismus wurde wie in Bayern und Baden durch das Zweikammersystem geprägt, bei dem in der ersten Kammer, der »Kammer der Standesherren«, die königlichen Prinzen sowie Häupter aus fürstlichen und gräflichen Familien und frühere Vertreter aus »standesherrlichen Gemeinschaften« aus der Zeit des alten Reiches sowie vom König ernannte Mitglieder ihren Sitz hatten. Sie wurden also nicht gewählt, während die Abgeordneten der zweiten Kammer in ständischer Differenzierung durch Zensuswahl über Wahlmänner ermittelt wurden.

Dem König stand frei, »Gesetzesentwürfe oder andere Vorschläge an die erste oder an die zweite Kammer zu bringen«, aber bei der »Verwilligung von Abgaben« mußte er sich zuerst an die zweite Kammer wenden (§ 178).

Wie in Baden besaß also die zweite Kammer in Steuer- und Finanzfragen des Staates ein stärkeres Gewicht, das auch wie in Baden im Falle abweichender Mehrheitsbeschlüsse dadurch zum Ausdruck kam, daß eine Mehrheit der in beiden Kammern gezählten Einzelstimmen als »Ständebeschluß« angesehen wurde (§181).

Ausführlich sicherte die Verfassung im Kapitel »Von den allgemeinen Rechts-Verhältnissen der Staats-Bürger« diesen liberale Rechte zu, wie etwa die »Freiheit der Person, Gewissens- und Denkfreiheit, Freiheit des Eigenthums und Auswanderungs-Freiheit«. (§ 24)

Leibeigenschaft wurde für immer aufgehoben und religiöse Freiheit für »die drei christlichen Glaubens-Bekenntnisse« gesichert (§§ 25, 27).

Die »Freiheit der Presse und des Buchhandels« wurde zwar »in ihrem vollen Umfange« genehmigt, aber gleichzeitig »unter Beobachtung der gegen Mißbrauch bestehenden oder künftig zu erlassenden Gesetze« gestellt (§ 28).

In der allgemeinen Gerichtsbarkeit behauptete der König eine starke Stellung. Sie wurde in seinem Namen und seiner Oberaufsicht »durch collegialisch gebildete Gerichte in gesetzlicher Instanzen-Ordnung verwaltet«. (§ 92)

Die Gerichte waren, und zwar »sowohl die bürgerlichen, als die peinlichen, innerhalb der Grenzen ihres Berufes unabhängig« (§ 93); aber der König besaß ein sehr weitgehendes Einwirkungs- und Begnadigungsrecht, das ihm sogar erlaubte, daß, »noch ehe das Verbrechen oder Vergehen untersucht, oder über die Bestrafung erkannt worden ist, alles Verfahren gegen den Beschuldigten eingestellt und niedergeschlagen« werden konnte (§ 97).

Sieht man von ihrem gegenüber der bayerischen und badischen Verfassung formal deutlicher betonten Vertragscharakter ab, blieb auch in der württembergischen Verfassung trotz aller zugestandenen ständischen Mitwirkungsrechte der König als sakrosankter Souverän die Quelle aller Staatsgewalt, und zwar sowohl in der Legislative als auch – trotz Ministerverantwortlichkeit – in der Exekutive, und er konnte sogar in die durch die Verfassung als unabhängig bezeichnete Gerichtsbarkeit durch sein Recht, Verfahren gegen Beschuldigte einzustellen, eingreifen.

Im ganzen stellte die württembergische Verfassung einen *freiheitlichen Fortschritt* dar. Diese Einschätzung galt besonders für die individuellen Grundrechte, obwohl Meinungs- und Pressefreiheit innerhalb der auch von der Zentrale des Deutschen Bundes ausgehenden antiliberalen Einwirkungen ständig durch den Vorwurf des Mißbrauchs und des Kampfes gegen die bestehende politische Ordnung in ihre Schranken gewiesen werden konnten.

Andererseits wurde der König, wollte er seine praktische Politik und den gesellschaftlichen Frieden in seinem Land sicherstellen, durch die von ihm anerkannte Verfassung stets zu einem vorsichtigen Umgang mit den Anträgen der Kammern und den sich im Volk ausbreitenden nationalliberalen Tendenzen angehalten.

Diese tatsächliche Lage teilte er mit den Souveränen Bayerns, Badens und aller anderen deutschen Bundesstaaten, die sich anschickten, gemäß Art. 13 der »Bundesakte« landständische Verfassungen zu erlassen.

Hannover

Das 1814 geschaffene nordwestdeutsche Königreich Hannover war durch Personalunion mit England verbunden, weil der hannoversche Kurfürst GEORG I. 1714 den Thron von Großbritannien und Irland bestiegen hatte.

Schon am 7. Dezember 1819 hatte der Prinzregent GEORG ein »Patent, die Verfassung der allgemeinen Ständeversammlung des Königreiches Hannover betreffend«,[93] erlassen, um aufgrund der nach der Auflösung des »römisch-teutschen Reichs« an die Fürsten »übergegangenen Souveränitätsrechte« in Übereinstimmung mit den Bestimmungen des Wiener Kongresses und der Deutschen Bundesakte eine »neue Landtagsversammlung« zur »Vereinigung der vormals getrennten Provinzen zu einem Königreiche« zu berufen.

Der Prinzregent verfolgte damit den gleichen Zweck wie die süddeutschen Souveräne für ihre Länder. Denn er handelte, wie er auch am Schluß seines Verfassungspatentes (§ 8) noch einmal betonte, gemäß Art. 13 der »Deutschen Bundesakte« aus eigener Machtvollkommenheit, um sein aus alten und neuen Landesteilen bestehendes und zum Königreich erhobenes Territorium innerlich zu vereinigen.

An eine aus zwei gleichberechtigten Kammern bestehende allgemeine Ständeversammlung sollten künftig alle »Anträge« des Königs oder seiner Regierung gerichtet werden (§§ 1f.). Die Mitglieder der Kammern mußten einer der drei im Land anerkannten christlichen Konfessionen angehören, mindestens 25 Jahre alt sein und über »ein gewisses unabhängiges Vermögen«, Grundeigentum oder ein Mindesteinkommen verfügen.

In der ersten Kammer besaßen sie ein erbliches Stimmrecht, wurden vom König ernannt oder aus der Ritterschaft »erwählt«.

In der zweiten Kammer kamen sie aus den Reihen der Grundeigentümer oder nach eigenem Wahlverfahren aus den Städten. Nicht gewählt werden konnten Kandidaten, deren Vermögensverhältnisse von Konkurs bedroht waren oder die ihren Wohnsitz außerhalb des Königreiches hatten (§§ 3ff.).

Die allgemeine Ständeversammlung sollte für alle das ganze Königreich betreffenden Angelegenheiten zuständig sein, insbesondere für die »Verwilligung« und »Mitverwaltung« der Steuern.

Für neue Landesgesetze bestand das Recht der »Zuratheziehung« und die Möglichkeit, entsprechende »Vorstellungen« dem Souverän zu unterbreiten (§ 6).

Beschlüsse über die Vertagung und Auflösung der Ständeversammlung wurden in Aussicht gestellt, ebenfalls Änderungen aufgrund gemachter Erfahrungen oder »wenn der teutsche Bund sich veranlaßt finden sollte, bei einer weitern authentischen Auslegung des Art. 13. der teutschen Bundesakte Grundsätze anzunehmen, welche mit den vorstehenden Verfügungen nicht durchgehends vereinbar sind«. (§§ 7 u. 8)

Dieses »Patent« war eine erste Antwort der souveränen Obrigkeit Hannovers auf den Artikel 13 der Deutschen Bundesakte. Es bekannte sich zur verbindlichen Mitgliedschaft im Deutschen Bund, enthielt aber nur Ansätze einer landständischen Verfassung.

Zwar gab es fortan neben dem Regenten eine aus zwei Kammern bestehende allgemeine Ständeversammlung, der immerhin das Recht auf Steuerbewilligung und -verwendung zustand, aber sie mußte sich im übrigen mit einer Beraterfunktion zufrieden geben. Ihre Zusammensetzung spiegelte weitgehend die ständisch abgestufte Gesellschaftsordnung wider. Bürgerliche Grundrechte suchte man vergebens, und die politische Macht lag weiterhin im wesentlichen in den Händen des königlichen Souveräns. Es war abzusehen, daß der fortschreitende nationalliberale Zeitgeist mit diesem »Patent« nicht zufrieden sein konnte.

Hessen-Darmstadt

Das Großherzogtum Hessen-Darmstadt erhielt am 17. Dezember 1820 ebenfalls eine Verfassung, der heftigste Auseinandersetzungen in einer regelrechten Verfassungsbewegung vorausgegangen waren.

Ausdrücklich wies der Großherzog in der Verfassungspräambel darauf hin, daß er die Wünsche seiner »getreuen Stände über die constitutionellen Bestimmungen vernommen und in Beziehung auf die selben« seine »Entschließungen gefaßt« habe.[94]

Das in seinem Namen und von ihm verliehene Staatsgrundgesetz war also erst endgültig zustande gekommen, nachdem der Großherzog es in einer von der zweiten Kammer revidierten Form angenommen hatte. Wegen dieser landesherrlichen Konzession kam die Verfassung dem formalen Vertragscharakter der württembergischen Verfassung sehr nahe.[95]

➢ Das erste Verfassungskapitel »Von dem Großherzogthum und dessen Regierung im Allgemeinen« bestimmte, daß das Großherzogtum ein »Bestandtheil des deutschen Bundes« sei und daß die »Beschlüsse der Bundesversammlung, welche die verfassungsmäßigen Verhältnisse Deutschlands, oder die Verhältnisse deutscher Staatsbürger im Allgemeinen« betrafen, einen »Theil des Hessischen Staatsrechts« bildeten, wobei die Mitwirkung der Stände, »in so weit dieselbe verfassungsmäßig begründet« war, nicht ausgeschlossen wurde (Art. 1 f.).

Ausdrücklich wurden die »älteren und neueren Gebietstheile« als ein durch die »Verfassung verbundenes Ganzes« bezeichnet (Art. 3).

Der Großherzog als »Oberhaupt des Staates« vereinigte »in Sich alle Rechte der Staatsgewalt« und übte sie »unter den von Ihm gegebenen« Verfassungsbestimmungen aus. Seine Person war »heilig und unverletzlich«. (Art. 4)

Die Regierung des Landes war im »Großherzoglichen Hause erblich nach Erst-

Nach seinen Siegen in Jena und Auerstedt zieht NAPOLEON I. am 7. Oktober 1806 in Berlin ein. Daraufhin läßt der französische Kaiser die Quadriga vom Brandenburger Tor abnehmen und nach Paris bringen, wo sie bis 1814 bleiben sollte.

Zu S. 43 f. Sein Engagement gegen NAPOLEON wurde dem Nürnberger Buchhändler und Verleger Johann Philipp PALM zum Verhängnis. Wegen einer gegen den französischen Kaiser gerichteten mißliebigen Flugschrift wurde er am 26. August 1806 in Braunau erschossen. Nach einem Gemälde von J. WEISER.

Zu S. 47 f. Ernst Moritz ARNDT gehört zu den Intellektuellen, die sich der Besatzung Deutschlands durch NAPOLEON besonders leidenschaftlich widersetzten. Er schrieb die berühmten Worte: »Was ist des Deutschen Vaterland, ist's Preußen, ist's Schwabenland. . . nein, nein, sein Vaterland muß größer sein. Das ganze Deutschland muß es sein. . .«

Nach dem überraschenden militärischen und staatlichen Zusammenbruch Napoleons I. werden in Deutschland durchgreifende Reformen in Angriff genommen, die eng mit einer geistigen Erneuerung verbunden sind.
Zwei Triebkräfte der nationalen Erhebung sind (von oben) Reichsfreiherr Friedrich Karl vom und zum Stein und Fürst Carl August von Hardenberg.
Sie weckten durch ihre Reformen nicht nur einen neuen Bürgergeist, sondern wirkten auf weitere herausragende Persönlichkeiten wie Gerhard von Scharnhorst, Wilhelm von Humboldt, Johann Gottlieb Fichte und August Heinrich Hoffmann von Fallersleben und sorgten für einen Stimmungswechsel.

Steins Reformziel: »Belebung des Gemeingeistes und des Bürgersinns, die Benutzung der schlafenden und falsch geleiteten Kräfte und zerstreut liegenden Kenntnisse, der Einklang zwischen dem Geist der Nation, ihren Ansichten und Bedürfnissen und denen der Staatsbehörden, die Wiederbelebung der Gefühle für Vaterland, Selbständigkeit und Nationalehre.«

Hardenberg, Steins Nachfolger, strebte eine Stärkung des Staates durch eine straffe und zentral organisierte Verwaltung an.

Oben links, Gerhard von Scharnhorst bildete das preußische Heer in ein Volksheer um; rechts: Wilhelm von Humboldt erneuerte das Bildungswesen; Johann Gottlieb Fichte hielt seine »Reden an die Deutsche Nation«.

August Heinrich Hoffmann von Fallersleben. Sein Traum: »Kein Österreich, kein Preußen mehr, ein einzig Deutschland hoch und hehr!«

Der Bundestag in Frankfurt am Main, wo die 39 Mitglieder des Deutschen Bundes unter der Führung Österreichs tagten. Metternich widersetzte sich allen Bestrebungen für einen deutschen Nationalstaat, weil er in ihm eine ernste Gefahr für den Vielvölkerstaat Österreich-Ungarn sah.

Am 18. Oktober 1817 (dem vierten Jahrestag der Völkerschlacht bei Leipzig) ziehen Studenten aus vielen deutschen Staaten mit der rot-schwarz-roten Fahne auf die Wartburg, um für Freiheit und Einheit zu demonstrieren. Zeitgenössischer Stich.

Zu S. 108. Die Ermordnung des Staatsrates und Schriftstellers August VON KOTZEBUE in Mannheim am 23. März 1819.

Zu S. 143 f. Die ›Göttinger Sieben‹: Die Universitätsprofessoren Wilhelm und Jakob GRIMM, ALBRECHT, WEBER, DAHLMANN, GERVINIUS und EWALD stellten sich 1837 gegen einen Verfassungsbruch ihres Königs.

Zu S. 131 ff. Studenten aus Heidelberg, Würzburg und Jena mit liberalen Bürgern auf ihrem Zug zum Hambacher Schloß in der Pfalz am 27. Mai 1832. Philipp Jakob SIEBENPFEIFER hatte die Versammlung organisiert. Er rief aus: »Hoch flattern die deutschen Farben! Es keimet die Saat, und die Hoffnung ist groß!«

geburt und Linealfolge, vermöge Abstammung aus ebenbürtiger, mit Bewilligung des Großherzogs geschlossener Ehe«. Weitere Bestimmungen regelten im Erbrecht die Bevorzugung des Mannesstammes (Art. 5).

➢ Im zweiten Verfassungskapitel »Von den Domänen« (Art. 6–11) wurde der Großherzog verpflichtet, ein Drittel der durch sie erzielten Einkünfte an den Staat abzugeben, während die übrigen zwei Drittel das »schuldenfreie unveräußerliche Familien-Eigenthum des Großherzoglichen Hauses« bildeten. Aus ihnen wurde der großherzogliche Haushalt finanziert. Den Ständen verblieben gewisse Mitwirkungsrechte, um vor allem den ungeschmälerten Erhalt des großherzoglichen Eigentums zu sichern.

➢ Das dritte Verfassungskapitel »Von den allgemeinen Rechten und Pflichten der Hessen« garantierte den Inländern den Genuß aller privaten und öffentlichen Bürgerrechte (Art. 12). Einzelbestimmungen regelten den Erwerb und Verlust des Inländerrechts.

Allen Hessen wurden Grundrechte zugesprochen, wie Gleichheit vor dem Gesetz, gleiche Berechtigung zu Staatsämtern, Glaubensfreiheit innerhalb der anerkannten christlichen Konfessionen, Gewissensfreiheit, persönliche Freiheit, Eigentumsfreiheit, Auswanderungsfreiheit im Rahmen der Gesetze (Art. 18–24).

Außerdem wurden die Freiheit der Berufs- und Gewerbewahl (Art. 35 u. 36) und die Freiheit der Presse und des Buchhandels, soweit sie nicht dem Mißbrauch von Gesetzen dienten, gewährt.

Hinzu trat bei gerichtlichen Anklagen das Recht auf einen gesetzlichen Richter, auf gesetzliche Urteile, Schutz vor willkürlicher Verhaftung und nach einer Festnahme, spätestens nach 18 Stunden, von einem ordentlichen Richter den Grund der Verhaftung zu erfahren. Richter und Gerichte waren im Rahmen der Gesetze von der Regierung unabhängig (Art. 31 ff.).

Leibeigenschaft und Frondienste wurden ausdrücklich aufgehoben (Art. 25 f.).

Diese Grundrechte wurden durch die staatsbürgerlichen Pflichten zur Vaterlandsverteidigung in Notfällen und zur angemessenen Übernahme von Staatslasten ergänzt (Art. 28 ff.).

➢ Das vierte Verfassungskapitel war den »besonderen Rechten des Adels« gewidmet, die durch ein Edikt vom 17. Februar 1820 festgelegt worden waren. Dieses Edikt wurde zum Bestandteil der Verfassung erklärt, und darüber hinaus wurden die Rechtsverhältnisse des Adels unter ihren Schutz gestellt (Art. 37 f.).

Rechte und Rechtsverhältnisse wurden nicht noch einmal im einzelnen umschrieben, ihre verfassungsmäßige Sanktionierung zeigte jedoch deutlich, daß trotz Zubilligung gewisser Grundrechte für alle Hessen des Großherzogtums die ständisch gegliederte Gesellschaft weiterbestand und zur staatlich anerkannten Ordnung gehörte.

➢ Das fünfte Verfassungskapitel galt den »Kirchen, den Unterrichts- und Wohlthätigkeits-Anstalten« (Art. 39–44), sicherte der »Kirchen-Verfassung« den Schutz des Staates zu, unterwarf die »Verordnungen der Kirchengewalt« der Genehmigung durch den Großherzog und die Geistlichen in ihren »bürgerlichen Verhältnissen und bei strafbaren Handlungen« der »weltlichen Obrigkeit.« Das Vermögen der Kirchen und anerkannten Stiftungen, Wohltätigkeits- und Unterrichtsanstalten war staatlich geschützt, unterlag aber bei Verwendung zu einem »fremdartigen Zweck« der »ständischen Einwilligung«.

➢ Das sechste Verfassungskapitel »Von den Gemeinden« (Art. 45 f.) kündigte ein Gesetz über ihre Selbstverwaltung unter staatlicher Oberaufsicht an. Das siebte Verfassungskapitel handelte »Von dem Staats-Dienste« (Art. 47 ff.) und regelte Fragen der Befähigung, Prüfung und Versorgung der staatlichen Funktionsträger.

Besonders wichtig für die Bindung der großherzoglichen Regierungsgewalt an eine Verfassung war deren achtes Kapitel »Von den Landständen«.

Diese wurden durch zwei Kammern vertreten (Art. 51).

Die erste Kammer bestand aus den großherzoglichen Prinzen, den Häuptern standesherrlicher Familien, dem »Senior« der dem hessischen Uradel angehörenden Familie der Freiherren von Riedesel, dem katholischen Landesbischof, einem vom Großherzog auf Lebenszeit ernannten protestantischen Geistlichen, dem Kanzler der Landesuniversität und aus bis zu zehn vom Großherzog zu Mitgliedern auf Lebenszeit berufenen »ausgezeichneten Staatsbürgern« (Art. 52).

Die zweite Kammer setzte sich zusammen aus sechs Abgeordneten, »welche der in dem Großherzogtum genügend mit Grundeigenthum angesessene Adel aus seiner Mitte« wählte, aus zehn Abgeordneten, die aus namentlich genannten Städten stammten und denen, »um die Interessen des Handels, oder alte achtbare Erinnerungen zu ehren, ein besonderes Wahlrecht« zustand (Art. 53).

Während die Mitgliedschaft der »gebornen Mitglieder« der ersten Kammer an das Mindestalter von 25 Jahren gebunden war, mußten die Mitglieder der zweiten Kammer mindestens 30 Jahre alt sein. Außerdem wurden letztere durch ein kompliziertes Wahlrecht mit einem differenzierten Vermögenszensus und einem ebenso unterschiedlichen Wahlverfahren auf sechs Jahre gewählt. Kein Mitglied durfte beiden Kammern angehören und jemals »vor Gericht gestanden haben, ohne gänzlich freygesprochen worden zu seyn«. (Art. 54–61)

Der Großherzog allein besaß das Recht, »die Stände zu berufen und die ständische Versammlung zu vertagen, aufzulösen und zu schließen«. Eine »willkührliche Vereinigung der Stände« war nicht nur »gesetzwidrig«, sondern sogar »strafbar«. (Art. 63) Der Großherzog war allerdings verpflichtet, »die Stände wenigstens alle drey Jahre« zu versammeln, und im Falle einer Auflösung, »binnen 6 Monaten eine neue Ständeversammlung« zu berufen (Art. 64).

Die Stände durften sich nur mit Gegenständen aus genau festgesetzten Wirkungskreisen beschäftigen (Art. 66).

Zu diesen gehörte ihr Zustimmungsrecht, wenn eine »directe oder indirecte Auflage« geplant wurde, und zwar sollte jedes »Finanzgesetz« immer nur auf drei Jahre ausgeschrieben und zuerst der zweiten Kammer vorgelegt werden. Bei Ablehnung ihres Beschlusses durch die erste Kammer wurde die Entscheidung durch die absolute Stimmenmehrheit der vereinigten beiden Kammern herbeigeführt (Art. 67).

Die »Civilliste« des Großherzogs durfte während seiner Regierungszeit nicht ohne seine Zustimmung gemindert, aber nur mit Zustimmung der Stände erhöht werden (Art. 70).

Die gesamte »Staatsschuld« konnte »ohne ständische Einwilligung nie vermehrt werden«. (Art. 78)

Das Zustimmungsrecht der Stände erstreckte sich auch auf Gesetze, die die Landespolizei betrafen (Art. 72).

Der Großherzog war »befugt, ohne ständische Mitwirkung, die zur Vollstrekkung und Handhabung der Gesetze erforderlichen... Verordnungen und Anstalten zu treffen, und in dringenden Fällen das Nöthige zur Sicherheit des Staats vorzukehren«. (Art. 73)

Seine Verfügungsrechte über das Militär unterlagen nicht der ständischen Mitwirkung (Art. 74), obwohl für die »Vermehrung der Truppen über die Bundespflicht hinaus« ein Gesetz notwendig war (Art. 77).

Das Recht, Gesetzentwürfe vor die Stände zu bringen, stand nur dem Großherzog zu, während die Stände selbst nur bei ihm »im Wege der Petition« neue Gesetze oder Gesetzesänderungen beantragen konnten (Art. 76).

Sie waren allerdings berechtigt, ihm gemeinschaftliche Beschwerden oder Wünsche vorzutragen (Art. 79).

Die Stände durften wegen ihres Abstimmungsverhaltens nicht zur Verantwortung gezogen werden. Jedes Mitglied hatte das Recht der freien Meinungsäußerung, konnte allerdings bei dem »Vorwurf der Verläumdung« angeklagt werden, war aber während der Dauer des Landtages »keiner Art von Arrest« ausgesetzt außer mit Einwilligung der Kammer und bei der Ergreifung auf frischer Tat in Zusammenhang mit strafbaren Handlungen (Art. 83 f.).

Die folgenden Verfassungsartikel regelten sehr ausführlich die Prozedur der Ernennung der beiden Kammerpräsidenten durch den Großherzog, die Beschlußfähigkeit der Kammern, die Pflicht der Leistung eines Treueides gegenüber dem Herzog, der Verfassung, den Gesetzen und dem Gesamtwohl des Landes sowie Verfahrensfragen bei Gesetzentwürfen (Art. 85–101).

➢ Das neunte Verfassungskapitel »Allgemeine Bestimmungen« gab dem »Fiscus in allen privatrechtlichen Verhältnissen« eine Stellung »vor den Gerichten« und kündigte für das ganze Großherzogtum die Einführung eines bürgerlichen Gesetzbuches, eines Strafgesetzbuches und eines Gesetzbuches »über das Verfahren in Rechtssachen« an (Art. 102 f.).

Privilegien des Handels und Gewerbes sollten nur als »Folge eines besonderen Gesetzes« möglich sein, während die Regierung für Erfindungen »auf bestimmte Zeit« Patente erteilen konnte (Art. 104).

Die »Strafe der Confiscation des ganzen Vermögens« wurde aufgehoben und mit der Ankündigung von »zweckmäßigeren Strafen« verbunden (Art. 105).

Das letzte und zehnte Verfassungskapitel »Von der Gewähr der Verfassung« regelte entsprechende Urkunden und Eidesleistungen von Regierung und Staatsdienern (Art. 106 ff.) und bestimmte, daß »Abänderungen und Erläuterungen der Verfassungsurkunde« nur mit »Einwilligung beider Kammern« unter Einhaltung genau vorgeschriebener Mehrheiten möglich seien (Art. 110).

Abschließend gelobte Großherzog LUDWIG selbst »förmlich und feierlich« seine eigene Treue zu dem von ihm öffentlich erklärten, eigenhändig von ihm und seinem Minister VON GROLMAN unterschriebenen »Staats-Grundgesetz«.

Im wesentlichen entsprach die Verfassung Hessen-Darmstadts in ihren Grundsätzen und in ihrer praktischen Bedeutung den anderen süddeutschen Verfassungen.

Ihr formaler Vertragscharakter war wie in der württembergischen erkennbar. Aber andererseits wurden die Rechte des Adels und anderer privilegierten Stände noch stärker als in der bayerischen Verfassung betont. Wie in den anderen süddeutschen Verfassungen konnte die Ständeversammlung nur durch den Landesherrn einberufen werden. Daß sie aber strafbar handele, wenn sie sich aus eigenem Entschluß versammele, wurde in dieser Schärfe in keiner der anderen Verfassungen betont.

So konnte auch in Hessen-Darmstadt diese Verfassung auf dem Weg zu mehr Bürgerfreiheit nur ein *vorläufiger erster Schritt* sein.

Kompromißcharakter der Verfassungen

Obwohl Unterschiede in einzelnen Regelungen bestanden, *beseitigten alle Verfassungen den omnipotenten Obrigkeitsstaat alten Stils* durch eine mehr oder weniger starke Ausrichtung auf einen Konstitutionalismus, der in einem *Zweikammersystem* besonders bei Steuer- und Finanzierungsgesetzen den vom souveränen Staatsoberhaupt zu respektierenden Willen der Untertanen repräsentierte. Das staatliche Budgetrecht verschob sich in den Kompetenzbereich der beiden Ständekammern.

Während das Patent des Königreichs Hannover offensichtlich nur einen ersten Verfassungsentwurf darstellte, dem ein endgültiges Staatsgrundgesetz noch folgen mußte, lagen im Süden Deutschlands bereits ausgearbeitete landständische Verfassungen vor.

Dem *Souverän* verblieb aber wegen seines Rechts, die Ständekammern zu berufen, zu vertagen, aufzulösen, ihre Anträge zu billigen, an sie weiterzuleiten und anschließend als Gesetze zu bestätigen, ein *entscheidendes Gewicht* im Rahmen der Legislative. Wurde seine Souveränität durch die bayerische und badische Verfassung formal noch nicht angetastet, so wurde sie durch den Vertragscharakter der württembergischen Verfassung für König WILHELM bereits grundsätzlich geteilt. Und auch in Hessen-Darmstadt hatte der Großherzog diese Teilung zumindest praktisch akzeptiert.

Die zwei Kammern waren keine Volksvertretung im Wortsinn, weil die breiten Massen des einfachen Volkes ihre Abgeordneten in der Regel noch nicht in sie entsenden konnten.

In der ersten Kammer saßen aufgrund privilegierten Rechts die höchsten Stände des Landes und die vom Landesherrn persönlich Berufenen, also ungewählte Mitglieder aus den angesehenen Gesellschaftskreisen, und in der zweiten Kammer zwar gewählte Abgeordnete aus den einzelnen Ständen, im wesentlichen aus Adel, Kirche, Besitz- und Bildungsbürgertum, aber kaum Angehörige aus dem einfachen Volke, weil unterschiedlich durchgeführte Wahlen zumeist an einen Vermögenszensus gebunden waren.

Das Haupt der staatlichen Exekutive blieb selbstverständlich der Souverän. Er ernannte seine Minister aufgrund eigener Entscheidung. Wegen der »Heiligkeit und Unverletzlichkeit« seiner Person konnte er jedoch nicht für deren Amtsführung zur Verantwortung gezogen werden. Die württembergische Verfassung sah deshalb bereits eine eigene Ministerverantwortlichkeit vor.

Liberale Grundrechte wurden den süddeutschen Bürgern in großer Zahl zugesprochen, aber grundsätzlich unantastbar waren sie nicht, wie die gesetzliche Möglichkeit zeigte, gegen den Mißbrauch der Pressefreiheit einschreiten zu können. Die Mißbrauchsdefinition lag bei den staatlichen Aufsichtsorganen, und zum Mißbrauch gehörten weitergehende nationalliberale Forderungen, die die sanktionierten landständischen Ordnungen sowie die Souveränität der deutschen Bundesstaaten grundsätzlich in Frage stellten.

Fast unabhängig war die Stellung des Staatsoberhauptes im Militärwesen geblieben, obwohl den Ständen bei der Bereitstellung der für dessen Ausbau notwendigen Geldmittel Mitspracherechte zustanden. Aber auch auf dem Gebiet des Rechts- und Gerichtswesens hatte es sich trotz bestehender Einschränkungen starke Einwirkungsmöglichkeiten gesichert.

Außer der bayerischen betonten alle anderen Verfassungen deutlich ihre *Bindung an den Deutschen Bund* und die von ihm vertretenen politischen Ordnungsprinzipien.

Unverkennbar besaßen die Verfassungen im Rahmen der allgemeinen gesellschaftspolitischen Entwicklung einen

> »*Kompromißcharakter*. . ., und zwar nicht nur, was die Verteilung der Gewichte zwischen Monarch, Regierung und Volksvertreteung sowie die Verbindung altständischer und repräsentativer Verfassungselemente betrifft, sondern auch in der mehr oder weniger ausgewogenen Berücksichtigung der noch intakten ständischen Rechte der Aristokratie und der Interessen des erst allmählich zu politischem Bewußtsein kommenden Besitz- und Bildungsbürgertums. Das Funktionieren des Konstitutionalismus und damit das Ausmaß seiner Flexibilität hingen einmal von der Bereitschaft der Betroffenen ab, den verfassungs-

mäßig verordneten Kompromiß politisch zu praktizieren, zum anderen von der relativen Stabilität der ihm zugrunde liegenden politischen und gesellschaftlichen Konstellationen«.[96]

Liberaldemokratische und *nationale Tendenzen* waren in den Verfassungen erst *ansatzweise* vorhanden, so daß weitere innenpolitische Spannungen und Kämpfe vorauszusehen waren.

Diese zeigten sich beispielsweise in Bayern seit der Thronbesteigung König LUDWIGS I. im Jahre 1825. Er hatte den griechischen Freiheitskampf unterstützt und sein Prestige mit der Erhebung seines zweiten Sohnes zum König OTTO I. von Griechenland erhöht, jedoch als autoritär gesinnter Landesherr geriet er in den dreißiger und vierziger Jahren zunehmend in Konflikt mit dem Landtag und der liberalen Opposition. Hinzu gesellten sich soziale Unzufriedenheit besonders in der Pfalz und schließlich die allgemeinen Unwillen erzeugende Affäre des Königs mit der Tänzerin Lola MONTEZ, die Bayern kurz vor Ausbruch der Revolution von 1848 in die Staatskrise trieb und den König zur Abdankung zwang.

Auch in Baden, Württemberg und Hessen-Darmstadt kam es in den folgenden Jahrzehnten zu Konflikten zwischen der erstarkenden liberalen Opposition in den Kammern und einer in diesen Staaten herrschenden »autokratischen Regierungs- und Verwaltungspraxis«.[97]

Das Gewicht der süddeutschen Verfassungen bestand während dieser Auseinandersetzungen vor allem in der Tatsache, daß liberale, demokratische und nationalgesinnte Abgeordnete in den Ständeversammlungen wegen der ihnen zugebilligten *Immunität* frei ihre Meinung sagen und in den Kammern eine öffentliche, dem allgemeinen Zeitgeist entsprechende Plattform finden konnten. Im Großherzogtum Baden gelang es sogar, am 28. Dezember 1831 durch ein Pressegesetz die Möglichkeit zu schaffen, innenpolitische Fragen auch außerhalb der Kammern frei zu erörtern. Das Gesetz mußte zwar auf Druck des Bundestages alsbald wieder rückgängig gemacht werden, verstärkte aber weiter den Ruf der liberalen *Vorreiterrolle Südwestdeutschlands*.

Erste Proteste und staatliche Reaktionen

Aktionen nationalliberaler Kräfte

Die Europa durch den Wiener Kongreß verordnete politische Ordnung beruhte

- auf dem schwierigen Kompromiß der europäischen Großmächte, in ihrem gegenseitigen machtpolitischen Gleichgewicht den Frieden zu erhalten,
- und in der Absicht, die durch die Französische Revolution und die Fremdherrschaft NAPOLEONs entbundenen liberalen, demokratischen und nationalen Ideen durch teilweises oder scheinbares Entgegenkommen zu bändigen, um neue revolutionäre Erschütterungen zu vermeiden.

Der durch den Wiener Kongreß ins Leben gerufene Deutsche Bund sollte diese Ziele für Deutschland gemäß § 13 der »Bundesakte« durch landständische Verfassungen verwirklichen. Trotz der besonders während der Befreiungskriege erwachten populären Wünsche nach einem neuen, alle Deutschen umfassenden und reformierten Reich war wegen der zur Souveränität aufgestiegenen deutschen Einzelstaaten und der als legitim angesehenen Rechte und Interessen ihrer Herrscher nur ein *Staatenbund* möglich gewesen, dem zentrale Exekutivinstanzen fehlten. Und im Inneren dieser Staaten mußten die von den alten privilegierten Ständen erhobenen ebenfalls als legitim angesehenen Rechte ins Gleichgewicht gebracht werden mit den vor allem aus den bildungs- und besitzbürgerlichen Kreisen kommenden *Forderungen nach politischer Emanzipation*. Die sozialpolitisch aufstrebenden Schichten teilten zwar weitgehend zusammen mit der konservativen Obrigkeit die Angst vor einer radikalen Revolution, sie verlangten aber andererseits von ihr auf mehr oder weniger friedliche Weise das Zugeständnis einer wirklichen, sich aus dem Prinzip der Gleichheit ergebenden politischen Emanzipation im Zusammenhang mit einer nationalpolitischen deutschen Einheit. Die vermittelnden süddeutschen Verfassungen konnten in ihren Augen nur Vorläufigkeitscharakter haben.

Die eine nationale deutsche Einheit auf liberaldemokratischer Grundlage anstrebenden Kräfte breiteten sich vor allem an den deutschen Hochschulen aus. Selbstverständlich waren sie mit den Kompromissen der süddeutschen Verfassungen unzufrieden, aber sie gerieten schnell mit ihren nationalen und liberaldemokratischen Anliegen in ein Dilemma.

Freiheitliche Reformen waren möglicherweise innerhalb der deutschen Einzelstaaten eher zu erreichen oder zu erhoffen, wenn man auf nationale Bestrebungen verzichtete, denn die zusätzliche Nationalforderung nach einem freiheitlichen neuen Deutschen Reich rief in den Einzelstaaten sofort deren Existenzangst hervor. Hinzu traten die Schwierigkeiten, die sich aus der Rivalität der beiden deutschen Hauptmächte Österreich und Preußen sowie den Konsequenzen für das Verhältnis aller europäischen Großmächte zueinander und ihrem Anspruch auf Mitbestimmung in deutschen Angelegenheiten ergaben. Außerdem bestand in der politischen Öffentlichkeit eine allgemeine Furcht vor einem Nationalismus, dessen zerstörerische Wirkung sich seit 1789 am Beispiel Frankreichs gezeigt hatte.

War es daher schon schwierig, liberaldemokratische Entwicklungen zum Erfolg zu führen, so erschien das Ziel einer nationalen deutschen Einheit als nahezu unlösbar.

Die auf ihre Souveränität bedachten deutschen Mittel- und Kleinstaaten sahen sich besonders durch das mächtig gewordene Preußen bedroht, falls die norddeutsche Großmacht eine auf nationale Einheit zielende Politik betreiben würde. Sie standen daher mehr auf der Seite Österreichs, weil dieses, um seine eigene Machtstellung in Deutschland zu behaupten, jeden Machtzuwachs Preußens in Deutschland ablehnte. Deshalb und nicht zuletzt auch aus Gründen seiner eigenen Nationalitätenvielfalt begünstigte Österreich unter seiner traditionellen Führung eine nur lockere Verbindung der deutschen Staaten untereinander. Dieses politische Modell entsprach auch dem Interesse vieler deutscher Mittel- und Kleinstaaten.

Die geringen politischen Chancen der deutschen *Nationalbewegung* führten zu ihrer *Emotionalisierung* und *Radikalisierung*.

> Der »illusionäre Zug im politischen Konzept der deutschen Nationalbewegung... und die Tatsache, daß die deutschen Fürsten nach dem Siege über NAPOLEON die im Befreiungskampf mobilisierten Volkskräfte aus Angst vor politischen Konsequenzen erneut an die Kette legten und damit die Heranführung des politischen Nationalismus an konkrete Aufgaben verhinderten, hat seiner Radikalisierung in den ersten Jahren des Deutschen Bundes Vorschub geleistet«.[98]

Zu emotionalen Trägern nationalpolitischer Einheitsziele waren besonders die *deutschen Burschenschaften* geworden, die sich, seit 1815 von Jena ausgehend, an vielen deutschen Universitäten als Studentenverbindungen bildeten. Ihre Mitglieder waren häufig Heimkehrer aus den antinapoleonischen Befreiungskriegen. Ihre Verbindungen wurden ideell von Professoren und Männern wie Ernst Moritz ARNDT, ›Turnvater‹ JAHN und anderen vorbereitet und unterstützt. Unter dem Motto »Ehre, Freiheit, Vaterland« hatten sie sich dem Ideal eines über alle innerdeutschen Staatsgrenzen hinweg einigen, christlichen deutschen Vaterlandes mit freien Bürgern verschrieben und zu ihren Symbolfarben auf Vorschlag JAHNS *Schwarz–Rot–Gold* gewählt, die Farben des aus den Befreiungskriegen bekannten Lützowschen Freikorps.[99]

> »Damals war es eine romantische, von einer ungenau gekannten, idealisierten Vergangenheit mehr als von nüchterner Zukunft gefärbte Vorstellung.« Die Burschenschaftler »empfanden nur Abneigung für die süddeutschen Konstitutionen, eben weil sie sie für landfremd und seelenlos hielten. Ein deutsches Reich wollten sie, so wie es in sagenhafter Zeit gewesen sein sollte, belebt von edler Tugend, christlich und germanisch, fromm und frei. Sie fühlten die Nation um ihre Kraft betrogen durch den Deutschen Bund, der ein ausgeklügeltes, feingegliedertes Klein-Europa war an Stelle eines deutschen Staates«.[100]

Spektakulär war das von den Burschenschaften am 18. Oktober 1817 veranstaltete *Fest auf der Wartburg*, das der Großherzog von Sachsen-Weimar sogar genehmigt hatte. Man wollte hier der Befreiung Deutschlands von der napoleonischen Fremdherrschaft durch die Völkerschlacht bei Leipzig vor vier Jahren gedenken und zugleich an den dreihundertsten Jahrestag der religiösen deutschen Befreiung durch die Reformation Martin LUTHERS erinnern. Rund 500 Burschenschaftler waren gekommen. Professoren und Studenten traten als Festredner auf.

Der Theologiestudent Heinrich RIEMANN, der am Befreiungskrieg gegen NAPOLEON teilgenommen hatte, sagte in seiner Festrede:

»Vier lange Jahre sind seit jener Schlacht auf den Fluren Leipzigs verflossen. Das deutsche Volk hatte schöne Hoffnungen gefaßt. Sie sind alle vereitelt. Alles ist anders gekommen, als wir erwartet haben. Viel Großes und Herrliches, was geschehen konnte und mußte, ist unterblieben. Mit manchem heiligen und edlen Gefühl ist Spott und Hohn getrieben worden. Über solchen Ausgang sind viele wackere Männer kleinmütig geworden, meinen, es sei eben nichts mit der vielgepriesenen Herrlichkeit des deutschen Volkes, und ziehen sich zurück vom öffentlichen Leben. – Nun frage ich Euch, die Ihr hier versammelt seid, ob Ihr solcher Gesinnung beistimmt? Nein! Nimmermehr! Der Geist, der uns hier zusammenführt, der Geist der Wahrheit und Gerechtigkeit, soll uns leiten durch unser ganzes Leben, auf daß wir alle Brüder, alle Söhne eines und desselben Vaterlandes sind, auf daß wir eine eherne Mauer bilden gegen jegliche inneren und äußeren Feinde dieses Vaterlandes!«[101]

Unverkennbar, da der äußere Feind NAPOLEON längst besiegt war, zielte der letzte Satz der Rede auf die innere Ordnung, der das deutsche Volk durch den Deutschen Bund mit seinen vielen souveränen Potentaten und erneut privilegierten Ständen unterworfen worden war. Sie hatten nach Meinung der Demonstranten seine nationale Einigung auf liberaler und demokratischer Grundlage verhindert. Die Studenten fühlten sich von ihrer politischen Führung um die Früchte ihres Sieges über die Fremdherrschaft betrogen.

Aufsehen erregten jedoch nicht so sehr ihre nationalen Zukunftsvisionen und ihre verbale Kritik an den Zuständen des Deutschen Bundes, sondern das praktische Verhalten radikaler Studenten, die neben mißliebigen Schriften Gegenstände verbrannten, die wie Korporalstock, Zopf und Ulanenschnürleib an den verhaßten Obrigkeitsstaat erinnerten.

Hatten schon die Reden und Vorgänge auf dem Wartburgfest das Mißtrauen des auf Verteidigung der restaurativen politischen Ordnung des Wiener Kongresses ausgerichteten österreichischen Staatskanzlers METTERNICH erregt, der den Weimarer Großherzog als »Altburschen« verspottete, weil er das Fest genehmigt hatte, so bestärkte ihn die Radikalisierung der Burschenschaftsbewegung und vor allem die *Ermordung August VON KOTZEBUES* am 23. März 1819 in Mannheim durch den fanatisierten Jenaer Theologiestudenten Karl Ludwig SAND in seinem Willen zu durchgreifenden Maßnahmen gegen die sich nach seiner Meinung ausbreitende Revolutionsgefahr.

Der Dichter KOTZEBUE war in den Augen SANDS ein Vaterlandsverräter, weil er seinen Spott über die studentischen Ideale publiziert und sich als russischer Agent auf dem von September bis November 1818 veranstalteten Aachener Kongreß der Großmächte für die »Aufhebung der Universitäten als Brutstätten der Revolution«[102] eingesetzt hatte.

Dieser *Aachener Kongreß* war die erste Tagung der Großmächte im Rahmen ihres seit dem Wiener Kongreß bestehenden Bündnisses zur Aufrechterhaltung der beschlossenen politischen Ordnung gewesen. Sie hatten sich auf die Wiedereinführung Frankreichs in ihren Kreis geeinigt. Bei der Beratung über die Reaktion auf die durch das Wartburgfest und die nationalen und liberaldemokratischen Vorgänge an den Universitäten erfolgten Störungen innerhalb des Deutschen Bundes hatte sich aber unter den Verbündeten ein »Grundsatzkonflikt«[103] ergeben, der ihre gemeinsame politische Grundhaltung erschütterte:

In der Frage, ob und inwieweit sie ein Mitspracherecht in den inneren Angelegenheiten souveräner Staaten besäßen, neigte vor allem England, das selbst über keine geschriebene Verfassung verfügte, aber *in praxi* schon lange parlamentarisch-konstitutionell regiert wurde, zur Vorsicht und Zurückhaltung.

Karlsbader Beschlüsse

Das Wartburgfest, die Ermordung Kotzebues und ein weiterer Anschlag auf einen nassauischen Regierungsdirektor trieben Metternich in Deutschland zu entscheidenden Gegenaktionen. Auf Konferenzen deutscher Regierungen setzte er am 1. August 1819 die Teplitzer Punktation durch, die anschließend in einer Karlsbader Zusammenkunft vom 6. bis 31. August 1819 in die sogenannten ›Karlsbader Beschlüsse‹ einging, welche schon am 20. September 1819 zum Bundesgesetz erhoben wurden.

Die Karlsbader Beschlüsse[104] gliederten sich in drei Abschnitte:

➢ Der erste Abschnitt »a. Universitätsgesetz (Provisorischer Beschluß über die in Ansehung der Universitäten zu ergreifenden Maßnahmen)« bestand aus vier Paragraphen.

Es sollte »bei jeder Universität ein mit zweckmäßigen Instruktionen versehener, am Ort der Universität residierender, außerordentlicher landesherrlicher Bevollmächtigter« eingesetzt werden, um »über die strengste Vollziehung der bestehenden Gesetze und Disziplinar-Vorschriften zu wachen, den Geist, in welchem die akademischen Lehrer bei ihren öffentlichen und Privatvorträgen verfahren, sorgfältig zu beobachten, und demselben, jedoch ohne unmittelbare Einmischung in das Wissenschaftliche und die Lehrmethoden eine heilsame, auf die künftige Bestimmung der studierenden Jugend berechnete Richtung zu geben, endlich allem, was zur Beförderung der Sittlichkeit, der guten Ordnung und des äußeren Anstandes unter den Studierenden dienen kann, seine unausgesetzte Aufmerksamkeit zu widmen« (§ 1).

Die Bundesregierungen verpflichteten sich, »Universitäts- und andere öffentliche Lehrer, die durch erweisliche Abweichung von ihrer Pflich-t oder der Ueberschreitung der Grenzen ihres Berufs, durch Mißbrauch ihres rechtmäßigen Einflusses auf die Gemüter der Jugend, durch Verbreitung verderblicher, der öffentlichen Ordnung und Ruhe feindseliger oder die Grundlagen der bestehenden Staatseinrichtungen untergrabender Lehren, ihre Unfähigkeit zu Verwaltung des ihnen anvertrauten wichtigen Amtes unverkennbar an den Tag gelegt haben, von den Universitäten und sonstigen Lehranstalten zu entfernen. . .« (§ 2).

Die »seit langer Zeit bestehenden Gesetze gegen geheime und nicht autorisierte Verbindungen auf den Universitäten« sollten bekräftigt und »insbesondere auf den seit einigen Jahren gestifteten, unter dem Namen der allgemeinen Burschenschaft bekannten Verein um so bestimmter ausgedehnt« werden. Die »Individuen, die nach Bekanntmachung des gegenwärtigen Beschlusses erweislich in geheimen oder nicht autorisirten Verbindungen geblieben oder in solche eingetreten sind,« durften »bei keinem öffentlichen Amte zugelassen werden«. (§ 3)

Kein von einer Universität wegen Verstöße gegen das Gesetz verwiesener Student durfte an einer anderen Universität zugelassen werden (§ 4).

➢ Der zweite aus 10 Paragraphen bestehende Abschnitt der Karlsbader Beschlüsse trug die Überschrift »b. Preß-Gesetz (Provisorische Bestimmungen hinsichtlich der Freiheit der Presse)«.[105]

»Schriften, die in der Form täglicher Blätter oder Heftweise erscheinen, desgleichen solche, die nicht über 20 Bogen im Druck stark sind«, durften »in keinem deutschen Land ohne Vorwissen und vorgängige Genehmhaltung der Landesbehörden zum Druck befördert werden. Schriften, die nicht in eine der hier namhaft gemachten Klassen« gehörten, wurden »fernerhin nach den in den einzelnen Bundesstaaten erlassenen oder noch zu erlassenden Gesetzen behandelt«. (§ 1)

Es folgten Durchführungsbestimmungen für die einzelnen Bundesstaaten und für deren Verpflichtung zu solidarischem Verhalten (§§ 2 ff.).

Sollte der Fall eintreten, daß die Bundesstaaten nicht wüßten, ob verdächtige Presseerzeugnisse, die »der Würde des Bundes, der Sicherheit einzelner Bundesstaaten oder der Erhaltung des Friedens und der Ruhe in Deutschland« zuwiderliefen, zu untersuchen wären, war die Bundesversammlung »ohne vorhergegangene Aufforderung« und »aus eigener Autorität« berechtigt, »durch einen Ausspruch, von welchem keine Appellation stattfindet«, diese zu unterdrücken. Die »betreffenden Regierungen« waren »verpflichtet, diesen Ausspruch zu vollziehen«. (§ 6)

Dem Redakteur einer Zeitung oder Zeitschrift, die »durch einen Ausspruch der Bundesversammlung unterdrückt worden ist,« drohte ein Anstellungsverbot von fünf Jahren bei allen Redaktionen in Deutschland (§ 7). Zur besseren Überprüfung der Redakteure sollten alle »in Deutschland erscheinenden Druckschriften, sie mögen unter den Bestimmungen dieses Beschlusses begriffen sein oder nicht, ... mit dem Namen des Verlegers und, in so fern sie zur Klasse der Zeitungen oder Zeitschriften gehören, auch mit dem Namen des Redacteurs versehen sein.« Bei Zuwiderhandlungen drohte das Gesetz mit »angemessener Geld- oder Gefängnisstrafe« (§ 9).

Für die Zukunft wurde ein »Definitiv-Beschluß über die rechtmäßigen Grenzen der Preßfreiheit in Deutschland« angekündigt (§ 10).

➢ Der dritte Abschnitt der Karlsbader Beschlüsse »Die Demagogenverfolgung (Bestellung einer Central-Behörde zur näheren Untersuchung der in mehreren

Bundesstaaten entdeckten revolutionären Umtriebe)« bestand aus 10 Artikeln.

Es sollte innerhalb von 14 Tagen eine »Central-Untersuchungs-Commission« eingesetzt werden (Art. 1).

Ihr Zweck war eine »gemeinschaftliche, möglichst gründliche und umfassende Untersuchung und Feststellung des Thatbestandes, des Ursprungs und der mannigfachen Verzweigungen der gegen die bestehende Verfassung und innere Ruhe, sowohl des ganzen Bundes, als einzelner Bundesstaaten gerichteten revolutionären Umtriebe und demagogischen Verbindungen, von welchen nähere oder entferntere Indicien bereits vorliegen, oder sich im Laufe der Untersuchung ergeben möchten«. (Art. 2)

Die »Central-Untersuchungs-Commissarien« sollten von sieben durch die engere Versammlung der Bundesversammlung gewählten Bundesstaaten ernannt werden (Art. 3). Die Wahl fiel anschließend auf Österreich, Preußen, Bayern, Hannover, Baden, Hessen-Darmstadt und Nassau.

Die »Central-Bundes-Commission« war berechtigt, verdächtige Einzelpersonen unter Zuhilfenahme der Landesbehörden zu vernehmen, gegebenenfalls »zu verhaften und unter sicherer Bedeckung nach Mainz abzuführen«, (Art. 7) wo sich eine Festung des Deutschen Bundes befand.

Über die »Einleitung des gerichtlichen Verfahrens« sollte die Bundesversammlung entscheiden (Art. 10).

Durch die Karlsbader Beschlüsse wurde der *Kampf mit polizeistaatlichen Methoden für die Erhaltung der politischen Ordnung* des Deutschen Bundes und seiner Einzelstaaten und gegen die revolutionäre Gefahr der nationalen und liberaldemokratischen Ideen auf eine *gesetzliche Grundlage* gestellt.

Wurden durch das Universitätsgesetz Studenten und Professoren und besonders die Deutschen Burschenschaften strengster staatlicher Aufsicht unterworfen und Personen im Falle »verderblicher« Lehren mit Entlassung Lehr-, Studier- und Berufsverbot bedroht, so wurde durch das Pressegesetz die öffentliche Meinungsfreiheit in nationalliberalen Fragen praktisch abgeschafft und voll unter Staatsaufsicht gestellt. Mochte das Verbot anonymer Schriften grundsätzlich als Fortschritt zu persönlicher Verantwortung von Autor und Verleger gewertet werden, so diente es in diesem Zusammenhang wohl mehr dem Zweck, öffentliche politische Oppositionsmeinungen von vornherein durch Einschüchterung zu unterbinden.

Die Einrichtung einer Zentralbehörde, die mit entsprechenden Institutionen in den einzelnen Bundesstaaten zusammenzuarbeiten hatte, um »revolutionären Umtrieben und demagogischen Verbindungen« auf die Spur zu kommen, und ihr Recht, belastete Personen in die Bundesfestung Mainz zur »Einleitung des gerichtlichen Verfahrens« abzuführen, stellte praktisch das gesamte öffentliche Leben im Deutschen Bund unter polizeiliche Kontrolle. Vertreter liberaldemokratischer und nationaler Ideen galten als Volksverhetzer und wurden als Demagogen gebrandmarkt.

Die Burschenschaften wurden mit besonderer Härte in Preußen zerschlagen, manche Studenten erhielten Gefängnis- und Festungshaft. Professoren wurden entlassen oder wie Ernst Moritz ARNDT in Bonn suspendiert. In Untersuchungsprotokollen tauchten Männer wie FICHTE, SCHLEIERMACHER und ARNDT als »intellektuelle Urheber der nationalrevolutionären Bewegung« auf oder wurden wie »STEIN, GNEISENAU und selbst HARDENBERG als deren Beschützer und Förderer bezeichnet«.[106]

Der Deutsche Bund besaß sogar zur Aufrechterhaltung der bestehenden politischen Ordnung gegenüber den Einzelstaaten, die unfähig waren, diese in ihrem eigenen Territorium zu sichern oder wiederherzustellen, ein gesetzliches Interventionsrecht, das diese Staaten gegebenenfalls aktiv zu unterstützen hatten.

Die jetzt mit Nachdruck einsetzenden *Demagogenverfolgungen* verschärften den Gegensatz zwischen der durch den Wiener Kongreß geschaffenen öffentlichen politischen Ordnung und den sich namentlich in den bildungsbürgerlichen Kreisen unaufhörlich weiterentwickelnden Tendenzen, die auf nationale Einheit und einen liberaldemokratischen Staat ausgerichtet waren.

»Wiener Schlußakte«

Schon in Karlsbad hatte unter den deutschen Staaten Uneinigkeit über die Auslegung des Artikels 13 der »Deutschen Bundesakte« von 1815 bestanden. METTERNICH hatte zur Sicherstellung der konservativen monarchischen Regierungsform im Rahmen einer »Landständischen Verfassung« nur ständische Vertreter aus bestehenden Körperschaften zulassen wollen und lehnte eine konstitutionelle Regierungsform unter Beteiligung gewählter Volksvertreter als revolutionäres Ideengut ab.

Besonders Württemberg und Bayern, die sich soeben unter gewisser Berücksichtigung konstitutioneller Elemente Verfassungen gegeben hatten oder gerade im Begriff waren, diese im Interesse ihrer Staaten einzuführen, widersprachen ihm, um ihre Verfassungspolitik nicht widerrufen zu müssen. Man einigte sich schließlich in den Wiener Konferenzen (November 1819 bis Mai 1820) auf die »Wiener Schlußakte« vom 15. Mai 1820. Sie wurde am 8. Juni 1820 vom Plenum der Bundesversammlung »zu einem der Bundesacte an Kraft und Gültigkeit gleichen Grundgesetz des Bundes erhoben«.

»Deutsche Bundesakte« und »Wiener Schlußakte« waren also fortan beide die *staatsrechtliche Grundlage des Deutschen Bundes.*

Die »Wiener Schlußakte« bestand aus 65 Artikeln[107] und betonte schon in der Präambel – gleichsam zur Bekräftigung der Eingangssätze der seit fünf Jahren bestehenden »Deutschen Bundesakte« – den Willen, »das Band, welches das gesammte Deutschland in Friede und Eintracht verbindet, unauflöslich zu befestigen«. Sie verstand sich als »völkerrechtlicher Verein« souveräner Fürsten und freier Städte »zur Erhaltung der inneren und äußeren Sicherheit Deutschlands«. (Art. 1)

Obwohl dieser Verein sich »in seinem Innern als eine Gemeinschaft selbständiger unter sich unabhängiger Staaten« definierte, betrachtete er sich in seinen »äußeren Verhältnissen«, also gegenüber dem nichtdeutschen Ausland, als »eine in politischer Einheit verbundene Gesammt-Macht«. (Art. 2)

Dieser Staatenverein war unauflösbar und gestattete keinem Mitglied den Austritt (Art. 5), gestand wohl aber jedem »die Befugniß der Entwicklung und Ausbildung der Bundes-Acte zu, in so fern die Erfüllung der darin aufgestellten Zwecke solche nothwendig macht« und Beschlüsse »mit dem Geiste der Bundes-Acte nicht im Widerspruch stehen«. (Art. 4)

Zweifellos ließ sich schon aus diesen ersten Bestimmungen der Schlußakte entnehmen, daß die deutschen Fürsten und freien Städte sich als Teile Deutschlands betrachteten, sich unter Anerkennung ihrer Souveränität im Deutschen Bund und innerhalb ihrer Staaten zu Deutschlands Erhaltung gegenüber dem Ausland verpflichteten. Gegenüber ihren Mitgliedern, die ihren Untertanen bereits eine Verfassung zugestanden hatten, signalisierten sie Entgegenkommen, solange nationalliberale Angriffe nicht prinzipiell die Ruhe und Ordnung in den Einzelstaaten und die Souveränität der Obrigkeit gefährdeten. Nur so konnte sich auch METTERNICH mit der Verfassungsentwicklung in den süddeutschen Staaten abfinden.

Die deutschen Staaten hatten in der »Wiener Schlußakte« ohne die Beteiligung außerdeutscher Großmächte

- über ihr gegenseitiges Verhältnis zueinander,
- über ihr innerstaatliches Verhältnis zwischen Obrigkeit und Untertanen
- und in ihrer Gesamtheit als Deutscher Bund einheitlich über ihr Verhältnis gegenüber dem nichtdeutschen Auslande entschieden.

Darin lag eine *nationale Emanzipation des Deutschen Bundes.* Denn die Möglichkeit legaler europäischer Mitspracheforderungen in innerdeutschen Angelegenheiten, die die »Deutsche Bundesakte« des Jahres 1815 nicht ausgeschlossen hatte, weil sie Teil der internationalen Friedensabmachungen der fünf führenden europäischen Großmächte des Wiener Kongresses war, wurde durch die »Wiener Schlußakte« herabgesetzt.

Eine Bundesversammlung, die aus den »Bevollmächtigten sämmtlicher Bundes-Glieder« gebildet wurde, stellte den Bund »in seiner Gesammtheit« dar. Sie war »das beständige verfassungsmäßige Organ seines Willens und Handelns«. (Art. 7)

»Der Gesammtwille des Bundes« wurde »durch verfassungsmäßige Beschlüsse der Bundes-Versammlung ausgesprochen«. Man unterschied zwischen einem »Plenum« und einem »engeren Rat« und legte Kompetenzen und komplizierte Abstimmungsmodalitäten fest, die von einfacher Mehrheit und Zweidrittelmehrheit bis zu Einstimmigkeit reichten (Art. 10 ff.).

Man proklamierte zwar »Eintracht und Friede unter den Bundes-Gliedern«, sah aber, falls diese gestört seien, um »die innere Ruhe und Sicherheit des Bundes« zu erhalten und wiederherzustellen, umfangreiche Vermittlungs- und Interventionsrechte des Bundes vor (Art. 18), die in den folgenden Artikeln erläutert wurden.

Die sich möglicherweise aus diesen Zwecken ergebende Notwendigkeit einer Bundesexekution war aber sehr schwierig, weil aufgrund der einzelstaatlichen Souveränität den Regierungen »allein« die »Aufrechterhaltung der innern Ruhe und Ordnung in den Bundesstaaten« zustand (Art. 25).

Der Bund konnte nur in dem Ausnahmefall »einer Widersetzlichkeit der Unterthanen gegen die Regierungen, eines offenen Aufruhrs, oder gefährlicher Bewegungen in mehreren Bundesstaaten« eingreifen, wenn »die Regierung selbst, nach Erschöpfung der verfassungsmäßigen und gesetzlichen Mittel, den Beistand des Bundes« anrief (Art. 26). Unaufgefordertes Bundeseingreifen war also nur im Extremfall der Handlungsunfähigkeit der Regierung eines Einzelstaates möglich.

Ebenso schwierig gestaltete sich die normale Durchführung der von der Bundesversammlung für den ganzen Bund beschlossenen Gesetze, weil deren Exekution in den einzelnen Bundesstaaten nur durch die zuständigen Landesbehörden möglich war. Weil diese jedoch ihren eigenen Regierungen unterstanden, konnte bei Nichtbefolgen seitens des Bundes »in der Regel nur gegen die Regierung selbst ein Exekutionsverfahren Statt finden«. (Art. 32) Einzelbestimmungen über die Mittel und die Dauer von Bundesexekutionen erschwerten weiterhin die Schwierigkeiten ihrer politischen Anwendung und Durchführung.

Immerhin gab es bereits seit dem 16. Juni 1817 eine »Austrägal-Ordnung des deutschen Bundes«[108] für die Erhaltung des inneren Friedens in Deutschland, dem am 3. August 1820 eine »Exekutions-Ordnung der Beschlüsse des Bundestags und der Erkenntnisse der Austrägal-Instanzen«[109] sowie am 20. September 1820 entsprechende Anordnungen durch die Karlsbader Beschlüsse (Preß-Gesetz, Art. 6) folgten. Trotzdem blieb die praktische Durchführung einer Bundesexekution ein sehr komplizierter Vorgang.

Der Bund hatte »als Gesammt-Macht« das Recht »Krieg, Frieden, Bündnisse, und andere Verträge zu beschließen«, aber »nur zu seiner Selbstvertheidigung, zur Erhaltung der Selbstständigkeit und äußeren Sicherheit Deutschlands und der Unabhängigkeit und Unverletzbarkeit der einzelnen Bundes-Staaten«. (Art. 35)

Ein ausländischer Angriff auf einen einzelnen Bundesstaat wurde als Angriff auf den gesamten Bund betrachtet, und jeder Einzelstaat war gegenüber »auswärtigen Staaten« verpflichtet, ihnen »dergleichen Verletzungen« nicht zuzufügen (Art. 36).

Sollte das »Bundes-Gebiet von einer auswärtigen Macht feindlich überfallen« werden, trat »sofort der Stand des Krieges ein«, und zwar ohne Beschluß der Bundesversammlung (Art. 39), während dieser in anderen Fällen, wenn »sich der Bund zu einer förmlichen Kriegs-Erklärung genöthiget« sehe, nur mit der

Mehrheit von »zwey Drittheilen« der Bundesvollversammlung beschlossen werden konnte (Art. 40).

Legten die weiteren Artikel die Kriegsverpflichtungen der Bundesstaaten im einzelnen fest, so waren ihnen einseitige Waffenstillstands- oder Friedensmaßnahmen verboten (Art. 48). Dieses Verbot galt auch für jene Staaten, die außerhalb der Bundesgrenzen Besitzungen hatten. Führte ein solcher Staat allerdings in »seiner Eigenschaft als europäische Macht einen Krieg, so« blieb »ein solcher, die Verhältnisse des Bundes nicht berührender Krieg dem Bunde ganz fremd«. (Art. 46)

Die Kriegsartikel der »Wiener Schlußakte« machten – gleichsam als Lehre aus den Erfahrungen der Geschichte – den Deutschen Bund zur Erhaltung seines territorialen Besitzstandes gegenüber dem Ausland zu einer *einheitlichen Defensivmacht*. Trotzdem blieb die Einigkeit deutscher Staaten zu ihrem gegenseitigen Schutz in Kriegszeiten ein schwieriges Problem. Man denke nur an den Fall, daß die rivalisierenden deutschen Großmächte Österreich und Preußen wegen ihrer außerhalb des Bundes gelegenen Besitzungen einen Krieg für notwendig erachteten und dieser dem Bund »ganz fremd« bleiben sollte. Interessen- und Machtkollisionen wären in solchen Fällen schwerlich zu vermeiden gewesen. Dagegen war es dem Deutschen Bund schon wegen der dazu erforderlichen Zweidrittelmehrheit der Bundesvollversammlung praktisch unmöglich, als geschlossene Offensivmacht aufzutreten. Man sollte die in dieser Konstellation liegende konstruktive Funktion des Deutschen Bundes zur Erhaltung des europäischen Friedens nicht unterschätzen.

Die Bundesversammlung war das »Organ der Gesammtheit des Bundes«. Sie war verpflichtet zur »Aufrechterhaltung friedlicher und freundschaftlicher Verhältnisse mit den auswärtigen Staaten«. (Art. 50) Sie vertrat also den Willen des Deutschen Bundes, gegenüber dem Ausland als eine dem Frieden dienende Gesamtmacht zu erscheinen, was konkret die Bereitschaft bedeutete, die durch den Wiener Kongreß für Deutschland und Europa beschlossene politische Ordnung zu verteidigen.

Zu dieser Ordnung gehörte nicht nur der äußere Friede zwischen den europäischen Staaten, sondern auch die Erhaltung ihrer inneren Eintracht, zumal diese durch die sich ausbreitenden nationalen und liberaldemokratischen Ideen zunehmend gefährdet wurde. Hatte schon die »Deutsche Bundesakte« in ihrem Art. 13 für die deutschen Staaten als vorsichtigen und entschärfenden Kompromiß »landständische« Verfassungen in Aussicht gestellt, so setzte die »Wiener Schlußakte«diese politische Leitlinie ausführlich fort, indem sie forderte, »daß diese Bestimmung in keinem Bundesstaate unerfüllt bleibe«. (Art. 54 ff.) Gleichzeitig aber verlangte sie, am konservativen obrigkeitsstaatlichen Grundprinzip festhaltend, unmißverständlich, daß »die gesammte Staats-Gewalt in dem Oberhaupte des Staates vereinigt bleiben« müsse. Weiter hatte sie hinzugefügt: »... der Souverain kann durch eine landständische Verfassung nur in der Ausübung bestimmter Rechte an die Mitwirkung der Stände gebunden werden«. (Art. 57)

Der Bundesversammlung wurde sogar erlaubt, auf Bitten eines Einzelstaates für landständische Verfassungen die Garantie zu übernehmen, »auf Anrufen der Betheiligten die Verfassung aufrecht zu erhalten« und bei »Irrungen« zu vermitteln (Art. 60). Gegenüber den anderen Staaten, die diese Bitte nicht äußerten, besaß die Bundesversammlung diese Interventionsmöglichkeit nur, wenn sie selbst gegen die Aufrechterhaltung des Artikels 13 der Bundesakte verstießen, oder die in Art. 26 der »Wiener Schlußakte« genannte »Widersetzlichkeit der Unterthanen gegen die Obrigkeit«, oder gar »Aufruhr« die einzelstaatliche Regierung handlungsunfähig machten (Art. 61).

Insgesamt war die »Wiener Schlußsakte« ein die »Deutsche Bundesakte« in Einzelheiten *weiterführendes Grundgesetz des Deutschen Bundes* und spiegelte in ihren Bestimmungen sowohl die beginnende einzelstaatliche Verfassungsentwicklung als auch die zunehmende Auseinandersetzung mit den nationalen und liberaldemokratischen Kräften wider.

Die Karlsbader Beschlüsse bekämpften diese mit polizeistaatlichen Mitteln, die »Wiener Schlußakte« konfrontierte sie mit einer politischen Ordnung, die wenigstens den Bestand des Bundesterritoriums zu erhalten gewillt war und den alten Obrigkeitsstaat insgesamt etwas fester an landständische Verfassungen band – Fortschritte, die auch die nationalfreiheitlich gesinnten Oppositionellen sehen mußten, wenn auch nur als Vorstufen auf dem Weg zu ihren viel weiter gesteckten Endzielen.

Beschwichtigt werden konnten die nationalbewußten und freiheitlichen Kreise durch die Wiener Schlußakte nicht, weil sie ihren überwiegend *obrigkeitsstaatlichen, nach Rechten der Stände abgestuften Gesamtcharakter* beibehielt und das alte *monarchische Prinzip der Souveränität der Herrscher* in den deutschen *Einzelstaaten* erneut formal garantierte.

Landständische Verfassungen, die die »Gnade« des Souveräns den Untertanen mehr oder weniger zögerlich zugestanden hatte und die der Deutsche Bund gegebenenfalls verteidigen wollte, schufen keine demokratischen Volksvertretungen mit entsprechenden Funktionen. Die Betonung der Rechte der ehemaligen Reichsstände und des einstigen Reichsadels (Art. 63) und die formale Aufrechterhaltung der landesfürstlichen Souveränität und seines tatsächlichen machtpolitischen Gewichts stellten für die nach einer gesamtdeutschen Einheit strebenden nationalen Kreise das politische Haupthindernis dar, obwohl sie es gewiß begrüßen mußten, daß wenigstens der Schutz des deutschen Bundesterritoriums ausdrücklich als eines der Ziele der »Wiener Schlußakte« genannt wurde.

Nationalliberale Konflikte und Erfolge in Europa und Amerika

Interventionen und Nationalstaatsbildung

Dem ersten Kongreß der Quadrupelallianz, der im Herbst 1818 in Aachen getagt hatte, folgten bis 1822 noch drei weitere in Troppau, Laibach und Verona, wo sich die Großmächte nicht über eine einheitliche Interventionspolitik gegen liberale und nationale Umsturzversuche in Neapel, Spanien und Portugal einigen konnten. Vor allem England widerstrebte einem Eingreifen, während die drei konservativen Ostmächte Rußland, Österreich und Preußen als eigentliche Befürworter der Heiligen Allianz ein solches forderten. Frankreich intervenierte in ihrem Auftrag mit vorübergehendem Erfolg in Spanien, Österreich in Italien.

Auch an vielen anderen Stellen Europas regte sich der nach äußerer und innerer Freiheit strebende Widerstand der Völker.

Insbesondere der griechische Unabhängigkeitskrieg gegen die Türken, der 1821 begann, löste in Europa Reaktionen aus, die zu einer zwar weniger nationalen als überwiegend aus klassisch-humanistischen Wurzeln sprießenden philhellenischen Begeisterung führten. Andererseits aber zerstörte er das seit dem Wiener Kongreß bestehende und bereits gelockerte politische Bündnis der europäischen Großmächte, weil ihre machtpolitischen Interessen als Folge des griechischen Befreiungskampfes zunehmend auseinanderdrifteten.

Türkenfeindschaft, Schutz der orthodoxen Christen und russisches Streben zu den Meerengen, die das Schwarze Meer und das Mittelmeer miteinander verbanden, veranlaßten den Zaren zur Unterstützung der Griechen. Österreich widerstrebte als Balkanmacht jeder damit verbundenen russischen Expansion in diesem Teil Europas. Außerdem lehnte METTERNICH aus ideologischen Gründen den Kampf der Griechen als Aufstand gegen die bestehende Ordnung ab. Frankreich und England standen wegen ihrer machtpolitischen Ziele auf der Seite der Griechen, um einerseits von einem Rückzug des Osmanischen Reiches von der Balkanhalbinsel und aus dem östlichen Mittelmeer zu profitieren und andererseits Rußland im Südosten Europas nicht zu mächtig werden zu lassen. So besiegten sie 1827 gemeinsam mit Rußland in der Seeschlacht bei Navarino die Türken, während Österreich mißtrauisch beiseite stand und Preußen lediglich seine Vermittlung für den 1829 geschlossenen Frieden von Adrianopel anbieten konnte.

Unabhängig von den Differenzen der Großmächte und ihrer sich verflüchtigenden Solidarität erhielt die *Nationalstaatsidee* in Deutschland und in ganz Europa *durch den Sieg der Griechen einen starken Auftrieb.* Er führte 1832 zur Thronbesteigung eines bayerischen Prinzen aus dem Hause Wittelsbach als König OTTO I. von Griechenland. Die Heilige Allianz war – vor allem als Folge des russisch-österreichischen Gegensatzes auf der Balkanhalbinsel – zu dieser Zeit praktisch erloschen.

Gestärkt wurde die Idee der nationalen Unabhängigkeit auch durch die Kämpfe in *Südamerika* , die etwa zur gleichen Zeit erfolgreich gegen die spanische Kolonialherrschaft geführt wurden. Brasilien hatte sich bereits auf friedlichem Wege von Portugal befreit. Mögliche Interventionsabsichten der Mächte der Heiligen Allianz wurden 1823 mit Hilfe der ›MONROE-Doktrin‹ von vornherein abgewehrt, die James MONROE, Präsident der USA, unter dem Schlagwort »Amerika den Amerikanern« durchgesetzt hatte. Gemeinsam mit den USA erkannte Großbritannien die Unabhängigkeit der neuen südamerikanischen Staaten umgehend an.

Die französische Julirevolution von 1830

Von größter Wirkung für die nationalen und liberaldemokratischen Bewegungen in Europa war die französische Julirevolution des Jahre 1830, die mit der Entthronung Karls X. die nach dem Sturz Napoleons restaurierte bourbonische Königsherrschaft beendete.

Zwar besaß Frankreich schon eine verhältnismäßig liberale Verfassung mit einem Zweikammersystem und der Garantie wichtiger Grundrechte. Sie beruhte aber nicht auf der Volkssouveränität der Revolutionszeit, sondern entsprang formalrechtlich allein der Gnade des in seine legitimen Herrschaftsrechte wiedereingesetzten. souveränen bourbonischen Königs.

Ludwig XVIII. war allerdings zur Beschwichtigung des Volkes so klug gewesen, gewisse revolutionäre Errungenschaften freiwillig in die Verfassung aufzunehmen. Trotzdem kehrte keine politische Ruhe ein, weil die Verfassung das Besitzbürgertum bevorzugte und das Wahlrecht an einen so hohen Zensus gebunden war, daß nur eine Minderheit des Volkes es tatsächlich besaß. Außerdem wurde die Verfassung im nationalen Selbstbewußtsein nie ganz den Makel los, ein Produkt der katastrophalen französischen Niederlage von 1814/15 zu sein.

Als dann der seit 1824 regierende Karl X. durch reaktionäre Maßnahmen die Kammer auflöste, das Wahlrecht für die Deputiertenkammer und die Pressefreiheit einschränkte, protestierten die Liberalen, und in Paris brach unter den Kleinbürgern, Arbeitern und Studenten der Aufstand aus. Dieser führte jedoch nicht zu den Exzessen der Revolution von 1789, weil es klugen, angesehenen und politisch erfahrenen Männern rechtzeitig gelang, nach der Flucht Karls X. Louis Philippe aus dem Hause Orléans zum neuen König zu erheben.

Louis Philippe war der Sohn des während der Terrorherrschaft von 1793 hingerichteten Philippe Égalité, der als Herzog von Orléans zwar einer jüngeren Linie der Bourbonen angehörte, aber in den Dritten Stand übergetreten war, den Namen ›Citoyen Égalité‹ angenommen und für die Hinrichtung Ludwigs XVI. gestimmt hatte.

Louis Philippe ging als ›Bürgerkönig‹ in die Geschichte ein, weil er sich von der Kammer unter Annahme der revolutionären Trikolore als Nationalflage zum König der Franzosen proklamieren ließ und anschließend die Verfassung im Sinne des Großbürgertums liberalisierte.

Mit der Erhebung Louis Philippes war das seit der Revolution von 1789 entfachte französische Nationalgefühl zu neuem Leben erwacht. Zugleich war die Idee der liberaldemokratischen Volkssouveränität ihrer Verwirklichung einen großen Schritt nähergekommen. Die seit dem Wiener Kongreß offiziell etablierten *konservativen* und *restaurativen Prinzipien* hatten in Frankreich eine schwere *Niederlage* erlitten. Im übrigen Europa wirkte die französische Julirevolution an vielen Stellen als *Initialzündung* für den Ausbruch öffentlicher Unzufriedenheit:

Aufstände und Unruhen aus nationalen und liberaldemokratischen Gründen erschütterten die südlichen Niederlande in Brüssel, die Schweiz, Polen und Italien. Sie führten zur Auflösung des Königreichs der Vereinigten Niederlande und unter Hinzufügung des von Wallonen bewohnten nordwestlichen Teils des zum Deutschen Bund gehörenden Großherzogtums Luxemburg zur Gründung des Königreiches Belgien. Der neue Staat erhielt eine liberale Verfassung und einen international anerkannten Neutralitätsstatus.

In der Schweiz kam es zu Fortschritten in den Kantonalsverfassungen, während Rußland sich gegen Polen mit militärischer Gewalt behauptete und Österreich in Italien die äußere Ruhe wiederherstellte.

Die Interessen der Großmächte wurden durch diese Vorgänge aufs stärkste berührt. Während Großbritannien sich sehr schnell mit dem liberalen französischen Bürgerkönigtum arrangierte und zusammen mit diesem das Recht der Völker auf die Regelungen ihrer eigenen inneren Angelegenheiten akzeptierte, bestanden die drei östlichen Großmächte theoretisch weiter auf dem Interventionsrecht zur Sicherung der seit dem Wiener Kongreß bestehenden konservativen Ordnung. Sie schreckten allerdings in der politischen Wirklichkeit vor einem großen Krieg zurück und fanden sich, soweit sie ihr eigenes Territorium oder Interessengebiet vor den freiheitlichen Veränderungen bewahren konnten, mit den politischen Entwicklungen ab.

Besonders Preußen war wegen seiner doppelten Bedrohung an der Erhaltung des Friedens interessiert. An seiner Westgrenze lag das revolutionäre Frankreich, und an seiner Ostgrenze bestand die Gefahr, daß der polnische Aufstand, den die russischen Truppen erst 1831 unterdrücken konnten, auf seine mehrheitlich von Polen bewohnte Provinz Posen übergriff. Im übrigen mußte es in seinem Inneren sowohl mit den liberalen Sympathien des rheinischen Bürgertums für die freiheitlichen Entwicklungen in Frankreich und Belgien und der allgemeinen antipreußischen Stimmung der Rheinländer fertigwerden als auch mit einer Polenbegeisterung, die aus nationalen Gründen auf ganz Deutschland übergriff und in den ›edlen‹ Polen Vorkämpfer der Freiheit sah.[110]

Verfassungen in Mittel- und Norddeutschland

Kurhessen

Im Deutschen Bund beschleunigten die revolutionären Ereignisse in Frankreich die Verfassungsentwicklung einiger Mitgliedstaaten im Sinne des Artikels 13 der »Deutschen Bundesakte«.

In Kurhessen brachen als Folge sozialer, wirtschaftlicher und politischer Mißstände sowie aus allgemeinem Mißvergnügen über das Privatleben des Kurfürsten Unruhen aus, die den Deutschen Bund fast zum Eingreifen veranlaßt hätten, wenn der Kurfürst nicht den Forderungen liberaler bürgerlicher Kreise nachgegeben und die Landstände zur Ausarbeitung einer Verfassung einberufen hätte. Widerstrebend erklärte der Kurfürst sich mit der am 5. Januar 1831 verkündeten *Verfassung*[111] einverstanden.

In einer wortreichen Präambel, in der er sich selbst in herkömmlicher Weise als Herrscher von »Gottes Gnaden« bezeichnete, der sich an seine »Unterthanen« wandte, betonte er nicht nur seine Bereitwilligkeit zur Anerkennung einer »landständischen Mitwirkung zu den inneren Staats-Angelegenheiten«, sondern auch, daß er »in vollem Einverständnis mit den Ständen« die »gegenwärtige Verfassungs-Urkunde« erteile.

Hinter dieser verbalen Formulierung seiner landesherrlichen Souveränität verbarg sich das konstitutionelle Eingeständnis, fortan seine Regierungsgewalt an eine Verfassung zu binden. Diese legte eindeutig fest: »Die Regierungsform bleibt, so wie bisher, monarchisch, und es bestehet dabei eine Landständische Verfassung.« (§ 2)

Der Kurfürst war »Oberhaupt des Staates«, seine Person »heilig und unverletzlich«. Er vereinte »alle Rechte der Staatsgewalt« in sich, aber übte diese »auf verfassungsmäßige Weise« aus (§ 10).

Die Zugehörigkeit aller Teile Kurhessens zum Deutschen Bund wurde staatsrechtlich verankert (§ 1).

Eine »Ständeversammlung« setzte sich aus einem »Prinzen des kurfürstlichen Hauses«, den Häuptern »jeder fürstlichen oder gräflichen, ehemals reichsunmittelbaren Familie« und Vertretern des Adels, aller Stände, der Landesuniversität und gewählten Abgeordneten der Städte und Landgemeinden zusammen. In einer langen Liste wurde die jeweilige Zahl der für die Ständeversammlung von den einzelnen gesellschaftlichen Gruppen zu stellenden Mitglieder zahlenmäßig genau festgelegt, ebenfalls, soweit Wahlen erforderlich waren, die Methode ihrer Abhängigkeit von einem Vermögenszensus (§ 63 ff.).

Die weitgehenden Rechte der Ständeversammlung wurden unmißverständlich definiert:

»Ohne ihre Beistimmung« konnte »kein Gesetz gegeben, aufgehoben, abgeändert oder authentisch erläutert werden. Im Eingange eines jeden Gesetzes« war »der Landständischen Zustimmung ausdrücklich zu erwähnen«. (§ 95)

Die Stände konnten »zu neuen Gesetzen sowie zur Abänderung oder Aufhebung der bestehenden Vorschriften Anträge machen«. (§ 97) Sie besaßen das wichtige Recht der Steuerbewilligung »in der dafür festgesetzten Weise«. (§ 98) Das ganze staatliche Budgetrecht mit der verantwortlichen Aufsicht über alle staatlichen Einnahmen und Ausgaben wurde ihnen übertragen (§§ 143 ff.). Einzige Ausnahme war der Verzicht auf die Kontrolle der »Verwendung des dem Kurfürstlichen Hofe aus den Domanial-Einkünften zukommenden Betrages«.

Darüber hinaus besaß die Ständeversammlung die Aufsicht über das vorhandene Staatsvermögen. Dieses war grundsätzlich zu erhalten und konnte nur mit ihrer Einwilligung vermindert oder mit Schulden belastet werden (§ 142).

Die Mitglieder der Ständeversammlung hatten einen Eid auf die Heilighaltung der Verfassung und »das unzertrennliche Wohl des Landesfürsten und des Vaterlandes« abzulegen (§ 74), waren bei Abstimmungen nicht »an Vorschriften eines Auftrags« gebunden und sollten »gemäß den Pflichten gegen ihren Landesfürsten und ihre Mitbürger überhaupt, nach ihrer eigenen Überzeugung, wie sie es vor Gott und ihrem Gewissen zu verantworten gedenken«, entscheiden (§ 73). Die Ständeversammlung sollte in der Regel öffentlich tagen (§ 77).

Ihre Mitglieder erhielten mit Ausnahme der kurfürstlichen Prinzen und der Standesherren sogar »Reise- und Tagegelder«. (§ 87)

Der Kurfürst besaß das Recht, die Ständeversammlung zu eröffnen und für höchstens drei Monate zu vertagen. Auflösen konnte er sie unter der Bedingung, daß eine neue Ständeversammlung innerhalb von drei Monaten gewählt und nach sechs Monaten einberufen werde (§§ 83 ff.).

Ein umfangreicher Grundrechtekatalog (§§ 19–41) garantierte den Staatsangehörigen ihre persönliche Freiheit und Gleichheit vor dem Gesetz, ihre Eigentums-, Berufs-, Gewerbe-, Religions, Meinungs-, Beschwerde- und Gewissensfreiheit sowie die Ablösbarkeit von überkommenen Frondiensten. Auch die Freiheit der Presse und des Buchhandels sollte »in vollem Umfang Statt finden«. Allerdings wurde für »Preßvergehen« ein besonderes Gesetz angekündigt, obwohl die »Censur nur in den durch die Bundesgesetze bestimmten Fällen zulässig« war.

Für die Gemeinden wurde eine »Städte- und Gemeindeordnung« in Aussicht gestellt (§ 42). Ihr Vermögen durfte nicht mit dem Staatsvermögen vereinigt werden (§ 45).

Für ihre Belange sollten »Bezirksräthe mittels geeigneter Wahl gebildet werden«. (§ 48) Neben diesen in die Richtung kommunaler Selbstverwaltung zielenden fortschrittlichen Bestimmungen garantierte die Verfassung allerdings auch die »besonderen Rechtsverhältnisse der Standesherren« und »des vormals reichsunmittelbaren Adels«. (§§ 49 f.)

Die Verfassungsparagraphen, die die Rechtspflege betrafen (§§112 ff.), garantierten unabhängige Gerichte, den Schutz vor willkürlicher Verhaftung, die Beachtung der Verfassungsgrundsätze sowie ein Recht des Landesherrn, »Strafen zu erlassen oder zu mildern«. Außerdem besaß er das Recht der »Begnadigung oder Abolition« (Niederschlagung eines Verfahrens) , mußte allerdings darauf »Rücksicht nehmen, daß dem wirklichen Ansehen der Strafgesetze nicht zu nahe getreten werde«. Ausgenommen von diesen Begnadigungs- oder Milderungsrechten, waren Strafen für »eine Verletzung der Verfassung oder eine auf deren Umsturz gerichtete Unternehmung«. Auch laufende gerichtliche Untersuchungen durften nicht durch den Landesherrn abgebrochen werden (§ 126).

Der Landesherr ernannte als Inhaber der »Regierungsrechte« (§ 106) alle »Staatsdiener«, also auch die Minister der Landesregierung (§ 51).

Die »Zweige der Staatsverwaltung: die Justiz, das Innere,. . . das Finanzwesen, das Kriegswesen. . . und die auswärtigen Angelegenheiten« waren »hinsichtlich der Kompetenz stets sorgfältig von einander abgegrenzt zu halten«. Für jedes Departement bestand die Ministerverantwortlichkeit (§ 107).

Zwar berücksichtigte auch diese Verfassung unmißverständlich das monarchische Prinzip und war wegen zahlreicher Rechte des Adels und der Grundeigentümer ›landständisch‹, so daß weder von ›demokratischer Gleichheit‹ der Staatsbürger noch gar von ›Volkssouveränität‹ gesprochen werden konnte. Sie näherte sich aber diesen Prinzipien im Vergleich zu allen bisherigen deutschen Verfassungen am meisten. Sie »verwirklichte unter den deutschen Verfassungen des Vormärz die liberale Konzeption der konstitutionellen Monarchie am reinsten«.[112]

Der Souverän konnte nur im Einverständnis mit der Ständeversammlung regieren. Sein verfassungsmäßiges Verhalten wurde sogar von ihr überprüft. Nur mit ihrer Zustimmung war es ihm möglich, wichtige Gesetze zu erlassen. Der Staatshaushalt war von der Entscheidung der Ständeversammlung abhängig. Das Recht des Kurfürsten, sie zu vertagen, besaß nur eine aufschiebende Wirkung von höchstens drei Monaten, sein Auflösungsrecht war an die sofortige Verordnung der Neuwahl und an die Berufung der neugewählten Ständeversammlung innerhalb einer Frist von sechs Monaten gebunden. Sein Eröffnungsrecht war weitgehend nur von formaler Natur, weil der Staat ohne eine funktionierende Ständeversammlung nicht mehr ordentlich regiert werden konnte.

Sie selbst bestand im Gegensatz zu den Verfassungen anderer deutscher Bundesstaaten nur aus *einer einzigen Kammer*. Ihre Mitglieder kamen zwar auch aus dem Fürstenhaus und dem Adel, aber jene aus den Städten und Gemeinden, also aus dem *Volk*, besaßen die Mehrheit. Ihnen wurden sogar Tage- und Reisegelder bewilligt. Ihnen allen war in öffentlichen Sitzungen die Rede-, Meinungs- und Gewissensfreiheit garantiert, und sie waren an keine Weisungen gebunden.

In der staatlichen Exekutive waren *Ministerverantwortlichkeit* und im Rechtswesen unabhängige Gerichte festgeschrieben.

Ein umfangreicher und fortschrittlicher *Grundrechtekatalog* sicherte den Staatsangehörigen die wichtigsten Möglichkeiten freier Entfaltung, allerdings mit der Einschränkung, daß die Pressefreiheit überwacht und die Zensur »in bestimmten Fällen zulässig« war.

Man fürchtete sich offensichtlich angesichts der Vorgänge in Deutschland und im übrigen Europa so sehr vor radikalen Veränderungen der bestehenden Ordnung, daß man vor einer notwendigen Pressezensur nicht zurückschreckte. Diese Furcht zeigte sich auch in der Tatsache, daß das landesherrliche Begnadigungs- und Milderungsrecht nicht auf Strafen für Verfassungsverletzungen angewendet werden durfte.

Die verfassungsmäßige *Verankerung der Zugehörigkeit Kurhessens zum Deutschen Bund* stärkte einerseits die nationale Bindung des Staates an Gesamtdeutschland, wirkte sich jedoch andererseits wegen der restaurativ obrigkeitsstaatlichen Grundeinstellung der Bundeszentrale negativ auf die politische Wirksamkeit der im ganzen liberalfortschrittlichen Verfassung aus.

Bezeichnenderweise bestätigte die Frankfurter Bundesversammlung die kurhessische Verfassung nicht. Sie sah in ihr eine zu große *Gefährdung* des im Bunde durch Art. 57 der »Wiener Schlußakte« geforderten *monarchischen Prinzips*.

Am 28. Juni 1832 beschloß die Bundesversammlung:

> »Da nach dem Artikel 57 der Wiener Schlußacte die gesammte Staatsgewalt in dem Oberhaupte des Staates vereinigt bleiben muß, und der Souverain durch die landständische Verfassung nur in der Ausübung bestimmter Rechte an die Mitwirkung der Stände gebunden werden kann, so ist auch ein Deutscher Souverain, als Mitglied des Bundes, zur Verwerfung einer hiermit in Widerspruch stehenden Petition der Stände nicht nur berechtigt, sondern die Verpflichtung zu dieser Verwerfung geht aus dem Zweck des Bundes hervor.«[113]

Durch Berufung auf die Artikel 57 und 58 der »Wiener Schlußakte« beschloß die Bundesversammlung des weiteren, daß die Landstände keinem deutschen Souverän die zur Erfüllung seiner Bundespflichten erforderlichen Mittel verweigern dürften, und drohte gegebenenfalls Zwangsmaßnahmen des Bundes nach Artikel 25 und 26 der Schlußakte an.[114]

Diese offizielle *Stellungnahme der Bundesversammlung zum Nachteil der Rechte der Ständeversammlung* stärkte die Position des Kurfürsten, der selbst mit der im ganzen konstitutionellen Fortschrittlichkeit der Verfassung unzufrieden war.

Infolgedessen kehrte im Kurfürstentum Hessen auch nach ihrer Einführung jahrelang keine politische Ruhe ein. Der Kurfürst scheute zur Herstellung von Ruhe und Ordnung gegenüber allgemeinen liberalen Protestbewegungen nicht einmal vor Polizeistaatsmethoden zurück.

Braunschweig

Im Herzogtum Braunschweig vertrieben im September 1830 aufgebrachte Kreise aus den unteren Volksschichten den Herzog Karl II., der schon 1827 die Landschaftsverordnung von 1820 gebrochen hatte, und setzten sein Schloß in Brand.

Sein Bruder Wilhelm, der die Unterstützung des Bundestages besaß, stellte durch eine von ihm gegebene »*Neue Landschaftsverordnung*« vom 12. Oktober 1832,[115] die sich an den süddeutschen Verfassungen orientierte, den Frieden wieder her.

Wilhelm hatte »nach beendigter Berathung und getroffener Übereinkunft mit getreuer Landschaft« und »mit Zustimmung Unserer getreuen Stände, die gegenwärtige Landschaftsordnung, als das Grundgesetz des Landes« erlassen. Es sollte die von seinem Bruder mißachtete Landschaftsordnung ablösen.

Die Einleitungssätze enthielten bereits das herzogliche Zugeständnis, die sich aus der Herrschersouveränität ergebenden Regierungsrechte an die *Zustimmung einer Landesvertretung* zu binden.

Insgesamt konnte man auch bei der neuen braunschweigischen Verfassung von einem *liberalen Fortschritt* sprechen, wenn sie auch in der Theorie am Prinzip der landesherrlichen Souveränität festhielt. In der politischen Praxis war der Herzog bei der Gesetzgebung trotz der ihm verbliebenen Rechte auf die Zustimmung der Ständeversammlung angewiesen.

Die Ständeversammlung war nicht Teil eines Zweikammersystems, sondern bestand wie jene Kurhessens nur aus einer einzigen Kammer, die auf Land- und Convocationstagen und in einem Ständischen Ausschuß politisch in Erscheinung trat. Sie war keine Volksvertretung, in der alle gesellschaftlichen Schichten im Sinne eines politischen Gleichheitsprinzips oder gar der Volkssouveränität ihre Abgeordneten entsandt hätten, sondern ein Abbild einer durch abgestufte Rechte und Pflichten gegliederten *Ständegesellschaft*, in der allein Adel, Besitz- und Bildungsbürgertum ihren politischen Einfluß gegenüber der Souveränität des Landesherrn abgesichert hatten. Die Mitglieder der Ständeversammlung waren jedoch dem Gesamtwohl des Landes und aller seiner Einwohner verpflichtet.

Die Gerichte waren trotz einiger herzoglicher Einwirkungsmöglichkeiten prinzipiell unabhängig, und wesentliche persönliche und freiheitliche Grundrechte waren garantiert, blieben allerdings besonders hinsichtlich der Presse- und Meinungsfreiheit als Folge der durch den Deutschen Bund aufrechterhaltenen politischen Gesamtordnung stets in der Gefahr, sie als mißbräuchlich genutzt zu klassifizieren.

Für die liberalen und nationalen Kreise waren die auch in ihren Augen zweifellos erreichten Verfassungskompromisse noch weit von ihren politischen Endzielen entfernt.

Sachsen

Unruhen im Königreich Sachsen, die teilweise sozialrevolutionären Ursprungs waren, konnten vor einer Radikalisierung bewahrt werden, weil man zu einer Reformpolitik überging und die Regierungsgewalt des Königs ANTON der Regentschaft seines Neffen FRIEDRICH AUGUST übertrug. Ergebnis der Veränderungen war am 4. September 1831 eine *Verfassung*,[116] die König und Regent »mit Beirath und Zustimmung der Stände« verkündeten.

➢ Der erste Verfassungsabschnitt (§§ 1–14) bestimmte, daß das Königreich Sachsen »ein unter Einer Verfassung vereinigter, untheilbarer Staat des Deutschen Bundes« sei (§ 1).

»Kein Bestandtheil des Königreichs oder Recht der Krone« konnte »ohne Zustimmung der Stände auf irgend eine Weise veräußert werden.« (§ 2)

»Die Regierungsform ist monarchisch, und es besteht dabei eine landständische Verfassung.« (§ 3)

»Der König ist das souveraine Oberhaupt des Staats, vereinigt in sich alle Rechte der Staatsgewalt und übt sie unter den durch die Verfassung festgesetzten Bestimmungen aus. Seine Person ist heilig und unverletzlich.« (§ 4)

➢ Der Umgang mit dem Staatsgut und dem Vermögen des königlichen Hauses (2. Verfassungsabschnitt, §§ 16–23) wurde genau geregelt:

Dem König stand die Verfügung über sein Privateigentum zu, während das Staatsgut der Aufsicht der Ständeversammlung unterlag.

➢ Die Grundrechte (3. Verfassungsabschnitt, §§ 24–40), wie die persönliche Freiheit, Gewissens-, Glaubens-, Eigentums- und Gewerbefreiheit und andere, wurden garantiert. Die Pressefreiheit unterlag allerdings zur »Sicherung gegen Mißbrauch« der Ordnung durch ein Gesetz »unter Berücksichtigung der Vorschriften der Bundesgesetze«.

➢ Die Regierung des Königreiches (4. Verfassungsabschnitt, §§ 41–44)) bestand aus den »Ministerialdepartements der Justiz, der Finanzen, des Innern, des Krieges, des Kultus und der auswärtigen Angelegenheiten.« Ihre »Vorstände« bildeten das »Gesammtministerium, als die oberste kollegiale Staatsbehörde«. Sie waren den »Ständen verantwortlich«. (§ 41) Darüber hinaus waren »alle Staatsdiener... für ihre Dienstleistung verantwortlich«. (§ 42) Alle Regierungsverfügungen waren zu ihrer Gültigkeit vom König und dem zuständigen Ressortminister zu unterzeichnen (§ 43).

➢ Die »Rechtspflege« (5. Verfassungsabschnitt, §§ 45–55) war »innerhalb der Grenzen ihrer Competenz von dem Einflusse der Regierung unabhängig« (§ 47).

Jeder hatte das Recht auf einen »ordentlichen Richter«. (§ 48)

Niemand durfte »ohne gesetzlichen Grund verfolgt, verhaftet oder bestraft und über vier und zwanzig Stunden über die Ursache seiner Verhaftung in Ungewißheit gelassen werden«. (§ 51)

Der König aber hatte »in strafrechtlichen Fällen das Recht der Abolition, so wie der Verwandlung, Minderung oder des Erlasses der Strafe«, konnte »aber zuerkannte Strafen nicht verschärfen«. (§ 52)

Die Rechtspflege sollte grundsätzlich »der Gleichheit vor dem Gesetz« entsprechen. Die »privilegirten Gerichtsstände« sollten zwar aufhören, konnten aber bei auf »besonderen Verhältnissen« beruhenden Ausnahmen unter Umständen beibehalten werden. Es wurde ein entsprechendes Gesetz in Aussicht gestellt (§ 55).

➢ Den Kirchen (6. Verfassungsabschnitt, §§ 56–60) wurde die »freie öffentliche Religionsausübung« garantiert; aber Klosterneugründungen und die Aufnahme von Jesuiten und anderen geistlichen Orden waren untersagt (§ 56).

Dem König oblag »die Staatsgewalt über die Kirchen«, indem »die geistlichen Behörden aller Confessionen der Oberaufsicht des Ministeriums des Cultus untergeordnet« waren, innere kirchliche Angelegenheiten und Kirchenverfassung blieben jedoch »einer jeden Confession überlassen«. (§ 57) Kirchen und Schulen waren »in ihren bürgerlichen Beziehungen« den Staatsgesetzen unterworfen (§ 59). Ihr Eigentum war geschützt (§ 60).

➢ Für das ganze Königreich Sachsen wurde eine allgemeine »Ständeversammlung« (7. Verfassungsabschitt, §§ 61–137) vorgesehen, die aus *zwei gleichberechtigten Kammern* bestand (§§ 61 f.).

Mitglieder der ersten Kammer waren im wesentlichen die volljährigen Prinzen des königlichen Hauses, die Besitzer adliger Standesherrschaften und Rittergüter, bestimmte höhere Repräsentanten der beiden christlichen Kirchen sowie Universitäts- und Magistratsvertreter, wobei letztere teilweise vom König »nach Gefallen« berufen wurden (§ 63).

Außerdem ernannte der König den Präsidenten der ersten Kammer (§ 67).

Die zweite Kammer verfügte über 80 Mitglieder, davon 20 aus den Reihen der Rittergutsbesitzer, 25 aus den Städten, 25 aus dem Bauernstand und 10 aus dem Handels- und Fabrikwesen (§ 68).

Die Berechtigung zur Wahl der Kammermitglieder und ihre Wählbarkeit unterlagen genaueren Bestimmungen und waren teilweise an einen hohen *Zensus* gebunden. Der König ernannte den Präsidenten der Kammer, indem er aus vier von der Kammer vorgeschlagenen Kandidaten einen auswählte (§ 72).

Die »Wirksamkeit der Stände« wurde im einzelnen festgelegt (§§ 78–114).

Sie waren »das gesetzmäßige Organ der Gesammtheit der Staatsbürger und Unterthanen, und als solches berufen, deren auf der Verfassung beruhenden Rechte in dem durch selbige bestimmten Verhältnisse zu der Staatsregierung geltend zu machen und das unzertrennliche Wohl des Königs und des Landes mit treuer Anhänglichkeit an die Grundsätze der Verfassung möglichst zu befördern«. (§ 78) Ihre Mitglieder leisteten einen Treueid auf »das unzertrennbare Wohl des Königs und Vaterlands«. (§ 82)

Sie besaßen das Recht auf freie Meinungsäußerung und auf »völlige Unverletzlichkeit der Person, während der Dauer des Landtags«, und zwar mit der Ausnahme »der Ergreifung auf frischer That bei einem begangenen peinlichen Verbrechen«. (§§ 83 f.)

»Gesetzentwürfe« konnten »nur von dem Könige an die Stände, nicht von den Ständen an den König gebracht werden«. Sie konnten »aber auf neue Gesetze, sowie auf Abänderung oder Aufhebung antragen«. (§ 85) Weiterhin konnte kein Gesetz »ohne Zustimmung der Stände erlassen, abgeändert oder authentisch interpretirt werden«. (§ 86) Dem König verblieb der Erlaß und die Durchführung der Gesetze mit den entsprechenden Weisungen (§ 87).

Sollte das »Staatswohl« dringende Eile gebieten, konnte der König auch nicht durch Gesetze gedeckte Verordnungen mit verantwortlicher Gegenzeichnung durch »sämmtliche Minister« erlassen, wenn sie »den Ständen bei der nächsten Zusammenkunft zur Genehmigung vorgelegt« wurden (§ 88).

Nur bei Bundestagsbeschlüssen durfte die Regierung »durch die ermangelnde Zustimmung der Stände nicht gehindert werden«, diese auszuführen. Dabei wurde allerdings die »Mitwirkung« der Stände bei der Aufbringung der zur Durchführung notwendigen »Mittel, insoweit dieselbe verfassungsmäßig begründet ist, nicht ausgeschlossen«. (§ 89) Hatten die Stände einen Gesetzentwurf ganz abgelehnt, konnte er im bestehenden Landtag in veränderter Form erneut eingebracht, in unveränderter Form aber nur in einem folgenden Landtag (§ 95).

Sehr wichtig waren das Zustimmungs- und Prüfungsrecht der Stände zu den »directen und indirecten Landesabgaben«. (§§ 96 ff.)

Der König konnte jedoch »Auflagen für den Staatsbedarf« bis zu einem gewissen Zeitpunkt mit der Begründung ihrer »besonderen Natur« verlängern. Eine außerordentliche Ständeversammlung durfte sie dann allerdings ablehnen, wenn »in einer der beiden Kammern mindestens zwei Drittheile der Anwesenden für die Ablehnung gestimmt« hatten (§ 103).

Auch »Anlehn« des Staates waren an das Zustimmungsrecht der Stände gebunden (§ 105). Ebenfalls beaufsichtigten sie die »Verzinsung und Tilgung der Staatsschulden«. (§ 107)

Die Stände durften eigene Beschwerden über Regierung und Minister sowie »schriftliche Beschwerden der Unterthanen« an den König weiterleiten (§§ 110 ff.).

Allerdings: »Alle ständischen Beschlüsse, welche auf eine Angelegenheit des Landes Bezug« hatten, bedurften, »um wirksam zu werden, der ausdrücklichen Sanction des Königs«. (§ 112.

Der König war verpflichtet, alle drei Jahre einen »ordentlichen Landtag« einzuberufen (§ 115).

Er konnte den »förmlichen Schluß der Ständeversammlung« anordnen, sie für längstens sechs Monate vertagen und die zweite Kammer auflösen, wobei er zugleich deren Neuwahl und Neuberufung innerhalb von sechs Monaten zu beachten hatte. Während der Zeit der Auflösung der zweiten Kammer war die erste Kammer nur vertagt (§ 116). Weil ihre Mitglieder ihr entweder kraft adligen Erbrechts auf Lebenszeit oder aufgrund bestimmter Ämter und Würden angehörten, konnte sie nicht aufgelöst werden.

»Eigenmächtig« durften die Kammern »weder sich versammeln, noch nach dem Schlusse oder der Vertagung des Landtags, oder Auflösung der zweiten Kammer versammelt bleiben und berathschlagen«. (§ 118)

Die Mitglieder der zweiten Kammer und einige der ersten Kammer erhielten »Aufwand-, Tage- und Reisegelder«. (§ 120)

Ihre Tagungen waren grundsätzlich öffentlich (§ 135). Für den Fall, daß sich beide Kammern über einen zu beschließenden »Gegenstand« nicht sogleich einigen konnten, gab es besondere Verfahrensvorschriften.

Die letzten Paragraphen der Verfassung enthielten Bestimmungen über ihre Gewährleistung, wie etwa den Treueid eines Thronfolgers bei seinem Regierungsantritt oder der »Civilstaatsdiener« und »der Geistlichen aller christlichen Confessionen«. (§§ 138 u. 139)

Die Stände hatten das Recht, Minister bei Verfassungsverletzungen anzuklagen (§ 141).

Ein Staatsgerichtshof, dessen Mitglieder teils vom König ernannt, teils von der

Ständeversammlung gewählt wurden, hatte über Verfassungsverletzungen zu befinden (§§ 142–149).

Der König durfte seine Untersuchungen nicht hemmen oder einen verurteilten Staatsdiener in seinem Amt belassen (§ 150).

König und Ständeversammlung hatten beide das Recht, sich gegenseitig Anträge auf Verfassungsänderungen, -erläuterungen und -ergänzungen zu stellen (§ 152).

Bevor König und Prinzregent »Gegenwärtiges Staatsgrundgesetz eigenhändig unterschrieben«, versicherten sie, daß sie sich selbst »bei Unserm fürstlichen Worte« stets genau nach den Verfassungsvorschriften richten und die Verfassung »gegen alle Eingriffe und Verletzung kräftigst schützen« wollten.

Die sächsische Verfassung enthielt gewiß fortschrittliche politische Elemente. Sie betonte die nationale Zugehörigkeit des Königreiches zum Deutschen Bund, respektierte allerdings damit auch innerstaatlich die von dort ausgehenden Gesetze mit antiliberaler Tendenz. Andererseits schränkte sie das obrigkeitliche, monarchische Prinzip durch eine Verfassung ein.

Die Verfassung blieb *insgesamt weit hinter den* sich im Lande ausbreitenden *gesellchaftlich progressiven Zielen zurück*. Die sakrosankte Person des Königs war Inhaber der Staatsgewalt und besaß gegenüber der Ständeversammlung nicht nur das Recht des Gesetzesvorschlags, sondern auch der Gesetzesinkraftsetzung. Außerdem standen dem König sehr weitgehende eigene Notverordnungsmöglichkeiten zur Verfügung.

Ohne Eröffnung durch ihn konnte sich die Ständeversammlung nicht zusammenfinden. Diese hatte zwar im Falle der Notwendigkeit neuer Gesetze oder Gesetzesänderungen das Recht des Antrags und der Zustimmung und auf diese Weise vor allem das wichtige Budgetrecht, aber sie war stets auf das Einvernehmen mit dem König angewiesen.

Außerdem war die landständische Versammlung *keine angemessene Vertretung des ganzen Volkes.*

Die Mitglieder der ersten Kammer stammten aus dem Hoch- und Grundadel, den Kreisen der hohen Geistlichkeit, der vom König ernannten Rittergutsbesitzer und der städtischen Magistratspersonen, während jene der zweiten Kammer durch unterschiedliche und an einen hohen Zensus gebundene Wahlen aus den Reihen der Rittergutsbesitzer, des städtischen Bürgertums, des Bauernstandes und – erstmalig in Deutschland – aus Industrie und Handel ermittelt wurden. Obwohl jene Erweiterung und die teilweise eingeführten Aufwands-, Tage- und Reisegelder für Kammermitglieder sich günstig auf Kandidaturen aus breiter gestreuten Gesellschaftsschichten auswirken mußten, besaßen die herkömmlich bevorzugten Stände noch immer das größere Gewicht.

Ministerverantwortlichkeit, individuelle Grundrechte und Unabhängigkeit des Gerichtswesens wurden zwar durch die Verfassung weitgehend garantiert. Aber die Einschränkungen der Meinungsfreiheit, die sich besonders auf die Presse auswirken mußten, sowie die Beschneidung der Religionsfreiheit durch das Verbot von Klosterneugründungen und der Aufnahme von Orden standen durchaus nicht im Einklang mit grundsätzlichen liberalen Forderungen, ebenfalls nicht das königliche Recht, durch Gerichtsurteil verhängte Strafen zu erlassen oder zu ermäßigen.

Trotzdem war die Verfassung gegenüber dem Obrigkeitsstaat alten Stils ein großer *Fortschritt*: König und Verfassungsorgane waren in ihren politischen Möglichkeiten nämlich untrennbar aufeinander angewiesen und näherten sich einem politischen Gleichgewicht.

Das konstitutionelle System Sachsens beendete zwar den monarchischen Absolutismus, blieb aber im Rahmen seiner zeitgebundenen Möglichkeiten noch weit entfernt von modernen liberalen Endzielvorstellungen.

Hannover

Am 7. Dezember 1819 hatte Prinzregent Georg das bereits oben erwähnte »*Patent*, die Verfassung der allgemeinen Ständeversammlung des Königreiches Hannover betreffend«[117] erlassen, das aber angesichts des nationalliberalen Zeitgeistes nur ein erstes und vorläufiges Zugeständnis sein konnte.

Nachdem sich 1830/31 Unruhe und Unzufriedenheit wegen liberaler Forderungen bis zu einem Aufstand gesteigert hatten, ernannte der in London regierende König Wilhelm IV. Adolph Friedrich, den Herzog von Cambridge, zum Generalstatthalter und Vizekönig von Hannover. Dieser ließ »nach zähen Verhandlungen mit den Ständen« eine *Verfassung*[118] ausarbeiten, die am 26. September 1833[119] in Kraft trat und den Wünschen der Liberalen entgegenkam.

Gegenüber dem »Patent« von 1819 war die Verfassung von 1833 ein *großer Fortschritt auf dem Weg zum Konstitutionalismus*, obwohl sie die Wünsche liberaler Kreise noch längst nicht erfüllte.

Der königliche Souverän hatte sich, was sie begrüßen mußten, auf die Einhaltung der von ihm erlassenen Verfassung verpflichtet und einer allgemeinen Ständeversammlung als Vertretung der Untertanen wesentliche Mitregierungsrechte eingeräumt. Zu ihnen gehörte das äußerst wichtige staatliche *Budgetrecht*, von dem das Funktionieren des ganzen Staatsapparats abhing. Zwar war die königliche Position insbesondere bei der Besetzung der ersten Kammer und gegenüber den Tagungsmöglichkeiten der gesamten Ständeversammlung sehr stark; aber tatsächlich war der König, wollte er ungestört regieren, auf ein gutes Verhältnis zu ihr angewiesen.

Dieses mußte er auch stets beachten, wenn er im Rahmen der staatlichen Exekutive sein Recht auf die Ernennung der Minister und Beamten wahrnahm. Das Prinzip der Ministerverantwortlichkeit war darüber hinaus geeignet, Versuchen königlicher Alleinregierung entgegenzuwirken.

Die relativ größte Selbständigkeit behauptete der König im Bereich des Militärwesens.

Fortschrittlich war die Verfassung auch in der Entwicklung freiheitlicher persönlicher *Grundrechte* und im Bereich des Gerichtswesens, obwohl sie weiterhin Möglichkeiten königlicher oder staatlicher Eingriffe enthielt.

Für liberale Kreise blieb der größte Stein des Anstoßes gewiß die *erneute Festschreibung* althergebrachter *ständischer* und *korporativer Vorrechte.*

Wie schon die süddeutschen Verfassungen besaß die Verfassung des Königreiches Hannover einen gewissen *Kompromißcharakter* zwischen den politisch konservativen und progressiven Kräften. Dieser sollte sich auch in den später erlassenen mittel- und norddeutschen Verfassungen zeigen.

Trotz einzelstaatlicher Unterschiede zeichnete sich insgesamt eine Entwicklung ab, die den *konservativen Obrigkeitsstaat*, der seine Stütze in der politischen Ordnung des Deutschen Bundes fand, *zunehmend in die Defensive* drängte.

Ein Gleich- oder gar Übergewicht hatten die progressiven Kräfte aber noch längst nicht erreicht. Die Verfassungen, die die einzelstaatlichen Souveräne teilweise bis an die Grenze des für sie prinzipiell Möglichen eingeengt hatten, konnten nicht darüber hinwegtäuschen, daß sich die landesherrliche Obrigkeit zwar gegenüber den nationalfreiheitlichen Kräften in der Defensive befand, aber immer noch *machtpolitisch die stärkere Stellung* besaß.

Wachsende Unruhe

Hambacher Fest

In den süddeutschen Ländern hatte die Schärfe des Konflikts zwischen den Regierungen und den freiheitlich gesinnten Mitgliedern in den Kammern unterschiedlich stark zugenommen und die politische Gesamtlage zusammen mit den in ganz Deutschland zu beobachtenden Auswirkungen der Karlsbader Beschlüsse weiter angespannt.

Ab 1830 kam es unter dem Eindruck der französischen Julirevolution zu ersten schweren politischen Entladungen, obwohl sich gerade auch in dieser Zeit weitere Staaten des Deutschen Bundes die soeben dargestellten Verfassungen gaben und durch das badische Pressegesetz vom 28. Dezember 1831 im Gegensatz zum geltenden Bundesrecht für Baden praktisch die Pressefreiheit erreicht worden war. Als logische Folge besaß dieses südwestdeutsche Großherzogtum in der gesamtdeutschen Öffentlichkeit bald den Nimbus eines Vorkämpfers gegen Zensur und Meinungsunterdrückung.

Spektakulärer Höhepunkt der politischen Unzufriedenheit war bei Neustadt in der bayerischen Pfalz das *Hambacher Fest* (27./28. Mai 1832).

In diesem Teil Bayerns hatte die politische Unzufriedenheit mit dem König und der Regierung in Verbindung mit sozialen Mißständen innerhalb der Landbevölkerung zur Radikalisierung der öffentlichen Meinung geführt. Man klagte über die Vernachlässigung der »Volksinteressen« und erwog Möglichkeiten, diese außerhalb der Kammern in politischen Verbindungen und publizistisch durchzusetzen. So war ein ›Vaterlandsverein zur Unterstützung der freien Presse‹ entstanden, der die »allgemeine Pressefreiheit als Voraussetzung für die Herstellung der deutschen Nationaleinheit unter einer demokratisch-republikanischen Verfassung« forderte. Er war aber vom Deutschen Bund umgehend verboten worden.

Zu dem von einem der Führer der Bewegung, dem Journalisten Philipp Jakob SIEBENPFEIFFER, auf die Ruine des Hambacher Schlosses einberufenen »Nationalfest der Deutschen«, das »bezeichnenderweise als Gegenveranstaltung zu einer geplanten staatlichen Feier zum Gedenken an den Erlaß der bayerischen Verfassung konzipiert« worden war, erschienen etwa zwanzig- bis dreißigtausend Demonstranten,[120] eine für diese Zeit erstaunlich hohe Zahl. Das von GOETHE nach der Völkerschlacht von Leipzig bezweifelte Erwachen des ganzen deutschen Volkes war zwar immer noch nicht eingetreten, aber die Zahl der mit den politischen Verhältnisssen Unzufriedenen war sichtbar gewachsen.

Auf dieser Großkundgebung, die in ganz Deutschland auf Zustimmung stieß, hielt SIEBENPFEIFFER eine leidenschaftliche Rede, die zu den am meisten beachteten und gefühlsgeladenen Ansprachen der Demonstration gehörte.[121]

Er war mit 300 Handwerksgesellen nach Hambach gekommen und verkündete jetzt den hier versammelten Tausenden seine politischen Visionen. Die *schwarzrotgoldene* Fahne war auf dem Schloß aufgepflanzt worden und neben ihr aus Sympathie mit anwesenden polnischen Flüchtlingen das polnische Banner mit dem weißen Adler:

> »Vaterland – Freiheit – ja! ein freies deutsches Vaterland – dies ist der Sinn des heutigen Festes,« verkündete er. Dieses Vaterland sei bisher nicht entstanden. ». . . die edelste Blüte des Siegs ward zernagt vom Wurm fürstlich-aristokratischer Selbstsucht, die heilige Saat von edlem Bürgerblute gedüngt, ward zertreten vom eisernen Fuß der Despoten. . . knechtisch beugen wir den Nacken unter das Joch der eigenen Dränger.«

Mit Blick auf die religiöse Befreiung durch die Reformation beklagte er:

> ». . . noch ist kein politischer LUTHER auferstanden, der das Scepter zerbreche der absoluten Könige, der die Völker erlöse von der Schmach der politischen Knechtschaft.« Es würden »mit dem Schweiße zinspflichtiger Armen« Prunkschlösser errichtet und »den Völkerschlächtern Säulen des Ruhms; aber für irgend ein deutsches Nationaldenkmal hat die deutsche Erde keinen Raum, haben seine 34 souveräne Fürsten keinen Sinn; eine Nationalhalle suchst du umsonst, wo die Majestät des deutschen Volks widerstrahle. . .«

Auf dieses durch den Deutschen Bundestag repräsentierte politische System der nationalen Zersplitterung und Unfreiheit anspielend, rief er aus:

> »Frankfurt ist – o daß ich alles mit einem Wort sage! – ist der Sitz des Bundestages, der Sitz des politischen Vatikans, aus welchem der Bannstrahl herabzuckt, wo irgend ein freier, ein deutscher Gedanke sich hervorwagt.«

Auf diese von Wut und Haß erfüllte Anklage gegen die Vertreter einer politischen Ordnung, die die deutsche Einheit und die politische Freiheit gleichberechtigter Bürger verhinderten, ließ SIEBENPFEIFFER jetzt seine pathetischen Hoffnungsvisionen folgen:

> »Und es wird kommen der Tag, der Tag des edelsten Siegesstolzes, wo der Deutsche vom Alpengebirg und der Nordsee, vom Rhein, der Donau und Elbe den Bruder im Bruder umarmt, wo die Zollstöcke und die Schlagbäume, wo alle Hoheitszeichen der Trennung und Hemmung und Bedrückung verschwinden, sammt den Constitutiönchen, die man etlichen mürrischen Kindern der großen Familie als Spielzeug verlieh; wo freie Straßen und freie Ströme den freien Umschwung aller Nationalkräfte und Säfte bezeugen; wo die Fürsten die bunten Hermeline feudalistischer Gottstatthalterschaft mit der männlichen Toga deutscher Nationalwürde vertauschen, und der Beamte, der Krieger, statt mit der Bedientenjacke des Herrn und Meisters mit der Volksbinde sich schmückt; wo nicht 34 Städte und Städtlein, von 34 Höfen das Almosen empfangend, um den Preis hündischer Unterwerfung, sondern wo alle Städte, frei emporblühend aus eigenem Saft, um den Preis patriotischer Gesinnung, patriotischer That ringen; wo jeder Stamm, im Innern frei und selbstständig, zu bürgerlicher Freiheit sich entwickelt, und ein starkes, selbstgewobenes Bruderband alle umschließt zu politischer Einheit und Kraft; wo die deutsche Flagge, statt Tribut an Barbaren zu bringen, die Erzeugnisse unseres Gewerbefleißes in fremde Welttheile geleitet, und nicht mehr unschuldige Patrioten für das Henkerbeil auffängt, sondern allen freien Völkern den Bruderkuß bringt.«

Wenn diese Zeit gekommen sei, werde sogar »das deutsche Weib, nicht mehr die dienstpflichtige Magd des herrschenden Mannes, sondern die freie Genossin des freien Bürgers« sein. Die politische deutsche Zukunft beschwörend, rief SIEBENPFEIFFER aus:

> »Ja, er wird kommen der Tag, wo ein gemeinsames deutsches Vaterland sich erhebt, das alle Söhne als Bürger begrüßt, und alle Bürger mit gleicher Liebe , mit gleichem Schutz umfaßt; wo die erhabene Germania dasteht, auf dem erzenen Piedestal der Freiheit und des Rechts, in der einen Hand die Fackel der Aufklärung, welche civilisirend hinausleuchtet in die fernsten Winkel der Erde, in der anderen die Wage des Schiedsrichteramts, streitenden Völkern das selbsterbetene Gesetz des Friedens spendend, jenen Völkern, von denen wir bis jetzt das Gesetz der Gewalt und den Fußtritt höhnender Verachtung empfangen.«

Die »deutsche« und die »europäische Freiheit« dürfe »nicht erdrosselt werden von den Mörderhänden der Aristokraten«. Noch einmal alle rhetorischen Mittel einsetzend, beschwor er schließlich »ein freies deutsches Vaterland« und beendete seinen Appell mit einem »Hoch« auf das »einige Deutschland«, die Polen als »der Deutschen Verbündete« sowie die »Franken, der Deutschen Brüder« und »jedes Volk, das seine Ketten bricht und mit uns den Bund der Freiheit schwört!«

Mit dem Ruf »Vaterland – Volkshoheit – Völkerbund hoch!« war die Rede zu Ende.

Diese Ansprache enthielt – allerdings in *höchst emotionalisierter Form* – das *gesamte nationalfreiheitliche Oppositionsprogramm.*

SIEBENPFEIFFER und seine ihn feiernden Zuhörer forderten einen deutschen Nationalstaat und als dessen Grundlage die durch Aufklärung und Revolution entdeckten und eingeforderten Werte, die seinen Bürgern ihre menschliche Würde sichern sollten. Zu diesen gehörten Freiheit, Gleichheit und Gerechtigkeit für alle Menschen und die Abschaffung aller Repressionen, die ihre Entfaltung verhinderten.

Die Lösung der sozialen Frage und sogar die Frauenemanzipatiom wurden schon angesprochen.

Die Forderungen enthielten eine radikale Kampfansage an die gesamte politische und soziale Ordnung des Deutschen Bundes und seiner Einzelstaaten und besonders an ihre verhaßten aristokratischen Repräsentanten mit ihren »Mörderhänden«.

Kompromißversuche, wie etwa die landständischen Verfassungen, wurden als »Constitutiönchen« und »Kinderspielzeug« lächerlich gemacht.

Das Modell der *konstitutionellen Monarchie* wurde auf diese Weise in den Vorstellungen der Protestierenden bereits *vor* seiner Verwirklichung durch das Fernziel des *republikanischen demokratischen Staates* abgelöst.

Die erhoffte Revolution zeigte deutlich ihr *Doppelgesicht:* Erstrebten die Gemäßigten – vor allem aus dem Besitz- und Bildungsbürgertum – vornehmlich eine nationalliberale konstitutionelle Monarchie in einem neuen deutschen Reich, so erhofften radikale Teile der oft in sozialer Not lebenden unteren Volksschichten eine sozialrevolutionäre Republik mit voll verwirklichter Volkssouveränität

Offensichtlich war auch das Bedürfnis nach Solidarisierung mit allen um ihre Freiheit kämpfenden Völkern sehr groß, besonders etwa mit den Polen, deren nationale Selbstbehauptung damals in Deutschland auf viel Sympathie stieß. Man wünschte sich eine Gemeinschaft freier Völker. In dem Bewußtsein eigener zukünftiger Größe träumte SIEBENPFEIFFER aber auch schon von einem »Schiedsrichteramt«, um Völkern das »selbsterbetene Gesetz des Friedens« zu spenden.

Wahrscheinlich unbewußt, nahm er dabei – wohl in Banne mittelalterlicher Reichsvorstellungen stehend – die machtpolitischen Möglichkeiten eines deutschen Nationalstaates in seine Zukunftsvision auf.

Die Hambacher Protestveranstaltung zog einige kleinere Kundgebungen im süd- und mitteldeutschen Raum nach sich. In der Pfalz verhängte der bayerische König sogar einen vorübergehenden Belagerungszustand.[122]

»Sechs Artikel« des Deutschen Bundes

Der angegriffene Deutsche Bund reagierte am 28. Juni 1832 mit einem Beschluß der Bundesversammlung, den sogenannten »Sechs Artikeln«,[123] die seinen entschlossenen Willen unterstrichen, den obrigkeitsstaatlichen Anspruch gegenüber allen liberaldemokratischen Forderungen konsequent zu behaupten:

Ausdrücklich wurde die landesfürstliche *Souveränität* gem. Art 57 der Wiener Schlußakte bestätigt und ihr das Recht zugestanden, eine zu ihr im Widerspruch stehende landständische Verfassung unter bestimmten Bedingungen zu verwerfen (Art. I).

Dem Souverän stand die Bundesunterstützung gem. Art. 25 u. 26 der Wiener Schlußakte zu, falls ihm die Ständeversammlung die zur Erfüllung seiner Pflichten gegenüber dem Bund und der Verfassung seines Staates notwendigen Mittel und Steuern verweigern sollte (Art. II).

Die »innere Gesetzgebung der Deutschen Bundesstaaten« durfte weder »dem Zwecke des Bundes« gem. Art. 2 der »Wiener Schlußakte« noch »der Erfüllung sonstiger bundesverfassungsmäßiger Verbindlichkeiten« entgegenstehen (Art. III).

Eine Kommission des Bundes sollte künftig überprüfen, ob bei den »ständischen Verhandlungen in den Deutschen Bundesstaaten« alle Verbindlichkeiten eingehalten würden, und gegebenenfalls der Bundesversammlung Anzeige erstatten (Art. IV).

Die Bundesstaaten verpflichteten sich, gem. Art. 59 der »Wiener Schlußakte« »die angemessenen Anordnungen zu erlassen«, damit freie Meinungsäußerungen in Wort und Schrift nicht die Ruhe in den Einzelstaaten gefährdeten und zu Angriffen auf den Bund ausarteten (Art. V).

Um Meinungsverschiedenheiten über zu beanstandende Vorgänge auszuschließen, wurde bestimmt, »daß zu einer Auslegung der Bundes- und der Schluß-Acte mit rechtlicher Wirkung auch nur allein und ausschließlich der Deutsche Bund berechtigt ist, welcher dieses Recht durch sein verfassungsmäßiges Organ, die Bundesversammlung, ausübt« (Art. VI).

Auf die während des Hambacher Festes und in anderen Zusammenhängen laut gewordenen Stimmen der nationalfreiheitlichen Opposition hatte der Deutsche Bund mit seinen »Sechs Artikeln« ebenso klar und eindeutig geantwortet.

Er war auf keinen Fall bereit, Forderungen anzunehmen, die bereits über die Tolerierung einer durch Mitregierung und Verfassung eingeschränkten fürstlichen Souveränität hinausgelangt waren und unter Überwindung einzelstaatlicher Zersplitterung den einheitlichen republikanisch-demokratischen deutschen Nationalstaat mit Volkssouveränität anstrebten.

Der Deutsche Bund reorganisierte sein konservatives Programm

- zur kämpferischen Verteidigung der fürstlichen Souveränität in den Einzelstaaten,
- zur Abwehr eines nationalen Bundesstaates
- und zur Aufrechterhaltung der ständischen Vorrechte des Adels und der Aristokratie.

Auch bei der Gewährung der unbeschränkten Meinungsfreiheit in Wort und Schrift war er zu keinerlei Zugeständnissen bereit. Er verstärkte sogar seine gesetzlichen Möglichkeiten – etwa am 5. Juli 1832 durch ein Gesetz gegen die Vereins- und Versammlungsfreiheit und durch die Einsetzung einer Überwachungskommission –, um gegen alle nationalfreiheitlichen Kräfte konsequent vorgehen zu können.

So wurde das von den Liberalen als großer Erfolg gefeierte badische Pressegesetz vom 28. Dezember 1831 vom Deutschen Bundestag für bundeswidrig erklärt, so daß der badische Großherzog aus Gründen des über dem Landesrecht stehenden Bundesrechts gezwungen war, es gegen heftigsten öffentlichen Protest wieder aufzuheben.

Politisch liefen die jetzt ergriffenen Maßnahmen des Deutschen Bundes auf eine *verstärkte Neuauflage* der dreizehn Jahre vorher zum Bundesgesetz erhobenen *»Karlsbader Beschlüsse«* hinaus. Ebenso wie jenen folgten ihnen Verfolgungen und Prozesse gegen mehrere Hauptvertreter der liberaldemokratischen Bewegung. Militär und Polizei wurden eingesetzt, um Unruhen im Keim zu ersticken.

Symptomatisch für die Lage – auf der einen Seite radikale Gesellschaftsveränderer und ihre Sympathisanten und auf der anderen die große Mehrheit der mehr an Aufrechterhaltung von Ruhe und Ordnung interessierten Bürger – war der gescheiterte *»Frankfurter Wachensturm«* vom 3. April 1833. Er verursachte zwar große Aufregung, aber konnte von der Stadtpolizei schnell niedergeschlagen werden. An ihm waren nur etwa 50 Radikale beteiligt gewesen. Sie hatten vorübergehend Wachlokale der Frankfurter Stadtpolizei und des Bundestages besetzt, waren jedoch von der Masse der Bevölkerung nicht unterstützt worden.[124]

Geheimes Schlußprotokoll der Wiener Ministerkonferenz von 1834

Wie sehr sich die politische Lage zuspitzte, bewies das Schlußprotokoll der geheimen Wiener Ministerkonferenz vom 12. Juni 1834. Es bestand aus 60 umfangreichen Artikeln, die erst 1843 der Öffentlichkeit bekannt wurden.[125]

Eindeutig wurde gleich am Anfang (Art. 1) das »im Art. 57 der ›Wiener Schlußakte‹ anerkannte Grundprinzip des deutschen Bundes« formuliert, »gemäß welchem die gesammte Staatsgewalt in dem Oberhaupte des Staats vereinigt bleiben muß und der Souverän durch eine landständische Verfassung nur in der Ausübung bestimmter Rechte an die Mitwirkung der Stände gebunden werden kann«. Dieses Grundprinzip sei »in seinem vollen Umfange unverletzt zu erhalten. Jede widerstrebende, auf eine Theilung der Staatsgewalt abzielende Behauptung« sei »unvereinbar mit dem Staatsrechte der im deutschen Bund vereinigten Staaten, und« könne »bei keiner deutschen Verfassung in Anwendung kommen. Die Regierungen« würden »demnach eine mit den Souveränitätsrechten unvereinbare Erweiterung ständischer Befugnisse in keinem Falle zugestehen«.

Sodann einigte man sich über verbindliche Entscheidungs- und Schiedsgerichtsverfahren für solche Fälle, in denen die Stände ihre Befugnisse erweitern wollten oder Zweifel bei der Auslegung von Verfassungsurkunden äußern sollten (Art. 2 – 16).

Die Regierungen verpflichteten sich, nicht zu gestatten, »daß die Stände über die Gültigkeit der Bundesbeschlüsse berathen oder beschließen«. (Art. 17)

Die Regierungen waren berechtigt, Ständeversammlungen aufzulösen, »welche die zur Handhabung der Bundesbeschlüsse vom 28. Juni 1832 erforderlichen Leistungen« verweigerten. Dabei wurde ihnen die Hilfe des Bundes gem. Art. 25–27 der Wiener Schlußakte zugesichert. Auflösungsrecht und Bundeshilfe galten auch »für den Fall einer gänzlichen Verweigerung von Steuern« durch die Ständeversammlungen (Art. 18).

Die Stände, denen das »Recht der Steuerbewilligung« verfassungsmäßig zustand, besaßen auf diese Weise nicht zugleich das Recht, »das Staatsausgabenbudget zu regeln«. Erläuternd wurde festgesetzt, daß sie nicht berechtigt waren, »einzelne innerhalb des Betrages der im Allgemeinen bestimmten Etatssummen vorkommende Ausgabenposten festzusetzen oder zu streichen«, es sei denn, »insofern ihre Zustimmung dazu nicht ausdrücklich durch Verfassungen oder Gesetze vorbehalten« sei (Art. 20).

Auftretende mögliche Meinungsverschiedenheiten sollten schiedsrichterlich geregelt werden. Blieb ein solches Verfahren erfolglos, konnte der Bund »nöthigenfalls Bundeshülfe nach Artikel 25 und 26 der Schlußakte und Artikel 2 des Bundesbeschlusses vom 28. Juni 1832 eintreten lassen«. (Art. 21)

Die folgenden Bestimmungen stärkten die Autorität der Regierungen, indem sie

- die Mitgliedschaft von Staatsbeamten in den Ständekammern von der Genehmigung durch den Landesherrn abhängig machten (Art. 23),
- die Vereidigung des Militärs auf die Verfassung untersagten (Art. 24)
- und sich zum »kräftigen« Vollzug des Artikels 5 des Bundesbeschlusses vom 28. Juni 1832 verpflichteten« (Art. 25), also zur Unterdrückung aller mündlichen und gedruckten Meinungsäußerungen, die die öffentliche Ordnung »auf gefährdende Weise überschritten«.

Was man unter diesem »kräftigen« Vollzug verstand, wurde in den folgenden Bestimmungen sehr ausführlich konkretisiert (Art. 26–37):

- Einschreiten gegen Redner in den Ständeversammlungen »wegen Mißbrauch des Wortes«,
- Pflicht zu »einer wachsamen und strengen Aufsicht über die in den verbündeten Staaten erscheinenden Zeitungen, Zeit- und Flugschriften«,
- »Censur« gemäß dem seit 1819 bestehenden provisorischen Preßgesetz,
- Einrichtung von Censurgremien mit »Männern von erprobter Gesinnung«,
- Reduzierung politischer Tageblätter und Beschränkung ihres Umfangs auf »20 Bogen«,

- Druck von Protokollen unter Weglassung aller Äußerungen, die einen Ordnungsruf erhalten hatten.

In geradezu pedantischer Form wurden Maßnahmen zur Erhaltung von Ruhe und Ordnung an den Universitäten festgelegt (Art. 38–60):

- Nicht nur Immatrikulationsbedingungen,
- auch Reisewege von Studenten und die Art ihrer Feriengestaltung wurden vorgeschrieben,
- die Mitgliedschaft in Burschenschaften und anderen verbotenen Verbindungen wurden untersagt und mit unterschiedlichen Strafen bedroht. Ihren Mitgliedern drohten nach Abschluß ihrer Studien Berufsverbote (Art. 49).

Um immatrikuliert zu werden, mußte jeder Bewerber folgende Erklärung abgeben (Art. 46):

> »Ich, Endesunterzeichneter verspreche mittelst meiner Namensunterschrift auf Ehre und Gewissen
>
> 1. daß ich an keiner verbotenen oder unerlaubten Verbindung der Studirenden, insbesondere an keiner burschenschaftlichen Verbindung, welchen Namen dieselbe auch führen mag, Theil nehmen, auch an dergleichen Verbindungen in keiner Beziehung näher oder entfernter mich anschließen, noch solche auf irgend eine Art befördern werde.
>
> 2. Daß ich, weder zu den Zwecken gemeinschaftlicher Berathschlagung über die bestehenden Gesetze und Einrichtungen des Landes, noch zu jenem der wirklichen Auflehnung gegen obrigkeitliche Maaßregeln mit Andern mich vereinigen werde.
>
> Insbesondere erkläre ich mich verpflichtet, den Forderungen, welche die diesem Reverse vorgedruckten Bestimmungen enthalten, stets nachzukommen, widrigenfalls aber mich allen gegen deren Uebertreter daselbst ausgesprochenen Strafen und nachtheiligen Folgen unweigerlich zu unterwerfen.«

Die Universitäten und Staaten sollten sich gegenseitig über die ergriffenen Maßnahmen und verdächtige Personen unterrichten.

Abschließend verpflichteten sich die Minister zu »strenger Geheimhaltung« ihrer Beschlüsse.

Die »Sechs Artikel« von 1832 und das zitierte »Schlußprotokoll« von 1834 zeigten,

- daß der *Deutsche Bund* und seine *Einzelstaaten gegenüber den nationalfreiheitlichen Bestrebungen*, die sich vor allem an den Universitäten unter Studenten und Gelehrten ausbreiteten, *zu keinem Entgegenkommen* bereit waren
- und sich *auf einen aktiven Abwehrkampf* eingestellt hatten.

Die Bestimmungen

- zur strikten Beibehaltung landesfürstlicher Souveränität,
- zur Beschränkung der Rechte der Ständekammern in der Frage der Mitbestimmung bei Staatsausgaben,
- zum Verbot einer Vereidigung des Militärs auf die Verfassung,
- zur Zusage von Bundeshilfe bei gefährlichen politischen Zuspitzungen in den Einzelstaaten,
- zur Reglementierung der öffentlichen Meinung durch verschärftes Vorgehen gegen eine angeblich mißbrauchte Meinungsfreiheit,
- zum Vorgehen gegen verdächtige Verbindungen unter Professoren und Studenten

ließen an ihrer Entschlossenheit zum Abwehrkampf keinen Zweifel aufkommen. Vermutlich wollte man allerdings eine allzu schnelle Verschärfung der Auseinandersetzungen vermeiden. Wozu sonst sollte das »Schlußprotokoll« geheimgehalten werden?

Verfolgte Studenten, Schriftsteller, Dichter, Emigranten

Gegen Tausende von Verdächtigen wurden vom Deutschen Bund Ermittlungsverfahren eingeleitet. Allein in Preußen erreichten die Zahlen der politischen Strafurteile

> »eine nie dagewesene Höhe. Harmlose Studentenreden, heimliche Verwendung der schwarz-rot-goldenen Farben für Pfeifenquasten und dergleichen waren der Anlaß schwerer Strafen. Am 4. August 1836 wurden 204 Burschenschaftler wegen Hochverrats zu Höchststrafen verurteilt: 39 zum Tode (in vier Fällen zum Tod durch Rädern), 165 zu lebenslänglichen oder zeitlichen Freiheitsstrafen. Die Todesstrafen verwandelte der König teils in lebenslängliche, teils in dreißigjährige Festungshaft. Allerdings gab die Amnestie nach der Thronbesteigung FRIEDRICH WILHELMS IV. allen noch Inhaftierten die Freiheit zurück«.[126]

Zu den bekanntesten der 204 zum Tode Verurteilten gehörte der niederdeutsche Schriftsteller Fritz REUTER. Er wurde zu lebenslänglicher, schließlich achtjähriger Festungshaft begnadigt und 1840 freigelassen. In seinem 1863 erschienen Roman *Ut mine Festungstid* hat er seine Gefangenschaft beschrieben.

Von Verhaftungen Bedrohte flohen nach Frankreich und auch in die Schweiz. Ihnen schlossen sich bald auch solche Flüchtlinge an, die gegen die sozialen Verhältnisse in den unteren Gesellschaftsschichten protestierten. Teilweise gründeten sie im Ausland Vereine, um von hier aus die Bildung einer revolutionären Stimmung in Deutschland zu begünstigen.

Zu den Literaten, die mit der bestehenden politischen Ordnung zunehmend in Konflikt gerieten, gehörten vor allem Heinrich HEINE und jene jungen Schriftsteller und Dichter, die unter dem Namen ›*Junges Deutschland*‹ bekanntgeworden sind. Sie entstammten einer Generation, die sich den modernen Ideen von Freiheit und Emanzipation angeschlossen und daher allem Rückwärtsgewandten, das sich ihnen in der Ordnung des Deutschen Bundes darstellte, den Kampf angesagt hatten.

HEINE, der bekannteste von ihnen, auf dessen hervorragende literarische Bedeutung hier nur pauschal hingewiesen werden kann, war ab 1831 politischer Berichterstatter der *Augsburger Allgemeinen Zeitung* in Paris, wo ihn die Auswirkungen der französischen Julirevolution in seinen freiheitlichen Zukunftserwartungen bestärkten. »Paris war seit 1830 der Hauptort des modernen Geistes geworden.«[127] 1835 wurden seine Werke zusammen mit jenen der jungdeutschen Schriftsteller vom Deutschen Bund verboten. Trotzdem blieb HEINE auf beiden Seiten des Rheins neben seinem dichterischen Wirken wegen seiner Berichte über das geistige Leben in Frankreich und Deutschland von großem Einfluß. Seinen Hauptruhm bis in die heutige Gegenwart begründete er durch sein umfangreiches lyrisches Werk, das Gedichte und Balladen mit romantischen und zarten Gefühlstönen, aber auch mit beißender Ironie, Illusionszerstörung und politischer Kritik enthielt. Als spottender und angreifender Literat stand er im Gegensatz zu jeder Art von geistiger und politischer Unfreiheit und bewahrte auch nationalen Einheitsbestrebungen gegenüber seine skeptische Distanz.

Einer der radikalsten Wortführer des Protestes war der aus dem Großherzogtum Hessen stammende Medizinstudent und auch als Dramatiker hervorgetretene Georg BÜCHNER, der nach einem Aufenthalt in Straßburg an der Universität Gießen studierte und hier die geheime ›Gesellschaft der Menschenrechte‹ gegründet hatte. Sein Aufbegehren gegen die politische Unfreiheit seiner Zeit war zugleich vor allem ein sozialer Protest gegen den Reichtum und die Verschwendungssucht der Herrschenden gegenüber den in bitterster Armut lebenden unteren Volksschichten.

Im Sommer und Winter 1834/35 hatte er unter Mithilfe von Freunden, besonders des Pfarrers Friedrich Ludwig WEIDIG, seine Flugschrift *Der hessische Landbote* in zwei Ausgaben unter der bezeichnenden Überschrift »Friede den Hütten! Krieg den Palästen!« erscheinen und verteilen lassen.[128]

Schon der »Vorbericht« des Pamphlets ließ auf seinen brisanten Inhalt schließen:

> »Dieses Blatt soll dem hessischen Lande die Wahrheit melden, aber wer die Wahrheit sagt, wird gehenkt; ja sogar der, welcher die Wahrheit liest, wird durch meineidige Richter vielleicht gestraft. Darum haben die, welchen dieses Blatt zukommt, folgendes zu beobachten:
>
> 1. Sie müssen das Blatt sorgfältig außerhalb ihres Hauses vor der Polizei verwahren;
> 2. sie dürfen es nur an treue Freunde mitteilen;

3. denen, welchen sie nicht trauen wie sich selbst, dürfen sie es nur heimlich hinlegen;
4. würde das Blatt dennoch bei einem gefunden, der es gelesen hat, so muß er gestehen, daß er es eben dem Kreisrat habe bringen wollen;
5. wer das Blatt nicht gelesen hat, wenn man es bei ihm findet, der ist natürlich ohne Schuld.«

Nach diesen, teilweise leicht ironisch klingenden Empfehlungen, nicht zum Opfer staatlicher Zensurgesetze zu werden, erfolgte ein wütender Angriff auf die herrschende soziale Ungerechtigkeit, indem BÜCHNER das ausschweifende Leben und die Verschwendungssucht der »Vornehmen« und das Elend der Bauern, deren »Schweiß... das Salz auf dem Tische des Vornehmen« sei, emotional anprangerte. Er nannte genau die Einwohnerzahl des Großherzogtums Hessen und die Höhe seiner Steuereinnahmen sowie deren Verschwendung durch den Hofstaat, die Regierung, den Beamtenapparat und das Militär und ließ seine Anklage gipfeln in Sätzen wie: »Der Fürst ist der Kopf des Blutigels, der über euch hinkriecht, die Minister sind seine Zähne und die Beamten sein Schwanz.«

Die soziale Anklage ergänzte er durch die politische, indem er die Rechtmäßigkeit der bestehenden Obrigkeit und die Ohnmacht der in Deutschland vorhandenen Verfassungen geißelte:

»Diese deutschen Fürsten sind keine rechtmäßige Obrigkeit, sondern die rechtmäßige Obrigkeit, den deutschen Kaiser, der vormals vom Volke frei gewählt wurde, haben sie seit Jahrhunderten verachtet und endlich gar verraten... Denn was sind die Verfassungen in Deutschland? Nichts als leeres Stroh, woraus die Fürsten die Körner für sich herausgeklopft haben. Was sind unsere Landtage? Nichts als langsame Fuhrwerke, die man einmal oder zweimal wohl der Raubgier der Fürsten und ihrer Minister in den Weg schieben, woraus man aber nimmermehr eine feste Burg für die deutsche Freiheit bauen kann. Was sind unsere Wahlgesetze? Nichts als Verletzungen der Bürger- und Menschenrechte der meisten Deutschen.«

Sodann konkretisierte er seine vernichtende Kritik, indem er die bestehenden politischen Verhältnisse im heimatlichen Großherzogtum Hessen anprangerte:

»Denkt an die Verfassung des Großherzogtums. – Nach den Artikeln derselben ist der Großherzog unverletzlich, heilig und unverantwortlich. Seine Würde ist erblich in seiner Familie, er hat das Recht, Krieg zu führen, und ausschließliche Verfügung über das Militär. Er beruft die Landstände, vertagt sie oder löst sie auf. Die Stände dürfen keinen Gesetzesvorschlag machen, sondern sie müssen um das Gesetz bitten, und dem Gutdünken des Fürsten bleibt es unbedingt überlassen, es zu geben oder zu verweigern. Er bleibt im Besitz seiner fast unbeschränkten Gewalt, nur darf er keine neuen Gesetze machen und keine neuen Steuern ausschreiben ohne Zustimmung der Stände. Aber teils kehrt er sich nicht an diese Zustimmung, teils genügen ihm die alten Gesetze, die das Werk der Fürstengewalt sind, und er bedarf darum keiner neuen Gesetze. Eine solche Verfassung ist ein elend jämmerlich Ding.«

Die Landstände selbst aber hätten weder genug Mut noch Macht, klagte BÜCHNER. Wenn sie aber genug Macht und Rechte hätten und das Großherzogtum eine »wahrhafte Verfassung«, würden

»die Raubgeier in Wien und Berlin ihre Henkerskrallen ausstrecken und die kleine Freiheit mit Rumpf und Stumpf ausrotten. Das ganze deutsche Volk muß sich die Freiheit erringen. Und diese Zeit, geliebte Mitbürger, ist nicht ferne. – Der Herr hat das schöne deutsche Land, das viele Jahrhunderte das herrlichste Reich der Erde war, in die Hände der fremden und einheimischen Schinder gegeben, weil das Herz des deutschen Volkes von der Freiheit und Gleichheit seiner Voreltern abgefallen war, weil ihr dem Götzendienste der vielen Herrlein, Kleinherzoge und Däumlings-Könige euch ergeben hattet.

Der Herr, der den Stecken des fremden Treibers NAPOLEON zerbrochen hat, wird auch die Götzenbilder unserer heimischen Tyrannen zerbrechen durch die Hände des Volks... Weil das deutsche Reich morsch und faul war und die Deutschen von Gott und von der Freiheit abgefallen waren, hat Gott das Reich zu Trümmern gehen lassen, um es zu einem Freistaat zu verjüngen«.

Nach einem Seitenhieb auf »das von Gott gezeichnete Scheusal, den König LUDWIG VON BAYERN, den Gotteslästerer, der redliche Männer vor seinem Bilde niederzuknieen zwingt und die, welche die Wahrheit bezeugen, durch meineidige Richter zum Kerker verurteilen läßt«, prophezeite BÜCHNER:

»Ich sage euch, sein und seiner Mitfürsten Maß ist voll. Gott, der Deutschland um seiner Sünden willen geschlagen hat durch diese Fürsten, wird es wieder heilen.«

Abschließend ging er noch einmal leidenschaftlich auf die in Hessen und ganz Deutschland herrschende soziale Ungerechtigkeit ein:

»Sechs Millionen bezahlt ihr im Großherzogtum einer Handvoll Leute, deren Willkür euer Leben und Eigentum überlassen ist, und die anderen in dem zerrissenen Deutschland gleich also. Ihr seid nichts, ihr habt nichts! Ihr seid rechtlos. Ihr müsset geben, was eure unersättlichen Peiniger fordern, und tragen, was sie euch aufbürden.«

Die richtige Antwort auf diese Zustände war für BÜCHNER die nationale Volkserhebung:

»Deutschland ist jetzt ein Leichenfeld, bald wird es ein Paradies sein. Das deutsche Volk ist *ein* Leib, ihr seid ein Glied dieses Leibes. Es ist einerlei, wo die Scheinleiche zu zucken anfängt. Wann der Herr euch seine Zeichen gibt durch die Männer, durch welche er die Völker aus der Dienstbarkeit zur Freiheit führt, dann erhebt euch, und der ganze Leib wird mit euch aufstehen.«

BÜCHNERS *Hessischer Landbote* war ein deutliches Symptom für die Tatsache, daß die *politische Opposition* gegen die durch den Wiener Kongreß wieder eingeführte obrigkeitsstaatliche Ordnung souveräner deutscher Einzelterritorien

- längst die spezifischen *Interessen des Besitz- und Bildungsbürgertums überschritten* hatte
- und die *Entrüstung über die sozialen Mißstände* in den unteren Volksschichten mitumfaßte.

Das freiheitlich gesinnte Besitz- und Bildungsbürgertum war unzufrieden mit den in seinen Augen unzureichenden politischen Kompromissen der bestehenden landständischen Verfassungen und erstrebte unter eigener Besitzstandswahrung die Garantie unveräußerlicher Menschen- und Bürgerrechte und die Volkssouveränität in einem deutschen Nationalstaat. Es konnte sich die Erreichung dieser Ziele durchaus in Verbindung mit einer fortentwickelten konstitutionellen Monarchie vorstellen.

Hauptfeinde dieser Entwicklung waren nach BÜCHNERS Meinung »die Raubgeier in Wien und Berlin«, also die konservativen deutschen Großmächte Österreich und Preußen, die sogar verhindern würden, wenn sich das Großherzogtum Hessen eine in seinen Augen wirklich freie Verfassung gäbe.

BÜCHNER aber wollte über die eigentliche allgemeinpolitische Zielsetzung hinaus durch Mobilisierung der sozial benachteiligten unteren Volksschichten und unter Ausschaltung jeder Form einer fürstlichen Beteiligung den »Freistaat«, also eine nationale Republik, die zugleich die soziale Frage löste.

Seine unkritischen, religiös verbrämten Hinweise auf eine vergangene deutsche Reichsherrlichkeit und den durch Fürsten und Volk verratenen Willen Gottes sollten gewiß die ungebildeten Unterschichten emotionalisieren und radikalisieren.

Büchners Kampfschrift löste wegen der bestehenden staatlichen Zensur keine Massenbewegung aus. Selbst jene, denen sie zur Kenntnis gelangte, blieben passiv.

Das Großherzogliche Hessische Hofgericht der Provinz Oberhessen ließ ihn seit dem 13. Juli 1835 steckbrieflich suchen, weil er »sich der gerichtlichen Untersuchung seiner indizierten Teilnahme an staatsverräterischen Handlungen durch die Entfernung aus dem Vaterlande entzogen« hatte.[129] Er konnte über Straßburg nach Zürich entkommen, wo er als Privatdozent bereits 1837 starb. Sein Mitstreiter WEIDIG nahm sich nach »jahrelanger grausamer Untersuchungshaft« 1837 das Leben.[130]

Aufhebung der Verfassung in Hannover und Protest der ›Göttinger Sieben‹

In eklatantem Widerspruch zur öffentlichen Meinung stand 1837 die Aufhebung der Verfassung von Hannover durch seinen neuen König ERNST AUGUST I. Dieser hatte aufgrund unterschiedlichen Erbrechts unter Auflösung der Personalunion mit England als Bruder König WILHELMS IV., der ohne unmittelbare Nachkommen geblieben war, den Thron in Hannover bestiegen, während in England WILHELMS Nichte VICTORIA Königin wurde und dort ihre langjährige Herrschaft antrat.

Der antiliberal eingestellte ERNST AUGUST wollte aufgrund seiner landesherrlichen Souveränität die erst seit wenigen Jahren bestehende Verfassung vor allem deswegen beseitigen, weil die durch sie verstaatlichten Domänen wieder in fürstlichen Besitz zurückgeführt werden sollten.[140] Er hatte aber nicht mit der Empörung und dem entschiedenen Widerstand von sieben bekannten Göttinger Professoren gerechnet, die sich durch ihren Treueid an die Verfassung gebunden fühlten. Die Professoren – unter ihnen berühmte Männer wie die Gebrüder GRIMM – wurden ihrer Ämter entsetzt, stießen aber in ganz Deutschland auf großen Beifall. Jene, die des Landes verwiesen wurden, erhielten bald an anderen deutschen Universitäten eine neue Professur.

Der Fall der ›Göttinger Sieben‹ war im Deutschen Bund symptomatisch für die tatsächlich bestehende politische Lage.

Der Gegensatz zwischen den an der unbeschränkten fürstlichen Souveränität festhaltenden deutschen Herrschern und ihren nach Menschen- und Bürgerrechten sowie nach Mitregierung verlangenden Untertanen hatte sich erneut verschärft.

Die liberale Bewegung war längst nicht mehr mit der durch die »Deutsche Bundesakte« von 1815 vorgesehenen Gewährung landständischer Verfassungen zufrieden. Sie bestimmte immer mehr die öffentliche Meinung.

Trotzdem waren die fürstlichen Herrscherhäuser Deutschlands überhaupt nicht oder nur zögerlich bereit, das Prinzip ihrer Souveränität durch Konstitutionen tatsächlich einschränken zu lassen. Während sich in einigen deutschen Klein- und Mittelstaaten Möglichkeiten evolutionärer Weiterentwicklung zu einer konstitutionellen Monarchie zeigten, spitzten sich in anderen deutschen Staaten – wie 1837 in Hannover – die Gegensätze bis zu einem offenen Konflikt zu.

Die beiden konservativen deutschen Großmächte Österreich und Preußen standen aus eigenem Staatsinteresse schützend hinter den Verfechtern altfürstlicher Souveränität.

Ein anschauliches Beispiel für die prinzipielle ideologische Diskrepanz zwischen der nach politischer Gleichberechtigung strebenden liberalen deutschen Öffentlichkeit und der am fürstlichen Souveränitätsprivileg festhaltenden Obrigkeit waren die in ganz Deutschland zu beobachtenden *Sympathiekundgebungen für die ›Göttinger Sieben‹* und die Worte des stockkonservativen preußischen Innenministers Gustav Adolf VON ROCHOW. Dieser hatte die Bürger der Stadt Elbing, die sich für ihren Landsmann, einen zu den ›Göttinger Sieben‹ gehörenden Professor, eingesetzt hatten, an ihre Gehorsamspflicht gegenüber der Obrigkeit und an deren Verantwortung vor Gott erinnert. Zugleich hatte er darauf hingewiesen, daß sich der Bürger mit dem »Maßstab seiner beschränkten Einsicht«

nicht »in dünkelhaftem Übermute ein öffentliches Urteil über die Rechtmäßigkeit« der von der Obrigkeit ausgehenden Befehle anmaßen dürfe.[140]

›Kölner Wirren‹

Der hinter dieser Bezeichnung stehende *Konflikt zwischen preußischem Staat und katholischer Kirche* ergab sich zwangsläufig aus dem Gegensatz der beiderseitigen Rechtsordnungen in der Frage der religiösen Erziehung der Kinder aus sogenannten ›Mischehen‹, in denen der eine Elternteil katholisch, der andere aber evangelisch war.

Nach dem Preußischen Landrecht von 1794 entschieden die Eltern, welcher Konfession die Kinder angehören sollten. In der Praxis folgten im Streitfall zumeist die Söhne der Konfession des Vaters, die Töchter jener der Mutter. Diese Regelung wurde 1834 nach geheimen Verhandlungen zunächst auch für das überwiegend katholische Rheinland vom Kölner Erzbischof Graf Spiegel akzeptiert, obwohl nach dem kanonischen Recht der katholischen Kirche die Eltern grundsätzlich zu versprechen hatten, daß ihre zu erwartenden Kinder alle katholisch getauft und erzogen werden sollten, wenn sie ihre Ehe durch eine katholische Trauung besiegeln lassen wollten. Unter dem seit 1835 amtierenden und konsequent am kanonischen Recht festhaltenden Erzbischof Clemens August Freiherrn Droste zu Vischering brach 1837 der offene Konflikt mit dem Staate aus.

Zu dieser Zeit hatte sich das Verhältnis zwischen preußischem Staat und katholischer Kirche bereits dadurch verschlechtert, daß bei der Regierung in Berlin Beschwerden eingelaufen waren, die sich aus dem päpstlichen Verbot der Lehren des Bonner Theologieprofessors Hermes ergeben hatten. Dieser war in der Nachfolge Kants zu sehr in Gegensatz zur konservativen kirchlichen Lehre geraten, die auch Droste-Vischering vertrat.

Weil der Kölner Erzbischof in der religiösen Kindererziehung ebenfalls konsequent das kanonische Recht durchsetzen wollte, wurde er nach ergebnislosen Verhandlungen der Regierung am 20. November 1837 verhaftet und in die Festung Minden verbracht. Erst im April 1839 konnte er die Festung wieder verlassen, allerdings nicht in sein Kölner Amt zurückkehren. Schließlich wurde der Kirchenstreit 1842 unter König Friedrich Wilhelm IV. nach weitgehenden staatlichen Zugeständnissen beigelegt.

Der Zusammenstoß von Kirche und Staat in Köln verstärkte die im Rheinland ohnehin vorhandene antipreußische Einstellung und beschränkte sich nicht auf die Kreise gläubiger Katholiken, sondern er wirkte hinein in den liberalen außerkirchlichen Raum ganz Deutschlands. Man sah in der Verhaftung des Kölner Erzbischofs ein *typisches polizeiliches Verhalten des abgelehnten Obrigkeitsstaates*, das noch dadurch verstärkt wurde, daß auch der Erzbischof von Posen-Gnesen, der im Osten des Königreichs Preußen in der Frage der konfessionell gemischten

Ehen ebenfalls den kirchlichen Standpunkt vertrat, gerichtlich verurteilt und auf die Festung Kolberg verbracht worden war.

Andererseits stärkte das preußische Regierungsverhalten innerhalb der katholischen Kirche die Tendenz zu einer antiliberalen Besinnung auf die alten Grundlagen ihres Glaubens. Dadurch geriet sie als ganze in einen sich steigernden Gegensatz zu eben jenen freiheitlichen Kräften, die zusammen mit ihr das Verhalten der preußischen Regierung verurteilten. War man sich mit ihnen in der Frage der Unabhängigkeit der Kirche von staatlicher Bevormundung einig, so geriet man durch Rückbesinnung auf voraufklärerische Prinzipien in einen unüberbrückbaren Gegensatz zu ihnen.

Ein sichtbares Zeichen dafür war neben den mehr oder weniger heftigen Auseinandersetzungen in den katholischen Teilen Deutschlands die zahlreich verbreitete Kampfschrift *Athanasius* des Rheinländers Joseph GÖRRES (1776–1848).

Dieser hatte sich vom Anhänger der Prinzipien der Französischen Revolution wegen deren Entartung in ihrer radikalen Phase und der anschließenden napoleonischen Despotie unter dem Einfluß der deutschen Romantiker, auf dem Fundament christlicher Werte stehend, zu einem Anhänger der deutschen Nationalbewegung entwickelt. Er wurde, nachdem seine Publikationen schon sehr früh vom preußischen Staat verboten worden waren, in München als Geschichtsprofessor zum Mittelpunkt eines *politischen Katholizismus,* der zwar *gesamtdeutsch* und *konstitutionell* eingestellt war, aber alle *unter dem Einfluß der Aufklärung stehenden antichristlichen oder säkularisierenden Tendenzen ablehnte.*

Insgesamt verstärkten auch die ›Kölner Wirren‹ trotz aller Distanz freiheitlicher Kreise gegenüber einem rückwärts gewandten politischen Katholizismus die öffentliche Unzufriedenheit nicht nur mit dem in Preußen, sondern im ganzen Deutschen Bund immer noch herrschenden obrigkeitsstaatlichen Prinzip.

Die inzwischen in deutschen Staaten mehrfach durchgesetzten *landständischen Verfassungen* wurden zumeist nur als eine *Durchgangsstufe* auf dem Weg zum Endziel einer auf der *Volkssouveränität* beruhenden *konstitutionellen Monarchie* empfunden.

Republikanische Tendenzen waren zwar auch bereits vorhanden, aber die fortschrittlichen politischen Kräfte hätten sich mehrheitlich mit einem Landesfürsten aus den traditionellen Dynastien abgefunden, wenn dieser klar und eindeutig auf seine bisherige Souveränität als Herrscher von Gottes Gnaden verzichtet und sich als ein von freien Bürgern beauftragter Regent betrachtet hätte.

Für eine solche liberale Veränderung der bisherigen Herrschaftsgrundlage war die Zeit aber noch lange nicht gekommen.

Nationale Besinnung und Abwehrbereitschaft

Bei den Auseinandersetzungen in den deutschen Einzelstaaten zur Durchsetzung von mehr Menschen- und Mitregierungsrechten der Untertanen standen naturgemäß die liberalen Prinzipien im Vordergrund.

Das *nationale Anliegen einer gesamtdeutschen politischen Einheit*, das auf der Wartburg 1817 oder dem Hambacher Fest 1832 spektakulär hervorgetreten war und seitdem von der Deutschen Burschenschaft und anderen patriotischen Verbänden und Zirkeln besonders gepflegt wurde, blieb dabei jedoch im ganzen mehr im Hintergrund. Offen zutage trat es in ganz Deutschland schlagartig, als man im Jahre *1840* einen *französischen Angriff* auf die territoriale Integrität des Deutschen Bundes fürchtete.

Die politischen Voraussetzungen dafür lagen im Orient.

Vizekönig Mehmet ALI von Ägypten hatte sich in den dreißiger Jahren gegenüber dem Sultan des Osmanischen Reiches eine verhältnismäßig große Unabhängigkeit erkämpft. Unterstützt wurde er dabei von Frankreich, das seit dem ägyptischen Feldzug NAPOLEONS und der 1830 erfolgten Besetzung Algeriens in Nordafrika eine imperialistische Politik betrieb. Der durch das Machtstreben Mehmed ALIS gefährdete Sultan wurde aber aus unterschiedlichen Gründen von den übrigen europäischen Großmächten unterstützt:

England sah seine Verbindung nach Indien möglicherweise beeinträchtigt, wenn Ägypten zu einer bedeutenden Macht unter französischem Einfluß heranwüchse. Österreich wollte das europäische Gleichgewicht und seine Legitimitätsgrundsätze verteidigen und im Falle einer Schwächung des Osmanischen Reiches russisches Vordringen auf dem Balkan verhindern. Rußland erhoffte sich seinerseits durch seine vorübergehende Hilfe für den Sultan günstige Regelungen in der Meerengenfrage. Das am Orient weniger interessierte Preußen unterstützte diese gegen Frankreichs Bestrebungen gerichtete Politik.

So schlossen die Großmächte ohne Beteiligung Frankreichs am 15. Juli 1840 einen Vertrag mit dem Sultan, der den für sie günstigen Weiterbestand des Osmanischen Reiches mit dem Zugeständnis der erblichen Herrschaft Mehmet ALIS in Ägypten sichern sollte. Damit war Frankreichs ehrgeizige Ägyptenpolitik gescheitert.

Seine machtpolitische und diplomatische Niederlage traf den französischen Nationalstolz schwer, denn er sah sich denselben verbündeten Mächten gegenüber, die 1815 für Frankreich die demütigende Niederlage mit ihren negativen territorialen Folgen herbeigeführt hatten. Öffentliche, vor allem in der französischen Presse erhobene Revisionsforderungen ließen gewissermaßen als *Kompensation für die erfolglose französische Politik in Ägypten die Hoffnung auf den Rhein als natürliche Grenze Frankreichs* wiederaufleben und *alarmierten den um seinen Bestand fürchtenden Deutschen Bund.* Er vermehrte daher die Zahl seiner bisherigen Festungen in Luxemburg, Mainz und Landau um weitere in Rastatt und Ulm. Österreich und Preußen einigten sich für den Kriegsfall auf gemeinsame Operationen.

Als ganzer war der Deutsche Bund jedoch vor allem unter dem Einfluß des österreichischen Staatskanzlers METTERNICH zur Erhaltung des europäischen Gleichgewichts an der Bewahrung des Friedens interessiert, und auch in Frankreich gewannen die auf Frieden ausgerichteten Kräfte wieder die Oberhand.

Die deutsche Öffentlichkeit aber wurde durch die französische Drohung an die noch nicht einmal drei Jahrzehnte zurückliegende französische Fremdherrschaft erinnert, und es entstand sofort eine alle Grenzen der deutschen Einzelstaaten überschreitende emotionale und *nationale Abwehrbereitschaft*. Sie trug entscheidend zur Stärkung eines gesamtdeutschen Nationalgefühls bei, das sich fortan immer deutlicher als wichtige *Komponente zu der auf freiheitliche Reformen* drängenden Opposition gegen die bestehende politische Ordnung des Deutschen Bundes erwies.[141]

Aus nationaler Empörung entstanden pathetische Lieder, die bald in ganz Deutschland gesungen wurden.

Die erste Strophe des 1840 von Max SCHNECKENBURGER verfaßten Liedes *Die Wacht am Rhein* lautete:

> »Es braust ein Ruf wie Donnerhall, wie Schwertgeklirr und Wogenprall: Zum Rhein, zum Rhein, zum deutschen Rhein! Wer will des Stromes Hüter sein? Lieb' Vaterland, magst ruhig sein. Lieb' Vaterland, magst ruhig sein; fest steht und treu die Wacht am Rhein! Fest steht und treu die Wacht, die Wacht am Rhein!«[142]

Nicolaus BECKER formulierte in seinem *Rheinlied* die vielfach gesungenen Verse:

> »Sie sollen ihn nicht haben, den freien deutschen Rhein, ob sie wie gier'ge Raben sich heißer darnach schrein;. . . Sie sollen ihn nicht haben, den freien deutschen Rhein, bis seine Flut begraben des letzten Manns Gebein, bis seine Flut begraben des letzten Manns Gebein!«[143]

HOFFMANN VON FALLERSLEBEN schrieb 1841 sein *Lied der Deutschen*, das nach dem Ersten Weltkrieg zur deutschen Nationalhymne wurde. Man sang zu offiziellen Anlässen ab 1922 die erste und ab 1952 die dritte Strophe:

> » 1. Deutschland, Deutschland über alles, über alles in der Welt, wenn es stets zum Schutz und Trutze brüderlich zusammenhält. Von der Maas bis an die Memel, von der Etsch bis an den Belt – Deutschland, Deutschland über alles, über alles in der Welt.
>
> 2. Deutsche Frauen, deutsche Treue, deutscher Wein und deutscher Sang sollen in der Welt behalten ihren alten schönen Klang, und zu edler That begeistern unser ganzes Leben lang – deutsche Frauen, deutsche Treue, deutscher Wein und deutscher Sang.
>
> 3. Einigkeit und Recht und Freiheit für das deutsche Vaterland, danach laßt uns alle streben brüderlich mit Herz und Hand! Einigkeit und Recht und Freiheit sind des Glückes Unterpfand – blüh' im Glanze dieses Glückes, blühe, deutsches Vaterland!«[144]

Diese Texte, die angesichts der Bedrohung durch den französischen Nationalismus entstanden, zeugten in ihrer Emotionalität und in ihren Aussagen von dem aus der politischen Öffentlichkeit nicht mehr zu verdrängenden *allgemeinen Be-*

wußtsein, einem nicht durch Staatsgrenzen zu trennenden deutschen Volk anzugehören, das gewillt war, seinen nationalen Bestand in dem Territorium zu behaupten, in dem es lebte.

Es wollte der besonders seit der Herrschaft LUDWIGS XIV. einsetzenden und unter NAPOLEON gipfelnden Expansion Frankreichs, die 1840 wieder aufzuleben schien, wehrhaft entgegentreten und zugleich das gesamte Territorium, in dem Deutsche lebten, politisch einigen und sichern. Hatte die durch den Wiener Kongreß beschlossene Friedensordnung die 1681 von LUDWIG XIV. annektierte alte deutsche Reichsstadt Straßburg zusammen mit dem Elsaß bei Frankreich belassen, so wollte man jetzt unter allen Umständen ein weiteres französisches Vordringen in die von Deutschen bewohnten Lande am Rhein verhindern.

In diesem Ziel war sich die deutsche Nationalbewegung sogar mit den im Deutschen Bund verbündeten Fürsten einig, die bereits durch den Art. 2 der Deutschen Bundesakte zur »Erhaltung der äußeren und inneren Sicherheit Deutschlands und der Unabhängigkeit und Unverletzlichkeit der einzelnen deutschen Staaten« verpflichtet waren und diese Pflicht durch den ähnlich lautenden Art. 1 der Wiener Schlußakte noch einmal bestätigt hatten.

Trotzdem bestand aber nicht nur in der freiheitlichen Forderung nach dem Abbau der althergebrachten obrigkeitsstaatlichen Prinzipien, sondern auch in der nationalen Einigungsfrage weiterhin ein entscheidender Gegensatz zu ihnen, wenn es etwa um die Antwort auf folgende Fragen ging:

- Wie sollten die bestehenden fürstlichen Souveränitäten in einen deutschen Nationalstaat eingebunden werden?
- Wie konnte man dabei die Rivalität der beiden deutschen Großmächte Österreich und Preußen überwölben?
- Wo sollten schließlich die territorialen Grenzen eines künftigen deutschen Nationalstaates liegen. Denn sie konnten nicht mit den Grenzen des bestehenden Deutschen Bundes übereinstimmen, weil diese einerseits bedeutende nichtdeutsche Bevölkerungsteile, etwa in Böhmen und Mähren, einbezogen, andererseits große deutsche Bevölkerungsteile, etwa in den preußischen Ostprovinzen oder in Schleswig, ausschlossen.

Neben den innerdeutschen Fragen aber hatte die verantwortliche Führung des Deutschen Bundes allerdings auch das schwierige außenpolitische Problem zu berücksichtigen, das sich schon aus der notwendigen Veränderung bestehender Staatsgrenzen ergeben haben würde:

- Wie würden außenpolitische Einsprüche gegen die durch einen deutschen Nationalstaat bewirkte entscheidende Verschiebung des bestehenden europäischen Mächtegleichgewichts zu überwinden sein?

Diese Fragen und Probleme, denen sich verantwortliche Politiker stellen mußten, konnten die zahlreichen Menschen aus dem Volk, die einen auf liberalen Grundlagen ruhenden deutschen Nationalstaat anstrebten, allerdings nicht beirren. Denn sie beriefen sich aus Gewissensüberzeugung auf Rechte von Einzelmenschen und Völkern, die Aufklärung, revolutionäre Ereignisse und Fremdherrschaft seit dem Ende des 18. Jahrhunderts in ihnen erzeugt hatten.

In der ersten Strophe seines *Deutschlandliedes* hatte HOFFMANN VON FALLERSLEBEN die zu ziehenden *Grenzen eines künftigen deutschen Nationalstaates* bereits geographisch angedeutet.

Schon während der Befreiungskriege hatte Ernst Moritz ARNDT in seinem Gedicht *Was ist des Deutschen Vaterland?* Deutschland in allen Landstrichen gesehen, in denen »die deutsche Zunge« klinge, und Max VON SCHENKENDORF hatte in seinen Versen *Frühlingsgruß an das Vaterland* gemeint, daß sich das deutsche Reich auch am Memelfluß zeige. Beide Dichter hatten also bereits weit über die bestehenden Grenzen des Deutschen Bundes hinausgegriffen und das ganze deutsche Sprachgebiet in ihre Visionen einbezogen.

Festzuhalten bleibt, daß sich das *deutsche Nationalbewußtsein* 1840 ähnlich wie vorher unter der Fremdherrschaft NAPOLEONS erneut als *Folge einer französischen Bedrohung* regte. Es war fortan nicht mehr aus der politischen Diskussion auszuklammern.

Es war vorauszusehen, daß der Kampf um die politische deutsche Einheit mit schweren innen- und außenpolitischen Konflikten verbunden sein werde. Er würde zusammen mit den liberalen Forderungen die *gesamte politische Ordnung des Wiener Kongresses* und somit das ganze ›METTERNICHsche System‹ *zum Einsturz* bringen.

Die komplizierten staatsrechtlichen Verhältnisse *Schleswigs* und *Holsteins* vermittelten davon bereits eine beispielhafte Vorahnung.

Die beiden Herzogtümer waren mit Dänemark nur durch Personalunion verbunden. Holstein gehörte zum Deutschen Bund, und der dänische König war als Herzog von Holstein dessen Mitglied. Schleswig war kein Herzogtum des Deutschen Bundes, besaß aber auch den dänischen König als Landesherrn. Nach dem mittelalterlichen Wahlvertrag (»Handfeste«) von Ripen (1460) durften die beiden Herzogtümer niemals voneinander getrennt werden.

Holstein hatte fast nur deutsche Einwohner, und in Schleswig lebten insgesamt mehrheitlich Deutsche, aber im Norden dieses Herzogtums besaßen die Dänen die Mehrheit.

Die deutsche Nationalbewegung beanspruchte die beiden Herzogtümer in überwiegendem Einklang mit ihren deutschen Einwohnern als deutsche Länder, während sich in Dänemark in Zusammenhang mit Sprachenfragen und dem möglichen Aussterben des regierenden Königshauses ein ›eiderdänisches‹ Nationalprogramm entwickelte, das die dänische Staatsgrenze unter Einbeziehung Schleswigs und unter Verletzung des alten Ripener Vertrages bis an die Eider, die die Nordgrenze Holsteins bildete, vorschieben zu können hoffte.

Der nationale deutsch-dänische Konflikt war auf diese Weise vorprogrammiert und äußerte sich in den beiden Herzogtümern in zahlreichen Protesten namhafter deutscher Persönlichkeiten und in öffentlichen Kundgebungen. Auch in den Staaten des Deutschen Bundes wurden die deutschen Schleswig-Holsteiner wegen ihrer nationalen Einstellung gefeiert. Der Herzog Christian August von Augustenburg erhob für den Fall des Aussterbens des dänischen Königshauses Erbansprüche auf die Herrschaft in den beiden Herzogtümern und erfreute sich der Sympathie vieler deutscher Einwohner. 1844 entstand das bald in ganz Deutschland bekannte Schleswig-Holstein-Lied, von dessen sieben Strophen die beiden ersten zitiert seien:

> » 1. Schleswig-Holstein meerumschlungen, deutscher Sitte hohe Wacht, wahre treu, was schwer errungen, bis ein schöner Morgen tagt! Schleswig-Holstein, stammverwandt, wanke nicht, mein Vaterland!
>
> 2. Ob auch wild die Brandung tose, Flut auf Flut von Bai zu Bai; o laß blüh'n in deinem Schoße deutsche Tugend, deutsche Treu'! Schleswig-Holstein, stammverwandt, bleibe treu, mein Vaterland!«[145]

Dieses von starken Emotionen getragene Lied verband nicht nur nationalpolitische Grundüberzeugungen mit ethischen, sondern in der vierten Strophe auch mit religiösen (»Gott ist stark auch in den Schwachen«) und in der siebten Strophe wie in den Liedern zur Verteidigung des Rheins mit einer entschlossenen Abwehrbereitschaft (». . . stehe fest und nimmer weiche, wie der Feind auch dräuen mag!«)

Seit Beginn der vierziger Jahre des neunzehnten Jahrhunderts war das *nationale Bewußtsein der Deutschen voll erwacht* und als politische Kraft nicht mehr zu übergehen. Es überlagerte teilweise die innenpolitischen Auseinandersetzungen, die in den deutschen Einzelstaaten um einen freiheitlichen Konstitutionalismus geführt wurden, und wurde ergänzt durch den Stolz auf die wachsende *Wirtschaftskraft* im Rahmen des sich seit 1834 bildenden *Deutschen Zollvereins.*

Enttäuschung durch Friedrich Wilhelm IV. von Preußen

Preußen war seit dem Wiener Kongreß durch seine Ausdehnung bis an den Rhein zu einer Großmacht geworden, deren Einwohner ganz überwiegend Deutsche waren. Seine Ostprovinzen lagen zwar mit Ausnahme Schlesiens außerhalb der deutschen Bundesgrenzen, aber sie gehörten für die deutsche Nationalbewegung ganz selbstverständlich ebenfalls zu Deutschland.

Österreichs Stellung in Deutschland war dagegen wegen seiner großen nichtdeutschen Territorien und Nationalitäten in Mittel-, Südost- und Südeuropa schwächer geworden. Es hatte aber im Deutschen Bund als traditionelle deutsche Hauptmacht formal den Vorsitz inne. Schon bei der seit 1834 beginnenden wirtschaftlichen Vereinigung Deutschlands durch den Deutschen Zollverein war es diesem trotz mancher Anschlußüberlegungen nicht beigetreten. Die durch den Eisenbahnbau und die Industrialisierung einsetzende Wirtschaftsentwicklung vollzog sich im außerösterreichischen Deutschland weitgehend unter preußischem Einfluß und verstärkte so kontinuierlich das Gewicht der norddeutschen Großmacht.

Auch wenn Preußen nach wie vor zusammen mit Österreich die auf *konservativen Prinzipien* beruhende *offizielle politische Ordnung* des Deutschen Bundes vertrat und das 1815 gegebene Versprechen einer Verfassung immer noch nicht eingelöst hatte, wuchs es *zwangsläufig* und unmerklich in die Rolle des *einzigen deutschen Staates* hinein, dem sich trotz vielfacher Ablehnung in der deutschen Staatenwelt die *potentiellen Machtmittel zu einer politischen deutschen Einheit* eröffneten.

Die wachsende deutsche Nationalbewegung konnte jedoch nicht mit preußischer Unterstützung rechnen, solange das *österreichisch–preußische Verhältnis ungeklärt* war und Preußen über *keine liberale* und fortschrittliche *Verfassung* verfügte.

1840 schien sich jedoch mit der Thronbesteigung FRIEDRICH WILHELMS IV. wegen dessen persönlicher Voraussetzungen ein Wandel anzukündigen, zumal Österreichs Politik seit der Thronbesteigung des geistig schwachen Kaisers FERDINAND I. vor fünf Jahren stagnierte. Zwar gehörte METTERNICH als maßgeblicher Staatskanzler der österreichischen Staatskonferenz an, diese bewirkte aber wenig – nicht zuletzt wegen innerer Gegensätze.

FRIEDRICH WILHELMS IV.

> »Herrschaft. . . stellte einen extremen Gegensatz zu dem erstarrten, bürokratischen Monarchismus dar, der infolge der faktischen Regierungsunfähigkeit Kaiser Ferdinands seit 1835 in Österreich herrschte. Der neue König war hochbegabt und voll besten Willens, er strebte die Versöhnung aller Gegensätze an, eine neue Blüte Preußens als eines patriarchalisch-christlichen Gemeinwesens, und er arbeitete für die zukünftige Größe Deutschlands. Von dem enggewordenen Beamtenregime seines Vaters wandte er sich ab; der Rationalismus und die Staatsanbetung der Hegelianer waren ihm zutiefst fremd. Sein Wesen und seine politischen Ideen waren von einer romantischen Verklärung mittelalterlichen Lebens bestimmt; die Erneuerung der christlich-germanischen Ideale, die Wiederaufrichtung der Harmonie von Thron und Altar und schließlich ein deutsch-nationaler Patriotismus, der Österreichs Führungsrolle im Lichte der Reichstradition anerkannte – das waren die Angelpunkte einer phantasievollen politischen Vorstellungswelt«.[146]

Sogar die preußisch-österreichische Rivalität um die Führungsrolle in Deutschland schien in der Vorstellungswelt des Königs durch die freiwillige Unterordnung Preußens im Rahmen eines gesamtdeutschen Staates lösbar zu sein.

FRIEDRICH WILHELMS erste Maßnahmen gaben Anlaß zu der *Hoffnung auf eine evolutionäre Entwicklung*, weil sie als der Anfang eines Weges zur Versöhnung der Obrigkeit mit den nationalfreiheitlichen Wünschen der Öffentlichkeit gedeutet werden konnten.

Nicht nur politische Häftlinge wurden begnadigt, auch die ›Göttinger Sieben‹, unter ihnen die berühmten Gebrüder Grimm, die wenige Jahre vorher gegen den Verfassungsbruch des Königs von Hannover protestiert und deswegen ihre Ämter verloren hatten, wurden rehabilitiert und konnten wieder wissenschaftlich arbeiten; ebenso die als Demagogen verfolgten Ernst Moritz ARNDT und Turnvater JAHN.

Dem stockkonservativen preußischen Innenminister Gustav Adolf VON ROCHOW, der das anstößige Wort vom beschränkten Untertanenverstand geprägt hatte, folgte ein gemäßigter Nachfolger.

Das Ende des Kölner Kirchenstreits wurde in die Wege geleitet und durch die mit der Genehmigung und Förderung durch den König erfolgte Gründung des Kölner Dombauvereins ergänzt. Auf dem Kölner Dombaufest im September 1842 hielt der König anläßlich der Grundsteinlegung zur Vollendung des Kölner Doms eine Rede, in der er die Einheit und Eintracht von Fürsten und Volk im christlichen Sinne als Voraussetzung für Deutschlands Größe beschwor. Dem rationalpolitisch denkenden METTERNICH, der an dem Fest im Rahmen der österreichischen Delegation ebenfalls teilnahm, waren solche Töne fremd.[147]

Die nationalfreiheitlichen Kreise hätten mit diesem König zufrieden sein können, wenn er nicht wegen seiner *patriarchalischen Grundausrichtung* alle Vorstellungen, die auf Mitregierung und Souveränität des Volkes zielten, abgelehnt hätte.

Die einsetzende öffentliche Enttäuschung wurde jedoch nicht so sehr durch die in Preußen weiterhin üblichen Maßnahmen des Obrigkeitsstaates herbeigeführt, sondern durch die weitere *Hinauszögerung* der Einlösung des schon 1815 gegebenen königlichen *Verfassungsversprechens*. Seit 1823 waren in Preußen zwar zur Regelung partikularer Landesangelegenheiten Provinzialstände eingerichtet worden, aber eine zentrale landständische Vertretung im Sinne der »Deutschen Bundesakte« für das ganze Königreich gab es nicht.

Liberale Tendenzen in den Provinzialvertretungen, die vor allem von Ostpreußen und seinem Oberpräsidenten Theodor VON SCHÖN in Königsberg ausgingen, beantwortete der König im Herbst 1842 mit der Einberufung von 96 Vertretern der Ritterschaft, der Städte und der Landgemeinden, die von den Provinziallandtagen aus ihrer Mitte gewählt worden waren, nach Berlin. Fortschritte in der gesamtpreußischen Verfassungsfrage, die mit den Vorstellungen des Königs im Einklang gestanden hätten, kamen jedoch nicht zustande.

Debatten über einen zufriedenstellenden preußischen Konstitutionalismus verlagerten sich fortan in die *Provinziallandtage* und in die *Presse*. Man forderte die Pressefreiheit, die Erhöhung der Zahl der Abgeordneten oder die Erweiterung des Wahlrechts und dazu in Posen einen besseren Schutz der Nationalität der dort lebenden Polen.

Der König blieb versöhnungsbereit, hielt aber an seinen patriarchalisch-konservativen Grundvorstellungen fest. Der als Innenminister kurz vorher abgelöste VON ROCHOW konnte beispielsweise als zweiter Präsident des preußischen Staatsrates seinen Einfluß bei der Abberufung des liberalen Königsberger Oberpräsidenten VON SCHÖN geltend machen.

In der Öffentlichkeit entstand bald das Bild *eines unsicheren, widersprüchlich handelnden und zaudernden Königs.*[148] Die Enttäuschung über ihn wuchs laufend. Er bemühte sich trotzdem weiter um die Einrichtung einer seinen Wünschen entsprechenden gesamtpreußischen Ständevertretung. Diese sollte verschiedenen Gesetzesvorlagen zustimmen, um neben anderen Verpflichtungen den Bau der Eisenbahn von Berlin nach Königsberg zu finanzieren. So erließ er am 3. Februar 1847 ein »*Patent die ständischen Einrichtungen betreffend*«, das die gesetzlichen Bestimmungen für die Einrichtung eines »Vereinigten Landtages« formulierte.[149]

In den Einleitungssätzen berief er sich als »Wir Friedrich Wilhelm, von Gottes Gnaden, König von Preußen etc. etc.« auf die »wichtigsten Aufgaben des von Gott Uns verliehenen Koeniglichen Berufs« und betonte seinen Willen, »den getreuen Staenden Unserer Monarchie diejenige Wirksamkeit zu verleihen, welche, im Einklang mit jenen Rechten und den eigenthuemlichen Verhaeltnissen Unserer Monarchie, dem Vaterlande eine gedeihliche Zukunft zu sichern, geeignet ist«. Er habe im Anschluß an seines »in Gott ruhenden Herrn Vaters Majestaet« Verordnung über das Staatsschuldenwescn vom 17. Januar 1820 und das Gesetz wegen Anordnung der Provinzialstände vom 5. Januar 1823 Folgendes beschlossen:

»1) So oft die Beduerfnisse des Staates entweder neue Anleihen, oder die Einfuehrung neuer, oder eine Erhoehung der bestehenden Steuern erfordern moechten, werden Wir die Provinzialstaende der Monarchie zu einem Vereinigten Landtage um Uns versammeln, um fuer Erstere die durch die Verordnung ueber das Staatsschuldenwesen vorgesehene staendische Mitwirkung in Anspruch zu nehmen und zu Letzterer Uns ihrer Zustimmung zu versichern.

2) Den Vereinigten staendischen Ausschuß werden Wir fortan periodisch zusammenberufen.

3) Dem Vereinigten Landtage und in dessen Vertretung dem Vereinigten staendischen Ausschusse uebertragen Wir:

a) in Beziehung auf den staendischen Beirath bei der Gesetzgebung diejenige Mitwirkung, welche den Provinzialstaenden durch das Gesetz vom 5. Juni 1823 §. III. Nr. 2., so lange keine allgemeine staendische Versammlungen Statt finden, beigelegt war;

b) die durch das Gesetz vom 17. Januar 1820 vorgesehene staendische Mitwirkung bei der Verzinsung und Tilgung der Staatsschulden, soweit solche nicht der staendischen Deputation fuer das Staatsschuldenwesen uebertragen wird;

c) das Petitionsrecht ueber innere, nicht blos provinzielle Angelegenheiten.
Alles dies nach naeherer Vorschrift der Verordnungen vom heutigen Tage:

– ueber die Bildung des Vereinigten Landtages,

– ueber die periodische Zusammenberufung des Vereinigten staendischen Ausschusses und dessen Befugnisse, und

– ueber die Bildung einer staendischen Deputation fuer das Staatsschuldenwesen.

Indem Wir sonach ueber die Zusagen Unseres Hoechstseeligen Herrn Vaters Majestaet hinaus, die Erhebung neuer, sowie die Erhoehung der bestehenden Steuern an die, im Wesen deutscher Verfassung begruendete Zustimmung der Staende gebunden und dadurch Unseren Unterthanen einen besonderen Beweis Unseres Koeniglichen Vertrauens gegeben haben, erwarten Wir mit derselben Zuversicht auf ihre so oft erprobte Treue und Ehrenhaftigkeit, mit welcher Wir den Thron Unserer Vaeter bestiegen haben, daß sie Uns auch bei diesem wichtigen Schritte getreulich zur Seite stehen und Unsere – nur auf des Vaterlandes Wohl gerichteten – Bestrebungen nach Kraeften unterstuetzen werden, damit denselben unter Gottes gnaedigem Beistande das Gedeihen nicht fehle.«

Dieses Patent spiegelte in seinem Wortlaut das durch *Gott begründete königliche Souveränitätsverständnis* Friedrich Wilhelms IV. wider und enthielt gleichsam als Gnade des Herrschers die Ankündigung der Einrichtung eines für ganz Preußen zuständigen Vereinigten Landtages. Diesen wollte der König im Falle der Notwendigkeit neuer Steuern zwecks Mitwirkung und Zustimmung einberufen. Zu dessen Vertretung sollte ein Vereinigter ständischer Ausschuß gebildet und periodisch einberufen werden. Landtag und Ausschuß sollten in Weiterführung schon bestehender Gesetze vor allem bei der Gestaltung der Staatsfinanzen mitwirken und ihre Zustimmung erteilen. Darüber hinaus sollten sie das Petitionsrecht für die inneren Angelegenheiten ganz Preußens haben.

Ausdrücklich verband der König die »im Wesen deutscher Verfassung begruendete Zustimmung der Staende« in der staatlichen Steuergesetzgebung mit deren »Ehrenhaftigkeit und Treue«.

Es fällt auf, daß der König außer vom Petitionsrecht an keiner anderen Stelle von einem Recht der Stände auf Mitwirkung und Zustimmung sprach, sondern von seinem Willen, ihnen »diejenige Wirksamkeit zu verleihen, welche, im Einklang mit jenen Rechten und den eigenthuemlichen Verhaeltnissen Unserer Monarchie, dem Vaterlande eine gedeihliche Zukunft zu sichern, geeignet« sei. Das Recht auf Gesetzgebung besaß also allein der souveräne Fürst, die Untertanen konnten höchstens aus der Gnade des Fürsten Mitwirkungsmöglichkeiten erhalten und diese in Treue zu ihm wahrnehmen. Darüber hinaus erhielten sie diese Mitwirkungsmöglichkeiten nur, wenn der König nach ihnen verlangte, indem er den Landtag einberief. Diesen inneren Zusammenhang im politischen Denken des Königs erkannten selbstverständlich auch die preußischen Liberalen, und sie wußten, daß das grundsätzliche Festhalten des Königs an seiner Souveränität im Gegensatz stand zu ihren auf Menschenrechten und Volkssouveränität ausgerichteten konstitutionellen Vorstellungen. Außerdem stand diesen auch noch das königliche Festhalten an einer Dreiständevertretung aus Rittern, Städten und Landgemeinden entgegen.

Trotzdem ließen sich die Liberalen nach inneren Auseinandersetzungen auf die königliche Einberufung eines Vereinigten Landtages ein. Manche hofften, diesen als Mitglieder in ihrem Sinne beeinflussen und umwandeln zu können. Ihre Hoffnung wurde jedoch schnell enttäuscht. Als sie – vor allem im Zusammenhang mit der Frage der Finanzierung der von Berlin nach Königsberg geplanten Eisenbahn – vom König, der in seinem Patent nur die Periodizität eines den Landtag vertretenden Ständischen Ausschusses zugestanden hatte, den Verzicht auf diesen Ausschuß und die *Periodizität des ganzen Vereinigten Landtages* verlangten, ließ der König nicht nur den Bau der Eisenbahn unterbrechen, sondern er *löste im Juni 1847 den gesamten Vereinigten Landtag auf*, während der Vereinigte Ausschuß noch gewählt wurde.

Bis in das Revolutionsjahr 1848 blieb die preußische Verfassungsfrage auf diese Weise ungelöst.

Bevölkerungszunahme, technisch-ökonomische Weiterentwicklung, soziale Frage

Alle bisher in den Einzelstaaten des Deutschen Bundes verabschiedeten landständischen Verfassungen hätten

- *theoretisch die Möglichkeit einer kontinuierlichen und evolutionären Weiterentwicklung* der gesellschafts- und nationalpolitischen Probleme bieten können.

Daß diese friedliche Tendenz sich nicht durchzusetzen vermochte, lag zu einem wesentlichen Teil

- sowohl im beharrlichen Festhalten der deutschen Fürsten an ihrer Grundüberzeugung, ihre Souveränität sei im Rahmen einer in ihren Rechten abgestuften Ständegesellschaft die einzig legitime Herrschaftsform,
- als auch in der wachsenden politischen Ungeduld nationalliberaler Vorkämpfer für individuelle Menschenrechte und Volkssouveränität.

Die Souveräne der deutschen Einzelstaaten besaßen immer noch wie 1815 die realen Machtmittel des Staates. Sie hatten sich zwar durch Versprechungen und Verfassungen gegenüber ihren Ständen zu Kompromissen bequemt, aber das Prinzip ihrer Souveränität nicht aufgegeben. Zu weitergehenden Zugeständnissen an den nationalfreiheitlichen Zeitgeist waren sie nicht bereit. Mochten dessen Vertreter in den Kammern von ihrem Recht der freien Rede noch so ausgiebig Gebrauch machen, so erwarteten sie doch von ihnen, daß sie sich letztlich der alten obrigkeitsstaatlichen Herrschaftsordnung beugten.

Gewiß trugen ebenfalls die Erfolge und Mißerfolge außerdeutscher Freiheitsbewegungen dazu bei, daß auch in Deutschland die Überzeugung an Boden gewann, daß sich befriedigende Fortschritte nicht, wie einst der Freiherr vom Stein und andere Reformer gehofft haben mochten, auf evolutionärem Wege einstellen würden, sondern nur als Ergebnis harter machtpolitischer Auseinandersetzungen.

Im Hintergrund dieser sich politisch zuspitzenden Lage stand die sich weitgehend unabhängig von ihr vollziehende faktische *Veränderung der praktischen Lebenswirklichkeit*.

Wissenschaftliche, technische und wirtschaftliche Entwicklungen ließen die Grenzen der bestehenden deutschen Einzelstaaten um so anachronistischer erscheinen, je kleiner sie waren. Zwischenzölle und Grenzkontrollen wurden nicht nur zunehmend als störend empfunden, sondern sie hemmten jede wirtschaftliche Weiterentwicklung. Für das modernste Verkehrsmittel der Zeit, die Eisenbahn, mußte ein dem beginnenden Industriezeitalter gemäßes Schienennetz geschaffen werden.

Die ökonomischen Notwendigkeiten führten nach jahrelangen Teillösungen 1834 zu einem *Deutschen Zollverein* mit Preußen als einflußreichstem Staat, dem die anderen deutschen Staaten außer Österreich jetzt oder später beitraten. 1835 fuhr die erste deutsche Eisenbahn zwischen Nürnberg und Fürth. Für die Linienführung des in den folgenden Jahren entstehenden Schienenetzes waren nicht die politischen Grenzen der Einzelstaaten, sondern die Bedingungen der Wirtschaft und der geographischen Topographie Deutschlands maßgebend.

Dieser durch die moderne technische und industrielle Entwicklung erzwungene Prozeß der wirtschaftlichen Vereinheitlichung Deutschlands stand unter maßgeblichem Einfluß des Ökonomen Friedrich List.

Das *konservativ-legitimistische Ordnungssystem* des Deutschen Bundes aber bewirkte, daß sich die sich anbahnende *Wirtschaftseinheit nicht als harmonische Begleiterscheinung der politischen Vereinheitlichung Deutschlands* erweisen konnte.

Dieses System verkörperte vor allem sein bedeutendster Vertreter, der österreichische Staatskanzler Metternich. Er mußte, um den Bestand Österreichs nicht zu gefährden, alles vermeiden, was Unruhe in seine Nationalitätenvielfalt hätte tragen können.

Außerdem wollte er unbedingt Österreichs politische Vormachtstellung im Deutschen Bund gegenüber Preußen erhalten. Deshalb unterstützte er aus inner- und außerösterreichischen Gründen konsequent die deutschen Fürsten in der Behauptung ihrer Souveränität sowohl gegenüber preußischen Machtansprüchen als auch gegenüber allen revolutionären Tendenzen des Zeitgeistes.

Folgerichtig blieb Österreich nach einigen Bedenken auch dem Deutschen Zollverein fern:

> »Was Metternich zu Recht als Gefahr für sein politisches System in Mitteleuropa erkannt hatte, das kleidete Heinrich von Treitschke ein halbes Jahrhundert später... in den Satz: ›Aus dem dunstigen Nebel des Deutschen Bundes traten schon erkennbar die Umrisse jenes Kleindeutschlands hervor, das dereinst den Ruhm und die Macht des Heiligen Römischen Reiches überbieten sollte.‹«[150]

Gewiß war Treitschkes metaphorische Aussage übertrieben, aber als ein Historiker, der die preußische, zur späteren Reichsgründung führende Politik einseitig pries, hatte er klar erkannt, daß das wirtschaftspolitische Zusammenwachsen Deutschlands auf die Dauer die Entstehung eines von Preußen beherrschten kleindeutschen Reiches begünstigen werde.

Die zur Einheit des deutschen Wirtschaftsraumes drängenden ökonomischen Zwänge wurden von einem beschleunigten *Bevölkerungswachstum* begleitet.

Außerdem hatten die gesellschaftspolitisch fortschrittlichen Stein-Hardenbergschen Reformen, die über Preußen hinaus in andere deutsche Staaten unterschiedlich stark vordrangen, nicht nur die Bauern aus ihren feudalen Abhängigkeiten befreit und durch die Gewerbefreiheit individuellem Unternehmertum den Weg gebahnt, sondern als Nebenwirkung eine Schicht von *wirtschaftlichen Verlierern* hervorgebracht, die über nichts anderes als ihre Arbeitskraft verfügten. Diese nur gering qualifizierten und zur selbständigen Lebensgestaltung unfähigen Volksschichten verloren die durch ihre bisherigen Einbindungen in feudale und handwerkliche Ordnungen gesicherten, zumeist auf einfacher Handarbeit beruhenden Existenzgrundlagen. Sie wurden weitgehend schutzlos den durch Profit und Konkurrenz geprägten und technisch weit überlegenen Produktionsmöglichkeiten der Industrie preisgegeben. »Die Bauernbefreiung hatte die Freizügigkeit der ländlichen Bevölkerung hergestellt, aber zahllosen Bauern die Möglichkeit einer selbständigen Existenz versagt«,[151] und zwar häufig als Folge ihrer Verpflichtungen, die sie für ihre Entlassung aus ihren bisherigen unfreien Lebensbedingungen zu übernehmen hatten.

Arbeit suchende Landbewohner strömten in der Hoffnung auf bessere Lebensverhältnisse zumeist in die schnell wachsenden Städte. Die *Industrialisierung* vollzog sich mit ihren gesellschaftlichen Folgen vor allem in West- und Süddeutschland, während Ostdeutschland seinen durch Gutsherrschaften geprägten Charakter festigte.

Das Arbeitskräfteangebot überstieg in der Regel bei weitem den Arbeitskräftebedarf. *Erbärmliche Wohn- und Arbeitsbedingungen* sowie unzureichende Arbeitslöhne waren die Regel. Soziale Sicherungssysteme für den Fall von Arbeitslosigkeit, Krankheit und Alter fehlten. Arbeitsschutzbestimmungen für Frauen und Kinder oder Maßnahmen zur Begrenzung der Arbeitszeit standen erst in den Anfängen. Vereinzelte soziale Initiativen entfalteten nur eine begrenzte Wirksamkeit. Gewerkschaftliche Zusammenschlüsse zum Schutz der auf Lohnarbeit angewiesenen unteren Volksschichten waren innerhalb der sich nur langsam verändernden Struktur der ständischen Gesellschaft kaum möglich. Preissteigerungen und gelegentliche Mißernten vergrößerten das allgemeine Elend. Nicht wenige Menschen sahen in der Auswanderung nach Amerika ihren einzigen Ausweg.

Stellvertretend für alle aus dem Überlebenskampf entstandenen Probleme und Unruhen sei auf den vom Militär niedergeschlagenen schlesischen Weberaufstand von 1844 hingewiesen, bei dem die verzweifelten Menschen sich aus Wut über ihre durch die Industrie vernichteten Heimarbeitsplätze zu Maschinenstürmerei und Plünderung hatten hinreißen lassen.

Angesichts der sich schnell verändernden technisch-ökonomischen Verhältnisse wurde die *soziale Frage* zu einem brennenden *Massenproblem* des 19. Jahrhunderts. Nicht nur in Deutschland wurde über sie diskutiert. In der Schweiz, in Frankreich und England bildeten sich Vereine deutscher politischer Emigranten, die unter dem Einfluß sozialistischer Theorien und Diskussionen eine Lösung der sozialen Frage anstrebten.

Die zumeist in bildungs- und besitzbürgerlichen Schichten geführten politischen Gespräche um die grundsätzliche Alternative, ob freie und in einem Nationalstaat lebende Bürger oder die in ihren Einzelstaaten über ihre Untertanen herrschenden Souveräne die Zukunft Deutschlands gestalten würden, wurden zunehmend überschattet von der *Furcht vor einem sozialrevolutionären Radikalismus*, der nicht nur die politischen Herrschaftsstrukturen, sondern auch die bestehenden Eigentums- und Besitzverhältnisse bedrohte. Schon in SIEBENPFEIFFERS Rede auf dem Hambacher Fest und in BÜCHNERS *Hessischem Landboten* waren solche radikalen Tendenzen unüberhörbar gewesen.

Vor einer sozialen Revolution fürchteten sich in Erinnerung an die Vorgänge während der französischen Schreckensherrschaft von 1793 bis 1795 sowohl die Bürger als auch der landständische Adel und die Fürsten.

Den radikalsten und folgenreichsten Vorschlag zur Behebung der Not der wachsenden Zahl der Lohnarbeiter machten Karl MARX und Friedrich ENGELS mit ihrem Manifest der Kommunistischen Partei, das unter dem Namen *Kommunistisches Manifest* bekannt wurde. Es enthielt bereits in ihren Grundzügen jene schon bald nach MARX benannte Ideologie, die im 20. Jahrhundert zu welthistorischer Bedeutung aufsteigen sollte.

Der in Trier 1818 geborene MARX hatte Rechtswissenschaften und Philosophie studiert und ging nach Paris, nachdem die preußische Regierung die *Rheinische Zeitung*, deren Chefredakteur er war, verboten hatte. In Frankreich wurde er zum revolutionären Sozialisten.

Der 1820 in Barmen geborenen Fabrikantensohn Friedrich ENGELS hatte in England die Not der Lohnarbeiter kennengelernt und 1845 in seinem Buch *Die Lage der arbeitenden Klasse in England* dargestellt. Auf einem von vielen Teilnehmern besuchten internationalen Kongreß des unter dem Einfluß von MARX und ENGELS in London entstandenen ›Bundes der Kommunisten‹ erhielten beide den Auftrag zu ihrem Manifest, das im Februar 1848 in London veröffentlicht wurde.

Es ist historisch interessant ist, daß bereits *gleichzeitig* mit der unmittelbar bevorstehenden *bürgerlichen Revolution*, die den liberalen und demokratischen Nationalstaat durchzusetzen versuchte, die *Ideologie des Marxismus* entstand, der diese politische Konzeption lediglich als zu überwindende Vorstufe einer zu schaffenden klassenlosen Gesellschaft begriff.

Schon die ersten Sätze des *Manifests*[152] enthielten den Kern der marxistischen Lehre, für die MARX selbst die Bezeichnung »Wissenschaftlicher Sozialismus« beanspruchte:[153]

> »Die Geschichte aller bisherigen Gesellschaft ist die Geschichte von Klassenkämpfen.
>
> Freier und Sklave, Patrizier und Plebejer, Baron und Leibeigener, Zunftbürger und Gesell, kurz, Unterdrücker und Unterdrückte standen in stetem Gegensatz zueinander, führten einen ununterbrochenen, bald versteckten, bald offenen Kampf, einen Kampf, der jedesmal mit einer revolutionären Umge-

> staltung der ganzen Gesellschaft endete oder mit dem gemeinsamen Untergang der kämpfenden Klassen...
>
> Die aus dem Untergang der feudalen Gesellschaft hervorgegangene moderne bürgerliche Gesellschaft hat die Klassengegensätze nicht aufgehoben. Sie hat nur neue Klassen, neue Bedingungen der Unterdrückung, neue Gestaltungen des Kampfes an die Stelle der alten gesetzt.
>
> Unsere Epoche, die Epoche der Bourgeoisie, zeichnet sich jedoch dadurch aus, daß sie die Klassengegensätze vereinfacht hat. Die ganze Gesellschaft spaltet sich mehr und mehr in zwei große feindliche Lager, in zwei große, einander direkt gegenüberstehende Klassen: Bourgeoisie und Proletariat.«

Darüber hinaus behauptete das *Manifest*, daß die Bourgeoisie ihren eigenen Untergang selbst herbeiführe:

> »... die Bourgeoisie hat nicht nur die Waffen geschmiedet, die ihr den Tod bringen; sie hat auch die Männer gezeugt, die diese Waffen führen werden – die modernen Arbeiter, die *Proletarier*.«

Ihren historischen Materialismus, der dieser Geschichts- und Gesellschaftsdeutung zugrunde lag, hatten MARX und ENGELS aus ihrem philosophischen Materialismus unter Einbeziehung des dialektischen Prinzips der idealistischen Philosophie Georg Wilhelm Friedrich HEGELS entwickelt.

Die eigentlichen Ursachen und Triebkräfte der historischen Entwicklung lagen für die Verfasser des *Manifests* nicht in einem autonomen geistigen Bereich der Ideen, sondern sie wurden lediglich als Reflexe oder Reaktionen angesehen, die sich aus dem Eigentum oder dem Besitz an den Produktionsmitteln und aus den durch deren Entwicklung sich verändernden Produktionsverhältnissen ergaben:

> »Was beweist die Geschichte der Ideen anders, als daß die geistige Produktion sich mit der materiellen umgestaltet? Die herrschenden Ideen einer Zeit waren stets nur die Ideen der herrschenden Klasse«, verkündeten sie.

Nur durch das Eigentum oder den Besitz an Produktionsmitteln seien jeweils die einen zur herrschenden Klasse aufgestiegen und die Eigentums- und Besitzlosen in die Klasse der sich empörenden Unterdrückten abgesunken. Aus dieser historischen Diagnose folgerten MARX und ENGELS:

> »In diesem Sinn können die Kommunisten ihre Theorie in dem einen Ausdruck: Aufhebung des Privateigentums, zusammenfassen.«

In der Gegenwart bestehe die herrschende Klasse aus den Kapitalisten, denen die von ihnen unterdrückten und ausgebeuteten Proletarier gegenüberständen. Diese müßten sich ihrer Macht bewußt werden, um die Herrschaft der Kapitalisten oder der ›Bourgeoisie‹ zu zerbrechen.

Der »erste Schritt in der Arbeiterrevolution« sei »die Erhebung des Proletariats zur herrschenden Klasse«, und zwar durch »die Erkämpfung der Demokratie«.

Weil die Demokratie – allerdings mit ganz anderen inhaltlichen Voraussetzungen – auch vom nationalliberalen Bürgertum angestrebt wurde, ergab sich in diesem politischen Ziel eine vorübergehende formale, aber nur scheinbare Gemeinsamkeit mit ihr, denn das *Manifest* betonte:

»In Deutschland kämpft die Kommunistische Partei, sobald die Bourgeoisie revolutionär auftritt, gemeinsam mit der Bourgeoisie gegen die absolute Monarchie, das feudale Grundeigentum und die Kleinbürgerei.«

Es ließ dann allerdings sofort diesen scheinbaren Zusammenfall der Interessen lediglich als taktisches Manöver auf dem Wege zum Endziel einer klassenlosen Gesellschaft erscheinen, indem es klarstellte:

Die kommunistische Partei »unterläßt aber keinen Augenblick, bei den Arbeitern ein möglichst klares Bewußtsein über den feindlichen Gegensatz zwischen Bourgeoisie und Proletariat herauszuarbeiten, damit die deutschen Arbeiter sogleich die gesellschaftlichen und politischen Bedingungen, welche die Bourgeoisie mit ihrer Herrschaft herbeiführen muß, als ebenso viele Waffen gegen die Bourgeoisie kehren können, damit, nach dem Sturz der reaktionären Klassen in Deutschland, sofort der Kampf gegen die Bourgeoisie selbst beginnt.

Auf Deutschland richten die Kommunisten ihre Hauptaufmerksamkeit, weil Deutschland am Vorabend einer bürgerlichen Revolution steht und weil es diese Umwälzung unter fortgeschritteneren Bedingungen der europäischen Zivilisation überhaupt und mit einem viel weiter entwickelten Proletariat vollbringt als England im 17. und Frankreich im 18. Jahrhundert, die deutsche bürgerliche Revolution also nur das unmittelbare Vorspiel einer proletarischen Revolution sein kann.

Mit einem Wort, die Kommunisten unterstützen überall jede revolutionäre Bewegung gegen die bestehenden gesellschaftlichen und politischen Zustände.

In allen diesen Bewegungen heben sie die Eigentumsfrage, welche mehr oder minder entwickelte Form sie auch angenommen haben möge, als die Grundfrage der Bewegung hervor.

Die Kommunisten arbeiten endlich überall an der Verbindung und Verständigung der demokratischen Parteien aller Länder«.

Für Marx und Engels war der mögliche *Erfolg der bevorstehenden bürgerlichen Revolution* also lediglich »das *unmittelbare Vorspiel einer proletarischen Revolution*«.

In dem von den Bürgern erstrebten demokratischen Staat sollte nämlich das Proletariat zur herrschenden Klasse heranwachsen und

»seine politische Herrschaft dazu benutzen, der Bourgeoisie nach und nach alles Kapital zu entreißen, alle Produktionsinstrumente in den Händen des Staats, d. h. des als herrschende Klasse organisierten Proletariats, zu zentralisieren und die Masse der Produktionskräfte möglichst rasch zu vermehren«.

Nachdem das Proletariat »durch eine Revolution« zur allein herrschenden Klasse aufgestiegen sei und es im Kampf gegen die Bourgeoisie »gewaltsam die alten Produktionsverhältnisse« aufgehoben habe, hebe es »mit diesen Produktionsverhältnissen« auch »seine eigene Herrschaft als Klasse« auf. »An die Stelle der alten bürgerlichen Gesellschaft mit ihren Klassen und Klassengegensätzen« trete dann »eine Assoziation, worin die freie Entwicklung eines jeden die freie Entwicklung aller« sei.

Wenn alle in einer Gesellschaft bestehenden Ideen nach marxistischer Auffassung lediglich als Auswirkungen der bestehenden Produktionsverhältnisse zu erklären und von der herrschenden Klasse zum Zweck der Unterdrückung der von ihr Beherrschten geschaffen worden waren, war die logische Folgerung, daß die klassenlose Gesellschaft diese alle zerstören mußte, um sich anschließend einen *eigenen ideologischen Überbau* zu schaffen.

Unmißverständlich formulierte daher das *Kommunistische Manifest*:

> »Die Lebensbedingungen der alten Gesellschaft sind schon vernichtet in den Lebensbedingungen des Proletariats. Der Proletarier ist eigentumslos; sein Verhältnis zu Weib und Kindern hat nichts mehr gemein mit dem bürgerlichen Familienverhältnis; die moderne industrielle Arbeit, die moderne Unterjochung unter das Kapital, dieselbe in England wie in Frankreich, in Amerika wie in Deutschland, hat ihm allen nationalen Charakter abgestreift. Die Gesetze, die Moral, die Religion sind für ihn ebenso viele bürgerliche Vorurteile, hinter denen sich ebenso viele bürgerliche Interessen verstecken...
>
> Das Proletariat, die unterste Schicht der jetzigen Gesellschaft, kann sich nicht erheben, nicht aufrichten, ohne daß der ganze Überbau der Schichten, die die offizielle Gesellschaft bilden, in die Luft gesprengt wird.«

Mit diesen Worten wurden die bestehenden »Gesetze, die Moral, die Religion« als »bürgerliche Vorurteile« verurteilt, die das Proletariat zu seiner tatsächlichen Befreiung »in die Luft« zu sprengen hatte.

Der bedingungslose Radikalismus dieser Sätze prophezeite dem nationalliberalen Besitz- und Bildungsbürgertum bereits seinen Untergang, bevor es selbst den durch sein Streben nach Menschen- und Bürgerrechten und demokratischer Volkssouveränität in die Defensive geratenen obrigkeitlichen Fürstenstaat überwunden hatte.

Alle bestehenden religiösen, moralischen, nationalen, sozialen Vorstellungen sollten zusammen mit den herrschenden politischen Verhältnissen vernichtet werden, weil sie lediglich Mittel zur Sicherung der Ausbeutung des Proletariats durch die herrschende Klasse seien.

Unverblümt sagte sich das *Manifest* beispielsweise zugunsten eines proletarischen Internationalismus von der durch die nationalliberale Bewegung vertretenen Idee des Nationalstaates los:

> »Den Kommunisten ist ferner vorgeworfen worden, sie wollten das Vaterland,

die Nationalität abschaffen. Die Arbeiter haben kein Vaterland. Man kann ihnen nicht nehmen, was sie nicht haben. Indem das Proletariat zunächst sich die politische Herrschaft erobern, sich zur nationalen Klasse erheben, sich selbst als Nation konstituieren muß, ist es selbst noch national, wenn auch keineswegs im Sinne der Bourgeoisie.

Die nationalen Absonderungen und Gegensätze der Völker verschwinden mehr und mehr schon mit der Entwicklung der Bourgeoisie, mit der Handelsfreiheit, dem Weltmarkt, der Gleichförmigkeit der industriellen Produktion und der ihr entsprechenden Lebensverhältnisse.«

Als Beispiel dafür, daß in der künftigen klassenlosen Gesellschaft neben den nationalen auch die noch bestehenden religiösen und moralischen Grundsätze aufzulösen seien, mögen einige Aussagen des Manifests über die Familie dienen:

»Die Familie der Bourgeois fällt natürlich weg mit dem Wegfallen dieser ihrer Ergänzung, und beide verschwinden mit dem Verschwinden des Kapitals.«

Oder: »Die bürgerlichen Redensarten über Familie und Erziehung, über das traute Verhältnis von Eltern und Kindern werden um so ekelhafter, je mehr infolge der großen Industrie alle Familienbande für die Proletarier zerrissen und die Kinder in einfache Handelsartikel und Arbeitsinstrumente verwandelt werden.

Übrigens ist nichts lächerlicher als das hochmoralische Entsetzen unserer Bourgeois über die angebliche offizielle Weibergemeinschaft der Kommunisten. Die Kommunisten brauchen die Weibergemeinschaft nicht einzuführen, sie hat fast immer existiert.«

Die emotionalen Schlußsätze des *Manifests*, von denen der letzte im weiteren Verlauf der Geschichte der bekannteste werden sollte, riefen das Proletariat zum offenen internationalen Kampf für seine Befreiung »durch den gewaltsamen Umsturz aller bisherigen Gesellschaftsordnung« auf:

»Die Kommunisten verschmähen es, ihre Ansichten und Absichten zu verheimlichen. Sie erklären es offen, daß ihre Zwecke nur erreicht werden können durch den gewaltsamen Umsturz aller bisherigen Gesellschaftsordnung. Mögen die herrschenden Klassen vor einer kommunistischen Revolution zittern. Die Proletarier haben nichts in ihr zu verlieren als ihre Ketten. Sie haben eine Welt zu gewinnen. *Proletarier aller Länder, vereinigt euch!*«

Mit dieser Kampfansage des *Kommunistischen Manifests* hatte der noch in seinen Anfängen stehende Marxismus

- sowohl dem in die Defensive geratenen Obrigkeitsstaat
- als auch dessen Gegnern, die den liberalen und demokratischen Nationalstaat anstrebten,

- zusammen mit ihren ideellen Wertvorstellungen, nämlich den religiösen, moralischen und kulturellen

die *existentielle Vernichtung* angedroht.

Es ist daher verständlich, daß die auf eine bürgerliche Revolution ausgerichteten nationalliberalen Vorkämpfer innerhalb und außerhalb der Kammern deutscher Einzelstaaten begleitet wurden von der *Angst*, daß revolutionäre Erschütterungen möglicherweise in sozialistisch-kommunistischen Radikalismus ausufern würden.

Außerdeutsche Revolutionen

Schweizer Sonderbundskrieg 1847/48

Der Gegensatz zwischen der durch den Wiener Kongreß geschaffenen politischen Ordnung und den auch außerhalb des Deutschen Bundes stärker werdenden nationalliberalen und demokratischen Oppositionsbewegungen entlud sich in der benachbarten Schweiz in einem Krieg zwischen den sieben konservativen Kantonen Schwyz, Uri, Unterwalden, Luzern, Zug, Freiburg und Wallis und den übrigen liberaldemokratischen Kantonen, die eine fortschrittliche Verfassungsrevision auf bundesstaatlicher Ordnung für die Gesamtschweiz anstrebten.

Entzündet hatte sich der Konflikt im Kanton Luzern nicht zuletzt an der Frage, ob die Jesuiten in den Schulen als Jugenderzieher eingesetzt werden dürften. Die liberalen Kantone mit ihren größtenteils nichtkatholischen Einwohnern lehnten solche Pläne ab, weil sie einen zu großen Einfluß der katholischen Kirche und des Papstes verhindern wollten, während die katholische Bevölkerung der sieben konservativen Kantone sie befürworteten. Außerdem wollten diese ihre bisherigen Souveränitätsrechte, die ihnen die vom Wiener Kongreß beschlossene politische Ordnung zugestanden hatte, nicht durch eine straffere Bundesstaatsverfassung einschränken lassen.

Im Jahre 1845 schlossen sich die konservativen Kantone zu einem Sonderbund zusammen, der jedoch zwei Jahre später durch die liberaldemokratische Mehrheit der gesamtschweizerischen Tagsatzung[154] für verfassungswidrig erklärt wurde.

Der jetzt folgende kurze Sonderbundskrieg endete mit dem Sieg der liberaldemokratischen Kantone. Ihre Gegner hatten vergeblich auf eine Intervention METTERNICHS und der europäischen Großmächte gehofft. METTERNICHS Untätigkeit war vor allem auf die fehlende Entschlossenheit Englands und Frankreichs zurückzuführen gewesen.

Am 12. September 1848 konnte die Tagsatzung eine *neue liberale Verfassung* beschließen, die stark von der Verfassung der USA und den Ideen der Französischen Revolution von 1789 beeinflußt war. Sie verwandelte die Schweiz von einem lockeren Staatenbund in einen fester gefügten Bundesstaat. Viele Kompetenzen, wie etwa die Außenpolitik, das Militär-, Zoll-, Münz- und Verkehrswesen, wurde von den Kantonen auf den Gesamtstaat übertragen, während die kulturellen Angelegenheiten, wie etwa kirchliche und religiöse Fragen sowie Schule und Erziehung, aber auch das Gerichtswesen und die Presse, bei den Einzelkantonen verblieben.

Das Prinzip der Volkssouveränität konnte sich durchsetzen. Ein Nationalrat, der als Parlament die Gesamtbevölkerung vertrat, besaß zusammen mit dem Ständerat, der als Kantonsvertretung wirkte, die Legislative. Dieses Zweikammersystem beruhte auf demokratischen Wahlen, zu denen allerdings nur Männer zugelassen waren. Die Bürger erhielten persönliche Grundrechte. Presse- und Religionsfreiheit sowie das Recht auf freie Wahl des Wohnorts wurden garantiert.

Die durch die neue Verfassung aufgehobenen Schranken im Personen-, Waren- und Geldverkehr wirkten sich günstig auf die weitere Wirtschaftsentwicklung der Schweiz aus.

Die Niederlage des konservativen Sonderbundes wurde von den nationalliberalen Demokraten in Deutschland sehr begrüßt. Sie empfanden ihn als eine Ermutigung für ihr eigenes Ringen und als einen ideellen Sieg über METTERNICH und sein politisches System. In einer Sympathieadresse aus Südwestdeutschland an die schweizerische Tagsatzung las man: »Der Bund der Eidgenossen hat gesiegt, und Deutschland jauchzt. Es ist ein Sieg der Menschheit im allgemeinen. Dem Licht und Recht wird er Bahn brechen, auch unter den Bewohnern anderer Länder!«[155]

Französische Februarrevolution 1848

Während die Vorgänge in der *Schweiz* von den nationalliberalen Kreisen im Deutschen Bund lediglich von *Beifall* begleitet und als Ermutigung empfunden wurden, lösten die im Februar 1848 beginnenden gewaltsamen Umwälzungen in Frankreich auch in Deutschland eine wirkliche *Revolution* aus.

Von der Herrschaft des seit 1830 in Frankreich regierenden ›Bürgerkönigs‹ LOUIS PHILIPPE hatte vor allem das Großbürgertum profitiert, so daß die Unzufriedenheit der Kleinbürger und Arbeiter stetig zunahm.

Wegen des bestehenden Zensuswahlrechts fühlten sich die unteren Schichten der Bevölkerung nicht angemessen in der Nationalversammlung vertreten. Zudem hatte sich ihre soziale Lage noch kürzlich durch eine Agrar- und Handelskrise sehr verschärft. Skandale und Korruptionsfälle vermehrten die allgemeine Mißstimmung. Man hatte den Eindruck, daß der König die liberalen und sozialen Prinzipien zunehmend vernachlässige. Das seinem Außen- und leitenden Minister François GUIZOT zugeschriebene zynische Wort »Enrichissez vous!« beleidigte die Volksmassen, für die eine Bereicherung unmöglich war, so daß *sozialistische Vorstellungen* zunehmend an Boden gewannen.

Bei den französischen Sozialisten wirkten die Ideen der Revolution von 1789 nach, und sie wollten vor allem das Elend der inzwischen zum vierten Stand herangewachsenen Fabrikarbeiterschaft beseitigen. Die MARXsche Theorie von der Befreiung des Proletariats stand erst in ihren politischen Anfängen und war noch weitgehend unbekannt. Zu den einfußreichsten französischen Sozialisten gehörte vor allem Louis BLANC, dessen 1839 erschienenes Buch *L'organisation du travail* die Grundlagen einer »sozialistischen Demokratie«[156] mit staatlicher Arbeitssicherung entwickelte.

In der Öffentlichkeit forderte man als ersten Schritt zur Herstellung des sozialen Gleichgewichts immer nachdrücklicher eine Wahlrechtsreform, um das

Stimmrecht auf die unteren Bevölkerungsschichten auszudehnen. Der König aber lehnte die Reform strikt ab. Zu sehr setzte er jede Art von radikaler Demokratisierung der Gesellschaft mit Unruhe und sogar Krieg gleich.[157]

Unterstützt wurde die Reformbewegung vor allem von dem bekannten Schriftsteller und Politiker Alphonse DE LAMARTINE. Er bekämpfte auf den im Jahre 1847 zahlreich stattfindenden Reformbanketten die unsoziale Politik LOUIS PHILIPPES. Als GUIZOT ein solches Bankett verbot, brach die Revolution aus, die den König am 24. Februar 1848 zur Abdankung zwang.

Schon am Abend dieses Tages bildete sich eine provisorische Regierung, der LAMARTINE als Außenmimister und Regierungschef und auch der Sozialist Louis BLANC angehörten. Sie proklamierte die Republik. Während BLANC sie am liebsten nach seinen sozialistischen Vorstellungen völlig umgestaltet hätte, vertrat LAMARTINE einen gemäßigten, eher versöhnlichen Kurs, der äußerlich schon dadurch zum Ausdruck kam, daß er BLANC daran hinderte, als Staatssymbol die rote Fahne statt der Trikolore einzuführen.[158] Um die tobenden Massen auf den Straßen der Hauptstadt Paris zu beruhigen, verkündete die provisorische Regierung das Recht auf Arbeit und richtete Nationalwerkstätten ein, in denen die Arbeitslosen wenigstens vorübergehend beschäftigt werden konnten.

Um die neue Republik auf eine demokratische Grundlage zu stellen, wurde gleichzeitig das allgemeine und gleiche Wahlrecht für Männer eingeführt. Die Wahlen zur Konstituierenden Versammlung im April 1848 ergaben jedoch durch die in den ländlichen Regionen Frankreichs abgegebenen Stimmen keine Mehrheit für die radikalen Pariser Revolutionäre, sondern bescherten den gemäßigten und konservativen Abgeordneten den Sieg.

Dieses Wahlergebnis war eine Voraussetzung für die im weiteren Verlauf der Revolution durchgeführte blutige Unterdrückung der radikalen und sozialistischen Kräfte. Deren Protest gegen die Auflösung der unproduktiven Nationalwerkstätten löste einen Arbeiteraufstand aus. LAMARTINE und seine Regierung beauftragten den General Louis-Eugène CAVAIGNAC, der in die Nationalversammlung gewählt worden war und das Kriegsministerium übernommen hatte, mit seiner Niederschlagung. Als Militärdiktator zerschlug er in den Tagen vom 23. bis 26. Juni 1848 in schweren Straßenkämpfen, die Tausende das Leben kostete, den Aufstand.

Die *Niederlage des sozialistischen Radikalismus* bedeutete allerdings *keine Absage an eine demokratische Republik*; denn im November 1848 wurde diese durch die von der Konstituierenden Nationalversammlung verabschiedete *Verfassung* bestätigt. Sie sah für Frankreich das allgemeine und gleiche Wahlrecht, eine einzige Kammer und einen vom Volk auf vier Jahre gewählten Präsidenten vor, der als Chef der Exekutive mit starken Vollmachten ausgestattet war.

Erster Staatspräsident wurde im Dezember 1848 allerdings weder CAVAIGNAC, der von der Nationalversammlung nach dem Juniaufstand zum Regierungschef gewählt worden war, noch LAMARTINE, sondern LOUIS NAPOLEON BONAPARTE, ein Neffe Kaiser NAPOLEONS I.

Cavaignac und Lamartine hatten als Folge der blutigen Kämpfe im Juni ihre Sympathien im Volke verspielt. Louis Napoleon dagegen hatte als neuer Prinz-Präsident nahezu drei Viertel der abgegebenen Stimmen erhalten.

Wie war seine Wahl zu erklären? Die französische Februarrevolution hatte von Anfang an nicht allein in den Händen der von der Regierung des ›Bürgerkönigs‹ enttäuschten liberaldemokratischen Kreise des Bürgertums und seiner vom materiellen Profit ausgeschlossenen unteren Schichten gelegen, sondern war mitbestimmt worden von radikalen und sozialistischen Arbeitern und Besitzlosen, die dem neuen vierten Stand oder – nach der später geläufig werdenden Marxschen Definition – dem Proletariat angehörten.

Die proletarischen Schichten waren durch die technische und industrielle Entwicklung, die ungleiche Vermögensverteilung und das Bevölkerungswachstum zu einer so starken Klasse herangewachsen, daß die Revolutionsregierung die proletarische Revolution in den Junitagen 1848 nur durch brutale Gewaltanwendung hatte verhindern können.

Marx mußte in diesen Vorgängen eine Bestätigung für den aus seinem historischen Materalismus abgeleiteten Geschichtsverlauf sehen. Die im Augenblick siegreiche bürgerliche Gesellschaft war mit ihren republikanischen und liberaldemokratischen Vorstellungen für ihn nämlich nichts anderes als die erwartete notwendige Vorstufe der sich anschließenden klassenlosen Gesellschaft. Die in der Gegenwart noch siegreiche Bourgeoisie hatte es bereits mit ihrem proletarischen Klassenfeind zu tun, der sie eines Tages aufgrund seiner Majorität mitsamt ihrem ideologischen Überbau beseitigen werde, um die klassenlose Gesellschaft einzurichten.

Von solchen sozialistischen Zukunftsvorstellungen waren die Wähler Louis Napoleons in ihrer übergroßen Mehrheit weit entfernt.

Man darf annehmen, daß sich nicht nur seine unmittelbaren Anhänger, die Bonapartisten, sondern auch der Großteil der anderen Wähler nach einer starken Persönlichkeit sehnten, die wie der erste Napoleon die notwendige plebiszitäre Autorität besaß, um der durch Volkssouveränität legitimierten Republik eine auf Gleichberechtigung und sozialem Frieden beruhende gesellschaftliche Ordnung zu geben.

Zugleich zeigte sich aber in der Wahl Louis Napoleons zum französischen Prinz-Präsidenten die *enge Verbindung liberaldemokratischer* und *starknational ausgerichteter Vorstellungen*. In Frankreich sehnte man sich offensichtlich sowohl nach einer durch Volksabstimmung legitimierten autoritären Führung, die dem Land inneren Frieden sicherte, als auch außenpolitisch nach neuer nationaler Größe.

Mit Louis Napoleon konnte man an die große Zeit des Empires anknüpfen und die nationale Demütigung des Jahres 1815 endgültig beseitigen. Schon 1840 hatte sich dieses Bedürfnis bei der feierlichen Überführung der Gebeine Napoleons I. von seinem Verbannungsort Sankt Helena in den Pariser Invalidendom nicht nur bei seinen Verehrern, den Bonapartisten, deutlich gezeigt.

LOUIS NAPOLEON hatte zwar ein bewegtes, zumeist im Ausland verbrachtes Leben hinter sich, aber schon 1836 und 1840 hatte er – allerdings vergeblich – gegen König LOUIS PHILIPPE geputscht. Dafür hatte er zuletzt eine lebenslange Festungshaft erhalten, aus der er allerdings 1846 nach England entkommen war. Zu Beginn der Februarrevolution war er nach Frankreich zurückgekehrt, wo er in der Dezemberwahl das Vertrauen der Massen gewann, weil deren unterschiedliche Erwartungen sich offensichtlich in seiner Person zu vereinigen schienen.

Als neuer Staatschef Frankreichs zeigte er schnell, daß er in die Fußstapfen seines großen Oheims trat. Zielstrebig und bedenkenlos befestigte er seine Macht.

Seine militärische Intervention zugunsten des Papstes in Rom im Jahre 1849, seine häufigen Regierungswechsel, um ihm ergebene Männer mit Ministerämtern zu betrauen, schließlich sein erfolgreicher Staatsstreich vom Dezember 1851, den er durch eine Volksabstimmung über eine neue Verfassung krönte, und endlich das Plebiszit vom 21. Dezember 1852, das mit einer fast hundertprozentigen Billigung den Weg für die *Wiederherstellung des Kaisertums* öffnete, ermöglichten ihm, sich am 2. Dezember 1852 als NAPOLEON III. zum erblichen Kaiser der Franzosen ausrufen zu lassen.[159]

Betrachtet man die innere politische Entwicklung Frankreichs von 1815 bis 1852 in ihrer Gesamttendenz, so mußte sie den Zeitgenossen als eine *in die Länge gezogene Wiederholung der Ereignisse von 1789 bis 1804 erscheinen*:

Die zunächst erreichte konstitutionelle Monarchie hatte zur Republik und diese zu einem plebiszitär legitimierten autoritären Kaisertum geführt. Zwangsläufig ergab sich aus diesem Befund die weitere Frage, ob sich mit NAPOLEON III. auch die imperialen Machtansprüche NAPOLEONS I. wiederholen würden.

Abgesehen von den Einflüssen auf das übrige Europa, mußten die von Frankreich ausgehenden *Einwirkungen auf Deutschland*

- nicht nur die innere Auseinandersetzung in den Staaten des Deutschen Bundes zwischen den liberaldemokratischen Vorkämpfern und ihren fürstlichen Souveränen verschärfen,
- sondern auch den von Volk und Obrigkeit gemeinsam vertretenen nationalen Verteidigungswillen gegenüber einer sich möglicherweise wiederholenden französischen Expansion auf deutschem Boden verstärken.

Die deutsche Revolution 1848/1849

Revolution und Deutscher Bund

Die im Februar 1848 beginnenden gewaltsamen Umwälzungen in Frankreich lösten schon am Ende desselben Monats auch in den deutschen Bundesstaaten eine Revolution aus. Die Frage, ob Frankreich oder andere ausländische Staaten zur Wahrung ihrer machtpolitischen Interessen in die deutschen Unruhen eingreifen würden, spielte im Bewußtsein der deutschen Revoltierenden keine Rolle.

Auf Versammlungen, die in Süddeutschland begannen, verlangten demonstrierende Bürger liberale Reformen. Diese ließen sich unter der gebräuchlich gewordenen Bezeichnung der vier *Märzforderungen* zusammenfassen und lauteten:

- Volksbewaffnung,
- Preßfreiheit,
- Schwurgerichte,
- deutsches Parlament.[160]

Es lag auf der Hand, daß ihre Erfüllung das Ende der im Deutschen Bund herrschenden politischen Ordnung einleiten werde.

Schon der Wunsch nach Volksbewaffnung und uneingeschränkter Pressefreiheit kündigte drohend an, daß man nicht mehr gewillt war, sich von seinen liberaldemokratischen Endzielen durch fürstliche Zugeständnisse in Form von Versprechungen oder Kompromißlösungen abbringen zu lassen.

Zu diesen gehörten die in vielen deutschen Staaten in Aussicht gestellten oder erlassenen landständischen Verfassungen. Auch wenn manche Protestversammlungen ohne klare politische Vorstellungen verliefen, kündigte sich in der Forderung nach einem gesamtdeutschen Parlament unüberhörbar der nationalliberale Wunsch an, den Deutschen Bund als einen völkerrechtlichen Verein souveräner Staaten durch einen Bundesstaat mit einem frei gewählten Parlament und einer zentralen Führung zu ersetzen.

Ähnlich wie in Frankreich herrschte auch in Deutschland in den unteren Volksschichten häufig eine große Not.

Nach dem schlesischen Weberaufstand von 1844 hatte es noch 1847 vor allem in Süddeutschland, aber auch in Berlin und Wien Hungerkrawalle gegeben, die teilweise militärisch niedergeschlagen worden waren.[161] Aber im Gegensatz zu Frankreich gelang es dem sozialrevolutionären Radikalismus nicht, einen entscheidenden Einfluß auf die hauptsächlich vom *Besitz- und Bildungsbürgertum getragene Revolution* zu gewinnen. Blutige Kämpfe wie jene, die im Juni 1848 in der französischen Hauptstadt tobten, blieben Deutschland zwar nicht ganz, wohl aber in dem dortigen großen Ausmaß erspart. Deutschland besaß keinen zentralen politischen Mittelpunkt wie Paris, in dem die politischen und sozialen Gegensätze derart kraß aufeinanderprallen konnten. Erst der Wiener Aufstand im Oktober 1848 konnte sich annähernd mit den blutigen Ereignissen in Paris vergleichen.

Die souveränen deutschen Fürsten und das ihnen oppositionell entgegentretende nationalliberale und demokratische Bürgertum erkannten schnell, daß sie *beide* von einer radikalisierten Revolution tödlich bedroht waren. Es ist daher nicht verwunderlich, daß die meisten bürgerlichen Revolutionäre keineswegs die Republik mit wahrscheinlich sozialistischen Umwälzungen forderten, sondern mit der *Einrichtung einer konstitutionellen Monarchie* unter Anerkennung der *Volkssouveränität* zufrieden waren und die Fürsten ihnen nicht nur in dieser Forderung durch die Berufung liberaler Ministerien entgegenkamen, sondern schließlich auch in die Wahl eines deutschen Nationalparlaments einwilligten.

Die Einsicht, daß ihnen im Augenblick die faktische Macht fehlte, sich gegen die bürgerlichen Revolutionäre durchzusetzen, mag die fürstlich-landesherrliche Kompromißbereitschaft gegenüber dem Bürgertum entscheidend gefördert haben, zumal auch die beiden deutschen Großmächte Österreich und Preußen wegen der revolutionären Ereignisse in ihrem Innern als bundespolitischer Rückhalt für die Verteidigung des konservativen Obrigkeitsstaates ausgefallen waren.

Sogar der Deutsche Bund selbst signalisierte der Revolution sein Entgegenkommen, denn er erkannte unter öffentlichem Druck und einer aus 51 liberaldemokratischen Mitgliedern bestehenden *Versammlung in Heidelberg* die bisher als umstürzlerisch verfemten Farben Schwarzrotgold als Bundesflagge an und forderte am 10. März 1848, daß die einzelstaatlichen Regierungen *siebzehn Männer des öffentlichen Vertrauens* nach Frankfurt entsenden sollten, damit diese den Bundestag bei der Revision der Bundesverfassung gutachtlich unterstützten.

Die Heidelberger Versammlung, die keine offizielle Legitimation besaß, sondern aus eigener revolutionärer Initiative handelte und am 5. März zusammengetreten war, konnte sich wegen der Uneinigkeit ihrer gemäßigten und radikalen Mitglieder in den Plänen einer künftigen nationalen Gestaltung Deutschlands nicht einigen. Man beschloß daher, die deutschen Regierungen aufzufordern, Wahlen für eine verfassunggebende deutsche Nationalvertretung auszuschreiben und dieser die ungelöste Verfassungsaufgabe zu übertragen. Ein *Siebenerausschuß* sollte zunächst die Einberufung eines *Vorparlaments* organisieren, und dieses sollte dann im einzelnen das Zusammentreten eines *Nationalparlaments* vorbereiten.

- Während also der Deutsche Bund unter revolutionärem Druck begann, seinerseits Reformen zu entwickeln,
- wurde von der Heidelberger Versammlung ein eigener demokratischer Versuch eingeleitet, über die Durchgangsstufe eines Vorparlaments durch eine vom Volk gewählte Nationalversammlung eine deutsche Reichsverfassung zu erarbeiten.

Das *Vorparlament* konnte schon am 31. März 1848 in Frankfurt seine Arbeit aufnehmen und tagte bis zum 3. April 1848.

Es bestand aus 574 Mitgliedern, die jedoch nicht einen gleichmäßig verteilten Querschnitt des ganzen deutschen Volkes darstellten, sondern infolge des Einladungsschreibens zum größten Teil aus bestehenden Landtagen und Stadtverordnetenversammlungen kamen oder aufgrund ihresAnsehens berufen worden waren. Infolgedessen waren die süd- und südwestdeutschen Staaten am stärksten vertreten, während Preußen unterrepräsentiert war und Österreich nur zwei Vertreter entsandt hatte.[162]

Während der wenigen Arbeitstage des Vorparlaments prallten wie in der Heidelberger Versammlung erneut die Gegensätze gemäßigter und radikaler Revolutionäre aufeinander. Pläne der Radikalen, das Vorparlament dauernd tagen zu lassen und Deutschland in eine Republik mit uneingeschränkter Volkssouveränität zu verwandeln, wurden durch die Gemäßigten, die eine konstitutionelle Monarchie anstrebten, abgewehrt.

Die Mehrheit des Vorparlaments einigte sich schließlich auf ein Wahlrecht für eine *im Zusammen wirken mit dem Deutschen Bund und den deutschen Regierungen zu wählende Nationalversammlung*, die auch über die Frage von Republik oder konstitutioneller Monarchie entscheiden sollte.

Man hatte sich angesichts des in der Revolution erwachten deutschen Nationalbewußtseins, das nach einer politischen Einheit für alle Deutschen strebte, ebenfalls darüber verständigt, daß die außerhalb der Bundesgrenzen lebenden Deutschen in Schleswig und in Ost- und Westpreußen an der Wahl für ein verfassunggebendes deutsches Nationalparlament teilnehmen sollten.

Gegenüber den Dänen in Nordschleswig, die allerdings im Verhältnis zu den Deutschen im ganzen Herzogtum Schleswig eine Minderheit bildeten, und gegenüber der polnischen Minderheitsbevölkerung in Westpreußen waren die deutschen Nationalliberalen allerdings auf diese Weise in Widerspruch zu ihren eigenen Prinzipien geraten. Sie erkannten ihn selbst, so daß die Frage der Einbeziehung des Gebietes in und um Posen mit seiner polnischen Mehrheitsbevölkerung in das Wahlgebiet offen blieb.[163] Wie sehr allerdings die außerhalb des Deutschen Bundes lebenden Deutschen in ein erhofftes gemeinsames Reich einzutreten wünschten, hatten bereits am 3. April 1848 die preußischen Provinzialstände in Königsberg in ihrer Bitte an den König formuliert:

> »Die Provinz Preußen als Deutschlands Grenzwächter gegen Osten kann diese vorgeschobene gefährliche Stellung mit unbeschränkter Hingebung nur in dem Bewußtsein behaupten, daß sie auch staatsrechtlich dem großen deutschen Vaterlande angehöre, mit welchem sie durch Sprache, Bildung und Gesinnung in der weit überwiegenden Zahl ihrer Bewohner geistig schon vereinigt ist. Das Königreich Preußen ist deutsch und will deutsch bleiben.«[164]

Bereits im Vorparlament zeigten sich also bereits die Schwierigkeiten, die sich bei der Grenzziehung des erhofften deutschen Nationalstaates ergeben würden, wenn man die einzubeziehenden nichtdeutschen Nationalitäten zufrieden stellen wollte.

Wichtigstes politisches *Ziel* blieb aber zunächst, die Wahl der Abgeordneten eines *verfassunggebenden deutschen Nationalparlaments* durchzuführen. Daher wählte das Vorparlament einen *Fünfzigerausschuß*, der nach dem Tagungsende des Vorparlaments mit dem Bundestag und den Regierungen der deutschen Einzelstaaten in Verbindung bleiben und die weiteren Vorbereitungen für die Wahl der Nationalversammlung treffen sollte. Er hatte auch die Befugnis, notfalls das Vorparlament erneut einzuberufen.

Der Auszug der radikalsten Mitglieder aus dem Vorparlament und die im April militärisch niedergeschlagenen Aufstände in Baden, die beträchtlichen Zulauf erhalten hatten, zeigten, daß der bisherige Verlauf der Revolution im Deutschen Bund von den gemäßigten liberaldemokratischen und nationalen Kräften, die auch den Fünfzigerausschuß beherrschten, bestimmt werden konnte. Die Führer der Aufständischen retteten sich durch die Flucht ins Ausland, andere wurden in zahlreichen Fällen verhaftet und abgeurteilt.

Im übrigen wurden die Empfehlungen des Fünfzigerausschusses für die Wahl eines deutschen Nationalparlaments vom Deutschen Bund angenommen, obwohl er die Arbeiten des von ihm einberufenen Siebzehmännerausschusses für einen Verfassungsentwurf weiter fortführen ließ.

So konnte dieser Ausschuß parallel zu der revolutionären Entwicklung am 26. April 1848 als Ergebnis seiner Arbeit der Deutschen Bundesversammlung einen entsprechenden *»Entwurf des Deutschen Reichsgrundgesetzes«* überreichen.[165]

Im Vorwort seines Entwurfs betonte der Ausschuß, auf die Reichsvergangenheit und den Westfälischen Frieden von 1648 anspielend, seine

> »volle begeisterte Einstimmigkeit in *einem* Punkt. Dieses Deutschland, welches die vielhundertjährigen Strafen seiner Entzweiung getragen hat, muß seine Volks- und Staatseinheit jetzt erreichen, unverzüglich, bevor noch das zweite Jahrhundert seit jenem Frieden abläuft, welcher seine Schwäche heilig spricht. Niemand in der Welt ist so mächtig, ein Volk von über vierzig Millionen, welches den Vorsatz gefaßt hat, sich selbst fortan anzugehören, daran zu verhindern«.

Der Ausschuß habe daher die »Artikel über die Bedeutung des Reiches, über die Grundrechte des Deutschen Volks und die Competenz des Reichsgerichts mit großer Einmüthigkeit genehmigt«.

Er hob aber anschließend sogleich hervor, daß in der

> »Zerstückelung, welche für unser Vaterland so traurige Früchte getragen hat, dennoch zugleich vielfache Keime verborgen liegen, welche unzertreten bleiben müssen, wenn unsere Zukunft fröhlich gedeihen soll. Die Bedeutung unserer Dynastien ist durch die Stürme weniger Wochen nicht entblättert«; denn: »An unsere Fürstenhäuser knüpft sich nicht bloß die Gewohnheit des Gehor-

sams, welche sich durchaus nicht beliebig anderswohin übertragen läßt, sondern in Wahrheit die einzige Möglichkeit, dieses weitschichtige, vielgestaltige Deutschland allmälig in die Staatseinheit einzuführen, die sich aus höheren Gründen nicht länger entbehren läßt.« Andernfalls würde »das Gefühl einer völligen Verödung und Rathlosigkeit die Deutschen Gemüther bewältigen; denn es wäre ein plötzlicher leichtsinniger Bruch mit unserer ganzen Vergangenheit«.

Radikale revolutionäre Veränderungen wehrte »die Versammlung der Siebzehner« mit republikanischen Schreckensvorstellungen ab:

»Nicht unwahrscheinlich würde die eine und untheilbare Republik, mit einem Präsidenten an der Spitze, den Sieg davon tragen, aber sicherlich nur auf einem mit Deutschem Bürgerblute bespritzten Pfade; denn es ist eine Fabel, die allein in der verzehrenden Unruhe der letzten Wochen vorübergehenden Glauben finden konnte, als sei aus den Herzen der Deutschen die Geltung ihrer Fürstenhäuser auf einmal verschwunden.«

Seine Ansicht, daß sich »unser vielverzweigtes Volksleben wesentlich an den Fortbestand der Dynastien Deutschlands« knüpfe und das »Reichsoberhaupt, welches über dem Ganzen zu walten berufen ist, ebenfalls nur ein gleichartig erbberechtigtes sein« dürfe, bekräftigte der Ausschuß noch einmal am Ende seines Vorworts mit dem Satz:

»Wenn Deutschlands einträchtiger Fürstenrath... einen Deutschen Fürsten seiner Wahl als erbliches Reichsoberhaupt zur Annahme zuführt, dann werden Freiheit und Ordnung auf Deutschem Boden sich versöhnt die Hände reichen und fürder nicht voneinander lassen.«

Auf dieses Vorwort ließ er seinen »Entwurf des Deutschen Reichsgrundgesetzes« mit dem Einleitungssatz folgen:

»Da nach der Erfahrung eines ganzen Menschenalters der Mangel an Einheit in dem Deutschen Staatsleben innere Zerrüttung und Herabwürdigung der Volksfreiheit, gepaart mit Ohnmacht nach Außen hin, über die Deutsche Nation gebracht hat, so soll nunmehr an die Stelle des bisherigen Deutschen Bundes eine auf Nationaleinheit gebaute Verfassung treten.«

➢ Die ersten beiden Paragraphen wurden als »Artikel I« unter der Überschrift »Grundlagen« zusammengefaßt:

Die »zum bisherigen Deutschen Bunde gehörigen Lande mit Einschluß der neuerdings aufgenommenen Preußischen Provinzen und des Herzogthums Schleswigs« sollten das zukünftige Reich bilden (§ 1).

Die bisherige Selbständigkeit der deutschen Staaten sollte nicht aufgehoben werden, aber »soweit es die Einheit Deutschlands fordert«, sollten »einzelne Staatsangelegenheiten fortan ausschließlich der Reichsgewalt anheimfallen.« Innerhalb der Einzelstaaten sollten »dem Volke gewisse Grundrechte und Einrichtungen von Reichswegen gewährleistet werden« (§ 2).

Unter der Überschrift »Bedeutung des Reichs« sprach der »Artikel II« der künftigen Reichsgewalt folgende Kompetenzbereiche zu:

- die völkerrechtliche Vertretung Deutschlands,
- die Entscheidung über Krieg und Frieden,
- das Heer- und Festungswesen,
- Deutschlands Sicherung zur See durch eine Kriegsflotte,
- das Zoll- und Postwesen,
- die Oberaufsicht über Wasserstraßen, Eisenbahnen und Telegraphen,
- die Zuständigkeit bei Erfindungspatenten,
- »zur Durchbildung der Einheit Deutschlands« die gesetzliche Regelung des Staatsbürgerrechts sowie des Münz-, Maß- und Gewichtssystems,
- die Einrichtung eines Reichsgerichts,
- das Verfügungsrecht über sämtliche Zoll- und Posteinkünfte und »sonstige Reichseinnahmen« (§ 3).

➢ Der umfangreiche »Artikel III« behandelte die »Verfassung des Reichs«.

> »Die Fülle der Reichsgewalt ist in dem Reichsoberhaupte und dem Reichstage vereinigt. Die Verwaltung einzelner Zweige derselben geschieht durch eigene Reichsbehörden, an deren Spitze Reichsminister stehen; die Gerichtsbarkeit insbesondere übt ein Reichsgericht aus.«

Wie die Reichsinstitutionen konkret zu gestalten seien, bestimmten die Abschnitte

- »A. Das Reichsoberhaupt« (§§ 5–10),
- »B. Der Reichstag« (§§ 11–21),
- »C. Das Reichsgericht« (§§ 22–24).

Die Würde des »Reichsoberhauptes (Deutschen Kaisers)« sollte erblich und seine Residenz Frankfurt a. M. sein (§§ 5 u. 6).

Der Kaiser besaß die »vollziehende Gewalt in allen Angelegenheiten des Reichs«, für die er keine Reichstagszustimmung benötigte. Er ernannte die Reichsbeamten und die Offiziere (§ 7).

Er hatte die Befugnis der außerordentlichen Berufung des Reichstages, seiner Vertagung, Schließung und Auflösung und bestimmte, daß alle Reichstagsbeschlüsse nur durch seine Verkündigung zu verbindlichen Reichsgesetzen erhoben werden konnten.

Des weiteren wurde ihm das Durchführungsrecht für die Reichsgesetze übertragen.

Darüber hinaus teilte er mit dem Reichstage das »Recht des Vorschlags und der Zustimmung zu den Reichsgesetzen«. (§ 8)

Dem Reichsoberhaupt oblag die »völkerrechtliche Vertretung Deutschlands und der einzelnen Deutschen Staaten« einschließlich der Ernennung von Gesandten und Consuln sowie das Vertragsabschlußrecht gegenüber ausländischen Staaten und die Entscheidung über Krieg und Frieden (§ 9).

Das Reichsoberhaupt war »unverletzlich und unverantwortlich«. Alle von ihm ausgehenden Verfügungen mußten von mindestens einem zuständigen Reichsminister unterzeichnet werden, der mit seiner Unterschrift die Verantwortlichkeit übernahm (§ 10).

Der Reichstag bestand aus zwei Häusern, »dem Oberhause und dem Unterhaus«. (§ 11)

Für das Oberhaus waren höchstens 200 Mitglieder vorgesehen. Diese setzten sich aus den regierenden Fürsten oder ihren Stellvertretern, je einem Abgeordneten aus den vier freien Städten und aus »Reichsräthen« zusammen. Letztere sollten »aus dem Kreise der bewährten Verdienste des Vaterlandes« für 12 Jahre nach unterschiedlichem Wahlrecht, das auch Belange der Stände berücksichtigte, gewählt werden und mindestens 40 Jahre alt sein (§ 12).

Das Unterhaus bestand aus mindestens 30 Jahre alten, unbescholtenen »Abgeordneten des Volks«, die nach einem in den deutschen Staaten unterschiedlichen Wahlrecht auf sechs Jahre ermittelt werden sollten.

Ausdrücklich wurde bestimmt: »Die Wahl geschieht durch das Volk (nicht durch Ständeversammlungen), ob aber direct oder indirect (durch Wahlmänner) bleibt der Gesetzgebung des einzelnen Staates überlassen.« Auf je 100 000 Einwohner sollte ein Abgeordneter entfallen (§ 13).

Die Mitglieder von Ober- und Unterhaus hatten ganz Deutschland zu vertreten und waren an Weisungen nicht gebunden (§ 15).

Reichsräten und Unterhausmitgliedern standen aus der Reichskasse Reise- und Tagegelder zu (§ 14).

Der wichtige § 16 bestimmte die legislative Funktion des Reichstages:

> »Zur Gültigkeit eines Reichtagsbeschlusses gehört die Uebereinstimmung beider Häuser. Das Recht des Gesetzesvorschlags, der Beschwerde und der Adresse, desgleichen die Anklage der Minister steht jedem Haus für sich zu. Der Voranschlag des Reichshaushalts ist stets zuerst dem Unterhause zur Beschlußnahme vorzulegen, deren Ergebniß das Oberhaus nur im Ganzen verwerfen, in den einzelnen Ansätzen nicht verändern darf.«

Beschlußfähig waren Ober- und Unterhaus nur, wenn in jedem Hause mindestens ein Drittel seiner Mitglieder anwesend war. Beschlüsse konnten nur durch absolute Stimmenmehrheit gefaßt werden (§ 17).

Die Reichstagsmitglieder waren immun, es sei denn, sie würden auf frischer Tat »bei einem peinlichen Verbrechen« ergriffen, und durften wegen ihrer Äußerungen »im Haus« nicht zur Verantwortung gezogen werden (§ 20).

Reichsminister besaßen nur Stimmrecht, wenn sie einem der beiden Häuser angehörten, hatten aber Zutritt zu den Reichstagsversammlungen und mußten auf deren Verlangen in ihnen erscheinen (§ 21).

Der Reichstag hatte sich »von Reichswegen jährlich einmal zu einer ordentlichen Sitzung in Frankfurt a. M.« zu versammeln. Alle Sitzungen waren öffentlich. Dem Reichsoberhaupt stand, wie schon § 8 festgesetzt hatte, das Recht auf

Einberufung außerordenlicher Sitzungen sowie das auf ihre Auflösung und Vertagung zu. Eine Vertagung sollte aber den Zeitraum von sechs Wochen nicht überschreiten, und einer Auflösung mußte binnen 14 Tagen die Ankündigung neuer Reichstagswahlen folgen, andernfalls der Reichstag »in seiner alten Gestalt« wieder zusammentreten werde (§ 18).

Das Reichsgericht sollte aus 21 Mitgliedern bestehen, die zu je einem Drittel vom Reichsoberhaupte ernannt, vom Oberhaus und Unterhaus gewählt und auf Lebenszeit eingesetzt wurden. Die Reichsrichter durften kein anderes Staatsamt bekleiden und auch nicht Mitglieder des Reichstages sein. Zum Sitz des Reichsgerichts wurde Nürnberg bestimmt, und seine Sitzungen sollten öffentlich sein (§§ 22, 23).

Die Zuständigkeiten des Reichsgerichts waren umfangreich. Sie betrafen alle möglichen Fälle von Rechtsfragen, in denen das Reich unmittelbar und mittelbar in den Verhältnissen seiner eigenen Behörden und Institutionen untereinander, zu den Einzelstaaten, zur Reichsöffentlichkeit und zu privaten Angelegenheiten seiner Bürger mitbetroffen war. Dem Reichsoberhaupt stand ein Begnadigungsrecht zu, dem allerdings ein Gutachten des Reichsgerichts vorauszugehen hatte (§ 24).

➢ Der »Artikel IV« des Verfassungsentwurfs betraf die »Grundrechte des deutschen Volks«:

Sie wurden dem Deutschen Volk durch das Reich gewährleistet und sollten der Verfassung jedes einzelnen deutschen Staates zur Norm dienen.

Zu den Grundrechten gehörten:

» a) eine Volksvertretung mit entscheidender Stimme bei der Gesetzgebung und der Besteuerung und mit Verantwortlichkeit der Minister gegen die Volksvertreter;

b) Oeffentlichkeit der Ständeversammlungen;

c) eine freie Gemeindeverfassung auf der Grundlage selbstständiger Verwaltung in Gemeindeangelegenheiten,

d) Unabhängigkeit der Gerichte, Unabsetzbarkeit der Richter außer nach Urtheil und Recht, Oeffentlichkeit und Mündlichkeit des Gerichtsverfahrens mit Schwurgerichten. . .;

e) Gleichheit aller Stände in Betreff der Staats- und Gemeindelasten und der Amtsfähigkeit;

f) allgemeine Bürgerwehr;

g) freies Versammlungs- und Vereinsrecht, mit Vorbehalt eines Gesetzes gegen den Mißbrauch;

h) unbeschränktes Petitionsrecht. . .;

i) das Recht jedes Betheiligten, Beschwerde über gesetzwidriges Verhalten der Behörden. . .;

k) Preßfreiheit ohne irgend eine Beschränkung durch Censur. . .; Aburtheilung der Preßvergehen durch Schwurgerichte;
l) Unverbrüchlichkeit des Briefgeheimnisses unter gesetzlicher Normierung der bei Criminal-Untersuchungen und in Kriegsfällen nothwendigen Beschränkungen;
m) Sicherstellung der Person gegen willkürliche Verhaftung und Haussuchung durch eine Habeas-Corpus-Acte;
n) Berechtigung aller Angehörigen des Deutschen Reichs, in jedem einzelnen Staate und an jedem Ort ihren Aufenthalt zu nehmen und. . . Grundstücke zu erwerben und Gewerbe zu betreiben;
o) Auswanderungsfreiheit;
p) Freiheit der Wahl des Berufs und der Bildung. . .;
q) Freiheit der Wissenschaft;
r) Freiheit des Glaubens und der privaten und öffentlichen Religionsübung; Gleichheit aller Religionsparteien in bürgerlichen und politischen Rechten;
s) Freiheit volksthümlicher Entwickelung, insbesondere auch der nicht Deutschen Volksstämme durch Gleichberechtigung ihrer Sprache in Rücksicht auf Unterricht und innere Verwaltung« (§ 24)

➢ Der »Artikel V« des Verfassungsentwurfs verpflichtete unter der Überschrift »Gewährung des Reichs-Grundgesetzes« das Reichsoberhaupt bei Amtsantritt zu einem Eid auf die Verfassung vor dem Reichstage (§ 26).

Die Reichsminister und Reichsbeamten sollten ebenfalls vereidigt werden (§ 27).

Den »in den einzelnen Staaten vorgeschriebenen Verpflichtungen auf die Landesverfassung« sollte die »Verpflichtung auf das Reichs-Grundgesetz beigefügt« werden (§ 28). Abänderungen des Reichsgrundgesetzes waren nur in »Uebereinstimmung des Reichstages mit dem Reichs-Oberhaupte« möglich. Im Reichstag mußte vorher jedes Haus in Anwesenheit von »Dreiviertel der Mitglieder« mindestens eine Dreiviertelmehrheit für die Änderung erreicht worden sein (§ 29).

Alle in den deutschen Staaten bestehenden Gesetze und Bestimmungen, die im Widerspruch zum Reichsgrundgesetz standen, wurden außer Kraft gesetzt (§ 30).

Die dreißig Paragraphen des Verfassungsentwurfs entsprachen *weitgehend den nationalen und liberaldemokratischen Zielen des Besitz- und Bildungsbürgertums, das eher zu einer evolutionären als revolutionären Entwicklung* neigte. Sie dämpften dessen Furcht vor blutigen Auseinandersetzungen mit einem revolutionären Radikalismus und nährten seine Skepsis gegenüber republikanischen und sozialistischen Experimenten.

Andererseits mußte es sich mit dem *Fortbestand der deutschen Dynastien* abfinden, was ihm jedoch um so leichter fallen würde, je mehr der Verfassungsentwurf die fürstliche Souveränität durch die Reichsgewalt einschränkte. Dabei wurde die Reichsgewalt selbst einem erblichen Kaiser übertragen, der sie nur unter gleichberechtigter Mitwirkung eines Reichstages ausüben konnte.

Der *Reichstag* verkörperte das *dem Reichsoberhaupt ebenbürtige Reichsvolk.* Das Neue dieser Struktur bestand in der gleichberechtigten Ausübung der souveränen Reichsgewalt durch Reichsoberhaupt und Reichstag, wobei sich in letzterem sowohl die Einzelstaaten als auch das gesamte Reichsvolk verkörperte. Die offizielle Reichsgewalt leitete sich nicht mehr aus der Souveränität des Staatsoberhaupts und seiner gnädigen Erlaubnis von Mitwirkungsrechten für die Untertanen ab, wie die bestehenden landständischen Verfassungen in den Staaten des Deutschen Bundes mehr oder weniger stark dokumentiert hatten, sondern sie lag fortan prinzipiell gleichberechtigt in den Händen von Reichsoberhaupt, Bundesstaaten und Reichsvolk.

Alle drei besaßen die Legislative, während die Exekutive dem Reichsoberhaupt und der von ihm ernannten Reichsregierung mit Ministerverantwortlichkeit oblag.

Die selbstverständliche Zugehörigkeit der regierenden Fürsten zum Oberhaus des Reichstages und ein für dieses nicht ganz beseitigtes Wahlrecht der Stände sowie die alleinige Abhängigkeit der Regierung vom Reichsoberhaupt waren allerdings von demokratischen Grundsätzen noch weit entfernt.

Neben die Reichslegislative und -exekutive trat, getrennt von diesen, als dritte Säule der Verfassung die von ihnen *unabhängig wirkende richterliche Gewalt* in Gestalt eines Reichsgerichts. Seine 21 Mitglieder wurden zwar zu je einem Drittel vom Reichsoberhaupt und von den beiden Häusern des Reichstages ernannt, waren aber, wie der Artikel über die Grundrechte bestimmte, wie alle Richter unabhängig und unabsetzbar »außer nach Urtheil und Recht«. Zudem sollten künftig die von der Revolution geforderten Schwurgerichte »in Criminalsachen und bei allen politischen Vergehen« tätig werden.

Die Vorschläge für eine freiheitliche Struktur des neu zu schaffenden Reiches wurden ergänzt durch eine *Garantie der Grundrechte* für seine Bürger. Wenn auch gewisse ständische Vorrechte als Folge einer beabsichtigten evolutionären Weiterentwicklung der in den bisherigen landständischen Verfassungen der Einzelstaaten formulierten Grundrechte fortbestanden, so wurden ihr Inhalt und ihre Zahl doch stark weiterentwickelt. Von einer effektiven Einschränkung der Meinungs-, Gewissens- und Entfaltungsfreiheit konnte man theoretisch kaum noch sprechen, zumal den Bürgern auch persönliche Sicherheit, Freizügigkeit und unbehinderte wissenschaftliche und wirtschaftliche Entwicklung, ja sogar ihre Bewaffnung in einer »Bürgerwehr« garantiert wurden.

Die Pressefreiheit, die in den landständischen Verfassungen der deutschen Einzelstaaten stets wegen angeblichen Mißbrauchs gezügelt werden konnte, wurde unbeschränkt bis auf »Pressevergehen« zugelassen. Ob solche gegebenenfalls vorlagen, entschieden nicht mehr staatliche Exekutivorgane, sondern unabhängige »Schwurgerichte«, also Gerichte, in denen den liberaldemokratischen Forderungen gemäß vereidigte »unabhängige« Bürger als Geschworene an der Urteilsfindung zu beteiligen waren.

Die *Anerkennung der Volksbewaffnung* in einer *Bürgerwehr* als Grundrecht des deutschen Volkes war eine nicht mehr zu übertreffende Konzession an die Revolution.

Das neue Reich sollte ein *Nationalstaat* werden, dem auch die 1815 außerhalb des Deutschen Bundes gebliebenen Provinzen Schleswig, Ost- und Westpreußen sowie Teile der Provinz Posen angehören sollten.

Dieses Ziel entsprach voll den nationalpolitischen Forderungen der Revolution, weil – außer in Nordschleswig und in einem Teil der Provinz Posen – in diesen Territorien ausschließlich oder mehrheitlich Deutsche lebten. Entsprechende Bundestagsbeschlüsse waren außer für das ebenfalls beanspruchte Schleswig schon am 11. und 22. April 1848 gefaßt worden oder standen für den 2. Mai 1848 bevor.

Über die Schwierigkeit, wie die Grenzen des neuen Nationalstaates angesichts nichtdeutscher Minderheiten im einzelnen zu ziehen seien und inwieweit die staatliche Einheit Österreichs von ihr betroffen sein würde, enthielt der Verfassungsentwurf keine Angaben. Wohl allerdings konnte man ihm wegen der ausdrücklichen Zusicherung, Minderheitsrechte nichtdeutscher Bevölkerungsteile zu respektieren, entnehmen, daß der neue deutsche Nationalstaat zu einem Verzicht auf die von ihnen bewohnten Territorien in Böhmen und Mähren, Posen, Nordschleswig und Welschtirol nicht bereit war.

Mit seinem Verfassungsentwurf schlug der Siebzehnerausschuß dem Deutschen Bund, insgesamt gesehen, einen *Kurswechsel* seiner bisherigen Politik *zugunsten des liberaldemokratischen und nationalen Bürgertums* vor. Es war aber auch der Versuch, die gemäßigten Revolutionäre *mit den deutschen Dynastien zu versöhnen* und einen republikanischen Radikalismus zu verhindern, damit die politische Zukunft Deutschlands auf möglichst evolutionärem Wege gestaltet werden könne.

Insgesamt war es also zu einem erfolgreichen *Zusammenwirken der bürgerlichen nationalliberalen Kräfte mit der reformwilligen Obrigkeit des Deutschen Bundes* und seiner Einzelstaaten gekommen.

Politisches Ergebnis war die von den Beteiligten gemeinsam gebilligte Wahl eines verfassunggebenden deutschen Nationalparlaments, das somit offiziell nicht revolutionären Ursprungs, sondern durch den Willen der deutschen Regierungen selbst legitimiert war.

Die Revolution schien sich zu *legalisieren.*

Fraglich war allerdings, ob sich dieser Weg angesichts

- noch vorhandener konservativer Kräfte, die bisher in den Regierungen und in den Ständen die seit 1815 herrschende politische Ordnung vertreten hatten und noch immer über die staatlichen Machtmittel verfügten,

- und des noch nicht überwundenen Radikalismus, der vor allem in den unteren Volksschichten und bei den lautstarken Verfechtern der Volkssouveränität mit ihren republikanischen und sozialistischen Zielsetzungen zu finden war,

weiter erfolgreich durchhalten ließ.

Die *Wahlen zum deutschen Nationalparlament* erfolgten schon im April und Mai 1848. Maßgebend für ihre Durchführung waren die Empfehlungen des Vorparlaments, die am 7. April 1848 durch Beschluß des Deutschen Bundes den einzelstaatlichen Regierungen mitgeteilt worden waren. Diese führten die Wahlen unter Berücksichtigung ihrer unterschiedlichen politischen, sozialen und ethnischen Verhältnisse durch.[166]

Lediglich in *Österreich* ergaben sich wegen seiner Nationalitätenvielfalt Schwierigkeiten. Der Nationalgedanke hatte neben den anderen im Kaiserstaat lebenden nichtdeutschen Völkern besonders die Tschechen ergriffen. Sie waren trotz der Zusicherung einer freien Entwicklung durch den Verfassungsentwurf des vom Bund eingesetzten Siebzehnerausschusses nicht bereit, in einem zukünftigen deutschen Reich zu leben. Immerhin wurden einige Italiener in Welschtirol zu Mitgliedern der Nationalversammlung gewählt, aber die meisten Tschechen nahmen aus Protest überhaupt nicht an der Wahl teil.

Entscheidend für ihre Verweigerung war der *Absagebrief* des bekannten tschechischen Politikers und Historikers Frantisek PALACKY vom 11. April 1848 an den Fünfzigerausschuß gewesen, nachdem dieser ihn zur aktiven Mitwirkung eingeladen hatte.[167]

In Böhmen und Mähren, in dessen Randgebieten und einigen Sprachinseln im Inneren Deutsche lebten oder wie in Prag eine mitbestimmende Minderheit bildeten, waren die nationalen Gegensätze zu der insgesamt tschechischen Mehrheitsbevölkerung trotz ausgleichender Anstrengungen von beiden Seiten durch die Revolution stark aufeinandergeprallt.

Anders aber als etwa die im österreichischen Kaiserstaat lebenden Polen oder Italiener, die sich am liebsten mit ihren außerhalb der österreichischen Grenzen lebenden Volksangehörigen vereinigt hätten, erstrebten die Tschechen nicht nur die Trennung von einem zukünftigen deutschen Reich, sondern die Autonomie im Rahmen eines von Deutschland getrennten österreichischen Kaiserstaates. In diesem, so hofften sie, würden sie zusammen mit den anderen slawischen Völkern Österreichs auf die Dauer die Mehrheit bilden.

Dieser von PALACKY proklamierte *Austroslawismus* sollte den Tschechen und den anderen Slawen in Österreich ihr nationales Überleben in einem liberal zu gestaltenden österreichischen Staate zwischen einer geeinten deutschen Nation im Westen und einer expansiven russischen Despotie im Osten sichern. Österreich müsse unbedingt stark und kräftig erhalten bleiben, schrieb PALACKY in seinem Brief, weil keines seiner zahlreichen Völker »für sich mächtig genug« sei,

»dem übermächtigen Nachbar im Osten in alle Zukunft erfolgreichen Widerstand zu leisten; das können sie nur dann, wenn ein einiges und festes Band sie alle miteinander vereinigt. Die wahre Lebensader dieses notwendigen Völkervereins ist die Donau; seine Zentralgewalt darf sich daher von diesem Strom nicht weit entfernen, wenn sie überhaupt wirksam sein und bleiben will«.

Deshalb rief PALACKY aus:

»Wahrlich, existierte der österreichische Kaiserstaat nicht schon längst, man müßte im Interesse Europas, im Interesse der Humanität selbst sich beeilen, ihn zu schaffen.«[168]

Infolge des von PALACKY verfochtenen Austroslawismus, der von den Tschechen auch in dem im Juli 1848 eröffneten innerösterreichischen Reichstag vertreten wurde, ignorierten die meisten von ihnen die von der österreichischen Regierung angeordnete Wahl eines deutschen Nationalparlaments, so daß statt der für Böhmen und Mähren vorgesehenen 68 Abgeordneten nur 20 vorwiegend aus den von den Deutschen besiedelten Randgebieten in die Frankfurter Nationalversammlung entsandt werden konnten.[169]

Nationalversammlung und Reichsregierung

Die Wahl zur deutschen *Nationalversammlung*, die am 18. Mai 1848 in der Frankfurter Paulskirche feierlich eröffnet wurde, obwohl noch längst nicht alle Abgeordneten anwesend sein konnten, hatte dem nationalliberalen Besitz- und Bildungsbürgertum die eindeutige Mehrheit beschert:

Von 573 Parlamentssitzen entfielen

- 38 auf den adligen und bürgerlichen Großgrundbesitz,
- 20 auf Kaufleute und Fabrikanten des Großbürgertums,
- 290 auf die beamtete Intelligenz (Staats- und Kommunalbeamte, Richter, Lehrer, Geistliche),
- 139 auf die Intelligenz aus freien Berufen (Juristen, Schriftsteller, Doktoren, Mediziner),
- 62 auf das Kleinbürgertum (untere Beamte, kleine Landwirte, Kaufleute und Handwerker),
- 11 auf das Militär.
- 13 auf Berufslose.[170]

Zu mindestens vier Fünfteln setzte sich das Paulskirchenparlament also aus *gemäßigten Abgeordneten* zusammen, die überwiegend eine *konstitutionelle Monarchie* bevorzugten. Ihnen gegenüber befanden sich die konservativen Elemente und auch die auf eine radikaldemokratische Republik zielenden Kräfte in einer hoffnungslosen Minderheit.

Jedoch erst die Zukunft konnte zeigen, ob die Nationalversammlung sich auch eine ausreichende Machtbasis zu verschaffen vermochte, um die reaktionären und radikalen Elemente auszuschalten. Auch war es eine offene Frage, wie sich die Parlamentsmehrheit bei den anstehenden Verfassungsberatungen, den zu erwartenden Problemen mit den deutschen Einzelstaaten und den Reaktionen der ausländischen Großmächte verhalten werde.

Getragen von der augenblicklichen Hochstimmung der bis jetzt gelungenen Revolution, wählte die Nationalversammlung Heinrich VON GAGERN zu ihrem Präsidenten. Er hatte als liberaler Politiker schon einmal dem Landtag von Hessen-Darmstadt angehört, war 1848 zum großherzoglichen Ministerpräsidenten berufen worden und ins Vorparlament eingezogen. In seiner neuen Eigenschaft als Nationalversammlungspräsident proklamierte er die Souveränität der Nation und die Vollmacht der Nationalversammlung, in Zusammenarbeit mit den Regierungen eine deutsche Verfassung auszuarbeiten.[171]

Während sich in der Nationalversammlung die ersten Parteigruppierungen bildeten, gelang es vor allem seiner ausgleichenden Entschlossenheit, daß die Versammlungsmehrheit durch *Gesetz vom 28. Juni 1848 eine vorläufige Reichsgewalt* schuf. Diese sollte an die Stelle eines vom Bundestag vorgesehenen Dreierdirektoriums treten, für die je ein Vertreter der beiden deutschen Großmächte und der Gesamtheit der übrigen deutschen Staaten vorgesehen war.

Durch das Gesetz[172] wurde eine provisorische Reichsgewalt für die Zeit bis zur Verabschiedung einer deutschen Reichsverfassung durch die Nationalversammlung geschaffen. Ein von der Nationalversammlung gewählter *unverantwortlicher Reichsverweser* sollte sie durch *verantwortliche Minister* ausüben.

Mit Beginn ihrer Tätigkeit sollte der bisherige Bundestag aufhören zu bestehen, während sie selbst nach der Einführung einer neuen Reichsverfassung ihr Ende finden sollte.

Auf diese Weise hatte die Nationalversammlung die vom Bundestag geltend gemachte Kompetenz auf die höchste deutsche Regierungsgewalt überspielt und wählte am 29. Juni 1848 den österreichischen Erzherzog JOHANN als Reichsverweser zum vorläufigen unverantwortlichen *Oberhaupt des Deutschen Reiches.*

Er berief alsbald ein überwiegend großdeutsch orientiertes *Reichskabinett*[173] unter dem Ministerpräsidenten Fürst KARL VON LEININGEN. Innenminister wurde der Österreicher Anton VON SCHMERLING, Kriegsminister der Preuße General VON PEUCKER.

Der *Bundestag* zog aus dieser Entwicklung die politische Konsequenz, indem er das Ende seiner ›bisherigen‹ Tätigkeit erklärte. Auf diese Weise hatte er seine gegenwärtige Zuständigkeit für Bundesangelegenheiten praktisch den neuen Institutionen von Nationalversammlung und Reichsregierung übertragen, allerdings noch nicht prinzipiell; denn theoretisch konnte er sie je nach Revolutionsverlauf jederzeit wieder beanspruchen.

Nach herrschender politischer Einschätzung hatten die gemäßigten revolutionären Kräfte einen großen Sieg errungen. Die über ihren endgültigen Erfolg entscheidende Frage aber war, ob es der vorläufigen neuen Reichsgewalt gelingen würde, sich als politische Autorität in Deutschland durchzusetzen, obwohl sie über keine ihr unmittelbar unterstehenden Exekutivorgane oder gar eigenen Streitkräfte verfügte.

Die Reichsregierung war daher auf die *Mitwirkung der deutschen Einzelstaaten* angewiesen. Erste Schwierigkeiten zeigten sich schon, als Österreich, Preußen und die anderen deutschen Königreiche sich weigerten, dem Erlaß des Reichskriegsministers von Peucker vom 16. Juli 1848 zu folgen. Er sollte sie verpflichten, alle Bundestruppen dem Erzherzog Johann am 6. August 1848 anläßlich seiner am 15. Juli angetretenen Reichsverweserschaft als ihrem »Oberkriegsherrn« huldigen zu lassen.[174]

Die Weigerung war symptomatisch für die *faktische Machtlosigkeit von Reichsregierung und Nationalversammlung gegenüber den deutschen Einzelstaaten.*

Sie war ein Zeichen für die *Erholung des konservativen Machtstaates* gegenüber den revolutionären liberal- und nationaldemokratischen Kräften. Er konnte bereits weitreichende Erfolge für sich verbuchen:

Die österreichischen Regierungstruppen hatten Mitte Juni 1848 unter der Führung von Fürst Windischgrätz den als Folge des Slawenkongresses entstandenen Prager Pfingstaufstand niedergeschlagen.

In Italien ging Feldmarschall Radetzky gegen die Truppen König Karl Alberts von Sardinien vor, die er Ende Juli 1848 bei Custozza besiegen konnte.

In Wien schien sich die kaiserliche Autorität wieder zu festigen, so daß der Hof im August 1848 in seine Hauptstadt zurückkehrte.

Bereits im Mai 1848 hatte preußisches Militär in Posen eine nationalpolnische Erhebung, und in Berlin soeben den Zeughaussturm niedergeschlagen.

Auch in der das deutsche Nationalgefühl zutiefst berührenden Frage der Einbeziehung von *Schleswig* und *Holstein* in einen deutschen Nationalstaat wurde der deutschen Nationalversammlung ihre Machtlosigkeit deutlich demonstriert.

Die beiden Herzogtümer sollten nach dem mittelalterlichen Vertrag von Ripen (1460) niemals getrennt werden, unterstanden beide in Personalunion der dänischen Krone, aber nur Holstein gehörte wie einst zum alten deutschen Reich jetzt zum Deutschen Bund, während Schleswig außerhalb der deutschen Grenzen geblieben, aber auch mit Dänemark nur durch Personalunion verbunden war. König Friedrich VII., der im Januar 1848 den dänischen Thron bestiegen hatte, hatte ein Gesetz zur Einverleibung Schleswigs in den dänischen Staat verkündet, obwohl in dessen südlichem Teil fast nur Deutsche lebten, während im Norden die Dänen die Mehrheit besaßen. Unterstützt wurde der König von den dänischen Nationalliberalen, die sich nach dem südlichen Grenzfluß Schleswigs ›Eiderdänen‹ nannten, während die deutschen Nationalliberalen den Anschluß Schleswigs an das neu zu schaffende deutsche Reich wünschten. Sie hatten sich bereits gegen die dänische Herrschaft erhoben und ihre Teilnahme an der Wahl zur deutschen Nationalversammlung durchgesetzt.

Am 21. März 1848 waren preußische Truppen unter dem Eindruck der erfolgreich begonnenen liberal- und nationaldemokratischen Revolution mit Billigung des Deutschen Bundes zum Schutz der deutschen Nationalinteressen in Schleswig eingerückt. Die Vertreibung der Dänen aus Schleswig hatte jedoch schwerwiegende außenpolitische Konsequenzen, weil der mit dem dänischen Königshaus verwandte russische Zar Dänemarks Nationalpolitik unterstützte und England ein damit verbundenes machtpolitisches Vordringen Rußlands zwischen Ost- und Nordsee verhindern wollte und gleichzeitig kein Interesse an einer preußischen Einflußnahme zwischen beiden Meeren besaß. Vor der Interventionsdrohung der außerdeutschen Großmächte wich Preußen zurück.

Die Erklärung der deutschen Nationalversammlung vom 9. Juni 1848, die Schleswigfrage sei eine Angelegenheit der ganzen deutschen Nation und Preußen habe nicht das Recht, sie allein zu regeln, indem es seine Truppen wieder zurückzöge, verhallte ergebnislos; denn Preußen schloß am 26. August 1848 mit Dänemark den *Waffenstillstand von Malmö*. Die deutsche Reichsregierung, die Nationalversammlung und die gesamte deutsche Nationalbewegung fühlten sich desavouiert und drastisch an ihre innen- und außenpolitische Machtlosigkeit erinnert.

Reichsregierung und Nationalversammlung sahen sich nach leidenschaftlichen Auseinandersetzungen sogar zum eigenen *Eingeständnis ihrer Ohnmacht* gezwungen, indem sie sich am 16. September 1848 mehrheitlich gegen heftigste Proteste innerhalb und außerhalb der Paulskirche zur Anerkennung des Waffenstillstandes von Malmö durchrangen. In diesem Zusammenhang wurde der Reichsministerpräsident Fürst VON LEININGEN durch den Österreicher Anton VON SCHMERLING ersetzt.

In dem Gegensatz zwischen international anerkannten Staatsgrenzen und der revolutionären Nationalstaatsidee, nach der Schleswig sowohl von den Eiderdänen für Dänemark als auch von der deutschen Nationalbewegung für Deutschland beansprucht wurde, hatte in Malmö das bisherige politische Ordnungssystem über die Revolution gesiegt.

Wütende und blutige Proteste radikaler Revolutionäre in Frankfurt, die zur Ermordung der beiden konservativen Nationalversammlungsabgeordneten VON LICHNOWSKY und VON AUERSWALD führten, sowie der von Friedrich HECKER und Gustav STRUVE angeführte Aufstand in Baden mußten durch Truppen deutscher Einzelstaaten militärisch niedergeschlagen werden.

Reichsregierung und Nationalversammlung hatten sich so in ihrer Ohnmacht groteskerweise von jenen staatlichen Gewalten schützen lassen müssen, die sie ihrer politischen Autorität unterwerfen wollten.

Der Sieg über den revolutionären Radikalismus wurde vom gemäßigten national- und liberaldemokratischen deutschen Bürgertum aus Angst vor politischer und sozialer Anarchie genau so begrüßt, wie das französische Bürgertum im Juni 1848 die Niederwerfung des Pariser Proletariats mit Erleichterung aufgenommen hatte. Ein *Stimmungsumschwung* weiter Kreise der Öffentlichkeit zugunsten der überlieferten politischen Ordnung bahnte sich an. Seit dem Malmöer Waffenstillstand und den blutigen Septemberereignissen verloren Reichsregierung und Frankfurter Nationalversammlung zunehmend an politischem Gewicht.

Gewinner waren die *gegenrevolutionären Kräfte*, die vor allem auch innerhalb *Österreichs* und *Preußens* erfolgreich waren.

Nationalversammlung und Reichsregierung sahen sich gezwungen, durch den Reichsverweser am 10. Oktober 1848 ein am Tag zuvor beschlossenes »Gesetz zum Schutze der verfassunggebenden Nationalversammlung und der Beamten der provisorischen Centralgewalt«[175] verkünden zu lassen:

- Ein »gewaltsamer Angriff auf die Reichsversammlung, in der Absicht, dieselbe auseinander zu treiben, oder Mitglieder aus ihr zu entfernen, oder die Versammlung zur Fassung oder Unterlassung eines Beschlusses zu zwingen«, wurde als »Hochverrath« bezeichnet und sollte mit Gefängnis- oder Zuchthausstrafe geahndet werden (Art. 1).
- Die »Theilnahme an einer Zusammenrottung«, welche während der zu einer Sitzung anberaumten Zeit in der Nähe des Sitzungslokals stattfindet«, wurde verboten und mit Strafe bedroht (Art. 2).
- Es war untersagt, »während der ganzen Dauer der Reichsversammlung... eine Volksversammlung unter freiem Himmel innerhalb einer Entfernung von fünf Meilen von dem Sitz der Versammlung« abzuhalten (Art. 3).
- »Ein gewaltsames Eindringen Nichtberechtigter in das Sitzungslokal der Reichsversammlung« wurde mit Gefängnis bestraft (Art. 4),
- »Oeffentliche Beleidigungen der Reichsversammlung« unterlagen einer Gefängnisstrafe bis zu zwei Jahren (Art. 5).
- Eine »verübte Thätlichkeit« oder öffentliche Beleidigungen gegenüber Abgeordneten wurde »außer der gesetzlichen Strafe der Handlung, mit Gefängniß bis zu drei Jahren bestraft«. (Art. 6)
- Auf Beamte »der provisorischen Centralgewalt« sollten diese Schutzbestimmungen ebenfalls angewendet werden (Art. 8).

Dieses Gesetz sollte die Reichsregierung und die Nationalversammlung vor allem gegen den revolutionären demokratischen Radikalismus der Straße schützen, um ein Abgleiten der Revolution in ein republikanisch-sozialistisches Fahrwasser zu verhindern. Andererseits konnte sein Artikel 1 gegebenenfalls auch als vorsorgliche Abwehr eines möglichen gegenrevolutionären militärischen Vorgehens deutscher Einzelstaaten oder des Bundes gegen die deutsche Zentralgewalt aufgefaßt werden.

Trotz ihrer Bemühungen *gelang es Reichsregierung und Nationalversammlung nicht, eine im Deutschen Bund und im Ausland* vorbehaltlos *anerkannte politische*

Autorität zu erringen. Ihre nach Preußen und Österreich zur Beeinflussung der dortigen Entwicklung entsandten Vertreter wurden wenig beachtet, und ihre Versuche, im Ausland diplomatisch anerkannt zu werden, verliefen weitgehend im Sande.

Die Nationalversammlung hielt jedoch unverdrossen an ihrer *Hauptaufgabe* fest, eine *deutsche Reichsverfassung* zu entwerfen. Schon seit dem Sommer 1848 hatten die Abgeordneten den Katalog der Grundrechte beraten, so daß am 27. Dezember 1848 das »Gesetz, betreffend die *Grundrechte des deutschen Volks*«[176] verabschiedet werden konnte.

Die ›Märzministerien‹ in den deutschen Einzelstaaten

In allen deutschen Einzelstaaten hatten unter dem Eindruck des herrschenden liberalen, demokratischen und nationalen Zeitgeistes die sogenannten *›Märzministerien‹* ihre Arbeit aufgenommen. Sie öffneten sich unter Abwehr aller radikalen Tendenzen im allgemeinen bereitwillig den bürgerlich-nationalliberalen Zielen.

In Bayern war der politische Wandel mit dem Rücktritt des wegen seiner Affäre mit der Tänzerin Lola Montez kompromittierten Königs Ludwig I. zugunsten seines ältesten Sohnes Maximilian II. verbunden gewesen.

Weil auch die Zentralorgane des Deutschen Bundes den drängenden Reformkräften durch ihre Beschlüsse entgegenkamen, schien sich die Revolution zu legalisieren. Die machtpolitische Ausschaltung der beiden deutschen Großmächte in den ersten Revolutionsmonaten hatte nicht nur den Deutschen Bund seines konservativen Rückhaltes beraubt, sondern auch den deutschen Klein- und Mittelstaaten jede Aussicht auf einen wirksamen Widerstand genommen.

Ob diese günstige Entwicklung sich fortsetzen werde, hing jedoch nicht von den vielen kleinen und mittleren deutschen Staaten ab, sondern vor allem von den beiden deutschen Großmächten Österreich und Preußen.

In beiden stand die eigentliche Kraftprobe zwischen den faktisch keineswegs ohnmächtig gewordenen traditionellen Trägern der Macht und den revolutionären Vertretern liberaldemokratischer und nationaler Reformen aber noch bevor. Die politische Zukunft Deutschlands hing vom Ausgang dieses Ringens ab.

Wien, Berlin und Frankfurt waren die »drei Zentren, in denen sich das politische Schicksal zusammendrängte«.[177]

Das große politische Gewicht der deutschen Nationalversammlung in der Frankfurter Paulskirche und der provisorischen deutschen Reichsregierung, das beide anfänglich erworben hatten, nahm daher anschließend auch in demselben Maße wieder ab, wie sich die konservative Reaktion, ausgehend von Österreich und Preußen, in den deutschen Staaten erholte und die Revolution in die Defensive drängte.

Die Revolution in Österreich bis zur Niederschlagung des Wiener Oktoberaufstandes

Ausbruch der Unruhen

Daß die Revolution 1848 Österreich erfaßte, zeigte, daß auch hier »das Hervorkommen der bürgerlich-liberalen« und »demokratisch-radikal gefärbten Staats- und Weltanschauung«[178] trotz aller Regierungsmaßnahmen und Anstrengungen des seit dem Wiener Kongreß etablierten restaurativen Systems nicht hatte verhindert werden können. Fast alle österreichischen Völker waren sich im wesentlichen einig in ihrer Verneinung des Obrigkeitsstaates und aller seiner die einzelnen Nationalitäten und die menschlichen Individuen betreffenden Auswirkungen. Sie wollten ihre Fesseln als Untertanen abwerfen und sowohl in politischer als auch in nationaler und sozialer Beziehung frei werden.

Man ist jedoch zu Differenzierungen gezwungen. Es wäre nämlich irreführend anzunehmen, innerhalb der gesellschaftlichen Stände hätte generell eine einheitliche Einstellung gegenüber dem bestehenden staatlichen System bestanden:

> »Das, was sich 1848 in Wien und in Österreich abspielte, war... eine politische Revolution im engeren Sinn: Keine gesellschaftliche Umwälzung, kein Aufeinanderprall von tektonischen Schichten. Der dritte Stand setzte nicht zum Sturm auf die Bastion des Adels an. Wer die Ständedeputation vom 13. März auf ihrem Weg zur Hofburg beobachtete, mochte sogar das Gegenteil annehmen: Hier formierten sich die Raubrittersöhne zum Sturm auf das Regime der bürgerlichen Aufsteiger. Freilich bestanden die Stände nicht nur aus Adel, schon gar nicht aus exklusiv alten Familien. Städtische Obrigkeit und Geistlichkeit waren traditionell ebenfalls vertreten, spielten aber eine untergeordnete Rolle und gingen meist mit der Regierung. Im böhmischen Landtag schleuderte ein Grandseigneur einem bürgerlichen Verteidiger der Regierung entgegen, er sei eben von Geburt aus servil. Der Klerus machte sich zusätzlich durch Kornwucher und als entschiedener Gegner der Grundablöse unbeliebt. – Aber auch diese Gleichung vom oppositionellen Adel und dem Bürgertum, das in Gestalt der Bürokratie längst zur Macht gekommen war, geht nicht auf: diese Frontstellung war zu grobschlächtig. Denn natürlich war auch der Adel gespalten. Er bestand nicht bloß aus Landedelleuten, sondern war auch in den Reihen ihrer Nemesis vertreten. Die Spitzen der Bürokratie, gegen die ihre Standesgenossen polemisierten, waren selbst Hochadelige. Fazit: Die Revolution war keine von ›denen da unten‹ gegen ›die da oben‹. Worum es ging, war vielmehr ›die draußen gegen die drinnen‹. Die Basis, auf der die Oligarchie fußte, war zu eng geworden.« Die Revolution von 1848 richtete sich gegen das »Erbe des aufgeklärten Absolutismus, gegen den Obrigkeits- und Verwaltungsstaat, durchaus auch den modernen oder modernisierungswilligen.«[179]

Sie war aus dieser Sicht eine die Grenzen zwischen den unterschiedlichen Gesellschaftsschichten überschreitende Reaktion auf das reformbedürftig gewordene System des aufgeklärten Obrigkeitsstaates.

Die allgemeinen revolutionären *Hauptforderungen* waren

- die Einführung der Preß-, Vereins- und Versammlungsfreiheit,
- die Proklamierung der staatsbürgerlichen Grundrechte,
- die Ausarbeitung und Erlassung einer parlamentarisch-demokratischen Verfassung,
- die Trennung der Gewalten,
- die Ministerverantwortlichkeit.
- Hinzu trat als wichtigste soziale Forderung die Aufhebung des Untertanenwesens.[180]

Herrschte also in den politisch-liberalen und sozialen Wünschen unter den Völkern Österreichs – jedenfalls, soweit sie sich als politisch Benachteiligte empfanden – eine weitgehende Einmütigkeit, so brachten das ebenfalls mit der liberalen Ideenwelt verknüpfte *Nationalbewußtsein* und die aus diesem entspringenden Forderungen nach nationaler Gleichberechtigung und Ebenbürtigkeit einen *Zwiespalt und eine chaotische Verwirrung* unter den Völkern Österreichs hervor, die sich zu einer Integritäts- und Existenzbedrohung für die Monarchie entwickelten.

Die slawischen, magyarischen und romanischen Nationalitäten waren sich bei aller Verschiedenheit in Einzelfragen in ihrer Mehrzahl einig in der Ablehnung der bisherigen Bevorzugung der deutschen Nation und der hauptsächlich von ihr ausgehenden zentralistischen Leitung des Staates.

Zusätzlich wurde der Weiterbestand der österreichischen Monarchie gefährdet durch die Tatsache, daß sich ein Teil der bisher staatstragenden Deutschen von der nationalen deutschen Einheitsbewegung hatte ergreifen lassen und sich in der Hoffnung auf ein in Frankfurt zu gründendes neues deutsches Reich vom alten österreichischen Kaiserstaat abgewandt hatte.

Ausgelöst wurden die revolutionären Unruhen in Österreich durch eine Rede, die der radikale ungarische Politiker Ludwig KOSSUTH am 3. März 1848 in Preßburg gehalten hatte. In ihr hatte er unter großer öffentlicher Zustimmung die *Ablösung des METTERNICHschen Systems*, eine freiheitliche Verfassung für Ungarn und die anderen österreichischen Länder sowie weitere liberaldemokratische Reformen gefordert.

Ungarn hatte schon in der Zeit vor dem Ausbruch der Revolution innerhalb des Kaiserreiches eine Sonderstellung eingenommen. Es war ein nach seiner alten Landesverfassung regiertes Königreich, das aber wegen seines durchaus aristokratisch-konservativen Aufbaus leicht den revolutionären Tendenzen zugänglich war.[181]

Am 11. März 1848 verlas der Liberale Joseph IRINYI in Budapest ein Zwölfpunkteprogramm, das die Wünsche des ungarischen Volkes enthielt und in Punkt 2 und 3 ein eigenes verantwortliches Ministerium und einen jährlich abzuhaltenden Reichstag forderte, die beide ihren Sitz in Budapest haben sollten.[182]

Kaiser FERDINAND versprach, die Wünsche der ungarischen Nation berücksichtigen zu wollen, und gestand ihr in einem Handschreiben vom 17 März 1848[183] die Bildung eines eigenen selbständigen Ministeriums zu, das alsbald unter Louis BATTHYANY zustande kam. Die dadurch hergestellte neue verfassungsrechtliche Stellung Ungarns wurde Anfang April 1848 von Kaiser FERDINAND sanktioniert.[184]

Ungarn hatte jetzt innerhalb der Gesamtmonarchie seine Autonomie errungen. Es war »ein von den übrigen österreichischen Provinzen getrenntes selbständiges Reich« geworden, »es hatte mit diesen nur ein und denselben Regenten«.[185]

Schon wenige Tage nach KOSSUTHS Rede reichten auch in Wien unzufriedene Bürger und radikale Studenten Petitionen liberalen Inhalts an den Kaiser ein.[186]

Kaiser FERDINAND I. versuchte am 12. März 1948, das Volk durch ein Kabinettsschreiben an den obersten Kanzler Grafen INZAGHI zu beschwichtigen, in dem er seinen Beschluß mitteilte, »aus allen Provinzen, deren ständische Rechte sich auf alte, bisher unveränderte Verfassungsurkunden« gründeten, »ständische Mitglieder, und zwar eines aus jedem Stande nach Wien zu berufen«. Sie sollten ein von ihm bestelltes Komitee bilden und ihm ihre Beratungsergebnisse »zur Schlußfassung« vorlegen.[187]

Die auf diese Weise angedeutete Aussicht auf Reformen vermochte jedoch den Ausbruch der *Revolution in Wien* am 13. März 1848 nicht mehr zu verhindern.

Hof- und Staatskanzler METTERNICH dankte überstürzt ab und floh nach England, und Kaiser FERDINAND sah sich gezwungen, unter dem Druck des Volkes am 15. März 1848 sein berühmtes *Konstitutionspatent* zu erlassen. Darin wurde neben der Preßfreiheit und der Errichtung einer Nationalgarde endlich auch die Beratung der ersehnten Verfassung durch eine konstituierende Reichsversammlung zugestanden:

> »... wegen Einberufung von Abgeordneten aller Provinzialstände und des lombardisch-venetianischen Königreiches in der möglichst kürzesten Frist mit verstärkter Vertretung des Bürgerstandes und unter Berücksichtigung der bestehenden Provinzialverfassungen zum Behufe der von Uns beschlossenen Konstitution des Vaterlandes ist das Nötige verfügt.«[188]

Die anfängliche Siegesstimmung der revolutionären Führer und das augenblickliche Gefühl der Zufriedenheit schlugen aber allmählich in ihr Gegenteil um, als die Einlösung des Versprechens zur Berufung einer Reichsversammlung durch das unter der Leitung des Grafen Karl Anton VON KOLOWRAT stehende neue Ministerpräsidium zu lange auf sich warten ließ. Manche Zeitgenossen mißtrauten ihm, denn er hatte bereits in der METTERNICHschen Ära der Geheimen Staatskonferenz angehört und war als Minister für die Innen- und Finanzpolitik zuständig gewesen. Er galt zwar wegen seiner damaligen Differenzen zu METTERNICH nicht als antiliberal, aber man sah in ihm einen Vertreter der alten Führungsschicht.

Erneute Unruhen erreichten am 15. April 1848 einen Höhepunkt, als ein gewisser Dr. SCHÜTTE in einer Volksversammlung als Vertreter des demokratischen Vereins der Volksfreunde durch eine *Sturmpetition* der Masse forderte, der Kaiser möge

> »1. die augenblickliche Zusammenberufung des konstitutionellen Reichstages anzuordnen geruhen« und

> » 2. mit Umgehung jedes Wahlzensus, Glaubensbekenntnisses und Standes, nach Inhalt und Form des von dem Fünfzigerausschuß zu Frankfurt am Main bestimmten Wahlgesetzes für das deutsche Nationalparlament, den konstituierenden Reichstag einberufen«.[189]

Die Pillersdorfsche Verfassung

Franz VON PILLERSDORF, seit dem 20. März 1848 Innenminister und ab dem 4. Mai 1848 Ministerpräsident, beeilte sich jetzt mit der Ausarbeitung einer Verfassung. Schon am 25. April 1848 wurde sie dem Volk vorgestellt, ohne daß allerdings Abgeordnete zu ihrer Beratung gewählt und herangezogen worden wären.[190]

Der Kaiser betonte in einem ausführlichen *Vorwort*, daß er

> »nach den Anträgen Unseres Ministerrathes und nach sorgfältiger Prüfung derselben beschlossen« habe, »die beygefügte Verfassungsurkunde für die in derselben bezeichneten Länder zu ertheilen. Wir behalten Uns vor, demnächst die Vertreter aller Provinzen in Folge eines provisorisch zu ertheilenden Wahlgesetzes wählen zu lassen, und zu dem abzuhaltenden Reichstage einzuberufen. Wir verordnen daher, daß die in dieser Verfassungsurkunde enthaltenen Bestimmungen allen unseren Unterthanen ohne Ausnahme, so wie allen geistlichen, Civil- und Militär-Autoritäten zur unverbrüchlichen Richtschnur zu dienen haben«.

Die Verfassung bekannte sich zu einer *untrennbaren konstitutionellen Monarchie* (§ 1) und bezog sich – außer auf Ungarn und das lombardo-venetianische Königreich – auf alle Länder, die dem erblichen österreichischen Kaiser aus dem Hause Habsburg-Lothringen unterstellt waren (§§ 2, 5).

Sie garantierte »allen Volksstämmen die Unverletzlichkeit ihrer Nationalität und Sprache«. (§ 4)

Der *Kaiser* galt als unverletzliches Oberhaupt des Staates, sollte bei Regierungsantritt auf die Verfassung vereidigt werden und war für die Ausübung der Regierungsgewalt unverantwortlich. Seine Anordnungen bedurften daher der »Mitfertigung« eines verantwortlichen Ministers (§§ 8, 9).

Die vollziehende Gewalt übte er allein, die gesetzgebende Gewalt zusammen mit dem Reichstage aus. Er besaß gegenüber dem Reichstag das Recht, Gesetze vorzuschlagen und zu sanktionieren. Er mußte den Reichstag jährlich einberufen, konnte ihn aber vertagen und auflösen (§§ 10, 15, 16).

Die Rechtspflege erfolgte in seinem Namen (§ 14).

Er hatte das Recht der Begnadigung und ein durch den Reichstag eingeschränktes Strafmilderungsrecht (§ 13).

Er besetzte alle Staatsämter, besaß den Oberbefehl über die Streitkräfte und entschied über Krieg und Frieden, war allerdings bei Verträgen mit fremden Staaten auf die nachträgliche Genehmigung durch den Reichstag angewiesen (§§ 11, 12).

Von den *Grundrechten*, die die Verfassung den Staatsbürgern garantierte, waren besonders zu erwähnen:

- die volle Glaubens- und Gewissens so wie die persönliche Freyheit« (§ 17),
- der Schutz vor willkürlicher Verhaftung (§ 18),
- die Rede- und Pressefreiheit (§ 19),
- das Briefgeheimnis (§ 20),
- das Petitionsrecht und die Auswanderungsfreiheit (§§ 22, 23),
- die Freiheit, »Grundbesitzer« zu werden, jeden gesetzlich »erlaubten Gewerbszweig« zu ergreifen und »zu allen Aemtern und Würden zu gelangen« (§ 24),
- die Gleichheit vor dem Gesetz und vor Gericht und das Recht auf einen »ordentlichen Richter« (§ 25),
- die gesetzmäßige Beseitigung aller noch bestehenden bürgerlichen, politischen und religiösen Rechtsunterschiede (§ 27),
- die Unabsetzbarkeit der Richter außer durch »Erkenntniß der Gerichtsbehörden«, öffentliche Gerichtsverfahren und Einführung von Schwurgerichten (§§ 28, 29),
- die freie Ausübung des Gottesdienstes für alle anerkannten christlichen Glaubensbekenntnisse und den »israelitischen Cultus« (§ 30).

Die *Minister* waren »für alle Handlungen und Anträge in ihrer Amtsführung verantwortlich«. (§ 32)

Der *Reichstag* übte auf jeweils fünf Jahre »im Vereine mit dem Kaiser die gesetzgebende Gewalt aus«. Er bestand aus den beiden Kammern des Senats und der Kammer der Abgeordneten und mußte jährlich einberufen werden (§ 34).

Während der *Senat* aus den mindestens 24 Jahre alten Prinzen des kaiserlichen Hauses, vom Kaiser auf Lebenszeit ernannten Mitgliedern und aus hundertfünfzig aus ihrer Mitte gewählten »bedeutendsten Grundbesitzern« bestand, setzte sich die *Kammer der Abgeordneten* aus dreihundertachtzig gewählten Mitgliedern zusammen. Die für den ersten Reichstag geltende provisorische Wahlordnung sollte durch ein vom Reichstag beschlossenes endgültiges Wahlgesetz abgelöst werden (§§ 35–38).

Die Mitglieder beider Kammern waren an keine Instruktionen gebunden und besaßen Immunität, die allerdings durch Kammerbeschluß aufgehoben werden konnte oder bei Ergreifung auf frischer Tat nicht galt (§§ 40–43).

Die Reichstagskammern konnten sich »nur über Einberufung des Kaisers« versammeln und durften nach »Auflösung oder Vertagung« nicht weiterverhandeln (§ 44).

Gesetze konnten nur durch »Zustimmung beyder Kammern« und »Sanktion des Kaisers« zustande kommen (§ 45).

Steuern und Abgaben, Bewilligungen für das stehende Heer, Veranschlagungen für das staatliche Budget waren einem Gesetz unterworfen (§ 47).

Beide Reichstagskammern hatten das Gesetzesvorschlagsrecht (§ 48).

Gesetze bedurften bei Verfassungsänderung einer Zweidrittelmehrheit und in allen anderen Fällen in beiden Kammern einer einfachen Mehrheit (§§ 50, 51).

Die letzten Paragraphen der Verfassung bezogen sich auf die in den Ländern bestehenden Provinzialstände, deren Wirksamkeit erhalten bleiben sollte, »insoferne die Verfassungsurkunde keine Aenderung enthält«. Sie kündigten die Prüfung von »zeitgemäßen Aenderungen ihrer bisherigen Verfassungen« und Verhandlungen des Reichstages über die für »ablösbar erklärten Grundlasten« an (§§ 54, 55).

Bemerkenswert war die Ankündigung, daß in der ganzen Monarchie eine »*Nationalgarde*« errichtet, diese aber der »Civil-Autorität« und den »Civilgerichten untergeordnet« werden sollte, und daß ihre Mitglieder wie die Beamten auf den Kaiser und die Verfassung zu vereidigen waren (§§ 58, 59).

Die Verfassungsurkunde trug die Unterschriften des Kaisers, des Innenministers Pillersdorf und vier weiterer Minister

Unzweifelhaft war die Verfassung im Stil des alten Obrigkeitsstaates – ähnlich den vor der Revolution in anderen deutschen Bundesstaaten erlassenen Verfassungen – gleichsam aus der *Gnade des souveränen Herrschers* dem Volk verliehen worden. Sie war oktroyiert, aber sie enthielt so viele *liberale Zugeständnisse,* daß sie einen echten Übergang zu einer zeitgemäßen konstitutionellen Monarchie hätte bilden können.

Sie sah eine tatsächliche Teilung der legislativen Gewalt zwischen Kaiser und Reichstag vor. Der Reichstag beschloß nicht nur die Gesetze, sondern konnte auch selbst Gesetze vorschlagen. Der Kaiser besaß zwar das Sanktionsrecht, hatte entscheidenden Einfluß in der ersten Kammer und dazu das Vertagungs- und Auflösungsrecht, konnte aber ohne Reichstagszustimmung nicht mehr regieren. Der Kaiser blieb zwar oberstes Exekutivorgan, aber die Verantwortlichkeit seiner Minister schützte den Staat vor Machtmißbrauch. Es war zu erwarten, daß die aufgrund eines provisorischen Wahlrechts in den ersten Reichstag gelangten Mitglieder ein verbessertes Wahlrecht beschließen würden.

Im Senat, der ersten Reichstagskammer, und in den Landtagen konnte sich das ständische Element zwar noch behaupten, andererseits sicherte der Katalog

Der bekannte Schriftsteller und oppositionelle Republikaner Alphonse DE LAMARTINE, der mit seinen scharfen Reden die Februarrevolution von 1848 in Frankreich mit ausgelöst hatte, wurde Außenminister sowie Chef der Provisorischen Regierung. Das Gemälde (Ausschnitt) von Henri PHILIPPOTEAUX zeigt, wie LAMARTINE (mit erhobenem Arm) den Sozialrevolutionären mit der Roten Fahne das Eindringen in das Pariser Rathaus verwehrt. Der Funke der Pariser Aufstände sprang dann auf viele europäische Staaten über.

Erste Aufstände in deutschen Städten fanden im März 1848 statt. In Berlin (oben) forderten blutige Straßenkämpfe 200 Tote (›März-Gefallene‹).

Das Plakat nimmt Bezug auf die Ereignisse des 19. März 1848, als König Friedrich Wilhelm IV. den Kampf einstellen läßt und den Bürgern mit einem liberalen Programm zu gefallen sucht. Er verkündet: »An die deutsche Nation! Eine neue, glorreiche Geschichte hebt mit dem heutigen Tage für Euch an!«

Im Jahre 1848 ist der deutsche Michel zum Revolutionär geworden. Er trägt keine Zipfelmütze mehr, sondern einen Jakobinerhut mit Kokarde und kehrt die Symbole der monarchischen Herrschaft aus. Zeigenössische Karikatur.

Barrikadenkampf am 18. März 1848 vor dem Cöllnischen Rathaus in Berlin.

Erstürmung der Barrikade an der Konstablerwache in Frankfurt am 18. September 1848 (Lithographie von E.G. MAY, Ausschnitt).

Oben: Henry Ritters Karikatur (»Österreichs Adler in den letzten Zügen liegend, wird von seinen Stiefkindern geplündert und verlassen«) symbolisiert die fast aussichtslose politische Lage der habsburgischen Monarchie im Frühjahr 1888. Ganz rechts freuen sich zwei Franzosen mit einem Geldsack auf die Beute. In allen Ländern der böhmischen Krone wurde eine freiheitliche Verfassung gefordert.

Felix von Schwarzenberg, österreichischer Ministerpräsident von November 1848 bis April 1852, rang die Revolution nieder, unterdrückte die Autonomiebestrebungen in Norditalien und Ungarn und setzte sich für eine großösterreichische Lösung der deutschen Frage ein.

Barrikadenbau beim dritten Volksaufstand in Wien am 26. Mai 1848.

der Grundrechte allen Staatsbürgern die persönliche Gleichberechtigung und Freiheit in ihren politischen, wirtschaftlichen und religiösen Beziehungen zu. Die offizielle Einrichtung einer Nationalgarde und ihre Unterstellung unter die Zivilgewalt war ein besonders bemerkenswertes liberales Zugeständnis.

Das Urteil, daß die Verfassung dem Volke durchaus nicht unwillkommen war, weil »sie der freisinnigen Richtung der Zeit, aus welcher sie hervorging, Rechnung trug«,[191] war durchaus berechtigt.

Ihre liberalen Paragraphen bewirkten, daß das Volk die Tatsache, daß die neue Verfassung nicht von einer Reichsversammlung beraten und damit das im Konstitutionspatent vom 15. März 1848 gegebene *kaiserliche Wort gebrochen* war, völlig übersah.[192]

Am 11. Mai 1848 erschien in der *Wiener Zeitung* ein kaiserliches Dekret, das die Eröffnung des ersten österreichischen Reichstages auf den 26. Juni 1848 festsetzte. Eine dem Dekret angeschlossene ministerielle Verlautbarung gab die provisorische *Wahlordnung* für den Reichstag bekannt. Diese bestimmte für die in der Aprilverfassung statuierten beiden Reichstagskammern *Zensuswahlrecht* und *indirekte Wahlen*.[193]

Es war zu erwarten, daß diese Wahlbestimmungen die auf Freiheit und Gleichheit zielenden Forderungen des Volkes nicht im entferntesten befriedigen konnten. Sie riefen den heftigsten Unwillen hervor und trugen dadurch zur Auslösung *neuer Unruhen* im Mai bei.

Verfassunggebender Reichstag – Stellung zur deutschen Frage

Das seit dem 9. Mai 1848 in Wien maßgebliche revolutionäre Zentralkomitee, das aus Abgesandten der Nationalgarde und der studentischen Legion bestand, lehnte Zensus- und indirekte Wahlen ab und forderte von dem PILLERSDORFschen Ministerium die Einführung des allgemeinen, gleichen und direkten Wahlrechts.

Der Machtkampf zwischen Zentralkomitee und Ministerium führte am 15. Mai 1848 zu einem neuen revolutionären Höhepunkt, als die Revolutionäre schließlich in einer *Sturmpetition* die gänzliche *Abschaffung der oktroyierten Aprilverfassung* und die *Einberufung* eines aus einer *einzigen Kammer* bestehenden und aus *allgemeinen, gleichen und direkten Wahlen* hervorgegangenen *Reichstages* forderten.

Am 16. Mai 1848 erklärte der dem revolutionären Verlangen nachgebende Kaiser in einer von PILLERSDORF und fünf weiteren Ministern mitunterzeichneten Proklamation:

> »Zur Beruhigung der am 15. May 1848 in Unserer Residenzstadt Wien entstandenen Aufregung und zur Verhüthung gewaltsamer Ruhestörungen, wurde von Unserem Ministerrathe die Zurücknahme des für Unsere Nationalgarde am 13. May 1848 erlassenen Tagesbefehles in Betreff der Vorgänge des politischen Central-Comité's beschlossen...

Diesen Beschlüssen fügen wir noch, um alle übrigen Anlässe zu Mißvergnügen und Aufregung zu beseitigen, nach dem Einrathen Unseres Ministerrathes die weitere Bestimmung bey, daß die Verfassung vom 25. April 1848 vorläufig der Berathung des Reichstages unterzogen werden soll, und die Anordnungen des Wahlgesetzes, welche Bedenken hervorgerufen haben, in einer neuerlichen Prüfung zu erwägen seyen.

Damit die Feststellung der Verfassung durch die constituirende Reichsversammlung auf die zuverlässigste Weise bewirkt werde, haben Wir beschlossen, für den ersten Reichstag nur Eine Kammer wählen zu lassen, wornach also für die Wahlen gar kein Census bestehen und jeder Zweifel einer unvollkommenen Volksvertretung entfallen wird.

Wir hegen hiernach die Zuversicht, daß alle Classen der Staatsbürger mit Ruhe und Vertrauen der baldigen Eröffnung des Reichstages entgegen sehen werden.«[194]

Das Verfassungsoktroi vom 25. April 1848 war jetzt beseitigt. Der Kaiser und seine Regierung hatten der Einberufung einer aus *demokratischen Wahlen* hervorgegangenen und nur aus einer *einzigen Kammer* bestehenden konstituierenden *Reichsversammlung* zugestimmt. Der Kaiser hatte ihr unter Nichterwähnung seiner bisher betonten Souveränität die »Feststellung« der zukünftigen Verfassung zugestanden. Zwar erwähnte die Proklamation »alle Classen der Staatsbürger«, aber an keiner Stelle konnte man noch Ansätze zur Berücksichtigung früherer Klassenprivilegien erkennen.

Kaiser und *Regierung* hatten vollständig vor der Revolution *kapituliert*.

Ein Zeichen für die fortdauernde Unsicherheit der politischen Lage aber war, daß der Kaiser sich am 17. Mai 1848 mit seinem Hof nach Innsbruck begab. Als Reaktion auf diese Flucht bildeten die Revolutionäre in Wien am 26. Mai 1848 unter der Führung von Adolf FISCHHOF als eine Art von Gegenregierung einen *Sicherheitsausschuß* mit mehr als zweihundert Mitgliedern.

Diesmal hatte die Volksbewegung sich restlos durchgesetzt. Erzherzog JOHANN vermittelte zur Ablösung des durch die kaiserliche Flucht desavouierten Ministeriums einen Regierungswechsel mit dem Freiherrn Johannes Philipp VON WESSENBERG, der am 18. Juli 1848 als Ministerpräsident zugleich das Außenministerium übernahm. Dessen Ministerium »übergab die Macht in Wien an den Sicherheitsausschuß, ein Parlament im kleinen. . . Unter FISCHHOFS Leitung leistete es erstaunlich gute Arbeit«, aber – und das war das Problem – eine »Wiener Institution maßte sich an, für das ganze Reich zu sprechen, nicht nur ›eine Lokalbehörde‹ zu sein, sondern für ›die Wahrung der Volksrechte der ganzen Monarchie bestellt‹. Das Ministerium wartete« daher »als politische Entsatzarmee unterdessen auf den Reichstag, der ihm eine andere Legitimationsgrundlage bieten würde. Hatte man zuerst befürchtet, die Regierung werde den Zusammentritt des Parlaments hinauszögern, so konnte es ihr jetzt nicht schnell genug gehen mit den Wahlen«.[195]

Eine merkwürdige Situation war entstanden: Weil der revolutionäre Wiener Sicherheitsausschuß im Augenblick die Macht besaß, hatte die neue kaiserliche Regierung WESSENBERG sich ihm gebeugt. Zugleich aber erhoffte sie sich von dem erzwungenen Einkammerreichstag die notwendige Unterstützung, um den Sicherheitsausschuß unter ihre Kontrolle zu bringen und so vor allem die radikalen Revolutionskräfte wieder auszuschalten.

Der Eröffnung eines aus einer einzigen Kammer bestehenden und demokratisch gewählten konstituierenden Reichstages schien nun nichts mehr im Wege zu stehen.

Allerdings führten die gleichzeitigen revolutionären Unruhen in Böhmen zur Zuspitzung des nationalpolitischen Gegensatzes zwischen Tschechen und Deutschen, nachdem am 1. Juni 1848 in Prag ein Slawenkongreß eröffnet worden war, der zunächst als »politisch-folkloristische Gegenveranstaltung zur Frankfurter Paulskirche« gedacht war, sich dann aber an den Pfingstfeiertagen zu einem handfesten Aufstand entwickelt hatte, der aber vom Fürsten WINDISCHGRÄTZ militärisch niedergeschlagen wurde.

> »Für die Deutschböhmen... war der Pfingstaufstand vor allem ein antideutsches Ereignis und ein bedrohlicher Ausbruch des tschechischen Nationalismus.« [196]

Bezeichnend für die politische Verwirrung und Widersprüchlichkeit des Zeitgeistes war die Tatsache, daß WINDISCHGRÄTZ bei den Deutschen Ansehen als nationaler Befreier gewann, obwohl er, im offiziellen Dienst der kaiserlichen Regierung stehend, keineswegs ein Vertreter der liberaldemokratischen Revolutionsziele war und in Wirklichkeit die ersten Erfolge einer staatlichen Gegenrevolution errungen hatte.

Der *Reichstag* konnte schließlich nicht, wie vorgesehen, am 26. Juni, sondern erst am *22. Juli 1848 in Wien eröffnet* werden. Die Ordnung, nach der er gewählt worden war, hatte wegen des indirekten Wahlmodus und der Ausschließung der unselbständigen Arbeiterschaft (z. B. Dienstboten) vom Stimmrecht[197] nicht ganz den Verheißungen der kaiserlichen Proklamation vom 16. Mai 1848 entsprochen – ein Makel, der politisch nicht mehr ins Gewicht fiel, weil das revolutionäre Hauptziel erreicht war.

Der erste österreichische Reichstag setzte sich aus Vertretern aller sonstigen Gesellschaftsschichten und Berufe zusammen.

Insgesamt 383 Abgeordnete sollten ihn bilden, eine Zahl, die in Wirklichkeit nie ganz erreicht worden ist.[198] Davon kamen 43 aus aristokratischen und adeligen Kreisen, 92 waren Bauern, und die übrigen Abgeordneten entstammten dem Bürgerstand. Unter den Akademikern besaßen die Juristen die Mehrheit.

Von den österreichischen *Nationalitäten* führten zahlenmäßig die Slawen, die allein 190 Abgeordnete stellten. Die übrigen nichtdeutschen Deputierten waren romanischer Herkunft: Rumänen aus der Bukowina und Italiener aus Südtirol und Dalmatien. Gegenüber dem slawischen und romanischen Element befanden sich die Abgeordneten deutscher Abstammung in der Minderheit.[199]

Zehn österreichische *Gouvernements* hatten ihre Vertreter in den Wiener Reichstag entsandt: Niederösterreich, Österreich ob der Enns und Salzburg, Böhmen, Mähren und Schlesien, Galizien, Lodomerien und die Bukowina, Steiermark, Illyrien, Küstenland, Tirol und Vorarlberg, Dalmatien.[200]

Nicht zugegen waren Vertreter aus den Ländern der ungarischen Krone, weil der Kaiser deren Autonomie im April 1848 sanktioniert hatte, und aus dem Lombardo-Venetianischen Königreich, weil dieses sich seit dem 18. März 1948 gegen die österreichische Herrschaft erhoben hatte.

König Karl Albert von Sardinien-Piemont war nämlich in die Lombardei einmarschiert, und Venedig hatte sich zur Republik erklärt. Feldmarschall Radetzky konnte allerdings am 25. Juli 1848 durch seinen Sieg bei Custozza und am 6. August 1848 durch seinen Einmarsch in Mailand die österreichische Herrschaft in der Lombardei wiederherstellen, während sich Venedig noch als Republik behaupten konnte.[201]

Der erste österreichische Reichstag repräsentierte also nicht die Bevölkerung des Gesamtkaiserreiches. Er war daher auch in der Verfassunggebung für die fehlenden Länder nicht zuständig. Ungarn und Lombardo-Venetien wurden im § 2 des später vorgelegten Kremsierer Verfassungsentwurfs unter den Ländern des Kaiserreiches, »für welche diese Konstitution zu gelten hat«,[202] nicht genannt.

Man darf sich unter dem Wiener Reichstag von 1848 kein modernes Parlament mit einem fest gefügten Parteiensystem vorstellen.

> »Unter den... Abgeordneten fand sich kein einziger, der eine parlamentarische Vergangenheit hinter sich gehabt hätte.«[203] »Es gab noch keine politischen Parteien, keine festumschriebenen Programme.« Zu ihrer Ausbildung hatte das Metternichsche Regierungssystem keinen Raum gelassen. »Die Mehrzahl der Mitglieder hatte sich bis dahin mit politischen Gedanken nicht geplagt; die wenigen sachkundigen Männer sprachen gern zum Fenster hinaus und sorgten vor allem für eine gute rhetorische Wirkung. Wie Schauspieler von dankbaren Rollen sprachen sie von dankbaren Reden... Erst als der Reichstag nach Kremsier verbannt wurde, kehrte Ernst und politische Würde bei ihm ein.«[204]

Der Wiener Reichstag von 1848 bot das Bild einer parlamentarisch zunächst völlig ungeschulten jungen Volksvertretung.[205] Alle waren sich einig in der Verneinung des bisherigen politischen Regimes, aber oft ohne klare Zielsetzung für das Neue. Sie freuten sich über die Redefreiheit, die natürlich, weil sie bisher nicht bestanden hatte, ebenfalls der Befriedigung der Eitelkeit der Redner dienen mußte und oft auch deswegen ausgenutzt wurde, weil die Wiener Volksvertreter dem gesprochenen Wort mehr Macht zutrauten, als ihm auf Grund der tatsächlichen politischen Verhältnisse zukam.

Trotz dieser auf Unerfahrenheit beruhenden Schwächen enthielt der Wiener Reichstag sehr viel guten Willen und ein reichliches Maß an politischem Idealismus, der sich natürlich nach und nach in den sich bildenden *politischen Parteien* konkretisieren mußte.

Auch in Wien gab es nach den eingenommenen Sitzen im Reichstag eine *Rechte,* ein *Zentrum* und eine *Linke,* mit denen man allerdings nicht die für diese Bezeichnungen heute üblichen politischen Vorstellungen verbinden darf.

Bei dem ersten Zusammentreffen der bereits vor der offiziellen Reichstagseröffnung in Wien angekommenen Abgeordneten am 10. Juli 1848 saßen auf der *Rechten* 15 galizische Bauern,[206] die aber wegen ihrer mangelhaften deutschen Sprachkenntnisse kaum hervortraten. Später gehörten die galizischen Bauern hauptsächlich zum Zentrum. Nach ihrer Ankunft wurden die *Tschechen* auf der Rechten zum allein maßgeblichen Element. Man durfte fortan ohne Übertreibung bis zum Ende des Reichstages die Partei der Rechten mit den Tschechen gleichsetzen. Sie nahmen ihre Sitze mit der Bemerkung ein: »Wer wir sind, werden wir zeigen, nicht die Plätze stempeln uns, sondern wir stempeln die Plätze.«[207] Damit dokumentierten sie, daß sie nicht für ›reaktionär‹, also antiliberal, gelten wollten; »denn die rechte, in allen Parlamenten der Sitz der konservativen oder Regierungspartei, war von den Männern der konstitutionellen Ära gemieden und geflohen«.[206]

In ihrem eigentlichen politischen Glaubensbekenntnis stimmte die tschechische Rechte fast völlig mit den Mitgliedern der Linken überein. »Sie strebten dieselbe möglichst demokratische Entwicklung der staatlichen Verhältnisse an«, wie die Einigkeit mit der Linken bei der Debatte über die Grundrechte in Kremsier deutlich zeigte.[208]

Der unversöhnliche *Gegensatz zur Linken* entstand erst *in rein nationalen Fragen* und besonders in ihrer Haltung *zum österreichisch-deutschen Problem.* Als nationale Partei waren die Tschechen die Gegner der Deutschen und zögerten nicht, wenn es ihnen um die Sicherstellung nationaler Belange ging, die Partei des Ministeriums oder der Reaktion zu ergreifen und die revolutionären Errungenschaften, über deren grundsätzliche Bedeutung sie mit den Deutschen einig waren, dafür zu opfern. Sie ordneten ihre Freiheitswünsche ihren Nationalitätsforderungen durchaus unter.[209]

Das bestimmende Element innerhalb des *Zentrums* waren die *Deutschen,* die durch die ruthenischen und mährischen Abgeordneten[210] und ebenfalls durch die galizischen Bauern unterstützt wurden. Letztere hatten sich dem Zentrum aus Abneigung gegen die polnischen Edelleute und Intelligenzschichten, die sogenannten ›Frackpolen‹, angeschlossen, die größtenteils der Linken angehörten. Die galizischen Bauern »vertraten eigentlich die Dynastie. Sie wollten nur das, was der Kaiser wollte, und hielten ihn für infallibel wie der gemeine Russe seinen Zar«.[211] Wenn es in Wien auch keine »eigentlich reaktionäre Partei« gab, »die die Rückkehr zum Absolutismus auf ihre Fahnen geschrieben hatte«, so kamen ihr aber die Ruthenen und die galizischen Bauern, die aus ihrer konservativen Gesinnung heraus fest am Alten und am Kaiser hingen, sowie die ebenfalls kaisertreuen und konservativen Deutschtiroler sehr nahe.

Im übrigen war das Zentrum eine »rein politische Partei. Nationale Fragen waren ihm Nebensache«. Die Zentrumsleute waren – mit Ausnahme der föderalistischen Deutschtiroler – in ihrer überwiegenden Mehrheit die unbeirrbaren Vertreter der zentralistischen österreichischen Gesamtstaatsidee und der österreichischen Unabhängigkeit.

> »Wenn es galt, gegen Frankfurts Oberhoheit zu protestieren, stimmten sie mit den Feinden der Deutschen, den Tschechen. Und wenn Tschechen und Polen in ihren föderalistischen Tendenzen zu weit zu gehen drohten, stimmte das Zentrum mit den radikalen Deutschen gegen solche Gelüste.«[212]

Das eigentliche, *schwarzgelbe Österreichertum* hatte seinen Sitz im Zentrum. Es besaß ein deutsch-zentralistisch bestimmtes österreichisches Staatsbewußtsein, das die österreichische Unabhängigkeit gegenüber Deutschland zu wahren gewillt war.

Es ist nicht verwunderlich, daß diese Partei auch jene Gruppe von Abgeordneten in sich vereinigte, die »unbedingt dem Ministerium beipflichtete« und »alles guthieß, was dieses anordnete«, so daß ihr besonders von linker Seite häufig der Vorwurf der Gesinnungslosigkeit gemacht wurde.[209] »Das Zentrum bestand anfänglich aus Männern«, meinte ein Radikaler von der Linken, »welche das Ministerium teils aus Freundschaft und blindem Vertrauen zu einzelnen Gliedern derselben, teils aus niedrigstem Egoismus und dem ekelhaftesten Servilismus überall freie Hand ließen.«[211]

Die *Linke* war in sich nicht so national geschlossen wie die Rechte. Sie bestand im wesentlichen aus Deutschen, Polen und einigen Italienern, die konsequent auf dem Boden der Revolution standen und keineswegs gewillt waren, sich die erstrebten Volksrechte entreißen zu lassen.[209] Zur Linken gehörten auch mehrere südslawische Abgeordnete, die aber teils wegen ihrer konservativen Einstellung, teils auch wegen ihrer Uneinigkeit und Unentschlossenheit die Partei kaum verstärkten. Ein Teil von ihnen schwenkte später in Kremsier zu den Tschechen auf der Rechten ab.[213] Die meisten Abgeordneten der Linken standen oft in erbitterter Opposition zum Ministerium und waren die *eigentlichen Demokraten* des Reichstages.

Die *Deutschen* unter ihnen erstrebten den *Anschluß der deutschen Gebiete Österreichs* an das von der Frankfurter Nationalversammlung zu schaffende *neue deut sche Reich.*

Die Polen und Italiener, die sich am liebsten selbst mit ihren außerösterreichischen Volksangehörigen vereinigt hätten, billigten zwar in der Regel diesen deutschen Wunsch und gingen mit der deutschen Linkspartei in allen rein politischen Angelegenheiten, die nicht durch Tendenzen nationaler deutscher

Vorherrschaft im Rahmen der österreichischen Gesamtmonarchie getrübt waren, durchaus einig. Sie wandten sich allerdings in nationalen Fragen immer von den Deutschen ab,[214] wenn sie eine Vorherrschaft der Deutschen innerhalb der österreichischen Gesamtmonarchie befürchteten.

Das alle Mitglieder und Nationalitäten umschlingende Band der Linken war ihre liberaldemokratische Grundanschauung, die sie gegenüber der Regierung, der Rechten und dem Zentrum immer geschlossen vertraten.

Bei der Linken siegten zwar Eifersucht und Mißtrauen unter den Nationalitäten oft über die Parteisolidarität, sie trieb aber den individualistischen Nationalismus nie so weit, daß sie diesem die freiheitlichen Errungenschaften der Revolution unterordnete. In dieser Haltung unterschieden die Abgeordneten der Linken sich grundlegend von der tschechischen Rechten, die aus nationaler Gegnerschaft zu den Deutschen ihre nationalen Belange über die politische Freiheit stellte und dadurch, ob gewollt oder ungewollt, in antirevolutionärem Sinne tätig war.

Am 22. Juli 1848 wurde der *Reichstag* mit einer Rede Erzherzog JOHANNS feierlich eröffnet:

> »Die Befestigung der erworbenen Freiheit für uns und unsere Zukunft erheischt Ihr offenes und unabhängiges Zusammenwirken in der Feststellung der Verfassung«, sagte der Erzherzog und fügte hinzu: »Alle Nationalitäten der Monarchie stehen dem Herzen Sr. Majestät gleich nahe. In der freien Verbrüderung derselben, in der vollen Gleichberechtigung aller, sowie in dem innigen Verbande mit Deutschland finden alle Interessen eine feste Grundlage.«[215]

Mit diesen Worten waren dem Reichstag *zwei politische Endziele* vor Augen gestellt:

- die *Verfassung für Österreich* auf der Basis der Freiheit und Gleichberechtigung der Nationalitäten
- und der innige *Anschluß an Deutschland,*

beide allerdings in so vagen und allgemeinen Formulierungen, die über die Art der Ausführung keinen eindeutigen Schluß zuließen.

Die Erwähnung der nationalen Gleichberechtigung und der zu beratenden freiheitlichen Verfassung rief den ungeteilten Beifall der Versammlung hervor, eine Tatsache, die für die Übereinstimmung der großen Mehrheit aller Reichstagsabgeordneten in den liberaldemokratischen Grundprinzpien bezeichnend war.

Die Nennung des innigen Anschlusses an Deutschland jedoch machte sofort ihren *nationalen Zwiespalt* sichtbar. Die Tschechen nahmen diese Äußerung mit eisigem Schweigen auf und waren so sehr verärgert darüber, daß sie sich nicht an den Ovationen beteiligten, die die Versammlung im Anschluß an die Erwiderungsadresse des Reichstages dem Erzherzog und seiner Gemahlin darbrachte.[216]

In seinen jetzt beginnenden Verhandlungen hat sich der Reichstag bis zu seiner Auflösung im März 1849 nur um die Verwirklichung des ersten der beiden von Erzherzog JOHANN aufgestellten Endziele gekümmert, nämlich um die Ausarbeitung einer Verfassung zur Sicherstellung der politischen und sozialen Freiheit für die österreichischen Staatsbürger. Als die Regierung ihn 1849 nach dem Scheitern der Revolution aufhob, war die Verfassung vorhanden, nach der die österreichischen Völker ein Leben in Freiheit hätten führen können.

Mit dem für Österreich ebenso wichtigen und von Erzherzog Johann ebenfalls hervorgehobenen *Anschluß an Deutschland* hat sich der Reichstag jedoch *offiziell niemals* beschäftigt.

Einer der Gründe für dieses Verhalten ist gewiß die Meinung gewesen, daß der Wiener Reichstag für die Gestaltung des Verhältnisses zu Deutschland nicht kompetent sei und man diese Frage von den österreichischen Abgeordneten in der Frankfurter Nationalversammlung gelöst wissen wollte. Schon in einer Wahlrede hatte der Abgeordnete KUDLICH bereits vor der Konstituierung des Reichstages ausgerufen:

> »Über das Verhältnis zu Deutschland wird der Wiener Reichstag keine entscheidende Stimme haben. Dadurch, daß Ihr schon einen Vertreter nach Frankfurt gesendet habt, seid Ihr auch verpflichtet, die Beschlüsse des Frankfurter Reichstages anzuerkennen.«[217]

Unter anderen Mitgliedern des Wiener Reichstages muß sich aber die Meinung von seiner Inkompetenz für die Regelung des deutsch-österreichischen Verhältnisses aber offensichtlich erst nach und nach durchgesetzt haben, und zwar als Folge der Erkenntnis, daß der Wiener Reichstag wegen der Mehrheit der nichtdeutschen Nationalitäten nicht fähig war, die deutsche Frage in nationaldeutschem Sinne zu lösen. Die Äußerungen einiger Abgeordneter lassen nämlich erkennen, daß man anfangs von ihm sehr wohl ein entscheidendes Urteil in dieser Angelegenheit erwartet und sogar zu diesem Zweck ein fragliches Abstimmungsexperiment erwogen hat.

So hatte der Abgeordnete BORROSCH bereits am 18. Juli 1848 in der sechsten vorbereitenden Sitzung des Reichstages auf die »Anschlußfrage« angespielt und zu ihrer Lösung eine Separatabstimmung gefordert, indem er verlangte, »daß die, welche nicht den erbländischen Provinzen« angehörten, »sich notwendig der Stimmgebung enthalten« müßten.[218] Er hatte es aber erleben müssen, daß seine Worte eine »allgemeine große Bewegung« hervorriefen und so deutlich die Ablehnung eines Großteils des Reichstages zeigten.

Die Anhänger der österreichischen Gesamtstaatsidee, die über die Mehrheit des Hauses verfügten, hätten niemals in eine solche Abstimmung eingewilligt, weil sie die prinzipielle Gleichberechtigung aller Abgeordneten aufgehoben, so die Volksvertretung gespalten und, was für sie weit gefährlicher gewesen wäre, das Ende der österreichischen Staatseinheit hätte herbeiführen können.

Trotzdem sprach Ende Juli 1848 noch einmal ein Abgeordneter davon, »daß wir gewissermaßen die Frankfurter Aufgabe zunächst zu lösen haben«, fügte allerdings, skeptisch und resigniert, hinzu, »um zu beweisen, ob eine solche überhaupt lösbar sei«.[219]

Im August 1848 forderte der Abgeordnete SCHUSELKA lediglich nur noch sehr allgemein, aber ohne Nachdruck: »... es wird auch in unserer hiesigen österreichischen Verfassung notwendiger Weise ein Prinzip ausgesprochen werden müssen über unsere Stellung zu Frankfurt und zu Deutschland.«[220]

Aus den genannten Gründen war die Lösung der deutschen Frage für den österreichischen Reichstag bis zu seiner Auflösung *kein offizielles Tagungsthema.* Trotzdem hörten die Befürworter des Anschlusses an Deutschland nie auf, in Zusammenhang mit anderen Verhandlungsgegenständen entsprechende rhetorische Vorstöße zu unternehmen.

Eine *Analyse dieser Redebeiträge zur deutschen Frage* und der Reaktionen auf sie ist aber trotzdem *sinnvoll,* weil sie das politische *Dilemma* deutlich offenbarten, in das die Reichstagsabgeordneten gerieten,

- wenn sie bei Aufrechterhaltung der Stellung Österreich als Führungsmacht des Deutschen Bundes
- ihre liberaldemokratischen und nationalen Wünsche
- in Auseinandersetzung mit der von der Nationalversammlung in Frankfurt ausgehenden deutschen Einheitsbewegung
- und den Zielen der nichtdeutschen österreichischen Nationalitäten

vertraten.

Die Haltung der überwiegend tschechischen Partei der *Rechten,* deren leitende Persönlichkeiten außer dem bekannten Politiker und Historiker PALACKY die Abgeordneten BRAUNER, RIEGER, HAWLITZEK und TROJAN waren,[221] wurde bestimmt durch die in PALACKYS Absagebrief an den Heidelberger Fünfzigerausschuß enthaltenen Grundsätze.

Sie waren stellvertretend für das ganze tschechische Volk und enthielten jenes als *Austroslawismus* bezeichnete Bekenntnis zur österreichischen Staatsintegrität, um sich als kleines Volk national behaupten zu können. Die Furcht vor Rußland, dessen absolutistisches Regime fest und unerschütterlich dastand und das wegen seiner großen Macht eine Gefahr für die nach politischer und nationaler Freiheit strebenden kleineren slawischen Nationen innerhalb des österreichischen Staatsverbandes bildete, ließ jene die Notwendigkeit dieses österreichischen Völkervereines bejahen; denn nur die Gesamtheit aller Völker und Stämme Österreichs bildete, wenn sie politisch eine Einheit darstellte, ein einigermaßen ausreichendes Gegengewicht gegenüber russischen Hegemonialbestrebungen.

Es war folgerichtig gedacht, daß diesen tschechischen Freiheits- und Sicherheitsüberlegungen auch die Ablehnung der von der Frankfurter Nationalversammlung angestrebten Angliederung der zum Deutschen Bund gehörigen österreichischen Gebietsteile an das neu zu schaffende deutsche Reich entsprach.

»Um des Heils von Europa willen darf Wien zu einer Provinzstadt nicht herabsinken«, hatte PALACKY in seinem Brief gemeint, jedoch war dieses Anliegen für ihn weniger ein europäisches als vielmehr spezifisch slawisches. Fürchtete er für die außerhalb eines großdeutschen Reiches bleibenden Slawen eine Bedrohung ihrer politischen Freiheit durch Rußland, so andererseits für jene, die innerhalb eines neuen deutschen Reiches leben würden, also insbesondere für die Tschechen, eine Bedrohung ihrer nationalen Freiheit und Entwicklung durch Deutschland. Seines »Volkes Frieden, Freiheit und Recht« glaubte er von Frankfurt nicht erwarten zu dürfen.

Man beeilte sich zwar hier, die Furcht der Slawen vor einer ihr angeblich von Deutschland drohenden Gefahr für ihre Nationalität durch die feierliche Erklärung der Nationalversammlung vom 31. Mai 1848 als unbegründet hinzustellen, in der es unter anderem hieß:

> »Das fortan einige Deutschland ist groß und mächtig genug, um den in seinem Schoße erwachsenen und andersredenden Stämmen in vollem Maße gewähren zu können, was Natur und Geschichte ihnen zuspricht, und niemals soll auf seinem Boden weder der Slawe noch der dänisch redende Nordschleswiger, noch der italienisch redende Bewohner Süddeutschlands, noch wer sonst uns angehörig in fremder Zunge spricht, zu klagen haben, daß ihm seine Stammesart verkümmert werde oder die deutsche Bruderhand sich ihm entziehe, wo es gilt.«[222]

Jedoch prallte diese Erklärung wirkungslos an dem unüberwindlichen tschechischen Mißtrauen gegenüber allem Deutschen ab.

Dieses war allerdings nicht unbegründet. Reden wie die vielbeachteten Ausführungen ARNDTS, mit denen er die Hindernisse hatte bekämpfen wollen, die die Tschechen in Böhmen der Durchführung der Wahlen für die deutsche Nationalversammlung entgegenstellten, oder Anträge, die die Abgeordneten in Frankfurt zum Schutz der Deutschböhmen eingebracht hatten, waren geeignet, das tschechische Mißtrauen zu verstärken. ARNDT hatte beispielsweise gesagt:

> »Was würden die Franzosen sagen, wenn die bretagnischen, die baskischen, die altligurischen Volksteile, die an der Außenseite der Meere liegen, also leichter gesondert werden könnten, als Böhmen, das in unserem Herzen liegt, was würden die Franzosen sagen, wenn diese Landesteile erklären würden, wir wollen Bretagner, Provençalen und keine Franzosen sein? Und Böhmen war jahrhundertelang ein Teil des deutschen Reiches, ein großes Kurfürstentum, ringsumgeben von deutschen Völkern!. . . Indem ich anerkenne, was jene würdigen Stämme, die in diesem Lande und um dasselbe herum wohnen, getan haben, kann ich jedoch nicht vergessen, daß wir den Grundsatz in Deutschland festhalten müssen, daß, was ein Jahrtausend zu uns gehört hat, und ein Teil von uns geworden ist, ferner zu uns gehören muß.«[223]

Die böhmischen Reichstagsabgeordneten formulierten ihre Besorgnisse rückblickend am 21. März 1849 in einer Denkschrift:

> »Das Frankfurter Parlament, das seinen politischen Bau zunächst und ausschließlich auf der Idee der deutschen Nationalität aufführte, hatte zwar den nichtdeutschen Stämmen in Deutschland gewisse Recht zugesichert: aber die Vorgänge in Schleswig, das gewaltsame Zerreißen Posens und die von Slawen- insbesondere von Czechenhaß überströmenden Reden der Paulskirche bildeten einen abschreckenden Commentar zu jenem Texte.«[224]

In der Frankfurter Bewegung sahen die Tschechen ihren nationalen Feind und waren nicht dazu zu bewegen, als Angehörige der deutschen Bundesländer Österreichs ihre Vertreter in die Paulskirche zu entsenden. Von 190 Abgeordneten, die aus den österreichischen Gebieten kommen sollten, stellten sich nur 120 in der deutschen Nationalversammlung in Frankfurt ein, »da die tschechischen Wahlkreise versagten«.[225]

Um ihre Nationalität in Zukunft zu sichern, ging es den Tschechen nicht nur um die einfache Ablehnung der von der deutschen Nationalversammlung in Frankfurt ausgehenden nationalen deutschen Einigungsbemühungen, sondern sie ergänzten sie, wie schon der zitierte Brief PALACKYS vom 11. April 1848 an den Heidelberger Fünfzigerausschuß offenbart hatte, durch ihr Eintreten für eine *von Deutschland unabhängige* und uneingeschränkte *österreichische Großmachtstellung*, in der *sie die Hegemonie* zu erreichen hofften.

> »Die Tschechen... träumten nicht nur von der alten Herrlichkeit der böhmischen Krone..., sondern sie glaubten kühn, aus diesem Österreich ein gewaltiges Slawenreich zu machen«, und der Reichstagsabgeordnete TROJAN hatte ausgerufen: »Seit Jahrhunderten sind die Tschechen von den Deutschen beherrscht worden. Nun kommt die Reihe der Herrschaft an die Tschechen und Ihr Deutschen müßt Euch jetzt gefallen lassen, die Bedienten zu spielen.«[226]

> »... die Tschechen... schwärmten bis ans Ende (des Reichstages) für die Idee eines slawischen Österreichs, eines slawischen Großreiches. Um nicht wieder wie früher von anderen Nationalitäten,... so wollten sie jetzt andere Nationalitäten beherrschen.«[227]

Ein Mittel zur Erreichung dieses Zieles war das ebenfalls schon in dem genannten Brief PALACKYS geforderte *Prinzip der nationalen Gleichberechtigung*. Dieses konnte natürlich nur im Kampfe mit Wien erreicht werden; denn die nationale Gleichberechtigung der Slawen erforderte zunächst die Beseitigung der bisherigen zentralistischen, vorwiegend deutschen Regierung der Monarchie und dann ihre Ersetzung durch eine föderalistische Verfassung, in der allen nichtdeutschen Nationalitäten weitgehende Autonomie und damit eine völlige politische Gleichstellung mit dem deutschen Element zu gewähren war. Wegen des zahlenmäßigen slawischen Übergewichts über die deutsche Bevölkerung hätte eine derartige föderalistische Verfassung die Slawen dann notwendig zum beherrschenden

Faktor Österreichs gemacht. Dieses Ziel lag auch erklärtermaßen der tschechischen Gleichberechtigungspolitik zugrunde.

Schon am 17. März 1848 hatte der spätere Reichstagsabgeordnete Karl HAWLITZEK die gleichen Gedanken in seinem Aufsatz »Unsere Fahne«, den er in der tschechischen Prager Zeitung veröffentlicht hatte, offen ausgesprochen.[228] HAWLITZEK beabsichtigte, die Vorteile des zahlenmäßigen Übergewichts der Tschechen gegenüber den Deutschen in Böhmen durchaus wahrzunehmen, wenn er meinte:

»Die Gleichberechtigung fassen wir nicht so auf, daß die Tschechen und Deutschen von allem die Hälfte haben sollen. Das würden wir stets als ein großes Unrecht an den Tschechen betrachten, denn die Tschechen bilden drei Viertel, die Deutschen ein Viertel der Bevölkerung des Landes. Unsere Meinung geht dahin: Der Tscheche und der Deutsche sollen jeder in betreff ihrer Nationalität bei Behörden und in den Schulen die Vorteile ihrer Nationalität bequem genießen können, sonst aber haben die Tschechen den Vorzug, weil wir in Böhmen sind und die Tschechen die Mehrheit bilden.«[229]

Die Tschechen »zeigten ganz offenbar, daß sie nach der Hegemonie unter den anderen österreichischen Völkern strebten, sie hätten allezeit, wenn sie von ihrer Nationalität sprachen, ebenso gut Hegemonie statt Nationalität nennen können«.[230]

Allerdings haben die Tschechen in ihrer schon genannten Denkschrift vom 21. März 1849 – also *nach* dem kaiserlichen Dekret vom 4. März 1849, das den Reichstag offiziell auflöste – beteuert, »daß wir unsere Nationalität nie und nirgends auf Kosten einer anderen geltend zu machen versucht haben«,[231] eine Behauptung, die im Gegensatz zu den angeführten Äußerungen tschechischer Reichstagsabgeordneter steht und daher nicht unbedingt Überzeugungskraft besitzt.

Im Reichstag selbst erschien ihr *österreichischer Patriotismus* als *Austroslawismus*, dem die deutschen Reichstagsabgeordneten aller Parteischattierungen ihren entschlossenen Widerstand entgegensetzten.

Nach der Niederwerfung des im Anschluß an den Prager Slawenkongreß ausgebrochenen Pfingstaufstandes durch Fürst WINDISCHGRÄTZ waren die an die tschechische Autonomie gemachten kaiserlichen Zugeständnisse vom 8. April und 6. Juni 1848,[232] die den Tschechen sogar eine nach Prag einzuberufende Volksvertretung gestattet hatten, hinfällig geworden. Zugleich hatte die Demonstration des Slawenkongresses gegen die Frankfurter Einheitsbewegung durch WINDISCHGRÄTZ' Sieg eine Niederlage erlitten. Als einzige Bühne für ihren nationalen Emanzipationskampf war der Wiener Reichstag übriggeblieben. Nur so ist die Äußerung des tschechischen Reichstagsabgeordneten HAWLITZEK zu verstehen, »daß sie auch nicht gekommen wären, wenn nicht der WINDISCHGRÄTZ gewesen wäre«.[233]

Unbedingte Feindschaft zu Frankfurt, die sich bis zum »kindischen Hasse gegen alles Deutsche«[234] steigern konnte, veranlaßte die tschechischen Abgeordneten, jede sich bietende Gelegenheit auszunutzen, um gegen Frankfurt und

Deutschland zu demonstrieren. Selbst unsachliche, kleinliche und nur auf nationaler Antipathie beruhende Äußerungen waren keine Seltenheit.

Als während einer der ersten Reichstagssitzungen bei der Beratung der Geschäftsordnung ein Abgeordneter der Linken die Geschäftsordnung des Frankfurter Parlaments als Beispiel erwähnte, erhob sich sofort der tschechische Abgeordnete KLAUDI von der Rechten und lehnte es ab, daß das Frankfurter Parlament »der Kammer Österreichs und seiner Völker... zu einer Richtschnur dienen« könne.[235]

Man wollte nicht einmal in den rein formalen Regeln der parlamentarischen Ordnung etwas von der Paulskirche entlehnen, obwohl ein dritter Abgeordneter kurz vorher bemerkt hatte, »daß die Frankfurter Versammlung wenigstens in Beziehung auf die Art der Zusammensetzung... sehr viel mit« der Wiener »gemein« habe, und zur Beruhigung der Tschechen noch hinzugefügt hatte, »daß diese angeführten Bestimmungen des Frankfurter Parlaments nicht darum angeführt« würden, »weil sie als Band anzusehen« seien, »sondern vielmehr weil sie auf« die Verhältnisse des Wiener Reichstages »Anwendung« fänden.[236]

Dieser rein praktischen Erwägung aber war die Rechte durchaus unzugänglich. »Jede leise Hindeutung auf Frankfurt wurde... als *crimen laesae majestatis* angesehen und gerügt.«[237] »Frankfurt blieb fortan für die Slawen ein Wort des Schreckens und der Erbitterung.«[238]

Zu einem gewaltigen Zusammenprall der nationalen Gegensätze führte die Beratung der Frage der Verhandlungssprache im Reichstag. Bereits in der dritten vorbereitenden Sitzung vom 12. Juni 1848[239] hatte der ruthenische Abgeordnete PROKOPCZYK die Übersetzung der »Anträge und Motionen« vor ihrer Abstimmung in die verschiedenen Volkssprachen beantragt, weil zahlreiche slawische und italienische Abgeordnete der deutschen Sprache nicht mächtig waren. Dagegen hatten die Deutschen heftig protestiert. Als sie aber am 11. September 1848 die Erhebung des Deutschen zur offiziellen Parlamentssprache forderten und der Deutschböhme BORROSCH wegen des eigensinnigen Festhaltens an den Volkssprachen von »Nationalitätsliebhabereien« sprach, stieß er auf den erbitterten Widerstand RIEGERS, eines der tschechischen Führer, der sich zum Sprecher der allgemein-slawischen Opposition machte und ausrief:

> »Meine Herren, verstehen Sie die Gleichberechtigung so, daß nur der Deutsche das Recht haben soll, sich seiner Nationalsprache zu bedienen, und alle anderen von diesem Recht ausgeschlossen sein sollen?... Nur dem Slawen kann es geboten werden, daß man ihm zumutet, in diesem Staate die Herrschaft einer Nationalität, die sich in der Minorität befindet, über sich zu dulden. Wir Slawen bilden bei weitem die größere Macht dieses Staates, durch unser Geld, durch unser Blut wird er erhalten – allein nur *so* lange *wir* wollen, wird er bestehen, wir aber wollen es.«[240]

Der Abgeordnete DOLIAK fügte hinzu:

»Wenn schon in dieser Kammer auf diese Art die Gleichberechtigung und die Garantie der Nationalitäten verstanden wird, so können wir einen Vorgeschmack haben, wie man sie aus Frankfurt den Slawen bieten wird.«[241]

Der Pole SAFKA aber hatte schon bei der ersten Erörterung der Sprachenfrage ausgerufen:

»Ich danke schön, wenn alles deutsch, wer wird polnisch sein?«[242]

So war aus dem Sprachenstreit, der dadurch beendet wurde, daß man sich, ohne das Deutsche offiziell zur Verhandlungssprache erhoben zu haben, weiterhin aus praktischen Gründen der deutschen Sprache bediente, ein Kampf der Nationalitäten geworden, dessen Fronten quer durch alle vorhandenen politischen Gruppen hindurchliefen. Deutsche standen ohne Rücksicht auf ihre sonstige politische Gesinnung gegen Slawen, deren Wortführer ein klares Zeugnis ihres nationalen Fühlens abgelegt hatten.

Zeigte der Ausspruch DOLIAKS vor allem deutlich die glatte slawische Ablehnung Frankfurts und das unüberwindliche Mißtrauen, das die feierliche Garantieerklärung der Paulskirche vom 31. Mai 1848 nicht hatte entkräften könnn, so offenbarten RIEGERS Worte, daß die Slawen nicht in der einfachen Verneinung Frankfurts verharrten, sondern den Ideen PALACKYS folgten und den Austroslawismus propagierten. In nationalistisch überspitztem Bewußtsein der slawischen Mehrheit im Kaiserstaat stellte RIEGER das Slawentum als das die Existenz bedingende Element Österreichs hin und proklamierte öffentlich den slawischen Willen zu dessen Aufrechterhaltung. Damit hatte RIEGER jetzt im Reichstag das gleiche Bekenntnis zum österreichischen Staat abgelegt, das PALACKY einige Monate früher in seinem Absagebrief an den Heidelberger Fünfzigerausschuß formuliert und begründet hatte.

Diese unbedingte Entschlossenheit, den österreichischen Staat in seiner Souveränität und Großmachtstellung zu erhalten, führte die Rechte zwangsläufig an die Seite der österreichischen Regierung.

Allerdings war die Einigkeit in diesem politischen Ziel nur von rein formaler Natur. Der zu diesem Zeitpunkt noch nicht deutlich ausgesprochene materiale Unterschied bestand nämlich darin, daß der Regierung kein Österreich erstrebenswert erschien, in dem das slawische Element die Führungsrolle gespielt hätte.

Immerhin ließ sich aber zunächst die Unabhängigkeit gegenüber Frankfurt für die Regierung leichter mit tschechisch-slawischer Unterstützung und umgekehrt für die Reichstagsrechte besser mit Hilfe der Regierung wahren.

Am 16. September 1848 hatte Dr. BACH, Justizminister des Anfang Juli gebildeten Ministeriums WESSENBERG, im Reichstag erklärt: ». . . wir kämpfen dafür, daß Österreich als ein einiges kräftiges Österreich erhalten werde«, und davon gesprochen, »daß Österreich nicht bloß eine zufällige, sondern politisch-historische Notwendigkeit« sei.[243] Damit hatte Bach, der »stets der Redner des Ministeriums« war,[244] mit anderen Worten genau das gleiche gesagt wie einst PALACKY in seinem Absagebrief an den Fünfzigerausschuß. Wenn also für das österreichische Ministerium WESSENBERG das Bestehen des Kaiserstaates politisch-historisch notwendig war, dann hatte es sich zugleich der Erklärung der Vorgängerregierung PILLERSDORF angeschlossen, die in der *Wiener Zeitung* am 21. April 1848 veröffentlicht worden war:

> Österreich »kann ... nie ein gänzliches Aufgehen der Sonderinteressen seiner verschiedenen zum deutschen Bunde gehörigen Gebietsteile, eine unbedingte Unterordnung unter die Bundesversammlung, ein Verzichten auf die Selbständigkeit der inneren Verwaltung mit seiner besonderen Stellung vereinbarlich finden und muß sich die besondere Zustimmung von jedem von der Bundesversammlung gefaßten Beschlusse unbedingt vorbehalten. Insofern letzteres mit der Wesenheit eines Bundesstaates nicht vereinbarlich erkannt würde, wäre Österreich nicht in der Lage, einem solchen beizutreten«.[245]

Die über den Regierungswechsel hinweg gleichgebliebene Politik der formalen österreichischen Unabhängigkeit entsprach ganz den Wünschen der Reichstagsrechten.

Schon bei der Abstimmung über den am 26. Juli 1848 durch Hans KUDLICH eingebrachten Antrag:

> »Die Reichsversammlung möge beschließen: Von nun an ist das Untertänigkeitsverhältnis samt allen daraus entspringenden Rechten und Pflichten aufgehoben, vorbehaltlich der Bestimmungen, ob und wie eine Entschädigung zu leisten sei«,[246]

hatte sich die Rechte zusammen mit dem Zentrum den Wünschen der Regierung angeschlossen und sich für die Entschädigung der Grundherren durch die befreiten Bauern ausgesprochen.

Die Tschechen hatten auf diese Weise unter Hintansetzung ihrer liberalen Grundprinzipien nicht mit der zu einem beträchtlichen Teil großdeutsch gesinnten Linken gestimmt, die die Entschädigung ablehnte.

Das kaiserliche Gesetz, das den bisher unfreien Bauern die Freiheit brachte, wurde daher am 7. September 1848 unter Berücksichtigung der Grundherrenentschädigung verkündet.

> »Der KUDLICHsche Antrag hatte Spreu und Weizen gesondert... Die Männer der Rechten, das sind die Tschechen, waren immer in jenem Lager zu finden, welches den schwarz-rot-goldenen Deutschen feindselig gegenüberstand... sie ließen sich ins Lager des Ministeriums hinüberführen.«[247]

Auch die Reichstagsdebatte und -abstimmung über die Frage der Zulassung des Empfangs einer vom Budapester Reichstag an den Wiener Reichstag gesandten ungarischen Deputation am 19. September 1848 zeigte die antideutsche und antifrankfurtische Gesinnung der Rechten.[248]

Die Ungarn sollten den Wiener Reichstag um Vermittlung in dem zwischen ihnen und der habsburgischen Dynastie ausgebrochenen Konflikt bitten. Die

Ungarn protestierten gegen die Absicht der kaiserlichen Regierung, die ihnen zugestandene staatsrechtliche Autonomie in Frage zu stellen.

Die politische Situation war kompliziert. Kaiser FERDINAND hatte im April 1848 die Autonomie des Königreiches Ungarn im Rahmen des Kaiserreiches Österreich sanktioniert. Zum Königreich Ungarn gehörten Landesteile, in denen nichtungarische Nationalitäten lebten, die als Folge der Revolution gegen die ungarische Bevormundung protestierten. In Kroatien war der Baron JELLACHICH »einer der Führer der kroatischen Nationalbewegung«,[249] die sich von Ungarn lösen wollte und daher bald in einem regelrechten Krieg mit Ungarn befand. Als kroatischer Banus war JELLACHICH zunächst vom Kaiser abgesetzt, aber am 4. September 1848 wieder in seine Ämter berufen worden, weil er sich in dem jetzt auch zwischen Ungarn und der kaiserlichen Regierung in Wien ausgebrochenen Konflikt nützlich erweisen konnte. Die kaiserliche Regierung hoffte nämlich, nachdem sie ihre Autorität in Lombardo-Venetien wiederhergestellt hatte, sich seiner bedienen zu können, um auch in Ungarn die Zügel wieder fester anziehen zu können. Zusätzlich hatte sich die Lage zwischen Budapest und Wien dadurch zugespitzt, daß der ungarische Revolutionsführer KOSSUTH einen Verteidigungsausschuß berufen hatte und ein kaiserlicher Kommissar in Ungarn ermordet worden war.

Für die Reichstagsrechte waren die Ungarn ebenso sehr Nationalfeinde wie die Deutschen, die ein deutsches Reich mit Einschluß der deutschen Bundesländer Österreichs schaffen wollten. Die Ungarn kämpften nämlich gegen die den Tschechen verwandten südslawischen Kroaten, so daß ihre Sympathien schon aus diesem Grund der Banus JELLACHICH besaß. Zugleich aber sah die Rechte in den Ungarn die Feinde der österreichischen Reichseinheit und die Freunde Frankfurts. Hatten sich die Ungarn doch bis in den September hinein bemüht, mit der deutschen Zentralgewalt ein Bündnis abzuschließen. Wenn dieses auch infolge eines kaiserlichen Handschreibens an die deutsche Zentralgewalt, welches die zu diesem Zweck an die Paulskirche abgesandte ungarische Deputation für ungültig erklärte, nicht zustande gekommen war,[250] so konnte man doch aus den ungarischen Bemühungen die wirklichen Sympathien der Budapester Regierung und des magyarischen Reichstages erkennen. Es schien tatsächlich die Gefahr vorhanden zu sein, »daß Ungarn und Deutschland einander über Österreich hinweg die Hände reichten«.[251]

Bei der Abstimmung kam durch die große Zahl der Rechten eine beträchtliche Majorität zusammen, die den Empfang der ungarischen Deputation durch den Reichstag ablehnte. Dadurch hatte sich die Reichstagsrechte erneut der Regierung zur Verfügung gestellt und nicht nur ihrer nationalslawischen, sondern auch antifrankfurtischen Haltung Ausdruck gegeben.

Als Freunde der Paulskirche waren die Ungarn ebenso sehr ihre Feinde wie die deutsche Nationalversammlung selbst.

Der Gedanke, daß sie mit ihrem Kampf gegen die revolutionären Deutschen und Ungarn und ihrer Unterstützung des Ministeriums und des Hofes vielleicht die Reaktion unterstützen könnten, wodurch sie sich ihre eigene liberale Grundlage entzögen, kam den Mitgliedern der Rechten und den unter ihnen maßgeblichen Tschechen offenbar nicht – oder aber er war zu schwach, um sich gegenüber ihren nationalistischen Zielen durchzusetzen.

Das Ende der Rechten im Wiener Reichstag war sehr unrühmlich.

In Wien hatte sich die politische Lage, nicht zuletzt auch unter dem Eindruck sozialer Mißstände, im September zugunsten des revolutionären Radikalismus wieder verschärft.

Als am 6. Oktober 1848 beim Ausmarsch von Truppen zum Kampf gegen die Ungarn das darüber empörte Volk mit der Ermordung des Kriegsministers LATOUR die sogenannte *Wiener Oktoberrevolution* auslöste, verließen die Tschechen mit drei Ausnahmen fluchtartig die Stätte ihres bisherigen Wirkens, um sich in ihre Heimat zu begeben.[252] Einige Abgeordnete eilten auch an den nach Olmütz geflohenen kaiserlichen Hof.

Sie hatten guten Grund zu ihrer Flucht, denn der Zweifel an ihrer liberaldemokratischen Gesinnung, den sie durch ihre Tätigkeit im Reichstag als Verbündete der Regierung hervorgerufen hatten, und ihr Ruf als geschworene Gegner der deutschen Nationalversammlung boten in der sehr radikalen und deutschnational bestimmten Wiener Oktoberrevolution keine Garantie für ihre Sicherheit.

Außerdem bekundeten die aus Wien fliehenden tschechischen Abgeordneten durch ihr Fortgehen, daß sie sich von der Oktoberrevolution bewußt distanzieren wollten. Hatten sie sich im Reichstag schon immer der offiziellen österreichischen Regierungspolitik angepaßt, so konnten sie jetzt auf diese Art erneut den Anschein unerschütterlicher Loyalität gegenüber dem Hof und der Regierung erwecken. Sie wollten durch ein Ausharren in Wien nicht »die Hand bieten« zu einem »Resultate«, das im Falle des Sieges der Revolutionäre das Ende der österreichischen Großmacht bedeutet hätte. Dann wäre nämlich die Konstituierung Ungarns zu einem selbständigen Reich erfolgt und »die westliche Hälfte der Monarchie. . . genötigt« worden, »von Frankfurt Gesetze anzunehmen«, wie einige böhmische Abgeordnete in ihrer genannten Denkschrift vom 21. März 1849 meinten.[253] Es war daher nicht verwunderlich, daß den tschechischen Abgeordneten von einem Vertreter der Reaktion »Anhänglichkeit an die Dynastie, an Österreich und an die Sache der Ordnung« bescheinigt wurde.[254]

Man geht nicht fehl in der Annahme, daß die Tschechen sich als staatserhaltende Ordnungspartei erweisen wollten, um so schließlich die uneingeschränkte Unterstützung der Regierung für die Erreichung ihrer nationalen Ziele zu gewinnen.

Ein Indiz dafür ist auch die – allerdings vergebliche – von den bedeutendsten tschechischen Reichstagsabgeordneten PALACKY, PINKAS, RIEGER, HAWLITZEK, BRAUNER und anderen am 11. Oktober 1848 in der *Prager Zeitung* veröffentlichte Aufforderung an ihre in Wien zurückgebliebenen Reichstagskollegen, sich im mährischen

Brünn zu versammeln, um über Maßnahmen »im Interesse der Gesamtmonarchie« zu beraten.[255]

Das Programm des *Zentrums*, dessen Organisation gegen Ende September 1848 festere Formen annahm, lautete:

> »Aufrechterhaltung der Integrität und Souveränität eines nach innen kräftigen und nach außen mächtigen österreichischen Gesamtstaates auf der Grundlage der vollsten konstitutionellen Freiheit.«[256]

Von Deutschland war überhaupt nicht die Rede. Man bekannte sich also wohl zur *»konstitutionellen Freiheit«*, aber den *nationalen* Triebkräften der Revolution stand man völlig *fremd* gegenüber. Die Deutschen waren das maßgebende Element im Zentrum, und wenn dieses die »Integrität und Souveränität« des österreichischen Kaiserstaates als oberstes Ziel proklamierte, so war das zugleich eine deutliche *Absage an Frankfurt.*

Die Zentrumsdeutschen waren weitgehend frei von den Sympathien für die deutsche Einheitsbewegung, weil das altösterreichische Staatsbewußtsein, das sie beherrschte, sich gegen den Eintritt in einen deutschen Bundesstaat wehrte, der nur auf Kosten der »Integrität und Souveränität« der Monarchie verwirklicht werden konnte.

In Deutschland und Ungarn sah man die eigentlichen Gegner Österreichs.

> »Kein Österreich mehr,« meinte ein Abgeordneter des Zentrums, »sondern nur ein einiges alleinherrliches großmächtiges Deutschland im Westen, ein alleinherrliches großmächtiges Ungarn im Osten von Mitteleuropa! Kein Wien mehr als Schwerpunkt der mitteleuropäischen Politik! Dieser Schwerpunkt fällt von der einen Seite Frankfurt, von der andern Budapest anheim. Kein Schwarzgold mehr, sondern hier Schwarzrotgold, dort Rotweißgrün!«

Das war für ihn eine unerträgliche Vorstellung:

> »Ist es in der Geschichte schon vorgekommen, daß die Hauptstadt eines großen Reiches (Wien) darauf ausgeht und alles in Bewegung setzt, die Provinzialstadt eines anderen Reiches zu werden?«[257]

Als wichtiges Mittel zur Verhinderung eines Auseinanderfallens Österreichs erschien den Zentrumsdeutschen die Bildung eines spezifisch *österreichischen Patriotismus.* So wollte der Abgeordnete MAYER sogar ein »österreichisches Volk« entstehen lassen, wenn er im Reichtag sagte:

> »Meine Herren, ich hoffe, wir gehen weg als Vertreter des österreichischen Volkes, wir kamen als Vertreter der Provinzen und sind hier erst zum Volke geworden. – Die Wahl geschah nach Provinzen, nicht aus dem ganzen österreichischen Volke... Eben in diesem Punkte, meine Herren, waren wir Individuen, das können wir nicht leugnen; jetzt aber wollen wir aufhören, Individuen zu sein, wir wollen ein Volk werden.«[258]

Besonders dringend bedurfte man des österreichischen Gesamtstaatsbewußtseins, um ein Gegengewicht gegen die deutsche Einheitsbewegung zu schaffen. Unter diesen Umständen war es um so bemerkenswerter, daß man sich kaum zu scharfen Angriffen gegen Frankfurt hinreißen ließ.

»Die Kernmänner dieses Zentrums, die GREDLER, STRASSER, SELINGER, NEUWALL, HELFERT und STADION, die THINNFELD und HASSELWANTER, sie alle hielten sich in Wien, solange demokratischer Wind um ihre Häupter wehte, ziemlich bescheiden und still«, schrieb ein Mitglied der Reichstagslinken.[259]

Die einzige offene Ablehnung Frankfurts durch das Zentrum kann man in den Äußerungen des Abgeordneten NEUWALL zur Abweisung der ungarischen Deputation erblicken:

> »Was wollen unsere magyarischen Nachbarn, wegen was kommen sie zu uns? Als Beförderer der gemeinsamen Wohlfahrt, als Stützen eines großen, kräftigen, einigen Österreichs? Meines Erachtens, soviel ich mich erinnern kann, haben sie diese Intention seit dem April nie bewiesen; sie haben bei jeder Gelegenheit geliebäugelt mit den Feinden des Gesamtstaates; sie haben sich dadurch faktisch losgerissen von uns; haben es wenigstens versucht; ja, wie weit auch entfernt Frankfurt ist, haben sie vor einigen Monaten schon eine Deputation dorthin geschickt, während sie zu uns, die wir so nahe sind, erst jetzt eine Deputation absenden, obwohl wir hier tagten und sie sich unserer Brüderlichkeit längst hätten versichern können... Jetzt kommen sie, nachdem sie vor 14 Tagen erst öffentlich in ihrem Reichstag mit einer großen Majorität es ausgesprochen haben, daß wenn Österreich mit Deutschland in Krieg verfallen würde, Ungarn mit Deutschland gegen Österreich auftreten werde.«[260]

Diese Befürchtungen eines deutsch-ungarischen Zusammenspiels kursierten übrigens auch in den Minister- und Hofkreisen, weil sie ebenfalls von den Ungarn die »Zertrümmerung Österreichs« zur Errichtung eines großen Ungarns, Polens und Deutschlands erwarteten.[261] Ihnen wollte neben den Tschechen des Reichstages auch das vorwiegend ministeriell-gesamtstaatlich orientierte Zentrum entgegenwirken.

Ein Hand-in-Hand-Gehen in allen Fragen, die sich um die Erhaltung der österreichischen Unabhängigkeit drehten, zwischen dem Ministerium, der Rechten und dem Zentrum war zu erwarten. Der radikale Abgeordnete Anton FÜSTER von der Reichstagslinken meinte sogar:

> »An sie (die Tschechen) schloß sich, wenn es galt, den Amts- oder Diensteifer zu beweisen, dem Ministerium Huldigungen, Opfer darzubringen, das servile Zentrum an... Die Ministerialknechte, mit den Tschechen im Bunde, bildeten einen gräßlichen Sündenbund zum Unheil Österreichs.«[262]

So stimmte, was zu erwarten war, das Zentrum zusammen mit der Rechten gegen den Empfang der ungarischen Deputation.

Man darf allerdings bei dieser häufig zu bemerkenden Einigkeit zwischen der Rechten und dem Zentrum nicht die tiefgreifenden Unterschiede zwischen beiden übersehen.

- War die Rechte aus nationalen Motiven heraus zur Trägerin des österreichischen Staatgedankens im Sinne des Austroslawismus geworden,
- so war das österreichische Staats- und Einheitsbewußtsein der maßgebenden deutschen Abgeordneten des Zentrums *historischen* und *traditionalistischen* Ursprungs.

Sie betrachteten sich als Angehörige jener Nation, die die österreichische Monarchie in erster Linie aufgebaut und geleitet hatte, und sie waren daher nicht bereit, sich zusammen mit der Rechten für die Ziele des Austroslawismus einzusetzen.

Dieser politische Dissens blieb zwar in außenpolitischen Fragen, wie etwa bei dem Problem des österreichischen Verhältnisses zu Deutschland, verdeckt, offenbarte sich aber um so deutlicher bei den Auseinandersetzungen um eine künftige innerösterreichische Verfassung. Erstrebten neben den Zentrumsdeutschen auch die Mehrzahl der deutschen Abgeordneten aus anderen Parteischattierungen einen mehr zentralistisch strukturierten Staat, so glaubten die nichtdeutschen Reichstagsabgeordneten die Emanzipation ihrer Nationalitäten in einem föderalistisch gegliederten System besser erreichen zu können.

Es ist interessant festzustellen, daß sich ein Teil der österreichischen Patrioten des Zentrums gegenüber der deutschen Einheitsbewegung anfangs durchaus nicht ablehnend verhalten hat. Viele Zentrumsvertreter hatten sich in den ersten Tagen des Reichstages in Zusammenkünften mit Mitgliedern der Linken »zugunsten der übergeordneten Souveränität der Frankfurter Versammlung betreffs aller jener Bestimmungen« ausgesprochen, »welche zur Regelung des Verhältnisses zwischen Österreich und Deutschland getroffen werden mußten«. Damals »wehte der Wind noch entschieden für ein bundesstaatliches Verhältnis mit Deutschland«.[263]

Innerhalb des Zentrums ist es aber anschließend nicht zu einer ernsthaften Strömung für einen Anschluß an Deutschland gekommen. Äußerungen, die darauf hindeuten könnten, sind wohl der wenig differenzierten nationalen Stimmung der ersten Revolutionswochen zuzuschreiben gewesen. Wenn etwa der Abgeordnete STRASSER einmal in einer Interpellation auf die zur Unterdrückung revolutionärer Bestrebungen in die Moldau und Wallachei eingerückten russischen und türkischen Truppen anspielte und diese Tatsache als eine Angelegenheit bezeichnete, »welche im Interesse der Freiheit und im Interesse der österreichischen Völker und von ganz Deutschland zur Sprache gebracht werden müßte« und »für welches wir als Österreicher und als Deutsche ein sehr wichtiges Interesse haben müssen und sollen«,[264] so durfte man solche Äußerungen nicht als ein Hinneigen des Zentrums zu dem von der Paulskirche angestrebten deutschen Bundesstaat auffassen. Die Nennung Deutschlands war vielmehr ein Zugeständnis an die Reichstagslinke, die zu einem nicht geringen Teil den innigsten Anschluß an Deutschland wünschte, und die Berufung darauf, daß man doch Deutscher sei, bezog sich nicht auf großdeutsche Ziele, sondern ganz einfach auf den Willen, *innerhalb des unabhängigen österreichischen Gesamtstaates* der *deutschen Nationalität* ihre bisher *führende Stellung* auch in Zukunft *zu sichern.*

Es wäre jedoch falsch, dem auf die Unabhängigkeit und Integrität der österreichischen Monarchie ausgerichteten Zentrum zu unterstellen, es hätte jede nur denkbare Verbindung mit dem neuen deutschen Reich von sich gewiesen. Der in seiner Partei maßgebende Zentrumsabgeordnete HELFERT hatte einige *Grundsätze* für das zukünftige *deutsch-österreichische Einvernemen* aufgestellt:[265]

Der erste Grundsatz erklärte die Selbständigkeit und Unabhängigkeit des österreichischen Reichstages, der »keinerlei Oberhoheit über sich« anerkennen sollte. An eine Unterordnung unter die Beschlüsse der Frankfurter Nationalversammlung war also nicht zu denken.

Im zweiten Grundsatz wurde aber nichtsdestoweniger »das Verlangen nach einem dauernden und innigen völkerrechtlichen Verhältnisse zu dem durch die Frankfurter Nationalversammlung zu schaffenden neudeutschen Bunde« ausgesprochen. Diese Idee entsprach interessanterweise weitgehend dem später am 18. Dezember 1848 von Heinrich VON GAGERN in Frankfurt verkündeten Plan, nach dem Österreich zu dem in einem engeren Bunde zusammengeschlossenen deutschen Bundesstaat in einen weiteren Bund treten sollte.

Im dritten Grundsatz wurden konkrete Vorschläge zur praktischen Gestaltung des völkerrechtlichen Verhältnisses gemacht:

- Einverständnis in den Beziehungen zu dritten Staaten im Frieden und im Kriege;
- Hilfeleistung gegen innere Feinde, falls ein Bündnispartner sie verlange.
- Allmähliche wirtschaftliche Angleichung durch gleiches Maß-, Gewichts-, Münz-, Handels-, Post-, Eisenbahn- und Zollsystem.
- Planung einer gemeinsamen Seemacht im Adriatischen Meer und in der Nord- und Ostsee.
- »Zustimmung der beiden voneinander unabhängigen gesetzgebenden Körperschaften« bei allen beide Bündnispartner bindenden Anordnungen.

Man kann in der Idee eines festgeknüpften *völkerrechtlichen Bandes zwischen Österreich und Deutschland* eine *Kompromißlösung* erblicken zwischen der von den radikalen Deutschen der Linken betriebenen Angliederung der deutschen Bundesländer Österreichs an das neue deutsche Reich und der von den Verfechtern der österreichischen Eigenstaatlichkeit geforderten Souveränität und Integrität des Kaiserreiches.

Es ist anzunehmen, daß diese Zentrumsgrundsätze, die allerdings nicht im Reichstag erörtert worden sind, weil die deutsche Frage nie auf seiner Tagesordnung gestanden hat, jenen der österreichischen Regierung entsprochen haben.

Wenn HELFERT beispielsweise ein einheitliches Zollsystem für Deutschland und Österreich gefordert hatte und Finanzminister KRAUSS am 5. August 1848 vorschlug, »ein solches Zollsystem anzunehmen, bei welchem ein inniger Anschluß an Deutschland und eine Annäherung an die deutschen Zollverhältnisse möglich gemacht« werde,[266] so lag die Gleichheit der Forderungen auf der Hand. Selbst als Finanzminister des späteren Kabinetts SCHWARZENBERG war er noch von dieser Idee beseelt, wenn er am 4. Dezember 1848 im Reichstag die Aufhebung der »Einfuhrverbote« forderte.[267] Und sollten die Erwähnung des innigen Anschlusses an Deutschland durch Minister KRAUSS und die Zurückweisung der Verdächtigung, »daß wir die deutsche Sache verraten«, durch Innenminister DOBLHOFF[268] einen Sinn haben und keine leeren Phrasen gewesen sein, dann konnte das Ministerium nur an eine völkerrechtliche Verbindung ähnlich dem Entwurf HELFERTS denken.

Diese politische Linie hatte übrigens bereits das Ministerium PILLERSDORF im April 1848 vertreten. Sehr konkret zeigte sich auch das offizielle österreichische Unabhängigkeitsbedürfnis in der kühlen Behandlung des im August und September 1848 von der deutschen Zentralgewalt zur Vermittlung in den österreichisch-sardinischen Friedensverhandlungen nach Wien entsandten Frankfurter Abgeordneten MOSLE.[269]

Das Reichstagszentrum ging mit der offiziellen österreichischen Regierungspolitik Hand in Hand. Als oberstes Prinzip besaßen beide die Erhaltung der Souveränität Österreichs, und sie verstanden beide unter einem innigen Anschluß an Deutschland höchstens eine »völkerrechtliche Verbindung in der Form eines Staatenbundes«.[270]

Als die Oktoberrevolution hereinbrach, schloß sich das Zentrum in seiner Mehrzahl nicht der Massenflucht der Rechten an, sondern blieb gegen den Wunsch der Tschechen in Wien. Dadurch erwarb es sich das Verdienst, den Reichstag bis zu seiner militärischen Schließung nach der Eroberung Wiens durch Fürst WINDISCHGRÄTZ zusammen mit der Linken beschlußfähig gehalten zu haben.[271]

Im Gegensatz zu den Vertretern des Zentrums setzte sich die Partei der *Linken* weitgehend aus *Anhängern des Nationalstaatsgedankens* zusammen. Ihr Ideal war der in sich geschlossene Nationalstaat, dessen Grenzen die Gesamtheit des ihn bildenden Volkes umschließen sollten. Es war daher verständlich, daß die Linke, soweit sie aus deutschen Elementen bestand, die eigentliche *Hochburg des deutschnationalen* Einheitsgedankens war und die faktische Vereinigung der deutschen Bundesländer Österreichs mit Deutschland erstrebte.

Natürlich lehnten die ebenfalls zur Linken gehörenden Italiener und Polen für sich persönlich einen Anschluß an Deutschland ab, weil sie ihre eigene nationale Einigung als Ziel ihrer Wünsche betrachteten. Die Italiener sahen voll Hoffnung auf KARL ALBERT VON SARDINIEN, der »das politisch zerrissene, unter fremden Regentenhäusern stehende italienische Volk einigen und sich die Krone des geeinten Italiens aufs Haupt setzen« wollte.[272]

Die Polen der Linken bildeten eine politisch uneinheitliche Gruppe. Einmal mußte man die linken Polen insgesamt von den bereits erwähnten mehr konservativen und im Zentrum sitzenden galizisch-polnischen Bauern und den Ruthenen unterscheiden, andererseits strebten sie in einem allgemeinen Sinne alle nach der Wiederaufrichtung ihres »zerrissenen Vaterlandes«.[273] Die Polen der Linken zerfielen allerdings unter sich in zwei Richtungen, eine aristokratische, deren Mitglieder als sogenannte ›Frackpolen‹oft den adligen und gebildeten Gesellschaftsschichten entstammten, und eine ausgesprochen demokratische aus dem einfachen Volk. Der Unterschied in den nationalen Zielen beider Gruppen lag hauptsächlich darin, daß ein Teil der unter sich wieder uneinigen ›Frackpolen‹ »die nationale Rekonstruktion Polens innerhalb eines Slawenreiches« wünschte, während die polnischen Demokraten einen rein polnischen Nationalstaat forderten.[274]

Die nationalen Wünsche der einzelnen Nationalitäten innerhalb der Linken, so unterschiedlich und abgestuft sie auch waren, ließen sich nur auf Kosten der übernationalen österreichischen Gesamtmonarchie verwirklichen. Es ist daher nicht verwunderlich, wenn zahlreiche Italiener, Polen und viele Deutsche von der Linken *gegen den Fortbestand Österreichs als Gesamtstaates* eingestellt waren.[275]

> »... es ist klar,« schrieb ein Mitglied der deutschen Linken, »daß wenn die Freiheit, das Recht in ganz Europa gleichmäßig anerkannt wird, sich die Deutschen in Österreich mehr zu den andern außer diesem Lande befindlichen Deutschen als zu den Slawen und Italienern gezogen fühlen werden, und ebenso werden ganz natürlich auch die österreichischen Slawen sich mit den freien Slawen außer Österreich, die österreichischen Italiener mit den übrigen Italienern, die Polen mit ihren Brüdern vereinen, und Österreich wird verschwunden sein. Aber ist es ein Unglück, wenn infolge solcher allgemeiner Wünsche der Völker zur Herstellung des natürlichen Zustandes das zusammengestükkelte Österreich, welches die Kraft der Deutschen, der Italiener, der Slawen schwächt, aufhört zu sein? Nicht im mindesten, alle Bewohner des dann ehemaligen Österreichs werden sich in ihren neu und freiwillig eingegangenen Verbindungen nur glücklich fühlen... Österreich ist nur von Wert für die Dynastie, da sie ohne Österreich auch ohne Land wäre, dann für Frankreich und alle anderen Fürsten, für Deutschland und Italien und die Slawen ist es ein fürchterliches Unglück.«[276]

Einig waren sich die Vertreter der Linken also im wesentlichen in ihren jeweils auf die eigene Nationalität bezogenen nationalliberalen Vorstellungen, die eine Abkehr vom österreichischen Vielvölkerstaat mit einschlossen. Viele Italiener und Polen begrüßten den Anschlußwillen der Deutschen an Deutschland, weil sie dadurch ihren eigenen nationalen Zielen nähergebracht wurden.

Waren die nichtdeutschen Nationalitäten, solange die österreichische Gesamtmonarchie bestand, eifersüchtig auf ihre politische Gleichberechtigung mit der deutschen Nationalität bedacht, so unterstützten sie sich gegenseitig in ihrem Bestreben, sich mit ihren außerösterreichischen Volksangehörigen zu vereinigen.

Logischerweise unterstützten die Abgeordneten der Reichstagslinken auch die revolutionären Selbständigkeitsbestrebungen der Ungarn. Bei dem Polen SMOLKA, der am 14. September 1848 zum Vizepräsidenten des Reichstages gewählt wurde, »stand ein großes mit Österreich und Deutschland verbündetes Polen an der Spitze seines Programms. Aber mit dem nach seinen Begriffen gereinigten Österreich! Denn er war für die Magyaren und deren Oberhoheit im Lande, weil er die polnische Oberhoheit im eigenen Lande anstrebte; er war für die Italiener und darum für die Freigebung des lombardo-venetianischen Königreiches und für die Ausscheidung Dalmatiens aus dem österreichischen Staatsverbande; er war für den Frankfurtianismus«.[277] Wie der polnische SMOLKA für sich, die Italiener und die Ungarn das Recht auf nationale Einheit in Anspruch nahm, ebenso billigte er es seinen deutschen Kollegen der Linken zu. Deshalb konnte er kein Gegner des ›Frankfurtianismus‹ sein.

Bezeichnend für die nationaldeutsche Einstellung, mit der die deutschen Österreicher der Linken in den Reichstag kamen, waren diese Worte:

> »Unsere Verbindung mit Deutschland ist tausend Jahre alt. Unsere Vorfahren kamen alle aus Deutschland. Erst aus Deutschland hat sich unser Österreich herausgebildet. In dem hoch gebildeten deutschen Volke würden wir passendere Genossen finden als in Nationen, die uns so fremd stehen wie die Galizier, Magyaren, Kroaten und Zigeuner.«[278]

Die Einigung des deutschen Volkes, zu dem sie sich als deutsche Österreicher auch gehörig fühlten, erschien ihnen als etwas Selbstverständliches. Sie hatten sich in ihrer schwarzrotgoldenen Revolutionsbegeisterung wählen lassen, wie beispielsweise die Kandidaten des Wiener Zentralwahlausschusses, die sich im Punkt 4 ihrer Wahlbedingungen zu dem »Grundsatze« zu bekennen hatten, »daß die Existenz des österreichischen Kaiserstaates unbedingt abhängig sei von dem innigen Anschluß an das große deutsche Mutterland«.[279] Ihnen war »die angestammte, organische Verbindung mit Deutschland ein heiliger Glaubensartikel«.[280]

Über die Art und Weise der Gestaltung des Anschlusses mußte man sich aber noch verständigen. In den ersten vorbereitenden Sitzungen der sich bildenden linken deutschen Gesinnungsgemeinschaft in den Parteilokalen einigte man sich über folgende allgemeine, richtungweisende Programmpunkte:

> »Demokratische Monarchie, Volkssouveränität und innigster Anschluß an Deutschland, selbst mit Aufopferung eines Teiles der Souveränität Österreichs.«[281]

Wie man sich den Anschluß an Deutschland vorstellte, hatte man also jetzt etwas klarer umrissen, und, »nachdem sich die deutsche Linke organisiert hatte,« bekannte man sich klipp und klar zu »Deutschland, dessen integrierender Teil Österreich war, ist und bleiben sollte«, und forderte deshalb die »staatsrechtliche Unterordnung unter die Beschlüsse des Frankfurter Parlaments« und die »Anerkennung der Inkompetenz des österreichischen Reichstages in Bezug auf alle Fragen, welche das Verhältnis von Österreich und Deutschland beträfen«.[282]

Durch dieses Programm hatte sich die deutsche Linke selbstverständlich die erbittertste Gegnerschaft der Rechten zugezogen, die in der Erhaltung der vollen Souveränität Österreichs und in der unbedingten Absage an Frankfurt das einzig mögliche Heil für die slawischen Nationalitäten sah.

Gleichzeitig hatte sie durch ihre Forderung nach der Unterordnung Österreichs unter die Beschlüsse der Paulskirche und ihre Ansicht von Österreich als einem integrierten Bestandteil Deutschlands die Gegnerschaft des Ministeriums und des Zentrums provoziert, die beide im Höchstfalle nur ein völkerrechtliches Bündnis mit dem neuen deutschen Reich gelten lassen wollten. An die zusätzliche Gegnerschaft, die sich aus den linken Grundsätzen der Volkssouveränität gegenüber den konservativen und gemäßigt konstitutionellen Vorstellungen von Regierung und Zentrum ergeben mußten, sei an dieser Stelle nur erinnert.

Während im Zentrum das österreichische Gesamtstaatsbewußtsein über das gesamtdeutsche Nationalbewußtsein triumphierte, geschah bei den deutschen Linken genau das Umgekehrte.

Diese These bedarf allerdings einiger Einschränkungen.

Man darf sich nämlich unter der deutschen Linken des Reichstages keinen politisch geschlossenen deutschnationalen Block vorstellen. Auch in ihm gab es wankelmütige und unentschlossene Elemente, die sogar zum Zentrum und der von ihm geplanten Lösung der deutschen Frage tendierten.

> »Da eine stramme Parteiorganisation in Wien noch nicht existierte, so gab es auf dem rechten Flügel der Linken eine große Anzahl von Abgeordneten, welche unentschieden den Lauf der Dinge abwarteten. Gingen die Wellen der Demokraten sehr hoch, so ließen sie sich davon fortreißen, bis das Ministerium sie mehr und mehr in das Zentrum hinüber fortriß.«[283]

Diese opportunistischen Abgeordneten ohne eigene Meinung oder ohne den Mut zur eigenen Meinung waren eine Belastung für die Linke. Sie paßten ihr politisches Verhalten den politischen Machtverschiebungen an und landeten schließlich im Zentrum.

Neben diesen Unzuverlässigen gab es Gemäßigte, bei denen das spezifisch österreichische Staatsbewußtsein so stark ausgeprägt war, daß es ziemlich dämpfend auf ihre sonst ebenfalls hochgeschraubten deutschnationalen Hoffnungen wirkte. Sie wollten zwar den Anschluß an Deutschland, diesen aber nicht mit dem Untergang Österreichs erkaufen.

Der deutschböhmische Abgeordnete BORROSCH, der sich zwar »auf die äußerste Rechte, gerade seinen Todfeinden PALACKY und BRAUNER vor die Nase gesetzt« hatte,[284] aber seiner nationaldeutschen Gesinnung nach durchaus der Linken beizuzählen war, sprach beispielsweise von einem starken, großen Österreich, das sich mit Deutschland einigen solle »als Bräutigam und Braut, als ein Ehepaar, bildend ein einiges Ganzes und doch die Persönlichkeiten nicht ganz aufgebend«,[285] oder er wünschte sich ein »großes Gesamtösterreich«, durch das allein er die »Volksfreiheit wahrbar« sah.[286]

Mit diesen Äußerungen näherte sich Borrosch dem Standpunkt des Zentrums, das auch die Schaffung eines »großen Gesamtösterreichs« erstrebte. Man konnte allerdings trotzdem nicht von einer Übereinstimmung sprechen; denn die Linke war bereit, zugunsten der deutschen Einheit auf österreichische Souveränitätsrechte zu verzichten, während das Zentrum höchstens eine völkerrechtliche Verbindung auf der Grundlage voller Ebenbürtigkeit gelten lassen wollte.

Weiter noch als Borrosch ging Schuselka in einer Rede,[287] in der er sich für neue Steuerausschreibungen zur Deckung des österreichschen Staatshaushaltes einsetzte:

> »Wir sind hier versammelt, durch den souveränen Willen des Volkes versammelt, um Österreich zu erhalten, um aus Österreich erst ein lebenskräftiges organisches Ganzes zu machen. Man muß voraussetzen, daß jeder, der mit diesem Volksmandat hier eingetreten ist, auch ein österreichisches Staatsbewußtsein mit sich gebracht hat, d. h. ein Bewußtsein, daß ein mächtiges Österreich sowohl für die einzelnen Völker als für die Interessen der staatsrechtlichen Freiheit und Zivilisation überhaupt eine Notwendigkeit sei. . . Wir sind verpflichtet, nun zu beweisen,. . . daß wir für uns selbst Österreich erhalten und aus Österreich eine große, freie Weltmacht bilden wollen.«[288]

Hatte Borrosch immerhin bei seiner Forderung eines mächtigen Österreichs gleichzeitig auch mit einem anschaulichen Vergleich der Verbindung mit Deutschland gedacht, so hatte Schuselka sie überhaupt nicht erwähnt. Dadurch hatte er in dieser Rede besonders die Sympathien der Rechten gewonnen, die in großen Beifall ausbrach, als er von der Aufrichtung einer österreichischen Weltmacht sprach.

Jedoch war das Zukunftsbild einer österreichischen Weltmacht für Schuselka ein anderes als das der dem Austroslawismus huldigenden Rechten. Für ihn war Österreich, wie er bereits in seiner Schrift *Ist Österreich deutsch?* (1843) dargelegt hatte, ein deutscher Staat.

Wenn er seitdem besonders bei den Tschechen »Gegenstand fortwährender Angriffe«[289] gewesen war, so hatte ihn das zu keiner Meinungsäußerung veranlaßt. Und wenn »der deutsche Charakter Österreichs es war, wogegen die übrigen Nationalelemente sich sträubten und auflehnten,« so doch nach seiner Überzeugung »weit weniger aus nationalen Gründen, als weil durch den früheren Despotismus der deutschen Regierung das deutsche Element als ein der Freiheit feindliches dem Haß der Völker preisgegeben war«. Aus diesem Grund proklamierte er »die Pflicht der Deutschen in Österreich, allen anderen Nationalitäten in dem Streben nach Bürgerfreiheit voranzugehen, um so die widerstrebenden nichtdeutschen Elemente für den neuen organischen Verband mit dem deutschen Österreich zu gewinnen«.[290]

SCHUSELKA hoffte also, daß die nichtdeutschen Nationalitäten sich mit dem deutschen Charakter der Monarchie aussöhnen würden, falls die Deutschen ihnen beispielhaft in dem Kampf um die Erreichung und Sicherstellung der liberaldemokratischen Ideale vorangehen würden. Dann werde es gleichsam gelingen, »die widerstrebenden nationalen Elemente in der deutschen Nationalität zu vereinigen und so an das Ziel zu gelangen: die Aufrichtung eines einigen, freien, deutschen Österreichs«.[291]

Diese »deutsch-freiheitliche Idee«, wie SCHUSELKA sie selbst nannte, zeugte von kühnen Hoffnungen und ließ den grenzenlosen Optimismus erkennen, mit dem er, der von der »Allgewalt der Freiheitsliebe«[290] überzeugt war, an die nach seiner Meinung völkerversöhnende Kraft des Liberalismus glaubte.

SCHUSELKA wollte »Österreich als Großstaat« in Verbindung mit Deutschland erhalten und befürwortete die Schaffung einer Zentralgewalt zwischen beiden Ländern, über deren Ausgestaltung und Rechte er aber keine genauen Angaben machte. Republikanischen Tendenzen stand er nicht unfreundlich gegenüber, war aber auch bereit, falls in Frankfurt ein neuer Kaiser gewählt werde, diesen anzuerkennen, wenn der Kaiser von Österreich die Krone bekomme.[292]

SCHUSELKAS Haltung war ein Zeichen für den österreichischen Staatspatriotismus der gemäßigten Gruppe der Reichstagslinken. Innerhalb des Ziels der Erhaltung des österreichischen Gesamtstaats ging sie zwar mit den Vertretern des Zentrums und der Rechten formal einig, unterschied sich allerdings inhaltlich abgrundtief von ihnen; denn sie erstrebte ein

- im liberaldemokratischen Sinne erneuertes,
- mit Deutschland verbundenes
- und keineswegs ein im Sinne des Austroslawismus von Deutschland getrenntes, slawisiertes Österreich.

Die gemäßigten Abgeordneten der Linken wirkten als Gegengewicht für jene Radikalen ihrer Partei, die den Sieg ihres deutschnationalen Gedankens selbst mit dem Untergang des österreichischen Staates erkauft hätten.

Nicht verwunderlich war es deshalb, daß diese Radikalen bisweilen in offenen Gegensatz zu ihren gemäßigten Parteifreunden gerieten.[293] Die Gemäßigten wollten sich zwar auch Deutschland anschließen, aber nicht um den Preis des Zerfalls Österreichs.

War die gesamte deutsche Linke innerhalb des Reichstages ohnehin eine verhältnismäßig kleine Gruppe, so wurde ihre parlamentarische Schwäche durch die Spaltung in Gemäßigte und Radikale oder gar Ultraradikale bis zur Machtlosigkeit vermindert.

Ihre Ohnmacht konnte sie aber nicht daran hindern, bei passender Gelegenheit *Vorstöße in der deutschen Sache* zu unternehmen.

So verlangte der Abgeordnete SCHERZER am 3. August 1848 in einer Interpellation vom Kriegsminister LATOUR Auskunft darüber, »ob bereits veranlaßt wurde, daß die in den deutschen Erblanden konskribierten Regimenter der österreichischen Armee nebst der österreichischen Kokarde auch die deutsche zu tragen haben werden«.[294] SCHERZER bezog sich mit dieser Frage auf das oben bereits erwähnte Rundschreiben des Frankfurter Reichskriegsministers, des Generals Eduard VON PEUCKER, an alle deutschen Staaten, durch das er für den 6. August 1848 eine militärische Huldigung aller Bundestruppen für Erzherzog JOHANN anläßlich seiner am 15. Juli 1848 angetretenen Reichsverweserschaft angeordnet hatte. Diese sollte in der Verlesung eines Aufrufes Erzherzog JOHANNS an das deutsche Volk, einem dreimaligen »Lebehoch« und nach Möglichkeit in einer dreimaligen Geschützsalve zum Ausdruck kommen. Außerdem sollten »von diesem Tage an überall, wo es bisher noch nicht geschehen sein sollte, die deutschen Farben und zwar in Kokarden an den Kopfbedeckungen und in Bändern an den Panieren« angelegt werden.[295]

Kriegsminister LATOUR antwortete zunächst ausweichend, man habe den Gegenstand noch nicht beraten, aber an der Loyalität der österreichischen Armee gegenüber Deutschland sei nicht zu zweifeln. Dann nannte er den wahren Grund, weshalb die schwarzrotgoldenen Farben bei der Armee noch nicht eingeführt seien:

> »Die Anlegung der Abzeichen könnte, ich sage, könnte die Einheit der Armee, die so wesentlich ist für ihren Bestand, stören.«[294]

Tatsächlich unterblieb bei jener Feier am 6. August 1848 das Anlegen der deutschen Kokarde und der schwarzrotgoldenen Bänder, so daß sich das Gerücht verbreitete, LATOUR habe den für die Feier bestimmt gewesenen Truppen befohlen, die bereits vorher angesteckten deutschen Abzeichen wieder abzunehmen. Eine diesbezügliche Interpellation des Abgeordneten ZIMMER, »inwiefern dies mit der ausgesprochen deutschen Gesinnung in Einklang zu bringen sei«, wurde von LATOUR dahingehend beschieden, daß die Angelegenheit der schwarzrotgoldenen Farben durch die gesamte österreichische Armee hinsichtlich der nichtdeutschen Einheiten ein Verstoß gegen den offiziell anerkannten Grundsatz von der Gleichberechtigung aller Nationalitäten sein würde und die schon erwähnte Gefahr der Verletzung der Einheit der Armee, »die aus so vielen Nationalitäten« bestehe, zur Folge haben könnte. Aus diesem Grund habe das Ministerium beschlossen, das deutsche Bundeszeichen nur von »jenem Teile des österreichischen Heeres, welcher zur deutschen Bundesarmee« gehöre, tragen zu lassen.[296]

Dieses geringe Zugeständnis der Regierung genügte dem radikalen ZIMMER natürlich nicht, so daß er dem Ministerium Komödienspielerei vorwarf. Diese Deutung mußte seinen Gesinnungsgenossen um so berechtigter erscheinen, als Innenminister DOBLHOFF noch vor einigen Tagen im Reichstag phrasenhaft ausgerufen hatte: »Wir sind durch und durch Deutsche, weil wir nicht bloß deutsch sind, sondern weil wir auch ehrlich und gerecht sind.«[297]

Dieser vielleicht zunächst als belanglos anmutende Streit um das Anlegen der deutschen Farben durch die österreichischen Truppen enthüllte jedoch deutlich das Dilemma, in dem sich das Ministerium befand. Auf der einen Seite stand Frankfurt mit der deutschen Nationalversammlung, in der offizielle österreichische Abgeordnete saßen, deren Vorhandensein den Willen Österreichs, zu Deutschland zu gehören, bekundete. Auf der anderen Seite standen die nichtdeutschen Völker Österreichs, die von einem Anschluß an Deutschland nichts wissen wollten und im Wiener Reichstag über die Mehrheit verfügten. Unter diesen Umständen hatte LATOUR das Anlegen der deutschen Farben durch alle Truppen verständlicherweise verboten, um die Gefahr für die Einheit der Armee und des Reiches zu bannen. Er hatte gar nicht anders handeln können, dadurch aber andererseits die erbitterte Opposition der radikalen deutschnationalen Linken herausgefordert. Diese aber konnte ihm nicht gefährlich werden, solange das Zentrum und die Rechte ihn unterstützten.

Die an die Adresse der Linken gerichteten Äußerungen der Regierungsvertreter über die deutschen Gesinnungen und Gefühle waren lediglich Beschwichtigungsversuche und wurden von ihr auch als solche empfunden, wie der Abgeordnete ZIMMER bereits mit seinem Vorwurf der Komödienspielerei angedeutet hatte. Die Berufung darauf, daß man doch deutsch sei und eine deutsche Gesinnung besitze, bedeutete für ZIMMER und seine Parteigenossen von der radikalen deutschen Linken, daß man sich zu Frankfurt und dem von diesem angestrebten deutschen Bundesstaat bekenne und sich daher ohne Rücksicht auf die Folgen für den östereichischen Gesamtstaat den Anordnungen der Frankfurter Zentralgewalt unterordne. Mit dieser Einstellung konnte die Regierung, die die Einheit Österreichs erhalten wollte, sich wegen des Widerstandes der zahlenmäßig überwiegenden nichtdeutschen Nationalitäten niemals einverstanden erklären. Für sie war das einzig mögliche Zugeständnis die Anerkennung der aus dem früheren Bundesverhältnis fließenden Verpflichtungen. Der politische Gegensatz war unüberbrückbar.

In allen Angelegenheiten, die mit der deutschen Frage zusammenhingen, bildeten das Ministerium, die Rechte und das Zentrum eine geschlossene Abwehrfront.

Als der gemäßigte linke Abgeordnete SCHUSELKA wegen der Belästigung des Frankfurter Deputierten KURANDA in Böhmen von der Regierung unter dem Beifall seiner Parteifreunde ein Gesetz forderte, das die Unverletzlichkeit der Frankfurter Abgeordneten auch in Österreich garantieren sollte,[298] erklärte Justizminister BACH, ein solches Gesetz könne nur in Frankfurt, und nicht in Wien erlassen werden. Großer Beifall der Rechten dankte ihm für diese Distanzierung. Es half auch nichts, daß SCHUSELKA darauf hinwies, daß in dem der Paulskirche feindlichen Böhmen ein Frankfurter Gesetz nicht anerkannt und daher keinen Schutz bieten würde. Seine aus dieser Erkenntnis gewonnene Forderung nach einer in der zukünftigen österreichischen Verfassung verankerten Regelung des österreichischen Verhältnisses zu Frankfurt verhallte völlig wirkungslos. Unter großem

Beifall des Reichstages entzog sich Bach mit einem Hinweis auf die Geschäftsordnung der weiteren Diskussion.[299]

Am 17. August 1848 wandte sich der Abgeordnete Zimmer in einer Interpellation um Auskunft in der schleswig-holsteinischen Frage an den Kriegsminister Latour, der bei Anfragen Zimmers »sogleich blaß vor Ärger und Zorn« wurde, weil er »wußte, daß Zimmer nicht eher abließ, bis er in das Verhältnis zwischen Österreich und dem Deutschen Reich klaren Einblick bekam«.[300] Zimmer fragte, »ob auch von dem Kriegsministerium des deutschen Reiches ein Kontingent zum holsteinischen Kriege begehrt und ob dieser Forderung von unserer Seite Genüge geleistet wurde«.

Latour mußte in seiner Antwort auf die Interpellation Zimmers zugeben, »daß allerdings anfangs vom Reichsministerium eine solche Forderung gestellt worden« sei, man ihr aber nicht nachgekommen sei, weil der Reichsverweser die Hoffnung geäußert habe, »daß der Waffenstillstand mit Dänemark bald zustande kommen würde und daher die früher angeordnete Zusammensetzung eines Kontingents von 8000 Mann nicht mehr nötig erscheinen« werde.[301]

Aber so einfach und harmlos schien der Linken Österreichs Stellung in der schleswig-holsteinischen Angelegenheit doch nicht zu sein. Bereits einige Tage später richtete Schuselka, »um die deutschen Rechte und Pflichten Österreichs der übermütigen slawischen Majorität gegenüber wenigstens mit Worten geltend zu machen«,[302] »eine sehr dringende Anfrage an den Ministerpräsidenten, respektive den Minister des Äußeren, in einer Angelegenheit, welche in höchstem Grade die deutsche Einheit und die Ehre Österreichs in Deutschland« betreffe:[303] Österreichs Verhältnis zu Dänemark sei unklar. Offizielle dänische Blätter höben hervor, daß Österreich, »die größte Macht Deutschlands«, in dem schleswig-holsteinischen Kriege neutral sei. Dazu komme ein Gerücht, daß Österreich mit einigen norddeutschen Staaten und mit Dänemark ein Separatbündnis zu schließen beabsichtige, obwohl die deutsche Zentralgewalt, an deren Spitze ein österreichischer Prinz stehe, »den Krieg mit Dänemark als eine gemeinschaftliche deutsche Sache ansehe.« Österreich habe sich aber nicht daran beteiligt, und der österreichische Gesandte befinde sich noch in Kopenhagen. Er solle sogar in freundschaftlichem Einvernehmen mit dem dänischen Ministerium stehen, »welches bekanntlich den wütendsten Haß gegen Deutschland« predige. Die Antwort Außenminister Wessenbergs war sehr kurz. Das Gerücht von dem geplanten Bündnis zwischen Österreich, einigen norddeutschen Staaten und Dänemark konnte er als unwahr entkräften. Österreich habe sich nicht von den anderen deutschen Staaten in seiner Haltung gegenüber Dänemark getrennt, und der österreichische Gesandte in Kopenhagen habe » sich bloß als Vertreter der nichtdeutschen österreichischen Staaten zu betrachten«.

Wessenbergs Antwort konnte natürlich mit Ausnahme der Widerlegung des Bündnisgerüchts die Linke nicht befriedigen, entsprach aber ganz der tatsächlichen politischen Zwangslage der österreichischen Regierung.

Zunächst standen die nicht zum Deutschen Bund gehörenden Teile des österreichischen Gesamtstaates außerhalb des zwischen den deutschen und dänischen Nationalliberalen bestehenden Konflikts, und dann konnte Österreich sich wegen der revolutionären Vorgänge in Italien, Ungarn und Galizien eine Gegnerschaft der in der schleswig-holsteinischen Frage eingreifenden Großmächte Rußland und England nicht leisten. Aus diesen innen- und außenpolitischen Gründen hatte sich Österreich im deutschen Norden neutral verhalten und sich nicht offen auf die Seite Frankfurts und der deutschen Nationalbewegung gestellt.[304]

Während die Reichstagsrechte mit dieser Regierungspolitik einverstanden war, wurde sie von der deutschen Linken verurteilt. Für sie stellte sie zusammen mit der Anwesenheit des österreichischen Gesandten in Kopenhagen eine Nichtachtung der deutschen Zentralgewalt und eine Verletzung des deutschen Einheitsgedankens dar.

Die parlamentarische Vereinzelung und Unterlegenheit der Linken ließ sich nicht beheben, obwohl sie manche Versuche zur Stärkung ihrer Position unternahm.

So hatte KUDLICH schon in den ersten Tagen des Reichstages in Freundeskreisen seinen oben bereits erwähnten Antrag zur Bauernbefreiung angekündigt, von dem er sich eine große Stärkung seiner Partei versprach.[305] Zwar hatte er sich nicht darin getäuscht, daß sein Antrag von der liberaldemokratischen Mehrheit des Reichstages unterstützt wurde, aber die erhoffte Stärkung der Reichstagslinken blieb aus. Nicht einmal die Bauern, deren politisches Interesse jetzt befriedigt war, schlossen sich der Linken an und hielten sich fortan mehr an die Parteien, die die Majorität bildeten und am ehesten einen maßgebenden Einfluß auf die Ausführung des im September erlassenen Gesetzes zur Aufhebung der Untertänigkeit besaßen.[306]

Die Reichtagspräsidentenwahl am 14. September 1848 zeigte deutlich, in welchem Maße sich die Linke in der Minderheit befand. Gewählt wurde der Tscheche STROBACH von der Rechten, auf den 230 Stimmen entfielen, während der Abgeordnete SCHUSELKA von der Linken nur 85 Stimmen erhielt.[307]

Dieses Verhältnis verschob sich aber nach dem Ausbruch des Wiener Oktoberaufstandes zugunsten der Linken, weil sie sich nicht der Massenflucht der Rechten angeschlossen hatte. Vizepräsident SMOLKA, ein polnischer Abgeordneter der Linken, mußte sogar die Leitung des Reichstages übernehmen, weil Präsident STROBACH sich ebenfalls entfernt hatte. Von den Zentrumsabgeordneten hatten sich einige angesehene Mitglieder, wie STADION und HELFERT, in die Nähe des nach Olmütz verlegten kaiserlichen Hofes begeben, die meisten aber waren in Wien geblieben, so daß im Reichstag jetzt weitgehend die Linke herrschte.[308]

Wegen ihrer notwendigen Rücksichtnahme auf die verbliebenen Zentrumsabgeordneten besaß sie aber auch jetzt keine politische Handlungsfreiheit, weil sie »nicht einen einzigen, energischen, zweckdienlichen Antrag ohne die Gefahr stellen konnte, daß das Zentrum davon laufe und dadurch die Kammer unbeschlußfähig mache«.[309]

Wenn der Reichstag auch »für die Ruhe und Sicherheit der Stadt Wien, für die Ruhe und Heiligkeit des Monarchen« eine »permanente Kommission« eingesetzt hatte,[310] so konnte er nicht verhindern, daß man in Kreisen des Olmützer Hofes und der aus Wien geflohenen Mitgliedern der Rechten und des Zentrums einigen der zurückgebliebenen Abgeordneten eine Beteiligung am Aufstande vorwarf[311] und glaubte, daß »die legislative Gewalt des Parlaments. . . tatsächlich in die Hände der Führer des Aufstandes übergegangen« sei.[312]

Ohne diesen schwerwiegenden Vorwurf auf seinen Wahrheitsgehalt im einzelnen zu prüfen, sei jedoch festgestellt, daß der Abgeordnete KUDLICH auf einer freilich erfolglosen Reise ins Tullnerfeld die Landbevölkerung zur Unterstützung der Wiener Revolutionäre für den Landsturm aufgerufen hat.[313] Nicht leugnen läßt sich auch, daß im Oktoberreichstag bei aller Ablehnung revolutionärer Anarchie und allem Bemühen, an der Loyalität gegenüber dem Kaiser festzuhalten, ein Großteil der Linken mit dem Grundanliegen der Oktoberrevolution sympathisierte, nämlich der Eingliederung der deutschen Gebietsteile Österreichs in das neue deutsche Reich und der Errichtung eines selbständigen ungarischen und polnischen Staates. HAUK, einer der revolutionären Führer, soll diese Ziele als eigentlichen Zweck des Wiener Aufstandes bezeichnet haben.[314]

Der *Kampf Wiens* stellte sich der nationaldemokratischen Linken deshalb nicht nur als ein Kampf für die liberaldemokratischen Ziele, sondern ganz besonders auch als ein *Ringen um die nationale Einheitsidee* und somit ebenfalls für die deutsche Sache dar. Nach dem Sieg des Militärs fühlte sich die Linke vor allem in ihren nationalen Wünschen als die eigentliche Besiegte.[315]

Als SCHUSELKA am 17. Oktober 1848 dem Rumpfreichtag mitteilte, daß eine Deputation der Frankfurter Linken, bestehend aus Robert BLUM, Julius FRÖBEL, Moritz HARTMANN und J. TRAMPUSCH, sich im permanenten Ausschuß gemeldet[316] und eine Adresse ihrer Partei an die Wiener Revolutionäre überreicht habe, brach der Reichstag in Beifall aus, der sich noch steigerte, als SCHUSELKA darauf die Adresse verlas. Dadurch gaben die applaudierenden Abgeordneten zu erkennen, daß sie sich innerlich den Formulierungen der Adresse anschlossen, in der den Wienern Dank und Bewunderung für ihre für ganz Deutschland beispielhaften Verdienste um die Freiheit ausgesprochen wurden.[317]

Am 21. Oktober 1848 zeigten die von der deutschen Zentralgewalt zur Wiederherstellung der friedlichen Verhältnisse in Wien und in Österreich abgesandten Reichskommissare WELCKER und MOSLE dem Reichstag ihre bevorstehende Ankunft an und wiesen in einer Proklamation auf den Zweck ihrer Sendung hin. Wenn man es im Reichstag auch übel vermerkte, daß sich die Kommissare zunächst nach Olmütz an den Hof und nicht nach Wien begaben, so muß man ihre Aktion doch im Interesse der deutschnationalen und demokratischen Belange begrüßt haben. BORROSCH hoffte nämlich auf einen Erfolg der Kommissare, weil er nicht glauben wollte, »daß die Abgeordneten der deutschen Zentralgewalt in Olmütz geradezu ohnmächtig sein« würden.[318] Und der Abgeordnete VIOLAND meinte, der Reichstag habe geglaubt, der Hof werde vor den beiden Abgesandten des gesamten deutschen Volkes einen »ganz besonderen Respekt« haben.[319]

In dieser Erwartung mußten der Reichstag und die Linke sich aber enttäuschen lassen. Außenminister WESSENBERG erklärte den Kommissaren, daß »man selbst am besten in der Lage sei, die Ordnung in Wien wiederherzustellen, und hierfür keine auswärtige Hilfe und Einmischung brauche«.[320] Den gleichen Bescheid erhielten die beiden Reichskommissare übrigens auch vom Fürsten WINDISCHGRÄTZ, der vom Kaiser mit der Wiederherstellung geordneter Zustände in Wien beauftragt worden war.[321] Unter diesen Umständen kamen die Reichskommissare überhaupt nicht mehr nach Wien, sondern reisten unverrichteter Sache nach Frankfurt zurück.

Die schroffe Abweisung der Reichskommissare und die damit verbundene Nichtachtung der deutschen Zentralgewalt durch die österreichischen Hof- und Regierungskreise mußte bei den Vertretern der deutschnationalen Linken hinsichtlich der Lösung der deutschen Frage ihre ohnehin großen Befürchtungen für den Fall eines Sieges des Fürsten WINDISCHGRÄTZ noch verstärken. Es war daher verständlich, wenn der Reichstag bereits einige Tage vor der Rückkehr der Reichskommissare nach Frankfurt, nämlich am 22. Oktober 1848, durch eine Ungesetzlichkeitserklärung des von WINDISCHGRÄTZ geplanten militärischen Vorgehens gegen Wien versuchte, diesem Einhalt zu gebieten.[322] Er erachtete »das Verfahren des Fürsten WINDISCHGRÄTZ für ungesetzlich und gegen Volk und Thron feindlich«.[323] Aber der politisch-moralische Kredit des in Wien zurückgebliebenen Restreichstages in Hof- und Regierungskreisen, vor allem auch bei WINDISCHGRÄTZ selbst, war zu gering, als daß ein solches Veto Beachtung gefunden hätte:

> »Mit einer solchen Versammlung unterhandeln wäre unterhandeln mit der Anarchie und könnte, seitens der Krone, nur zu neuen Zugeständnissen, vielleicht zum Untergange führen. Vor allem muß der Aufstand niedergeworfen werden«,so lautete ihre Parole.[324]

Wien wurde in den letzten Oktobertagen von Fürst WINDISCHGRÄTZ erobert, der damit die Oktoberrevolution im Keim erstickt hatte.

Der Reichstag aber wurde durch kaiserlichen Erlaß vom 22. Oktober 1848 vertagt und für den 15. November 1848 nach Kremsier in Mähren berufen. Ein zweiter Erlaß verschob den Wiedereröffnungstermin auf den 22. November 1848.[325]

Der Protest der Linken gegen die Verlegung des Reichstages verhallte ergebnislos, zumal man in Hofkreisen zunächst sogar an seine Auflösung gedacht hatte. Nur aus Rücksicht auf die dem Hof und der Regierung ergebenen Abgeordneten der Rechten und des Zentrums, die aus Wien geflohen waren und sich teilweise ständig in der Nähe des Olmützer Hofes aufgehalten hatten, hatte man auf die Reichstagsauflösung verzichtet.[326]

Die Berufung des Reichstages nach Kremsier war insbesondere ein Erfolg der Tschechen, die in einer Denkschrift das mährische Städtchen vorgeschlagen und darauf hingewiesen hatten, daß die Verhandlungsfreiheit des Reichstages durch die Wiener Revolutionäre bedroht sei.[327]

Die Revolution in Preußen

Revolutionäre Erfolge

Ähnlich wie in Wien war die Revolution auch in Berlin, der Hauptstadt der zweiten deutschen Großmacht, zunächst sehr erfolgreich.

Aufgrund zahlreicher liberaldemokratischer Petitionen und Aufrufe aus allen Teilen Preußens, erster Unruhen im Königreich sowie unter dem Eindruck des Rücktritts des österreichischen Staatskanzlers METTERNICH, erließ FRIEDRICH WILHELM IV. am 14. März 1848 ein *Patent* zur Eröffnung des von ihm im Juni 1847 aufgelösten Vereinigten Landtages:[328]

Er habe »im Verein mit der Kaiserlich österreichischen Regierung Unsere deutschen Bundesgenossen eingeladen, sich unverzüglich zu einer gemeinsamen Berathung über diejenigen Maaßregeln zu vereinen, welche unter den gegenwärtigen schwierigen und gefahrvollen Verhältnissen das Wohl des deutschen Vaterlandes erheischt«. Er sei entschlossen zu einer »wirklichen Regeneration des deutschen Bundes« und zur Abwehr aller »Gefahren des Umsturzes und der Anarchie«, damit Deutschland »die alte Größe wiedergewinne«. Dazu benötige er die »Mitwirkung Unserer getreuen Stände«, und er habe für »Donnerstag den 27. April d. J.« die Eröffnung des Vereinigten Landtages in Berlin beschlossen.

Am 18. März 1848 folgte ein *zweites Patent*,[329] durch das der unter verstärkten revolutionären Druck geratene König die Einberufung des Vereinigten Landtages auf den 2. April 1848 vorverlegte und verlangte, »daß Deutschland aus einem Staatenbund in einen Bundesstaat verwandelt werde«.

Er anerkannte, »daß dies eine Reorganisation der Landes-Verfassung[330] voraussetzt, welche nur im Verein der Fürsten mit dem Volke ausgeführt werden kann, daß demnach eine vorläufige Bundesrepräsentation aus den Ständen aller deutschen Länder gebildet und unverzüglich berufen werden muß«.

Er erklärte, »daß eine solche Bundesrepräsentation eine konstitutionelle Verfassung aller deutschen Länder nothwendig erheische, damit die Mitglieder jener Repräsentation ebenbürtig neben einander sitzen«.

Außerdem forderte er eine »allgemeine deutsche Wehrverfassung«, ein »deutsches Bundesgericht«, Heimatrecht und Freizügigkeit, die Beseitigung aller Zollschranken und die Pressefreiheit »für das gesammte deutsche Vaterland«.

Er wünschte die Einbeziehung der außerhalb der Bundesgrenzen gelegenen preußischen Ostprovinzen in den Deutschen Bund und erhoffte sich die Mitwirkung aller deutschen Staaten und des ganzen deutschen Volkes.

Die Vorverlegung des Einberufungstermins für den Vereinigten Landtag begründete er mit der Notwendigkeit, möglichst schnell alle erforderlichen innerstaatlichen Schritte unternehmen zu können.

Mit diesem Patent war Friedrich Wilhelm IV. *offiziell auf die national- und liberal-demokratischen Hauptwünsche der Revolution eingeschwenkt.*

Im Zusammenwirken von Volk und Fürsten sollte ein konstitutioneller deutscher Gesamtstaat unter Einbeziehung ganz Preußens, also auch seiner bisher nicht zum Deutschen Bund gehörenden Ostprovinzen, entstehen, und der Vereinigte Landtag sollte für Preußen die notwendigen innerstaatlichen Voraussetzungen schaffen.

Es kam zu einer Dankkundgebung des Volkes auf dem Berliner Schloßplatz. Der König wollte die Ovationen des Volkes vom Balkon des Schlosses entgegennehmen, als sich unter dem anwesenden Militär aus ungeklärten Gründen zwei Schüsse lösten. Durch sie mündete die ganze Kundgebung, in der sich auch radikale und sozialrevolutionäre Elemente befanden, als Folge von Mißtrauen und Mißverständnissen in einen blutigen Straßenkampf mit 230 Toten.

Der König reagierte in der Nacht vom 18. zum 19. März 1848 auf diese Ereignisse mit der *Proklamation »An Meine lieben Berliner«*,[331] in der er seine treue Gesinnung gegenüber dem Volk betonte, die er durch sein »Einberufungs-Patent vom heutigen Tage« bewiesen habe. Die zwei Gewehrschüsse erklärte er durch Selbstentladung einer Infanteriewaffe. Die Schuld an den folgenden blutigen Ereignissen gab er einer »Rotte von Bösewichtern«. Anschließend beschwor er in einem patriarchalischen und zugleich sentimentalen Ton »als König und treuester Freund« die »Einwohner Meiner geliebten Vaterstadt«, zum Frieden zurückzukehren. Er gab sein »Königliches Wort«, Berlin von Truppen zu räumen, forderte die Aufständischen auf, »bei Allem, was Euch heilig ist, den unseeligen Irrthum« zu erkennen, und schloß mit dem eindringlichen Appell:

> »Hört die väterliche Stimme Euers Königs, Bewohner Meines treuen und schönen Berlins, und vergesset das Geschehene, wie ich es vergessen will und werde in Meinem Herzen, um der großen Zukunft Willen, die unter dem Friedens-Segen Gottes für Preußen und durch Preußen für Deutschland anbrechen wird.
>
> Eure liebreiche Königin und wahrhaft treue Mutter und Freundin, die sehr leidend darnieder liegt, vereint ihre innigen, thränenreichen Bitten mit den Meinigen.«

Wie sehr Friedrich Wilhelm IV. der Revolution innerlich nachgab, hatte nicht nur der sentimentale Ton der Proklamation gezeigt, sondern offenbarten auch sein *»Amnestie-Erlaß«*[332] vom folgenden Tag, durch den er »allen Denen, die wegen politischer oder durch die Presse verübten Vergehen und Verbrechen angeklagt oder verurtheilt worden sind«, vergab, sowie sein Umritt durch Berlin, bei dem er, angetan mit schwarzrotgoldener Armbinde, die auf dem Schloßplatz aufgebahrten toten Barrikadenkämpfer durch Abnehmen seiner Kopfbedeckung ehrte.

Gekrönt wurde diese Demonstration durch die königliche *Proklamation* vom 21. März 1848 *»An mein Volk und die deutsche Nation«*,[333] in der er, anknüpfend an die Proklamation seines Vorgängers FRIEDRICH WILHELMS III. zu Beginn der Befreiungskriege im Jahre 1813, pathetisch erklärte:

> »Ich übernehme heute diese Leitung für die Tage der Gefahr. Mein Volk, das die Gefahr nicht scheut, wird Mich nicht verlassen und Deutschland wird sich Mir mit Vertrauen anschließen. Ich habe heute die alten deutschen Farben angenommen und Mich und Mein Volk unter das ehrwürdige Banner des deutschen Reiches gestellt. Preußen geht fortan in Deutschland auf.«

Der von ihm bereits für den 2. April 1848 einberufene Vereinigte Landtag solle »Mittel und gesetzliches Organ« sein, »um im Vereine mit Meinem Volke zur Rettung und Beruhigung Deutschlands voranzugehen«. Darüber hinaus beabsichtige er »in einer unverzüglich näher zu erwägenden Form, den Fürsten und Ständen Deutschlands die Gelegenheit zu eröffnen, mit Organen dieses Landtages zu einer gemeinschaftlichen Versammlung zusammenzutreten.« Eine »deutsche Stände-Versammlung« solle »über die Wiedergeburt und Gründung eines neuen Deutschlands berathen, eines einigen, nicht einförmigen Deutschlands, einer Einheit in der Verschiedenheit, einer Einheit mit Freiheit.«.

Für alle Einzelstaaten forderte er

- die »Einführung wahrer constitutioneller Verfassungen, mit Verantwortlichkeit der Minister«,
- eine öffentliche und mündliche Rechtspflege,
- Geschworenengerichte,
- gleiche politische und bürgerliche Rechte für alle religiösen Glaubensbekenntnisse
- und eine »wahrhaft volksthümliche, freisinnige Verwaltung«.

Schon am 29. März 1848 berief der König ein *liberales Kabinett* unter dem rheinländischen Ministerpräsidenten Gottfried Ludolf CAMPHAUSEN, und auch der *Vereinigte Landtag* trat pünktlich am 2. April 1848 zusammen, um mit der Reform des Staates zu beginnen. Dieser dankte dem König für sein Verfassungsversprechen, beschloß am 8. April 1848 im Zusammenwirken mit dem König und der Regierung CAMPHAUSEN ein Gesetz für die Wahl der Mitglieder der zu bildenden verfassunggebenden preußischen Nationalversammlung.

Am 1. Mai 1848 wählte man in Preußen nach diesem demokratischen Wahlrecht nicht nur die Abgeordneten der preußischen Nationalversammlung, sondern zugleich auch jene, die als preußische Vertreter in das gesamtdeutsche Nationalparlament in Frankfurt entsandt werden sollten.

Als die *preußische Nationalversammlung* am 22. Mai 1848 in Berlin zusammentrat, übernahm sie zugleich die Rechtsnachfolge für den jetzt hinfällig gewordenen Vereinigten Landtag.

Nachdem vier Tage vorher in der Frankfurter Paulskirche das *deutsche Nationalparlament* feierlich zu seiner Eröffnung zusammengetreten war, schien sowohl in Frankfurt als auch in Berlin die *Revolution auf erfolgreichem Wege* zu sein. Für die preußische und deutsche Öffentlichkeit hatten hier wie dort die aus der Revolution hervorgegangenen Repräsentativorgane die politischen Institutionen des seit 1815 installierten restaurativen Obrigkeitsstaates überrundet oder zumindest in ihren Schatten gestellt.

Königlicher Verfassungsentwurf

FRIEDRICH WILHELM IV. wollte der preußischen Nationalversammlung nicht allein die Initiative zur Verfassungsberatung überlassen, wie sein »Entwurf eines Verfassungs-Gesetzes für den preußischen Staat« vom 20. Mai 1848[334] zeigte, den er in Ergänzung seiner in seinem Patent vom 18. März 1848 gemachten »Verheißungen« unter der Anschrift »Botschaft an die zur Vereinbarung der Verfassung berufene Versammlung« den gewählten Vertretern »Unseres getreuen Volkes« zu ihrer »Erklärung« überwies. Die Botschaft war vom König und den Ministern des Kabinetts CAMPHAUSEN unterschrieben.

In der Präambel betonte der König die Vereinbarung des Verfassungsentwurfes mit den »demnächst von Uns zusammenberufenen Vertretern Unseres getreuen Volkes für Unsere zum deutschen Bunde gehörigen Lande«.

Die Verfassung sollte sich auf *alle Landesteile Preußens*, die zum Deutschen Bund gehörten, mit »Ausschluß der einer besonderen nationalen Reorganisation und Verfassung vorbehaltenen Theile des Großherzogthums Posen« beziehen (Titel I. Von dem Staatsgebiete, § 1).

Bis auf Posen, für das wegen seiner polnischen Mehrheitsbevölkerung eine Sonderregelung vorgesehen war, stand der König also im Einklang mit den soeben erst erfolgten Bundestagsbeschlüssen vom 11. April 1848,[164] durch die Ost- und Westpreußen in das deutsche Bundesgebiet aufgenommen worden waren.

Zu den *Staatsbürgerrechten* gehörten

- Gleichheit vor dem Gesetz,
- persönliche Freiheit,
- Unverletzlichkeit der Wohnung,
- Recht auf einen gesetzlichen Richter,
- Sicherheit des Eigentums,
- freie Religionsausübung,
- Freiheit des Unterrichts,
- Pressefreiheit und Aufhebung der Zensur »für immer«,
- friedliche Versammlungsfreiheit,
- Recht auf Gründung von Gesellschaften,
- Petitionsrecht,
- Briefgeheimnis,
- die Wehrpflicht.

Die Rechte konnten nur auf gesetzlichem Wege eingeschränkt werden (Titel II. Von den Rechten der preußischen Staatsbürger, §§ 3–19).

Die *Person des Königs* war unverletzlich. Seine Würde war erblich im Mannesstamme. Ihm oblag die *vollziehende Gewalt* im Staat, aber alle Regierungsakte mußten durch die *Minister* gegengezeichnet werden, die auf diese Weise die *Verantwortung* übernahmen.

Der König hatte den Oberbefehl über das Heer.

Er besetzte alle Staatsämter.

Er besaß das Recht der Kriegserklärung, des Friedensschlusses und der Verträge mit anderen Staaten.

Handelsverträge, die dem Staat Lasten auferlegten, bedurften jedoch der Zustimmung der Kammern.

Weitere königliche Rechte waren Begnadigung und Strafmilderung sowie Adels- und Ordensverleihungen.

Wichtig für die Gesetzgebung war das königliche Recht, die Kammern zu berufen, zu schließen, auf 30 Tage zu vertagen und aufzulösen. Bei Auflösung mußten innerhalb von 30 Tagen Neuwahlen stattfinden, und die neue Kammer mußte innerhalb von 60 Tagen zusammentreten (Titel III. Vom Könige, §§ 20–32).

Die *Minister* konnten bei »Gesetzesverletzung« angeklagt werden, hatten Zutritt zu jeder Kammer und mußten auf Verlangen in der Kammer erscheinen (Titel IV. Von den Ministern. §§ 33–35).

Die *gesetzgebende Gewalt* wurde »*gemeinschaftlich durch den König und zwei Kammern* ausgeübt«. Ein Gesetz kam nur durch »Uebereinstimmung des Königs und beider Kammern« zustande. Sowohl der König als auch beide Kammern besaßen das Gesetzesvorschlagsrecht.

Die *erste Kammer* bestand aus den königlichen Prinzen, höchstens 60 vom König ernannten Mitgliedern mit einem jährlichen Einkommen von mindestens 8000 Reichstalern und 180 mindestens 40 Jahre alten Mitgliedern, die von denselben Wahlmännern gewählt wurden, die auch die Mitglieder der zweiten Kammer zu wählen hatten. Sie mußten ein jährliches Mindesteinkommen von 2500 Reichstalern erzielen oder jährlich mindestens 300 Reichstaler an Steuern entrichten.

Die *zweite Kammer* setzte sich aus mindestens 30 Jahre alten gewählten Mitgliedern zusammen.

Niemand konnte Mitglied beider Kammern sein. Beide Kammern wurden jährlich im Januar oder darüber hinaus aus besonderen Gründen vom König einberufen. Sie wurden vom König eröffnet und geschlossen. Ihre Tagungen waren öffentlich und nur auf Antrag des Präsidenten oder von 10 Mitgliedern geheim. Beschlußfähig waren die Kammern bei Anwesenheit von mindestens einem Drittel ihrer Mitglieder. Beschlüsse wurden mit absoluter Mehrheit gefaßt. Kein Mitglied einer Kammer durfte wegen seines Abstimmungsverhaltens oder einer Meinungsäußerung zur Verantwortung gezogen werden. Es besaß Immunität, die nur mit Erlaubnis der Kammern oder im Falle eines Vergehens oder Verbrechens bei Ergreifung auf frischer Tat nicht bestand. Die Kammermitglieder hatten sich als Vertreter des ganzen Volkes zu betrachten und waren nicht an Aufträge gebunden. Während die Mitglieder der ersten Kammer keine Reisekosten oder Diäten erhielten, stand jenen der zweiten Kammer eine gesetzliche Entschädigung zu (Titel V. Von den Kammern. §§ 36–61).

Die *richterliche Gewalt* wurde im Namen des Königs durch grundsätzlich *unabhängige* Gerichte und durch vom König auf Lebenszeit ernannte unabhängige Richter ausgeübt. Sie waren nur den Gesetzen unterworfen. Bei mit schwerer Strafe bedrohten Verbrechen sowie bei politischen und »Preßvergehen« sollten Geschworenengerichte eingesetzt werden (Titel VI. Von der richterlichen Gewalt, §§ 62–69).

Der *Staatshaushalt* mußte jedes Jahr durch Gesetz festgestellt werden. Steuern und Abgaben durften nur aufgrund von Gesetzen erhoben werden. Es gab bei der Besteuerung keine »Bevorzugungen einzelner Stände oder Personen«. Eine Oberrechnungskammer hatte den Staatshaushalt zu prüfen (Titel VII. Von der Finanz-Verwaltung).

Verfassungsändernde Gesetze sollten nur bei Anwesenheit von mindestens der Hälfte der Kammermitglieder durch eine Zweidrittelmehrheit in jeder Kammer möglich sein.

König, Staatsbeamte, das Heer sowie die Mitglieder der Kammern waren eidlich auf die Einhaltung der Verfassung zu verpflichten.

Mit der zu erwartenden *deutschen Reichsverfassung* sollte die *preußische Verfassung* gegebenenfalls *in Übereinstimmung* gebracht werden (Allgemeine Bestimmungen §§ 76–84).

Mit seinem Verfassungsentwurf war der König *den liberalen, nationalen und demokratischen Forderungen sehr weit entgegengekommen:*

Er blieb zwar das unantastbare Staatsoberhaupt, hatte aber seine Souveränität in der Gesetzgebung mit der aus zwei Kammern bestehenden Volksvertretung geteilt. Er wollte sich eidlich auf die Einhaltung der Verfassung verpflichten, die aber im Falle einer deutschen Reichsgründung gegebenenfalls mit der dann vorhandenen Reichsverfassung in Einklang zu bringen war.

Er respektierte eine unabhängige Gerichtsbarkeit.

Auch die den Staatsbürgern zugestandenen Grundrechte entsprachen im ganzen liberalen Forderungen, wenn auch durch die Betonung von Gesetzen gegen den Mißbrauch, namentlich der Pressefreiheit, für freiheitlich eingestellte Zeitgenossen gewisse Bedenken nicht ausbleiben konnten.

Die vorhandenen liberalen Zugeständnisse hätten eine moderne konstitutionelle Monarchie mit Ministerverantwortlichkeit im Rahmen eines deutschen Nationalstaates begründen können, wenn der Verfassungsentwurf nicht namentlich für die personelle Zusammensetzung der ersten Kammer starke standes- und vermögensrechtliche Privilegien enthalten hätte. Sie standen der Forderung nach demokratischer Gleichberechtigung im Wege und mußten das Mißfallen der Mehrheit der preußischen Nationalversammlung erregen.

FRIEDRICH WILHELMS IV. Verhalten bot so trotz seiner Zugeständnisse für die Öffentlichkeit Preußens und Deutschlands von Anfang an ein *zwiespältiges Bild*:

Auf der einen Seite war er wesentlichen liberaldemokratischen und nationalen Forderungen der Revolution entgegengekommen, und er hatte sich durch das Anlegen der schwarzrotgoldenen Farben und seine Reverenz vor den toten Barrikadenkämpfern den Anschein eines Führers im Kampf um die freiheitliche Erneuerung Preußens gegeben. Und wenn er gar ein Aufgehen Preußens in Deutschland versprochen hatte, bedeutete diese Aussage auch seinen Anspruch auf eine Führungsrolle bei der erhofften nationalen Einigung Deutschlands.

Auf der anderen Seite ließ sich für kritische Beobachter der Eindruck nicht vermeiden, daß er sich nur notgedrungen den im Augenblick übermächtigen revolutionären Kräften gebeugt und bei seinem Umritt in Berlin darüber hinaus eine im Grunde klägliche persönliche Rolle gespielt hatte. Zusätzlich war sein im ganzen enttäuschendes Verhalten in den Jahren nach seiner mit teilweise großen Hoffnungen begleiteten Thronbesteigung unvergessen. Wahrscheinlich hatte er die politischen Konsequenzen seiner jetzigen liberal- und nationalpolitischen Verheißungen überhaupt nicht voll durchschaut, oder – was allerdings eher anzunehmen war und durch sein Verhalten während der rückläufigen zweiten Phase der Revolution bestätigt werden sollte – er hatte sie nur gemacht, um seine nach wie vor autoritär-patriarchalische Grundhaltung vor der im Augenblick siegreichen Revolution zu verbergen.

Diese traditionell verhaftete Gesinnung des Königs, die auch in seinem insgesamt liberalen Verfassungsentwurf noch sichtbar geworden war, wurde stark beeinflußt durch mächtige reaktionär-konservative Kreise um die Gebrüder Leopold und Ludwig VON GERLACH. Es war kein Zufall, daß als ihr Sprachrohr bereits im Juni 1848 die *Neue Preußische Zeitung* gegründet wurde, die wegen des auf ihrer Titelseite abgebildeten Eisernen Kreuzes bald unter dem Namen *Kreuzzeitung* als Stimme der Konservativen bekannt werden sollte. Leopold VON GERLACH hatte schon zu Beginn der erfolgreich scheinenden Revolution im März 1848 eine »Art von geheimer Gegenregierung«[335] gegründet.

Man sollte allerdings nicht übersehen, daß der König zwar liberaldemokratischen Reformforderungen trotz gemachter Konzessionen innerlich fernstand, ihm aber in seiner vorrevolutionären und traditionellen Vorstellungswelt die *nationale Einigung Deutschlands auf obrigkeitsstaatlicher Grundlage*, also unter gebührender Berücksichtigung der Großmachtrolle Preußens und der als legitim angesehenen Herrschaftsrechte der deutschen Fürsten stets *ein echtes Anliegen* war.

Allgemeine Charakteristik der preußischen Nationalversammlung

Während in der deutschen Nationalversammlung in Frankfurt das liberal- und nationaldemokratische Besitz- und Bildungsbürgertum die Mehrheit der Abgeordneten stellte, entfiel in der preußischen Nationalversammlung von den 402 Sitzen ein verhältnismäßig großer Teil von etwa 20 Prozent auf den Adel, während die Bauern 46, die Handwerker ebenfalls 46, die mittleren Beamten 34, die Geistlichkeit 51 und die Justizbeamten als stärkste Berufsgruppe 87 Sitze erhielten. Nur wenige Abgeordnete kamen aus den Reihen der Professoren und freien Berufe. »Politisch war die preußische Nationalversammlung ein gutes Stück radikaler und doktrinärer als die Paulskirche.«

Wie dort bildeten sich auch in Berlin Fraktionen. Die Rechte stand auf dem Boden der konstitutionellen Monarchie. Das Zentrum, das in zwei Gruppen zerfiel, vertrat stark das parlamentarische Prinzip und die besondere Aufgabe Preußens bei der politischen Neuorganisation Deutschlands. Die verhältnismäßig starke Linke, unter ihnen radikale Republikaner, setzte sich besonders für die Volkssouveränität und die Interessen der unteren Volksschichten ein.[336]

Wenn auch das *Kommunistische Manifest*, das Marx und Engels im Februar 1848 veröffentlicht hatten, in der deutschen Revolution keine allzu große Rolle spielte, sollte man jedoch den Einfluß ihrer in Paris gedruckten *17 Forderungen*, die im Sommer 1848 auch als Flugblatt in Köln auftauchten, auf die radikalen Republikaner in der preußischen Nationalversammlung nicht unterschätzen. Marx war zu dieser Zeit maßgebender Redakteur der von ihm nach Aufhebung der Pressezensur gegründeten *Neuen Rheinischen Zeitung*, deren erste Ausgabe am 1. Juni 1848 erschienen war. Sie wurde schnell zum maßgeblichen Organ sozialrevolutionärer republikanischer Kreise.

Unter der Überschrift »Forderungen der Kommunistischen Partei in Deutschland« und dem Kampfruf »Proletarier aller Länder vereinigt Euch!«[337] erklärte das Flugblatt »Deutschland zu einer einigen, unteilbaren Republik«.

- Die Besoldung der Volksvertreter sollte auch Arbeitern den Zugang zum Parlament ermöglichen.
- Eine allgemeine Volksbewaffnung wurde mit der Idee von »Arbeiterarmeen« verbunden.
- Alle Feudallasten sollten ohne Entschädigung aufgehoben werden.
- Sämtliche »fürstlichen und andern feudalen Landgüter« waren zu verstaatlichen,
- ebenfalls das ganze Kreditwesen durch die Einführung einer Staatsbank.
- Des weiteren sollten alle Transportmittel, wie Eisenbahnen, Kanäle, Schiffahrt usw., verstaatlicht werden.
- Gehälter der Staatsbeamten hatten sich nur nach ihrem Familienstand zu richten.
- Trennung von Kirche und Staat,
- Beschränkung des Erbrechts,
- Einführung von Progressivsteuern und Abschaffung von Verbrauchssteuern,

- Einrichtung von Nationalwerkstätten,
- staatliche Garantie auf Arbeit
- und eine »unentgeltliche Volkserziehung« waren weitere radikalsozialistische Forderungen und Verheißungen.

Die meisten dieser Forderungen wurden nicht allein *von den konservativen Kreisen*, sondern auch *von den liberaldemokratischen Vertretern der Revolution abgelehnt*, weil sie eine Versöhnung mit der Monarchie durch ein auf der Emanzipation des Volkes beruhendes konstitutionelles System unmöglich machten und zugleich eine völlige Auflösung der gesellschaftspolitischen Verhältnisse und der bestehenden Besitzstände zur Folge gehabt hätten.

Radikale Tendenzen ähnlicher Art, die noch durch den Zorn über das Auftreten des als Revolutionsgegner während der Berliner Märzunruhen unbeliebt gewordenen Prinzen Wilhelm von Preussen in der preußischen Nationalversammlung verstärkt worden waren, machten sich hier und in der Öffentlichkeit bemerkbar, als ein Antrag der Linken, die Revolution offiziell anzuerkennen, zwar mehrheitlich abgelehnt wurde, aber Volksunruhen am 14. Juni 1848 zum *Sturm auf das Berliner Zeughaus* führten.

Mit diesen Vorgängen verknüpft war wegen seines Festhaltens an einer von der Revolution unbeeinflußten politischen Rechtskontinuität die Ablösung des Ministeriums Camphausen durch das anscheinend kompromißbereite Ministerium Auerswald.

Radikale revolutionäre Tendenzen hatten sich zwar in der preußischen Nationalversammlung gezeigt, aber nicht gegenüber der gemäßigten Mehrheit durchgesetzt.

Im Gegensatz zum österreichischen Reichstag spielte in der preußischen Nationalversammlung das Nationalitätenproblem nur eine untergeordnete Rolle. Man verstand sich parteiübergreifend als *deutsches Parlament in einem deutschen Staat*.

Die ursprünglich nicht zum Deutschen Bund gehörenden preußischen Provinzen Ost- und Westpreußen waren mittlerweile durch Bundestagsbeschlüsse vom April und Mai 1848 in das deutsche Bundesgebiet aufgenommen worden. Zwar gab es in Westpreußen eine teilweise nicht geringe polnische Minderheit, aber problematischer waren wegen ihrer polnischen Mehrheitsbevölkerung die Nationalitätsverhältnisse in der Provinz Posen. Die Polen hatten hier ein Nationalkomitee gebildet, das am 9. Mai 1848 von preußischen Truppen niedergeworfen worden war.

Die *polnische Frage* belastete sowohl die preußische Regierung als auch die liberal- und nationaldemokratisch eingestellten Revolutionäre, allerdings als *einziges Nationalitätenproblem*.

Auf dem Hambacher Fest von 1832 hatte man den polnischen Nationalforderungen unter den gesamtdeutschen Liberalen große Sympathien entgegengebracht, weil sie den allgemeinen liberalen Grundideen von der Emanzipation der Völker entsprachen.

Ein neuer polnischer Nationalstaat konnte jedoch vornehmlich aus machtpolitischen Gründen nicht gebildet werden, weil er nur durch territoriale Verzichte nicht nur Preußens, sondern auch Österreichs und ganz besonders Rußlands möglich gewesen wäre. Außerdem hätte seine Bildung große Probleme für das europäische Mächtegleichgewicht mit sich gebracht. Infolgedessen waren die deutschen Liberalen gezwungen, gegenüber den Polen aus staatspolitischen Gründen ihre nationalliberalen Grundsätze zu verletzen. Bemerkenswert für das politische deutsche Übergewicht in den gemischtsprachigen Teilen der preußischen Ostprovinzen war die Tatsache, daß bei den auch in Westpreußen und Posen durchgeführten Wahlen zur deutschen Nationalversammlung in Frankfurt trotz starker nationalpolnischer Gegentendenzen bis auf eine einzige Ausnahme nur deutsche Kandidaten einen Abgeordnetensitz erringen konnten.[338]

Die »Charte Waldeck«

Der königliche vom Ministerium Camphausen gebilligte Verfassungsentwurf vom 20. Mai 1848 stieß in der preußischen Nationalversammlung vor allem bei der politischen Linken nicht auf Zustimmung. Er wurde daher durch eine von der Nationalversammlung eingesetzte Kommission überarbeitet, die unter dem Vorsitz des Führers der Linken, Benedikt Franz Waldeck, stand. Ihr Ergebnis lag am 26. Juli 1848 vor und wurde unter dem Namen *»Charte Waldeck«*[339] bekannt.

Wie zu erwarten gewesen war, hatte die Kommission alle Elemente ausgeklammert, die liberaldemokratischen Prinzipien zuwiderliefen. Vom König erwartete man, daß er die entsprechend formulierte Charte als eine mit seinen »getreuen Untertanen« vereinbarte Verfassung veröffentliche.

Die Pflicht zur Vereinbarung war als Sieg der gemäßigten über die radikalen Demokraten der Nationalversammlung zu werten. Die Verfechter einer über dem König stehenden uneingeschränkten Volkssouveränität waren überstimmt worden.

Der *König* sollte erbliches und unverletzliches Staatsoberhaupt bleiben, aber die Berufung auf sein Gottesgnadentum war gestrichen worden. Entgegen den Wünschen der radikalen Minderheit war der König durch sein Gesetzesvorschlagsrecht (Art. 72) und durch die Notwendigkeit seiner Zustimmung zu den von den Kammern beschlossenen Gesetzen (Art. 55) im Sinne einer konstitutionellen Monarchie als *Teil der legislativen Gewalt* bestätigt worden.

Er behielt ebenfalls unter Einbeziehung der *Verantwortlichkeit seiner Minister* seine *exekutiven Rechte* und besaß weiter den Oberbefehl über das Heer (Artikel 44–46).

Im ganzen aber wurde er stärker als bisher auf die Verfassung und ihre Gesetze verpflichtet, indem er »vor Ergreifung der königlichen Gewalt« vor den beiden Kammern den unzweideutigen Treueid abzulegen hatte:

»Ich schwöre, die Verfassung des Königreichs fest und unverbrüchlich zu halten und in Uebereinstimmung mit derselben und den Gesetzen zu regieren.« (Art. 39 [2])

Ein großer Unterschied gegenüber dem königlichen Verfassungsentwurf vom 26. Mai 1848 war die völlige *Aufhebung aller adligen und ständischen Vorrechte*:

»Es giebt im Staate weder Standes-Unterschiede noch Standes-Vorrechte. Alle Preußen sind vor dem Gesetze gleich. – Der Adel ist abgeschafft.« (Art. 4)

Die Motive zu dieser lapidaren und die bestehende Gesellschaft im Sinne der politischen Gleichheit demokratisierenden Verfassungsaussage lieferte die Kommission selbst:

»Der Satz. . . ›Alle etc. sind vor dem Gesetze gleich‹, erhält erst durch die von uns ausgesprochene Aufhebung der Standes-Unterschiede und Standes-Vorrechte seine Bedeutung, wodurch namentlich auch jedes bürgerliche und politische Vorrecht des Adels hinwegfällt. Aus diesem Grunde hielt die Minorität der Kommission es nicht für erforderlich, den Adel selbst, die Adelstitel, abzuschaffen. Die Majorität dagegen war der Ansicht, daß, eben weil die Adelstitel nun bedeutungslos geworden, auch kein Anlaß vorhanden sei, solche von Seiten des Staats noch anzuerkennen, daß die gänzliche Abschaffung die beste Bürgschaft dafür gebe, daß nicht trotz der Gleichheit und Aufhebung der Vorrechte dennoch Bevorzugungen eintreten, daß zugleich eine Menge Gesetze, denen Bevorzugung des Adels zu Grunde liege, dadurch von selbst wegfallen. Eine Strafe wegen des Gebrauchs von Adelstiteln soll übrigens, das wird vorausgesetzt, nicht stattfinden.«[340]

Die anderen *Grundrechte* der Staatsbürger hatte die Kommission aus dem königlichen Verfassungsentwurf übernommen, erweitert oder teilweise schärfer formuliert.

Zur Ergänzung der Freiheit des religiösen Bekenntnisses wurde beispielsweise die Trennung von Kirche und Staat stärker betont, indem die »bürgerliche Gültigkeit der Ehe« von »deren Abschließung vor dem dazu von der Staatsgesetzgebung bestimmten Civilstandes-Beamten« abhängig gemacht wurde (Art. 21).

» Die Trennung der Kirche vom Staate«, so begründete die Kommission die Einführung der Zivilehe selbst, »führt mit Nothwendigkeit dahin, daß der Staat die Form der Schließung der Ehe nicht mehr den Religions-Gesellschaften überlassen kann, sondern, so viel die den Staat allein interessirenden bürgerlichen Wirkungen der Ehe anlangt, lediglich von den Staats-Gesetzen abhängig sein lassen muß. Die Aufnahme dieses Grundsatzes in die Verfassungs-Urkunde wird durch seine große Wichtigkeit gerechtfertigt.«[340]

Zu den erweiterten und die bestehende Wehrpflicht ergänzenden Grundrechten gehörten auch die Berechtigung jedes Preußen, »nach vollendetem zwanzigsten Jahre. . . Waffen zu tragen« (Art. 26) und die aus ihr abgeleitete Dreiteilung der

»bewaffnete(n) Macht« in stehendes Heer, Landwehr und Volkswehr (Art. 27). Selbstverständlich wurde die gesamte »bewaffnete Macht« auf die Verfassung verpflichtet (Art. 28).

Die Volkswehr hatte darüber hinaus »vorzugsweise die Pflicht, die konstituirten Gewalten zu schützen und für die Aufrechterhaltung der Ordnung und der verfassungsmäßigen Rechte des Volkes zu wachen«. (Art. 29) Bis zum Bataillonskommandeur sollte die Volkswehr ihre Führer selbst wählen dürfen (Art. 30).

Die starke Betonung der Volkswehr wurde vor allem damit begründet, daß das »Recht, Waffen zu tragen,. . . zu den Rechten eines freien Mannes« gehöre. Außerdem wurde sie mit dem Satz: »Die Volkswehr kann nur durch möglichste Ausdehnung ihre eigentliche Bedeutung gewinnen« zum liberaldemokratischen Regulativ gegenüber dem stehenden Heer aufgewertet.[340]

Die Abschaffung aller adligen und ständischen Vorrechte wirkte sich besonders auf die Kammern aus. Zwar wurde das *Zweikammersystem* beibehalten, aber jedes Mitglied beider Kammern wurde unter der *Berücksichtigung der politischen Gleichheit aller Bürger* gewählt. Berufungen in die erste Kammer durch den König oder aufgrund eines Amtes gab es infolgedessen nicht mehr.

In die *zweite Kammer*, die in dem Verfassungsentwurf wegen ihrer Nennung vor der ersten Kammer als *eigentliche Volksvertretung* angesehen wurde, sollten 350 Mitglieder entsandt werden, die von Wahlmännern gewählt wurden, die vorher in den Wahlbezirken durch Urwahl bestimmt worden waren (Art. 56 u. 58).

> »Bei der Zusammensetzung der zweiten Kammer ging die Kommission von dem Prinzipe aus, daß von den Wahlen zu diesem legislativen Körper Niemand, der überhaupt politische Rechte im Staate besitze, auszuschließen sei, damit Jedem mittelbar Gelegenheit gegeben werde, an der National-Vertretung Theil zu nehmen.«[340]

Für die *erste Kammer* waren 175 Mitglieder vorgesehen, die alle »durch die Bezirks- und Kreisvertreter erwählt« werden sollten (Art. 63 u. 64).

Eigentlich hatte die Kommission direkte Wahlen für beide Kammern bevorzugt, sie »hielt aber mit Rücksicht auf den Stand der politischen Bildung die vorläufige Beibehaltung der indirekten Wahlen für nothwendig«.[340]

Die erste Kammer bildete also gegenüber der Volksvertretung der zweiten Kammer ein durch die Kommunal- und Staatsverwaltung geschaffenes Äquivalent für mögliche Bildungsmängel der Abgeordneten. Die Motive für seine Notwendigkeit waren bei der Kommission wie bei ihren Überlegungen zur Art des Wahlrechts von der Sorge um den ausreichenden Stand der politischen Bildung des Volkes geprägt:

> Sie »ging bei der Bestimmung über die Wahl zur ersten Kammer von dem Grundsatze aus, daß die Mitglieder ebenfalls aus Volkswahlen – ohne welche

eine erste Kammer bald bedeutungslos wird – hervorgehen, zugleich aber eine Bürgschaft dafür gefunden werden müsse, daß in ihr vorzugsweise Intelligenz und Geschäftskunde vertreten werde. Die Vereinigung beider Momente glaubt sie in dem vorgeschlagenen Wahlmodus gefunden zu haben. Denn bei den Bürgern, welche von den Kreisen und Gemeinden zu Bezirks- und Kreisvertretern gewählt werden, läßt sich Popularität, Intelligenz und Sachkenntniß voraussetzen. Die von ihnen ausgehenden Wahlen werden daher ebenfalls diesen Eigenschaften entsprechen«.[340]

Die erste Kammer sollte also nicht mehr wie in landständischen Verfassungen die sozial privilegierten Stände repräsentieren, sondern auf demokratische Weise das notwendige Maß der geistigen und charakterlichen Qualitäten der Abgeordneten sichern.

Voraussetzung für diese Absicht war gewiß die Erkenntnis, daß eine mit demokratischen Rechten ausgestattete Gesellschaft nur funktioniert, wenn sie über ein *Mindestmaß an Bildung* verfügt, und zwar insbesondere in der Phase des erstmaligen Aufbaus einer liberaldemokratischen Gesellschaft.

Bei der zweiten Kammer war man in dieser Beziehung großzügiger, weil bei einem Wahlmann beispielsweise »Schreibenskunde« nicht für erforderlich gehalten wurde.

Die *Kommunalverwaltung* selbst sollte durch eine Reform auf der Grundlage von Wahlen neu geordnet werden (Art. 102).

Gewiß lag in dieser Bestimmung eine Fern- und Weiterwirkung alter STEINscher Selbstverwaltungsvorstellungen.

»Die Gränzen, Einrichtungen und Verwaltungsformen näher festzustellen,« stellte die Kommission, ein wenig umständlich formulierend, fest, »mußte besonderen Gesetzen vorbehalten, als leitender Grundsatz jedoch die Wahrung des Interesses des Volkes in den verschiedenen Stadien durch gewählte Vertreter zugleich auch das Recht der Selbstregierung, in Betreff der inneren Angelegenheiten und der Vermögensverwaltung ausgesprochen werden. Auf diese Weise soll ein freies, selbstständiges Gemeindeleben befördert und gesichert, gleichzeitig aber auch der organische Zusammenhang der einzelnen Theile des Staates mit dem Ganzen erhalten und den Central-Behörden die Leitung desselben erleichtert werden.«[340]

Viel stärker als in dem königlichen Verfassungsentwurf betonte die »Charte WALDECK« die Selbstverständlichkeit der *Zugehörigkeit Preußens zu einem erwarteten Deutschen Reich*, indem sie die preußische Verfassung eindeutig zu einer Übereinstimmung mit der von der deutschen Nationalversammlung in Frankfurt zu beschließenden deutschen Reichsverfassung verpflichtete.

»Sollten,« so formulierte man, ». . . durch die für Deutschland festzustellende Verfassung Abänderungen der gegenwärtigen Verfassungs-Urkunde nöthig werden, so wird der König dieselben anordnen und diese Anordnungen den

Kammern bei ihrer nächsten Versammlung mittheilen. Die Kammern werden dann Beschluß darüber fassen, ob die vorläufig angeordneten Abänderungen mit der deutschen Verfassung in Uebereinstimmung stehen«. (Art. 107)

Dieser Wortlaut spiegelte deutlich die Bereitschaft der preußischen Nationalversammlung wider, gegebenenfalls die preußische Verfassung einer gesamtdeutschen Reichsverfassung anzupassen. Andererseits hatte sie ihren für Preußen geltenden legislativen Anspruch dadurch gewahrt, daß die entsprechenden Anordnungen des Königs bis zu ihrer Zustimmung als »vorläufig« zu gelten hatten.

Ein solches Verfassungsbekenntnis zu einem von den national- und liberaldemokratischen Revolutionären erhofften Deutschen Reich wäre im österreichischen Reichstag wegen seiner Nationalitätenvielfalt unmöglich gewesen.

Man sollte allerdings nicht annehmen, daß die preußische Nationalversammlung bereit gewesen wäre, ohne Verteidigung preußischer Positionen in ein von Österreich beherrschtes deutsches Reich einzutreten.

Preußisches Selbstbewußtsein, dem als Wunschziel ein kleindeutsches Reich unter preußischem Patronat vorschwebte, war in der preußischen Nationalversammlung, vor allem auch bei WALDECK selbst, nicht zu unterschätzen. Mit einem habsburgischen Erbkaisertum in einem neu gegründeten deutschen Reich hätte sich kaum ein Abgeordneter abgefunden, hatten doch viele in der Wahl des Erzherzogs JOHANN zum Reichsverweser durch das gesamtdeutsche Parlament in der Frankfurter Paulskirche bereits argwöhnisch die erste Stufe zu einem solchen Ziel gesehen. Nicht nur die konservativen, sondern auch die liberal- und nationaldemokratisch gesinnten Abgeordneten fühlten sich gegenüber dem Paulskirchenparlament, dem vorläufigen Reichsoberhaupt und der vorläufigen Reichsregierung sehr stark als Preußen.

In der preußischen Nationalversammlung zeigte sich von Anfang an deutlich, wie schwierig es war, die ›deutsche Frage‹, die die Abgeordneten zweifellos lösen wollten, befriedigend im Sinne einer das ganze Deutschland umfassenden politischen Einheit zu beantworten – also unter Berücksichtigung jener Bindungen und Interessen, durch die nicht nur die Preußen, sondern alle Deutschen mit ihren jeweiligen Einzelstaaten und Dynastien mehr oder weniger stark verknüpft waren.

Schwierigkeiten , die man bei der Schaffung einer *nationalen deutschen Einheit* überwinden mußte, waren

- nicht nur diese einzelstaatlichen Macht- und Prestigeangelegenheiten und der sie überwölbende Dualismus der beiden deutschen Großmächte,
- sondern auch die inneren Probleme jedes deutschen Einzelstaates, die durch das von ihren Souveränen begünstigte Prinzip der Obrigkeit von Gottes Gnaden und durch die in ihren Rechten nach Ständen abgestuften Gesellschaftsstruktur gegeben waren, ganz zu schweigen von den opponieren-

den fortschrittlichen liberaldemokratischen Kräften mit ihren emanzipierenden und egalisierenden Tendenzen.

Und selbst unter letzteren gab es Rivalen in einer Spanne

- von den Anhängern einer gemäßigten konstitutionellen Monarchie
- bis hin zu den radikalen Verfechtern einer demokratischen Republik
- und den Kämpfern für sozialistische Modelle.

Und diese innerdeutschen Probleme wurden ergänzt und erschwert durch die sich aus einer deutschen Einheit – unabhängig von der Art ihrer Entstehung – zu erwartenden *Reaktionen der außerdeutschen Großmächte.*

Eigenständisches Preußentum äußerte sich bei den preußischen Liberalen nicht nur gegenüber der Frankfurter Zentrale, sondern auch als starkes *Staatsbewußtsein gegenüber innerpreußischen Nationalitätsproblemen,* wie die lapidare Formulierung des ersten Artikels der »Charte WALDECK« bereits gezeigt hatte:

> »Alle Landestheile der preußischen Monarchie in ihrem gegenwärtigen Umfange bilden das preußische Staatsgebiet.«

Eine Sonderregelung der mehrheitlich von Polen bewohnten Provinz Posen, die der königliche Verfassungsentwurf im Mai noch enthalten hatte, wurde nicht mehr erwähnt, weil die »nationale Reorganisation im Großherzogthum Posen... noch nicht ausgeführt« war. Es »konnte also daraus keine Veranlassung entnommen werden, um diesen Landestheil von den Wohlthaten der neuen Verfassung auszuschließen. Auch ist die nationale Reorganisation des Großherzogthums Posen kein Grund, um diesem Theile des preußischen Staatsgebiets eine besondere Verfassung zu geben«.[340]

Offensichtlich sollten die sich aus den nationalliberalen Prinzipien für die polnische Bevölkerungsmehrheit in Posen ergebenden Freiheitsrechte der Staatsintegrität Preußens unter- oder zumindest eingeordnet werden.

Der Schweidnitzer Zwischenfall

Es war höchst zweifelhaft, daß der unter konservativem Einfluß stehende FRIEDRICH WILHELM IV. die stark liberalisierende und demokratisierende »Charte WALDECK« als Verfassungsentwurf annehmen würde.

Außerdem hatte sich Mitte und Ende Juli 1848 das Verhältnis zwischen ihm, seiner Regierung und der Nationalversammlung durch den Berliner Zeughaussturm und einen *Zwischenfall in Schweidnitz* weiter verschlechtert.

Man sollte in diesem Zusammenhang auch nicht die für die liberaldemokratische Weiterentwicklung ungünstige Fernwirkung auf den König unterschätzen, die die etwa zur gleichen Zeit errungenen gegenrevolutionären Erfolge Österreichs in Italien und in Prag und die Niederschlagung des Aufstandes in Paris ausübten.

In Schweidnitz war es fast gleichzeitig zu einem blutigen Zwischenfall gekommen, weil Revolutionäre, die aufgrund des beanspruchten Rechts auf Volksbewaffnung für eine Bürgerwehr demonstriert hatten, mit einer Militäreinheit zusammengestoßen waren. Der Eklat war symptomatisch für den *Gegensatz zwischen der revolutionären Forderung nach einer Volkswehr und der stark konservativen königlichen Armee*, die ihre traditionelle Stellung als alleinige staatliche Ordnungsmacht bedroht sah.

In der preußischen Nationalversammlung konnte der Abgeordnete STEIN, der der Partei der Linken angehörte, am 9. August 1848 einen Antrag[341] durchsetzen, der

- die Entsendung einer Untersuchungskommission nach Schweidnitz vorsah,
- das Ministerium zur Rückziehung kompromittierter Truppen aufforderte
- und vom Kriegsminister verlangte, allen Offizieren durch einen Erlaß zu gebieten, »reactionairen Bestrebungen« fern zu bleiben, alle Konflikte »mit dem Civil« zu vermeiden und an der Verwirklichung eines »constitutionellen Rechtszustandes« mitzuarbeiten.
- Schließlich sollte der Kriegsminister jenen Offizieren, die diesen Befehlen aus Gewissensgründen nicht nachkommen konnten, »zur »Ehrenpflicht. . . machen, aus der Armee auszutreten.«

Das Ministerium AUERSWALD versuchte, durch sein Schreiben vom 2. September 1848[342] an den Präsidenten der preußischen Nationalversammlung eine vermittelnde Stellung einzunehmen, indem es auf die bereits erfolgte Rückziehung der an den Zwischenfällen in Schweidnitz beteiligten Truppen hinwies, aber den geforderten Erlaß des Kriegsministers mit der Begründung ablehnte, daß dieser sich stets um die Erhaltung der »constitutionellen Freiheit« in der Armee bemüht habe und ein Erlaß nicht das geeignete Mittel zur Erreichung dieses Zieles sei.

> »Allgemeine Erlasse, wie dieser«, betonte das Ministerium, »sind nach unserer pflichtmäßigen Ueberzeugung nicht entsprechend dem Geiste und dem Wesen einer Armee. Sie sind geeignet, an die Stelle des vertrauensvollen Gehorsams, womit der Offizier und Soldat – jeder auf seinem Standpunkte – die Befehle seiner Oberen auszuführen hat, den Geist des Mißtrauens zu setzen, welcher Disziplin und Ordnung und den ganzen Werth der Armee mit der Zeit untergraben würde.«

Mit ihrem Beschluß vom 7. September 1848,[343] den *»Antrag Stein«* trotz seiner Ablehnung durch das Ministerium durchzusetzen, trieb die Nationalversammlung den durch die Vorgänge um den Schweidnitzer Zwischenfall sichtbar gewordenen revolutionären Grundsatzkonflikt auf die Spitze.

Lapidar beschloß sie, während 40 Abgeordnete fehlten, bei namentlicher Abstimmung mit einer Mehrheit von 219 gegen 143 Stimmen,

»daß es die dringendste Pflicht des hohen Staatsministeriums sei, denjenigen Erlaß, welchen die Versammlung am 9. August in der 37sten Sitzung beschlossen hat, ohne Weiteres, zur Beruhigung des Landes und Erhaltung des Vertrauens, so wie zur Vermeidung eines Bruches mit der Versammlung ergehen zu lassen«.

Das Abstimmungsverhältnis zeigte, daß die Zahl der die revolutionären Freiheitsrechte konsequent beanspruchenden Abgeordneten mehr als die Hälfte der Mitglieder der Nationalversammlung betrug, diese also mehrheitlich auf dem Boden revolutionärer demokratischer Grundüberzeugungen stand.

Im Ministerium bewirkte dieser Beschluß, daß Kriegsminister von Schreckenstein durch Erlaß vom 13. September 1848 die kommandierenden Generale anwies, jede Gefährdung der konstitutionellen Freiheit zu vermeiden, insgesamt aber war das Ministerium Auerswald mit seinem Versuch, zwischen König und Volksvertretung zu vermitteln, gescheitert, so daß es am folgenden Tag zurücktrat.

Gegenrevolution in Preußen

Königliches »Kampfprogramm« und Auflösung der preußischen Nationalversammlung

Dem König blieb jetzt keine andere Wahl mehr, als sich klar zwischen dem drohenden Willen des Parlaments und der Aufrechterhaltung seiner autoritären Position als Souverän zu entscheiden.

Nachgiebigkeit und taktisches Verschleiern wie einige Monate vorher im März waren nicht mehr möglich.

Er reagierte am 11. September 1848 mit seinem »*Kampfprogramm*«,[344] in dem er unmißverständlich als ersten Akt eines von ihm gebildeten neuen Ministeriums forderte, es habe seine »königliche Botschaft« mit der Forderung »an die Nationalversammlung« weiterzuleiten, daß der Beschluß vom 7. September »als ungesetzlich und mit einer verfassungsmäßigen Monarchie unvereinbar annulliert« werde. Für den Fall, daß die Versammlung die Botschaft »ohne Protest und andere rebellische Handlung« hinnehme, würden ihre Sitzungen sofort nach Brandenburg »oder einem anderen passenden Orte« verlegt. Die Versammlung habe dort unter anderem ihren Verfassungsentwurf zurückzuziehen und »ernste Gesetze« gegen »Klubs, Individuen und Schriften aller Art zu beraten«. Anschließend werde der Landtag »bis zur Vollendung eines neuen Konstitutionsentwurfes« vertagt.

Sollte der Landtag jedoch »gegen das Prinzip der Botschaft« protestieren, werde er sofort aufgelöst, und eine dadurch möglicherweise ausgelöste »Empörung in Berlin« werde »mit unnachsichtiger Strenge unterdrückt werden«.

»Endlich,« betonte der König, »wird ein neuer Verfassungsentwurf (dessen Seele der Grundsatz ›freies Volk und freier König‹ sein muß) durch eine anderweit zu berufende Versammlung beraten oder ein solcher oktroyiert, nach dem Rate des Kabinetts.«

Schließlich forderte er noch die Einführung eines »Staats- und Geheimrats« nach dem Muster des »privy council« in England.

Mit einer Deutlichkeit, die nicht zu überbieten war, hatte FRIEDRICH WILHELM IV. sich zur *Behauptung seiner alleinigen Souveränität* gegenüber den liberaldemokratischen Ansprüchen der preußischen Nationalversammlung entschieden.

Nicht anders ist es zu verstehen, daß er die von seinem Willen abweichenden Entscheidungen der Nationalversammlung als »Rebellion« ansah und ihre Rücknahme verlangte.

Sie sollte für ihn nur ein Instrument seines herrscherlichen Willens sein, indem sie lediglich »ernste«, also keine liberalen Gesetze beriet. Wie anders ist die pauschale Verurteilung von »Klubs, Individuen und Schriften aller Art« zu deuten? Sie sollte sich nicht nur gehorsam von ihm vertagen und auflösen, sondern auch an einen anderen Ort verlegen lassen und sogar ihre verfassunggebende Hauptaufgabe an eine anderweitig zu berufende Versammlung abtreten oder sich mit einem königlichen Verfassungsoktroi abfinden. Bei Widersetzlichkeit kündigte der König vorsorglich »unnachsichtige Strenge« an.

Mit der im Schloß Sanssouci verfaßten »Denkschrift Sr. Majestät des Königs von Preußen Friedrich Wilhelm IV. über die preußische Staatsverfassung« vom 15. September 1848[345] erläuterte er die Motive seines Kampfeswillens.

Unmißverstänlich verkündete er:

»Die Einsicht, die ich von den Dingen habe, lehrt mich unwidersprechlich, daß dies die letzte Stunde ist, um den Thron, Preußen, Teutschland, ja den Begriff der von Gott eingesetzten Obrigkeit in Europa zu retten. Jetzt oder nie! Seit dem 10. d. M. hab' ich nur Departementsverwalter, aber keine Minister. Die ganze Verantwortlichkeit des Augenblicks lastet auf mir, u. ich kenne meine Pflichten u. mein Recht.

Kraft dieser Erkenntnis bin ich entschlossen, nicht von meinem Ministerium ein System anzunehmen, sondern nur solche Minister zu nehmen, die nach meinen Überzeugungen u. Entschlüssen handeln wollen.«

Der König betonte, er wolle »verantwortliche Minister«, aber nur solche, die »zuerst und vor allem Gott gegenüber sich verantwortlich fühlen; demnächst mir; dann erst den Landtägen, welche unsere künftige Verfassung uns geben wird«. Der jetzige Landtag – der König vermied die Bezeichnung ›Nationalversammlung‹ – befinde sich seit dem 7. September, also dem Tag, an dem er den Antrag STEIN gegen den Willen der Regierung angenommen hatte, »im Zustand der Usurpation«, und einer solchen Versammlung verantwortlich sein zu wollen, bezeichnete er als »Verrat am Amte«.

Die Männer, die er zu Ministern »nehme«, müßten »echte Preußen und treue Teutsche« sein. »Ich nehme sie nur dann zu Ministern, wenn sie mir mit Hand,

Wort und Schrift an Eidesstatt geloben, mit mir Eines Mutes, Eines Sinnes, Einer Absicht zu sein und namentlich folgenden speziellen Gang innehalten zu wollen«:

Sie müßten sich »einer ihrer Berufung und ihrem Mandate treuen Versammlung verantwortlich fühlen«, und nicht einer Versammlung, die beides verletze, und sie müßten bereit sein, »dem Zustande der Unwirksamkeit der bestehenden Gesetze, der Ordnungs- und Zuchtlosigkeit, der uns entehrt und zugrunde richtet, ein Ende machen zu wollen, sowohl durch Handhabung der bestehenden Gesetze als durch Vorlage neuer Gesetze«.

Das neue Ministerium »gelobt, das konstitutionelle Wesen zur Wahrheit machen zu wollen und erklärt fest und entschieden als sein Endziel den Grundsatz: ein freies Volk unter einem freien Könige«-

Erster Akt des neuen Kabinetts sei die Annullierung des Versammlungsbeschlusses vom 7. September; denn: »Durch ihn sind die Würfel geworfen.« Sollte die Versammlung nachgeben, werde sie nach Brandenburg verlegt. Widerstehe sie

> »der kgl. Botschaft«, dann werde »dieselbe sofort aufgelöst. Die Folge ist fast ohne Zweifel die eigene Permanenzerklärung der Versammlung. Darauf bin *ich* vorbereitet durch das Konzentrieren von 30 000 Mann um Berlin. Dieselben schreiten ein nach einem zum Teil festgestellten Plan. Gibt Gott den Sieg, so schlag ich vor, ›sogleich eine neue Versammlung nach einem neuen Wahlgesetz zu berufen‹, aber nicht nach Berlin«.

Der König erhoffte sich einen möglichst unblutigen Sieg.

> Die »Benutzung des Sieges, der Preußens Stellung zu Teutschland wesentlich ändert und bessert, ist die Hauptsache, die erste Pflicht des Königs und seiner Regierung. Er muß vor allem für das der Auflösung preisgegebene unglückliche Teutschland benutzt werden, indem ich den kaiserlichen Hof, Bayern, Sachsen und Hannover etc. auffordere, zu Frankfurt eine gemeinschaftliche... Sprache über Bedingungen zu führen, unter welchen allein wir in die Bildung des Bundesstaates und Wiederherstellung des Teutschen Reiches willigen. Die hauptsächlichsten sind
>
> 1. die Bildung des Kollegiums der Könige und Fürsten..., welches Kollegium die Souveränetät des Reichs mit dem Reichsoberhaupt (und dem Reichsministerium, welches auf wenige, notwendige Departements beschränkt wird) teilt,
> 2. die sofortige Institution des Reichsoberhauses (oder Staatenhauses),
> 3. die Bildung des Reichsunterhauses aus den einzelnen Landesrepräsentationen oder Ständen. Gelingt das Verständnis mit den gedachten Mächten, so stellen wir 5 (der kleinen – Braunschweig, Oldenburg, Mecklenburg (!) etc. nicht zu gedenken) 30 000 000 oder mehr als ¾ Teutschlands dar und haben das göttliche und menschliche Recht für uns, den Widerstand des Südwe-

stens, die Waffen in der Hand, niederzuwerfen, was dann aller Wahrscheinlichkeit nach nicht nötig sein wird.

Sobald uns Gott den Sieg im eigenen Hause gegeben haben wird, erlasse ich meine Ansprache ›an mein Volk‹, und die werd ich selbst schreiben.«

Überprüft man die Denkschrift FRIEDRICH WILHELMS IV. auf ihre *ideologischen Motive und politischen Ziele*, so zeigte sich an erster Stelle seine unerschütterliche konservative Überzeugung, »von Gottes Gnaden« – also auf metaphysische Art – zur Ausübung seiner Souveränität zum Wohle des ihm von Gott anvertrauten Volkes berufen, berechtigt und verpflichtet zu sein. Die liberaldemokratischen Prinzipien der revolutionären Freiheitsverfechter waren mit dieser Grundüberzeugung nicht zu vereinbaren.

Folgerichtig befand sich die Nationalversammlung für den König durch die Annahme des seinen Willen mißachtenden STEINschen Antrages im »Zustand der Usurpation«. Sich einer solchen Versammlung zu beugen wäre für ihn »Verrat« an dem ihm von Gott übertragenen Herrscheramt gewesen. Daher glaubte er auch berechtigt zu sein, die Nationalversammlung nach Brandenburg zu verlegen oder gegebenenfalls »sofort« aufzulösen.

Der König bekannte sich zwar verbal zu dem Grundsatz »ein freies Volk unter einem freien Könige,« um mit seiner Hilfe »das konstitutionelle Wesen zur Wahrheit« zu machen, aber er verstand unter einer solchen Verfassung eine ihrer »Berufung und ihrem Mandat« gemäße *treue* Repräsentation des Volkes, die *seinen richtungsweisenden Willen* achtete, und dazu gehörten exekutive Helfer als Minister, die »an Eidesstatt gelobten, mit ihm Eines Mutes, eines Sinnes, Einer Absicht zu sein«. Das Prinzip der Ministerverantwortlichkeit sollte sich also zuerst auf den König und dann auf eine ebenfalls der Treue, also der Gefolgschaft zum König verpflichtete Repräsentation des nach Ständen gegliederten Staatsvolkes beziehen.

Ein freies Volk war für ihn nur als ein *dem König nach Ständen gegliedertes gehorsames Volk* vorstellbar. Selbstverständlich gehörte zu dieser Überzeugung des Königs seine sittliche *Pflicht, dem Wohl des Volkes zu dienen.*

Diese *konservativ-obrigkeitsstaatliche Grundeinstellung* beherrschte auch das *Nationalgefühl* des Königs.

Sein Bedauern für »das der Auflösung preisgegebene unglückliche Teutschland« und sein Wille zur »Wiederherstellung des Teutschen Reiches« waren beide aufrichtig. Doch sollte das neue Reich ebenso, wie seine Absicht, mit den deutschen Souveränen in entsprechende Verhandlungen zu treten, deutlich zeigte, grundsätzlich auf dem Willen der deutschen Fürsten beruhen. Liberal- oder nationaldemokratische Zugeständnisse waren, wenn überhaupt, nur denkbar, wenn sie das fürstliche Souveränitätsprinzip nicht grundsätzlich leugneten, in Frage stellten oder lediglich als Akklamation des obrigkeitlichen Willens gedacht waren.

Der König war sogar entschlossen, für seine politischen Ziele sowohl in Preußen als auch in Deutschland Waffen einzusetzen. Für die Behauptung der königlichen Macht in Preußen hatte er nach eigenen Worten »30 000 Mann« bereitgestellt, und im Bewußtsein der preußischen Großmachtrolle in Deutschland berief er sich sogar auf »das göttliche und menschliche Recht. . ., den Widerstand des Südwestens, die Waffen in der Hand, niederzuwerfen«. Möglicherweise dachte er bei dieser Bereitschaft an die aktuelle Teilnahme preußischer Truppen bei der unmittelbar bevorstehenden blutigen Niederwerfung radikaler Aufständischer, die die konservativen Abgeordneten der Frankfurter Nationalversammlung LICHNOWSKI und AUERSWALD ermordet hatten, sowie an die Unruhen, die die radikalen Revolutionäre HECKER und STRUVE entfacht hatten und von badischen Truppen unterdrückt wurden.

Der drohende und entschlossene Ton des Königs, der bereits sein »Kampfprogramm« vom 11. September erfüllt hatte, glich einer Flucht nach vorn, um die königliche Handlungsinitiative in Deutschland, aber zumindest gegenüber den national- und liberaldemokratischen Kräften in der preußischen Nationalversammlung und im ganzen preußischen Staat zurückzugewinnen.

Dabei kam ihm ein gewisser *Stimmungsumschwung im Bürgertum* zugute, das, erschreckt durch die Gewaltakte radikaldemokratischer Kräfte, anfing, sich innerlich wieder vorsichtig dem althergebrachten Obrigkeitsstaat anzunähern.

Die machtpolitischen Probleme, die wegen seiner obrigkeitsstaatlichen deutschen Einigungsbestrebungen im innerdeutschen Raum besonders mit dem österreichischen Kaiserhof und außerhalb Deutschlands mit den europäischen Großmächten zu erwarten waren, erwähnte er mit keinem Wort, obwohl sie schon durch den fast zur gleichen Zeit abgeschlossenen Waffenstillstand von Malmö mit Dänemark überdeutlich sichtbar geworden waren.

Der König ernannte am 21. September 1848 Ernst VON PFUEL zum neuen Ministerpräsidenten und Kriegsminister. Er galt als königstreu und zugleich konstitutionsfreundlich und schien zur Lösung des zwischen König und Nationalversammlung ausgebrochenen Konflikts geeignet zu sein.

Einen Tag nach seiner Ernennung trug der neue Ministerpräsident der Nationalversammlung sein vom König gebilligtes *Kompromißprogramm*[346] vor. Hauptziel seines Ministeriums sei es, »die Verfassung mit der Nationalversammlung zu vereinbaren und deren sonstige legislative Tätigkeit auf das Notwendigste zu beschränken«. Im übrigen aber solle es mit dem bereits erwähnten Erlaß des Kriegsministers VON SCHRECKENSTEIN vom 13. desselben Monats als Antwort auf den »Beschluß der Nationalversammlung vom 7. d. M.« sein Bewenden haben. Ruhe und Ordnung müßten in Berlin und im ganzen Land auf gesetzliche Weise gegebenenfalls mit der bewaffneten Macht gesichert werden.

Nicht im voraus festlegen wollte sich das Ministerium für den Fall, daß es ihr nicht gelingen werde, »die Majorität in der Nationalversammlung zu erlangen«. Es drohte ihr aber bei »fortgesetzten Kompetenzüberschreitungen« ihre Auflösung und Neuwahlen »nach dem bestehenden Gesetze« an, was allerdings nur »im äußersten Falle« geschehen dürfe. »Um aber die Versammlung dem Terrorismus von Berlin zu entziehen,« empfahl das Ministerium seine Verlegung »in eine andere Stadt.«

Außenpolitisch werde es notwendig sein, »mehr als bisher selbständig in die endliche Regulierung der deutschen Verfassung einzugreifen«.

Schon auf den ersten Blick konnte man diesem Regierungsprogramm die Solidarität mit den Plänen des Königs entnehmen. Es bekannte sich zwar zu einer Verfassungsvereinbarung mit der Nationalversammlung, aber ließ diese auch unmißverständlich wissen, daß ihre Existenz von einem loyalen Verhalten gegenüber den politischen Zielen des Königs abhing. Dazu gehörte auch ihr Einverständnis mit der Ansicht des Königs, die Nationalversammlung aus Berlin zu entfernen. Es war kaum anzunehmen, daß sich angesichts dieser Drohung in der Nationalversammlung eine Majorität für die neue Regierung finden werde. Man hätte sie höchstens in dem angekündigten stärkeren preußischen Bemühen unterstützt, Fortschritte in der Frage einer gesamtdeutschen Verfassung zu erzielen.

Es war daher nur folgerichtig, daß dem Ministerium PFUEL angesichts der unterschiedlichen Grundpositionen von König und Nationalversammlung der erhoffte Erfolg versagt blieb. Unruhen auf den Straßen Berlins, die vor allem im Anschluß an das von der Nationalversammlung gebilligte Gesetz, das die Bürgerwehr gegenüber radikalen Verbänden als »einzige gesellschaftliche Wehrorganisation«[347] anerkannte, Mitte Oktober 1848 entstanden waren, untergruben darüber hinaus das Ansehen der Regierung. Selbst beim König fiel PFUEL schnell in Ungnade, weil er sich gegenüber den in seinen Augen zu weit gehenden Plänen der Nationalversammlung, die Gesellschaft durch Abschaffung des königlichen Gottesgnadentums, des Adels und aller traditionellen Rechts- und Gesellschaftsstrukturen zu egalisieren, als zu schwach erwies.

Wie verwickelt die politischen Gegensätze waren, zeigte die Tatsache, daß sich in der Nationalversammlung, obwohl sie sich bereits mit dem König im Konflikt befand, aus Angst vor dem revolutionären Radikalismus, keine Mehrheit bildete, um wirksame Maßnahmen zur Unterstützung der Revolution in Wien zu ergreifen. Diese hatte in den letzten Oktobertagen ihren blutigen Höhepunkt erreicht und war von der kaiserlichen Regierung besiegt worden. Die Angst der liberaldemokratischen bürgerlichen Vertreter innerhalb und außerhalb der Nationalversammlung vor dem politischen und sozialen Radikalismus war nicht kleiner als jener der Konservativen, so daß die Nationalversammlung sogar jetzt noch – allerdings vergeblich – eine Delegation an den König sandte, um ihn zur »Einsetzung einer Mehrheitsregierung«[348] zu bewegen. Diese sollte das erfolglose Kabinett PFUEL ablösen, den König von der Berufung eines kampfentschlossenen konservativen Ministeriums abhalten und so den Konflikt mit der Nationalversammlung in letzter Minute vor seiner Eskalierung bewahren.

Der König jedoch fühlte sich unter dem Einfluß seiner königlichen Berater, der Gebrüder Gerlach und anderer, aber auch unter dem Eindruck nachlassender revolutionärer Dynamik außerhalb Preußens, vor allem in Österreich, stark genug, jetzt den entscheidenden Kampf um seine Prinzipien zu beginnen, und präsentierte der Nationalversammlung am 2. November 1848 das ihm *ergebene Ministerium* des Grafen Friedrich Wilhelm von Brandenburg[349] mit Otto von Manteuffel als Innenminister.

In der politischen Öffentlichkeit wurde die Berufung des Ministeriums Brandenburg als der eigentliche *Beginn der preußischen Gegenrevolution* gewertet: Schon am 9. November 1848 übermittelte sie der Nationalversammlung den königlichen Befehl ihrer Vertagung bis zum 27. November 1848 und ihrer Verlegung in die Stadt Brandenburg.

Nachdem Proteste der Abgeordneten und einzelne Widerstandsaktionen unter dem Druck eines militärischen Belagerungszustandes gescheitert waren, *löste der König die Nationalversammlung*, deren Mitglieder sich teilweise in Brandenburg zu einem Rumpfparlament versammelt hatten, *am 5. Dezember 1848* auf und erließ zugleich aufgrund königlicher Souveränität eine »Verfassungsurkunde für den preußischen Staat«. Der Sieg des Königs über die Revolution in Preußen schien perfekt zu sein, zumal sich in der Öffentlichkeit kein nennenswerter Widerstand zeigte.

Die oktroyierte preußische Verfassung vom 5. Dezember 1848[350]

In der Präambel betonte Friedrich Wilhelm IV., daß er als »von Gottes Gnaden König von Preußen« beschlossen habe, die Verfassung »zu erlassen«. Ihre »beabsichtigte Vereinbarung« sei wegen »der eingetretenen öffentlichen Verhältnisse« unmöglich gewesen. Sie stehe »in möglichster Berücksichtigung der von den gewählten Vertretern des Volkes ausgegangenen umfassenden Vorarbeiten« und einer möglichen »Revision derselben im ordentlichen Wege der Gesetzgebung«.

In diesen Sätzen zeigte der König – für viele nach der Auflösung der Nationalversammlung überraschend – deutlich seine Friedensabsicht. Er beschuldigte niemanden und würdigte die Verfassungsbemühungen der Nationalversammlung, obwohl sie in seinen Augen ihre Kompetenzen weit überschritten hatte. Als einzige Vorbedingung für den Frieden verlangte er lediglich die *Anerkennung der ihm vermeintlich von Gott verliehenen Souvereränität sowie der Verantwortung für das Gesamtwohl des ihm anvertrauten Volkes.*

Die folgenden 112 Verfassungsartikel spiegelten an keiner Stelle den Anspruch auf eine aus der Verantwortung für das Volk entlassene königliche Souveränität wider, sondern standen in der Tradition der seit Friedrich dem Grossen aus aufgeklärtem Denken entsprungenen sittlichen Verpflichtungen des Herrscheramtes. In sie aufgenommen hatte Friedrich Wilhelm IV. ausdrücklich die während der letzten Jahrzehnte seit der Niederringung der französischen Fremdherrschaft immer stärker gewordenen Volkswünsche nach politischer Emanzipation, soweit sie einen Konstitutionalismus anstrebten, der die königliche Souveränität nicht prinzipiell antastete.

➢ Auf den »Titel I Vom Staatsgebiet« (Art. 1 u. 2), der alle Landesteile »in ihrem gegenwärtigen Umfange« zum preußischen Staatsgebiet erklärte und Grenzveränderungen nur durch ein Gesetz ermöglichte, folgte im Verfassungstext der umfangreiche »Titel II Von den Rechten der Preußen« (Art. 3–40), der die *individuellen Grundrechte* garantierte.

Zu ihnen gehörten beispielsweise die Gleichheit vor dem Gesetz und sogar die Aufhebung aller Standesvorrechte (Art. 4), die persönliche Freiheit (Art. 5), die Unverletzlichkeit der Wohnung (Art. 6) und des Eigentums (Art. 8), das Recht auf einen gesetzlichen Richter (Art. 7), die Freiheit der Lehre und der Wissenschaft (Art. 17).

Die Freiheit des religiösen Bekenntnisses wurde ebenfalls garantiert (Art. 11–15).

Die »bürgerliche Gültigkeit der Ehe« wurde allerdings »durch deren Abschließung vor den dazu bestimmten Zivilstands-Beamten bedingt«, an die sich eine kirchliche Trauung anschließen konnte (Art. 16).

Auch die Pflicht der Eltern und Vormünder, »ihren Kindern oder Pflegebefohlenen den zur allgemeinen Volksbildung erforderlichen Unterricht erteilen zu lassen«, wurde verfassungsrechtlich festgelegt (Art. 18).

Der Unterricht in der »öffentlichen Volksschule« sollte unentgeltlich erteilt werden (Art. 22). Der Staat regelte »das gesamte Unterrichtswesen« und gewährleistete »den Volksschullehrern ein bestimmtes auskömmliches Gehalt« (Art. 23).

Sehr ausführlich wurde die Meinungs- und Pressefreiheit garantiert:

> »Jeder Preuße hat das Recht, durch Wort, Schrift, Druck und bildliche Darstellung seine Gedanken frei zu äußern. Die Preßfreiheit darf unter keinen Umständen und in keiner Weise, namentlich weder durch Zensur, noch durch Konzessionen oder Sicherheitsstellungen, weder durch Staatsauflagen noch durch Beschränkungen der Druckereien und des Buchhandels, noch endlich durch Postverbote und ungleichmäßigen Postsatz oder durch andere Hemmungen des freien Verkehrs beschränkt, suspendiert oder aufgehoben werden.« (Art. 24)

Allerdings sollten »Vergehen« gegen diese Freiheit nach den »allgemeinen Strafgesetzen«, deren Revision angekündigt wurde, geahndet werden können (Art. 25).

Die Versammlungsfreiheit »ohne Waffen in geschlossenen Räumen« unterlag keiner Genehmigungspflicht, »unter freiem Himmel« war sie nach den gesetzlichen Bestimmungen möglich, ebenso die Vereinigung zu Gesellschaften (Art. 27 u. 28).

Allen Preußen stand ein Petitionsrecht zu, ebenfalls die Unverletzlichkeit des Briefgeheimnisses (Art. 30 u. 31).

Das »Recht der freien Verfügung über das Grundeigentum« unterlag keinen anderen Beschränkungen als der Gesetzgebung. Aufgehoben wurden »ohne Entschädigung« alle noch bestehenden Feudalrechte, wie »Gerichtsherrlichkeit, die gutsherrliche Polizei und die obrigkeitliche Gewalt, so wie die gewissen Grundstücken zustehenden Hoheitsrechte und Privilegien«. (Art. 40)

Die für alle Preußen verbindliche Wehrpflicht wurde ebenfalls im Titel über die »Rechte der Preußen« formuliert. Sie zog wegen der »militärischen Disziplinarvorschriften« notwendige Einschränkungen gewisser Freiheitsrechte nach sich. Stehendes Heer, Landwehr und Bürgerwehr bildeten »die bewaffnete Macht«, die auch zur »Unterdrückung innerer Unruhen und zur Ausführung der Gesetze« eingesetzt werden konnte. Für die Einrichtung der Bürgerwehr wurde ein besonderes Gesetz in Aussicht gestellt. Stehendes Heer und eingesetzte Landwehr durften nicht »beratschlagen«, und das gesamte Heer stand »im Kriege und im Dienste unter der Militär-Kriminal-Gerichtsbarkeit und unter dem Militär-Straf-Gesetzbuch«. (Art. 32–37)

Die durch die Verfassung garantierten Grundrechte entsprachen weitgehend jenen der »Charte Waldeck«. Einige weniger gravierende Unterschiede zeigten sich bei der Liquidierung der politischen Standesunterschiede, die der König zwar einschließlich der entschädigungslosen Abschaffung feudaler Rechte akzeptierte, aber nicht bis in die Streichung adliger Namen und Titel fortsetzte.

Groß waren die Unterschiede im militärischen Bereich. Ein Recht auf Volksbewaffnung kannte die oktroyierte Verfassung nicht, ebenfalls weder das Recht jedes Preußen, Waffen zu tragen, noch die Einführung gewisser demokratischer Strukturen in das Heer. Der König blieb zwar Oberbefehlshaber des Heeres; aber dessen unmittelbare Verpflichtung auf die Verfassung und die Gesetze wurde nicht mehr besonders betont. Er akzeptierte zwar als dritten Teil der »bewaffneten Macht« die »Bürgerwehr«, nannte sie aber nicht »Volkswehr«. Keinem Satz der Verfassung war zu entnehmen, daß diese gefördert und aufgewertet werden sollte, obwohl die Verfassung zur Bildung der Bürgerwehr ein besonderes Gesetz zugestand. Der König verfügte für das Heer insgesamt eine gewisse Einschränkung der persönlichen Grundrechte. Er war unverkennbar bestrebt, besonders das stehende Heer weiterhin als ein möglichst von außen unbeeinflußtes Instrument seiner königlichen Macht zu erhalten.

➢ Der »Titel III Vom Könige« (Art. 31–57) erklärte die *persönliche Unverletzlichkeit des Königs*, sprach ihm allein die »vollziehende Gewalt«, die Ernennung der Minister, die Verkündigung und Ausführungsverordnungen der Gesetze zu, aber bestimmte andererseits die *»Verantwortlichkeit« der Minister*, die darin bestand, daß alle königlichen Regierungsakte »zu ihrer Gültigkeit der Gegenzeichnung eines Ministers« bedurften (Art. 41 u. 42).

Die Königswürde war »den Königlichen Hausgesetzen gemäß« erblich (Art. 51).

Für den Fall der Minderjährigkeit des Königs war eine von beiden Kammern angeordnete und auf die Verfassung vereidigte »Regentschaft« und »Vormundschaft« einzurichten (Art. 54). Mit seinem 18. Lebensjahr wurde der König volljährig. Er hatte »in Gegenwart der vereinigten Kammern das eidliche Gelöbnis« abzulegen, »die Verfassung des Königreiches fest und unverbrüchlich zu halten und in Uebereinstimmung mit derselben und den Gesetzen zu regieren«. (Art. 52)

Der König war der Oberbefehlshaber des Heeres (Art. 44), besetzte »alle Stellen in demselben, so wie in den übrigen Zweigen des Staatsdienstes«. (Art. 45)

Er hatte das Recht, Krieg zu erklären, Frieden zu schließen und mit fremden Staaten Verträge abzuschließen. Zogen letztere »Lasten« oder für einzelne Staatsbürger »Verpflichtungen« nach sich, bedurften sie »zu ihrer Gültigkeit der Zustimmung der Kammern«. (Art. 46)

Unter gewissen Bedingungen besaß der König ein Begnadigungs- und Strafmilderungsrecht. Außerdem konnte er Orden und Auszeichnungen verleihen. Schließlich hatte er »das Münzrecht nach Maßgabe des Gesetzes«. (Art. 47 u. 48)

Wichtig für die Rechte des Königs gegenüber der Volksvertretung waren seine Befugnisse, die Kammern zu berufen, zu eröffnen, zu schließen, zu vertagen und aufzulösen. Anordnungen dieser Art waren allerdings dadurch begrenzt, daß eine Vertagung nur bis zu 30 Tagen möglich war. Nach einer Auflösung mußten innerhalb von 40 Tagen neue Kammern gewählt werden und diese sich innerhalb von 60 Tagen versammeln (Art. 49 u. 50). Entscheidend für das Funktionieren einer konstitutionellen Monarchie war die eidliche Verpflichtung des Königs, alle seine Rechte im Einklang mit der Verfassung wahrzunehmen.

➢ Im »Titel IV Von den Ministern« (Art. 58 u. 59) wurden deren Recht, in den Kammern gehört zu werden, sowie ihre Pflicht, auf Verlangen vor den Kammern zu erscheinen, und Möglichkeiten der Anklageerhebung gegen sie festgelegt.

➢ Der »Titel V Von den Kammern« (Art. 60–84) legte unmißverständlich fest, daß die staatliche *Legislative* einem von den gemäßigten bürgerlichen Liberalen angestrebten Konstitutionalismus entsprach, also auf einem *Gleichgewicht zwischen Souverän und Volksvertretung* beruhen sollte:

> »Die gesetzgebende Gewalt wird gemeinschaftlich durch den König und durch zwei Kammern ausgeübt. – Die Uebereinstimmung des Königs und beider Kammern ist zu jedem Gesetze erforderlich.«

Außerdem besaßen der König und jede Kammer das Gesetzesvorschlagsrecht (Art. 60 u. 61). Dadurch aber, daß ein Gesetz nur durch Zustimmung des Königs zustande kommen konnte, besaß der König in Wirklichkeit ein Vetorecht, das allerdings dadurch, daß er ein gegen den Willen der Kammern gerichtetes Gesetz auch selbst nicht durchsetzen konnte, relativiert wurde.

Das Zweikammersystem der Volksvertretung entsprach weitgehend jenem der »Charte WALDECK« und beruhte auf einem Urwahl- und Wahlmännersystem.

Die 180 Mitglieder der ersten Kammer sollten durch »die Provinzial-, Bezirks- und Kreisvertreter« gewählt werden. Wählbar war jeder mindestens 40 Jahre alte, sich im Vollbesitz der bürgerlichen Rechte befindliche und bereits seit fünf Jahren dem preußischen Staatsverbande angehörende Preuße (Art. 62–65).

Die 350 Mitglieder der zweiten Kammer wurden auf drei Jahre durch Wahlmänner ermittelt, die vorher durch Urwähler in den Gemeinden bestimmt worden waren. Stimmberechtigter Urwähler war jeder mindestens 24 Jahre alte, im Vollbesitz der bürgerlichen Rechte befindliche, wenigstens seit sechs Monaten ansässige und nicht auf »Armen-Unterstützung« aus öffentlichen Mitteln angewiesene »selbstständige Preuße«. Zum Abgeordneten der zweiten Kammer konnte »jeder Preuße« gewählt werden (Art. 66–71).

Beide Kammern sollten gleichzeitig jährlich im November und, »so oft es die Umstände erheischen«, durch den König einberufen werden (Art. 75).

Ihre Sitzungen waren öffentlich, ihre Beschlüsse wurden mit »absoluter Stimmenmehrheit« gefaßt. Jede Kammer konnte »Adressen« an den König richten und Auskunft von den Ministern verlangen (Art. 78–80).

Die Mitglieder beider Kammern hatten sich als Beauftragte des ganzen Volkes zu betrachten und waren nicht an »Aufträge und Instruktionen« gebunden. Sie konnten für ihre Meinungsäußerungen oder wegen ihres Abstimmungsverhaltens nicht zur Verantwortung gezogen werden. Ihre Immunität durfte nur mit Genehmigung der Kammern oder durch Ergreifung bei einer mit Strafe bedrohten Handlung aufgehoben werden (Art. 82 u. 83).

Während die Mitglieder der zweiten Kammer aus der Staatskasse Reisekosten und Diäten erhielten, waren diese für jene der ersten Kammer nicht vorgesehen (Art. 84).

Die Verfassungsartikel zur Unverletzlichkeit des Königs, zur Ministerverantwortlichkeit, staatlichen Legislative und Exekutive entsprachen im wesentlichen den Bestimmungen der »Charte Waldeck«. Beachtlich war, daß der König das legislative Gleichgewicht zwischen ihm und den Kammern bestehen ließ. Er konnte es nur annehmen, wenn er es als ein freiwilliges, aus der Gnade seiner Souveränität gewährtes Geschenk an seine Untertanen deutete.

Auch eine erste Kammer wurde nicht nur beibehalten, sondern ihre Mitglieder wurden ebenfalls gewählt und nicht mehr vom König ernannt. Die auf eine besondere Qualifikation hinauslaufenden Voraussetzungen ihrer Wählbarkeit, die gleichsam als bildungspolitisches Korrektiv zur zweiten Kammer dienen konnten, hatte die oktroyierte Verfassung des weiteren übernommen.

Die eigentliche Masse des Volkes wurde durch die zweite Kammer vertreten, wenn auch die Armenunterstützungsempfänger wie in der »Charte Waldeck« weiterhin von der Wahl ihrer Mitglieder ausgeschlossen blieben.

➢ Wichtig für eine nur der Verfassung und den Gesetzen unterworfene Judikative waren im »Titel VI Von der richterlichen Gewalt« (Art. 85–95) die beiden ersten Artikel. Ihr teilweise mit jenem der »Charte Waldeck« identischer Wortlaut bestimmte, daß die richterliche Gewalt im Namen des Königs durch *unabhängige, auf Lebenszeit ernannte* und nur durch Richterspruch und Gesetz absetzbare, aber sonst grundsätzlich *unabsetzbare Richter* ausgeübt werde (Art. 85 u. 86). Richter durften kein anderes besoldetes Staatsamt annehmen. Ausnahmen von dieser Beschränkung waren nur durch ein besonderes Gesetz möglich (Art 87).

Nur »nach Vorschrift der Gesetze« befähigte Personen konnten in das Richteramt berufen werden (Art. 89). Liberalen Forderungen entsprach bei »mit schweren Strafen bedrohten Verbrechen« besonders die Einrichtung von Geschworenengerichten (Art. 93).

➢ Während der »Titel VII Von den Staatsbeamten« (Art. 86 u. 97) ankündigte, deren Rechtsverhältnisse gesetzlich zu regeln, beschäftigte sich der »Titel VIII Von der Finanz-Verwaltung« (Art. 98–103) mit dem *Staatsetat*.

Dieser sollte jährlich mit allen Einnahmen und Ausgaben durch ein Gesetz festgestellt werden (Art. 98). »In Betreff der Steuern können Bevorzugungen nicht eingeführt werden. – Die bestehende Steuer-Gesetzgebung wird einer Revision unterworfen und dabei jede Bevorzugung abgeschafft.« (Art. 100)

Diese liberalen Verfassungsbestimmungen entsprachen voll jenen der »Charte WALDECK«.

➢ Der »Titel IX Von den Gemeinden, Kreis-, Bezirks- und Provinzial-Verbänden« (Art. 104) wiederholte ebenfalls teilweise wörtlich deren Bestimmungen und erweiterte sie sogar auf die Provinzen. Selbstverwaltungselemente wurden übernommen, aber beispielsweise hinsichtlich der Ortspolizei auch dadurch eingeschränkt, daß die »polizeilichen Funktionen« in Städten von mehr als 30000 Einwohnern »auf Staatsorgane übertragen« werden konnten. Diese Möglichkeit war gewiß das Ergebnis aus den Erfahrungen der letzten Monate mit den radikalen Kräften der Revolution.

In dem Abschnitt »Allgemeine Bestimmungen« (Art. 105–110) wurde dem Staatsministerium »in dringenden Fällen«, falls die Kammern nicht versammelt waren, die Befugnis verliehen, »Verordnungen mit Gesetzeskraft« zu erlassen, die aber den Kammern »bei ihrem nächsten Zusammentritt zur Genehmigung sofort vorzulegen« waren (Art. 105).

Die Verfassung selbst konnte mit der absoluten Stimmenmehrheit jeder Kammer »auf dem ordentlichen Wege der Gesetzgebung abgeändert werden«. (Art. 106)

Die Mitglieder beider Kammern waren verpflichtet, »dem Könige und der Verfassung Treue und Gehorsam zu schwören«. (Art. 107)

»Für den Fall eines Krieges oder Aufruhrs« konnten Grundrechte der Artikel 5, 6, 7, 24, 25, 26, 27, 28, also die persönliche Freiheit, die Unverletzlichkeit der Wohnung, das Recht auf einen gesetzlichen Richter, die Presse- und Meinungsfreiheit, die Versammlungsfreiheit und die Freiheit zur Bildung von Gesellschaften, »außer Kraft gesetzt werden«. (Art. 110)

Im Gegensatz zur »Charte WALDECK« besaß die oktroyierte Verfassung also ein starkes Notverordnungsrecht des Ministeriums, das liberaldemokratischen Kräften nicht gefallen konnte. Auch begnügte sie sich bei Verfassungsänderungen in beiden Kammern nur mit einer absoluten Stimmenmehrheit statt mit einer solchen von zwei Dritteln. Die Möglichkeit der Außerkraftsetzung wichtiger Grundrechte in Notsituationen war ein weiterer sehr wichtiger Unterschied zur »Charte WALDECK«. Es war zu erwarten, daß diese Einschränkungen politischer Freiheitsprinzipien auf öffentlichen Widerstand stoßen würden.

Die »Uebergangs-Bestimmungen« (Art. 111 u. 112) bildeten den letzten Teil der oktroyierten Verfassung. Sie bezogen sich zunächst auf die auch aus der Sicht des Königs selbstverständliche Zugehörigkeit Preußens zu Deutschland und die sich aus ihr möglicherweise ergebende Notwendigkeit einer Verfassungsänderung. Der entsprechende Wortlaut war identisch mit Art. 107 der »Charte WALDECK«:

> »Sollten durch die für Deutschland festzustellende Verfassung Abänderungen des gegenwärtigen Verfassungs-Gesetzes nötig werden, so wird der König dieselben anordnen und diese Anordnungen den Kammern bei ihrer nächsten Versammlung mitteilen. – Die Kammern werden dann Beschluß darüber fassen, ob die vorläufig angeordneten Abänderungen mit der deutschen Verfassung in Uebereinstimmung stehen.« (Art. 111)

Aber auch unabhängig von den aufgrund einer deutschen Verfassung notwendig werdenden Verfassungsänderungen sollte die »gegenwärtige Verfassung... sofort nach dem ersten Zusammentritt der beiden Kammern einer Revision auf dem Wege der Gesetzgebung (Art. 60 und 106) unterworfen werden«, und erst nach erfolgter Revision sollten sich der König, die beiden Kammern und die Staatsbeamten eidlich auf die Verfassung verpflichten (Art. 112).

Offensichtlich rechnete der König selbst mit einem Widerstand gegen die von ihm erlassene Verfassung, obwohl sie im Vergleich zu seinem veröffentlichten Kampfprogramm überraschend gemäßigt ausgefallen war und er bis an die Grenze der ihm möglichen Zugeständnisse gegangen war.

Die Verfassung mußte

- den *Konservativen als zu liberal* und
- den *Liberalen als zu konservativ*

erscheinen.

Sie enthielt nämlich einerseits sehr viele liberaldemokratische Elemente und Ausgestaltungsmöglichkeiten und war offen für Veränderungen, die sich aus einer nationaldeutschen Verfassung ergeben würden. Andererseits war sie *grundsätzlich* für liberaldemokratisches Denken *unannehmbar*, weil der König sie allein aus seiner Souveränität »von Gottes Gnaden« erlassen hatte.

Dieses *ideologische Fundament des Königs schien sich im Dezember 1848 politisch wieder zu festigen*, nachdem die revolutionäre Bewegung in die Defensive gedrängt und er selbst zunehmend unter den Einfluß seiner konservativen Umgebung geraten war.

Wie sonst ist es bei seiner politischen Grundeinstellung zu erklären, daß ihre sofortige Revision als Gebot in die von ihm erlassene Verfassung aufgenommen worden war und er seinen und von den Ministern und Staatsbeamten zu leistenden Eid nur auf eine revidierte Verfassung in Aussicht stellte? Er konnte sich vernünftigerweise doch nur gute Chancen für eine in seinem Sinne geänderte Verfassung ausrechnen.

Österreichs Konsolidierung als antirevolutionäre Großmacht

Programm der Regierung Schwarzenberg

Die Niederwerfung des Wiener Aufstandes Ende Oktober 1848 bedeutete das praktische Ende der Revolution in den nichtungarischen österreichischen Ländern. Nachdem in Prag schon einige Monaten zuvor der Pfingstaufstand unterdrückt und Sardinien-Piemont inzwischen durch Radetzky besiegt worden war, hatte jetzt in Wien die letzte revolutionäre Erhebung außerhalb Ungarns ihr Ende gefunden.

Die staatserhaltenden Kräfte Österreichs hatten sich stärker gezeigt als alle auseinanderstrebenden Tendenzen. Es war

- weder anzunehmen, daß der Hof und die Regierung, die sich jetzt auf eine siegreiche Armee stützen konnten und so wieder die tatsächliche Macht ausübten, die zukünftige Staatsordnung Österreichs von einem aus der Revolution hervorgegangenen Reichstag bestimmen lassen würden,
- noch zu hoffen, daß der österreichische Staat, der seine militärische Macht gerade bewiesen hatte, sich der Frankfurter Zentralgewalt fügen würde, die die deutschen Bundesländer Österreichs als integrierenden Bestandteil des neuen deutschen Reiches betrachtete und sie daher diesem einverleiben wollte.[351]

Das äußere Zeichen für das *Wiedererstehen des antirevolutionären österreichischen Staates* war die Bildung einer neuen Regierung unter dem Ministerpräsidenten Fürsten Felix zu Schwarzenberg, die hauptsächlich vom Fürsten Windischgrätz betrieben wurde, der in Österreich nach der Eroberung Wiens auf dem Höhepunkt seiner Macht stand. Am 21. November 1848 wurden Schwarzenberg und seine Regierung ernannt. Gleichzeitig wurde die Abdankung des schwächlichen Kaisers Ferdinand, der der Revolution viele Zugeständnisse gemacht hatte, in die Wege geleitet, so daß am 2. Dezember 1848 sein achtzehnjähriger Neffe Erzherzog Franz Joseph den Thron besteigen konnte.

Für die jetzt einsetzende neue österreichische Regierungspolitik war die Grundeinstellung ihres Leiters, des Fürsten Felix zu Schwarzenberg, maßgebend. Dieser lehnte nicht nur die Revolution ab, sondern war sogar der Meinung, »daß ein Abkommen mit ihr nicht möglich« sei. »Für das Werk, an welchem in Frankfurt gearbeitet« wurde, fühlte er ebenfalls »weder Sympathie noch Vertrauen.«[352]

Die *Regierungserklärung*, die der neue antirevolutionäre Ministerpräsident SCHWARZENBERG am 27. November 1848 vor dem nach Kremsier in Mähren verlegten Reichstag verkündete, war von vielen Abgeordneten ängstlich erwartet worden, waren sie sich doch selbst ihres revolutionären Ursprungs bewußt. Im Reichstag, der seit dem 22. November 1848 in Kremsier seine Tagungen wieder aufgenommen hatte, war man »auf das Schrecklichste und Reaktionärste gefaßt«.[353]

Nicht nur innerhalb der Linken herrschte diese Beklommenheit, sie ging hinein bis in die Reihen der Rechten, die sich eigentlich als Sieger fühlen mußten, weil sie es von Anfang an abgelehnt hatten, mit den Wiener Aufständischen in Verbindung zu treten. »Seit den Oktobertagen sind wir die Besiegten. Machen wir uns keine Illusionen«,[354] bekannte auch der tschechische Abgeordnete PINKAS, weil er fühlte, daß in Wien nicht nur ein Sieg über jene deutschnationalen Elemente, die den Anschluß an einen deutschen Bundesstaat forderten, erfochten war, sondern ebenso sehr über die politischen Freiheitsideen, die doch die Tschechen und alle Mitglieder der Rechten auch vertraten.

Man wurde jedoch angenehm enttäuscht, weil genau das Gegenteil von dem eintrat, was man erwartet hatte.

SCHWARZENBERG betonte nicht nur, daß die neue Regierung den liberaldemokratischen Bestrebungen keinen Widerstand entgegensetzen werde, sondern auch, daß sie sie sogar nach Kräften unterstützen werde. Das Ministerium sei gewillt, »sich an die Spitze dieser Bewegung zu stellen«.

Diese liberalen Äußerungen waren im Munde SCHWARZENBERGS jedoch nur nichtssagende Phrasen,[355] was allerdings der Reichstag nicht ahnte; denn er »glaubte ihm aufs Wort«. Er hörte ein Programm, »das sich schmeichlerisch in die Ohren aller Parteien einschlich«.[353]

Zum Verhältnis Österreichs zu Deutschland erklärte SCHWARZENBERG:

> »Das große Werk, welches uns im Einverständnis mit unseren Völkern obliegt, ist die Begründung eines neuen Bandes, das alle Völker und Stämme der Monarchie zu einem großen Staatskörper vereinigen soll. Dieser Standpunkt zeigt zugleich den Weg, den das Ministerium in der deutschen Frage verfolgen wird. Nicht in dem Zerreißen der Monarchie liegt die Größe, nicht in ihrer Schwächung die Kräftigung Deutschlands. Österreichs Fortbestand in staatlicher Einheit ist ein deutsches wie europäisches Bedürfnis. Erst wenn das verjüngte Österreich und das verjüngte Deutschland zu neuen und festen Formen gelangt sind, wird es möglich sein, ihre gegenseitigen Beziehungen staatlich zu bestimmen. In allen äußeren Beziehungen des Reiches werden wir die Interessen und die Würde Österreichs zu wahren wissen und keinerlei beirrenden Einfluß von außen auf die unabhängige Gestaltung unserer inneren Verhältnisse zulassen.«[365]

»Allgemeiner großer anhaltender Beifall« zeigte, daß der Reichstag diesem Programm voll zustimmte. Es war nämlich klugerweise so allgemein formuliert, daß der Reichstag es kaum ablehnen konnte.

SCHWARZENBERG hatte auch in der deutschen Frage den richtigen Ton getroffen, der nahezu allen Parteien gerecht wurde.

Sein *Bekenntnis zur österreichischen Einheit* als Staat, seine *Betonung der deutschen und europäischen Notwendigkeit Österreichs* und seine *Ablehnung jedes äußeren Einflusses* bei der Gestaltung der inneren Verhältnisse der Monarchie mußte natürlich in erster Linie die Rechte mit Befriedigung erfüllen, weil sie sich jetzt in ihrem Kampf gegen die von Frankfurt ausgehende deutsche Einheitsbewegung von offizieller Regierungsseite bestätigt sah. Für sie war die Hervorhebung der österreichischen Unabhängigkeit durch SCHWARZENBERG eine eindeutige Absage an Frankfurt; denn nur die Paulskirche konnte in ihren Augen gemeint sein, wenn der Ministerpräsident sich jeden »beirrenden Einfluß von außen« verbat.

Der Zustimmung des Zentrums, das von jeher stets der Regierung zugeneigt hatte, konnte das neue Ministerium von vornherein sicher sein. Hatte es sich schon immer zur Souveränität und Integrität des österreichischen Kaiserstaates bekannt und höchstens ein völkerrechtliches Bündnis auf der Grundlage der vollen Ebenbürtigkeit zwischen Deutschland und Österreich zulassen wollen, so konnte es auch SCHWARZENBERG nur so verstehen, wenn er davon sprach, daß es erst nach der Konsolidierung des »verjüngten Österreichs« und des »verjüngten Deutschlands« möglich sein werde, beider Beziehungen zueinander zu bestimmen.

Die Linke, deren größter Teil sich mit dem Gedanken vertraut gemacht hatte, daß die zum Deutschen Bund gehörenden Territorien Österreichs sich einem neuen deutschen Reich nicht mehr anschließen könnten, mußte angesichts der tatsächlichen Verhältnisse ebenfalls zufrieden sein. Sie hatte von den Trägern der Macht weniger erwartet[357] und konnte es nur begrüßen, wenn die neue Regierung nicht gewillt war, ihre Beziehung zu Deutschland aufzugeben.

Nur die radikale äußerste Linke, die sich noch immer zu ihrem in den ersten Tagen des Wiener Reichstages aufgestellten Programm bekannte und nur durch ein Aufgehen in Deutschland auf Kosten der staatlichen Existenz Österreichs befriedigt werden konnte, konnte die Eröffnungen SCHWARZENBERGS nur ablehnen. An sie dachte wahrscheinlich der Abgeordnete KUDLICH, wenn er meinte, »nur sehr wenigen« Mitgliedern des Reichstages sei SCHWARZENBERGS Regierungsprogramm »unangenehm« gewesen.[358]

Allerdings lehnte auch der gemäßigte Abgeordnete SCHUSELKA SCHWARZENBERGS Programm in der Deutschlandfrage ab, indem er erklärte, »daß ich in dieser Richtung dem ministeriellen Programm nicht meine Zustimmung aussprechen kann«.[359] Zwar wollte er wie SCHWARZENBERG Österreich als Großmacht erhalten, aber er glaubte seinen Worten eine völlige Abkehr Österreichs von Deutschland entnehmen zu können, weil er die wirkliche Deutschlandkonzeption des Ministerpräsidenten nicht kennen konnte.

Deren politisches *Endziel* bestand nämlich keineswegs im Verzicht Österreichs auf seine Führungsrolle in der deutschen Staatenwelt, sondern, wie sich im Laufe der nächsten Monate in Auseinandersetzung mit den von der deutschen Zentrale in Frankfurt und von Preußen ausgehenden Aktionen und Beschlüssen zeigen sollte, im *Eintritt Gesamtösterreichs* in einen reformierten lockeren *Bund deutscher Staaten*.

Die ablehnende Stellungnahme SCHUSELKAS und der wenigen Abgeordneten der äußersten Linken spielte aber bei der Beurteilung des Gesamtwillens des Reichstages zur deutschen Frage keine wichtige Rolle, weil sich seine überwiegende Mehrheit zusammen mit der neuen Regierung SCHWARZENBERG zur Einheit des österreichischen Staates bekannte und jeden Gedanken einer Zerreißung der Monarchie weit von sich wies.

Der Wille zum einheitlichen österreichischen Staat erhielt seine allerhöchste Sanktionierung durch das Antrittsmanifest des neuen Kaisers FRANZ JOSEPH, das SCHWARZENBERG am 2. Dezember 1848 vor dem Reichstag verlas.[360]

Als vorläufige politische Bestandsaufnahme blieb festzustellen, daß sich die österreichische Politik mit der Regierungserklärung SCHWARZENBERGS und ihrer Sanktionierung durch das kaiserliche Manifest *offiziell von den nationalstaatlichen Plänen zur Gründung eines großdeutschen Reiches verabschiedet* hatte.

Festzustellen blieb aber auch, daß sich die Regierung in ihrer Deutschlandpolitik auf die überwiegende Mehrheit des österreichischen Reichstages stützen konnte. Die Kraftprobe zwischen den Vertretern der unabhängigen österreichischen Staatsidee und den Anhängern des deutschnationalen Einheitsgedankens hatte durch SCHWARZENBERGS Regierungsprogramm mit dem Sieg der ersteren geendet.

Die *Einheit Österreichs* und seine *Unabhängigkeit* waren jetzt das *offizielle Ziel der österreichischen Politik*. Mit dem dadurch bedingten Ausscheiden der deutschen Länder Österreichs aus dem von Frankfurt angestrebten nationalen deutschen Bundesstaat mußten sich sowohl die großdeutsch gesinnten Kräfte in der Paulskirche als auch jene in Kremsier abfinden.

Auswirkungen auf den Reichstag

Der österreichische *Reichstag* mußte sich der neuen innenpolitischen Gesamtsituation anpassen. Gegenüber seiner Zusammensetzung in Wien zeigte er hier alsbald eine schärfere parteipolitische Differenzierung.

Die *Rechte* schuf sich mit ihrem ›Slawenklub‹ nicht nur eine gut funktionierende Organisation, sondern konnte auch die nichttschechischen Slawen mit Ausnahme der linksgerichteten Polen stärker an sich binden. Die Südslawen und Ruthenen schlossen sich bald dem Klub an. Der Tscheche STROBACH, der von Mitte September bis zu seiner Flucht bei Ausbruch der Oktoberrevolution als Reichstagspräsident fungiert hatte, war der Führer der ursprünglich rein tschechischen Vereinigung gewesen, die die Keimzelle für den ›Slawenklub‹ gebildet hatte.

In ihrer gegen Frankfurt gerichteten Tendenz war sich die Rechte treu geblieben. In dieser Hinsicht war die Niederwerfung Wiens für sie ein großer Sieg gewesen, der ihrem österreichisch-slawischen Patriotismus neuen Auftrieb gegeben hatte. So forderte der neu begründete ›Slawenklub‹, der etwa 120 Mitglieder zählte, in seinem Programm außer der Gleichberechtigung der Nationalitäten die Aufrechterhaltung eines einheitlichen und selbständigen Österreichs und lehnte einen näheren Anschluß an Deutschland und die Anerkennung der Autorität der Paulskirche kategorisch ab. Auch von einer Zusammenarbeit mit der Paulskirche wollte man nichts wissen.[361]

Wie in Wien sollte die Rechte auch in Kremsier Gelegenheit finden, gegen Frankfurts Oberhoheit zu opponieren. Als bei der zunächst noch fortgesetzten Beratung der Geschäftsordnung der Abgeordnete MAYER zur Begründung eines von ihm vorgeschlagenen Amendements [Änderungsantrag] als »Autoritätsgrund« anführte, »daß selbst die Frankfurter Versammlung beschlossen« habe, »ganz dasselbe anzunehmen«, erhob sich sofort der tschechische Abgeordnete TROJAN und verwahrte sich energisch dagegen, indem er im Namen seiner tschechischen Genossen ausrief: »Ich erkenne keine Autorität des Frankfurter Parlaments für uns an.«[362]

Die Empfindlichkeit der Rechten gegenüber Deutschland schien in Kremsier sogar noch größer geworden zu sein als in Wien: Vorfälle dieser Art führten mit der Zeit nämlich so weit, daß es im Reichstag üblich wurde, sich bei der Nennung Deutschlands oder Frankfurts der Rechten gegenüber zu entschuldigen. Einmal entstand sogar ein lächerlicher Streit zwischen einem tschechischen und einem deutschen Abgeordneten, weil der Deutsche seine Rede mit einem SCHILLER-Zitat in der dabei ausgesprochenen Hoffnung abgeschlossen hatte, daß ihm dieses Zitat eines deutschen Dichters »von einer gewissen Seite dieses Hauses nicht übel genommen« werde.[363]

Bis zur Auflösung des Reichstages blieben die Abgeordneten der Rechten, insbesondere die Tschechen, die nationalen Gegner Frankfurts und der Deutschen, in erster Linie natürlich der Deutschen der Linken.

Dieser Gegensatz konnte es in Kremsier allerdings nicht verhindern, daß die Linke und die Rechte sich in ihren rein liberalen Tendenzen unterstützten, um »durch das Bündnis mit den nationalen Gegnern wenigstens die Grundrechte des österreichischen Volkes so freisinnig als möglich zu gestalten«.[364] Durch dieses Verhalten verscherzte sich die Rechte zuletzt auch die Gunst der Regierung, die sie sich in den Sommermonaten 1848 erworben hatte – angesichts des scharf antirevolutionären Kurses der neuen Regierung SCHWARZENBERG eigentlich nicht verwunderlich, wenn man bedenkt, daß auch die Rechte dem aus der Revolution hervorgegangenen Reichstag angehörte.

Innerhalb des *Zentrums*, das durch mehrere Mitläufer der Linken, die aus der Niederlage der Revolution in Wien ihre Konsequenzen gezogen hatten, verstärkt worden war, bildete sich in Kremsier als Gegengewicht gegen den ›Slawenklub‹ unter Führung des ersten Monatspräsidenten des Reichstages KUDLER der ›Verein der deutschen Österreicher‹, der etwa 40 Mitglieder zählte. Dieser forderte in seinem Programm die Erhaltung der Integrität und Souveränität Österreichs als konstitutioneller Erbmonarchie. Daher sei »nicht nur jede Lostrennung, sondern selbst jede Sonderstellung einzelner Teile fernzuhalten«. Man könne »eine von Frankfurt ausgehende Suprematie über Österreich oder einzelne Teile davon nicht dulden«. »Um Deutschlands selbst willen müsse man ein kräftiges und darum ungeschmälertes und einiges Österreich wünschen; einen anderen Anschluß als unter dieser Voraussetzung könne man nicht zugeben.«[365] Mit dem Wort »Anschluß« konnte nur ein völkerrechtlicher Verband gemeint sein, der den schon von HELFERT in Wien vorgeschlagenen deutsch-österreichischen Bündnisvorstellungen ähnlich war.

Insofern man so ebenfalls eine Oberhoheit Frankfurts von sich wies, war man sich mit der slawischen Rechten einig und signalisierte seine Ablehnung der von der deutschen Nationalversammlung angestrebten Lösung der deutschen Frage.

Etwa 60 der schwarzgelb und ministeriell gesinnten Abgeordneten des Zentrums fanden sich im ›Zentralklub‹ zusammen. Persönlichkeiten, die der Regierung SCHWARZENBERG nahestanden, hatten ihn gegründet.

In seinem Programm verkündete er in Übereinstimmung mit dem ›Slawenklub‹ neben dem Grundsatz der Gleichberechtigung der Nationalitäten die Ablehnung jeglicher Unterordnung unter das Frankfurter Parlament. Er forderte aber darüber hinaus »einen festen bleibenden Verband mit Deutschland«. Dieser könne jedoch erst dann ausgeführt werden, »wenn Österreich und Deutschland sich konstituiert haben« würden.

Dieser Vorbehalt entsprach ganz der SCHWARZENBERGschen Regierungserklärung vom 27. November 1848.

Die Bestrebungen nach nationalstaatlicher Einheit aller Deutschen wurden abgelehnt, weil eine solche sich »ohne Völkerwanderung« überhaupt nicht durchführen lasse. »Wir sind zu oberst freie Österreicher und als solche brüderlich vereinte Deutsche, Slawen, Italiener und Rumänen.«[366]

Dieses Programm zeigte eine überraschende Ähnlichkeit in der deutschen Frage mit jenem des ›Vereins der deutschen Österreicher‹. Die Auffassungen beider waren praktisch identisch; denn auch der ›Zentralklub‹ konnte nur an den völkerrechtlichen Verband eines Staatenbundes mit Deutschland denken, weil er jegliche Unterordnung unter die deutsche Zentralgewalt ablehnte. Ein Unterschied bestand lediglich insofern, als das Nationalbewußtsein bei den Deutschen des ›Vereins der deutschen Österreicher‹ verhältnismäßig stärker ausgeprägt war als bei jenen des ›Zentralklubs‹, dessen Mitglieder sich »zu oberst« als »freie Österreicher« bezeichneten. Diese Betonung war verständlich, wenn man bedenkt, daß der ›Verein der deutschen Österreicher‹ dem ›Slawenklub‹ innerhalb Österreichs eine deutsche Entsprechung entgegensetzen sollte.

Später – im Januar 1849 – spaltete sich von der Gesamtheit des Zentrums noch ein sogenanntes linkes Zentrum ab, das jedoch in der deutschen Frage weiterhin mit der Gesamtpartei übereinstimmte und lediglich die liberalen Prinzipien stärker betonte. Dieses linke Zentrum fühlte sich bewogen, in ›Freiheitsfragen‹ mit der Linken und der Rechten zu stimmen.[367]

Die Hauptleidtragende der Oktoberereignisse in Wien war die bis zur gewaltsamen Schließung des Reichstages dort verbliebene Partei der *Linken*. Sie hatte sich durch den Verdacht, daß mehrere ihrer Mitglieder an dem Aufstand aktiv teilgenommen hatten, in den Augen des Zentrums und der Rechten kompromittiert. Zahlreiche ihrer exponierten Vertreter mußten unter diesen Umständen sogar mit einer strafrechtlichen Verfolgung durch die neue Regierung rechnen. Schon am 2. November 1848 hatte Fürst WINDISCHGRÄTZ von der

> »Notwendigkeit« gesprochen, »die Häupter jener Fraktion des Reichstages, die mit der subversiven Partei eng verbunden war und dem allen Gesetzen Hohn sprechenden Aufstande eine Art legale Weihe gab, zur strengen Verantwortung und zur Strafe zu ziehen. Die moralischen Beweise ihrer Schuld«, meinte er, »liegen klar am Tage, und es sollte, denke ich, nicht schwer werden, auch die juridischen zu finden«.

Und schon am folgenden Tag hatte der auf seine Ernennung zum Ministerpräsidenten wartende Fürst SCHWARZENBERG an WINDISCHGRÄTZ geschrieben:

> »Es wäre überaus nützlich, positive Daten über jene Reichstagsmitglieder zu sammeln, die sich einer faktischen Beteiligung an dem Aufruhr schuldig gemacht haben. Wenn wir juridische Beweise hätten, wäre es ein Leichtes, die Betreffenden der gewöhnlichen gerichtlichen Behandlung zu überliefern. FÜSTER, VIOLAND... und noch mehrere andere sollen die beste Gelegenheit dazu gegeben haben.«[368] (FÜSTER und VIOLAND waren Angehörige der äußersten Linken.)

Die seit dem 27. November 1848 amtierende neue Regierung SCHWARZENBERG begnügte sich jedoch nur mit dem Sammeln von Belastungsmaterial und sah von einem wirklichen Vorgehen gegen verdächtige Abgeordnete vorerst ab. Dadurch ersparte sie sich klugerweise den Vorwurf, den Grundsatz der Immunität der Volksvertreter verletzt zu haben. Erst nach der Reichstagsauflösung im März 1849 ging man zu Verhaftungen belasteter Reichstagsangehöriger über.

Jedenfalls wirkte die dauernde Furcht vor strafrechtlicher Verfolgung bei den davon betroffenen Abgeordneten der Linken äußerst dämpfend und mäßigend.[369]

Die gleiche Wirkung übten Mißtrauensvoten aus, die verschiedenen Mitgliedern der Linken während des Monats Dezember 1848 von ihren Wählern ausgesprochen wurden. Davon betroffen waren vor allem FÜSTER, GOLDMARK und VIOLAND,[370] also Vertreter der äußersten Linken, die bisher kompromißlos für den Anschluß der deutschen Bundesländer Österreichs an Deutschland mit Unterordnung unter die Souveränität der Paulskirche eingetreten waren.

FÜSTER selbst vermutete, die Mißtrauensvoten seien ihm und seinen Kollegen »auf hohes Kommando« oder »auf hohen Befehl« zugestellt worden.[371] Ob die Behauptung stimmte, ließ sich nicht nachprüfen. Sie könnte jedoch zutreffen, wenn man bedenkt, daß die Regierung tatsächlich Maßnahmen plante, um diese Radikalen auszuschalten.

Der Abgeordnete BORROSCH »war durch die Oktoberereignisse ganz gebrochen«.[372] Auch er war im Dezember durch ein Mißtrauensvotum so erschüttert worden, daß er sich fortan in Kremsier kaum noch zu Wort meldete. Wie entmutigend diese Vorgänge auf die radikalen Großdeutschen wirkten, ging aus einer Äußerung VIOLANDS hervor, der am 15. Dezember 1848 im Verfassungsausschuß sagte, daß »der innige Anschluß an Deutschland schon unmöglich geworden« sei. Ähnlich äußerte sich sein Parteifreund GOLDMARK, der an »eine Einigung Österreichs mit Deutschland, wie er sie gewünscht«, nicht mehr glauben konnte.[373]

Diese für die Linke insgesamt ungünstigen Umstände schwächten die Fraktion empfindlich.[374] Der einzige Vorteil ihrer zahlenmäßigen Verringerung, der den Verlust ehemaliger entschlossener Mitglieder aber nicht ausgleichen konnte, bestand in ihren verbesserten Einigungs- und Organisationsmöglichkeiten. Außer den radikalen Deutschen waren die ›Frackpolen‹, die Südtiroler und mehrere Slowenen der Linken treu geblieben.

Die Wahl des polnischen Abgeordneten SMOLKA zum Reichstagspräsidenten in der ersten Reichstagssitzung in Kremsier konnte nicht über die seit der Oktoberrevolution verschlechterte Lage der Linken hinwegtäuschen. SMOLKAS Wahl und die damit verbundene Niederlage des bisherigen tschechischen Reichstagspräsidenten STROBACH, der als Gegenkandidat aufgetreten war, erklärte sich einerseits aus seinem untadeligen Charakter, andererseits aus der ihm von vielen Abgeordneten entgegengebrachten Sympathie, weil er während der Wiener Oktobertage als Vizepräsident den Reichstag geleitet hatte und sich nicht der Massenflucht der Tschechen und des Reichstagspräsidenten STROBACH aus Wien angeschlossen hatte. SMOLKA hatte bei der Anwesenheit von nur 255 Abgeordneten zur größten Entrüstung der Tschechen 7 Stimmen mehr erhalten als STROBACH.[375]

Die *Deutschen der Linken* bildeten eine *Unterabteilung der Gesamtpartei.*

Waren sie vor den Oktoberereignissen in ihrem Programm insgesamt für den innigsten Anschluß an Deutschland mit Unterordnung Österreichs unter die Beschlüsse des Frankfurter Parlaments eingetreten, so spalteten sie sich jetzt in ihrer Antwort auf die deutsche Frage. Jene Elemente, in denen schon immer neben ihrem deutschen Identitätsbewußtsein ein starkes österreichisches Staatsbewußtsein gelebt hatte, zogen aus der Tatsache, daß sich die österreichische Regierung, die seit der Eroberung Wiens außerhalb Ungarns wieder völlig Herr der Lage war, niemals den Frankfurter Bestrebungen beugen würde, die Konsequenzen und traten fortan für die Ausscheidung Österreichs aus dem werdenden deutschen Bundesstaat ein. Sie konzentrierten sich statt dessen nun hauptsächlich auf die Schaffung eines freien konstitutionellen österreichischen Staates.[376] Der Abgeordnete LÖHNER, eines der angesehensten Mitglieder der deutschen Linken, forderte jetzt die Lösung Österreichs von Deutschland:

»Mit Österreich kann Deutschland sich nie einigen, entfernen wir also Österreich aus dem Wege, damit wenigstens die anderen einig werden.« Er war »ein Kleindeutscher geworden: durch die Ausscheidung des österreichischen Länderkomplexes glaubte er die Einigung des Restes von Deutschland unter preußischer Führung zu erleichtern«.[377]

Auch soll er in sentimental-pathetischer Weise gesagt haben:

»Ich hatte eine Geliebte, jetzt verlasse ich sie – Deutschland!«[378]

Die Mehrzahl im Klub der deutschen Linken, der unter der Führung des Abgeordneten PRETIS stand und an Mitgliederzahl gegenüber den anderen Reichstagsklubs am schwächsten war,[379] schloß sich den Ansichten LÖHNERS an. Dadurch wurde der Gegensatz zur Rechten und zum Zentrum in der deutschen Frage weitgehend ausgeräumt, und es wurde möglich, in Fragen, die nicht durch nationale Differenzen getrübt waren, sogar die Tschechen als Bundesgenossen zu gewinnen. Dieser Vorteil kam der Linken in ihrer Stellung gegenüber der Regierung oft zugute und bewog die Gruppe um LÖHNER, jedes Hinneigen zu Frankfurt in Zukunft sorgfältig zu vermeiden und den Schwerpunkt ihrer Tätigkeit auf die Ausbildung demokratischer Grundsätze zu legen.

Die Wandlung LÖHNERS und vieler anderer Deutscher von der Linken wurde allerdings nicht nur durch das Regierungsprogramm der neuen Regierung SCHWARZENBERG hervorgerufen, sondern auch durch das *Verhalten der Frankfurter Zentralgewalt* während des Wiener Oktoberaufstandes, das sich in ihren Augen als klägliches Versagen darstellte.

In einer Parteiversammlung »geißelte« LÖHNER

»mit leidenschaftlicher Bitterkeit die Schwäche des Frankfurter Parlaments, die Böswilligkeit der Zentralgewalt, die uns im Oktober schmählich im Stich ließen und alles getan zu haben glaubten, wenn sie die beiden alten Narren WELCKER und MOSLE nach Olmütz schickten. Wir Deutsch-Österreicher hätten von Frankfurt nichts zu erwarten, seien also gezwungen, uns mit den Slawen so gut wie möglich abzufinden«.[380]

Enttäuscht war auch der Abgeordnete VIOLAND, der es »unglaublich« fand,

»wie ganz Deutschland nicht sah, daß alle Fürsten sich verbanden, um Wien in den alten Despotismus zu stürzen. . ., und daß nach dem Falle Wiens die alte Kabinettspolitik wieder eifrigst bedacht sein werde, die deutschen Männer zu gängeln«.

Deshalb stellte er anklagend fest:

»Deutschland rührte sich nicht, es deklamierte, tat böse, grollte, und das war alles, und Wien, eine deutsche Stadt, wurde preisgegeben der Barbarei.«[381]

Im Verfassungsausschuß war der Abgeordnete BRESTEL als der wichtigste Vertreter der Linken im Sinne LÖHNERS tätig und zum Gegner des bundesstaatlichen

Anschlusses Österreichs an Deutschland geworden. Er war fortan stets bestrebt, sich mit den Tschechen über die zukünftige Verfassung Österreichs zu einigen.

- So war die Wandlung der Reichstagslinken sowohl auf das Programm der neuen österreichischen Regierung als auch auf das vermeintliche Versagen der Frankfurter Zentrale zurückzuführen.
- Umgekehrt verstärkten die Ereignisse und politischen Veränderungen in Österreich die sich in Frankfurt ausbreitende Skepsis über die Möglichkeit einer großdeutschen Lösung der deutschen Frage.

War in den ersten Tagen der Frankfurter Nationalversammlung für die überwiegende Mehrheit der in ihr versammelten Abgeordneten die Einbeziehung der österreichischen Bundesländer in das neu zu schaffende deutsche Reich eine Selbstverständlichkeit gewesen und hielten sie bei aller Verschiedenheit der Meinungen den Anschluß ›irgendwie‹ für möglich, so hatten sie in ihrem großdeutschen Optimismus die Lebenskraft des österreichischen Kaiserstaates unterschätzt.[382] Sogar Abgeordnete, die später kleindeutsche Ziele verfolgten, hatten »so lange an Großdeutschland« geglaubt, »so lange sie die Auflösung Österreichs für wahrscheinlich hielten«.[383]

Erst der Widerstand der österreichischen Regierung gegen die Versuche Frankfurts, auch Österreich in seinen Einflußbereich zu ziehen, zwangen die Abgeordneten der Paulskirche, die Möglichkeit einer Nichtbeteiligung Österreichs am zu gründenden deutschen Bundesstaat zu erwägen.

Schon von Anfang an hatte die Frankfurter Zentrale aus Österreich entsprechende Signale registrieren müssen. Nicht vergessen war beispielsweise das wenig nachdrückliche Eingreifen der österreichischen Regierung zur Durchführung der von den Tschechen in Böhmen sabotierten Wahlen für die deutsche Nationalversammlung oder auch die österreichische Weigerung, ein vom österreichischen Finanzminister am 2. April 1848 erlassenes Goldausfuhrverbot aufzuheben, das den Ausfuhrhandel Deutschlands nach Österreich störte und so ein Hindernis für die gesamtdeutsche Einheit war.

Ganz besonders enttäuschend war zuletzt die Abweisung der Reichskommissare WELCKER und MOSLE gewesen. Unter diesen Umständen war es kein Wunder, daß die Hoffnung vieler Abgeordneter der Paulskirche auf eine Beteiligung Österreichs am deutschen Bundesstaat langsam dahinschwand.[384]

Berücksichtigt man außerdem die militärischen Erfolge Österreichs in Prag (Pfingstaufstand) und in Italien, die der Festigung der österreichischen Eigenstaatlichkeit dienten, so kann man die Äußerung des Frankfurter Abgeordneten FALLATI vom 15. Oktober 1848, also noch vor der Niederschlagung des Wiener Aufstandes, verstehen, in der Paulskirche verbreite sich immer mehr die Meinung, »daß man Österreich nicht in den Bundesstaat werde aufnehmen können, sondern nur zum innigen Anschluß mit ihm gelangen werde. Dann ist Preußen unstreitig zu der Herrschaft, oder wenn dieser Ausdruck zu stark sein sollte, zu der Vorsteherschaft in Deutschland bestimmt«.[385]

In den Worten FALLATIS kündigte sich bereits der Plan des im Dezember 1848 zum Reichsministerpräsidenten berufenen Heinrich VON GAGERN an, daß die außerösterreichischen deutschen Staaten einen engeren Bund bilden sollten, damit dieser in einen weiteren Bund mit Österreich treten könne. Nichts anderes konnte FALLATI mit dem »innigen Anschluß« Österreichs sachlich gemeint haben.

So setzte sich schon vor der Niederwerfung des Wiener Oktoberaufstandes bei einem immer größer werdenden Teil der Frankfurter Abgeordneten die Ansicht durch, daß wegen der distanzierten und ablehnenden offiziellen österreichischen Haltung in der deutschen Frage die Einigung des außerösterreichischen Deutschlands unter preußischer Führung zu befürworten sei, falls man nicht überhaupt auf die Begründung eines deutschen Bundesstaates verzichten wollte.

Wenn man dann noch bedenkt, daß außerhalb der Partei der Linken kaum ein Abgeordneter der Paulskirche in der Wiener Oktoberrevolution eine deutschnationale Erhebung, sondern vielmehr einen Ausbruch der Anarchie sah, der von der gesetzlichen Gewalt niederzuwerfen sei,[386] erscheint es nicht verwunderlich, daß es der österreichischen Reichstagslinken nicht gelang, wirksame Hilfe von Frankfurt zu erlangen.

Infolgedessen mußten sich LÖHNER und seine Kremsierer Gesinnungsgenossen aus ihrer Sicht von der Frankfurter Nationalversammlung im Stich gelassen fühlen, so daß sie sich jetzt bemühten, sich »mit den Slawen so gut wie möglich abzufinden«. Ihre Erbitterung über das in ihren Augen untätige Frankfurt wuchs noch, als in Reaktion auf die Regierungserklärung SCHWARZENBERGS in Frankfurt die *kleindeutsch-preußische Partei* immer mehr die Oberhand gewann.

Der ursprünglich großdeutsch gesinnte LÖHNER wurde als Folge dieser politischen Entwicklung zum Kleindeutschen umfunktioniert. Die nach seiner Meinung unmöglich gewordene Einbeziehung der österreichischen Bundesländer in ein deutsches Reich verbot ein weiteres Sympathisieren mit Frankfurt, um einerseits die jetzt notwendig gewordene Verständigung der österreichischen Deutschen mit den österreichischen Slawen und andererseits den Prozeß der bundesstaatlichen Einigung des außerösterreichischen Deutschlands nicht zu gefährden.

Der eigentliche Führer der Linken war SCHUSELKA. Er hatte sich in der deutschen Frage nicht der äußersten Linken angeschlossen, sondern eine maßvolle, eher vermittelnde Stellung eingenommen. Hatte er während der Reichstagstagungen in Wien bereits kräftige Beweise seines österreichischen Staatspatriotismus geliefert, so war dieser nach den Wiener Oktoberereignissen zwar gestiegen, aber er konnte sich trotzdem nicht wie LÖHNER zu einer Absage an Deutschland durchringen.

Am 21. Dezember 1848 sprach er sich für eine vom Finanzminister verlangte Kreditbewilligung aus, weil er die Notwendigkeit anerkannte, den österreichischen Staat zu erhalten. Er ließ sich zu der Äußerung hinreißen, die Oktoberereignisse hätten ihn zu einem »Schwarzgelben« gemacht, zu einem »entschieden aufrichtigen Österreicher«. Er fügte hinzu:

»Ja, ich erlaube mir sogar mit Rücksicht auf die jetzige Zeitlage, die Behauptung auszusprechen, daß ich alles, was ich während der Oktoberzeit gesprochen und getan, auch als Schwarzgelber getan habe, immer in der Absicht, in der vollen pflichtgetreuen Absicht, Österreich zu erhalten.«

Hatte er sich dadurch, daß er sich als einen schwarzgelben Erhalter Österreichs bezeichnete, eigentlich in das Lager des Zentrums gestellt, dem man gewöhnlich wegen seines Stocksterreichertums mit manchem konservativen und reaktionären Einschlag die Bezeichnung ›schwarzgelb‹ zulegte, so täuschte man sich doch, denn sein Bekenntnis zu Österreich sollte keine Absage an Deutschland enthalten.

»Wenn ich mich aber hier öffentlich als schwarzgelb proklamiere«, fuhr er fort, »so halte ich es doch für meine Pflicht, daneben auszusprechen, daß ich dadurch meine Beziehung und unsere Beziehung zu Deutschland nicht aufgebe... Ich hege vielmehr die volle Zuversicht, daß zu den altberühmten österreichischen Farben, welche auch die deutschen Reichsfarben waren, das deutsche Rot als lebenskräftiges, tätigbindendes dazukommen werde; aber dieses deutsche Rot soll nicht die Farbe der Scham sein, eine zu großen und hohen Zwecken berufene Monarchie zertrümmert zu haben, es soll auch nicht das Blutrot eines Bruderkrieges sein – es soll das Morgenrot einer großen, glanzvollen, rühmlichen Zukunft sein.«[387]

Versucht man, dieser metaphorischen und schwärmerischen Ausdrucksweise einen Sinn abzugewinnen, so liegt zunächst auf der Hand, daß SCHUSELKA nicht zur Gruppe um LÖHNER gehörte, die sich bewußt als Folge der Niederlage der Revolution in Wien von Frankfurt-Deutschland distanzierte. Andererseits gehörte er ebenso wenig zu den Extremisten der Linken, die sich selbst auf Kosten der österreichischen staatlichen Existenz der deutschen Zentralgewalt unterordnen wollten, lehnte er doch Österreichs Zertrümmerung ab und bekannte sich ausdrücklich zu dessen Erhaltung. Er war

»viel zu sehr Österreicher, als daß er sich mit denjenigen, die Österreich wollten in Deutschland aufgehen lassen..., hätte total identifizieren können!... Seinem Geschmacke nach gehörte er eigentlich in's linke Zentrum«.[388]

Aber mit der Zentrumsauffassung von dem deutsch-österreichischen Verhältnis war die seinige ebenfalls nicht ohne weiteres gleichzusetzen. Wenn seine phantasievollen Worte über die künftigen Reichsfarben überhaupt einen Sinn zuließen, dann doch wohl den, daß er sich ein engeres als ein bloß völkerrechtliches Bündnis zwischen Deutschland und Österreich wünschte. Wie dieses sich allerdings durchführen lasse, darüber verlor er in diesem Zusammenhang kein Wort, obwohl ihm andererseits die Schaffung einer deutsch-österreichischen Zentralgewalt nicht fremd war. SCHUSELKA nahm eine unklare und widerspruchsvolle Stellung in der deutschen Frage ein. »Seine Politik war so zu sagen eine romantische, utopistisch, unpraktisch.«[389] Der Wille zur österreichischen Eigenstaatlichkeit kämpfte in ihm mit seinem Nationalbewußtsein, das ihn auf Deutschland hinwies.

Während seiner parlamentarischen Tätigkeit in Kremsier hat er sich verschiedentlich sehr temperamentvoll der deutschen Sache angenommen.

Die nationalen großdeutschen Kreise innerhalb der deutschen Linken, die selbst bei Opferung spezifisch österreichischer Staatsinteressen zu einem möglichst engen Anschluß an Deutschland bereit waren, waren infolge des Oktoberaufstandes so sehr geschrumpft, daß sie in Kremsier nur noch eine kleine Gruppe auf der äußersten Linken ohne starken parlamentarischen Einfluß darstellten.[390]

Ihre Hauptvertreter waren FÜSTER, VIOLAND, GOLDMARK, ZIMMER und KUDLICH. Sie bekannten sich noch immer zu ihrem einst in Wien aufgestellten Programm, zum innigsten Anschluß an Deutschland, zur Unterordnung unter die Beschlüsse des Frankfurter Parlaments und zur Anerkennung der Inkompetenz des österreichischen Reichstages in allen das deutsch-österreichische Verhältnis regelnden Fragen.

Zwischen ihnen und den Anhängern LÖHNERS, die sie als ›Abtrünnige‹ betrachteten, kam es bisweilen zu heftigen Streitigkeiten. KUDLICH

> »gab zu bedenken, daß es unrecht, daß es knabenhaft sei, nach jedem Ereignis, sei es günstig oder ungünstig, das Programm zu verändern, als sei es ein Wetterhahn. Da müßten wir«, meinte er, »alle zwei Wochen unsere Grundsätze ändern. Nach jeder Schlacht, die Windischgrätz in Ungarn gewinnt oder verliert, müßte dann eine Änderung des Programms vorgenommen werden. . . Unser Verhältnis zu Deutschland regele sich nicht nach militärischen oder politischen Niederlagen und Siegen. Wir stünden zum übrigen Deutschland in einem natürlichen untrennbaren Zusammenhang, als Glieder derselben Nation – aber auch in einem historisch-staatsrechtlichen Verhältnisse, das nicht einseitig gelöst werden könne. So lange unsere Vertreter in Frankfurt säßen, hätten wir uns den Beschlüssen des Frankfurter Parlaments zu fügen. Über die deutsch-nationalen Interessen der Deutsch-Österreicher hätten die Frankfurter, nicht die Kremsierer Abgeordneten zu entscheiden«. Auch könnten ihn politische Freiheiten nicht für den Verlust der »nationalen Lebensbedingungen« entschädigen.[391]

In diesem beharrlichen Willen, an einmal ausgesprochenen nationalen Wünschen festzuhalten, offenbarte sich ein wirklichkeitsfremder Idealismus. KUDLICH verkannte, daß in erster Linie nur tatsächliche Machtverhältnisse in politischen Fragen entscheidend sind. Er hätte sonst gewußt, daß über die »deutsch-nationalen Interessen der Deutsch-Österreicher« seit Oktober 1848 auch nicht mehr die Frankfurter Abgeordneten bestimmen konnten, sondern nur noch die österreichische Regierung.

Während die Abgeordneten aus dem Kreis um LÖHNER aus dieser Erkenntnis die Konsequenzen zogen, indem sie ihr jetzt zum Scheitern verurteiltes Hinneigen zu Frankfurt aufgaben, um wenigstens die ihnen noch möglich scheinende

Errichtung eines freien Österreichs durchzuführen, verharrten die radikalsten Elemente der Linken in nationaler Unbeugsamkeit ohne Rücksicht auf Erfolg oder Nichterfolg. Der Abgeordnete ZIMMER warf LÖHNER und seinen Anhängern in einer Klubsitzung vor,

> »daß sie kein echtes deutsches Nationalgefühl besäßen. Nationalfragen seien nicht bloß Sachen des Verstandes! Man dürfe den Deutsch-Österreichern nicht das demoralisierende Beispiel der Fahnenflucht geben, sondern je mehr sich der Horizont verdunkele, desto entschiedener, desto unerschütterlicher müsse man für Deutschland einstehen, um Furchtsamen Mut – den Wankenden Entschlossenheit einzuflößen«.[392]

Mit der extremen deutschen Linken gingen auch die oberösterreichischen Bauern des Reichstages. Ebenfalls wurde sie unterstützt durch Vertreter der polnischen Linken, die ein neues polnisches Reich erstrebten und glaubten, daß dessen Bildung durch ein deutsches Reich, das die deutsch-österreichischen Länder, aber nicht Galizien in sich aufnehme, begünstigt werde. Der polnische Abgeordnete BILINSKI sagte zu KUDLICH:

> »Ihr solltet bei Eurem Programm bleiben. Wir Polen sind dabei natürlich interessiert. Österreich kann und darf Galizien niemals fahren lassen, allein ein einiges Deutschland kann und muß diesen heterogenen Bestandteil aus seinem Verbande ausscheiden.«

Es sei falsch, das alte Programm gleich nach der ersten Niederlage fahren zu lassen. Die Deutschen sollten sich ein Beispiel an der Unerschütterlichkeit der Polen nehmen, die trotz aller Rückschläge weiter an die Errichtung eines unabhängigen Polens glaubten.

Diese polnische Unterstützung konnte jedoch an der parlamentarischen *Ohnmacht der äußersten Linken* nichts ändern. War sie schon in Wien eine schwache Partei gewesen, so war sie in Kremsier erst recht an Mitgliederzahl zu unbedeutend geworden, um noch ernsthaft eine politische Rolle spielen zu können.

So bot der Reichstag in Kremsier ein anderes Bild als in Wien. Die Parteien hatten sich verändert und gefestigt. Am deutlichsten zeigte sich die Veränderung innerhalb der Linken, weil sie in ihren nationalen Erwartungen durch den Ausgang des Oktoberaufstandes enttäuscht worden war und sich deshalb in ihrem nationalen Programm gegenüber Deutschland gespalten hatte.

Festzustellen blieb aber auch, daß sich die Regierung in ihrer Deutschlandpolitik auf die überwiegende Mehrheit des österreichischen Reichstages stützen konnte. Die Kraftprobe zwischen den Vertretern der unabhängigen österreichischen Staatsidee und den Anhängern des deutschnationalen Einheitsgedankens hatte durch SCHWARZENBERGS Regierungsprogramm mit dem Sieg der ersteren geendet.

Die *Einheit Österreichs* und seine *Unabhängigkeit* waren jetzt das *offizielle Ziel der österreichischen Politik.* Mit dem dadurch bedingten Ausscheiden der deutschen Länder Österreichs aus dem von Frankfurt angestrebten nationalen deutschen Bundesstaat mußten sich sowohl die großdeutsch gesinnten Kräfte in der Paulskirche als auch jene in Kemsier abfinden.

Der österreichische *Reichstag* spielte für die Regierung fortan nur eine *Nebenrolle*. Die Inhaber der Macht ließen ihn zunächst gewähren, solange es opportun war, den konstitutionellen Schein zu wahren, um ihn dann bei günstiger Gelegenheit auflösen zu können.

Schon in einem Brief vom 14. Dezember 1848 an SCHWARZENBERG hatte Fürst WINDISCHGRÄTZ die Reichstagsauflösung und »das Oktroyieren der Formen, die man annehmen« wolle, gefordert.[393] Und am 20. Januar 1849 war im Ministerrate unter Vorsitz des Kaisers die Auflösung des Reichstages und die Oktroyierung einer Verfassung beschlossen worden.[394] Dieser Beschluß blieb zwar zunächst geheim, aber bewirkte, daß das Ministerium den Reichstag überhaupt nicht mehr ernst nahm und Fürst SCHWARZENBERG es nicht mehr für notwendig erachtete, den Reichstag von seiner Politik in Kenntnis zu setzen.

Die tatsächlichen *Entscheidungen in der deutschen Frage* fielen *ohne Konsultation des Reichstages*. Er selbst berührte aber die deutschen Angelegenheiten fortan auch nur noch selten, wenn man von den schon auf seinen Sitzungen in Wien sichtbar gewordenen Empfindlichkeiten der Nationalitäten absah, die jedesmal aufbrachen, wenn die Namen ›Frankfurt‹ und ›Deutschland‹ erwähnt wurden.

So erlangten die Tschechen einen belanglosen Prestigeerfolg, als bei der Beratung der künftigen Reichsfarben Österreichs ein Abgeordneter Schwarzrotgold vorschlug, und zwar nicht, wie er betonte aus »Deutschtümelei«, sondern aus der Überlegung heraus, daß Schwarzgelb die kaiserlichen Farben seien und Rot bei den Farben aller österreichischen Nationalitäten vorkomme. Der Tscheche PINKAS sah aber in diesem Vorschlag ein »Prinzip« ausgesprochen, »dessen Bekämpfung sicherlich zu einem blutigen Rot führen würde«,[395] und setzte dessen Ablehnung durch. Dieser Vorgang zeigte, daß die schwarzrotgoldenen Farben einen spezifisch deutschen Charakter besaßen, so daß ihre Anerkennung für die Tschechen der Anerkennung der von ihnen heftig bekämpften Frankfurter Einheitsbewegung gleichgekommen wäre. Nicht einmal durch Äußerlichkeiten wollte man an Frankfurt erinnert werden.

Gar nichts ereichte SCHUSELKA mit seiner Interpellation an das Ministerium wegen der Erschießung Robert BLUMS, der sich als Abgeordneter der Frankfurter Nationalversammlung während des Oktoberaufstandes in Wien aufgehalten hatte und wegen seiner Beteiligung an ihm zum Tode verurteilt worden war. Unter dem für ihre Stellung zur deutschen Frage bezeichnenden Zischen der Rechten und Beifall der Linken verurteilte er es, daß die Hinrichtung BLUMS ohne offizielle Benachrichtigung des Frankfurter Parlaments, dessen Mitglied er war, erfolgt sei.

»Ich frage das Ministerium,« sagte SCHUSELKA, »ob es gesonnen ist, etwas in dieser Beziehung zu tun, und was es zu tun gesonnen ist, um diese, ich wähle den mildesten Ausdruck, politische Taktlosigkeit so viel wie möglich gut zu machen.«[396]

Hatte er vielleicht geglaubt, einen Erfolg für das Ansehen des deutschen Parlamentes bei der österreichischen Regierung zu erringen, so täuschte er sich. Innenminister STADION betonte nämlich in seiner Antwort, daß das gegenüber BLUM angewendete Verfahren völlig korrekt gewesen sei und dem österreichischen Kriegsgesetz entsprochen habe. Auch könne man der österreichischen Regierung nicht die Ignorierung des Frankfurter Reichsgesetzes vom 30. September 1848 zum Vorwurf machen, da ihr dieses Gesetz bisher nicht offiziell bekannt gemacht worden sei.

STADION spielte mit diesem Hinweis auf ein Gesetz an, das später als § 117 und § 118 in die Frankfurter Reichsverfassung aufgenommen wurde und wegen der grundsätzlichen Immunität der Abgeordneten deren Ergreifung nur »auf frischer Tat« zuließ und in diesem Falle die sofortige Unterrichtung des Parlaments festsetzte, damit dieses sein Recht wahrnehmen könne, »die Aufhebung der Haft oder Untersuchung bis zum Schlusse der Sitzungsperiode zu verfügen«.[397]

Dieses Gesetz, erläuterte STADION, könne so lange nicht als bindend betrachtet werden, als »nicht überhaupt das neu zu gestaltende staatliche Verhältnis zwischen Österreich und Deutschland in beiderseitigem Einverständnisse bleibend geordnet« sei.[398]

Damit war in diplomatischer Verbrämung die Mißachtung der Frankfurter Gesetze durch die österreichische Regierung ausgesprochen worden. Wie gering man in Regierungskreisen überhaupt die Bedeutung der Paulskirche einschätzte, zeigen noch besser die Worte SCHWARZENBERGS an WINDISCHGRÄTZ, mit denen er sich bei diesem für die Hinrichtung BLUMS eingesetzt hatte:

> »Seine Privilegien als Mitglied des Frankfurter Reichstages haben keine gesetzliche Kraft in Österreich. Die Privilegien des Standrechts sind die einzigen, welche er hierzulande beanspruchen kann.«[399]

Angesichts dieser Einschätzung verpuffte SCHUSELKAS Interpellation völlig wirkungslos.

Im Verfassungsausschuß errangen die Deutchen, die diesmal ohne Rücksicht auf ihre sonstige Parteizugehörigkeit zusammenhielten, allerdings einen Erfolg. Der angesehene tschechische Abgeordnete PALACKY hatte in seinem Verfassungsentwurf vorgeschlagen:

> »Der Kaiser darf nicht ohne Zustimmung des Reichstages zugleich Oberhaupt eines anderen Staates werden, vom eigenen Staate etwas abtreten oder einen Tausch einzelner Landesteile von größerem Umfange gegen andere eingehen. Die Zustimmung des Reichstages hierzu darf nur in der Form geschehen, welche zur Beschlußnahme in Betreff einer Verfassungsänderung erforderlich ist.«[400]

PALACKYS Ziel war eindeutig: Er wollte verfassungsmäßig weitgehend die Möglichkeit ausschalten, daß der österreichische Kaiser jemals die deutsche Kaiserkrone bekomme und Österreich in ein allzu nahes Verhältnis zu Deutschland gerate. In einem solchen Fall wäre der ganze tschechisch-slawische Kampf gegen die Frankfurter Einigungsbestrebungen umsonst gewesen.

Die Deutschen des Zentrums und der Linken lehnten den Vorschlag PALACKYS mit der Mehrheit ihrer Stimmen gegen jene der slawischen und italienischen Abgeordneten ab, erstere vielleicht mehr aus einer österreichisch-patriotischen Staatsgesinnung heraus, der jede Machterweiterung des Herrscherhauses begrüßenswert erschien, letztere vielleicht, um ihre noch vorhandenen nationaldeutschen Empfindungen auszudrücken.

Man hatte der deutschen Sache dadurch insofern einen Dienst erwiesen, als man die Tür gegenüber Deutschland nicht zuschlug und theoretisch wenigstens die Möglichkeit offenließ für die Vereinigung der zukünftigen deutschen mit der österreichischen Krone. Eine solche Entwicklung wurde allerdings bereits in demselben Maße unwahrscheinlich, weil die preußisch-erbkaiserliche Partei in der Frankfurter Paulskirche als Folge der SCHWARZENBERGschen Deutschlandpolitik langsam das Übergewicht erlangte.

Kein Geringerer als der Reichsverweser Erzherzog JOHANN fand für die verwickelte nationale Frage der Deutschen diese resignierenden Worte:

»Die Idee eines einigen Deutschland stecket im Blute aller – sie wird nur verschieden ausgedeutet. Ein einiges Deutschland wird und muß werden. Wann und auf welche Art, das weiß Gott allein.«[401]

Entstehen kleindeutscher Konzeptionen in Frankfurt und Preußen

Wie in *Preußen* hatten die revolutionären Kräfte um die Jahreswende 1848/1849 auch in *Österreich* durch die sich wieder *konsolidierende staatliche Macht* eine entscheidende Niederlage erlitten.

Es war zu erwarten, daß jetzt die Regierungen der beiden deutschen Großmächte mit ihren Konzeptionen zur zukünftigen politischen Gestaltung Deutschlands in eine akute *Konkurrenzsituation* geraten würden und diese nicht ohne Wirkung auf die Frankfurter Nationalversammlung bleiben werde.

Der noch weiter bestehende und in Kremsier tagende österreichische Reichstag aber wurde in bezug auf die Haltung seiner Regierung zur deutschen Frage in Verwirrung gestürzt, weil diese ihn wegen seiner in ihren Augen zunehmenden Bedeutungslosigkeit über ihre Deutschlandpläne im unklaren ließ.

Die neue österreichische Regierung SCHWARZENBERG hatte durch ihre Regierungserklärung vom 27. November 1848 die Herstellung der staatlichen Einheit der gesamten österreichischen Monarchie und zugleich ihren Willen zum Verbleiben im Bund der deutschen Staaten proklamiert, obwohl die Frankfurter Nationalversammlung kurz vor dem Sieg der kaiserlichen Truppen in Wien am 27. Oktober 1848 die Eingliederung der deutschen Provinzen Österreichs in ein zu gründendes deutsches Reich beschlossen hatte, indem sie folgenden Entwurf ihres Verfassungsausschusses in erster Lesung annahm:

»§ 2. Kein Teil des deutschen Reiches darf mit nichtdeutschen Ländern zu einem Staate vereinigt werden.

§ 3. Hat ein deutsches Land mit einem nichtdeutschen Lande dasselbe Staatsoberhaupt, so ist das Verhältnis zwischen beiden nach den Grundsätzen der Personalunion zu ordnen.«[402]

Nur insgesamt 90 Abgeordnete der Nationalversammlung hatten gegen die beiden Paragraphen gestimmt, unter ihnen 41 von den insgesamt 115 Österreichern.[403] Die große Mehrheit der Nationalversammlung – einschließlich der fast zwei Drittel ihrer österreichischen Mitglieder – wünschte also die Einbeziehung der deutschen Provinzen Österreichs in ein deutsches Reich und war bereit, dafür als Preis die Einheit des bestehenden österreichischen Staates zugunsten einer bloßen Personalunion der deutschen und zum Deutschen Bund gehörenden mit den nichtdeutschen und außerhalb des Deutschen Bundes liegenden österreichischen Länder aufzugeben.

Das Abstimmungsergebnis der Frankfurter Nationalversammlung stand im Gegensatz zu dem durch die Regierungserklärung des Ministerpräsidenten SCHWARZENBERG vom 27. November 1848 erklärten Ziel der offiziellen österreichischen Regierungspolitik. Deutlicher als in seiner Regierungserklärung hätte SCHWARZENBERG die von der deutschen Nationalversammlung in Frankfurt in erster Lesung angenommenen §§ 2 und 3 einer künftigen deutschen Reichsverfassung nicht ablehnen können,[404] denn

- sie hätten Österreichs staatliche Einheit zerstört,
- diese nur durch eine bloße Personalunion mit seinen nichtdeutschen Landesteilen ersetzt
- und ihm außerdem seine volle Souveränität über seine deutschen Landesteile genommen.

Die Folge davon war, daß die sich seit Herbst 1848 bildende *kleindeutsche Partei* in der Frankfurter Nationalversammlung einen kräftigen Aufschwung nahm, den Sturz des bisherigen Reichsministerpräsidenten SCHMERLING, eines Österreichers, herbeiführte und als dessen Nachfolger Heinrich VON GAGERN durchsetzte, einen ihrer bedeutendsten Abgeordneten.

Dieser verkündete am 18. Dezember 1848 sein *Regierungsprogramm* und forderte nach der Absage Österreichs an einen großdeutschen Nationalstaat die Konstituierung des außerösterreichischen Deutschlands zu einem *engeren Bunde*, der später mit Österreich in einen neuen *weiteren Bund* treten sollte.[405]

Mit diesem Plan war der österreichische Regierungschef SCHWARZENBERG keineswegs einverstanden, weil sie seine Deutschlandpolitik durchkreuzte.

Durch ihn wäre die Vormachtstellung Österreichs in Deutschland auf Preußen übergegangen.

Ebenfalls wußte er, daß die Frankfurter Nationalversammlung dem Eintritt Gesamtösterreichs in einen deutschen Bundesstaat wegen der vielen nichtdeutschen Nationalitäten Österreichs grundsätzlich niemals zustimmen konnte.

Daher war er bestrebt, zu der *alten*, wenn auch ein wenig *reformierten Form* des *bisherigen Deutschen Bundes* zurückzukehren.

Schon am 12. Dezember 1848 hatte er sich dahingehend im österreichischen Ministerrat ausgesprochen:

Österreich müsse »in seiner Gesamtheit als wahre europäische Großmacht im eigenen und im wohlverstandenen Interesse Deutschlands selbst dem deutschen Staatenbunde beitreten. Die kleineren Fürstentümer wären, wenn nicht zu mediatisieren, so doch in große Komplexe, vielleicht Reichskreise zu vereinigen«.[406]

Um den österreichischen Einfluß in Frankfurt nicht zu Gunsten der kleindeutschen Anhänger GAGERNS zu verlieren, richtete SCHWARZENBERG am 27. Dezember 1848 eine Note an die Paulskirche, in der er GAGERNS Programm ablehnte und betonte, daß Österreich nicht auf seine historischen Rechte in Deutschland verzichten und weiterhin die erste Stelle in Deutschland einnehmen wolle.[407]

SCHWARZENBERGS Pläne nahmen jetzt festere Gestalt an. Ende Dezember 1848 schrieb er an den österreichischen Gesandten in Sankt Petersburg:

> »Deutschland und Österreich sollen in 6 große Kreise zerfallen: Österreich mit all seinen Bestandteilen, Preußen desgl., sodann die übrigen 4 Königreiche. Ihnen wären nach Maßgabe der geographischen Lage und sonstigen Verhältnisse die übrigen deutschen Kleinstaaten unterzuordnen. Ein jeder dieser Kreise habe seinen selbständigen gesetzgebenden Körper, sein Finanz- und Heerwesen. Den Mittelpunkt des sechsgliedrigen Staatenbundes bildet ein Direktorium, dessen Sitz, wenn man will, Frankfurt sein kann. Die oberste Leitung und Präsidentschaft bleibt bei Österreich. . . Österreich will seine tausendjährigen Rechte als erste deutsche Macht, es will seine im Laufe der Zeit gewachsene Stellung in Deutschland nicht aufgeben.«[408]

In diesen Worten zeigte sich sehr deutlich das Ziel der SCHWARZENBERGschen Deutschlandpolitik:

Gesamtösterreich als Führungsmacht einer sechsgliedrigen deutsch-österreichischen Staatenföderation.

Deutschland war in dieser politischen Konzeption »imperialistisches Objekt«,[409] eine vielleicht übertriebene Behauptung, die sich aber zu ihrer Rechtfertigung auf die historische Tatsache stützen konnte, daß die österreichischen Herrscher seit Jahrhunderten die ehrwürdige Krone des untergegangenen Heiligen Römischen Reiches Deutscher Nation getragen hatten.

Das politische und moralische Gewicht, das sie im alten Reich erworben hatten, war weder durch die kläglichen Verhältnisse, die 1806 zur Niederlegung dieser Krone geführt hatten, in Vergessenheit geraten, noch konnte es durch die von SCHWARZENBERG übertriebene Jahreszahl mit den ›tausendjährigen‹ Rechten Österreichs als erste deutsche Macht gefährdet werden. Zwar wurde die seit dem 10. Jahrhundert bestehende bayerische Ostmark erst 1156 durch Kaiser FRIEDRICH I., Barbarossa, zum selbständigen Herzogtum erhoben und von Bayern getrennt. Doch hatten die folgenden immerhin 650 Jahre genügt, um die Bedeutung Österreichs für das Reich und die Reichsidee als solche sowohl unter den konservativen deutschen Herrschern als auch unter ihren Gegnern, den liberal- und nationaldemokratischen Kräften, weiterleben zu lassen.

Die politischen Aktivitäten Österreichs, um seine Stellung im gesamtdeutschen Raum zu festigen und auszubauen, mußten zwangsläufig *Reaktionen Preußens* hervorrufen.

In diesem seit dem 18. Jahrhundert im Kampf mit Österreich zur deutschen Großmacht aufgestiegenen Staat hatte sich in Erinnerung an den Ruhm FRIEDRICHS DES GROSSEN und seine aufklärerischen Reformansätze sowie durch die Tatsache, daß Preußen bei der Befreiung von der napoleonischen Fremdherrschaft geistig, politisch und militärisch eine hervorragende Rolle gespielt hatte, ein starkes – oben bereits erwähntes – *Selbstbewußtsein* entwickelt.

Dieses hatte sich noch verstärkt, seitdem Preußen aufgrund der Beschlüsse des Wiener Kongresses den gesamten Norden Deutschlands »von der Maas bis an die Memel« mit einer ganz überwiegend deutschen Bevölkerung beherrschte. Während Österreich durch seine Ausdehnung in die Balkanhalbinsel hinein gleichsam aus Deutschland hinausgewachsen war, war Preußen bis an die Grenze Frankreichs in Deutschland hineingewachsen. Was lag im Zuge dieser Entwicklung näher, als auf der Grundlage »preußischer Tugenden«, wie Tapferkeit, Treue, Ehrlichkeit, Bescheidenheit, Pflichterfüllung und anderer, das Gewicht Preußens bei der Lösung der deutschen Frage einzusetzen?

Auf diese politische Grundsituation stieß SCHWARZENBERG, als er um die Jahreswende 1848/1849 ohne Wissen der preußischen Regierung mit König FRIEDRICH WILHELM IV. über seine Deutschlandpläne verhandelte

Der von der Bedeutung Preußens für Deutschland überzeugte König hatte allerdings schon als Kronprinz vorübergehend von der Erneuerung mittelalterlicher Kaiserherrlichkeit geschwärmt und schien auch jetzt ein habsburgisches Kaisertum für ganz Deutschland nicht abzulehnen, wenn Preußen dabei seiner Macht und Würde gemäß berücksichtigt würde.[410]

> »Die Begriffe FRIEDRICH WILHELMS waren die eines stark idealisierten Mittelalters: fröhliche, dienende Bauern, biedere Bürger, frommer Klerus, treuer Adel, im Kreise seiner Vasallen der König, der wohl noch als ›Reichserzfeldherr‹ dem Kaiser in wiedererstandener Reichsherrlichkeit Gehorsam schulden sollte. Zu den nüchternen Forderungen einer bürgerlichen Klassengesellschaft paßte dieses schöne Bild nicht.«[411]

Mag das gezeichnete Bild insgesamt ein wenig zu naiv wirken; aber als Reichserzfeldherr des Kaisers hätte FRIEDRICH WILHELM IV. gewiß die ihm gebührende

Rolle gefunden, wie er in einer Denkschrift Anfang Januar 1849 selbst formuliert hatte.

Friedrich Wilhelm hörte jedoch letztlich auf sein Ministerium, das die Lage realpolitisch einschätzte und eine Einigung Deutschlands unter preußischer Führung befürwortete. Im Vollzug dieses Kurswechsels stimmte er einer von dem preußischen Bevollmächtigten in Frankfurt Ludolf Camphausen ausgearbeiteten Depesche zu, die am 23. Januar 1849 an alle deutschen Höfe gesandt wurde.

Die *Zirkulardepesche* betonte, es werde, wenn Österreich mit seinen deutschen Ländern nicht in einen deutschen Bundesstaat eintreten wolle,

> »daraus noch nicht der Schluß zu ziehen sein, daß Deutschland ausschließlich zu den wesentlichen Grundlagen des Staatenbundes zurückkehren, und daß der mit Begeisterung erfaßte Plan einer bundesstaatlichen Vereinigung gänzlich verlassen werden müsse. Vielmehr wird sowohl die Aufrechterhaltung und Entwicklung des deutschen Bundes – Österreich, sowie das deutsche Gebiet der Niederlande und Dänemark's eingeschlossen – als auch die Erhaltung der dem österreichischen Kaiserhause gebührenden Stellung vollkommen vereinbar sein mit dem Zusammentritte der übrigen deutschen Staaten zu einem engeren Vereine, zu einem Bundesstaate innerhalb des Bundes. So wie innerhalb des Bundes der Zollverband nicht nur einen engeren Verein für Handel, Gewerbefleiß und Verkehr darstellen, sondern auch die Wurzeln zu einer gemeinsamen handelspolitischen Vertretung nach Außen in sich tragend, entstehen und bestehen konnte, ohne den Bund selbst und das Verhältnis zwischen den dem Zollverein angehörenden und demselben nicht angehörenden Bundesgliedern zu stören, so kann auch ein noch weitere Interessen umfassender Verein unter der Mehrzahl der Bundesglieder geschlossen werden, und innerhalb des Bundes bestehen«.

Anschließend wurde der *preußische Führungsanspruch innerhalb dieses außerösterreichischen deutschen Bundesstaates* unter diplomatisch kluger Respektierung einzelstaatlicher Souveränität vorsichtig angedeutet:

> »Preußen strebt nach keiner Machtvergrößerung oder Würde für sich selbst; es begehrt, wie auch die deutsche Verfassung sich gestalte, keinen anderen Antheil an der obersten Leitung der Bundesgewalt, als denjenigen, welchen seine Stellung in Deutschland und die Bedeutung der geistigen und materiellen Kräfte, die es dem gemeinsamen Vaterlande zur Verfügung stellen kann, der Natur der Dinge nach ihm anweist. Es wird keine ihm angebotene Stellung annehmen, als mit freier Zustimmung der verbündeten Regierungen; es hält sich aber verpflichtet, sich bereit zu erklären, Deutschland diejenigen Dienste zu leisten, welche dieses im Interesse der Gesammtheit von ihm verlangen sollte, selbst wenn dieß nicht ohne Opfer von seiner Seite geschehen könnte.«[412]

Es lag auf der Hand, daß Österreich bei einer Verwirklichung dieser Vorschläge seinen entscheidenden politischen Einfluß auf die dann bundesstaatlich geordnete außerösterreichische deutsche Staatenwelt eingebüßt haben würde. Dem österreichischen Kaiserhaus, dessen »ihm gebührende Stellung in Deutschland« erhalten werden sollte, wäre nichts weiter als eine der Tradition verpflichtete Ehrenstellung in dem weiteren Bund zwischen Österreich und dem kleindeutschen Bundesstaate geblieben.

Mit der Zirkulardepesche hatte sich die *preußische Regierung* eindeutig *für den Plan Heinrich von Gagerns vom engeren und weiteren Bund* entschieden, den die *Frankfurter Nationalversammlung* bereits am 15. Januar 1849 mit 261 gegen 224 Stimmen *angenommen* hatte.

Man sollte aber nicht übersehen, daß Preußen aufgrund der Überzeugung seines vom fürstlichen Gottesgnadentum durchdrungenen Königs nur *»mit freier Zustimmung der verbündeten Regierungen«* – also auf obrigkeitsstaatlicher Grundlage – die Führung des engeren Bundes übernehmen wollte und nicht aufgrund einer demokratischen Legitimation, wie sie den Frankfurter Abgeordneten vorschwebte. Diesen Grundsatz souveräner fürstlicher Vereinbarung hatte Friedrich Wilhelm IV. übrigens bereits in seiner in Sanssouci verfaßten Denkschrift vom 15. September 1848 vertreten.

Schwarzenberg *sah seine Pläne durchkreuzt*. Gerade das, was er hatte verhindern wollen, die Einigung des außerösterreichischen Deutschlands unter preußischer Führung und der damit verbundene Ausschluß Österreichs aus den inneren deutschen Angelegenheiten, schien jetzt Wirklichkeit zu werden.

Am 3. Februar 1849 schrieb Schwarzenberg an Windischgrätz:

> »Der König von Preußen hat der ihn umgebenden Intrige nicht widerstanden, sein Kabinett hat uns sitzen lassen, und wir müssen nun unseren eigenen Weg und zwar *allein* gehen.[413]

In dieser politischen Situation richtete er seine *Note vom 4. Februar 1849* bezeichnenderweise nicht an die preußische Regierung, sondern an die Frankfurter Nationalversammlung. Offensichtlich schien sie ihm jetzt trotz seiner antirevolutionären Grundeinstellung als Adressat geeignet zu sein, weil er sie als Hebel gegen die preußischen Pläne benutzen konnte. Schließlich hatten seine direkten Verhandlungen mit der preußischen Regierung nicht zum erwünschten Ziel geführt. Möglicherweise konnte er auf diese Weise den sich in Frankfurt ausbreitenden kleindeutschen Tendenzen entgegenwirken.

Die Note betonte, Österreich könne der Errichtung eines deutschen Bundesstaates nicht zustimmen, weil der Eintritt der deutschen Länder Österreichs in denselben zur Zerreißung der staatlichen Einheit des Kaiserstaates führen werde.

Zerreißender seit dem 27. November 1848 als Regierungsprogramm verkündeten *staatlichen Einheit oder Ausscheiden aus Deutschland* – das war die Alternative, vor die ein deutscher Bundesstaat die österreichische Regierung stellte. Und weil Schwarzenberg sie ablehnte, mußte er notwendig auch den Bundesstaat ablehnen. Nach einer ausführlichen Darlegung der Gründe fand er dafür folgende zusammenfassende Formulierung:

> »Ausschließung der deutschen Lande Österreichs, mit anderen Worten Verstümmelung Deutschlands, oder aber Lösung der so innig verbundenen und untereinander verwachsenen Bestandteile Österreichs, welche fortan nur mehr der dünne Faden der Personalunion zusammenhalten soll. Dies sind die beiden Eckpunkte, zu welchem die Begründung des sogenannten Bundesstaates ... Deutschland und Österreich mit folgerichtiger Notwendigkeit führen müßte. Die Pflicht der Selbsterhaltung, als Deutsche nicht minder, denn als Österreicher bestimmt uns in gleicher Weise, solche Bestimmungen abzulehnen.«

Die Beibehaltung der staatlichen Einheit Gesamtösterreichs und das gleichzeitige Verbleiben der Gesamtmonarchie in Deutschland wäre nach seiner Konzeption nur in einem *großen deutsch-österreichischen mitteleuropäischen Staatenverbund* möglich gewesen. Die Forderung nach einer solchen Staatenföderation sprach er in seiner Note aber nur in sehr unklaren und verschwommen-dunklen Worten aus:

> »Der kaiserlichen Regierung schwebt ein nach außen festes und mächtiges, im Innern starkes und freies, organisch gegliedertes und doch in sich einiges Deutschland vor... Auf der von der kaiserlichen Regierung in Aussicht zu stellenden Grundlage finden alle deutschen Staaten und alle ihre außerdeutschen Landesteile Platz.«

Die so hergestellte deutsch-österreichische Verbindung sollte allmählich übergehen zu einem »wirklich engen Verbande«.[414]

Diese ungenauen Andeutungen bewirkten, daß sich die Abgeordneten der Frankfurter Nationalversammlung ebenso wie jene des Kremsierer Reichstages immer noch kein genaues Bild machen konnten von SCHWARZENBERGS konkreten politischen Plänen, weil er ihnen keinen Einblick in seine bisherigen deutschen Verhandlungen gewährt hatte.

Er hatte die beiden Parlamente als ernst zu nehmende politische Institutionen längst abgeschrieben, auch wenn er seine letzte Note aus taktischen Gründen an die Frankfurter Zentralgewalt gerichtet hatte, um den sich hier zugunsten Preußens ausbreitenden kleindeutschen Tendenzen entgegenzutreten. SCHWARZENBERG setzte auf *Vereinbarungen mit den Inhabern der Macht*, also vor allem mit der preußischen Regierung. Sie hatte diesen Weg bereits mit ihrer Zirkulardepesche beschritten, weil sie die revolutionären Kräfte überwunden zu haben glaubte. Den österreichischen Reichstag und die Frankfurter Nationalversammlung ließ SCHWARZENBERG nur noch so lange gewähren, bis ihm ihre Auflösung politisch opportun zu sein schien.

Die Abgeordneten der deutschen Parlamente mochten ihre wachsende politische Bedeutungslosigkeit selbst spüren, aber eingestehen wollten sie sie sich nicht, wie ihre teilweise *erbitterten Reaktionen* deutlich zeigten.

Reaktionen und Auflösung des österreichischen Reichstages

So kam es im Kremsierer Reichstag zu mehreren Interpellationen, die endlich Klarheit in die SCHWARZENBERGsche Deutschlandpolitik bringen sollten. Am 21. Februar 1849 verlangten die Abgeordneten ZIMMER und STAMM von der äußersten deutschen Linken eine nähere Erläuterung der Regierungspolitik:[415]

> »Das Ministerium hat durch seine Note vom 4. Februar 1849 an die deutsche Zentralgewalt die Erklärung abgegeben, daß es im Interesse Österreichs und Deutschlands der Begründung eines unitarischen deutschen Staates unter dem Namen eines Bundesstaates seinen Beifall nicht schenken könnte. Hat es in verneinender Weise sich sehr klar ausgedrückt, so hat es dagegen nur in höchst unbestimmten und mystischen Worten angedeutet, wie es den von ihm als unbestreitbar notwendig angenommenen ›engeren Verband‹ und ›die nähere Einigung‹ Deutschlands verwirklicht wissen will. Dem Ministerium schwebt nur die neblige ›Idee‹ eines einigen Deutschlands vor, ›mit einer in Aussicht zu stellenden Grundlage‹, auf der alle deutschen Staaten und alle ihre außerdeutschen Bundesteile Platz finden.«

Da man sich unter diesen ministeriellen Andeutungen nichts Konkretes vorstellen konnte, glaubte man, die Regierung sei ein Gegner der Erfüllung der nationalen Wünsche der Deutschen und wolle deren Ausführung durch schöne Worte hinauszögern oder sogar verhindern:

> »Wir sahen uns... durch die Note vom 4. Februar enttäuscht, wir sahen uns mit Bedauern enttäuscht, weil ihre vagen, jedes positiven Inhalts ermangelnden Worte auf die österreichische Regierung den Verdacht werfen könnten, daß Österreich nur die alte Zersplitterung und damit die alte Machtlosigkeit Deutschlands erhalten wolle, daß Österreich an dem METTERNICHschen Bundestag hänge, welcher den Fluch aller deutschen Völker auf sich geladen.«

Die extreme deutsche Linke täuschte sich nicht, wenn sie fürchtete, daß SCHWARZENBERG »die alte Zersplitterung und damit die alte Machtlosigkeit Deutschlands« erhalten wolle. Sein Plan einer mitteleuropäischen Staatenföderation mußte sich nämlich in ihren Augen als solche darstellen,•; denn ihre nationalen Wünsche gingen viel weiter:

> »Das deutsche Volk... ist zum Werk geschritten, einen durch tausend Jahre bestehenden Verband zur vollen Einigung weiter zu führen, und baut seit länger als einem halben Jahre mit Entschiedenheit an einer einheitlichen Verfassung und wird nicht davon abstehen, daß sie zur Wahrheit werde.«

Vollständige nationale Einheit und eine straffe, einheitliche deutsche Reichsverfassung – das waren die Forderungen der äußersten deutschen Linken. Sie war bereit, die von SCHWARZENBERG angestrebte österreichische Staatseinheit preiszugeben, um die nationaldeutsche Reichseinheit zu erlangen. Ihr wie auch den nationalgesinnten Abgeordneten der deutschen Nationalversammlung in Frankfurt war klar, daß die außerhalb des bisherigen Deutschen Bundes liegenden nichtdeutschen Landesteile Österreichs niemals einem deutschen Nationalstaat angehören könnten.

So, wie ihre nationalen Forderungen offen zu Tage lagen, verlangte sie vom Ministerium eine Offenlegung seiner Absichten:

»Die deutschen und nichtdeutschen Volksstämme in Österreich haben das Recht, offene, verständliche Worte von ihrer Regierung zu verlangen... Daher stellen wir... an das hohe Gesamtministerium die Frage: in welcher Verfassungsform ihm ein nach außen festes und mächtiges, im Innern starkes und freies, organisch gegliedertes und doch in sich einiges Deutschland vorschwebt und welcher Art das Verhältnis ist, in welchem mit allen deutschen Staaten auch ihre außerdeutschen Landesteile Platz finden sollen?«

Wegen ihrer parlamentarischen Bedeutungslosigkeit war die Interpellation der äußersten Linken trotz ihres eindringlichen Tenors in den Wind gesprochen. SCHWARZENBERG würdigte sie nicht einmal einer Antwort und ließ sich in seiner deutschen Politik nicht beirren.

Erst aus der Note vom 9. März 1849,[416] die SCHWARZENBERG an die deutsche Zentralgewalt in Frankfurt richtete, konnten sich die Interpellanten Auskunft darüber holen, wie sich die österreichische Regierung das zukünftige deutsch-österreichische Verhältnis dachte. In ihr sprach SCHWARZENBERG zum ersten Mal öffentlich aus, was er bisher nur rätselhaft formuliert oder geheim, wie etwa schon am 12. Dezember 1848 im Ministerrat, geäußert hatte:

Das einheitlich geordnete *Gesamtösterreich* sollte *in einen deutschen Staatenbund* eintreten, der sich nur in seiner Gliederung von dem bisherigen Deutschen Bunde unterschieden hätte. Auf diese völlige Verwerfung ihrer Pläne konnte die äußerste Linke allerdings nicht mehr reagieren, weil die Regierung den Reichstag wenige Tage vorher aufgelöst hatte.

Interessanterweise hatten sich im Kremsierer Reichstag nicht nur die deutschen Abgeordneten der äußersten Linken durch die unklaren Äußerungen zur deutschen Frage in SCHWARZENBERGS Note vom 4. Februar 1849 beunruhigt gefühlt, sondern auch – allerdings aus entgegengesetztem Grunde – jene der Rechten. Sie glaubten ihr eine wohlwollende Haltung zur deutschen Einheitsbewegung entnehmen zu können. Durch ihren bedeutendsten Abgeordneten PALACKY richteten sie daher am 23. Februar 1849 ihrerseits eine Interpellation[417*] an das Gesamtministerium:

»Die von jeher dunkle Frage über die Art, wie Österreich sich an Deutschland innig anschließen soll«, meinte PALACKY, »ist durch die vielbesprochene Note des österreichischen Kabinetts vom 4. Februar um nichts klarer, sie ist im Gegenteil noch verwickelter geworden. Nur so viel scheint mir daraus deutlich hervorzugehen, daß Österreich eine deutsche Macht sein will und es zugleich nicht sein will.«

Diesen »Dualismus« müsse er beklagen; denn »eine staatsrechtliche Vereinigung und Verschmelzung Österreichs mit Deutschland zieht meiner Ansicht nach nichts Geringeres nach sich als die moralische Auflösung und Vernichtung beider Staaten, indem dann jeder dieser Staaten bestimmt ist, die politischen Grundlagen des anderen zu untergraben«.

PALACKY irrte sich nicht, wenn er meinte, Österreich wolle zugleich ein deutscher Staat sein und nicht sein; denn es lehnte wegen des damit verbundenen Verlustes seiner staatlichen Einheit den Eintritt in einen zentral geleiteten deutschen Bundesstaat ab, dagegen aber war es bestrebt, in seiner Gesamtheit als führende Macht in eine mitteleuropäische deutsche Staatenföderation einzutreten. Von diesen Plänen wußte PALACKY natürlich nichts Genaues. Sonst hätte er nicht eine »Vereinigung und Verschmelzung Österreichs mit Deutschland« befürchten können.

Es war aber durchaus verständlich, daß PALACKY und seinen Anhängern von der Reichstagsrechten als nationalgesinnten Tschechen diese Gefahr dauernd vor Augen stand, zumal ihm die Interpellation ZIMMERS und STAMMS deutlich gezeigt hatte, daß es auch jetzt noch Kreise gab, die eine solche Verschmelzung anstreben.

Außerdem hatte die österreichische Regierung, »um den Verpflichtungen gegen die deutsche Nationalversammlung nachzukommen«,[418] in den slawischen Gebieten noch kürzlich Nachwahlen für diese durchführen lassen. Bei der sonstigen offiziellen österreichischen Distanz zu Frankfurt mußten diese Nachwahlen PALACKY bedenklich stimmen. Sie ließen sich aber mit der Absicht der österreichischen Regierung erklären, auch den geringsten öffentlichen Anschein eines politischen Ausscheidens aus Deutschland zu vermeiden.

PALACKY wußte genau, daß bei einer deutsch-österreichischen Verschmelzung von einem slawischen Österreich, womöglich noch mit tschechischer Hegemonie, nicht mehr die Rede hätte sein können. Vielmehr hätte dann die deutsche Nationalität durch ihren Rückhalt an dem großen deutschen Mutterland die Möglichkeit zur völligen Beherrschung des Kaiserreiches gehabt. Dadurch wäre natürlich ein erbitterter Widerstand der nichtdeutschen Nationalitäten provoziert worden, der sich zum allgemeinen Schaden ausgewirkt hätte.

Diese Erwägungen mögen PALACKY bestimmt haben, wenn er von der »moralischen Auflösung und Vernichtung« im Falle der Vereinigung beider Staaten sprach und im Sinne der nichtdeutschen Nationalitäten Österreichs anklagend meinte:

»Im Falle der Vereinigung... würde das Dogma der nationalen Gleichberechtigung zu einer hohlen Phrase herabsinken.«

Dann aber forderte PALACKY als Sprecher seiner Partei im Reichstag interessanterweise zum ersten Mal, was er früher schon am Ende seines berühmten Absagebriefes an den Frankfurter Fünfzigerausschuß geäußert hatte,[419] die Regierung solle »den Bestrebungen der Deutschen, sich neu zu organisieren«, nicht hindernd in den Weg treten. Zwar stimme es, »daß Österreich seinen Einfluß in Deutschland zu wahren und nicht leichtsinnig zu opfern« habe, aber dieser lasse sich auch »in einer bloß völkerrechtlichen Verbindung« wahren und sicherstellen.

PALACKY hatte sich mit diesen Äußerungen weitgehend den Ideen Heinrich VON GAGERNS von einem engeren und weiteren Bund zur Gestaltung des deutsch-österreichischen Verhältnisses genähert. Allerdings dachte GAGERN nicht an ein nur völkerrechtliches Bündnis, sondern er wollte es darüber hinaus in einer Unionsakte verankern. Möglicherweise erhoffte sich PALACKY jetzt von einem selbständigen, zum größten Teil slawischen Österreich, für das die Reichstagsrechte stets gekämpft hatte, ausreichende nationale Garantien, so daß er in einem lockeren völkerrechtlichen Bündnis mit Deutschland keine Gefährdung mehr sah. Mehr zuzugestehen war er aber keineswegs bereit; denn wie peinlich genau er auf die völlige österreichische Unabhängigkeit von Deutschland bedacht war, zeigte am Schluß seiner Interpellation seine Forderung, die österreichischen Abgeordneten aus Frankfurt zurückzurufen. Außerdem verlangte er zur Beseitigung seines durch die Note vom 4. Februar hervorgerufenen Mißtrauens, daß das Ministerium dem Reichstag zunächst einen klaren Einblick in die bisher betreffs Deutschland durchgeführten Verhandlungen gebe und in Zukunft alle Maßnahmen zur Gestaltung des deutsch-österreichischen Verhältnisses mit dem Reichstag vorher berate.

Die Regierung SCHWARZENBERG schätzte die politische Bedeutung des inzwischen völlig ohnmächtig gewordenen Reichstages aber für so gering ein, daß sie PALACKYS Interpellation ebensowenig wie diejenige ZIMMERS und STAMMS einer Antwort würdigte.

Trotzdem war PALACKYS Interpellation bedeutsam, weil sie kurz vor der Reichstagsauflösung einen Schluß auf die Position der Rechten zur Lösung der deutschen Frage zuließ. Die Rechte war gewillt, das außerösterreichische Deutschland sich frei konstituieren zu lassen und dann zwischen dem österreichischen Kaiserstaat und dem neuen Deutschland ein lockeres völkerrechtliches Bündnis zu schließen.

Es lag zwar auf der Hand, daß diese Option der SCHWARZENBERGschen Konzeption, die die Bildung eines außerösterreichischen deutschen Bundesstaates nicht zuließ, widersprach. Sie wäre aber durchaus dazu geeignet gewesen, daß sich die Rechte mit den anderen Reichstagsparteien – natürlich mit Ausnahme der äußersten deutschen Linken – in der deutschen Frage auf dieser mittleren Linie hätte treffen und einigen können.

Das Schweigen der Regierung, die völlige Ignorierung der Aufforderung zu einer klaren Darlegung ihrer deutschen Politik zeigte dem *Reichstag* drastisch seine *Ohnmacht*, so daß manche seiner Abgeordneten um so erbitterter reagierten.

Sogar der nach dem Oktoberaufstand in der deutschen Frage gemäßigt gewordene SCHUSELKA ließ sich jetzt zu Äußerungen hinreißen, die man sonst nur von den radikalen Linken erwartet hätte. Er habe sich in der »letzten Zeit« des Reichstages »entschieden« gezeigt und sei ein »vortrefflicher Führer« der Linken gewesen, meinte einer ihrer Mitglieder.[420]

Am 3. März 1849 fragte SCHUSELKA im Reichstag:

»Wie steht es mit der deutschen Sache? – es ist hier im Hause genug von der Note des Ministeriums gesprochen worden. Es ist von deutscher und slawischer Seite mit Grund und Fug und Recht gegen dieses hinterlistige, ich sage es geradezu, gegen dieses hinausschiebende, gegen diese im alten Sinne diplomatische Politik protestiert worden; es ist offenbar geworden, daß man sowohl den Deutschen, als den anderen Nationalitäten ihr Recht verkümmern will, daß man dieses alte, unausstehliche, allen Nationalitäten zum Ekel gewordene Gemengsel der Nationalitäten, diese Durcheinanderschiebung der Nationalitäten aufrecht erhalten will... Ich sage, es werden weder Deutsche, Slawen noch Italiener sich für die Folgezeit mit dieser Politik begnügen, sie wollen Klarheit, Offenheit und Entschiedenheit, wenn sie nicht geboten wird, wird Österreich nicht bestehen... Es ist ein altes Sprichwort, ein stolzes österreichisches Sprichwort gewesen: Österreich ist nicht umzubringen. Ich sage aber, wenn noch länger auf solche Weise regiert und geherrscht wird in Österreich wie bisher, so wird das Ministerium sich den Ruhm erwerben, Österreich zu Grunde gerichtet zu haben.«[421]

Aber auch dieser heftige Angriff SCHUSELKAS wurde von der Regierung ignoriert. Er war ein Protest eines von den Ideen des Liberalismus erfüllten Abgeordneten gegen die rücksichtslose und autokratische Haltung der Regierung gegenüber dem Reichstag. Zugleich sprach aus ihm auch der alte Wunsch SCHUSELKAS nach der Erhaltung des österreichischen Staates.

Wie ließ sich aber mit diesem seine emotionale Ablehnung des »zum Ekel gewordenen Gemengsels der Nationalitäten« vereinbaren? Der Widerspruch erwies sich als nur scheinbar, wenn man SCHUSELKAS liberale politische Grundeinstellung berücksichtigte. Nur »durch die Begeisterung für echt demokratische Freiheit« war nach seiner Meinung eine Vereinigung der sich »widerstreitenden nationalen Elemente« und die Aufrichtung eines einigen und freien Österreichs möglich.[422] Die Anerkennung dieser »echt demokratischen Freiheit« forderte er von der Regierung, wenn er von ihr »Klarheit, Offenheit und Entschiedenheit« und die Beachtung des Rechts der Nationalitäten verlangte. Nur unter dieser Voraussetzung konnte nach seiner Meinung der Kampf der österreichischen Nationalitäten gegeneinander – und nichts anderes konnte mit dem von ihm angeprangerten »zum Ekel gewordenen Gemengsel« und der »Durcheinanderschiebung der Nationalitäten« gemeint sein, wofür er die antiliberale Politik der Regierung verantwortlich machte – endgültig aufhören und Österreichs Existenz gesichert sein.

SCHUSELKAS ganze Erbitterung über das Ministerium SCHWARZENBERG richtete sich in erster Linie gegen dessen Verachtung der liberaldemokratischen Prinzipien, die er auch in der deutschen Frage mit Vehemenz vertrat. Sie geboten ihm, jede Unterdrückung der deutschen Nationalbewegung durch staatliche Gewalten zu verurteilen.

In einer scharfen Interpellation, »betreffend das Verbot der deutschen Grundrechte in Österreich«,[423] beschuldigte er Innenminister STADION, eine Verordnung erlassen zu haben, die die Verbreitung der im *Reichsgesetzblatt* der deutschen Zentralgewalt vom 8. Februar 1849 enthaltenen deutschen Grundrechte als einfache Druckschrift in Österreich verbot. Er fragte, wie ein solches Verbot sich rechtfertigen lasse zu einer Zeit, in der ein österreichischer Prinz deutscher Reichsverweser sei, österreichische Abgeordnete in der Paulskirche säßen und die österreichische Regierung außerdem Nachwahlen für das deutsche Parlament in Österreich durchführen lasse. Sogar die französische Verfassungsurkunde dürfe in Österreich gedruckt werden, obwohl sie eine republikanische sei, die Grundrechte des deutschen Volkes aber seien in Österreich eine verbotene Schrift. Darin erblickte er eine Verletzung der nationalen Gleichberechtigung gegenüber den deutschen Österreichern, da »sie die Grundrechte ihrer Nation nicht einmal lesen« sollten.

> »Ich stelle daher«, schloß SCHUSELKA, »an den Herrn Minister des Innern die Frage: ob er die angeführte Weisung wirklich erlassen habe, und ob er nicht geneigt wäre, sie zurückzunehmen, da sie offenbar eine Beleidigung des deutschen Volkes und der deutschen Nationalversammlung, eine unheilvolle Kompromittierung der deutschen Stellung Österreichs, eine Verletzung der allen Österreichern garantierten Preßfreiheit und besonders eine Verhöhnung und Unterdrückung der nationalen Freiheit der deutschen Österreicher enthält.«

STADIONS Antwort[424] wich der eigentlichen Beschwerde Schuselkas aus. »Die Behauptung, die deutschen Grundrechte seien in diesen Ländern auch als Druckschrift verboten, unterlasse ich zu widerlegen«, erklärte er. Ablenkend, betonte er, die Kundmachung von Gesetzen sei ein unbestrittenes Hoheitsrecht jeder unabhängigen Staatsgewalt, und fügte hinzu, einzelne Abgeordnete der Frankfurter Versammlung hätten die österreichischen Behörden ersucht, die deutschen Grundrechte in amtlicher Form als verbindliche Gesetze zu verkündigen. Eine solche Kundmachung aber habe gegen das nur der österreichischen Regierung zukommende Hoheitsrecht, Gesetze zu erlassen, verstoßen. Daher könne auch nicht wegen des Einschreitens der Regierung von einer das Frankfurter Parlament verletzenden Handlungsweise geredet werden.

STADIONS Antwort war ein durchsichtiger Versuch, die wahrheitsgemäße Antwort auf SCHUSELKAS Interpellation zu vermeiden; denn sonst hätte er zugeben müssen, daß er selbst die österreichischen Kreisämter angewiesen hatte, »die Verbreitung der durch den Erzherzog JOHANN, den Reichsverweser zu Frankfurt, publizierten deutschen Grundrechte in den deutsch-österreichischen Ländern zu unterdrücken« und darüber hinaus »die Verbindung der österreichischen Abgeordneten in Frankfurt mit ihren Wählern zu überwachen«.[425]

Stadion hatte also wahrheitswidrig den Reichstag glauben machen wollen, die österreichische Regierung habe sich gegen das Frankfurter Ersuchen zur Wehr gesetzt, die deutschen Grundrechte als österreichische Gesetze zu verkünden. Die Verdrehung des wirklichen Tatbestandes war aber für Stadion verständlich; denn hätte er öffentlich vor dem Reichstag erklärt, daß er, wie Schuselka es angeprangert hatte, die Verbreitung der deutschen Grundrechte als bloße Druckschrift verboten habe, hätte er sich zumindest zur Verletzung der Preßfreiheit bekannt und so als reaktionär und antirevolutionär demaskiert, und zwar zu einem für die österreichische Regierung unangebrachten Zeitpunkt, weil der Reichstag noch nicht aufgelöst worden war.

Ausgerechnet in der letzten Sitzung des Reichstages am 6. März 1849 konnte Schuselka durch eine weitere Interpellation,[426] »betreffend das Verbot der deutschen Grundrechte«, Stadions falsches Spiel entlarven. In seine Hände sei ein amtlicher österreichischer Erlaß gelangt, durch den die »Magistrate und Amtsverwaltungen« aufgefordert worden seien, mit allen Mitteln die Verbreitung des Frankfurter *Reichsgesetzblattes*, das die deutschen Grundrechte enthielt, zu verhindern. In dem von Schuselka zitierten österreichischen Erlaß werde behauptet, das *Reichsgesetzblatt* sei »in tausenden von Exemplaren« nach Österreich geschafft worden, um es »unter die Landsleute in Österreich zu verbreiten« und »dadurch eine Bewegung in deutschem Sinne hervorzurufen«. Der österreichische Erlaß, schlußfolgerte Schuselka, erweise klar, »daß hier nicht von einer Kundmachung der deutschen Grundrechte durch die Obrigkeit«, wie Stadion behauptet habe, »sondern nur von einer Privatverbreitung derselben die Rede« sei.

Deutlich war jetzt erwiesen, daß die österreichische Regierung eine »Bewegung im deutschen Sinne« nicht wünschte, und damit war der wahre Grund für das Verbot durch die Regierung festgestellt.

Diese Entdeckung hatte den ganz von den liberaldemokratischen und nationalen Ideen der Revolution erfüllten Schuselka auf den Plan rufen müssen. Die Frage der Zulassung oder des Verbots einer »Bewegung in deutschem Sinne« war für ihn eine Frage der Gerechtigkeit und der nationalen Gleichberechtigung.

> »Ich frage den Herrn Minister«, rief er aus, »ob er den deutschen Österreichern eine Bewegung in deutschem Sinne verbieten und zum Verbrechen machen will? Durch ganz Österreich geht jetzt eine großartige und welthistorisch merkwürdige nationale Bewegung, und es ist eben die Aufgabe des konstituierenden Reichstages, dieser Bewegung für alle Zukunft die Freiheit zu garantieren – und die deutschen Österreicher sollen sich nicht im deutschen Sinn betätigen dürfen! Der tatkräftige Verein der Slovanska Lipa[427] unterhält durch Wort und Schrift eine Bewegung in slawischem Sinne, und ich selbst würde feierlich dagegen protestieren, wenn diese Bewegung beschränkt oder unterdrückt werden sollte; aber ich fordere das gleiche Recht für die Deutschen in Österreich, ich fordere die feierlich und kaiserlich verheißene Gleichberechtigung der Nationalitäten!«

Dem theoretisch und idealistisch argumentierenden SCHUSELKA mußte das politische Vorgehen der österreichischen Regierung paradox und inkonsequent erscheinen.

Seit SCHWARZENBERGS Regierungserklärung vom 27. November 1848 war die österreichische Staatseinheit das erklärte machtpolitische Ziel der österreichischen Regierung, und für diese wäre der slawische Nationalverein nicht gefährlich, sondern eher eine Stütze gewesen, während eine »deutsche Bewegung« sie wegen der von ihr gewünschten Einbeziehung der deutschen Bundesländer Österreichs in ein deutsches Reich bedroht hätte. Diesen inneren Zusammenhang hatte SCHUSELKA durchaus erkannt, wie seine Wandlung zum gemäßigten Linken schon gezeigt hatte.

Daß die österreichische Regierung durch ihre jüngste Note vom 4. Februar 1849 aber trotzdem ihre Absicht betont hatte, sich nicht von Deutschland trennen zu wollen, war ihm deshalb unverständlich, weil er SCHWARZENBERGS Konzept eines erneuerten Bundes deutscher Staaten nicht kannte, in dem der Kaiserstaat in staatlicher Einheit die Führungsmacht bilden sollte. Nur in Unkenntnis dieser Regierungspläne konnte er kopfschüttelnd ausrufen:

> »Das Ministerium hat öffentlich erklärt, daß Österreich sich von Deutschland nicht trennen will, und zu gleicher Zeit läßt dasselbe Ministerium heimlich eine Bewegung im deutschen Sinne als verboten erklären.«

SCHUSELKA erhielt keine Antwort mehr auf seine Interpellation, denn schon am folgenden Tag, am 7 . März 1849, erhielt der Reichstag das ihn überraschende *Auflösungsdekret* Kaiser FRANZ JOSEPHS vom 4. desselben Monats.[428] Die bereits oben erwähnte offizielle Note, die SCHUSELKA über die österreichische Politik in der deutschen Frage genau hätte aufklären können, wurde erst zwei Tage nach der Reichstagsauflösung nach Frankfurt gesandt.

Mit militärischer Gewalt wurden die Abgeordneten gezwungen, sofort auseinanderzugehen und sich in ihre Heimatorte zurückzubegeben. Einige von ihnen, die sich durch ihre liberalen und revolutionären Reden besonders hervorgetan hatten, wie etwa KUDLICH[429] und radikale großdeutsche Nationalisten von der äußersten Linken, konnten sich nur durch schleunige Flucht vor dem Zugriff der Polizei retten, weil ihre Immunitätsrechte als Abgeordnete erloschen waren. Teilweise wurden sie steckbrieflich bis ins Ausland verfolgt.[430]

Die Regierung SCHWARZENBERG hatte sich jetzt endlich zu der schon am 20. Januar 1849 beschlossenen Reichstagsauflösung stark genug gefühlt; denn am 26. und 27. Februar 1849 hatte Fürst WINDISCHGRÄTZ durch seinen Sieg bei Kapolna den aufständischen Ungarn eine empfindliche Niederlage zugefügt, »so daß man. . . in Wien den Eindruck erhielt, es gehe zu Ende mit der Kraft des Aufstandes«.[431] Außerdem war eine *ministerielle Verfassung*, die den von SCHWARZENBERG am 27. November 1848 angekündigten österreichischen Einheitsstaat begründen sollte, inzwischen fertiggestellt worden. Sie wurde am 4. März 1849 offiziell verkündet und kam so der Verkündigung einer vom Reichstag nahezu vollendeten Verfassung zuvor.

In seinem *Auflösungsdekret*, das der oktroyierten Verfassung als kaiserliches *Manifest* vorangestellt war,[432] bedauerte der Kaiser den augenblicklichen Zustand seines Reiches:

> »Der innere Friede ist von ihm gewichen. Verarmung bedroht die einst so gesegneten Lande. In der Haupt- und Residenzstadt Wien erheischen die Umtriebe einzelner Übelwollender noch immer zu Unserem großen Leidwesen und unerachtet der trefflichen Gesinnung der überwiegenden Mehrzahl ihrer Bewohner die Aufrechthaltung des Ausnahmszustandes. Bürgerkrieg verheert einen Teil Unseres Königreiches Ungarn. . . So betrübend sind die Wirkungen, nicht der Freiheit,. aber des mit ihr getriebenen Mißbrauches. Diesem Mißbrauche zu steuern, die Revolution zu schließen, ist Unsere Pflicht und Unser Wille.«

Die in seinem Manifeste vom 2. Dezember 1848 ausgesprochene Hoffnung, »daß es Uns mit Gottes Beistand und im Einverständnisse mit den Völkern gelingen werde. alle Lande und Stämme der Monarchie zu einem großen Staatskörper zu vereinigen«, habe sich nicht erfüllt. Ein Wiederaufleben »der durch Gewalt der Waffen zu Wien eben erst geschlagenen, in einem anderen Teil Unseres Reiches[433] noch nicht gänzlich besiegten Partei des Umsturzes« müsse verhindert werden.

> »Dadurch« sei »auch die Hoffnung wesentlich erschüttert« worden, »daß dieser Versammlung trotz der höchst achtbaren Elemente, die sie enthält, die Lösung ihrer Aufgabe gelingen« werde. . . »Eine Verfassung, welche nicht bloß die in Kremsier vertretenen Länder, sondern das ganze Reich im Gesamtverbande umschließen soll, ist es, was die Völker Österreichs mit gerechter Ungeduld von Uns erwarten. Hiedurch ist das Verfassungswerk über die Grenzen des Berufes dieser Versammlung hinausgetreten.
>
> Wir haben daher beschlossen für die Gesamtheit des Reiches, Unseren Völkern diejenigen Rechte, Freiheiten und politischen Institutionen aus freier Bewegung und eigener kaiserlicher Macht zu verleihen, welche Unser erhabener Oheim und Vorfahr Kaiser Ferdinand I. und Wir selbst ihnen zugesagt und die Wir nach Unserem besten Wissen und Gewissen als die heilsamsten und förderlichsten für das Wohl Österreichs erkannt haben. Wir verkündigen demnach unter heutigem Tage die Verfassungsurkunde für das einige und unteilbare Kaisertum Österreich, schließen hiedurch die Versammlung des Reichstags zu Kremsier, lösen denselben auf und verordnen , daß dessen Mitglieder sofort nach Veröffentlichung dieses Beschlusses auseinander gehen.«

Das Manifest war unterschrieben vom Kaiser und gegengezeichnet vom Ministerpräsidenten Schwarzenberg und sieben Ministern seiner Regierung. Es schloß mit einem anklagenden Hinweis auf die »rastlosen Anstrengungen einer verbrecherischen Partei«. Sie habe »die bürgerliche Gesellschaft erschüttert bis in ihre

Grundfesten«. Gleichzeitig appellierte es an die österreichischen Völker, sich in Treue um ihren Kaiser zu scharen.

Des Verhältnisses zu Deutschland wurde in dem Manifeste nicht mit einem einzigen Wort gedacht.

Der gesamte Tenor der kaiserlichen Proklamation war ein Spiegelbild wiederhergestellter kaiserlicher SOUVERÄNITÄT. Für den Kaiser entsprach sie seiner Würde. Er beanspruchte sie als sein legitimes Recht, sonst hätte er die revolutionären Kräfte nicht pauschal als »verbrecherisch« verurteilen, den Reichstag, der in seinen Augen den Makel revolutionären Ursprungs trug, auflösen und der Gesamtmonarchie zu deren vermeintlichem Wohle eine Verfassung verordnen können. Die SCHWARZENBERGsche Politik der gesamtösterreichischen Staatseinheit hatte darüber hinaus ihre allerhöchste Billigung gefunden.

Die traditionell erste deutsche Macht *Österreich* hatte

- durch die *Auflösung des Reichstages,*
- ihr *Verfassungsoktroi,*
- und ihre Forderung nach *Aufnahme der österreichischen Gesamtmonarchie in einen revidierten deutschen Staatenbund* die *Revolution besiegt* und erneut ihren *Führungsanspruch in Deutschland* angemeldet.

An dieser Tatsache konnten auch die sich vorübergehend radikalisierenden Vorgänge in Ungarn nichts mehr ändern. Dort brach als Antwort auf die diktierte österreichische Einheitsverfassung zwar ein Unabhängigkeitsaufstand aus, der sogar zur Ausrufung der Republik führte, aber im Spätsommer 1849 von der österreichischen Armee mit tatkräftiger Unterstützung Rußlands niedergeworfen werden konnte.

Die für die zukünftige staatliche Ordnung in Deutschland maßgeblichen Regelungen hingen jetzt allein von der *offenen Frage* ab,

- ob sich die beiden deutschen Großmächte in ihrer deutschen Politik einigen könnten
- und wie sie in diesem Zusammenhang die Reaktionen der immer noch bestehenden deutschen Zentralgewalt in Frankfurt beantworten würden.

Der Verfassungsentwurf des Kremsierer Reichstages und die oktroyierte österreichische Reichsverfassung

Obwohl der Reichstag aufgelöst wurde, bevor er seinen Verfassungsentwurf verkündigen konnte und dieser durch die vom Kaiser oktroyierte Reichsverfassung beiseite geschoben wurde, war der Entwurf von Bedeutung, weil sich in ihm die politischen Ziele der demokratischen österreichischen Volksvertretung widerspiegelten

Im *Kremsierer Verfassungsentwurf*[434] wurde das »Kaiserthum Österreich« als eine »untheilbare constitutionelle Erbmonarchie« definiert (§ 1).

Der Verfassungsentwurf bezog sich allerdings nicht auf Ungarn und Lombardo-Venetien; denn diese beiden Königreiche wurden unter den Ländern, »für welche diese Constitution zu gelten hat«, nicht genannt (§ 2).

Die Reichsländer sollten »zu einander im Verhältnisse der vollen Gleichberechtigung, zum ganzen Kaiserstaate aber im Verhältnisse untrennbarer organischer Bestandtheile« stehen (§ 4).

Zu den wichtigsten staatsbürgerlichen *Grundrechten*, (§§ 7–32) zählten:

- die Gleichheit vor dem Gesetz,
- die Abschaffung aller Standesvorrechte und die Nichtanerkennung von Adelsbezeichnungen,
- die Gleichberechtigung Befähigter auf Zugang zu öffentlichen Ämtern,
- die persönliche Freiheit,
- das Recht auf einen gesetzlichen Richter,
- auf gleiche Gerichte,
- bei Verhaftung auf einen entsprechenden richterlichen Beschluß und innerhalb von 24 Stunden auf Freilassung oder auf Abführung an ein ordentliches Gericht,
- grundsätzlich öffentliche Gerichtsverfahren,
- Zuständigkeit von Schwurgerichten bei politischen und »Preßvergehen,«
- Abschaffung der Todesstrafe und »Strafen der öffentlichen Arbeit, der öffentlichen Ausstellung, der körperlichen Züchtigung, der Brandmarkung, des bürgerlichen Todes und der Vermögens-Einziehung«,
- die Unverletzlichkeit der Wohnung,
- das Briefgeheimnis,
- die persönliche Freizügigkeit,
- das Recht auf Vereinsbildung,
- die Glaubensfreiheit und öffentliche Religionsausübung, »soweit diese Ausübung weder rechts- noch sittenverletzend ist, noch auch den bürgerlichen oder staatsbürgerlichen Pflichten widerstreitet«,
- die Gleichheit der Religionsgesellschaften, ihr Schutz durch den Staat und ihre Selbstverwaltung,
- die bürgerliche Gültigkeit der Ehe durch eine »förmliche Einwilligung beider Brautleute« sowie einen »Ehevertrag« vor der zuständigen staatlichen Behörde,
- eine kirchliche Trauung »erst nach Schließung der Civil-Ehe«,
- das »Recht auf allgemeine Volksbildung«,
- auf öffentlichen und unentgeltlichen Unterricht durch »öffentliche Anstalten«,
- Ermöglichung von privaten »Unterrichts- und Erziehungsanstalten,« aber kein »leitender Einfluß auf öffentliche Lehranstalten« durch eine religiöse Gesellschaft,

Die am 18. Mai konstituierte Deutsche Nationalversammlung in der Frankfurter Paulskirche. Oben, in der Mitte, ist die »Germania«, ein von Philipp Veit geschaffenes Monumentalbild, zu erkennen.

Unter den 600 Abgeordneten der Deutschen Nationalversammlung befanden sich bekannte Dichter (L. Uhland, Gebrüder Grimm), E. M. Arndt) und Wissenschaftler, zahlreiche Kaufleute und Gelehrte, jedoch nur einen Bauern und keinen einzigen Arbeiter. Folgende Abgeordnete drückten ihren Stempel besonders auf:

Von links: Carl Welcker, Heinrich von Gagern, Felix Lichnowsky und Gustav Droysen.

Von links: Joseph von Radowitz, Eduard von Simson, Anton von Schmerling und Ludwig Uhland.

Der Reichsverweser, der österreichische Erzherzog JOHANN, zieht am 11. Juli 1848 in Frankfurt am Main ein. Damit hat Deutschland seit der Auflösung des Heiligen Römischen Reichs Deutscher Nation 1806 wieder ein gemeinsames Oberhaupt. Aufgrund des von der Deutschen Nationalversammlung verabschiedeten »Reichsgesetzes über die Einführung einer provisorischen Zentralgewalt für Deutschland« verfügt JOHANN über den militärischen Oberbefehl und vertritt Deutschland völkerrechtlich.

König FRIEDRICH WILHELM IV. in seinem Arbeitszimmer. Am 21. März 1848 bekannte er mit den Worten »Deutschland«, »Einheit« und »Freiheit« seine nationale Gesinnung. Doch die Kaiserkrone, die ihm eine Woche später angeboten wurde, lehnte er als aus »Dreck und Letten gebackenen Reif« ab, dem der »Ludergeruch der Revolution« anhänge.

Gefangene Aufständische, die im Frühjahr 1849 in Sachsen die deutsche Revolution zu retten versuchten, werden in Dresden über die Elbrücke abgeführt.

Robert BLUMS Erschießung am 9. November 1818 bei Wien. BLUM, der der Frankfurter Nationalversammlung als Abgeordneter der Linken angehörte, wurde unter Mißachtung seiner Immunität zum Tode verurteilt. Er war im Oktober nach Wien gekommen, um den österreichischen Aufständischen seine Sympathie zu bekunden.

General Friedrich VON GAGERN, Befehlshaber der Truppen des Deutschen Bundes und Bruder des Präsidenten der Frankfurter Nationalversammlung, fällt in einem Gefecht gegen Aufständische bei Kandern.

- das »Recht, seine Gedanken frei auszusprechen, und durch Schrift, Druck oder bildliche Darstellung zu veröffentlichen«,
- keine Einschränkung, Suspendierung und Aufhebung dieses Rechts durch eine Zensur, eine Konfession oder durch Staatsauflagen; aber Bestrafungsmöglichkeit für Mißbrauch,
- Gleichberechtigung für alle »Volksstämme des Reiches« in bezug auf Wohnung, Pflege der Nationalität und Sprache,
- Schutz des Eigentums durch den Staat und Aufhebung der Eigentumsbeschränkungen,
- Beitragung jedes Bürgers nach » Maßgabe seines Vermögens und Einkommens« zu den Staatslasten,
- »Schutz des Staates und der Constitution« durch »die Volkswehr, welche in das Heer und die Nationalgarde getheilt, und durch besondere Gesetze geregelt wird«,
- Vereidigung der Volkswehr auf die Konstitution,
- Möglichkeit ihres Einsatzes zur Unterdrückung innerer Unruhen,
- persönliche Dienstpflicht jedes Staatsbürgers »zum Dienste im Heere«.
- Unterstellung des Heeres unter die bürgerlichen Gesetze und Gerichte und nur im Kriege unter Militärgesetze und Militärgerichte.

Alle *Regierungsgewalten* durften »nur auf die in dieser Constitution« festgesetzten Weise ausgeübt werden (§ 33).

Es gab die für das ganze Reich zuständigen »Central- oder Reichsregierungsgewalten« und die sich auf ein einzelnes Reichsland erstreckenden »Landesregierungsgewalten«. (§ 34)

Der *Kaiser* übte die gesetzgebende *Reichsgewalt gemeinschaftlich mit dem Reichstag* aus und in den Reichsteilen als Landesoberhaupt gemeinschaftlich mit dem Land- oder Kreistag (§ 35).

Jeder »Theilnehmer an der gesetzgebenden Gewalt« hatte das Gesetzesvorschlagsrecht (§ 36).

Die *vollziehende Gewalt* stand allein dem *Kaiser* zu. Er übte sie durch *verantwortliche Minister* aus (§ 38).

Die *richterliche Gewalt* wurde im ganzen Reich nach *gleichen Gesetzen* von *unabsetzbaren Richtern* im Namen des Staatsoberhauptes gehandhabt (§ 39).

➢ In dem Abschnitt »Die Reichs-Centralgewalt« definierte der Verfassungsentwurf die *Stellung und Rechte*

- des *Kaisers*,
- der *Reichsminister*
- und des *Reichstages*.

Die österreichische *Kaiserkrone* war nach dem Grundsatz der pragmatischen Sanktion vom Jahre 1713 im Hause Habsburg-Lothringen erblich, Rechte und Gewalten des Kaisers waren durch die Verfassung festgestellt. Die Person des Kaisers war »geheiligt und unverletzlich« und »für die Ausübung der Regierungsgewalt nicht verantwortlich«. Er wurde auf die Verfassung vereidigt, und alle seine Regierungsakte mußten von dafür verantwortlichen Ministern unterzeichnet werden (§§ 41–44).

Der Kaiser ernannte und entließ die Minister unter Beobachtung der gesetzlichen Bestimmungen (§ 45).

Er sanktionierte die Gesetze und konnte sie nicht suspendieren (§ 46).

Er hatte das Recht der Kriegserklärung, des Friedensschlusses und des Abschlusses von Staats- und Handelsverträgen, mußte aber den Reichstag von ihnen in Kenntnis setzen und war an seine Zustimmung gebunden, wenn sie den Staat belasteten oder einzelnen Staatsbürgern Verpflichtungen auferlegten (§§ 47 u. 48).

Der Kaiser hatte das Recht der Reichstagseröffnung, -schließung und -vertagung, konnte den Reichstag »außer der bestimmten Zeit« einberufen und seine beiden Kammern auflösen, war aber bei Vertagungen und Auflösungen an bestimmte Fristen für Neuwahlen und Sicherstellung seines erneuten Zusammentretens gebunden (§§ 49–51).

Die übrigen den Kaiser betreffenden Bestimmungen waren Maßnahmen für den Fall seines Ablebens, seiner Minderjährigkeit, für seine Eidesleistung auf die Verfassung sowie eine notwendig werdenden Regentschaft (§§ 56–63).

Als zweitem Teil der Reichszentralgewalt war den *Ministern* die »Leitung der Reichsregierung« übertragen.

Das Recht ihrer Ernennung, der Bestimmung ihrer Zahl und der Verteilung ihrer Geschäfte oblag »allein« dem Kaiser (§ 64).

Die Minister waren »für ihre Amtsführung verantwortlich«. (§ 65)

Kein Mitglied der kaiserlichen Familie, und »Niemand, der nicht österreichischer Staatsbürger durch Geburt« war, konnte Minister werden (§ 66).

Die Minister hatten Zutritt zum Reichstag, mußten von ihm gehört, aber konnten andererseits von ihm vorgeladen und angeklagt werden. Der Kaiser konnte sie nicht von ihrer Verantwortlichkeit entbinden (§§ 67–71).

Ein Reichsgesetz zur Errichtung eines das Ministerium beratenden »Reichsrathes« wurde vorgesehen (§ 72).

Der dritte Teil der Reichszentralgewalt war der *Reichstag*.

Er bestand aus zwei Kammer, der *Volks-* und der *Länderkammer*, und trat jährlich am 15. März zusammen. Der Kaiser konnte ihn früher einberufen (§§ 73 u. 74).

Seine Mitglieder vertraten »die Gesammtheit der Länder, für welche diese Constitution Gültigkeit hat«, und durften sich nicht an »Instructionen« binden lassen. Die Sitzungen der Kammern waren in der Regel »öffentlich«. Niemand konnte beiden Kammern zugleich angehören (§§ 75–80).

Die Abgeordneten durften für ihre »Wirksamkeit« weder »gerichtlich verfolgt« noch »zur Rechenschaft gezogen werden«. Sie durften auch nicht »ohne ausdrückliche Zustimmung der Kammer... gerichtlich verfolgt oder verhaftet werden, außer im Falle der Ergreifung auf frischer That«. Auf Verlangen der Kammer mußte »der Verhaft aufgehoben oder die Verfolgung für die ganze Sitzungsperiode aufgeschoben werden«. (§§ 81 u. 82)

Die Mitglieder des Reichstages erhielten »Taggelder und eine Reiseentschädigung«, auf die sie nicht für sich oder zugunsten Dritter verzichten durften (§ 83).

Jede Kammer war nur bei »Anwesenheit der Mehrzahl ihrer Mitglieder« beschlußfähig, und ein gültiger Beschluß kam nur durch »absolute Stimmenmehrheit der Anwesenden« zustande. Zu einem Reichstagsbeschluß war die »Uebereinstimmung beider Kammern« erforderlich (§§ 85 u. 86).

Durch »Sanction« des Kaisers wurde der Reichstagsbeschluß zum *Reichsgesetz* erhoben. Verweigerte der Kaiser die Sanktion, durfte der Gesetzesvorschlag erst »in der folgenden ordentlichen Jahressession... wieder vorgebracht werden«. Bei erneuter kaiserlicher Sanktionsverweigerung mußte der Reichstag aufgelöst und neu gewählt werden. Nahm der neugewählte Reichstag den Gesetzesvorschlag an, durfte »die kaiserliche Sanction nicht verweigert werden«. (§§ 87 u. 88)

Jede Kammer hatte das Recht, Untersuchungskommissionen zu bilden, Petitionen, falls »sie der Kammer durch ein Mitglied überreicht« wurden, entgegenzunehmen und von Ministern Auskünfte zu verlangen. Jedes Reichstagsmitglied durfte die Minister »interpelliren«. (§§ 89–92)

Die *Volkskammer* bestand aus 360 gewählten Abgeordneten. Das aktive Wahlrecht besaß jeder mindestens 24 Jahre alte und sich im Vollbesitz der staatsbürgerlichen Rechte befindende österreichische Staatsbürger, der »eine directe Steuer in dem vom Wahlgesetze bestimmten Minimum entrichtet«. (§§ 94 u. 95)

Die Wahlen geschahen »direct und mit einer relativen Stimmenmehrheit von wenigstens einem Viertheile der Stimmenden«. (§ 96)

Das passive Wahlrecht war an die österreichische Staatsbürgerschaft, den »Vollgenuß der staatsbürgerlichen Rechte«, ein Mindestalter von 28 Jahren gebunden, und außerdem mußte »der ordentliche Wohnsitz von wenigstens einem Jahre im Reich« nachgewiesen werden (§ 97).

Die *Länderkammer* bestand »aus je sechs Abgeordneten jedes einzelnen Reichslandes, welche durch die Landtage gewählt werden« und »aus je einem durch den Kreistag zu wählenden Abgeordneten jedes Kreises der Länder, welche aus zwei oder mehreren Kreisen bestehen«, insgesamt aus 115 Abgeordneten (§ 99).

Jeder in eine Länderkammer geeignete und 33 Jahre alte Kandidat konnte in die Länderkammer gewählt werden (§ 101).

Weitere Teile des Verfassungsentwurfes regelten die »Landesregierungs-Gewalt« und bestimmten die Verfassungsstruktur der Reichsländer (§§ 102–122).

Diese entsprach auf Länderebene den politischen Prinzipien der Reichsverfassung. Die Landesregierungsgewalt war zuständig für die spezifischen Landesangelegenheiten. Ihre Ausrichtung auf die Reichszentrale wurde aber besonders dadurch sichtbar, daß die Landesverfassungen von der gesetzgebenden Reichsgewalt bestätigt werden mußten (§ 111), die Sanktionierung der Landesgesetze ebenfalls dem Kaiser oblag (§ 117) und die Landtage bei Auflösung der Länderkammer des Reichstages ebenfalls aufgelöst wurden (§ 121).

Den *Kreistagen* und *Gemeinden* überließ der Kremsierer Verfassungsentwurf innerhalb des Rahmens der Reichs- und jeweiligen Länderverfassung gewisse Zuständigkeiten und Selbstverwaltungsrechte (§§ 123–131)

Der Verfassungsabschnitt »*Die richterliche Gewalt*« legte zunächst fest, daß die Gerichtsbarkeit »selbständig durch vom Staate bestellte Gerichte ausgeübt« werde, eine »Cabinets- und Ministerial-Justiz... unstatthaft« sei und »Patrimonialgerichte... nicht bestehen« dürften (§ 132).

Die Richter sollten auf Lebenszeit ernannt werden. Sie durften nur durch einen »Urtheilsspruch des obersten Reichsgerichts von ihrem Amt entfernt werden oder an Rang und Gehalt beeinträchtiget, suspendirt, und nur mit ihrer eigenen Zustimmung an einen andern Posten versetzt werden«. (§ 135)

Ein »oberstes Reichsgericht« sollte am »Sitze der »Centralregierung« eingerichtet werden (§ 139) und in besonderen politischen Angelegenheiten »als einzige Instanz das Richteramt ausüben«, wie etwa bei angeblichen Verletzungen der Verfassung durch Staatsorgane, in Fragen der »Absetzung, Suspension oder Versetzung eines Richters«, bei Kompetenzstreitigkeiten der »Central- und Länder-Regierungsgewalten«, Ministeranklagen, »Verschwörungen oder Attentaten gegen die Person des Staatsoberhauptes, gegen den Reichstag oder gegen einen Landtag«. (§ 140)

Der Verfassungsabschnitt über die »*Finanzen*« sah vor, daß alle Staatseinnahmen und -ausgaben »für jedes Jahr vorhinein veranschlagt und auf den Staatshaushaltsetat gebracht werden« und »jährlich durch ein Gesetz, welches die Volkskammer allein votirt, festgestellt« wird (§ 142).

Reichssteuern und Abgaben unterlagen der Gesetzgebung. Steuerprivilegien sollte es nicht geben, Steuerbefreiung oder -nachlaß war nur durch ein Gesetz möglich (§§ 143 u. 144).

»Die allgemeine Reichsrechnung« mußte »jährlich nebst einer Uebersicht der Staatsschulden dem Reichstage vorgelegt, und die Entlastung der Reichsregierung erwirkt werden«. (§ 147).

Die »*bewaffnete Macht*« sollte in ihrer »Organisation der Land- und Seemacht« und in der »Art ihrer Ergänzung« durch ein »Reichsgesetz« bestimmt werden (§ 149).

Truppen fremder Staaten durften nur mit Zustimmung des Reichstages verwendet werden (§ 151).

Die »Nationalgarde« mußte »wenigstens in allen Orten von tausend und mehr Einwohnern« gesetzlich eingerichtet werden (§ 152).

Die bewaffnete Macht durfte »zur Unterdrückung innerer Unruhen und zur

Ausführung der Gesetze nur auf Requisition der Civilbehörden und in den vom Gesetze bestimmten Fällen und Formen verwendet werden«. (§ 153)

In den *»Allgemeinen Bestimmungen«* des Verfassungsentwurfs wurde die ganze oder teilweise Aufhebung der Verfassung verboten, jedoch durfte »in Fällen des Krieges oder Aufruhrs« mit vorheriger oder nachträglicher Zustimmung »der legislativen Gewalt« eine »theilweise Suspension der constitutionellen Rechte verfügt werden«. (§ 157)

Eine *»Revision der Constitution«* war möglich, wenn die gesetzgebende Gewalt eine solche für notwendig erachtete. Die Entscheidung über eine Revision hatte ein neuer Reichstag zu fällen, wenn in beiden Kammern wenigstens »drei Viertheile ihrer Mitglieder« anwesend waren und »wenigstens zwei Drittheile der Anwesenden in jeder Kammer zugestimmt haben«. (§ 159)

Bei Änderungen in den verfassungsmäßigen Rechten der Krone stand dem Kaiser das »absolute Veto« zu (§ 160).

»Vorübergehende Bestimmungen« regelten am Ende des Verfassungsentwurfes Fragen der technischen Durchführung von Wahlen zu den Landtagen der Reichsländer, zur Einberufung der Landtage und zur Verabschiedung notwendiger Gesetze durch den Reichstag, etwa eines Wahlgesetzes.

Unterschrieben hatten den Verfassungsentwurf zahlreiche Mitglieder des Verfassungsausschusses des »ersten österreichischen Reichstages«, unter ihnen Abgeordnete, die sich in den Reichstagssitzungen mehrfach zur deutschen Frage geäußert hatten, wie etwa PALACKY, RIEGER und VIOLAND.

Zeichen der wiederhergestellten kaiserlichen Souveränität in Österreich war die zugleich mit der Auflösung des Reichstages verfügte *»Reichsverfassung für das Kaisertum Österreich«* vom 4. März 1849, durch die, wie der Kaiser in seinem vorangestellten Manifest erklärt hatte, der Verfassungsentwurf des Kremsierer Reichstages verworfen wurde.[435]

Die Verfassung begann mit dem Abschnitt *»Von dem Reiche«*, in dem zunächst alle »Kronländer« aufgezählt wurden, aus denen das »Kaiserthum Oesterreich« bestand. Im Gegensatz zum Kremsierer Verfassungsentwurf wurden auch das Königreich Ungarn und das lombardo-venetianische Königreich in das Kaiserreich einbezogen (§ 1).

Diese Kronländer bildeten »die freie, selbständige, untheilbare und unauflösbare konstitutionelle österreichische Erbmonarchie« mit Wien als »Hauptstadt des Kaiserreiches und... Sitz der Reichsgewalt« (§§ 2 u. 3).

Den Kronländern wurde Selbständigkeit im Rahmen der Reichsverfassung, allen Volksstämmen »Gleichberechtigung und unverletzliches Recht auf Wahrung und Pflege« ihrer »Nationalität und Sprache« garantiert (§§ 4 u. 5).

Das ganze Reich bildete »ein Zoll- und Handelsgebiet«. (§ 7)

➢ Der zweite Verfassungsabschnitt *»Von dem Kaiser«* bestimmte, daß die »Krone des Reiches und jedes einzelnen Kronlandes... in Gemäßheit der pragmatischen

Sanction und der österreichischen Hausordnung erblich« sei »in dem Hause Habsburg-Lothringen«. (§ 9)

Der Kaiser hatte bei der Krönung die Verfassung zu beschwören (§ 13).

Seine Person war »geheiligt, unverletzlich und unverantwortlich«. (§ 14)

Er führte den Oberbefehl über das Heer, entschied über Krieg und Frieden, empfing Gesandte und schloß mit fremden Mächten Verträge, war aber, wenn letztere dem Reich »neue Lasten« auflegten, an die Reichstagszustimmung gebunden (§§ 14–17).

Der Kaiser verkündete die Gesetze und erließ die »bezüglichen Verordnungen«, war aber bei jeder Verfügung an die »Gegenzeichnung eines verantwortlichen Ministers« gebunden. Er ernannte und entließ die Minister, besetzte »Aemter in allen Zweigen des Staatsdienstes« und verlieh »den Adel, Orden und Auszeichnungen«. (§§ 18 u. 19)

Die Rechtsprechung erfolgte im ganzen Reiche »im Namen des Kaisers.« Weiterhin konnte der Kaiser Begnadigungen, Strafmilderungen und Amnestierungen aussprechen, »vorbehaltlich der besonderen Bestimmungen in Ansehung der Minister«. (§ 20 u. 21)

➢ Der dritte Verfassungsabschnitt »*Von dem Reichsbürgerrechte*« setzte »für alle Völker des Reiches« ein »allgemeines österreichisches Reichsbürgerrecht« fest (§ 23), so daß in keinem Kronland ein Unterschied bestand (§ 24).

Die »Freizügigkeit der Person« unterlag innerhalb des Reiches keiner Beschränkung, allerdings bei Auswanderung durch die Wehrpflicht (§ 25).

»Jede Art von Leibeigenschaft, jeder Unterthänigkeits- oder Hörigkeitsverband« war »für immer aufgehoben«, und die »Betretung des österreichischen Bodens oder eines österreichischen Schiffes« machte »jeden Sclaven frei«. (§ 26)

Alle österreichischen Bürger waren »vor dem Gesetz gleich« und unterstanden dem »gleichen persönlichen Gerichtsstande«. (§ 27)

Öffentliche Ämter standen allen »zu denselben Befähigten« offen (§ 28).

Das Eigentum genoß den Schutz des Staates (§ 29).

»Jede aus dem Unterthänigkeits- oder Hörigkeitsverbande oder aus dem Titel des geteilten Eigenthums auf Liegenschaften haftende Schuldigkeit oder Leistung« war »ablösbar, und es« durfte »für die Zukunft bei Theilung des Eigenthums keine Liegenschaft mit einer unablösbaren Leistung belastet werden«. (§ 32)

➢ Der vierte Verfassungsabschnitt »Von der Gemeinde« bestimmte hauptsächlich deren »Grundrechte« auf »selbständige Verwaltung ihrer Angelegenheiten«. (§ 33)

➢ Ihm folgte der fünfte Abschnitt »*Von den Landesangelegenheiten*«, der den Ländern im Rahmen der Reichsverfassung eigene Zuständigkeiten zuwies, wie etwa in Fragen der Finanzierung, Kultur, Wohltätigkeit, Schule und Kirche (§ 35).

➢ Der sechste Verfassungsabschnitt »*Von den Reichsangelegenheiten*« bestimmte, daß alle

- Angelegenheiten der Krone und des Kaiserhauses,
- die völkerrechtlichen Beziehungen,
- die Beziehungen zur Kirche,
- das höhere Unterrichtswesen,
- das Heerwesen,
- der Reichshaushalt,
- alle Gewerbs- und Handelsangelegenheiten einschließlich des Münzwesens und der Festsetzung von Maß und Gewicht,
- das Verkehrswesen
- und die innere Sicherheit

zu den Reichskompetenzen gehörten (§ 36).

➢ Der siebte Verfassungsabschnitt »*Von der gesetzgebenden Gewalt*« sprach »in bezug auf die Reichsangelegenheiten... dem Kaiser im Vereine mit dem Reichstag« und »in Ansehung der Landesangelegenheiten... dem Kaiser im Vereine mit den Landtagen« die gesetzgebende Gewalt zu (§ 37).

➢ Der achte Verfassungsabschnitt »*Von dem Reichstage*« bestimmte, daß der Reichstag »aus zwei Häusern, dem Oberhause und dem Unterhause« bestehen und »alljährlich im Frühjahre von dem Kaiser berufen« werden sollte. Tagungsort war in der Regel Wien (§§ 38 u. 39).

Das *Oberhaus* sollte aus Abgeordneten der Kronländer bestehen, die von den Landtagen zu wählen waren. Jeder Landtag entsandte zwei Mitglieder aus seinen Reihen. Darüber hinaus sollten »nach dem Verhältnisse der Bevölkerung unter den Kronländern« von den Landtagen weitere Kandidaten gewählt werden. Die so erreichte Gesamtzahl der Mitglieder des Oberhauses sollte die Hälfte »der verfassungsmäßigen Zahl des Unterhauses« betragen (§§ 40 u. 41).

Die ins Oberhaus entsandten Abgeordneten mußten »im Vollgenusse der bürgerlichen und politischen Rechte, österreichische Reichsbürger wenigstens seit fünf Jahren und mindestens vierzig Jahre alt sein«. Die außer den zwei aus ihren Reihen ins Oberhaus entsandten Abgeordneten konnten die Landtage die ihnen zustehenden weiteren Abgeordneten nur nach einem komplizierten Zensuswahlrecht aus dem Kreis solcher Reichsbürger wählen,

> »welche die vorstehenden allgemeinen persönlichen Eigenschaften besitzen und im Reiche wenigstens fünfhundert Gulden Konventionsmünze an direkter Steuer bezahlen. In den Kronländern, wo die Zahl solcher Reichsbürger, welche fünfhundert Gulden Konventionsmünze direkte Steuer bezahlen, nicht das Verhältnis von eins auf sechstausend Seelen erreicht, wird sie durch die der Besteuerung nach zunächst folgenden Reichsbürger des Kronlandes bis zu diesem Verhältnisse vollzählig gemacht«. (§ 42)

Das *Unterhaus* wurde »durch direkte Volkswahl gebildet«. Wahlberechtigt war nach einem teilweise angewandten und sozial abgefederten Zensuswahlrecht jeder »großjährige« und sich »im Vollgenusse der bürgerlichen und politischen Rechte« befindende österreichische Staatsbürger,

> »welcher entweder den durch das Wahlgesetz bestimmten Jahresbetrag an direkter Steuer bezahlt oder ohne Zahlung einer direkten Steuer nach seiner persönlichen Eigenschaft in einer Gemeinde eines österreichischen Kronlandes das aktive Wahlrecht besitzt«. (§§ 43 u. 44)

Um ins Unterhaus gewählt zu werden, mußte man

> »selbst wahlberechtigt, im Vollgenusse der bürgerlichen und politischen Rechte, österreichischer Reichsbürger wenigstens seit fünf Jahren und mindestens 30 Jahre alt sein«. (§ 45)

> »Jede Stimmgebung bei den Wahlen zum Ober- und Unterhause« war »mündlich und öffentlich«. (§ 46).

Die Mitglieder des *Oberhauses* erhielten keine Entschädigung, jene des *Unterhauses* »für jede Session eine Entschädigungspauschale«. (§ 50).

Die Abgeordneten konnten nicht Mitglieder beider Häuser sein, sie wurden auf die Reichsverfassung vereidigt und durften »keine Instruktionen annehmen«. (§§ 51–53)

Beide Häuser waren nur bei Anwesenheit der verfassungsmäßigen Mehrheit ihrer Mitglieder beschlußfähig. Beschlüsse kamen nur bei öffentlicher Abstimmung »durch absolute Stimmenmehrheit« zustande (§§ 56–58).

Reichstagssitzungen waren in der Regel öffentlich und nur unter besonderen Bedingungen geheim (§ 59).

Reichstagsmitglieder durften nicht wegen Äußerungen in den Sitzungen »zur Rechenschaft gezogen noch auch gerichtlich verfolgt werden« und konnten, solange der Reichstag versammelt war, nur mit Genehmigung des Hauses, dem sie angehörten, »verhaftet oder verfolgt werden, mit Ausnahme der Ergreifung auf frischer That«. (§§ 62 u. 63)

Kaiser und *beide Häuser* hatten das *Gesetzesvorschlagsrecht*. Ein *Gesetz* kam nur zustande, wenn *Kaiser* und *beide Häuser übereinstimmten*. Wurde ein Gesetzesvorschlag vom Kaiser oder von einem der beiden Häuser abgelehnt, konnte er »in derselben Session nicht wieder vorgebracht werden«. (§§ 65 u. 66)

»Dem Reichstage« stand »die Teilnahme an der Gesetzgebung über jene Angelegenheiten zu, welche in dieser Reichsverfassung als Reichsangelegenheiten bezeichnet« waren. An diesen aber sollten grundsätzlich »die Abgeordneten aus allen Kronländern« teilnehmen.

Solange diese Teilnahme in »Ungarn, Siebenbürgen, Kroatien und Slawonien samt dem kroatischen Küstenland und Fiume« wegen eigener Gesetzesverhältnisse jedoch noch nicht möglich war, sollten sich die zuständigen Abgeordneten nicht an entsprechenden Verhandlungen beteiligen. Für diese Länder wurden aber Revisionen angekündigt, »um baldigst die wünschenswerte Uebereinstimmung der Gesetzgebung in allen Teilen des Reiches herbeizuführen«. (§ 68)

Der *Kaiser vertagte* und *schloß* den *Reichstag* und konnte jederzeit die *Auflösung* des ganzen Reichstages oder eines seiner Häuser anordnen. »Die Wiederberufung des Reichstages« mußte innerhalb von drei Monaten nach seiner Auflösung erfolgen (§ 69).

➢ Der neunte Verfassungsabschnitt handelte *»Von den Landesverfassungen und den Landtagen«* und bestimmte, daß alle in der Verfassung genannten Kronländer »in den Angelegenheiten, welche die Reichsverfassung oder die Reichsgesetze als Landesangelegenheiten erklären, von den *Landtagen* vertreten« werden sollten (§ 70).

Die politischen Verhältnisse waren in Ländern, wie Ungarn, Kroatien, Lombardo-Venetien und anderen, sehr unterschiedlich und vielschichtig, so daß die Verfassung sich auf Übergangsregelungen und die Hervorhebung von Grundsätzen, die die Reichseinheit begünstigten oder zumindest nicht gefährdeten, beschränkte, wie etwa die Gleichberechtigung aller Nationalitäten und Kirchengemeinschaften oder die Achtung zugesicherter Rechte und anderer Besonderheiten.

Für Lombardo-Venetien wurde ein besonderes Statut angekündigt, das diesem Königreiche eine Verfassung geben und sein Verhältnis zum Reiche regeln sollte (§ 76).

Auch den anderen Kronländern wurden eigene Landesverfassungen in Aussicht gestellt. Noch bestehende ständische Verfassungen sollten »außer Wirksamkeit« treten (§ 77).

Für die Länder waren »mit Beachtung aller Landesinteressen« *Landtage* vorgesehen, deren Abgeordnete »durch direkte Wahl« berufen werden sollten (§ 78).

Die Landtage hatten in Landesangelegenheiten das Recht des Gesetzesvorschlags sowie der Überwachung der Ausführung der Landesgesetze. Landesgesetze kamen durch Übereinstimmung von Kaiser und Landtag zustande (§ 80).

➢ Der neunte Verfassungsabschnitt schloß mit der Ankündigung: »Alle Verfassungen der einzelnen Kronländer, welche das Reich bilden, sollen im Laufe des Jahres 1849 in Wirksamkeit treten und müssen den ersten allgemeinen österreichischen Reichstage vorgelegt werden, welcher nach deren Einführung sofort berufen wird.« (§ 83).

➢ Im zehnten Verfassungsabschnitt *»Von der vollziehenden Gewalt«* wurde diese als eine »unteilbare« Gewalt »ausschließlich« dem Kaiser zugesprochen, der sie aber »durch verantwortliche Minister und die denselben untergeordneten Beamten und Bestellten ausübt«. (§ 84)

Auch die »Vollziehung und Handhabung der Landesgesetze« und der »von den Landtagsausschüssen innerhalb ihres verfassungsmäßigen Wirkungskreises erlassenen Entscheidungen« stand der vollziehenden Gewalt zu (§ 86).

Wenn Reichstag und Landtag nicht versammelt waren, besaß der Kaiser bei »Gefahr auf dem Verzuge« unter Verantwortung des Ministeriums für Reich und

Kronland ein Notverordnungsrecht »mit provisorischer Gesetzeskraft« und der Verpflichtung, »darüber dem Reichs- oder beziehungsweise Landtage die Gründe und Erfolge darzulegen«. (§ 87)

Die Leitung der Verwaltung »im Reiche und in den einzelnen Kronländern« oblag den *Ministern*. Sie hatten auch »die Handhabung der Reichs- und Landesgesetze zu überwachen«. (§ 88)

Für die einzelnen Kronländer ernannte der Kaiser »Statthalter, welche als Organe der vollziehenden Gewalt die Handhabung der Reichs- und Landesgesetze zu überwachen und die Leitung der inneren Angelegenheiten in dem Umfange ihres amtlichen Gebietes zu besorgen berufen und verpflichtet« waren (§ 92).

➢ Der elfte Verfassungsabschnitt »*Von dem Reichsrate*« sah zum Zweck eines beratenden Einflusses an der Seite von Krone und vollziehender Gewalt die Einrichtung eines Reichsrates vor, dessen Mitglieder möglichst mit Rücksicht »auf die verschiedenen Teile des Reiches« vom Kaiser ernannt wurden. Ein besonderes Gesetz sollte »die Einrichtung und den Wirkungskreis des Reichsrates regeln«. (§§ 96–98)

➢ Im zwölften Verfassungsabschnitt »*Von der richterlichen Gewalt*« wurde deren selbständige Ausübung den Gerichten übertragen (§ 99). Die Gerichtsbarkeit selbst ging vom Reich aus, und alle »Patrimonialgerichte« wurden abgeschafft (§ 100).

Die richterliche Unabhängigkeit wurde dadurch gewährleistet, daß »kein vom Staat bestellter Richter... nach seiner definitiven Bestellung außer durch richterlichen Spruch von seinem Amte zeitweilig entfernt oder entlassen noch auch ohne sein Ansuchen an einen anderen Dienstort überwiesen oder in den Ruhestand versetzt werden« durfte. Ausnahmen waren »wegen eingetretener Dienstesuntauglichkeit« und notwendiger »Aenderung in der Einrichtung der Gerichte« möglich (§ 101).

Die Gerichtsverfahren sollten »in der Regel öffentlich und mündlich« sein, wenn die gesetzliche »Ordnung und Sittlichkeit« es erlaubten. Für schwere Verbrechen und »bei politischen und Preßvergehen« sollte Schwurgerichte zuständig sein (§ 103).

Den Mitgliedern des kaiserlichen Hauses wurde ein Gerichtsstand zugebilligt, der den »Bestimmungen der Hausgesetze« entsprach (§ 105).

➢ Im dreizehnten Verfassungsabschnitt »*Von dem Reichsgerichte*« wurde die Einsetzung eines obersten Reichsgerichts in Wien verkündet, das zuständig sein sollte für »Streitfragen zwischen dem Reiche und den einzelnen Kronländern«, als »oberste Instanz: bei Verletzungen der politischen Rechte« und »als untersuchende und oberste richtende Behörde bei Anklagen gegen die Minister und Statthalter, dann bei Verschwörungen und Attentaten gegen den Monarchen oder Regenten und in Fällen von Hoch- und Landesverrath«. (§§ 106 u. 107)

➢ Der vierzehnte Verfassungsabschnitt »*Von dem Reichshaushalte*« bestimmte, daß alle *Steuern* und *Abgaben* durch *Gesetze* bestimmt werden mußten und jährlich durch einen gesetzlichen Voranschlag festzustellen waren. Sie unterlagen der Prüfung durch einen Rechnungshof (§§ 108–112).

➢ Nach dem fünfzehnten Verfassungsabschnitt »*Von der bewaffneten Macht*« sollte diese das Reich gegen äußere Feinde verteidigen und im Innern die Aufrechterhaltung der Ordnung und die Ausführung der Gesetze sichern, konnte hier aber nur auf Aufforderung der Zivilbehörden in gesetzlich bestimmten Fällen und Formen eingesetzt werden (§§ 113 u. 114).

Sie war »wesentlich gehorchend« und durfte nicht »gemeinsam beraten«. Ihr »Umfang und die Art der allgemeinen Wehrpflicht« waren gesetzlich bestimmt. Sie unterstand der Militärgerichtsbarkeit und dem Militärgesetze. Außerdem wurde der Eid des Heeres auf die Verfassung in den Fahneneid aufgenommen (§§ 115–118).

Die Einrichtung einer Bürgerwehr sollte durch besonderes Gesetz geregelt werden (§ 119).

➢ Die »*Allgemeinen Bestimmungen*«, die den sechzehnten und letzten Verfassungsabschnitt bildeten, enthielten Übergangsbestimmungen und den Hinweis, daß Änderungen der Reichsverfassung im ersten Reichstag auf gewöhnlichem Wege der Gesetzgebung beantragt werden könnten, in den folgenden Reichstagen aber nur bei Anwesenheit von drei Vierteln der Zahl der Mitglieder in jedem der beiden Häuser und bei Zustimmung von jeweils zwei Dritteln ihrer Mitglieder (§§ 120–123).

➢ Der *Schlußsatz* der Verfassung: »So gegeben in Unserer königlichen Hauptstadt Olmütz den vierten März im Jahre des Heils eintausendachthundertneunundvierzig, Unserer Reiche im ersten«, war unterzeichnet vom Kaiser FRANZ JOSEPH.

Unter seinem Namen folgten die Unterschriften des Ministerpräsidenten SCHWARZENBERG und der Minister seiner Regierung.

Zusammen mit der Reichsverfassung wurde vom Kaiser »auf Antrag Unseres Ministerrathes« am selben Tag ein »*Kaiserliches Patent über die durch die constitutionelle Staatsform gewährleisteten politischen Grundrechte*« verordnet. Unter den Kronländern, für die das Patent zu gelten hatte, wurden Ungarn und Lombardo-Venetien nicht genannt

Im wesentlichen wurden folgende Grundrechte gewährleistet:

- volle Glaubensfreiheit (§ 1),
- öffentliche Religionsausübung und Selbstverwaltung für jede gesetzlich anerkannte Kirche im Rahmen der staatlichen Gesetze (§ 2),
- Freiheit von Lehre und Wissenschaft und das Recht Befähigter, Unterrichts- und Erziehungsanstalten zu gründen (§ 3),
- öffentliche Anstalten für die allgemeine Volksbildung, Mittel zur Pflege der Sprache von Minderheiten, Oberaufsicht der betreffenden Kirche über den Religionsunterricht (§ 4),

- Meinungsfreiheit »durch Wort, Schrift, Druck oder bildliche Darstellung« sowie Pressefreiheit und Ablehnung ihrer Zensur, aber Ankündigung eines »Repressivgesetzes« gegen »den Mißbrauch der Presse«, (§ 5)
- Versammlungs- und Vereinsbildungsfreiheit österreichischer Staatsbürger, wenn Versammlungen und Vereine »weder rechtswidrig noch staatsgefährlich sind«, (§ 7)
- persönliche Freiheit und Verhaftung »außer im Falle der Ergreifung auf frischer That nur in kraft eines mit Gründen versehenen Befehles. . ., welcher von dem Richter oder von einer richterliche Funktionen gesetzlich ausübenden Behörde ergangen ist. Jeder solche Verhaftbefehl ist dem Verhafteten sogleich bei seiner Anhaltung oder spätestens vierundzwanzig Stunden nach derselben zuzustellen«, (§ 8)
- Freilassung oder Überweisung eines Verhafteten an das zuständige Gericht »binnen achtundvierzig Stunden«, (§ 9)
- Unverletzlichkeit des Hausrechts und Wohnungsdurchsuchungen sowie Beschlagnahme von Papieren nur in gesetzlichen Fällen und Formen (§ 10),
- Unverletzlichkeit des Briefgeheimnisses und Beschlagnahme von Briefen nur in Kriegsfällen oder aufgrund eines richterlichen Befehls (§ 11).
- Die §§ 5–11 konnten allerdings im Falle eines Krieges oder bei inneren Unruhen »zeitweilig oder örtlich außer Wirksamkeit gesetzt werden«. (§ 12)

Der Unterschrift des Kaisers unter dieses Patent folgten die Unterschriften der Minister der Regierung SCHWARZENBERG.

Vergleicht man den *Kremsierer Verfassungsentwurf* des aufgelösten österreichischen Reichstages und die *kaiserliche Verfassung* in einigen wesentlichen Bestimmungen miteinander, ist zunächst auf ihren *grundsätzlichen Unterschied* hinzuweisen: Der Verfassungsentwurf des Reichstages war *liberaldemokratischen* Ursprungs, die verordnete Verfassung dagegen ein Erlaß kaiserlicher *Souveränität*, was deutlicher nicht ausgedrückt werden konnte als durch den Satz des einleitenden Manifests:

> »Wir haben daher beschlossen für die Gesamtheit des Reiches, Unseren Völkern diejenigen Rechte, Freiheiten und politischen Institutionen aus freier Bewegung und eigener kaiserlicher Macht zu verleihen.«

Man erkennt daher in der oktroyierten österreichischen wie in der bereits am 5. Dezember 1848 oktroyierten preußischen Verfassung die Tendenz, zeitgemäßen liberalen und demokratischen Forderungen in vorsichtiger Weise – gleichsam als freiwilliges Geschenk des Souveräns – entgegenzukommen und sie bis zu einem gewissen Grade zu dulden, um auf diese Weise das Souveränitätsprinzip des Landesherrn als solches behaupten zu können.

Sowohl im Kremsierer Verfassungsentwurf als auch in der kaiserlichen Verfassung wurden die allgemein als *Grund- und Bürgerrechte* beanspruchten liberalen Prinzipien weitgehend berücksichtigt, wenn sich der Staat auch in beiden Verfassungstexten für Fälle des Mißbrauchs und von Notsituationen ein Kontroll- und Einschränkungsrecht vorbehielt.

In der Frage der Unabhängigkeit und Unabsetzbarkeit von Richtern und der Gleichheit der Gerichte für alle Bürger bestanden ebenfalls keine gravierenden Unterschiede, wenn auch die kaiserliche Verfassung den Mitgliedern des kaiserlichen Hauses einen Gerichtsstand zubilligte, der den »Bestimmungen der Hausgesetze« entsprach.

Andererseits bestanden *deutliche Unterschiede*:

So forderte der Kremsierer Entwurf im Vollzug seiner liberaldemokratischen Grundsätze im Gegensatz zur kaiserlichen Verfassung die Abschaffung aller Adelsvorrechte und Adelsbezeichnungen, die Abschaffung der Todesstrafe und anderer die körperliche Unversehrtheit verletzenden Strafmaßnahmen, eine stärkere Trennung von Kirche und Staat durch Befürwortung der Zivilehe, kostenlose Volksbildung und ein Volksheer.

Übereinstimmungen bestanden

- in der Anerkennung der Erblichkeit der Krone,
- der Unverantworlichkeit und Heiligkeit des Kaisers in seiner Eigenschaft als Staatsoberhaupt
- sowie in der Übernahme der Verantwortung für Regierungsakte durch die zuständigen Minister.

Unterschiede aber zeigten sich in dem Maße der Regierungsbefugnisse, die dem Kaiser verfassungsrechtlich zugebilligt wurden:

Der Kremsierer Entwurf band das Zustandekommen eines Gesetzes normalerweise auch an die Zustimmung des Kaisers. Im Falle nicht zu beseitigender kaiserlichen Ablehnung eines Gesetzesvorschlags billigte er allerdings einem neugewählten Reichstag das letzte Entscheidungsrecht zu, so daß der Kaiser die Sanktion eines von ihm abgelehnten Gesetzes nicht mehr verweigern konnte. Er besaß also nur ein suspensives Veto.

Die kaiserlich verordnete Verfassung sprach zwar auch davon, daß der Kaiser »die gesetzgebende Reichsgewalt gemeinschaftlich mit dem Reichstage« ausübe, aber enthielt selbstverständlich kein letztes Entscheidungsrecht des Reichstages.

Gewiß wurde dieses im Kremsierer Verfassungsentwurf bestehende Recht wegen der anerkannten kaiserlichen Rechte zur Einberufung, Vertagung und Auflösung des Reichstages in der praktischen Politik relativiert. Diese konnte nämlich nur im möglichst störungsfreien Zusammenwirken von Kaiser und Reichstag funktionieren; aber es war in der oktroyierten Verfassung für die Aufrechterhaltung der kaiserlichen Souveränität und die Vermeidung jedes Anscheins einer Volkssouveränität wichtig, dem Reichstag die letztmögliche Entscheidung über einen Gesetzesvorschlag verfassungsrechtlich zu verweigern und dem Kaiser grundsätzlich ein absolutes Veto zu sichern.

Bemerkenswert war, daß sowohl der Kremsierer Entwurf als auch die kaiserliche Verfassung für den Reichstag als Vertretung der Völker und Länder der Monarchie zwei gleichberechtigte Häuser vorsahen, deren Mitglieder unter teilweiser Einbeziehung eines Zensuswahlrechts gewählt wurden. Sie wurden allerdings gemäß der politischen Grundeinstellung im Kremsierer Verfassungsentwurf »Volkskammer« und »Länderkammer« und in der kaiserlichen Verfassung »Oberhaus« und »Unterhaus« genannt, wobei – ebenfalls bezeichnender Weise in umgekehrter Reihenfolge – die »Volkskammer« in »Unterhaus« und die »Länderkammer« in »Oberhaus« umbenannt worden war.

Ein weiterer bezeichnender Unterschied war, daß im Kremsierer Entwurf die Mitglieder beider Häuser Tagegelder erhalten und das Volkshaus allein über den staatlichen Finanzetat »votieren« sollte, während in der kaiserlichen Verfassung nur an Mitglieder des Unterhauses Entschädigungen gezahlt wurden und der Finanzetat Gegenstand des normalen Gesetzgebungsverfahrens war.

Weder der Kremsierer Verfassungsentwurf noch die kaiserlich verordnete Verfassung enthielten eine Aussage über das zwischen Österreich und einem künftigen deutschen Reich zu schaffende Verhältnis, während die oktroyierte preußische Verfassung vom 5. Dezember 1848 in ihren »Übergangsbestimmungen« (Art. 111) die Zugehörigkeit Preußens zu Deutschland und ihre Anpassung an eine zukünftige deutsche Verfassung als selbstverständlich voraussetzte.

Die beiden österreichischen Verfassungstexte sprachen sich zwar für die Sicherung von Sprache und Kultur aller im Reiche lebenden Nationalitäten aus, aber sie konnten sich diese nur im Rahmen einer zu erhaltenden österreichischen Staatseinheit vorstellen.

Diese aber interpretierten sie unterschiedlich:

Der Kremsierer Verfassungsentwurf bezog sich nicht auf Ungarn und Lombardo-Venetien, während die oktroyierte kaiserliche Verfassung – auf dem Boden der Pragmatischen Sanktion von 1713 stehend – für alle unter dem habsburgischen Herrscherhaus stehenden Länder gelten sollte, um deren Einheit unter habsburgischer Herrschaft zu sichern.

Der von der antirevolutionären Regierung aufgelöste österreichische Reichstag hatte sich mit großer Mehrheit ebenso wie diese für die Erhaltung der österreichischen Staatseinheit eingesetzt, wenn sie diese auch unterschiedlich zu verwirklichen beabsichtigte. Die Regierung vertrat dabei allerdings einen territorial umfangreicheren und viel schärferen zentralistischen Einheitskurs.

> »Alle Unterschiede zwischen Ungarn und Österreich waren eingeebnet, von einer Sonderstellung der deutschen Gebiete, die einen Ansatzpunkt für Verhandlungen über einen ›innigen Anschluß‹ hätten bieten können, war keine Rede mehr.«[346]

Es war abzusehen, daß bei dieser offiziellen Haltung der die Revolution ablehnenden Regierung des Kaiserstaates die österreichischen Abgeordneten in der Frankfurter Nationalversammlung den politischen Boden unter ihren Füßen verloren und sich die Blicke der deutschen Nationalbewegung nicht nur im Frankfurter Parlament, sondern in ganz Deutschland auf die zweite deutsche Großmacht, nämlich Preußen, richteten, das sich mit Selbstverständlichkeit als deutschen Staat betrachtete, weil es im Vergleich zu Österreich nur mit verhältnismäßig geringen fremdvölkischen Minderheiten an seinen Ostgrenzen belastet war.

In *Österreich* wie in *Preußen* bestand zwar der *gleiche Gegensatz zwischen der* wieder die Macht im Staate besitzenden *antirevolutionären Regierung und den liberaldemokratischen Kräften.* Während aber *in Österreich beide* eine innige *nationaldeutsche Einheit ablehnten*, um die Einheit der österreichischen Gesamtmonarchie nicht zu gefährden, traten in *Preußen* unter Anerkennung seiner Großmachtrolle *beide* – wenn auch unterschiedlich stark – *mehrheitlich für sie* ein.

Reaktion und Ohnmacht der deutschen Nationalversammlung in Frankfurt

Es war für die revolutionären Verfechter einer nationalen und auf liberaldemokratischen Prinzipien beruhenden deutschen Reichseinheit historisch tragisch, daß die Nationalversammlung in Frankfurt erst zu einem Zeitpunkt mit der eigentlichen Beratung der künftigen Reichsstruktur begann, als sie und die Reichsregierung gegenüber der in Österreich und Preußen wiederhergestellten staatlichen Autorität nicht nur in die Defensive geraten, sondern darüber hinaus *politisch ohnmächtig* geworden waren.

Ihre Schwäche war ihnen allerdings schon seit dem Waffenstillstandsvertrag von Malmö im September 1848 demonstriert worden, und sie hatten sie unmittelbar erlebt, als sie anschließend vor dem revolutionären Radikalismus nur durch das Militär deutscher Bundesstaaten geschützt werden konnten.

Der blutige Sieg der kaiserlichen Truppen in Wien im Oktober 1848, die barsche Mißachtung durch die neue österreichische Regierung SCHWARZENBERG, die Erschießung des Abgeordneten BLUM und die Einheitspolitik des österreichischen Machtsstaates, die im März 1849 zu dem mit der Reichstagsauflösung verbundenen Verfassungsoktroi geführt hatte, hatten der Nationalversammlung und der Reichsregierung ihre völlige Ohnmacht gegenüber der ersten deutschen Großmacht deutlich unter Beweis gestellt.

Ebenso ohnmächtig war die Reichszentrale gegenüber Preußen, der zweiten deutschen Großmacht, seitdem FRIEDRICH WILHELM IV. im Dezember 1848 die preußische Nationalversammlung aufgelöst und eine preußische Verfassung oktroyiert hatte.

Die Frankfurter Nationalversammlung ließ sich jedoch in ihrer verfassunggebenden Hauptaufgabe nicht beirren, obwohl die realpolitische Verwirklichung ihrer Beschlüsse immer unwahrscheinlicher wurde.

Im Dezember 1848 hatte sie das von der österreichischen Staatsmacht nicht anerkannte Gesetz über die künftigen Grundrechte der Deutschen verabschiedet und am Anfang des Jahres 1849 mit ihren Beratungen über die zu schaffende Reichsstruktur begonnen.

Es ist nicht die Aufgabe eines Historikers zu spekulieren, ob es für die Erreichung des revolutionären Ziels einer Reichsgründung nicht günstiger gewesen wäre, wenn man umgekehrt verfahren wäre und schon während der erfolgreich scheinenden Anfangsphase der Revolution zuerst die Reichsstruktur, und nicht die bürgerlichen Grundrechte festgeschrieben hätte.

Unabhängig von solchen Überlegungen bleibt jedoch die Frage, was die Abgeordneten der Paulskirche dazu angetrieben hat, ihr Verfassungswerk zu vollenden, obwohl der gesamten revolutionären Bewegung bereits das Rückgrat gebrochen war.

Die Mehrheit von ihnen hatte von Anfang an unter Abwehr aller radikalen republikanischen und sozialistischen Einflüsse eine *konstitutionelle Monarchie* auf nationaler *großdeutscher* und *liberaldemokratischer* Grundlage erstrebt.

Sie mußte aber wissen, daß die Regierung in Wien die politische Eingliederung ihrer deutschen Bundesländer in ein neues deutsches Reich wegen der damit verbundenen Zerreißung der österreichischen Staatseinheit ablehnte und daß sie nicht nur die Einheit des österreichischen Staates einschließlich seiner nichtdeutschen und nicht zum Deutschen Bund gehörenden Territorien, sondern auch die Großmachtstellung Österreichs in Deutschland beizubehalten gedachte.

Sie mußte ebenfalls wissen, daß selbst der revolutionäre österreichische Reichstag wegen der Mehrheit seiner nichtdeutschen Nationalitäten und wegen unterschiedlicher politischer Grundeinstellungen auch der Abgeordneten deutscher Nationalität einen einfachen nationalstaatlichen Anschluß der deutschen Gebiete Österreichs an ein neues deutsches Reich ablehnte.

Und ihr war ebenfalls bekannt, wie auch die soeben erfolgte CAMPHAUSENsche Zirkulardepesche erneut gezeigt hatte, daß der preußische König FRIEDRICH WILHELM IV. nur eine nationale Einheit Deutschlands unter Einbeziehung des fürstlichen Souveränitätsprinzips und der machtpolitischen Bedeutung Preußens wünschte, aber die Volkssouveränität genau so ablehnte wie der österreichische Kaiser FRANZ JOSEPH und seine Regierung SCHWARZENBERG.

Das nationale Ziel eines *demokratischen großdeutschen Reiches* gerann auf diese Weise im Frankfurter Nationalparlament von Anfang an zu einer hoffnungslosen *Illusion*.

Vielleicht, so wünschten offensichtlich viele Frankfurter Abgeordnete, ließ sich aber trotz dieser politischen Konstellation, der einem gordischen Knoten glich, ein Durchbruch in der Frage eines deutschen Nationalstaates finden,

- sei es auf lockerer großdeutsch-föderaler Grundlage,
- sei es unter Einbeziehung einer engeren kleindeutschen Bindung.

Und vielleicht konnte außerdem ein tragfähiger Kompromiß

- zwischen obrigkeitsstaatlichem Souveränitätsdenken
- und liberaldemokratischen Hoffnungen

entstehen – allesamt in der Tat kühne Vorstellungen, die die sich im Falle ihres Gelingens ergebenden Reaktionen des Auslandes noch nicht einmal mitberücksichtigt hatten.

War die freiheitliche deutsche Nationalbewegung im Frühjahr 1848 der politische Motor gewesen, der die Politik der deutschen Einzelstaaten bestimmt und die Frankfurter Zentralgewalt gewissermaßen mit der Autorität und der Macht des Zeitgeistes ausgestattet hatte, so war sie jetzt gleichsam zum nachgebenden Reagieren auf die machtpolitischen Entscheidungen der deutschen Einzelstaaten, insbesondere Österreichs und Preußens, herabgesunken.

Dieser Umkehrungsprozeß hatte nach der Auflösung des Kremsierer Reichstages und dem kaiserlichen Verfassungsoktroi im März 1849 seinen Höhepunkt erreicht.

Obwohl die *Entscheidungen in der deutschen Frage* jetzt erst recht nur noch in *Wien* und *Berlin*, und *nicht* in *Frankfurt* fallen konnten, hatten die Abgeordneten der Paulskirche schließlich nach leidenschaftlichen und kontroversen Diskussionen, die in diesem Zusammenhang nur pauschal erwähnt werden sollen, bis zum 28. März 1849 eine *Reichsverfassung* geschaffen, die zwar zu diesem Zeitpunkt nur noch theoretische Bedeutung besaß, aber in der späteren deutschen Geschichte weiterwirken sollte.

Seitdem die Abgeordneten der Paulskirche in erster Lesung die von ihrem Verfassungsausschuß entworfenen §§ 2 und 3 der künftigen deutschen Reichsverfassung mehrheitlich angenommenen hatten, waren sie spätestens seit dem 27. November 1848 durch Politik des österreichischen Ministerpräsidenten Schwarzenberg zu der wachsenden Erkenntnis gelangt, daß deren Verwirklichung kaum möglich sein würde.

Die Tatsache, daß die großdeutsche Lösung der deutschen Frage als Folge der SCHWARZENBERGschen Politik unmöglich geworden war, stürzte besonders die deutschösterreichischen Parlamentarier in schwere Konflikte. Unabhängig von dem Grad ihrer sonstigen liberaldemokratischen Grundeinstellung standen sie in einem ähnlichen Loyalitätszwiespalt wie ihre deutschen Kollegen im mittlerweile aufgelösten österreichischen Reichstag.

Wie sollten sie ihre Treue zu Österreich in Einklang bringen mit ihrem Wunsch, als Deutsche mit den Deutschen aller deutschen Staaten innerhalb eines zu gründenden neuen deutschen Reiches vereinigt zu sein?

Während es für die Deutschösterreicher letztlich um ihre weitere Zugehörigkeit zu Deutschland ging, in dem Österreich jahrhundertelang die kaiserliche Führungsmacht gewesen war, ging es für die nichtösterreichischen Frankfurter Abgeordneten immer stärker um die Frage, ob man auf Österreich zugunsten eines kleindeutschen Reiches, in dem dann zwangsläufig Preußen die Führung zufallen würde, verzichten sollte.

In diesem *nationalen Dilemma* hatte Heinrich VON GAGERN schon am 18. Dezember 1848 in seinem Regierungsprogramm als Vermittlungsvorschlag seinen Plan vom *engeren Bund* der außerösterreichischen deutschen Staaten vorgelegt, der in einen *weiteren Bund* mit Österreich treten sollte.

Es lag auf der Hand, daß dieser Plan den Vorstellungen der preußisch-erbkaiserlichen Partei in der Paulskirche entgegenkam, so daß sie als Folge der österreichischen Politik immer stärker wurde. Die Hoffnungen vieler Abgeordneter richteten sich jetzt auf den König von Preußen, obwohl FRIEDRICH WILHELM IV. schon wegen seiner Überzeugung von der Legitimität fürstlicher Souveränität kaum dazu geneigt war, diese durch irgendein Zugeständnis an die Volkssouveränität einschränken zu lassen.

Die preußisch-erbkaiserliche Partei konnte sich schließlich nach Absprachen, die für manche den Charakter eines »parlamentarischen Kuhhandels«[437] hatten, durchsetzen. Das preußische Erbkaisertum wurde am 27. März 1849 mit 267 gegen 263 Stimmen – also nur mit einer Mehrheit von vier Stimmen – angenommen, was in Wien »sehr wohl vermerkt«[438] wurde, spiegelte es doch die nach wie vor starke großdeutsche Grundüberzeugung und die Skepsis vieler Abgeordneter gegenüber einer preußischen Führung wider. Offensichtlich hatten sich manche Befürworter nur dem Druck der bestehenden politischen Verhältnisse gebeugt, um wenigstens, wenn auch um den Preis des vielleicht nur vorläufigen Verzichts auf Österreich, ein Minimalergebnis bei der Lösung der deutschen Frage zu erzielen.

Mit etwas größerer Mehrheit, nämlich mit 290 Stimmen bei 248 Enthaltungen, wurde FRIEDRICH WILHELM IV. am 28. März 1849 zum *deutschen Kaiser* gewählt – gewiß kein glänzendes Ergebnis, wenn sich 46 Prozent der Abgeordneten geweigert hatten, überhaupt eine Wahlentscheidung zu treffen.

Zu den merkwürdigen Entscheidungen an diesen beiden Märztagen gehörte die Tatsache, daß die am 28. März 1849 verkündete »Verfassung des Deutschen Reiches« trotz der Entscheidung für ein preußisches Erbkaisertum keineswegs den Ausschluß Österreichs aus Deutschland vorsah, sondern dessen Einbeziehung als Möglichkeit beibehielt.

Die deutsche Reichsverfassung vom 28. März 1849

Die Reichsverfassung[439] beruhte auf der *Volkssouveränität*, wie ihr Einleitungssatz deutlich dokumentierte:

> »Die deutsche verfassunggebende Nationalversammlung hat beschlossen und verkündet als Reichsverfassung.«

Sie war nicht legitimiert durch irgendeine landesherrliche Souveränität von Gottes Gnaden, sondern durch die Souveränität der durch demokratische Wahl gebildeten Repräsentanz des deutschen Volkes. Darin bestand ihr Hauptunterschied nicht nur gegenüber allen landständischen Verfassungen in den Jahrzehnten nach dem Wiener Kongreß, sondern auch gegenüber den im Dezember 1848 und März 1849 oktroyierten Verfassungen in Preußen und Österreich.

➢ Der »Abschnitt I Das Reich« umschrieb im »Artikel I« dessen territorialen Umfang mit dem »Gebiete des bisherigen deutschen Bundes«. Die »Festsetzung der Verhältnisse des Herzogthums Schleswig« sollte »vorbehalten« bleiben (§ 1).

Auf diese Weise wurden sämtliche Territorien des »bisherigen deutschen Bundes«, also auch die deutschen Bundesländer Österreichs, zu Bestandteilen des neuen Reiches erklärt. Ebenfalls die im April und Mai 1848 in den Deutschen Bund aufgenommenen preußischen Provinzen Ost- und Westpreußen sowie Teile der Provinz Posen, während die Zugehörigkeit Schleswigs wegen des mit Dänemark noch nicht geschlossenen Friedens vorläufig offen bleiben mußte.

Zeigte schon dieser erste Artikel, daß die Reichsverfassung angesichts der auf die österreichische Staatseinheit ausgerichteten Politik der Wiener Regierung schon im Augenblick ihrer Verkündigung nicht realisierbar war, offenbarte besonders der »Artikel II« noch deutlicher den durch die österreichische Politik und den Sieg der kleindeutschen Partei illusionär gewordenen großdeutschen Hintergrund:

»§ 2. Hat ein deutsches Land mit einem nichtdeutschen Lande dasselbe Staatsoberhaupt, so soll das deutsche Land eine von dem nichtdeutschen Lande getrennte eigene Verfassung, Regierung und Verwaltung haben. In die Regierung und Verwaltung des deutschen Landes dürfen nur deutsche Staatsbürger berufen werden. Die Reichsverfassung hat in einem solchen deutschen Lande dieselbe verbindliche Kraft, wie in den übrigen deutschen Ländern.

§ 3. Hat ein deutsches Land mit einem nichtdeutschen Lande dasselbe Staatsoberhaupt, so muß dieses entweder in seinem deutschen Lande residiren, oder es muß auf verfassungsmäßigem Wege in demselben eine Regentschaft niedergesetzt werden, zu welcher nur Deutsche berufen werden dürfen.

§ 4. Abgesehen von den bereits bestehenden Verbindungen deutscher und nichtdeutscher Länder soll kein Staatsoberhaupt eines nichtdeutschen Staates zugleich zur Regierung eines deutschen Staates gelangen, noch darf ein in Deutschland regierender Fürst, ohne seine deutsche Regierung abzutreten, eine fremde Krone annehmen.

§ 5. Die einzelnen deutschen Staaten behalten ihre Selbständigkeit, soweit dieselbe nicht durch die Reichsverfassung beschränkt ist; sie haben alle staatlichen Hoheiten und Rechte, soweit diese nicht der Reichsgewalt ausdrücklich übertragen sind.«

Waren die §§ 2 und 3 völlig unvereinbar mit der soeben oktroyierten Verfassung Österreichs, weil diese die reale staatliche Einheit für den Kaiserstaat vorsah, so waren die §§ 4 und 5 ebenfalls schwer auf einen Nenner zu bringen mit dem österreichischen Souveränitätsstandpunkt, der schon dadurch zum Ausdruck gekommen war, daß die österreichische Verfassung jede Aussage über ihr Verhältnis zu einer gesamtdeutschen Reichsverfassung vermied.

Der umfangreiche »Abschnitt II« definierte in 14 »Artikeln« die Rechte der »Reichsgewalt«:

»Artikel I« sprach der Reichsgewalt »dem Auslande gegenüber die völkerrechtliche Vertretung Deutschlands und der einzelnen deutschen Staaten« zu. »Sie ordnet alle völkerrechtlichen Maßnahmen an«. (§ 6)

Die einzelnen deutschen Regierungen hatten »nicht das Recht, ständige Gesandte zu empfangen oder solche zu halten (§ 7).

Sie konnten nur im Bereich des »Privatrechts, des nachbarlichen Verkehrs und der Polizei« Verträge mit nichtdeutschen Regierungen abschließen und mußten diese bei Vorliegen von »Reichsinteresse« von der Reichsgewalt bestätigen lassen (§§ 8 u. 9).

»Artikel II« sprach ausschließlich der Reichsgewalt »das Recht des Krieges und Friedens« zu (§ 10).

»Artikel III« stellte der Reichsgewalt »die gesammte bewaffnete Macht Deutschlands zur Verfügung« (§ 11), setzte fest, daß das Reichsheer »aus der gesammten, zum Zwecke des Krieges bestimmten Landmacht der einzelnen deutschen Staaten« bestehen sollte (§ 12), und übertrug ihr ebenfalls für das Heerwesen die »Gesetzgebung und Organisation« (§ 13). »In den Fahneneid« war »die Verpflichtung zur Treue gegen das Reichsoberhaupt und die Reichsverfassung an erster Stelle aufzunehmen«. (§ 14)

Ein besonderes Reichsgesetz zur Schaffung einer gleichen Wehrverfassung für ganz Deutschland wurde in Aussicht gestellt (§ 16).

Reichsfestungen, Küstenverteidigung und Seemacht waren Angelegenheiten des Reiches (§§ 18 u. 19).

»Artikel IV« regelte die Rechte der Küstenstaaten in Schiffahrtsangelegenheiten und die Oberaufsicht der Reichsgewalt (§§ 20–23).

»Artikel V« sicherte die Hoheit der Reichsgewalt über die deutschen Binnengewässer (§§ 24–27).

»Artikel VI« bestimmte die Reichshoheit im Eisenbahnwesen (§§ 28–32).

»Artikel VII« schuf die deutsche Wirtschaftseinheit. Das deutsche Reich sollte »Ein Zoll- und Handelsgebiet bilden, umgeben von gemeinschaftlicher Zollgrenze, mit Wegfall der Binnengrenzzölle«. Die entsprechende Gesetzgebung stand der Reichsgewalt zu (§§ 33–40).

»Artikel VIII« übertrug der Reichsgewalt Gesetzgebung und Oberaufsicht über das Postwesen (§§ 41–44).

»Artikel IX« schuf die Reichsmünzeinheit, indem sie der Reichsgewalt »die Gesetzgebung und die Oberaufsicht über das Münzwesen« und das Recht, »für ganz Deutschland dasselbe Münzwesen einzuführen«, übertrug (§ 45).

»Artikel X« regelte die Finanzierbarkeit der Reichsausgaben durch das Anrecht des Reiches auf Zölle und Verbrauchsausgaben. Das Reich war auch berechtigt, »Matrikularbeiträge« zu erheben und »in außerordentlichen Fällen Reichssteuern auszulegen«. (§§ 48–51)

»Artikel XI« wies darauf hin, daß der »Umfang der Gerichtsbarkeit der Reiches« im »Abschnitt vom Reichsgericht« bestimmt werde (§ 52).

»Artikel XII« übertrug der Reichsgewalt die Bürgschaft und Oberaufsicht über alle den Deutschen durch die Reichsverfassung zugebilligten Rechte, die Wahrung des Reichsfriedens und das Recht auf Ergreifung von Maßregeln, um die innere Sicherheit und Ordnung zu gewährleisten, die sich »im Interesse des Gesammtwohls« bis auf »allgemeine Maaßregeln für die Gesundheitspflege« erstreckten (§§ 53–61).

»Artikel XIII« erklärte »die Gesetzgebung, soweit es zur Ausführung der ihr verfassungsmäßig übertragenen Bedürfnisse und zum Schutze der ihr überlassenen Anstalten erforderlich ist«, zum Recht der Reichsgewalt, ebenso, falls »im Gesammtinteresse Deutschlands« notwendig, die »erforderlichen Gesetze in den für die Veränderung der Verfassung vorgeschriebenen Formen« zu erlassen (§§ 62–64).

Ausdrücklich wurde bestimmt, daß die »Reichsgesetze« den Gesetzen der Einzelstaaten vorgehen, »insofern ihnen nicht ausdrücklich eine nur subsidiäre Geltung beigelegt ist«. (§ 66)

»Artikel XIV« machte schließlich die »Anstellung der Reichsbeamten« zur Reichssache (§ 67).

Aus den Paragraphen des Verfassungsabschnittes über die *Reichsgewalt* ergab sich aus jeder Bestimmung,

- daß ein Bundesstaat geschaffen werden sollte,
- der über eine starke Zentralgewalt verfügte,
- dessen Gesetze gegenüber jenen der Einzelstaaten den Vorrang besaßen,
- der sich gegenüber dem Auslande als staatliche und verteidigungspolitische Einheit betrachtete und zu einem ebenfalls einheitlichen Zoll-, Wirtschafts-, Handels- und Verkehrsgebiet auszugestalten war.

Die geplante *Reichsstruktur* entsprach sowohl dem *nationalstaatlichen* Zug der Zeit als auch dem *modernen wirtschaftlich-technischen Fortschritt*, der sich bereits seit 1833/34 in dem entstehenden deutschen Zollverein auswirkte.

➢ »Abschnitt III« der Reichsverfassung bestimmte das Wesen und die Rechte des »Reichsoberhaupts«.

Durch »Artikel I« wurde für einen regierenden deutschen Fürsten die Würde eines erblichen Reichsoberhauptes mit dem Titel »Kaiser der Deutschen« geschaffen:

> »Die Würde des Reichsoberhauptes wird einem der regierenden deutschen Fürsten übertragen.« (§ 68) »Die Würde ist erblich im Hause des Fürsten, dem sie übertragen worden. Sie vererbt im Mannesstamme nach dem Recht der Erstgeburt.« (§ 69)
>
> »Das Reichsoberhaupt führt den Titel: Kaiser der Deutschen« (§ 70).

»Die Residenz des Kaisers ist am Sitze der Reichsregierung... (§ 71)

»Der Kaiser bezieht eine Civilliste, welche der Reichstag festsetzt.« (§ 72)

»Artikel II« erklärte die Person des Kaisers für »unverletzlich« und setzte fest, daß »die ihm übertragene Gewalt durch verantwortliche, von ihm ernannte Minister« auszuüben sei (§ 73). »Alle Regierungshandlungen des Kaisers« bedurften »zu ihrer Gültigkeit der Gegenzeichnung von wenigstens einem der Reichsminister, welcher dadurch die Verantwortung« übernahm (§ 74).

Dem Kaiser oblag die »völkerrechtliche Vertretung des deutschen Reiches und der einzelnen deutschen Staaten«. (§ 75)

Er erklärte Krieg, schloß Frieden, Bündnisse und Verträge mit fremden Staaten (§§ 76–78).

Der Kaiser besaß das Recht der Berufung und Schließung des Reichstages, der Auflösung des Volkshauses, das Recht des Gesetzesvorschlags und übte »die gesetzgebende Gewalt in Gemeinschaft mit dem Reichstage unter den verfassungsmäßigen Beschränkungen aus«. Er hatte die Reichsgesetze zu verkündigen und erließ »die zur Vollziehung derselben nöthigen Verordnungen«. (§§ 79 u. 80)

Des weiteren besaß der Kaiser »das Recht der Begnadigung und Strafmilderung«, die Aufgabe der »Wahrung des Reichsfriedens« und schließlich die »Verfügung über die bewaffnete Macht«. (§§ 81–83)

»Ueberhaupt hat der Kaiser die Regierungsgewalt in allen Angelegenheiten des Reiches nach Maßgaabe der Reichsverfassung. Ihm als Träger dieser Gewalt stehen diejenigen Rechte und Befugnisse zu, welche in der Reichsverfassung der Reichsgewalt beigelegt und dem Reichstage nicht zugewiesen sind.« (§ 84)

Zweifellos räumte die Reichsverfassung dem *Kaiser* eine *sehr starke Position* im Rahmen der Reichsgewalt ein.

Man denke nur an seine persönliche Unverletzlichkeit und die Erblichkeit der Krone in seinem Haus, durch die er und seine Familie im Streit der politischen Meinungen und Interessen in eine dem Volksganzen verpflichtete Sphäre erhoben wurde.

Er besaß den Oberbefehl über die »bewaffnete Macht« und alle Rechte als Vertreter des Reiches gegenüber ausländischen Staaten.

Seine Befugnisse des Gesetzesvorschlags und der Gesetzesexekution, der Eröffnung und Schließung des Reichstages und sogar der Auflösung des Volkshauses eröffneten ihm starke politische Einflußmöglichkeiten.

Auf der anderen Seite besaß er Würde und Rechte nicht mehr als Folge seiner Legitimation als souveräner Fürst von Gottes Gnaden, sondern als einen durch die *Volkssouveränität erteilten Auftrag*. Während in der Vergangenheit die fürstliche Souveränität in den landständischen Verfassungen unter mehr oder weniger großem politischen Druck bereit gewesen war, Herrschaftsrechte bis zu einem gewissen Grade an die Untertanen abzutreten, war jetzt die Volkssouveränität in Gestalt der deutschen Nationalversammlung in der Frankfurter Paulskirche unter Absage an jeden republikanischen Radikalismus bereit, im Rahmen einer *konstitutionellen Monarchie* einem fürstlichen Staatsoberhaupte wichtige Herrschaftsrechte zu übertragen.

Zum Zeitpunkt der Verkündung der Reichsverfassung war die Kandidatur für das deutsche Kaisertum durch das im wesentlichen als Folge der gesamtstaatlichen Politik Österreichs ermöglichte Anwachsen der preußisch-erbkaiserlichen Partei bereits auf den preußischen König festgelegt.

Das Dilemma bestand aber in der Tatsache, daß dieser vor allem eine Kaiserkrone aus der Hand des Volkes ablehnte. Formal vermied die Reichsverfassung vorsichtig jede konkrete Empfehlung, um die grundsätzlich gleichberechtigten deutschen Fürsten, zu denen auch der österreichische Kaiser gehörte, nicht zu desavouieren.

Ein Blick auf diese politische Situation verdeutlicht, wie *aussichtslos* die Etablierung eines deutschen Kaisertums von Anfang an war.

➢ »Abschnitt IV Der Reichstag« bestimmte im »Artikel I«: »Der Reichstag besteht aus zwei Häusern, dem Staatenhaus und dem Volkshaus.« (§ 85)

»Artikel II« setzte fest, daß das *Staatenhaus* »aus den Vertretern der deutschen Staaten« gebildet wurde und aus 192 Mitgliedern bestehen sollte (§§ 86 u. 87):

- Preußen entsandte 40 Mitglieder,
- Österreich 38,
- Bayern 18,
- Sachsen, Hannover, Württemberg je 10,
- Baden 9,
- Kurhessen, Großherzogtum Hessen, Holstein je 6,
- Mecklenburg-Schwerin 4,
- Luxemburg-Limburg, Nassau je 3,
- Braunschweig, Oldenburg, Sachsen-Weimar je 2,
- Sachsen-Coburg-Gotha, Sachsen-Meiningen-Hildburghausen, Sachsen-Altenburg, Mecklenburg-Strelitz, Anhalt-Dessau, Anhalt-Bernburg, Anhalt-Köthen, Schwarzburg-Sondershausen, Schwarzburg-Rudolstadt, Hohenzollern-Hechingen, Liechtenstein, Hohenzollern-Sigmaringen, Waldeck, Reuß ältere Linie, Reuß jüngere Linie, Schaumburg-Lippe, Lippe-Detmold, Hessen-Homburg, Lauenburg, Lübeck, Frankfurt, Bremen, Hamburg je 1.

Die Reichsverfassung sah für folgende Staaten eine größere Anzahl von »Stimmen« vor, »so lange die deutsch-österreichischen Lande an dem Bundesstaate nicht Theil nehmen«:

- Bayern 20,
- Sachsen, Hannover und Württemberg je 12,
- Baden 10,

- das Großherzogtum Hessen 8,
- Kurhessen 7,
- Nassau 4,
- Hamburg 2.

Die Mitglieder des Staatenhauses sollten »zur Hälfte durch die Regierungen und zur Hälfte durch die Volksvertretung der betreffenden Staaten ernannt« werden (§ 88).

In Staaten, die nur ein Mitglied entsenden konnten, sollte die Volksvertretung dieses aus drei von der Regierung vorgeschlagenen Kandidaten wählen (§ 89).

Im Falle des Zusammenschlusses von mehreren deutschen Staaten »zu einem Ganzen« entschied ein Reichsgesetz über die in diesem Falle notwendige Veränderung des Staatenhauses (§ 90).

Mitglieder des Staatenhauses mußten Staatsbürger ihrer Staaten, 30 Jahre alt sein und sich im Vollbesitz der bürgerlichen und staatsbürgerlichen Rechte befinden (§ 91).

Sie wurden auf sechs Jahre gewählt und alle drei Jahre zur Hälfte »erneuert«, wobei ein Reichsgesetz über die Erneuerung nach den ersten drei Jahren entscheiden sollte (§ 92).

Nach »Artikel III« bestand das *Volkshaus* »aus den Abgeordneten des deutschen Volkes«. (§ 93)

Seine Mitglieder wurden »für das erste Mal auf vier Jahre, demnächst immer auf drei Jahre gewählt«. Die Wahl geschah »nach den im Reichswahlgesetz enthaltenen Vorschriften« (§ 94).

»Artikel IV« bestimmte, daß die Mitglieder des Reichstages »aus der Reichskasse ein gleichmäßiges Tagegeld und Entschädigung für ihre Reisekosten« erhielten (§ 95).

Sie konnten nicht durch »Instruktionen« gebunden werden (§ 96) und nicht gleichzeitig »Mitglieder von beiden Häusern« sein (§ 97).

»Artikel V« setzte für die Beschlußfähigkeit eines jeden Hauses des Reichstages ein Quorum »von wenigstens der Hälfte der gesetzlichen Anzahl seiner Mitglieder« fest, welche durch »einfache Mehrheit« entschieden. Stimmengleichheit bedeutete Ablehnung (§ 98).

Jedem Haus stand »das Recht des Gesetzesvorschlags, der Beschwerde, der Adresse und der Erhebung von Thatsachen, sowie die Anklage der Minister« zu (§ 99).

Ein Reichstagsbeschluß kam »nur durch die Uebereinstimmung beider Häuser gültig zu Stande« (§ 100).

»Ein Reichstagsbeschluß, welcher die Zustimmung der Reichsregierung nicht erlangt« hatte, durfte »in derselben Sitzungsperiode nicht wiederholt werden. Ist von dem Reichstage in drei sich unmittelbar folgenden ordentlichen Sitzungsperioden derselbe Beschluß unverändert gefaßt worden, so wird derselbe, auch wenn die Zustimmung der Reichsregierung nicht erfolgt, mit dem Schlusse des dritten Reichstages Gesetz«. (§ 101)

Ein Reichstagsbeschluß war in folgenden Fällen erforderlich (§ 101):

- bei »Erlassung, Aufhebung, Abänderung oder Auslegung von Reichsgesetzen«,
- zur Festsetzung des Reichshaushalts, Finanzierung nicht vorgesehener Ausgaben und bei Erhebung von Matrikularbeiträgen und Steuern,
- in See- und Flußschiffahrtsfragen und Angelegenheiten von Reichsfestungen,
- bei völkerrechtlichen Verträgen und in Zollgebietsfragen,
- bei Abtretung deutscher Landesteile oder Aufnahme nichtdeutscher Gebiete in das Reich.

»Bei Feststellung des Reichshaushaltes« mußten »alle Vorlagen der Reichsregierung« zuerst dem Volkshaus vorgelegt werden. Bewilligungen durften nur auf Antrag der Reichsregierung erfolgen. Finanzperiode und Budgetbewilligung waren auf ein Jahr festgesetzt. Das »ordentliche Budget« war zuerst dem Volkshaus zur Prüfung, Bewilligung und Verwerfung vorzulegen und dann an das Staatenhaus weiterzuleiten, dem aber nur das Recht zustand, »Erinnerungen und Ausstellungen zu machen, über welche das Volkshaus endgültig« beschloß. »Die Nachweisung über die Verwendung der Reichsgelder« war dem Reichstag, »und zwar zuerst dem Volkshause«, zur Prüfung vorzulegen (§ 103).

»Artikel VI« setzte die jährliche Versammlung des Reichstages am Sitz der Reichsregierung zu einem vom Reichsoberhaupt anzugebenden Zeitpunkt fest, insofern sie nicht schon durch ein Gesetz bestimmt gewesen sein sollte. Ordentliche Sitzungsperioden von Reichstag und Landtagen der Einzelstaaten durften zeitlich nicht zusammenfallen (§§ 104 u. 105).

Das Reichsoberhaupt konnte das Volkshaus auflösen, jedoch war der Reichstag in diesem Falle »binnen drei Monaten wieder zu versammeln«. (§ 106)

Bei Auflösung des Volkshauses wurde das Staatenhaus bis zur »Wiederberufung des Reichstages« vertagt. Die Sitzungsperioden beider Häuser waren »dieselben«. (§ 107)

»Eine Vertagung des Reichstages oder eines der beiden Häuser durch das Reichsoberhaupt« bedurfte, wenn sie nach Sitzungseröffnung für länger als vierzehn Tage ausgesprochen werden sollte, »der Zustimmung des Reichstages oder des betreffenden Hauses«. Reichstag und jedes der beiden Häuser konnten sich auch selbst auf vierzehn Tage vertagen (§ 109).

»Artikel VII« enthielt Bestimmungen über die Geschäftsordnung, die Öffentlichkeit der Sitzungen beider Häuser, die Pflicht jedes Abgeordneten zur Eidesleistung auf die Verfassung sowie die Möglichkeit, »Mitglieder wegen unwürdigen Verhaltens im Hause zu bestrafen und äußersten Falls auszuschließen« (§§ 110–116).

»Artikel VIII« gewährleistete die Immunität der Reichstagsabgeordneten. Sie durften »während der Dauer der Sitzungsperiode ohne Zustimmung des Hauses... wegen strafrechtlicher Anschuldigungen weder verhaftet, noch in Untersuchung gezogen werden, mit alleiniger Ausnahme der Ergreifung auf frischer That«. In letzterem Falle mußte das betreffende Haus sofort unterrichtet werden, damit es verhängte Haft oder Untersuchung gegebenenfalls bis zum Ende der Sitzungsperiode aufheben konnte. Selbstverständlich durfte kein Reichstagsmitglied »zu irgend einer Zeit wegen seiner Abstimmung oder wegen der in Ausübung seines Berufes gethanen Aeußerungen gerichtlich oder disciplinarisch verfolgt oder sonst außerhalb der Versammlung zur Verantwortung gezogen werden«. (§§ 117–120)

»Artikel IX« sprach den Reichsministern das Recht zu, »den Verhandlungen beider Häuser des Reichstages beizuwohnen und jederzeit von denselben gehört zu werden«. (§ 121)

Sie mußten auf Verlangen jedes Hauses vor demselben erscheinen und Auskunft zu erteilen oder gegebenenfalls ihre zu begründen, »weshalb dieselbe nicht ertheilt werden könne«. (§ 122)

➢ Der Verfassungsabschnitt über den *Reichstag* spiegelte einerseits deutlich im Staatenhaus die *bundesstaatliche Ordnung* des neuen Reiches wider und kam andererseits im Volkshaus dem Prinzip der *Volkssouveränität* schon sehr nahe.

Das Staatenhaus berücksichtigte in der Zumessung der Zahl seiner Mitglieder die unterschiedliche Größe und Bedeutung der einzelnen deutschen Bundesstaaten und überließ deren Regierungen und Volksvertretungen, sie unter ausgewogenen Verhältnissen zu ernennen und in den Reichstag zu entsenden. Die Mitglieder des Staatenhauses waren nicht durch eine direkte Volkswahl legitimiert, so daß sie im Reichstag gegenüber dem Volkshaus ein schwächeres Gewicht hatten, aber sie sollten vor allem auch nur die Interessen ihrer Länder innerhalb des Reichsganzen wahrnehmen.

Interessant war, daß die Verfassung die Lösung der deutschen Frage für die mittlerweile inaktuell gewordene *großdeutsche Möglichkeit offenhielt*, und nicht auf die kleindeutsche beschränkte.

Preußen konnte – auch im Falle einer großdeutschen Lösung – die meisten Abgeordneten ins Staatenhaus entsenden, weil seine Bevölkerungszahl jene der deutschen Bundesländer Österreichs, die für den Eintritt ins Reich in Frage kamen, übertraf.

Man wundert sich, daß die Verfassung die Existenz der vielen deutschen Klein- und Zwergstaaten achtete. Man durfte darin gewiß ein Zeichen der revolutionären Mäßigung und des Willens zur Versöhnung mit den bestehenden fürstlichen Dynastien sehen.

Während das Herzogtum Schleswig wegen der noch nicht völkerrechtlichen Regelung in der Auseinandersetzung mit Dänemark in der Reihe der in der Reichsverfassung genannten deutschen Bundesstaaten noch fehlte, wurde das

Herzogtum Limburg zusammen mit dem Bundesstaat Luxemburg einbezogen. Limburg gehörte seit 1839 dem Deutschen Bund an, nachdem der niederländische König als Landesherr von Luxemburg nach der Trennung Belgiens von den Niederlanden den westlichen, zumeist von Wallonen bewohnten Teil Luxemburgs an Belgien abgetreten und »als Ausgleich für den Verlust Westluxemburgs... mit dem neugebildeten Herzogtum Limburg um Maastricht dem Bund beigetreten«[440] war.

Das Gewicht Preußens im Staatenhaus war im Vergleich zu seiner Größe und Bedeutung verhältnismäßig gering, denn in einem großdeutschen Reich hätte es 20,8 Prozent und in einem kleindeutschen Reich 23,8 Prozent seiner Mitglieder gestellt.

Den *Schwerpunkt des Reichstages* bildete das *Volkshaus*, dessen Mitglieder nach dem vom Reichsverweser »in Ausführung des Beschlusses der Reichsversammlung vom 27. März 1849« am 12. April 1849 verkündeten Reichswahlgesetz[441] bestimmt wurden.

Sie waren öffentlich und direkt mit der absoluten Mehrheit aller abgegebenen Stimmen in Wahlkreisen von in der Regel »100000 Seelen« zu wählen. Kleinstaaten mit zu geringer Bevölkerung wurden gegebenenfalls zu Wahlkreisen zusammengelegt oder jenen größerer Staaten angeschlossen. Wahlberechtigt war »jeder unbescholtene Deutsche«, der 25 Jahre alt sein mußte, nicht »unter Vormundschaft oder Curatel« stand und keine »Armenunterstützung aus öffentlichen oder Gemeindemitteln« bezog. Zusätzlich zu diesen Bedingungen konnte jeder Deutsche, der »mindestens drei Jahre einem deutschen Staat angehört« hatte, zum Mitglied des Volkshauses gewählt werden.

Die auf der Grundlage dieses Wahlgesetzes durchgeführten Wahlen konnte man mit Rücksicht auf den damaligen Zeitgeist als demokratisch bezeichnen, wenn er auch noch kein Frauenwahlrecht vorsah und Empfänger von Armenunterstützung ausschloß.

Für einen Reichstagsbeschluß war die Übereinstimmung beider Häuser erforderlich, und der Reichstag konnte ein Gesetz theoretisch ohne Billigung durch das Reichsoberhaupt und ohne Zustimmung der Regierung durchsetzen. Das Veto der Reichsregierung löste lediglich drei weitere Reichstagssitzungen aus und wurde bei gleich bleibender Beschlußlage des Reichstages wirkungslos. Weil aber das Reichsoberhaupt das Recht des Gesetzesvorschlags besaß und »die gesetzgebende Gewalt in Gemeinschaft mit dem Reichstage unter den gesetzmäßigen Bestimmungen« auszuüben, die Gesetze zu verkündigen sowie die exekutiven Verordnungen zu erlassen hatte (§ 80) und den Reichstag vertagen und auflösen konnte, verblieb ihm in der politischen Praxis ein sehr starkes Gewicht. Bei der Aufstellung und Festsetzung des Reichshaushaltes besaß das *Volkshaus* das endgültige Beschlußrecht (§ 103 Abs. 6) und somit die *Schlüsselstellung im Rahmen der Reichsfinanzen.*

➢ Der »Abschnitt V« der Reichsverfassung wies dem »Reichgericht« die »dem Reiche zustehende Gerichtsbarkeit« zu und formulierte seine Zuständigkeitsrechte, wie etwa bei Klagen der Einzelstaaten gegen die Reichsgewalt und untereinander, bei Streitigkeiten in Thronfolge- und Regentschaftsfragen sowie auch bei Klagen von Bürgern gegen die Verletzung der ihnen durch die Verfassung gewährten Rechte (§§ 125 u. 126).

➢ In dem umfangreichen »Abschnitt VI« der Reichsverfassung wurden »Die *Grundrechte* des deutschen Volkes« in 14 »Artikeln« formuliert. Den deutschen Einzelstaaten wurden sie mit folgenden Eingangsworten als unaufhebbare Verfassungsnormen verordnet:

> »Dem deutschen Volke sollen die nachstehenden Grundrechte gewährleistet sein. Sie sollen den Verfassungen der deutschen Einzelstaaten zur Norm dienen, und keine Verfassung oder Gesetzgebung eines deutschen Einzelstaates soll dieselben je aufheben oder beschränken können.« (§ 130)

Auf diese Weise waren die proklamierten Grundrechte gegenüber möglicher einzelstaatlicher Beeinträchtigung oder Veränderung geschützt. Sie entsprachen den nationalliberalen Forderungen der Zeit, indem sie für alle deutschen Reichsbürger gleichmäßig und ohne Rücksicht auf ihre unterschiedliche Zugehörigkeit zu einem der deutschen Bundesstaaten festgelegt wurden. Die Verfassung und Gesetzgebung unterwarfen sich zwar selbst auch dem Prinzip der Gewährleistung, ließen dieses aber theoretisch insofern offen, als sie unter besonderen Bedingungen Möglichkeiten der Verfassungsänderung vorsahen und die Grundrechte nicht ausdrücklich von ihnen ausnahmen (§ 196).

Möglicherweise hatte man auf entsprechende Unaufhebbarkeitsbestimmungen verzichtet, weil man die Grundrechte aufgrund ihres Wesens als grundsätzlich unaufhebbar ansah.

Nach »Artikel I« bestand das deutsche Volk »aus allen Angehörigen der Staaten, welche das deutsche Reich bilden«. (§ 131)

Sie besaßen das Reichsbürgerrecht und das Recht auf Freizügigkeit. Sie konnten an jedem Ort des Reiches ihren Wohnsitz nehmen, Liegenschaften erwerben, »jeden Nahrungszweig« betreiben und das Gemeindebürgerrecht erwerben. Die deutschen Einzelstaaten waren zur Gleichbehandlung der Bürger anderer deutscher Staaten mit ihren eigenen verpflichtet (§§ 132–134).

Die »Strafe des bürgerlichen Todes« wurde aufgehoben, die Auswanderungsfreiheit nicht beschränkt (§§ 135 u. 136).

»Artikel II« hob die politischen Standesunterschiede auf:

> »Vor dem Gesetz gilt kein Unterschied der Stände. Der Adel als Stand ist aufgehoben.
>
> Alle Standesunterschiede sind abgeschafft.
>
> Die Deutschen sind vor dem Gesetze gleich.

Alle Titel, insoweit sie nicht mit einem Amte verbunden sind, sind aufgehoben und dürfen nicht wieder eingeführt werden.

Kein Staatsangehöriger darf von einem auswärtigen Staate einen Orden annehmen.

Die öffentlichen Aemter sind für alle Befähigten gleich zugänglich.

Die Wehrpflicht ist für Alle gleich; Stellvertretung bei derselben findet nicht statt.« (§ 137)

»Artikel III« sicherte die »Freiheit der Person« als »unverletzlich« und bestimmte:

»Die Verhaftung einer Person soll, außer im Falle der Ergreifung auf frischer That, nur geschehen in Kraft eines richterlichen, mit Gründen versehenen Befehls. Dieser Befehl muß im Augenblicke der Verhaftung oder innerhalb der nächsten vier und zwanzig Stunden dem Verhafteten zugestellt werden.«

Die Polizeibehörde mußte jeden »in Verwahrung« Genommenen am folgenden Tage wieder freilassen oder der richterlichen Behörde übergeben. Haftentlassung gegen Stellung einer vom Gericht zu bestimmenden »Caution oder Bürgschaft« war möglich. Bei widerrechtlicher Verhaftung wurde für den Betroffenen eine Entschädigung fällig (§ 138).

Die Todesstrafe blieb nur noch für Fälle des Kriegs- und Seerechts erhalten, wurde sonst aber abgeschafft, ebenfalls die »Strafen des Prangers, der Brandmarkung und der körperlichen Züchtigung«. (§ 139)

Die Unverletzlichkeit der Wohnung wurde mit Ausnahme einer richterlich angeordneten Hausdurchsuchung, der »Verfolgung auf frischer That« oder bei »Verhaftung eines gerichtlich Verfolgten« garantiert. Mit Zulassung ähnlicher Ausnahmen wurde auch die Beschlagnahme von Briefen und Papieren sowie das Briefgeheimnis gewährleistet (§§ 140–142).

»Artikel IV« verlieh jedem Deutschen »das Recht, durch Wort, Schrift, Druck und bildliche Darstellung seine Meinung frei zu äußern«. Die »Preßfreiheit« durfte »unter keinen Umständen und in keiner Weise durch vorbeugende Maaßregeln, namentlich Censur, Concessionen, Sicherheitsbestellungen, Staatsauflagen, Beschränkungen der Druckereien oder des Buchhandels, Postverbote oder andere Hemmnisse des freien Verkehrs beschränkt, suspendirt oder aufgehoben werden«. Schwurgerichte sollten über »Preßvergehen, welche von Amts wegen verfolgt werden«, urteilen. Ein entsprechendes Reichspreßgesetz wurde angekündigt (§ 143).

»Artikel V« garantierte die »volle Glaubens- und Gewissensfreiheit« jedes Deutschen und die häusliche und öffentliche Religionsausübung. Staatsbürgerliche Rechte und Pflichten durften durch das religiöse Bekenntnis nicht eingeschränkt werden. Alle Religionsgesellschaften waren gleichberechtigt und in ihren Angelegenheiten selbständig. Niemand durfte zu »einer kirchlichen Handlung oder Feierlichkeit gezwungen werden«. Die Eidesformel sollte künftig lauten: »So wahr mir Gott helfe.« Die »bürgerliche Gültigkeit der Ehe« wurde nur an die »Vollziehung des Civilaktes« gebunden, der einer kirchlichen Trauung vorangehen mußte. Religionsverschiedenheit war kein bürgerliches Ehehindernis (§§ 144–151).

»Artikel VI« garantierte die Freiheit der »Wissenschaft und Lehre«. Das Unterrichts- und Erziehungswesen wurde der »Oberaufsicht des Staates« unterstellt und, »abgesehen vom Religionsunterricht, der Beaufsichtigung der Geistlichkeit enthoben«. Jeder Deutsche durfte bei nachgewiesener Befähigung Unterrichts- und Erziehungsanstalten gründen und leiten sowie an ihnen unterrichten. Für die »Bildung der deutschen Jugend« waren überall öffentliche Schulen vorgesehen. Aber auch der »häusliche Unterricht« unterlag keiner Beschränkung. Der Besuch der »unteren Volksschulen« war für alle Kinder Pflicht. An »Volksschulen und niederen Gewerbeschulen« wurde kein Schulgeld erhoben. Die Lehrer galten als »Staatsdiener.« Schließlich wurde es jedem freigestellt, »seinen Beruf zu wählen und sich für denselben auszubilden, wie und wo er will«. (§§152–158).

»Artikel VII« gewährte jedem Deutschen das »Recht, sich mit Bitten und Beschwerden schriftlich an die Behörden, an die Volksvertretungen und an den Reichstag zu wenden«. Beamte konnten gegebenenfalls »wegen ihrer amtlichen Handlungen gerichtlich« verfolgt werden (§§ 159 u. 160).

»Artikel VIII« gab allen Deutschen das »Recht, sich friedlich und ohne Waffen zu versammeln«. Jedoch konnten »Volksversammlungen unter freiem Himmel« im Falle einer dringenden Gefahr für die öffentliche Ordnung und Sicherheit verboten werden. Die Freiheit der Vereinsgründung durfte nicht eingeschränkt werden. Die gewährten Rechte galten für Heer und Kriegsflotte allerdings nur, »insoweit die militärischen Disciplinarvorschriften nicht entgegenstehen«. (§§ 161–163)

Der umfangreiche »Artikel IX« setzte die Unverletzlichkeit des Eigentums fest und erlaubte eine Enteignung »nur aus Rücksichten des gemeinen Besten, nur auf Grund eines Gesetzes und gegen gerechte Entschädigung«. (§ 164)

»Jeder Unterthänigkeits- und Hörigkeitsverband« wurde »für immer« aufgehoben (§ 166). »Patrimonialgerichtsbarkeit und die grundherrliche Polizei, sammt den aus diesen Rechten fließenden Befugnissen, Exemtionen und Abgaben« sowie die »aus dem guts- und schutzherrlichen Verbande fließenden persönlichen Abgaben und Leistungen« wurden »ohne Entschädigung« aufgehoben, ebenfalls »die Gegenleistungen und Lasten. . ., welche dem bisher Berechtigten dafür oblagen«. (§ 167)

»Alle auf Grund und Boden haftenden Abgaben und Leistungen, insbesondere die Zehnten«, waren »ablösbar«. (§ 168)

Auf eigenem Grund und Boden bestand das Jagdrecht. »Jagdgerechtigkeit auf fremdem Grund und Boden« wurde ohne Entschädigung aufgehoben (§ 169).

»Familienfideicommisse« und »Lehensverband« sowie die »Strafe der Vermögenseinziehung« sollten ebenfalls aufgehoben werden, und bei der Besteuerung sollte »die Bevorzugung einzelner Stände und Güter in Staat und Gemeinde« aufhören (§§ 170–173).

»Artikel X« bestimmte die Grundsätze der Gerichtsbarkeit. Sie ging »vom Staate aus«. Es sollten keine »Patrimonialgerichte« mehr bestehen (§ 174).

Die richterliche Gewalt wurde »selbständig von den Gerichten geübt«, und »Cabinets- und Ministerialjustiz« war »unstatthaft«. Niemand durfte seinem gesetzlichen Richter entzogen werden (§ 175).

Es sollte »keinen privilegirten Gerichtsstand der Personen oder Güter geben«. Die Militärgerichtsbarkeit wurde auf die Aburteilung »militärischer Verbrechen und Vergehen« und auf »Militär-Disciplinarvergehen beschränkt, vorbehaltlich der Bestimmungen für den Kriegszustand«. (§ 176)

Richter waren »außer durch Urtheil und Recht« unabsetzbar, in »Rang und Gehalt« geschützt und konnten nur durch gerichtlichen Beschluß versetzt oder in den Ruhestand geschickt werden (§ 177).

Gerichtsverfahren sollten öffentlich und mündlich sein. Gesetzliche Ausnahmen »im Interesse der Sittlichkeit« waren zulässig (§ 178).

Für Strafsachen war der Anklageprozeß vorgesehen, Schwurgerichte sollten alle schweren und politischen Vergehen aburteilen. Verwaltung und Rechtspflege waren voneinander getrennt und unabhängig. Der Polizei stand keine Strafgerichtsbarkeit zu. Rechtskräftige Urteile deutscher Gerichte waren »in allen deutschen Landen gleich wirksam und vollziehbar«. (§§ 180–183)

»Artikel XI« enthielt Grundsätze der Gemeindeordnung. »Grundrechte ihrer Verfassung« waren »die Wahl ihrer Vorsteher und Vertreter, die selbstständige Verwaltung ihrer Gemeindeangelegenheiten mit Einschluß der Ortspolizei, unter gesetzlicher Oberaufsicht des Staates, die Veröffentlichung ihres Gemeindehaushaltes« und die »Oeffentlichkeit der Verhandlungen als Regel«. (§ 184)

»Artikel XII« setzte für jeden deutschen Staat »eine Verfassung mit Volksvertretung« und die Verantwortlichkeit der Minister gegenüber der Volksvertretung fest (§ 186).

»Die Volksvertretung« hatte »eine entscheidende Stimme bei der Gesetzgebung, bei der Besteuerung, bei der Ordnung des Staatshaushalts«. Wo zwei Kammern vorhanden waren, hatte jede Kammer für sich »das Recht des Gesetzesvorschlags, der Beschwerde, der Adresse, so wie der Anklage der Minister«. Landtagssitzungen sollten in der Regel öffentlich sein (§ 187).

»Artikel XIII« gewährleistete den »nicht deutsch redenden Volksstämmen Deutschlands« ihre »volksthümliche Entwickelung. . ., namentlich die Gleichberechtigung ihrer Sprachen, so weit deren Gebiete reichen, in dem Kirchenwesen, dem Unterrichte, der inneren Verwaltung und der Rechtspflege«. (§ 188)

»Artikel XIV« schließlich stellte jeden deutschen Staatsbürger »in der Fremde. . . unter den Schutz des Reiches«. (§ 189)

Betrachtet man die Grundrechte, die die Verfassung dem deutschen Volk gewährte, in ihrer Gesamtheit, so *entsprachen* sie den *liberaldemokratischen Forderungen* der Zeit.

Sie dienten einerseits der nationalen Einheit des geplanten neuen Reiches, weil die Verfassungen der deutschen Einzelstaaten sie bis hin zu den Gemeindeordnungen zu übernehmen hatten, und andererseits entsprachen sie in ihrer liberaldemokratischen Tendenz dem Freiheits-, Gleichheits- und individuellen Entfaltungsbedürfnis des zum selbstbewußten Bürger avancierten Untertanen. Durch die verfassungsmäßig eingerichtete Volksvertretung mit ihren legislativen Befugnissen nahm er teil an der erkämpften Volkssouveränität.

Traditionelle Standesunterschiede wurden beseitigt, ebenfalls alle sich aus ehemaligen Lehensverbänden, Hörigkeits-, Untertänigkeitsverhältnissen ergebenden Abgaben und Leistungen. Auch Patrimonialgerichte gab es aus Gründen der Rechtsgleichheit nicht mehr. Die Gerichtsbarkeit war gegenüber der politischen Gewalt unabhängig. Die Rechtsunabhängigkeit und -gleichheit, die Abschaffung der Todesstrafe und aller die körperliche Integrität verletzenden Strafen entsprachen der Menschenwürde.

Die individuellen Freiheits- und Gleichheitsrechte waren umfassend. Presse-, Meinungs-, Wissenschafts-, Bildungs- und Religionsfreiheit wurden dem Bürger garantiert. Staat und Kirche respektierten sich als voneinander unabhängige, jedoch in ihren Wertvorstellungen und Zielsetzungen miteinander verbundene Bereiche. Wenn in die Eidesformel der Satz »So wahr mir Gott helfe« ausdrücklich aufgenommen wurde (§ 149) und ein Verzicht auf ihn nicht vorgesehen war, so lag darin trotz der Gleichstellung aller Religionsgesellschaften ein Hinweis auf ein weltanschauliches Fundament, das, ohne es so zu benennen, christlich geprägt war.

Allen »nicht deutsch redenden Volksstämmen Deutschlands« wurden ihre sprachliche und kulturelle Entwicklung und ihre politische Gleichberechtigung ausdrücklich als Grundrechte zugesprochen. Sie betrafen vor allem slawische Völker in den östlichen Grenzgebieten des geplanten Reiches. Mußte man sie entgegen den nationalen Prinzipien aus politischen und geographischen Gründen in den deutschen Nationalstaat einbeziehen, war es folgerichtig, ihnen wie dem eigenen Volk das Recht auf ihre Nationalität zuzugestehen. Jeder deutsche Staatsbürger hatte im Ausland das Recht auf den Schutz des Reiches.

Bemerkenswert ist, daß die Wehrpflicht im Rahmen der Grundrechte des deutschen Volkes als für alle gleich festgesetzt und eine »Stellvertretung bei derselben« ausgeschlossen wurde. Das persönliche Recht auf Wehrdienstverweigerung kannte man noch nicht. Der Wehrdienst stand offensichtlich in Zusammenhang mit den revolutionären Ideen der Volksbewaffnung und in Erinnerung an die Befreiungskriege gegen Napoleon in so hohem Ansehen, daß er im Rahmen des herrschenden Zeitgeistes dem als selbstverständlich anerkannten Prinzip der Selbstverteidigung und des Verteidigungskrieges entsprach.

Bemerkenswert ist ebenfalls die in den Artikel über die Grundrechte aufgenommene Fürsorgepflicht des Staates, den Kindern durch eine kostenlose Schulpflicht eine entsprechende Grundbildung und -erziehung zu sichern.

Obwohl die Grundrechte, wenn es auch nicht eigens betont wurde, gegenüber der politischen Gewalt in ihrem Wesen unantastbar waren, gestand man dem Militär- und Kriegsrecht die Möglichkeit der Todesstrafe und gewisse Einschränkungen der persönlichen Freiheitsrechte zu.

Man sah ebenfalls Vorkehrungen gegen einen Mißbrauch von Grundrechten vor, namentlich im Rahmen der Meinungs-, Presse- und öffentlichen Versammlungsfreiheit.

Diese Maßnahmen sollten zwar, verfassungsmäßig abgesichert, der Erhaltung der liberaldemokratischen Grundordnung, der sie tragenden Grundrechte und der vor allem den vorwiegend aus christlichen Bereichen erwachsenen Vorstellungen von Sitte und Ordnung dienen, waren jedoch erklärlich, solange die Verfassung gegenüber den sie verneinenden Kräften nicht genug gefestigt war. Diese drohten dem neuen liberaldemokratischen Nationalstaate nicht nur von der nach wie vor bestehenden und wachsenden Gefahr des radikalen republikanischen Sozialismus (Marxismus), sondern auch von den zu Beginn der Revolution überwunden geglaubten, aber immer noch vorhandenen Kräften des fürstlichen Obrigkeits- und Ständestaates.

➢ Der »Abschnitt VII Die Gewähr der Verfassung« bestimmte in »Artikel I«, daß der Kaiser bei seinem Regierungsantritt vor den zu einer Sitzung vereinigten beiden Häusern des Reichstages folgenden Eid auf die Verfassung zu leisten hatte: »Ich schwöre, das Reich und die Rechte des deutschen Volkes zu schirmen, die Reichsverfassung aufrecht zu erhalten und sie gewissenhaft zu vollziehen. So wahr mir Gott helfe.« Erst nach der Eidesleistung war er berechtigt, Regierungshandlungen vorzunehmen (§ 190).

Die Reichsbeamten waren ebenfalls zu einem Eid auf die Verfassung verpflichtet. Ein besonderes Gesetz sollte die Verantwortlichkeit der Reichsminister regeln. In den Einzelstaaten sollte die Verpflichtung auf die Reichsverfassung »mit der Verpflichtung auf die Landesverfassung verbunden und dieser vorangesetzt« werden (§§ 191–193).

»Artikel II« verpflichtete die deutschen Einzelstaaten, ihre Verfassungen und Gesetze in Einklang mit der Reichsverfassung zu halten:

> »Keine Bestimmung in der Verfassung oder in den Gesetzen eines Einzelstaates darf mit der Reichsverfassung in Widerspruch stehen.«

Änderungen der »Regierungsfom in einem Einzelstaate« bedurften der »Zustimmung der Reichsgewalt« (§§ 194 u. 195).

»Artikel III« regelte die bei einer Verfassungsänderung einzuhaltenden Bedingungen:

»Abänderungen in der Reichsverfassung können nur durch einen Beschluß beider Häuser und mit Zustimmung des Reichsoberhaupts erfolgen.«

Die beiden Häuser waren nur bei Anwesenheit von mindestens zwei Dritteln der Mitglieder beschlußfähig. Sie mußten in einem Abstand von acht Tagen zwei Abstimmungen durchführen, wobei jedes Mal eine Mehrheit von zwei Dritteln der anwesenden Mitflieder zu erzielen war. Der Zustimmung durch das Reichsoberhaupt bedurfte es nicht, »wenn in drei sich unmittelbar folgenden Sitzungsperioden derselbe Reichstagsbeschluß unverändert gefaßt« wurde (§ 196).

»Artikel IV« sah für den Fall des »Kriegs oder Aufruhrs« vor, daß »Bestimmungen der Grundrechte über Verhaftung, Haussuchung und Versammlungsrecht von der Reichsregierung oder der Regierung eines Einzelstaates für einzelne Bezirke zeitweise außer Kraft gesetzt werden« konnten. Voraussetzung war ein entsprechender Beschluß des Reichsministeriums oder des Ministeriums eines Einzelstaates, für den aber »sofort« die Zustimmung des Reichstages oder des zuständigen Landtages einzuholen war. Für die Verkündigung des »Belagerungszustandes in Festungen« sollte es bei den »bestehenden gesetzlichen Vorschriften« bleiben (§ 197).

Die Bestimmungen über die Gewährleistung der Verfassung spiegeln deutlich den engen *bundesstaatlichen Charakter* des geplanten neuen Reiches wider, weil sich die Einzelstaaten in ihrer Verfassung und ihren Gesetzen nicht in Widerspruch zur Reichsverfassung setzen durften.

Auch die Tatsache, daß die Verfassung auf der *Volkssouveränität* beruhte, wurde noch einmal sehr deutlich durch den Verfassungseid, durch den der Kaiser und alle Reichsbeamten erst ihre Regierungsbefugnisse erhielten.

Zwar wurde dem Kaiser durch sein Zustimmungsrecht bei Verfassungsänderungen eine sehr starke Position eingeräumt, die aber aufgehoben werden konnte, wenn der Reichstag in weiteren Sitzungen einen entsprechenden Beschluß unverändert aufrechterhielt.

Das auf diese Weise bis in die letzte Konsequenz beachtete Prinzip der Volkssouveränität wurde auch sichtbar in der Verpflichtung der Staatsorgane, ihre bei »Krieg und Aufruhr« ergriffenen Notmaßnahmen zur vorübergehenden Einschränkung von Grundrechten ebenfalls der Volksvertretung zur Genehmigung vorzulegen.

Die am 28. März 1849 ausgefertigte Reichsverfassung war unterschrieben von »Martin Eduard SIMSON von Königsberg in Preußen, d. Z. Präsident der verfassunggebenden Reichsversammlung«, 7 Mitgliedern seines Büros und 392 Mitgliedern der Nationalversammlung.

Diese vielfache Unterschriftleistung war ebenfalls bezeichnend für den demokratischen Charakter dieser Verfassung: Das deutsche Volk gab sie sich selbst durch die Mehrheit seiner Vertretung in der Frankfurter Paulskirche.

Ablehnung der deutschen Kaiserkrone durch Friedrich Wilhelm IV. und Ende der Revolution

Obwohl bereits trotz der Entscheidung für das preußische Erbkaisertum und der Wahl FRIEDRICH WILHELMS IV. zum deutschen Kaiser sowie der Verabschiedung der deutschen Reichsverfassung feststand, daß nach dem Scheitern der großdeutschen auch die kleindeutsche Lösung der deutschen Frage politisch undurchsetzbar war, brach Ende März 1849 unter Führung des Präsidenten der Nationalversammlung, SIMSON, eine Delegation nach Berlin auf, um dem preußischen König die deutsche Kaiserkrone anzubieten.

Den nach Berlin reisenden Abgeordneten mußte sich wie schon vorher allen in der Nationalversammlung zustimmenden Mitgliedern erneut die Frage stellen, was sie veranlaßt hatte, *auf den Erfolg* ihrer hoffnungslos gewordenen Pläne *zu vertrauen.*

- War es lediglich die Konsequenz von Politikern, die ihren in den bisherigen Diskussionen und Abstimmungen vertretenen Prinzipien treu bleiben wollten?
- Wollten sie den Versuch wagen, um vor der Geschichte bestehen zu können?
- War es die Hoffnung, den preußischen König trotz seines auf Gottes Gnade zurückgeführten fürstlichen Souveränitätsstandpunktes doch zur Annahme einer vom Volk verliehenen Kaiserkrone zu bewegen, zumal der König mit ihnen das Ziel der nationalen staatlichen Vereinigung der Deutschen teilte?
- Hofften die Delegierten, daß in FRIEDRICH WILHELM IV. das deutsche Nationalgefühl über seine Herrschaftsideologie siegen würde, zumal die Verfassung ein Reich ermöglichte, das sich zu einem modernen konstitutionellen Staatswesen hätte entwickeln können?

Man mag darüber spekulieren, wie groß die Zahl der Hoffnungsvollen in einer *politisch hoffnungslosen Lage* gewesen ist.

Am 2. April 1849 wurde die Delegation vom König im Berliner Schloß empfangen, wo sie ihm in feierlicher Form die deutsche Kaiserkrone anbot.

Der König kleidete seine Ablehnung zunächst in patriotische Worte:

»Ich bin bereit, durch die Tat zu beweisen, daß die Männer sich nicht geirrt haben, welche ihre Zuversicht auf meine Hingebung, auf meine Treue, auf meine Liebe zum gemeinsamen Vaterlande stützen«; aber er fuhr dann fort: »Ich würde ihr Vertrauen nicht rechtfertigen, Ich würde dem Sinne des deutschen Volkes nicht entsprechen, Ich würde Deutschlands Einheit nicht aufrichten, wollte ich, mit Verletzung heiliger Rechte und Meiner früheren... Versicherungen ohne das freie Einverständnis der gekrönten Häupter, der Fürsten und der Freien Städte Deutschlands, eine Entschließung fassen, welche

> für sie und für die von ihnen regierten deutschen Stämme die entscheidendsten Folgen haben muß.«[442]

Der zum Ausdruck gebrachte Patriotismus des Königs war echt; aber für ihn war die nationale Einigung Deutschlands nur durch den Willen der in seinen Augen legitim herrschenden Fürsten möglich. Daher wären auch nur sie berechtigt gewesen, ihm die deutsche Kaiserkrone anzubieten.

Auch war seine »Loyalität gegenüber der Kaisertradition der Habsburger«[443] trotz der Rivalität Österreichs und Preußens in der deutschen Frage »ungebrochen«. Darüber hinaus hätte es seiner Würde als souveränem Fürsten entsprochen, nur eine von seinen fürstlichen Mitregenten vergebene Krone anzunehmen, wobei das Volk bestenfalls durch willige Akklamation hätte beteiligt werden können. Die von Gott gegebene Ordnung wäre für Friedrich Wilhelm IV. durch eine auf die Volkssouveränität gegründete Krone auf den Kopf gestellt worden.

An Ernst Moritz Arndt schrieb er, die ihm vom Parlament angetragene Kaiserwürde sei das »›eiserne Halsband der Knechtschaft‹, durch das er der Revolution leibeigen gemacht werden sollte«.[443]

Diese Grundüberzeugung erfüllte den König während des in den Formen der diplomatischen Höflichkeit ablaufenden Empfangs der Delegation, wenn er für den Fall seines Einverständnisses mit ihren Wünschen vor den »entscheidendsten Folgen« für die Fürsten und die »von ihnen regierten deutschen Stämme« warnte.

In einem Brief an den preußischen Gesandten in London, Freiherrn von Bunsen,[442]drückte Friedrich Wilhelm IV. seine Gefühle und Gedanken, die ihn die durch die Nationalversammlung angebotene Kaiserkrone hatten ablehnen lassen, ungeschminkt aus: Eine Krone der Ottonen, Hohenstaufen und Habsburger »mit ihrem tausendjährigen Glanze« könne »natürlich« auch ein Hohenzoller tragen. Die ihm vom Volk angebotene Krone aber sei »verunehrt überschwänglich mit ihrem Ludergeruch der Revolution von 1848, der albernsten, dümmsten, schlechtesten –, wenn auch, Gottlob, nicht bösesten dieses Jahrhunderts«. Er bezeichnete die angebotene Krone als einen »imaginären Reif, aus Dreck und Letten gebacken«, den sich ein »legitimer König von Gottes Gnaden« nicht geben lassen dürfe. Er habe den »Segen«, die preußische Krone zu tragen. Sie sei zwar nicht die »älteste«, aber »edelste« und »Niemand gestohlen worden«.

Zusammenfassend schrieb er Bunsen:

> »Soll die tausendjährige Krone deutscher Nation, die 42 Jahre geruht hat, wieder einmal vergeben werden, so bin ich es und meines Gleichen, die sie vergeben werden. Und wehe dem, der sich anmaßt, was ihm nicht zukommt!«

Es gab in der Umgebung des Königs einflußreiche Kreise, die mit dem Besitz der Kaiserkrone die Chance preußischer Hegemonie in Deutschland erkannten und, um den König zu ihrer Annahme zu bewegen, sich um die Zustimmung der deutschen Fürsten und die Einführung eines bei der Gesetzgebung absoluten kaiserlichen Vetos in der Reichsverfassung bemühten. Auch die beiden Kammern, die aufgrund der oktroyierten preußischen Verfassung vom 5. Dezember 1848 gewählt worden waren, stimmten für die Annahme, wobei die erste Kammer diese an die Zustimmung der Einzelstaaten band.

Der König widerstand diesen Einflüssen. Daher darf man mit Sicherheit annehmen, daß das *Hauptmotiv seiner Ablehnung* der ihm von Frankfurt angebotenen Kaiserkrone *in seiner konservativen Überzeugung* zu suchen ist, sich das ihm zum Wohle des von ihm regierten Volkes von Gott übertragene Herrschaftsrecht nicht dem modernen Prinzip der Volkssouveränität opfern zu dürfen.

Die für den Fall der Annahme der Kaiserkrone mit Gewißheit folgende Auseinandersetzung mit Österreich, das zwar nicht einem deutschen Nationalstaate beitreten konnte, aber seine führende Stellung in Deutschland nicht aufzugeben bereit war, und Befürchtungen im Hinblick auf unerfreuliche Reaktionen der außerdeutschen Großmächte haben gewiß zur Ablehnung des Königs beigetragen.

Wie sehr das Ausland einer erfolgreichen preußischen Politik in Deutschland entgegenwirkte, sollte der zweite Waffenstillstand mit Dänemark am 10. Juli 1849 zeigen, zu dem die Großmächte Preußen nach den im April 1849 wieder ausgebrochenen Feindseligkeiten mit Dänemark nötigten. Der schließlich im Juli 1850 abgeschlossene Berliner Friede beließ die Herzogtümer im Staatsverband der dänischen Krone. Die außerdeutschen Großmächte waren am Weiterbestand der deutschen Vielstaatlichkeit, und nicht an der Entstehung eines kraftvollen mitteleuropäischen Reiches interessiert, mochte dieses nun großdeutsch oder nur kleindeutsch organisiert sein.

Die Ablehnung der Kaiserkrone und die damit verbundene Verwerfung der Frankfurter Reichsverfassung durch FRIEDRICH WILHELM IV. stürzten die provisorische Reichsgewalt und besonders die *deutsche Nationalversammlung* in ihre entscheidende *Existenzkrise*.

Sie hatte als Folge der Politik SCHWARZENBERGS spätestens seit der Auflösung des Kremsierer Reichstages, dem kaiserlichen Erlaß einer gesamtstaatlichen österreichischen Verfassung und der Forderung nach Eintritt Gesamtösterreichs in einen modifizierten deutschen Staatenbund Anfang März 1849 endgültig ihre Hoffnung auf ein großdeutsches Nationalreich begraben müssen. Dadurch war besonders ihren Abgeordneten aus Österreich der politische Boden entzogen. Jetzt, Ende März 1849, verloren ihn auch jene, die wenigstens ein kleindeutsches Reich zu errichten gehofft hatten.

Den Abgeordneten der Nationalversammlung eröffneten sich jetzt zwei verzweifelte *Auswege*,[444] nämlich

- angesichts der im deutschen Volk vorhandenen national- und liberaldemokratischen Grundstimmung eine Verfassungsbewegung zu entfachen und, auf diese gestützt, die Inhaber der Macht wie zu Beginn des Jahres 1848 zu Zugeständnissen zu bewegen, um so letztlich die auf der Volkssouveränität beruhende konstitutionelle Monarchie in einem neuen deutschen Reiche durchzusetzen

- oder dem Radikalismus nachzugeben, sich mit republikanischen und sozialistischen Elementen außerhalb des Parlaments zu verbünden und dabei Gewalt, Aufstand und Bürgerkrieg nicht zu verabscheuen.

Die Befürworter einer allgemeinen Verfassungsbewegung, zu denen auch Reichsministerpräsident VON GAGERN gehörte, bemühten sich zunächst weiterhin um Gehör in Berlin, diskutierten etwa mit Ludolf CAMPHAUSEN, der bereits durch seine Zirkulardepesche vom 23. Januar 1849 einen für Preußen gangbaren Weg zu finden versucht hatte, und erwogen, um dem König entgegenzukommen, sogar Möglichkeiten der Verfassungsrevision, der Fürstenzustimmung und der Weglassung des Kaisertitels – jedoch ohne Erfolg.

Gleichzeitig bildete sich in der Nationalversammlung am 11. April 1849 ein Ausschuß, dem sich auch gemäßigte Linke anschlossen, um Maßnahmen zur Durchsetzung der unveränderten Reichsverfassung einzuleiten.

Immerhin konnte man als Erfolg verbuchen, daß 28 deutsche Staaten die unveränderte Verfassung am 14. April 1849 in einer Kollektivnote annahmen – offensichtlich ein Zeichen für den in Deutschland immer noch weit verbreiteten Wunsch nach nationaler Einheit und liberaldemokratischer Freiheit.

Die wichtigsten deutschen Staaten aber, nämlich die beiden deutschen Großmächte Österreich und Preußen sowie Bayern, Württemberg und Hannover, verwarfen die Reichsverfassung. An dieser Konstellation konnte auch die nachträgliche Zustimmung des württembergischen Königs, die diesem am 25. April 1849 unter dem Druck seines Parlaments und der öffentlichen Meinung abgerungen worden war, nichts Wesentliches ändern.

Heinrich VON GAGERN begrub schließlich seine Hoffnung, mit dem preußischen König doch noch eine Lösung in der deutschen Frage zu finden, nachdem dieser die preußische Abgeordnetenkammer, die die Reichsverfassung gebilligt hatte, aufgelöst und durch seine Regierung in einer Note vom 28. April 1849 seinen endgültigen Verzicht auf die Kaiserkrone ausgesprochen hatte. Seiner Ablehnung Nachdruck verleihend, forderte Preußen am 14. Mai 1849 sogar den Reichsverweser auf, die Nationalversammlung aufzulösen. Gleichzeitig wurde den preußischen Abgeordneten die Ausübung ihres Mandats verboten.

Um den völligen Bruch mit dem antirevolutionären Preußen zu vermeiden, entstanden in der Nationalversammlung Pläne, die sich teilweise mit preußischen Wünschen deckten, sogar das Amt des Reichsverwesers dem preußischen König anzubieten und Erzherzog JOHANN zur Abdankung zu bewegen.

Die Nationalversammlung forderte schließlich, innerlich zerstritten und in illusionärer Selbstüberschätzung die Flucht nach vorn antretend, am 4. Mai 1849 alle deutschen Staaten, ihre Regierungen und das ganze deutsche Volk zur Anerkennung der Reichsverfassung auf. GAGERN entwickelte am 8. Mai 1849 ein entsprechendes Programm, und für den 15. Juli 1849 wurden Wahlen für das Volkshaus ausgeschrieben.

Den Aktivitäten der jetzt eröffneten *Reichsverfassungskampagne* mußte jedoch der Erfolg versagt bleiben, weil die wichtigsten deutschen Staaten in ihrer Ablehnung verharrten und im Bürgertum entsprechende Aktivitäten nicht nur aus Angst vor der Obrigkeit, sondern vor allem vor den bereits aufbegehrenden radikaldemokratischen und sozialistischen Kräften ausblieben. Gegen diese, die die gesamte Eigentums- und Sozialordnung umstülpen wollten, konnte man sich vielleicht – so das bürgerliche Kalkül – doch besser unter Verzicht auf nationale und liberaldemokratische Zielvorstellungen durch ein passives Zusammengehen mit dem wieder erstarkenden Obrigkeitsstaat schützen. Dieser sicherte immerhin die traditionelle Eigentums- und Sozialordnung.

In der *Frankfurter Reichzentrale* kündigte sich indessen das *politische Ende* an:

Erzherzog JOHANN, der nicht zuletzt skeptisch und mißtrauisch geworden war, weil auch die Verfügung über sein Amt als Reichsverweser in die Diskussion mit Preußen einbezogen worden war, verweigerte der Reichsverfassungskampagne seine Zustimmung. Folglich trat Heinrich VON GAGERN, der diese mit seinem Ministerium unterstützt hatte, am 10. Mai 1849 zurück.

Als JOHANN jetzt aus eigenem Entschluß ein konservatives und großdeutsch eingestelltes Ministerium berief, traf er auf den entschiedenen Widerstand der mittlerweile linken Mehrheit in der Nationalversammlung. Er hatte nämlich das »Prinzip der parlamentarischen Regierung« verletzt, weil die neue Regierung nicht vom Vertrauen der Nationalversammlung getragen wurde. Außerdem hatte die eingesetzte Regierung selbst dadurch die Nationalversammlung herausgefordert, daß sie ihr das Recht auf die beabsichtigten exekutiven Maßnahmen zum Vollzug der Reichsverfassung absprach.

Die Diskrepanz des Reichsverwesers und seiner Regierung gegenüber der Nationalversammlung spitzte sich zu, als Versuche, den Erzherzog zum Rücktritt zu bewegen, erfolglos blieben. Die Nationalversammlung setzte ihn sogar ab und erprobte die Möglichkeit, ihn durch einen Reichsstatthalter aus dem Kreis deutscher Fürsten zu ersetzen. Der dafür in Aussicht genommene bayerische König lehnte allerdings das Angebot ab.[445] JOHANN verweigerte jeden Rücktritt von seinem Amt, weil er überzeugt war, nicht nur der Nationalversammlung, sondern auch den deutschen Regierungen sein Amt zu verdanken. Nur in deren Hände wollte er es gegebenenfalls zurücklegen.

Die inneren Auseinandersetzungen zwischen der Nationalversammlung und der Reichsgewalt hatten zu diesem Zeitpunkt angesichts der eingeleiteten gegenrevolutionären Maßnahmen der deutschen Staaten allerdings nur noch das politische *Gewicht einer Geisterschlacht*:

Österreich hatte schon seit Anfang April 1849 seine Abgeordneten aus der Paulskirche abberufen, die preußischen Abgeordneten verließen Frankfurt auf Anweisung ihrer Regierung seit Mai 1849, ihnen folgten sächsische und hannoversche Abgeordnete, außerdem viele bedeutende Männer aus eigenem Antrieb.

Übrig blieb ein *Rumpfparlament mit linker Mehrheit*, das seine Verlegung nach *Stuttgart* beschloß, um der gewaltsamen Auflösung durch österreichische und preußische Truppen zu entgehen, während der Reichsverweser und seine Regierung in Frankfurt blieben.

Das Rumpfparlament wurde am 6. Juni 1849 in Stuttgart eröffnet. Es hoffte jedoch vergeblich auf eine Tolerierung durch die württembergische Regierung; denn diese hatte sich nur dem Druck der lokalen revolutionsfreundlichen Verhältnisse gebeugt.

Das Rumpfparlament wurde von dem in Frankfurt gebliebenen Reichsverweser und seiner Regierung nicht anerkannt und stellte sich daher eigenmächtig außerhalb der bisher von ihm unterstützten Reichsverfassung, indem es eine »Reichsregentschaft« beschloß, »die zugleich Reichsoberhaupt und Reichsregierung sein sollte«.[446] Auf diese Weise und durch sein Mitte Juni 1849 erlassenes Gesetz zur Errichtung einer Volkswehr geriet das Rumpfparlament in gefährliche Nähe *zum revolutionären Radikalismus*, der inzwischen an vielen Orten Deutschlands sein Haupt erhoben hatte.

Demonstrationen und Unruhen, die teilweise von sozialistischen und kommunistischen Elementen beeinflußt wurden, hatten im Mai 1849 in Preußen, Sachsen, Bayern und Baden zu zahlreichen und teilweise blutigen Kämpfen mit regulären Truppen geführt. Die preußische Regierung verwies Karl MARX des Landes und verbot die von ihm herausgegebene *Neue Rheinische Zeitung*.

Fliehende, Verhaftung und Verurteilung fürchtende Revolutionäre konzentrierten sich besonders in Südwestdeutschland, wo sie sich mit einheimischen Aufständischen verbanden und vorübergehende Erfolge errangen, so etwa in der Pfalz. Hier hatte sich eine provisorische Regierung unter Anerkennung der Reichsverfassung von Bayern losgesagt.

In Baden bildete sich nach einer Militärmeuterei nicht nur ebenfalls eine provisorische Regierung, sondern eine sozialrevolutionäre Bewegung, die von Flüchtlingen aus Deutschland und dem Ausland verstärkt wurde. Aus ihr ging in Verbindung mit der Volkswehr eine regelrechte Streitmacht hervor, die unter dem Oberbefehl des Polen Ludwig VON MIROSLAWSKI stand. Preußische Truppen, die von der Reichsgewalt unterstützt wurden, benötigten von Ende Juni bis Anfang Juli 1849 etwa drei Wochen, um die Aufständischen niederzuwerfen.

Das Zusammenwirken der Reichsgewalt mit den preußischen Truppen zeigte deutlich die verzweifelte Lage von Reichsverweser und Reichsregierung, weil sie zur Niederwerfung des revolutionären Radikalismus zum Zusammengehen mit Preußen gezwungen waren, obwohl dieses die Reichsverfassung offiziell ablehnte.

Die Aufständischen hatten sich zuletzt in die Festung Rastatt zurückgezogen, wo sich etwa 6000 von ihnen dem Prinzen WILHELM VON PREUßEN ergaben. Viele von ihnen hatten ein Standgerichts- und Kriegsgerichtsverfahren zu erwarten. Zahlreiche Todesurteile wurden vollstreckt. Viele Beteiligte konnten sich nur durch die Flucht ins Ausland retten.

Der *revolutionäre Radikalismus* war *gescheitert*.

Zu diesem Zeitpunkt hatte auch das *Rumpfparlament* bereits *aufgehört zu bestehen*. Es war von der württembergischen Regierung am 18. Juni 1849 militärisch aufgelöst worden.

Erzherzog Johann hielt sich in seinem bedeutungslos gewordenen Amt als Reichsverweser noch bis Ende September 1849, nachdem *Österreich* und *Preußen* in einem »*Interimsvertrag*« seine Befugnisse zur »*Erhaltung des Deutschen Bundes*« einer Bundeskommission übertragen hatten, die aus zwei Österreichern und zwei Preußen bestand. Österreich und Preußen übernahmen »im Namen sämtlicher Bundesregierungen« die Exekutivaufgaben der Zentralgewalt und überließen »die Regelung der deutschen Verfassungsfrage einstweilen der freien Vereinbarung der Einzelstaaten«.[447]

- Waren die radikaldemokratischen, sozialistischen und republikanischen Kräfte der Revolution bereits militärisch niedergeschlagen worden,
- so war jetzt auch das überwiegend national- und liberaldemokratische Besitz- und Bildungsbürgertum, das auf der Grundlage der Volkssouveränität einen deutschen Nationalstaat in Form einer konstitutionellen Monarchie angestrebt hatte, unter Führung der deutschen Großmächte Österreich und Preußen überwunden worden.

Die Fragen,

- welcher von beiden die künftige Vorherrschaft in Deutschland zufallen würde
- und ob die nationalen und liberaldemokratischen Prinzipien in der deutschen politischen Öffentlichkeit weiterleben und sich eines Tages gar noch verstärkt wieder erheben würden,

blieben dabei offen.

Machtrivalität Preußens und Österreichs im wiederhergestellten Deutschen Bund

Konservative Entwicklung und kleindeutsche Pläne in Preußen

Österreich, dessen Herrscher jahrhundertelang die Römische Kaiserkrone getragen hatten, war im alten Deutschen Reich bis zu dessen Ende stets die erste und angesehenste Macht gewesen.

Auch 1815 hatte es das Präsidium der Staaten des Deutschen Bundes übernommen.

Und während der soeben liquidierten Revolution von 1848/49 hatte es seine deutsche Vormachtstellung vehement zu behaupten versucht.

Österreich gehörte in der Vorstellung der Zeitgenossen – zumindest mit seinen von Deutschen bewohnten Landesteilen – so selbstverständlich zu Deutschland wie die anderen deutschen Staaten auch.

Für die deutsche liberaldemokratische Nationalbewegung jedoch war die erste Macht Deutschlands problematisch geworden, und zwar wegen

- ihrer Verteidigung konservativer Prinzipien,
- ihres konsequenten Festhaltens an der Einheit des österreichischen Vielvölkerstaates
- und der dadurch bedingten unlösbaren Verbindung ihrer deutschen mit ihren vielen nichtdeutschen Landesteilen.

Die Folgen für die nationalstaatliche Lösung der deutschen Frage waren eindeutig:

Die Schaffung eines großdeutschen Nationalstaates unter Einbeziehung Gesamtösterreichs war wegen seiner vielen nichtdeutschen Landesteile nicht möglich, sondern nur noch dessen Eintritt in einen von der österreichischen Regierung erstrebten *reformierten Bund deutscher Staaten*. In einem solchen – aber immer noch lockeren – neuen Bunde hätte Österreich seine Position als erste deutsche Macht behaupten können.

Dieses österreichische Ziel aber war mit den Prinzipien der deutschen Nationalbewegung nicht zu vereinbaren, weil sie mit losen föderalen Bindungen der deutschen Staaten auf mehr oder weniger konservativer Grundlage nicht mehr zufriedengestellt werden konnte. Um einen politischen Ausweg zu finden, hatte man in der Frankfurter Nationalversammlung den Kompromiß vom engeren Bunde der außerösterreichischen deutschen Staaten entdeckt, der mit Österreich durch einen weiteren Bund verknüpft werden sollte.

Auf diese Weise entstand die *Idee von einem kleindeutschen Reich,* in dem Preußen die Führung zufallen würde. Selbst wenn dieses Kleindeutschland in einen weiteren Bund mit Gesamtösterreich eingetreten wäre, hätte Österreich seine traditionelle Position als erste Macht in Deutschland eingebüßt und an Preußen abtreten müssen. Im Vergleich zu einem fest gefügten kleindeutschen Reich wäre Österreich mit seinen Nationalitätsproblemen auf die Dauer zur politisch schwächeren Macht herabgesunken. Mit einem solchen Ansehens- und Machtverlust konnte und wollte Österreich sich nicht abfinden.

Waren die kleindeutschen Pläne bereits 1849 an der Weigerung FRIEDRICH WILHELMS IV., die Kaiserkrone aus der Hand des Volkes entgegenzunehmen, gescheitert, wurden sie aber anschließend durch die von der preußischen Regierung auf konservativ-dynastischer Grundlage beruhende *kleindeutsche Unionspolitik* wieder aufgenommen.

Als Voraussetzung und in Parallele zu ihr verlief die preußische *Innenpolitik* , indem sie die konservativen Grundlagen des eigenen Staates verstärkte.

Bereits am 30. Mai 1849 hatte FRIEDRICH WILHELM IV. das Dreiklassenwahlrecht[448] erlassen.

Die Abgeordneten der zweiten Kammer sollten von »Wahlmännern in Wahlbezirken« und die »Wahlmänner von den Urwählern in Urwahlbezirken« gewählt werden (§ 1).

Auf »jede Vollzahl von 250 Seelen« war ein Wahlmann zu wählen (§ 4).

Jeder »selbstständige Preuße« mußte das 24. Lebensjahr vollendet haben, im »Vollbesitz der bürgerlichen Rechte«, mindestens 6 Monate ortsansässig und nicht auf »Armenunterstützung« angewiesen sein, um in seiner Gemeinde als »stimmberechtigter Urwähler« auftreten zu können (§ 8).

Die Urwähler wurden »nach Maaßgabe der von ihnen zu entrichtenden direkten Staatssteuern (Klassensteuer, Grundsteuer, Gewerbesteuer) in drei Abtheilungen getheilt, und zwar in der Art, daß auf jede Abtheilung ein Drittheil der Gesamtsumme der Steuerbeträge aller Urwähler« fiel (§ 10).

Die erste Abteilung bestand »aus denjenigen Urwählern, auf welche die höchsten Steuerbeträge bis zum Belaufe eines Drittheils der Gesammtsteuer« fielen. Die zweite Abteilung setzte sich aus »denjenigen Urwählern« zusammen, die die nächst niedrigeren Steuerbeträge bis zur Gränze des zweiten Drittheils« aufbrachten. Die dritte Abteilung bestand »aus den am niedrigsten besteuerten Urwählern, auf welche das dritte Drittheil« entfiel. Ihnen zugerechnet wurden auch jene Urwähler, die keine Steuern bezahlten (§ 12).

Jede Abteilung hatte »ein Drittheil der zu wählenden Wahlmänner« zu wählen (§ 14).

»Der Wahlkommissar« hatte »die Wahlmänner mittels schriftlicher Einladung zur Wahl der Abgeordneten« einzuberufen (§ 27).

Zum Abgeordneten konnte jeder Preuße gewählt werden, der das dreißigste Lebensjahr vollendet hatte, im »Vollbesitz der bürgerlichen Rechte« war und mindestens »ein Jahr lang dem preußischen Staatsverbande« angehört hatte (§ 29).

Die Abgeordneten konnten nur mit absoluter Stimmenmehrheit gewählt werden (§ 30).

Dieses preußische Dreiklassenwahlrecht war ein deutlicher *konservativer Rückschritt* gegenüber dem Frankfurter Reichswahlgesetz vom 27. März 1849. Die Wahlen sollten nämlich nicht mehr direkt, sondern über Wahlmänner erfolgen. Aber viel entscheidender war die einseitige Bevorzugung der besitzenden Klassen, die auf diese Weise gegenüber der ärmeren Bevölkerung die große Mehrheit der Abgeordnetensitz erhielten.

Das neue Wahlrecht erfüllte den ihm von der Regierung zugedachten Zweck.

Es ermöglichte, nachdem der König die zweite Kammer am 27. April 1849 aufgelöst hatte, durch Neuwahl die erwünschte konservative Kammermehrheit, die der von Anfang an vorgesehenen Änderung der oktroyierten Verfassung vom 5. Dezember 1848 (Art. 112) zustimmte. Am 31. Januar 1850 konnte der König die *revidierte preußische Verfassung*[449] verkünden.

In ihrer Präambel wies der König darauf hin, daß die bereits in der Verfassung vom 5. Dezember 1848 angekündigte Verfassungsrevision jetzt »in Uebereinstimmung mit beiden Kammern endgültig festgestellt« worden sei.

Der »Titel I Vom Staatsgebiete« (Art. 1 u. 2) entsprach in seinem Wortlaut der Verfassung vom 5. Dezember 1848, und auch der »Titel II Von den Rechten der Preußen« (Art. 3–42) stimmte weitgehend mit ihr überein.

Die Standesvorrechte blieben aufgehoben. Persönliche Freiheit, Unverletzlichkeit der Wohnung und des Eigentums, Religionsfreiheit, Freiheit von Wissenschaft und Lehre, Meinungs-, Presse-, Versammlungsfreiheit und die Unverletzlichkeit des Briefgeheimnisses wurden anerkannt.

Ausdrücklich wurden ohne Entschädigung aufgehoben:

»1. die Gerichtsherrlichkeit, die gutsherrliche Polizei und obrigkeitliche Gewalt, so wie die gewissen Grundstücken zustehenden Hoheitsrechte und Privilegien;

2. die aus diesen Befugnissen, aus der Schutzherrlichkeit, der früheren Erbunterthänigkeit, der früheren Steuer- und Gewerbe-Verfassung herstammenden Verpflichtungen«. (Art. 42)

Festgeschrieben blieben die Wehrpflicht jedes Preußen und die Volksschulpflicht der Kinder. Die revidierte Verfassung ging sogar etwas ausführlicher als die bisherige auf das Bildungs- und Schulwesen ein, ebenfalls auf Einzelheiten der freien Religionsausübung und der Rechte der Kirchen.

Insgesamt betrachtet, konnte von einer Einschränkung der bisher gewährten bürgerlichen Grund- und Freiheitsrechte keine Rede sein.

Der »Titel III Vom Könige« (Art. 43–59) stimmte ebenfalls überwiegend mit dem Wortlaut der abgelösten Verfassung überein.

Der König war »unverletzlich«, besaß die »vollziehende Gewalt«, den Oberbefehl über das Heer und seine bisher anerkannten Rechte.

Die Minister waren dem König verantwortlich, und seine Regierungsakte bedurften »zu ihrer Gültigkeit der Gegenzeichnung eines Ministers, welcher dadurch die Verantwortlichkeit« übernahm.

Der König konnte wie bisher die Kammern berufen, schließen und auflösen, bekam aber durch die Bestimmung, daß der vorgeschriebene Zeitraum für Neuwahlen von 40 Tagen auf 60 Tage. und für die Neuberufung der Kammern von 60 Tagen auf 90 Tage erhöht wurde (Art. 51), mehr politischen Spielraum.

Auch die Bestimmung, daß bei einer notwendig werdenden Regentschaft nicht mehr die beiden Kammern zur Beratung herangezogen werden mußten, sondern »derjenige volljährige Agnat, welcher der Krone am nächsten steht« die Regentschaft zu übernehmen hatte (Art. 56), stärkte die königliche Position.

»Titel IV Von den Ministern« stimmte im Wortlaut mit der bisherigen Verfassung überein.

Nach »Titel V Von den Kammern« (Art. 62–85) sollte die gesetzgebende Gewalt wie in der bisherigen Verfassung »gemeinschaftlich durch den König und durch zwei Kammern ausgeübt« werden und die »Uebereinstimmung des Königs und beider Kammern... zu jedem Gesetz erforderlich« sein. Hinzugefügt wurde aber, daß »Finanzgesetz-Entwürfe und Staatshaushaltsetats« zuerst der zweiten Kammer zur Beschlußfassung vorgelegt werden mußten (Art. 62).

Lag darin eine gesteigerte Achtung vor der in der zweiten Kammer versammelten eigentlichen Volksvertretung, so blieb demgegenüber das Vetorecht des Königs bei der Gesetzgebung in dem gleichen Maße wie in der bisherigen Verfassung erhalten.

Wie bisher besaßen der König und beide Kammern auch das Gesetzesvorschlagsrecht (Art. 64).

Das in die revidierte Verfassung aufgenommene Notverordnungsrecht des vom König abhängigen Staatsministeriums (Art. 63) enthielt ein gewisses Gleichgewicht zwischen König und Kammern, weil die Verordnungen nicht verfassungswidrig sein durften und alsbald den Kammern zur Genehmigung vorgelegt werden mußten.

Grundlegend im *konservativen Sinne verändert* wurde die *Zusammensetzung der ersten Kammer* (Art. 65).

Ihre Mitglieder waren nicht mehr alle durch die Vertreter der Provinzen, Bezirke und Kreise zu wählen, sondern bestanden fortan aus

- den großjährigen königlichen Prinzen,
- »den Häuptern der ehemals unmittelbaren reichsständischen Häuser«,
- vom König auf Lebenszeit ernannten Personen,
- 90 durch Wahlmännerverfahren ermittelten Mitgliedern aus den Bevölkerungskreisen, »welche die höchsten direkten Steuern zahlen«,
- und 30 von den Gemeindräten zu wählenden »Mitgliedern aus den größten Städten des Landes«.

Diese Bestimmungen machten die erste Kammer teilweise zu einem Instrument

- königlicher Souveränität,
- der Aufrechterhaltung erblicher und ständischer Rechte und Interessen
- und der Bevorzugung der mit größeren Vermögen ausgestatteten Preußen.

Wenige Jahre später (1853/54) wurde die Erste Kammer in konservativem Sinne weiterentwickelt und erhielt die zu ihr passende Bezeichnung »*Herrenhaus*«. Seinem Ansehen entsprach, daß für seine Mitglieder keine Aufwandsentschädigungen vorgesehen waren, weil sie solche offensichtlich unter ihrer Würde liegenden Zuwendungen nicht benötigten, während jene der zweiten Kammer Reisekosten und Diäten erhielten (Art. 84).

Grundlegend *verändert* wurde auch die *Zusammensetzung* der *zweiten Kammer*. Ihre Mitglieder sollten zwar wie bisher durch ein Urwahl- und Wahlmännerverfahren ermittelt werden. Anzuwenden war jetzt aber das durch die Verordnung vom 30. Mai 1849 erlassene Dreiklassenwahlrecht, das auf ein Bevorzugung der vermögenden und besitzenden Bevölkerungsschichten hinauslief (Art. 71 u. 72).

Alle übrigen Bestimmungen über die Wählbarkeit der Abgeordneten, ihre Rechte und Pflichten, die Öffentlichkeit der Sitzungen und die Beschlußfassung mit absoluter Mehrheit blieben in der revidierten Verfassung im wesentlichen unverändert – ebenso die Termine der Einberufung der Kammern durch den König sowie sein Recht auf ihre Eröffnung, Schließung, Vertagung und Auflösung.

Die Verfassungsabschnitte »Titel VI Von der richterlichen Gewalt« (Art. 85–95), »Titel VII Von den Staatsbeamten« (Art. 96 u. 97) und »Titel VIII Von der Finanzverwaltung« (Art. 98–103) stimmten inhaltlich im ganzen fast wörtlich mit der abgelösten Verfassung überein.

Es blieb bei der

- grundsätzlichen Unabhängigkeit der auf Lebenszeit ernannten Richter,
- den grundsätzlich öffentlichen Gerichtsverhandlungen
- und der Einrichtung von Schwurgerichten in Fällen von »mit schweren Strafen bedrohten Verbrechen, bei allen politischen Verbrechen und bei Preßvergehen, welche das Gesetz nicht ausdrücklich ausnimmt«. (Art. 94).

Die in der abgelösten Verfassung in Aussicht gestellte Einrichtung eines einzigen obersten preußischen Gerichtshofes wurde verwirklicht (Art. 92).

Zusätzlich wurde die Möglichkeit aufgenommen, mit Zustimmung der Kammern einen besonderen Schwurgerichtshof zu errichten, der bei »Verbrechen des Hochverraths« und »gegen die innere und äußere Sicherheit des Staates« zuständig sein sollte (Art. 95).

Insgesamt gesehen, wurden die Sicherheitsbedürfnisse des preußischen Rechtsstaates stärker als in der abgelösten Verfassung betont.

In Fragen der Finanzierung des Staates änderte sich nichts. Seine Einnahmen (Steuern) und Ausgaben mußten jährlich im voraus veranschlagt und konnten nur durch ein Gesetz geregelt werden (Art. 99).

Ebenfalls wurde jede zukünftige steuerrechtliche Bevorzugung verboten und für die bestehende Steuergesetzgebung eine Revision mit dem Ziel angekündigt, jede noch bestehende Bevorzugung abzuschaffen (Art. 101).

Im »Titel IX Von den Gemeinden, Kreis-, Bezirks- und Provinzialverbänden« (Art. 105) änderte sich ebenfalls gegenüber der abgelösten Verfassung wenig.

Die weitgehende Selbstverwaltung – insbesondere der Gemeinden – unter staatlicher Oberaufsicht wurde im ganzen beibehalten. Allerdings sollten die »Vorsteher der Provinzen, Bezirke und Kreise« nicht mehr von der Staatsregierung, sondern direkt vom König ernannt werden.

Die in der bisherigen Verfassung vorgesehene Möglichkeit für Städte mit mehr als 30 000 Einwohnern, ihre »polizeilichen Funktionen« auf Staatsorgane übertragen zu können, wurde in der revidierten Verfassung gestrichen. Offensichtlich sollte die Kompetenz für die Sicherheit in den größeren Verwaltungseinheiten von vornherein beim Staat liegen. Nur den Gemeinden wurde zugestanden, daß »nach näherer Bestimmung des Gesetzes durch Gemeindebeschluß eine Gemeinde-Schutz- oder Bürgerwehr errichtet werden« konnte.

Die Tendenz des Obrigkeitsstaates, seine Zügel wieder etwas straffer anzuziehen, wurde auch in den »Allgemeinen Bestimmungen« (Art. 106–110) deutlich, in die ausdrücklich der Satz für das unter dem Oberbefehl des Königs stehende Heer eingefügt wurde: »Eine Vereidigung des Heeres auf die Verfassung findet nicht statt.« (Art. 108)

Auch die Möglichkeit, im Krieg und bei Aufruhr in dringender Gefahr gewisse Grundrechte gesetzlich außer Kraft setzen zu können, wurde leicht erweitert (Art. 111).

Die »Uebergangs-Bestimmungen« (Art. 112–119) stellten unter anderem einige Gesetzesvorhaben, zum Beispiel im Schul- und Unterrichtswesen und im Strafrecht, »das eidliche Gelöbniß des Königs« sowie die Vereidigung der beiden Kammern und der Staatsbeamten auf die revidierte Verfassung in Aussicht.

Wichtig aber waren im Hinblick auf die nach dem Scheitern der Revolution betriebene preußische *Politik der Einigung Deutschlands* folgende Sätze:

> »Sollten durch die für den deutschen Bundesstaat auf Grund des Entwurfs vom 26. Mai 1849 festzustellende Verfassung Abänderungen der gegenwärtigen Verfassung nöthig werden, so wird der König dieselben anordnen und diese Anordnungen den Kammern bei ihrer nächsten Versammlung mittheilen.– Die Kammern werden dann Beschluß darüber fassen, ob die vorläufig angeordneten Abänderungen mit der Verfassung des deutschen Bundesstaates in Uebereinstimmung stehen.« (Art. 118)

Anders als in der der oktroyierten preußischen Verfassung vom 5. Dezember 1848 (Art. 111) bezogen sich diese Sätze allerdings jetzt nicht mehr allgemein auf die »für Deutschland festzustellende Verfassung«, sondern speziell auf die von Preußen geplante *Union der an ihr teilnehmenden deutschen Staaten.*

Besonders wenn man an die Umgestaltung der ersten Kammer und das Dreiklassenwahlrecht denkt, kommt man nicht umhin, in der revidierten preußischen Verfassung vom 31. Januar 1850 einen Schritt zurück in *Richtung* auf den bisherigen *Obrigkeits- und Ständestaat* zu sehen.

Ebenso richtig ist aber auch, daß sie durch die Beibehaltung und Gewährung der individuellen bürgerlichen Grundrechte und die Mitwirkung der Kammern an der Gesetzgebung die *liberaldemokratischen Prinzipien* nicht mehr ignorieren konnte, sondern *einbinden* mußte in eine Verfassung, die sich auf diese Weise weitgehend mit dem königlichen Souveränitätsprinzip zu versöhnen versuchte.

Auch das Ziel einer möglichst umfassenden *nationalstaatlichen Einigung Deutschlands* verlor die revidierte Verfassung nicht aus dem Auge.

War diese Einigung auf der Grundlage der Volkssouveränität in der Revolution 1848/49 gescheitert, so versuchte Preußen jetzt, sie durch Vereinbarung mit den souveränen Herrschern der deutschen Einzelstaaten – also obrigkeitsstaatlich – durchzusetzen. Seine Unionspolitik bezog sich zwar vornehmlich auf die außerösterreichischen deutschen Staaten, blieb dabei *theoretisch* aber immer noch offen für weitergehende Möglichkeiten im *gesamtdeutschen Raum.*

Scheitern der Erfurter Union und Rückkehr zur Ordnung des Deutschen Bundes

Die Initiative in der deutschen *Unionspolitik* Preußens ging besonders auf Pläne von Joseph Maria RADOWITZ zurück, den außenpolitischen Berater des Königs.[451]

Radowitz war schon vor Ausbruch der Revolution davon überzeugt gewesen, daß der Deutsche Bund reformiert werden müsse. Als Abgeordneter der Frankfurter Nationalversammlung war er zu der Erkenntnis gelangt, daß nur Preußen in einem neu zu gründenden deutschen Bundesstaat die Führungsrolle übernehmen könne. Stützen konnte er sich bei dieser Konzeption auf Sympathisanten in preußischen Regierungskreisen, wie etwa Ludolf CAMPHAUSEN, der schon als preußischer Bevollmächtigter bei der deutschen Zentralgewalt in Frankfurt in seiner Zirkulardepesche vom 23. Januar 1849 in Reaktion auf die SCHWARZENBERGsche Deutschlandpolitik ähnliche Vorstellungen entwickelt hatte. Auch Anhänger des von Heinrich VON GAGERN entwickelten Planes vom »engeren« und »weiteren Bunde« und Verfechter der preußisch-erbkaiserlichen Partei begegneten RADOWITZ' Vorstellungen mit Wohlwollen.

Zugute kam ihm ferner sein freundschaftliches Vertrauensverhältnis zu Friedrich Wilhelm IV.

RADOWITZ wurde beherrscht von der Meinung, daß die in der Revolution aufgebrochenen national- und liberaldemokratischen Wünsche nicht einfach unterdrückt werden dürften, sondern versöhnt werden müßten mit jenen konservativen Herrschaftsprinzipien, die FRIEDRICH WILHELM IV. bestimmt hatten, die Revolution und die ihm von ihr angebotene Kaiserkrone abzulehnen. Zugleich sollte sein Plan – ganz im Sinne der konservativen nationalen Grundeinstellung des Königs – keineswegs einem festen Freundschaftspakt der enger zusammengeschlossenen außerösterreichischen deutschen Staaten mit Österreich im Wege stehen.

Die RADOWITZsche Unionspolitik bewegte sich innerhalb der vom bisherigen Bundesrecht gezogenen Grenzen, weil sie mit Zustimmung der einzelstaatlichen Souveräne verwirklicht werden sollte.

Als die österreichische Regierung eine solche politische Entwicklung ablehnte, weil sie durch sie ihre traditionelle Führungsposition in Deutschland zu verlieren befürchtete, kam RADOWITZ ihr entgegen, indem er seine Unionspläne zu einem Interessenverband innerhalb des Deutschen Bundes abzuschwächen versuchte.

Österreich jedoch ließ sich nicht beirren und hielt an seiner bekannten eigenen Deutschlandpolitik fest, mit der ein engerer Bund oder Interessenverband der außerösterreichischen deutschen Staaten nicht zu vereinbaren war.

Immer deutlicher zeigte sich jetzt, daß eine klare Entscheidung in der deutschen Frage auch nach der Überwindung der Revolution durch die *Machtrivalität der beiden deutschen Großstaaten* blockiert wurde.

Der Wunsch auf einen für beide Seiten erträglichen Ausgleich bestand jedoch besonders bei FRIEDRICH WILHELM IV. weiter und sollte sich in dem *Interimsvertrag* zeigen, den beide Mächte im September 1849 anläßlich des Rücktritts Erzherzog JOHANNS von seinem bedeutungslos gewordenen Amt als Reichsverweser schlossen. Der Vertrag erweckte den Eindruck, als ob Österreich und Preußen sich, im Rahmen des alten Bundesrechts bleibend, die Herrschaft in Deutschland teilen wollten

Inzwischen hatte Preußen allerdings erste Erfolge in seiner Unionspolitik zu verzeichnen gehabt, weil es am 26. Mai 1849 das in der revidierten Verfassung (Art. 118) erwähnte Bündnis mit Hannover und Sachsen abschließen konnte.

Dieses *Dreikönigsbündnis* sah die Errichtung eines deutschen Bundesstaates ohne Österreich vor und überließ die Leitung bis zur Verabschiedung einer Verfassung Preußen. Es bedeutete jedoch keine grundsätzliche Abwendung von Österreich, denn man vereinbarte am 28. Mai, an dem Ziel eines Doppelbundes mit dem Kaiserstaate festhalten zu wollen. Im übrigen sollte ein nach dem Klassenwahlrecht zu wählender Reichstag in Erfurt zusammentreten und die Frankfurter Reichsverfassung »im monarchischen und föderativen Sinne« revidieren.[452]

Die preußische Unionspolitik stand in der öffentlichen Meinung auf einer unsicheren Grundlage, denn sie wurde von linken und sozialistischen Kreisen »als Bündnis der Reaktion mit den besitzenden Schichten«[452] abgelehnt. Die durch das Scheitern der Revolution enttäuschten liberaldemokratischen Kreise sahen in ihr zwar skeptisch eine Renaissance obrigkeitsstaatlicher Prinzipien, aber immerhin in dem kleindeutschen Einigungsversuch der Regierungen die Möglichkeit einer Teilerfüllung ihres nationalen Zieles.

Hannover und Sachsen wollten allerdings nur an dem Dreikönigsbündnis festhalten, wenn außer Österreich alle anderen deutschen Staaten der preußischen Unionspolitik zustimmten. Die meisten deutschen Kleinstaaten waren mit ihr einverstanden.

Da aber Bayern sich preußischer Machterweiterung widersetzte und nicht auf die Teilnahme Österreichs an einem deutschen Staatenbund verzichten wollte und Württemberg zögerte, zogen sich auch Sachsen und Hannover aus ihrem Bündnis mit Preußen zurück, nachdem sie den preußischen Vorschlag, die Wahlen zum geplanten Unionsparlament auf den Januar 1850 festzulegen, abgelehnt hatten.

Sie schlossen sogar, sich jetzt der konkurrierenden österreichischen Deutschlandpolitik anschließend, am 27. Februar 1850 zusammen mit Bayern und Württemberg ein Bündnis mit Wien, das die Einbeziehung Gesamtösterreichs in einen deutschen Bund vorsah.

Während sich die Sympathien der mittelgroßen deutschen Staaten mehrheitlich Österreich zuneigten, verfolgte Preußen unter Radowitz' maßgeblichem Einsatz unbeirrt sein kleindeutsches Einigungsziel auf obrigkeitsstaatlicher Grundlage. Eine grundsätzliche Ausgliederung Österreichs aus Deutschland wurde auch jetzt nicht angestrebt, denn man wollte an dem »Doppelbund« mit Österreich festhalten und ihm durch die staatliche Einigung der außerösterreichischen deutschen Staaten lediglich den Verzicht auf seine bisherige Position als deutsche Vormacht zumuten, diesen aber so erträglich wie möglich gestalten.

Man sollte angesichts dieser *konkurrierenden* politischen Entwicklung stets im Auge behalten, daß die auseinandergehenden österreichischen und preußischen Deutschlandpläne formalrechtlich beide durch das bisherige Bundesrecht *legitimiert* waren; denn sowohl die Deutsche Bundesakte von 1815 (Art. 6) als auch die Wiener Schlußakte von 1820 (Art. 4) erlaubten Veränderung und Fortentwicklung der politischen Grundlagen des Deutschen Bundes. Nachdem beide Großmächte die Revolution, die den Deutschen Bund durch einen demokratischen Nationalstaat hatte ersetzen wollen, besiegt hatten, beriefen sie sich auf die *alte Ordnung*, um auf ihrer Grundlage das nicht mehr aufschiebbare Problem einer Bundesreform und zugleich die deutsche Frage in ihrem Sinne zu lösen.

Die *Konzeptionen* beider Mächte zur *Lösung* der *deutschen Frage schlossen sich* allerdings *gegenseitig aus.*

Der österreichische Lösung mit einer großen mitteleuropäischen Föderation deutscher Staaten unter Einbeziehung Gesamtösterreichs schien zwar der österreichischen Großmacht glänzende Aussichten zu eröffnen, aber widersprach den zeitgenössischen nationalen Einigungsbestrebungen der Deutschen und der nichtdeutschen Völker.

Man denke nur an die deutlichen Aussagen der nichtdeutschen österreichischen Reichstagsabgeordneten in Wien und Kremsier. Und außerdem widersprach sie den Machtinteressen der anderen deutschen Großmacht Preußen.

Auf europäischer Ebene konnte sich Österreich in seiner Deutschlandpolitik auf Rußland stützen, mit dessen militärischer Hilfe es erst im Oktober 1849 den revolutionären ungarischen Unabhängigkeitskampf überwunden hatte. Der Zar sympathisierte mit der von Österreich anvisierten mitteleuropäischen Staatenföderation, weil sie seinen konservativen Prinzipien eher entsprach als die in seinen Augen zu sehr den revolutionären Zielen nahestehende preußische Unionspolitik.

Die von Preußen angestrebte Lösung durch eine kleindeutsche Union durchkreuzte die österreichische Deutschlandpolitik.

Sie enttäuschte zwar auch die Maximalforderungen der nationalliberalen Zeitgenossen, aber sie kam ihnen wenigstens teilweise durch die Vereinigung der außerösterreichischen deutschen Länder entgegen und erstrebte zwischen ihnen und Gesamtösterreich ein festes Bündnis.

Nur der ganz überwiegend von Deutschen bewohnte und in Deutschland gelegene Staat Preußen schien trotz der ihm in manchen deutschen Regionen gezeigten Abneigung geeignet zu sein, diese Lösung der deutschen Frage herbeizuführen.

Schon bevor die preußische Unionspolitik in ihr akutes Stadium trat, war ein *österreichisch-pr eußischer Zusammenstoß* vorauszusehen, von dem die Entscheidung über die tatsächliche Weiterentwicklung der deutschen Frage abhängen würde.

Vorerst aber kam es zur Bildung eines *Erfurter Unionsparlaments,* in dem jene deutschen Staaten vertreten waren, die sich der preußischen Unionspolitik angeschlossen hatten.

Es bestand aus zwei Kammern,

- dem Staatenhaus, dessen Mitglieder von den Regierungen entsandt wurden,
- und der Volksvertretung mit 222 Abgeordneten, die nach dem Dreiklassenwahlrecht ermittelt worden waren.

An den am 31. Januar 1850 durchgeführten Parlamentswahlen hatten sich die Königreiche Bayern, Württemberg, Sachsen und Hannover nicht beteiligt, weil sie inzwischen die österreichische Deutschlandpolitik befürworteten, was zu ihrem schon erwähnten Bündnis vom 27. Februar 1850 mit Österreich führte.

Im Erfurter Parlament waren daher außer Preußen die wichtigsten anderen deutschen Staaten nicht vertreten, wohl allerdings so bedeutende Männer wie Ludolf CAMPHAUSEN, Heinrich VON GAGERN und Eduard Simson, die bereits in der Frankfurter Nationalversammlung eine hervorragende Rolle gespielt hatten und jetzt auf eine Teilerfüllung ihrer bisher enttäuschten Wünsche hofften.

Ein in Berlin zur Leitung der Union zusammengetretener provisorischer Verwaltungsrat übermittelte dem am 20 März 1850 in Erfurt zusammengetretenen Parlament einen weitgehend an die Frankfurter Reichsverfassung angelehnten

Reichsverfassungsentwurf und fügte eine »Additionalakte« bei, die für den angestrebten Bund den Namen »*Deutsche Union*« und für die Volksvertretung den Namen »*Parlament der Deutschen Union*« festlegte. Zwischen dem 13. und 17. April 1850 wurde der vorgelegte Verfassungsentwurf gegen eine konservative Opposition, der der junge Otto VON BISMARCK angehörte, mit einigen konservativen Änderungen schnell angenommen.

Die *Erfurter Unionsverfassung*[453] begann wie die Frankfurter Reichsverfassung mit dem »Abschnitt I. Das Reich« (§§ 1–5) und bestimmte:

> »Das Deutsche Reich besteht aus dem Gebiete derjenigen Staaten des bisherigen Deutschen Bundes, welche die Reichsverfassung anerkennen. Die Festsetzung des Verhältnisses Oesterreichs zu dem Deutschen Reiche bleibt gegenseitiger Verständigung vorbehalten.« (Art I, § 1)

Die Bestimmungen über bestehende Verbindungen deutscher Länder mit nichtdeutschen blieben unverändert (Art. II, §§ 2–5).

Der wichtigste Unterschied gegenüber der Frankfurter Reichsverfassung bestand darin, daß nur die außerösterreichischen deutschen Bundesstaaten von der Erfurter Unionsverfassung erfaßt werden sollten.

Theoretisch hätten damit auch Ost- und Westpreußen und Teile der Provinz Posen einbezogen werden müssen, weil sie von der Deutschen Bundesversammlung unter dem Eindruck der Revolution im April und Mai 1848 in den Deutschen Bund aufgenommen worden waren. Aber ihre Einbeziehung war praktisch nach der Niederlage der Revolution nicht mehr zu erwarten und wurde auch am 3. Oktober 1851 durch die Erklärung der Frankfurter Bundesversammlung, daß sie nicht zum Deutschen Bund gehörten, ausgeschlossen.

Ganz in diesem Sinne gedachte die Erfurter Verfassung ebenfalls nicht mehr der Regelung des Verhältnisses zum Herzogtum Schleswig.

Österreich allerdings sollte *nicht gänzlich von Deutschland getrennt* werden, weil eine »Verständigung« über sein Verhältnis zum Deutschen Reich »vorbehalten« blieb.

➢ »Abschnitt II. Die Reichsgewalt« (§§ 6–64) sicherte, gleichlautend mit der Frankfurter Reichsverfassung, das zu schaffende Reich als politische Einheit gegenüber dem Auslande ab (Art. I, § 6).

Im Gegensatz zu ihr sprach sie aber den einzelnen deutschen Regierungen nicht schlichtweg das Recht ab, »ständige Gesandte zu empfangen oder solche zu unterhalten«, sondern betonte, ihre Souveränität grundsätzlich achtend, daß sie dieses Recht »auf die Reichsgewalt übertragen« hätten (§ 7).

Ihr Recht, mit anderen deutschen Staaten Verträge abzuschließen, wurde anerkannt. Vertragsabschlüsse »mit nichtdeutschen Regierungen« wurden über die in der Frankfurter Reichsverfassung genannten konkreten Gegenstände hinaus allgemein erweitert zu allen solchen, »die nicht der Zuständigkeit der Reichsgewalt zugewiesen« waren (§ 8).

Gleichlautend mit der Frankfurter Reichsverfassung, blieb die Pflicht der deutschen Regierungen erhalten, alle von ihr geschlossenen Verträge der Reichsgewalt mitzuteilen (§ 9).

Ebenso verblieb allein der Reichsgewalt das Recht »des Krieges und Friedens«. (Art. II, § 10) Ihr stand »die bewaffnete Macht des Reiches zur Verfügung«, und zwar nicht nur wie bisher im Krieg, sondern auch »in Fällen nothwendiger Sicherheitsmaßnahmen im Frieden«. (§ 11)

Die übrigen Regelungen über das Heerwesen (§§ 12–19) stimmten im wesentlichen mit jenen der Frankfurter Reichsverfassung überein.

Allerdings wurde nicht mehr allgemein der »Fahneneid« verlangt, der jeden Heeresangehörigen »zur Treue gegen das Reichsoberhaupt und die Reichsverfassung« verpflichtete, sondern die Pflicht, »dem Reichsvorstande und der Reichsverfassung den Eid der Treue« zu leisten (§ 14), wurde auf die Führungsebene des ernannten Feldherrn sowie der Generale, Gouverneure, Kommandanten und höheren Festungsbeamten eingeschränkt. Ob darin eine Abwendung vom demokratischen Gedanken eines Volksheeres zu sehen war, bleibe dahingestellt.

Im übrigen glichen die Bestimmungen der Erfurter Unionsverfassung (Art. V–XIV, §§ 24–64), die

- das Verkehrswesen,
- die deutsche Wirtschaft,
- das Zoll-, Post- und Münzwesen,
- die Reichssteuern,
- die Gerichtsbarkeit,
- den Schutz der den Bürgern zugestandenen Rechte,
- den Vorrang der Reichsgesetze gegenüber einzelstaatlicher Gesetzgebung

betrafen, teils wörtlich, teils in geringfügiger Abänderung den entsprechenden Formulierungen der Frankfurter Reichsverfassung.

Wie die Frankfurter Reichsverfassung berücksichtigte auch die Erfurter Unionsverfassung die aktuelle wirtschaftliche und technische Weiterentwicklung, um ein funktionierendes, die innerstaatlichen Grenzen überwindendes deutsches Gemeinwesen zu ermöglichen.

➢ »Abschnitt III. Das Reichsoberhaupt« (§§ 65–82) unterschied sich grundlegend von jenem der Frankfurter Reichsverfassung.

Das neue Reich sollte geführt werden »von einem Reichsvorstande an der Spitze eines Fürsten-Kollegiums«, und seine »Würde« sollte »mit der Krone von Preußen verbunden« werden (Art. I, §§ 65 u. 66).

Das Fürstenkollegium, dem der preußische König vorsaß, bestand »aus 6 Stimmen« (§ 67):

1. Preußen,
2. Bayern,
3. Württemberg, Baden, beide Hohenzollern,

4. Sachsen, die sächsischen Herzogthümer, Reuß, Anhalt, Schwarzburg,
5. Hannover, Braunschweig, Oldenburg, Mecklenburg, Holstein, die Hansestädte,
6. Kurhessen, Hessen-Darmstadt, Nassau, Hessen-Homburg, Luxemburg und Limburg, Waldeck, Lippe-Detmold, Schaumburg-Lippe, Frankfurt.

»Der Reichsvorstand« sollte »während der Dauer des Reichstages am Sitze der Reichs-Regierung residiren«. Der Reichsvorstand übte »die ihm übertragene Gewalt durch verantwortliche, von ihm ernannte Minister aus«, die seine Regierungshandlungen gegenzuzeichnen und dadurch für sie die Verantwortung zu übernehmen hatten. (Art. II, §§ 68–70).

Der Reichsvorstand vertrat das Reich und seine Einzelstaaten völkerrechtlich und besaß wie bisher das Recht der Kriegserklärung, des Friedensschlusses und des Bündnisses mit fremden Staaten unter Mitwirkung des Reichstages. Außerdem konnte er wie bisher den Reichstag einberufen und schließen und das Volkshaus auflösen.

Das Fürstenkollegium hatte »unter dem Vorsitz des Reichsvorstandes, oder in dessen Verhinderung unter dem Vorsitze Bayerns. . . das Recht des Gesetzesvorschlages« und übte »die gesetzgebende Gewalt in Gemeinschaft mit dem Reichstage unter den verfassungsmäßigen Beschränkungen aus«. Der Reichsvorstand hatte die Reichsgesetze zu verkünden und die entsprechenden Exekutivverordnungen zu erlassen.

Er hatte das Begnadigungs- und Strafminderungsrecht, die Pflicht zur Wahrung des Reichsfriedens und die Verfügung über die bewaffnete Macht. Er hatte »in allen Angelegenheiten des Reiches nach Maßgabe der Reichs-Verfassung die Regierungs-Gewalt, »welche derselbe nach § 76 als Theilhaber an der gesetzgebenden, unter Zustimmung und in Verbindung mit dem Fürsten-Kollegium, ausübt«. (Art. III, §§ 71–82)

Die Rechte und Aufgaben des *Reichsvorstandes* der Erfurter Unionsverfassung hatte in der Frankfurter Reichsverfassung der Kaiser besessen, der »die gesetzgebende Gewalt« lediglich »in Gemeinschaft mit dem Reichstage« ausübte. Der Erfurter Reichsvorstand war darüber hinaus *an die Zustimmung eines Fürstenkollegiums* gebunden. In dieser Bindung lag ein wesentliches konservatives Zugeständnis an die Souveränität der Unionsfürsten.

➢ »Abschnitt IV. Der Reichstag« (§§ 83-122) definierte dessen Wesen und Rechte.

Wie in der Frankfurter Reichsverfassung bestand er »aus zwei Häusern, dem Staatenhaus und dem Volkshaus« (Art. I, § 83)

Das *Staatenhaus* wurde wie bisher gebildet »aus den Vertretern der deutschen Staaten« (Art. II, § 84); aber: »Solange die Deutsch-Oesterreichischen Lande an dem Bundesstaate nicht Theil nehmen«, erhielten die das Staatenhaus bildenden Teilnehmer folgende unterschiedlichen Mitgliederzahlen (§ 85):

- Preußen 40,
- Bayern 20,
- Sachsen, Hannover, Württemberg je 12,
- Baden 10,
- Kurhessen und Großherzogtum Hessen je 7,
- Holstein 6,
- Mecklenburg-Schwerin und Nassau je 4,
- Luxemburg-Limburg 3,
- Braunschweig, Oldenburg, Sachsen-Weimar, Hamburg je 2,
- Sachsen-Coburg-Gotha, Sachsen-Meiningen-Hildburghauses, Sachsen-Altenburg, Mecklenburg-Strelitz, Anhalt-Dessau, Anhalt-Bernburg, Anhalt-Köthen, Schwarzburg-Sondershausen, Schwarzburg-Rudolstadt, Hohenzollern-Hechingen, Lichtenstein, Hohenzollern-Sigmaringen, Waldeck, Reuß ältere Linie, Reuß jüngere Linie, Schaumburg-Lippe, Lippe-Detmold, Hessen-Homburg, Lauenburg, Lübeck, Frankfurt, Bremen je 1.

Die Gesamtzahl der Mitglieder betrug 167.

Die für die Entsendung der Mitglieder bestehenden Modalitäten blieben gegenüber der Frankfurter Reichsverfassung fast unverändert (§§ 86–90).

Die Mitglieder des *Volkshauses* waren wie bisher »Abgeordnete des deutschen Volkes« und sollten nach den Vorschriften des Reichswahlgesetzes gewählt werden (Art. III, §§ 91 u. 92).

Die in diesem festgelegte gleiche und direkte Wahl war ein demokratisches *Zugeständnis*.

Auch die Bestimmungen über die an die Abgeordneten zu zahlenden Tagegelder, das Verbot einer Doppelmitgliedschaft in beiden Häusern des Reichstages und der Befolgung von Instruktionen stimmten mit der Frankfurter Reichsverfassung überein (Art. IV, §§ 93–95). Desgleichen die Bestimmungen über die Beschlußfähigkeit, das Gesetzesvorschlagsrecht und die Notwendigkeit der Übereinstimmung beider Häuser bei der Verabschiedung von Gesetzen (Art. V, §§ 96-98).

Ein wichtiger Unterschied, der die in der Frankfurter Reichsverfassung berücksichtigte *Volkssouveränität zugunsten obrigkeitsstaatlicher Prinzipien* aufhob, war in der Erfurter Unionsverfassung folgende Bestimmung:

»Ein Reichsbeschluß kann nur durch Uebereinstimmung beider Häuser einerseits, so wie des Reichsvorstandes und Fürsten-Collegiums andererseits, gültig zu Stande kommen.«

Die in der Frankfurter Reichsverfassung vorgesehene Möglichkeit, daß ein Gesetzesvorschlag gegen den Willen der Reichsregierung zum Gesetz werden konnte, wenn die Abgeordneten »mit dem Schlusse des dritten Reichstages« ihren Gesetzesvorschlag unverändert beibehalten hatten, entfiel künftig.

Zwar sollten Gesetzesvorlagen, die den Reichshaushalt betrafen, auch in der Erfurter Unionsverfassung zuerst dem Volkshaus zugeleitet werden; aber ihm wurde der entscheidende Einfluß auf die endgültige Verabschiedung des Reichshaushaltes dadurch entzogen, daß es im Gegensatz zur Frankfurter Reichsverfassung an die »Uebereinstimmung« mit dem Staatenhaus gebunden blieb (§§ 99–101).

Unverändert oder fast gleichlautend mit der Frankfurter Reichsverfassung blieben die Regelungen über

- den Tagungsort, die Tagungstermine, die Vertagung des Reichstages und die Auflösung des Volkshauses (Art. VI, §§ 102–107),
- die Bestimmungen über Organisation und Geschäftsordnung des Reichstages (Art. VII, §§ 108–114),
- die Immunität der Reichstagsabgeordneten (Art. VIII, §§ 115–118)
- und das Recht bzw. die Pflicht der Reichsminister, den Verhandlungen des Reichstages beizuwohnen (Art. IX, §§ 119–122).

Insgesamt gesehen, übernahm die Erfurter Unionsverfassung viele liberale Bestimmungen der Frankfurter Reichsverfassung für die Wahl, die Zusammensetzung, die Rechte des Reichstages und die Immunität seiner Abgeordneten. Sie billigte aber *nicht das Prinzip der Volkssouveränität*; denn sie versagte der Volksvertretung die letztliche Alleinentscheidung über Gesetzesvorschläge.

In der Frage der nationalen deutschen Einheit vertrat sie zwar *kleindeutsche Ziele*, aber sie schlug ausdrücklich eine spätere *modifizierte Beteiligung Österreichs* an einem ganz Deutschland umfassenden Staatenverbande nicht aus.

➢ Auch die Bestimmungen über die Schaffung und die Kompetenz einer Reichsgerichts (»Abschnitt V. Das Reichsgericht«, §§ 123–127) wurden fast wörtlich von der Frankfurter Reichsverfassung übernommen, wenn man von einigen Änderungen zugunsten einzelstaatlicher Gerichte und des Reichsfiskus absieht.

➢ Im »Abschnitt VI. Die Grundrechte des deutschen Volkes« (§§ 128–186) gewährleistete die Erfurter Unionsverfassung den Deutschen ihre *Grundrechte* und schrieb sie den Verfassungen der Einzelstaaten als Norm vor, allerdings mit dem bezeichnenden Zusatz, daß sie »ihre Anwendung auf deren besondere Verhältnisse in den Gesetzgebungen dieser Staaten« fänden (§ 128), während die Frankfurter Reichsverfassung lapidar erklärt hatte: ». . . keine Verfassung oder Gesetzgebung eines deutschen Einzelstaates soll dieselben je aufheben oder beschränken können«. Die Formulierung in der Erfurter Unionsverfassung erlaubte jedoch den deutschen Einzelstaaten *Variationsmöglichkeiten* bei der Umsetzung der Grundrechte in die politische Wirklichkeit.

Die meisten der in der Frankfurter Reichsverfassung proklamierten Grundrechte wurden von der Erfurter Unionsverfassung unverändert übernommen. Es gab aber einige mehr oder weniger gravierenden *Abweichungen*:

So blieb zwar die Aufhebung der Standesunterschiede bestehen, aber der »Adel als Stand« und die nicht mit einem Amt verbundenen »Titel« wurden nicht mehr grundsätzlich abgeschafft und verboten (Art. II, § 135).

Im Zusammenhang mit der Unverletzlichkeit der Freiheit der Person wurde die teilweise Aufhebung der Todesstrafe nicht mehr erwähnt (Art. III, § 137).

Durfte die »Preßfreiheit« in der Frankfurter Reichsverfassung »unter keinen Umständen und in keiner Weise durch vorbeugende Maaßregeln... suspendirt und aufgehoben werden«, verzichtete die Erfurter Unionsverfassung auf einen solchen Satz. Sie verbot zwar auch die Zensur, aber kündigte »zur Wahrung der öffentlichen Sicherheit und der Rechte Dritter« ein entsprechendes Reichsgesetz an (Art. IV, § 141).

Die Bestimmungen über die Religionsfreiheit (Art. V, §§ 142–149),

die Freiheit von Wissenschaft und Lehre und das Unterrichts- und Erziehungswesen (Art. VI, §§ 150-158)

sowie das Beschwerderecht (Art. VII, §§ 157 u. 158)

blieben gegenüber der Frankfurter Reichsverfassung fast gleich.

Bei dem Versammlungsrecht (Art. VIII, §§ 159-161) wurde aber der Satz eingefügt: »Die Ausübung der... festgestellten Rechte soll zur Wahrung der öffentlichen Sicherheit durch das Gesetz geregelt werden.« (§ 160)

Auch die Bestimmungen über die Unverletzlichkeit des Privateigentums (Art. IX, §§ 162–173) blieben fast unverändert, wenn man davon absieht, daß fortan für die aufgehobene »Jagdgerechtigkeit auf fremdem Grund und Boden« die Landesgesetzgebung über eine mögliche Entschädigung zu befinden hatte (§ 167).

Die Bestimmungen über die Gerichtsbarkeit (Art. X, §§ 172–183) wurden ebenfalls von der Frankfurter Reichsverfassung übernommen, allerdings mit dem Unterschied, daß die Militärgerichtsbarkeit sich für die »Militair-Personen« nicht mehr nur auf militärische Verbrechen und Vergehen, sondern allgemein auf die von ihnen begangenen Delikte erweitert wurde (§ 174).

Das Grundrecht der Gemeindeselbstverwaltung (Art. XI, §§ 182 u. 183),

die Verfassungsverpflichtung für jeden deutschen Einzelstaat (Art. XII, §§ 184 u. 185)

und das Recht des Staatsbürgers auf den Schutz des Reiches im Ausland (Art. XIII, §§ 186 u. 187)

wurden von der Frankfurter Reichsverfassung sachlich unverändert übernommen.

➢ Im »Abschnitt VII. Die Gewähr der Verfassung« (§§ 188–195) wurde der Treueid, den in der Frankfurter Reichsverfassung der Kaiser gegenüber dem Reich, den Rechten des Deutschen Volkes und der Verfassung abzulegen hatte, in gleichlautender Formulierung vom »Reichsvorstand« verlangt. Darüber hinaus hatten die »Bevollmächtigten zum Fürsten-Kollegium« den gleichen Eid zu schwören; allerdings ohne das Versprechen, der gewissenhaften Vollziehung, weil sie keine Reichsexekutivgewalt besaßen (Art. I, § 188).

Die Eidespflicht für Reichsbeamte, die Ankündigung eines Gesetzes über die Ministerverantwortlichkeit und die Bindung der einzelstaatlichen Verfassungen an die Reichsverfassung blieben im Wortlauf der Frankfurter Reichsverfassung bestehen (§§ 189–191). Unverändert wurde auch die Pflicht übernommen, daß die Verfassung und die Gesetze der deutschen Einzelstaaten nicht im Gegensatz zur Reichsverfassung stehen durften (Art. II, §§ 192 u. 193).

Eine Änderung gegenüber der Frankfurter Reichsverfassung bestand in der Erfurter Unionsverfassung darin, daß Verfassungsänderungen nicht nur des Beschlusses »beider Häuser« und der Zustimmung »des Reichsoberhauptes« bedurften, sondern »nur durch einen Beschluß beider Häuser und mit Zustimmung sowohl des Reichsvorstands als des Fürsten-Kollegiums erfolgen« konnten (Art. III, § 194).

Die in dieser Verfassungsbestimmung liegende grundsätzliche Berücksichtigung fürstlicher Souveränität wurde noch dadurch verstärkt, daß die in der Frankfurter Reichsverfassung vorgesehene Möglichkeit des Reichstages, nach seinem dreimaligen gleichgebliebenen Beschluß, diesen gegenüber dem Reichsoberhaupt durchzusetzen, selbstverständlich in der Erfurter Unionsverfassung entfiel.

Für den Fall »des Krieges oder Aufruhrs« sah sie wie die Frankfurter Reichsverfassung ebenfalls Maßnahmen zur Außerkraftsetzung von Grundrechten vor, die allerdings ebenfalls dem Reichstag schnell zur Genehmigung vorgelegt werden mußten. Aber die Anzahl der betroffenen »Grundrechte über Verhaftung, Haussuchung und Versammlungsrecht« wurden in der Erfurter Unionsverfassung auf »Gerichtsstand« und »Presse« erweitert (Art. IV, § 195).

Betrachtet man die *Erfurter Unionsverfassung als ganze*, erkennt man in ihr sowohl ein deutliches *Festhalten an dem Prinzip fürstlicher Souveränität* und ein verstärktes Bestreben, diese gegenüber liberaldemokratischen Prinzipien zu behaupten, als auch ein Bemühen, jenen bis zu einem gewissen Grade entgegenzukommen.

Man darf in ihr nach der Überwindung der Revolution durch den Obrigkeitsstaat einen Versuch sehen, den eben dieser unternahm, um zu einem *Kompromiß* zwischen seinen konservativen und den ihnen entgegenstehenden modernen liberaldemokratischen Prinzipien zu gelangen.

Gleichzeitig konnte die Unionsverfassung als Versuch gewertet werden, wenigstens die *kleindeutsche* staatliche *Einheit* durch Verständigung der Regierungen herbeizuführen.

Preußen als die zweite deutsche Großmacht neben Österreich fühlte sich zu diesem Versuch berufen, weil Österreich wegen der Einheitspolitik in seinem Vielvölkerstaat dazu nicht fähig war.

Daß die Erfurter Unionsverfassung ebenso wie die Frankfurter Reichsverfassung politische Theorie blieb und keine Chance besaß, jemals verwirklicht zu werden, lag im wesentlichen an dem Fortbestand des unüberbrückbaren Gegensatzes der beiden deutschen Großmächte mit ihren jeweiligen Verbündeten und Sympathisanten innerhalb der deutschen Staatenwelt. Von Anfang an hatte die Unionspolitik Preußens auf tönernen Füßen gestanden, weil selbst die neben Preußen wichtigsten deutschen Teilnehmerstaaten sich ihr unter dem Einfluß Österreichs versagten.

Bei dieser Einschätzung waren mögliche Reaktionen der außerdeutschen europäischen Großmächte auf die angestrebte Lösung der deutschen Frage noch nicht einmal berücksichtigt worden. Diese würden nämlich gegebenenfalls nicht nur ihr individuelles Staatsinteresse geltend gemacht haben, sondern hätten sich sogar auf ein gewisses Mitspracherecht berufen können, wenn sie sich auf die Tatsache stützten, daß die Deutsche Bundesakte ein Teil der von den europäischen Staaten 1815 in Wien unterschriebenen Kongreßakte war und somit zu dem von allen geschaffenen europäischen Staatensystem gehörte. Es hätte sich erst zeigen müssen, ob die von den Staaten des Deutschen Bundes 1820 eigenständig verabschiedete »Wiener Schlußakte« zur Abwehr europäischer Mitspracheforderungen ausgereicht haben würde.

Für »die europäischen Großmächte war der RADOWITZ-Plan nicht vorbehaltlos annehmbar. Zwar weckte die Unionspolitik in London wohlwollendes Interesse, weil sie auf ein konstitutionelles Deutschland in den Grenzen des Zollvereins hinauszulaufen schien; ein von Preußen beherrschtes Deutschland als politisch und wirtschaftlich liberaler Staat entsprach englischen Wunschvorstellungen. Aber man erwartete in England, daß Preußen rasch und entschlossen handelte und einen kriegerischen Konflikt mit Österreich unbedingt vermied. Am Jahresende 1849 war absehbar, daß es eine solche Entwicklung nicht geben werde. Rußland hingegen verurteilte den RADOWITZ-Plan von Anfang an ganz entschieden, weil er aus russischer Sicht die Politik der Paulskirche fortsetzte und auf der Grundannahme basierte, daß das europäische Vertragswerk von 1814/15 als Folge der Revolution von 1848 seine Geltung verloren habe. Österreich sekundierte Rußland und nutzte dabei geschickt die Tatsache, daß der Plan des 70-Millionen-Reiches mit den Verträgen vereinbar zu sein schien. Frankreich widerstrebte jeder Veränderung in Mitteleuropa, sofern sie nicht Territorialgewinne für den eigenen Staat mit sich brachte«.[454]

Diese politische Einschätzung des möglichen Verhaltens der europäischen Großmächte war gewiß zutreffend, soweit sie Rußland und Österreich betraf. Frankreich, das an seiner Ostgrenze jahrhundertelang auf eine zur Expansion einladende mehr oder weniger unterlegene deutsche Staatenwelt im Rahmen eines immer brüchiger werdenden Heiligen Römischen Reiches Deutscher Nation zu blicken gewohnt war, konnte nur der natürliche Gegner staatlicher Einheitsbestrebungen in Deutschland sein. Nicht zufrieden mit der 1815 behaupteten Herrschaft im Elsaß und in Erinnerung an die Annexionen und die Hegemonie NAPOLEONS I., hatte es bereits 1840 weitere Annexionsgelüste geäußert.

Das englische Wohlwollen gegenüber der Entwicklung der deutschen Frage bezog sich selbstverständlich auf die ihr innewohnende liberale Komponente, konnte aber, wie sich bereits im Herbst 1848 in der Frage der Herzogtümer nördlich der Elbe gezeigt hatte, sofort in eine kritische bis ablehnende Haltung umschlagen, wenn englische Machtinteressen bedroht wurden. Solange die preußische Unionspolitik sich kriegerischer Auseinandersetzungen zur Schaffung einer einheitlichen Machtkonzentration im gesamtdeutschen Raum enthielt und englische Interessen nicht berührte, war von London keine Störung zu erwarten.

Die *Gefahr eines deutsch-deutschen Krieges* ergab sich aber bereits im September 1850 in Zusammenhang mit einem Verfassungskonflikt im Kurfürstentum Hessen.

Nach der kurhessischen Verfassung vom 5. Januar 1831 hatte die Ständeversammlung die Verantwortung für den Staatsetat.

Die entscheidende Bestimmung (§ 143) lautete:

> »Ohne landständische Bewilligung kann vom Jahre 1831 an weder in Kriegs- noch in Friedenszeiten eine direkte oder indirekte Steuer, so wenig, als irgend eine sonstige Landes-Abgabe, sie habe Namen, welche sie wolle, ausgeschrieben oder erhoben werden. . .«[455]

Um gegen die neue Regierung HASSENPFLUG zu protestieren, weil diese sich der österreichischen Deutschlandpolitik zuwandte, versagte die kurhessische Ständeversammlung dem vorgeschlagenen Staatshaushalt ihre Zustimmung. Der Kurfürst reagierte darauf mit einer Steuernotverordnung. Obwohl diese aber zweimal vom Kasseler Oberappellationsgericht für verfassungswidrig erklärt wurde, verhängte er, um sich gegen die Ständeversammlung durchzusetzen, für sein Land den Kriegszustand und ersuchte gleichzeitig den Deutschen Bundestag in Frankfurt um Intervention.

Österreich hatte zur Durchkreuzung der preußischen Unionspolitik am 2. September 1850 als Präsidialmacht des Deutschen Bundes die Sitzung des Engeren Rates der Deutschen Bundesversammlung einberufen. An ihr nahmen die süddeutschen Königreiche und andere Sympathisanten Österreichs teil, während Preußen mit seinen Anhängern fernblieb. So folgte der Bund unter dem Einfluß Österreichs dem Ersuchen des Kurfürsten und ließ bayerische Truppen in das Kurfürstentum einmarschieren, während Preußen gleichzeitig seine Streitkräfte mobilisierte, um den Widerstand der kurhessischen Bevölkerung gegen ihren Landesfürsten mit Truppen zu unterstützen und die preußische strategische Position in Deutschland zu sichern.

Der innerdeutsche Krieg schien bevorzustehen, nachdem preußische und bayerische Truppen bereits aufeinandergestoßen waren. Und weil Rußland hinter Österreich stand, drohte eine europäische Ausweitung des innerdeutschen Konflikts.

Der Friede blieb jedoch erhalten, weil Preußen nachgab.

Am 29. November 1850 unterzeichneten der österreichische Ministerpräsident Fürst SCHWARZENBERG und der mit der Außenpolitik betraute preußische Minister Theodor Freiherr VON MANTEUFFEL in der mährischen Stadt Olmütz ein Übereinkommen, das als *»Olmützer Punktation«*[456] nicht nur das Ende der preußischen Unionspolitik einleitete, sondern die gesamte deutsche Frage auf ihren vorrevolutionären Stand zurückführte.

Die Regierungen Österreichs und Preußens erklärten, »daß es in ihrer Absicht liege, die endliche und definitive Regulirung der Kurhessischen und der Holsteinischen Angelegenheit durch die gemeinsame Entscheidung aller deutschen Regierungen herbeizuführen«. (§ 1)

Je ein von Österreich und seinen Verbündeten und von Preußen und seinen Verbündeten ernannter »Commissär« sollte die »Cooperation« aller deutschen Regierungen sicherstellen (§ 2).

Damit in Kurhessen und in Holstein »ein gesetzmäßiger, den Grundgesetzen des Bundes entsprechender und die Erfüllung der Bundespflichten möglich machender Zustand hergestellt werde«, kamen Österreich und Preußen überein,

a) daß Preußen »der Action der von dem Kurfürsten herbeigerufenen Truppen kein Hinderniß entgegen stellen« werde und mit Zustimmung des Kurfürsten ein kurhessisches und ein preußisches Bataillon »in Cassel verbleiben« sollten, »um die Ruhe und Ordnung zu erhalten«,

b) daß österreichische und preußische Kommissare in Holstein von der dortigen »Statthalterschaft« die Einstellung der Feindseligkeiten und die Zurückziehung ihrer Truppen hinter die Eider verlangen und im Weigerungsfalle eine gemeinschaftliche »Execution« androhen sollten. Beide Regierungen wollten die dänische Regierung auffordern, in Schleswig nur so viel Truppen zu unterhalten, wie zur Sicherung von Friede und Ordnung notwendig seien (§ 3).

Für »Mitte Dezember« wollten Österreich und Preußen alle deutschen Staaten zu »Ministerial-Conferenzen« einladen (§ 4).

Preußen versprach die Rücknahme aller Mobilmachungsmaßnahen, und Österreich sagte dafür »in der zuversichtlichen Erwartung des unter solchen Umständen unzweifelhaften Einverständnisses der übrigen in der Bundesversammlung vertretenen Regierungen« die »Einstellung sämtlicher Kriegsrüstungen« zu.

Die politische Bedeutung der Olmützer Punktation bestand in der Tatsache, daß die beiden deutschen Großmächte die von ihnen angestrebte Entscheidung in der deutschen Frage nicht durch einen Krieg herbeiführen wollten, obwohl sie festgestellt hatten, daß zwischen ihren unterschiedlichen Konzeptionen kein Kompromiß möglich war. Waren sich beide bei ihren konservativen Grundvoraussetzungen einig in der Absage an ein auf der Volkssouveränität beruhendes Deutsches Reich, also in der Abwehr und Zügelung aller nationalliberalen Kräfte der soeben überwundenen Revolution, so war ihre Diskrepanz in der Frage, wie sie selbst auf Regierungsebene unter Wahrung fürstlicher Souveränitätsrechte die drängend gewordene Reform des Deutschen Bundes in Zusammenhang mit der Reorganisation ihrer eigenen Staaten durchführen wollten, inzwischen offen zutage getreten.

Die preußisch-kleindeutsche Unionspolitik war nichts anderes als die unter preußischer Führung stehende obrigkeitsstaatliche Fortsetzung des schon in der Frankfurter Nationalversammlung diskutierten Planes vom engeren Bund der außerösterreichischen deutschen Staaten, denen dann ein weiteres Bündnis mit dem österreichischen Kaiserstaat offen gestanden hätte.

Die österreichische Forderung nach einem Eintritt des gesamten österreichischen Vielvölkerstaates in einen reformierten Deutschen Bund durchkreuzte diese

Politik und stand darüber hinaus im Gegensatz zu den nationalpolitischen Forderungen der Zeit. Sie war der machtpolitische österreichische Versuch, auf keinen Fall die Position als Präsidialmacht in Deutschland zu verlieren.

In Olmütz schien *Preußen der Verlierer in dem Wettstreit um die erste Rolle in Deutschland* zu sein, weil es seine Unionspolitik aufgeben mußte; aber auch Österreich hatte sein Ziel nicht erreicht; denn die Vereinbarungen der Olmützer Punktation sahen keineswegs den Eintritt Gesamtösterreichs in den Deutschen Bund vor, sondern lediglich die *Rückkehr zu den »Grundgesetzen« des bisherigen Bundes.*

Hatte der kurhessische Verfassungskonflikt, unabhängig von dem seit 1848 ungelösten politischen Verhältnis in Schleswig, Holstein und Lauenburg, den grundsätzlichen österreichisch-preußischen Gegensatz sichtbar gemacht, so bestätigten jetzt die in der Olmützer Punktation vorgesehenen Maßnahmen für diese Länder, daß die politische Ordnung des Deutschen Bundes wiederhergestellt werden sollte.

Die demnach grundsätzlich anzuerkennende Souveränität des hessischen Kurfürsten kam schon dadurch zum Ausdruck, daß die Olmützer Punktation sich der Stellungnahme zum kurhessischen Verfassungskonflikt enthielt und der Kurfürst nur aufgefordert wurde, seine »Zustimmung« zu den »Ruhe und Ordnung« wiederherstellenden Maßnahmen zu erteilen.

Noch deutlicher wurde der Wille zur Wiederherstellung der Ordnung des Deutschen Bundes sichtbar in den politischen Regelungen gegenüber den nördlich der Elbe gelegenen Herzogtümern. War die im März 1848 im Zuge der Erhebung der deutschen Bevölkerung gegen die dänische Herrschaft entstandene provisorische Landesregierung zunächst sowohl durch den Deutschen Bund als auch besonders durch die Frankfurter Zentralgewalt unterstützt worden, so hatte der auf Druck europäischer Mächte im August 1848 geschlossene Malmöer Waffenstillstand mit Dänemark die erste nationalpolitische Ernüchterung gebracht.

Der weiterschwelende Konflikt endete am 2. Juli 1850, als Preußen in Berlin im Namen der deutschen Staaten Frieden mit Dänemark schloß und im Dezember 1850 Exekutionstruppen des Deutschen Bundes zur Wiederherstellung der dänischen Herrschaft nach Holstein entsandt wurden. Fortan unterstanden die Herzogtümer wie bisher in Personalunion dem dänischen König, wobei Holstein und Lauenburg wieder in den Deutschen Bund einbezogen wurden und Schleswig außerhalb des Deutschen Bundes blieb.

Das Londoner Protokoll vom 8. Mai 1852 brachte dann für die Herzogtümer die internationale Anerkennung ihrer staatsrechtlichen Verhältnisse.

Die in der Olmützer Punktation angekündigten Dresdner Ministerialkonferenzen, die vom Januar bis zum Mai 1851 tagten, bestätigten nicht nur die *Unvereinbarkeit*, sondern auch die *Undurchsetzbarkeit der österreichischen und preußischen Deutschlandpolitik.*

Waren die national- und liberaldemokratischen Versuche zur Lösung der deutschen Frage in der Revolution von 1848/49 an der Unüberwindbarkeit des souveränen fürstlichen Machtstaates zerschellt, so scheiterten jetzt dessen eigene Versuche an dem nicht zu überbrückenden machtpolitischen Gegensatz der beiden deutschen Großmächte.

Die uralte deutsche Präsidialmacht Österreich

- weigerte sich nicht nur, ihre traditionelle Führungsrolle in Deutschland aufzugeben,
- sondern wollte diese sogar noch durch den Eintritt ihrer gesamten Monarchie in einen in seiner Struktur reformierten Bund deutscher Staaten ausbauen
- und verwehrte so dem aufstrebenden Preußen die Gleichrangigkeit und erst recht das politisch stärkere Gewicht in Deutschland.

Gerade diese Emanzipation aber wollte Preußen

- durch seine kleindeutschen Pläne erringen
- und mit ihnen zugleich im gesamtdeutschen Raum die tatsächliche Ebenbürtigkeit mit Österreich herbeiführen.

Preußen konnte sich als den ganzen deutschen Norden dominierender und fast vollständig von Deutschen bewohnter Staat stützen

- nicht nur auf die seit dem Bestehen des Deutschen Zollvereins fortschreitende wirtschaftliche Einigung Deutschlands, der Österreich schon seit 1834 ferngeblieben war,
- sondern auch auf die nationalliberalen Hoffnungen, die trotz der überwundenen Revolution und mancher antipreußischen Affekte, die unter den deutschen Klein- und Mittelstaaten herrschten, in der deutschen Öffentlichkeit verstärkt weiterlebten.

Wenn Preußen auch selbst diesen Tendenzen, soweit sie gleichzeitig liberaldemokratisch gefärbt waren, skeptisch bis ablehnend gegenüberstand, konnte es sie jedoch jederzeit in den Dienst seiner Politik stellen – eine Möglichkeit, die BISMARCK später klug ausnutzte, während sie aber Österreich wegen seiner Nationalitätenvielfalt verwehrt blieb.

Um die Mitte des 19. Jahrhunderts stellte sich die *deutsche Frage* wie nach dem Wiener Kongreß erneut als *ungelöst* dar, allerdings mit der zusätzlichen Erfahrung,

- daß sowohl der demokratische
- als auch der obrigkeitsstaatliche Versuch, sie zu beantworten, gescheitert war.

Als Preußen im März 1851 die mit ihm in seiner erfolglos gebliebenen Unionspolitik verbündeten Staaten dazu aufrief, in den Frankfurter Bundestag zurückzukehren, war der 1815 gegründete *Deutsche Bund* realpolitisch *wiederhergestellt*.

Ob seine Weiterexistenz von Dauer sein würde oder nur einen vorübergehenden Waffenstillstand zwischen Österreich und Preußen um die Vorherrschaft in Deutschland ankündigte, mußte die Zukunft erweisen.

Nach mehr als eineinhalb Jahrhunderten, die seit der unkritischen großdeutschen Begeisterung vergangen sind, die im Jahre 1848 viele national- und liberaldemokratische Revolutionäre innerhalb und außerhalb der deutschen Parlamente erfüllt hat, wissen wir, daß ihre Wünsche unerfüllt geblieben sind und die Geschichte die deutsche Frage ganz anders, als von ihnen erhofft, beantwortet hat.

Zunächst zeigte sich, daß der allgemeine Drang nach nationaler Einheit, verbunden mit liberaldemokratischen Reformen, in den gebildeten, politischen und wirtschaftlich fortschrittlichen Bevölkerungskreisen keineswegs nachgelassen hatte, sondern im Laufe der folgenden Jahrzehnte noch zunahm. Gleichzeitig setzte sich immer mehr die Überzeugung durch, daß die Art, wie die deutsche Frage eines Tages gelöst werden würde, allein von der Entscheidung abhing, ob sich Österreich oder Preußen im nicht mehr zu vermeidenden innerdeutschen Machtkampf durchsetzen würde.

Innerdeutsches Mißtrauen und nationale Verteidigungsbereitschaft

Außerdeutsche Konflikte und Entwicklungen verstärkten in den folgenden Jahren nicht nur den machtpolitischen Gegensatz der beiden deutschen Großmächte, sondern auch das gesamtdeutsche Nationalgefühl.

Der *Krimkrieg* (1854–56) veränderte nicht nur das Verhältnis der europäischen Großmächte untereinander, sondern förderte darüber hinaus in Deutschland den machtpolitischen Gegensatz zwischen Österreich und Preußen.

Die Heilige Allianz von 1815, in der Rußland, Österreich und Preußen sich zur Abwehr aller national- und liberaldemokratischen Bestrebungen zusammengefunden hatten und die noch 1849 in der Unterstützung Österreichs durch Rußland beim endgültigen Sieg über die ungarische Erhebung nachgewirkt hatte, gehörte endgültig der Vergangenheit an.

Durch sein Vordringen in die zum Osmanischen Reich gehörenden Donaufürstentümer hatte Rußland sich 1853 auf der Balkanhalbinsel vom Verbündeten zum Gegner Österreichs gewandelt. Als Reaktion schreckte Österreich nicht davor zurück, sich mit dem plebiszitären französischen Kaiser NAPOLEON III. und dem liberalen England zu verbünden: Beide wollten wegen ihrer Orientinteressen die Schwächung des Osmanischen Reiches verhindern. Sie erklärten Rußland den Krieg und landeten auf der Krim, während Österreich sich zwar nicht offiziell am Krieg beteiligte, aber die Donaufürstentümer vorübergehend besetzte. Preußen war an der Orientfrage uninteressiert, blieb neutral und stärkte auf diese Weise in Deutschland gegenüber Österreich seine Position.

Um sich die Hilfe NAPOLEONS III. für seine nationalitalienischen Pläne zu sichern, hatte sich das Königreich Sardinien-Piemont am Krimkrieg beteiligt und konnte im Dezember 1858 ein Geheimabkommen mit Frankreich schließen, in dem sich das Königreich verpflichtete, Österreich zu provozieren, damit es in dem dann ausbrechenden Krieg zusammen mit seinem mächtigen französischen Verbündeten die österreichische Herrschaft in Italien beenden könne.

In dem von April bis Juli 1859 geführten kurzen, aber sehr blutigen Krieg wurde Österreich durch die Franzosen und Italiener besiegt und schon am 11. Juli 1859 zum Waffenstillstand von Villafranca gezwungen, in dem es die Lombardei an Frankreich abtrat, das die Provinz an Sardinien-Piemont weitergab. NAPOLEON III. hatte sich so zum entscheidenden Helfer der nationalitalienischen Einigungsbewegung gemacht, ließ sich seine Hilfe allerdings 1860 durch die Abtretung Savoyens und Nizzas an Frankreich bezahlen.

Die Gefährdung Österreichs in Italien war für die weitere Entwicklung der deutschen Frage von großer Bedeutung, denn sie verschaffte Preußen gegenüber Österreich das eindeutige Übergewicht. Die politische Lage der deutschen Staaten war angesichts des Krieges in Norditalien äußerst vielschichtig.

Waren die Erfolge Frankreichs in der Lombardei das Vorspiel einer ähnlichen Entwicklung, wie sie 1796/97 mit dem siegreichen Vordringen des späteren Kaisers NAPOLEON I. begonnen hatte?

In diesem Fall mußte sich mit dem Rückzug Österreichs aus seinen italienischen Besitzungen das ganze deutsche Volk bedroht fühlen.

> »Die öffentliche Meinung, vor allem in Süddeutschland, nahm leidenschaftlich für Österreich und gegen Frankreich Partei. In der nationalen Erregung schwang sicherlich eine unbestimmte Sehnsucht nach ›Kaiser und Reich‹ mit. Die zusätzliche Erinnerung an den Befreiungskrieg gegen NAPOLEON I. gab dem Widerstand gegen Frankreich eine wirkungsvolle historische Kulisse.
>
> Die Stimmung breiter Kreise fand Ausdruck in Ludwig BAUERS Lied ›O Deutschland hoch in Ehren‹«.[457]

Getragen vom Pathos seiner Zeit, spiegelte das zitierte Lied ein vaterländisches, von religiöser und sittlicher Überzeugung getragenes Selbstvertrauen in die eigene nationale Kraft wider. In Erinnerung an die französische Fremdherrschaft wollte man sich wappnen gegen mögliche neue Gefahren aus dem Westen.

Das aus einer Verteidigungshaltung wie 1813/14 und 1840 erweckte deutsche Nationalgefühl war frei von selbstkritischen Fragen nach eigenem Versagen oder gar eigener Schuld, wie sie besonders im zwanzigsten Jahrhundert gestellt wurden.

Bezeichnend war weiter, daß das Lied

- trotz der gescheiterten Revolution von 1848/49,
- der Selbstbehauptung fürstlicher Souveränität

- und der die nationale Einheit verhindernden österreichisch-preußischen Rivalität kein kritisches Wort gegenüber diesen Hindernissen der national- und liberaldemokratischen Prinzipien enthielt.

1. O Deutschland hoch in Ehren,
Du heiliges Land der Treu,
Stets leuchte deines Ruhmes Glanz
In Ost und West aufs neu!
Du stehst wie deine Berge
Fest gen Feindes Macht und Trug,
Und wie des Adlers Flug
Vom Nest geht deines Geistes Flug.
|: Haltet aus! Haltet aus! :|
Lasset hoch die Banner wehn!
Zeiget ihm, |: zeigt dem Feind,:|
Daß wir treu zusammen stehn,
Daß sich unsre alte Kraft erprobt,
Wenn der Schlachtruf uns entgegen tobt!
|: Haltet aus im Sturmgebraus! :|

2. Gedenket eurer Väter!
Gedenkt der großen Zeit
Da Deutschlands gutes Ritterschwert
Gesiegt in jedem Streit!
Das sind die alten Schwerter noch,
Das ist das deutsche Herz:
Die schlagt ihr nimmermehr ins Joch,
Sie dauern fest wie Erz!
|: Haltet aus! Haltet aus! :
Lasset hoch das Banner wehn!
Zeiget stolz, |: zeigt der Welt, :|
Daß wir treu zusammenstehn,
Ob uns Friede strahlt, ob Krieg umtobt!
|: Haltet aus im Sturmgebraus! :|

3. Zum Herrn erhebt die Hände:
Er schirm' es immerdar,
Das schöne Land, vor jedem Feind.
Hoch steige, deutscher Aar!
Dem teuren Lande Schirm und Schutz!
Sei, deutscher Arm, bereit!
Wir bieten jedem Feinde Trutz
Und scheuen keinen Streit.
| : Haltet aus! Haltet aus! :|
Lasset hoch das Banner wehn!
Lasset uns |: treu und kühn :|
Mit den ersten Völkern gehn!
Daß sich deutscher Geist und Kraft erprobt,
Wenn das Ungewitter uns umtobt!
|: Haltet aus im Sturmgebraus! :|

4. Zum Herrn erhebt die Herzen,
Zum Herrn erhebt die Hand,
Gott schütze unser teures geliebtes Vaterland.
Es sind die alten Schwerter noch,
Es ist das deutsche Herz,
Man zwingt sich nimmermehr ins Joch,
Sie dauern aus wie Erz.
|: Haltet aus! Haltet aus! :|
| Lasset hoch die Banner wehn!
Zeiget ihm, |: zeigt dem Feind,:|
Daß wir treu zusammen stehn,
Daß sie alte deutsche Kraft erprobt,
Wenn der Schlachtruf uns entgegen tobt!
|: Haltet aus im Sturmgebraus! :|[458]

Ludwig Bauers Lied »O Deutschland hoch in Ehren«

BAUERS Lied war ein Indiz für die Tatsache, die sich bis ins zwanzigste Jahrhundert nachweisen läßt, daß die Deutschen, wenn sie einen Angriff aus dem Ausland befürchteten, dazu neigten, sich letzten Endes mit ihren von ihnen im Inland bekämpften Fürsten zusammenzufinden, um die durch das Ausland vermeintlich oder wirklich bedrohte Existenz der Nation zu schützen.

Offensichtlich besaßen die *nationalen Prinzipien* des fortschrittlichen deutschen Bildungsbürgertums im Falle einer die Nation als ganze bedrohenden Gefahr *gegenüber den liberaldemokratischen Ideen*, mit denen sie sich in der Regel verbanden, das *stärkere Gewicht*.

Trotzdem ist man gezwungen, ohne im einzelnen auf die offiziellen österreichisch-preußischen Erwägungen und Verhandlungen des Jahres 1859 einzugehen, in der nationalen Gefühlslage der Deutschen einige *Unterschiede* festzustellen.

Während sich in Süddeutschland eine mehr oder weniger unkritische großdeutsche Unterstützungshaltung für das bedrohte Österreich ausbreitete, war Preußen und seinen kleindeutschen Anhängern durchaus bewußt, daß man Österreichs Notlage auch für eigene politische Zwecke ausnutzen konnte. Der Kaiserstaat lag eingeklemmt zwischen der von Frankreich unterstützten aggressiven italienischen Nationalbewegung, die mit seiner Vertreibung aus Italien begonnen hatte, und dem seit dem Krimkrieg unfreundlichen Rußland. Der Gedanke war für Preußen verführerisch, Österreich jetzt durch ein Zusammengehen mit seinen Feinden aus Deutschland zu vertreiben, um wenigstens die kleindeutsche Einheit unter preußischer Führung herbeizuführen.

Nicht zuletzt das Wissen um diese Alternative begründete das *Mißtrauen zwischen den beiden deutschen Großmächten*, deren gegenseitige Beistandsverpflichtung im Rahmen der für alle deutschen Staaten geltenden, aber auslegungsbedürftigen Bestimmungen der »Wiener Schlußakte« von 1820 geregelt war (§§ 35–49, insbesondere 46 u. 47).

Man konnte sich wegen dieses Mißtrauens nicht einmal über die Frage einigen, ob Preußen im Falle eines notwendig werdenden deutschen Bundeskrieges gegen Frankreich den von ihm angestrebten Oberbefehl erhalten sollte. Es hätte diesen möglicherweise zum Nachteil Österreichs in Deutschland ausnutzen können, wenn sich der Kriegsschauplatz vom Po an den Rhein verlegt hätte.

Die nach seinen militärischen Niederlagen prekäre Lage Österreichs zwischen den europäischen Großmächten Frankreich und Rußland, die durch seine Angst vor möglichen antiösterreichischen Aktionen im Zusammenhang mit einem unter preußischem Oberbefehl geführten deutschen Bundeskrieg gegen Frankreich verstärkt wurden, waren der Hintergrund des vom österreichischen Kaiser schnell abgeschlossenen verlustreichen, aber glimpflichen Waffenstillstandes von Villafranca, der am 10. November 1859 durch den Frieden von Zürich bestätigt wurde.

Der kurze Krieg in Norditalien war nicht nur der Anfang der sich erfolgreich ausbreitenden italienischen Nationalbewegung und des österreichischen Rückzuges aus Italien, sondern auch Zeichen der entscheidenden Schwächung Österreichs in Deutschland.

Das politische Gewicht verlagerte sich hier immer mehr von Wien nach Berlin.

In der deutschen Öffentlichkeit führten die politischen Befindlichkeiten im Herbst 1859 zur Gründung des kleindeutsch ausgerichteten ›Deutschen Nationalvereins‹. Ihm folgte zwar 1862 ein großdeutsch beeinflußter, aber weniger wirksamer ›Reformverein‹, für dessen Anhänger ein Ausscheiden Österreichs aus Deutschland trotz aller vorhandenen Probleme aus nationalen, historischen und kulturellen Gründen unvorstellbar war.

Gescheiterter österreichischer Bundesreformversuch auf dem Frankfurter Fürstentag

Inmitten der auch aus wirtschaftlichen und zollpolitischen Gründen geführten Diskussionen und Verhandlungen über eine Vereinheitlichung Deutschlands versuchte *Österreich* 1863 erneut, seine *Stellung als deutsche Großmacht gegenüber Preußen* und den anderen deutschen Staaten zu *behaupten.*

Zu dem von Kaiser Franz Joseph zum 16. August 1863 nach Frankfurt einberufenen *Fürstentag* erschienen zwar 30 Bundesmitglieder, aber der neben Österreich wichtigste deutsche Staat Preußen hatte seine Teilnahme abgelehnt, obwohl der sächsische König im Auftrag der versammelten deutschen Fürsten nach Baden-Baden gereist war, um König Wilhelm I. einzuladen, der 1861 nach dem Tod seines Bruders Friedrich Wilhelm IV. den preußischen Thron bestiegen hatte und sich gerade mit Gemahlin und Tochter hier aufhielt.

Der »Entwurf einer *Reformakte des Deutschen Bundes* nach den Beschlüssen des Frankfurter Fürstentags vom 1. September 1863«[459] wurde von den Teilnehmerstaaten mit 24 gegen 6 Stimmen angenommen. Preußen lehnte am 22. September 1863 einen Beitritt zu den Beschlüssen ab.

Die Reformakte entsprang obrigkeitlicher und fürstlicher Souveränität und bestimmte:

> »Die Leitung der Bundesangelegenheiten wird von den souveränen Fürsten und freien Städten Deutschlands einem aus ihrer Mitte hervorgehenden Directorium übertragen.
>
> Ein Bundesrath wird aus den Bevollmächtigten der Regierungen gebildet.
>
> Eine Versammlung der Bundesabgeordneten wird periodisch einberufen werden.
>
> Eine Fürstenversammlung wird periodisch zusammentreten.
>
> Ein Bundesgerichtshof wird errichtet.« (Art. 2)

Das »Directorium« sollte aus »6 Stimmen« bestehen, von denen je eine der Kaiser von Österreich, der König von Preußen und der König von Bayern besaß. Die vierte Stimme bekamen nach Vereinbarung der Beteiligten und in einem bestimmten Wechsel die Könige von Sachsen, Hannover und Württemberg, die vierte Stimme unter ähnlichen Bedingungen die Regenten der deutschen Mittelstaaten und die sechste Stimme die Herrscher der deutschen Kleinstaaten und die freien Städte (Art. 3).

Der »Bundesrath« bestand aus den nach der »Deutschen Bundesakte« von 1815 festgesetzten 17 »Bevollmächtigten« des »engeren Rathes der Bundesversammlung«. Seine Stimmenzahl wurde aber von 17 auf 21 erhöht, weil Österreich und Preußen, denen bisher nur je eine Stimme zugestanden hatte, in der Reformakte je drei Stimmen erhielten (Art. 4).

Der Vorsitz im Direktorium und im Bundesrate stand Österreich und im Falle seiner Verhinderung Preußen zu. Mit dem Vorsitz waren keine anderen Befugnisse »als die zur formellen Erledigung der Geschäfte erforderlichen verbunden«. Direktorium und Bundesrat faßten ihre Beschlüsse »mit einfacher Stimmenmehrheit« und sollten ihren Sitz in Frankfurt am Main haben (Art. 5).

Die vollziehende Gewalt des Bundes oblag dem Direktorium. Dieses konnte sich aber »bei der Ausführung dieser Gewalt des Beiraths des Bundesrathes bedienen«. (Art. 6)

Das Direktorium übte ebenfalls »auf Grund der Beschlüsse des Bundesrathes Namens der deutschen Regierungen das Recht des Vorschlags in Angelegenheiten der Bundesgesetzgebung aus«. Der Bundesrat hatte die Gesetzesvorlagen dann in die »Versammlung der Bundesabgeordneten« einbringen (Art. 11).

Das Recht der »Einberufung, Eröffnung, Vertagung, Auflösung, Schließung der Versammlung der Bundesabgeordneten« stand dem Direktorium zu. Außerdem mußte es nach »dem Schlusse der Session der Abgeordnetenversammlung... die Ergebnisse der Verhandlungen derselben der Schlußfassung der Fürstenversammlung unterziehen, oder, falls eine solche ausnahmsweise nicht stattfinden sollte, die Schlußfassung im Bundesrathe veranlassen«. (Art. 15)

Die »Versammlung der Bundesabgeordneten« ging »durch Delegation aus den Vertretungskörperschaften der einzelnen deutschen Staaten hervor« und bestand »aus 302 von diesen Körpern gewählten Mitgliedern«.

Auf Österreich und Preußen entfielen je 75, auf Bayern 27, auf Sachsen, Hannover und Württemberg je 15 und auf die anderen deutschen Staaten entsprechend ihrer Größe jeweils weniger Abgeordnete (Art. 16).

Die Versammlung der Bundesabgeordneten sollte regelmäßig im Dreijahresrhythmus im Mai tagen und gegebenenfalls vom Direktorium mit Zustimmung des Bundesrates zu einer außerordenlichen Sitzung einberufen werden können (Art. 18).

Sie hatte »das Recht beschließender Mitwirkung zur Ausübung der gesetzgebenden Gewalt des deutschen Bundes« und ebenso wie das Direktorium das Vorschlagsrecht für Bundesgesetze (Art. 20).

Mit den folgenden Bestimmungen erhielt die *Fürstenversammlung das entscheidende politische Schwergewicht* der Reformakte:

> »In der Regel wird nach dem Schlusse der ordentlichen oder außerordentlichen Sitzung der Versammlungen der Bundesabgeordneten eine Versammlung der souveränen Fürsten und der obersten Magistrate der freien Städte Deutschlands sich vereinen.
>
> Der Kaiser von Österreich und der König von Preußen gemeinschaftlich erlassen die Einladung zur Fürstenversammlung.
>
> Die Fürstenversammlung nimmt die ihr durch das Directorium unterlegten Ergebnisse der Verhandlungen der Abgeordnetenversammlung in Erwägung. Sie faßt die endgültigen Beschlüsse über diejenigen Anträge der Versammlung der Bundesabgeordneten, welche nicht der Zustimmung der Vertretungskörper in den einzelnen Staaten bedürfen.« (Art. 23 u. 25)

Ausführliche Bestimmungen (Art. 26–36) regelten am Schluß der Reformakte die Einrichtung und Zuständigkeiten eines Bundesgerichts, das »im Namen des deutschen Bundes, theils in richterlicher, theils in schiedsrichterlicher Eigenschaft« zu entscheiden hatte. Gründlich wurde dabei das Verhältnis zum bestehenden Recht des Bundes und der deutschen Einzelstaaten geregelt, wobei ausdrücklich auf das Weiterbestehen von Art. 24 der »Wiener Schlußakte« von 1820 verwiesen wurde, der den »Bundes-Gliedern« freistellte, »wegen besonderer Austräge und Compromisse übereinzukommen«.[460]

Die Frankfurter Reformakte erwies sich insgesamt als der von Österreich ausgehende Versuch, mit den begrenzten Mitteln, die ihm als Vielvölkerstaat möglich waren, die immer dringender werdende *Reform des Deutschen Bundes* herbeizuführen. Österreich durfte sich, wollte es seine staatliche Existenz mit ihrer Nationalitätenvielfalt nicht gefährden, weder dem national- noch dem liberaldemokratischen Prinzip verschreiben, sondern es mußte an der *Souveränität seiner zur Herrschaft legitimierten Dynastie* festhalten und diese auch den Dynastien an der Spitze der anderen deutschen Staaten zubilligen – und dieses alles mit dem Ziele, zugleich die *erste Macht in Deutschland* zu bleiben.

Als traditionell angesehenster deutscher Staat gestand es zwar Preußen formal die Gleichberechtigung zu, wahrte aber seinen Hegemonialstandpunkt, indem der Vorsitz im Direktorium des Deutschen Bundes ihm und nur im Verhinderungsfall Preußen zustand (Art. 5).

Mit

- ihrem fürstlichen Direktorium,
- ihrem Bundesrat,
- ihren aus den Vertretungskörperschaften der einzelnen Staaten in die Bundesversammlung entsandten Vertretern,
- besonders aber mit dem Fürstenkollegium, das die eigentliche legislative Entscheidungsgewalt besaß,

war die neue deutsche Staatenordnung durch und durch *obrigkeitsstaatlich* und *antikonstitutionell* strukturiert.

Auch die Bestimmungen über das vorgesehene Bundesgericht entsprachen in ihrer Vielzahl diesen Voraussetzungen.

Im Grunde stand die Frankfurter Reformakte, wenn auch abgeändert, in der Tradition der einstigen SCHWARZENBERGschen Deutschlandpolitik, und sie war gleichzeitig die österreichische *Antwort auf die in Olmütz gescheiterte preußische Politik*, die deutsche Frage ›von oben‹ zu lösen.

Die Reformakte

- hätte auch im Falle ihres Gelingens auf der Grundlage fürstlicher Souveränität keine straffe deutsche Einheit gebracht,
- sondern den österreichisch-preußischen Dualismus fortgesetzt,
- und erst recht hätte sie in krassem Gegensatz zu den liberaldemokratischen Erwartungen der Zeit gestanden; denn sie enthielt nirgends ein Zugeständnis an irgendein wirksames Mitregierungsrecht des Volkes oder an individuelle Menschen- oder Bürgerrechte.

Der preußische Ministerpräsident BISMARCK, der 1862 im preußischen Verfassungskonflikt zur Wahrung der königlichen Autorität ins Amt berufen worden war, wäre offiziell bereit gewesen, sich unter Anerkennung der »berechtigten Machtstellung Preußens« und der »berechtigten Interessen der Nation« an der von Österreich ausgehenden Bundesreform zu beteiligen.

Diese allgemeinen Wünsche konkretisierend, forderte er

- »ein Vetorecht beider deutscher Großmächte bei den Kriegserklärungen des Bundes, wenn es sich nicht um die Abwehr eines Angriffs auf unmittelbares Bundesgebiet handelt;
- Parität zwischen ihnen in der Leitung des Bundes;
- . . . an Stelle der Delegiertenversammlung eine ›wahre, aus direkter Beteiligung der ganzen Nation hervorgehende Nationalvertretung‹«.[461]

Waren die beiden ersten Forderungen in die bisherigen Bemühungen Preußens einzuordnen, die volle und tatsächliche Gleichberechtigung mit Österreich zu erzielen, so mußte das Verlangen nach einer Nationalversammlung, die aus direkten Wahlen der ganzen Nation hervorgehen sollte, aus dem Mund BISMARCKS unglaubwürdig erscheinen und zumindest überraschen, weil er als Konfliktminister in der aktuellen preußischen Innenpolitik gleichzeitig einen scharf antiliberalen Kurs verfolgte.

Konnte man diesen Vorschlag, der ganz den national- und liberaldemokratischen Wünschen der Zeit entsprach, überhaupt ernst nehmen bei einem Ministerpräsidenten, der im Innern seines Staates eine völlig entgegengesetzte Politik betrieb? War er lediglich ein Mittel, Österreichs Reformpolitik endgültig scheitern zu lassen, um es unter Zuhilfenahme national- und liberaldemokratischer Kräfte aus Deutschland zu vertreiben und Preußen im kleindeutschen Raum zur unbestrittenen Hegemonialmacht aufsteigen zu lassen?

International konnte BISMARCK sich abgesichert fühlen, weil die europäischen Großmächte seine »Sabotage des Fürstentages durch Preußen« mit Wohlwollen betrachteten. Keiner von ihnen kam

> »die Stärkung einer handlungsfähigen deutschen Zentralgewalt... gelegen... Österreich war in Europa weitgehend isoliert und verlor auch bei den deutschen Mittel- und Kleinstaaten Autorität; Preußen hingegen sollte einen festen Rückhalt in Rußland bekommen und wieder über gute Beziehungen mit Frankreich und England verfügen«.[462]

BISMARCKS Politik lief auf eine Ablehnung des Frankfurter Fürstentages und seiner Reformakte hinaus.

Er war fest entschlossen, nicht nur die königliche Autorität im innerpreußischen Verfassungskonflikt, sondern auch die Führung Preußens im reformbedürftigen Deutschen Bund durchzusetzen. Außenpolitisch konnte er mit einem freundlichen Flankenschutz Rußlands rechnen, weil er es 1863 bei der Niederschlagung eines nationalpolnischen Aufstandes unterstützt hatte.

Er verfolgte konsequent die *preußische Konzeption zur Lösung der deutschen Frage unter Ausschaltung Österreichs*. Er hatte sehr früh erkannt, daß die von Österreich angebotene Lösungsmöglichkeit des deutschen Einheitsproblems nicht nur historisch überholt war, sondern auch den Durchbruch Preußens zur Führung in Deutschland verhindern würde.

In seinen 1890 entstandenen *Gedanken und Erinnerungen* schrieb er:

> »Wenn ich meinen Widerstand gegen das Streben des Königs nach Frankfurt aufgegeben und ihn seinem Wunsche gemäß dorthin begleitet hätte, um in dem Fürstencongreß die preußisch-östreichische Rivalität in eine gemeinsame Bekämpfung der Revolution und des Constitutionalismus zu verwandeln, so wäre Preußen äußerlich geblieben, was es vorher war, hätte freilich unter dem östreichischen Präsidium durch bundestägliche Beschlüsse die Möglichkeit gehabt, seine Verfassung in analoger Weise revidiren zu lassen, wie das mit der hanöverschen, der hessischen und der mecklenburgischen und in Lippe, Hamburg, Luxemburg geschehen war, damit aber den nationaldeutschen Weg geschlossen.«[463]

Als ein ursprünglich konservativer, allen liberaldemokratischen Prinzipien ablehnend und skeptisch gegenüberstehender Politiker, der seinem König in Treue ergeben war, wußte er,

- daß diese nicht mehr aus dem politischen Wollen der Zeit zu entfernen waren,
- sondern daß er sie – je nach Lage – nur dämpfen oder in den Dienst seiner Politik stellen konnte,

- um letztlich einen konstruktiven Ausgleich mit den historisch in den Hintergrund tretenden Prinzipien fürstlicher Souveränität herbeizuführen
- und dabei gleichzeitig der nationalen Lösung der deutschen Frage durch Preußen zu dienen.

Die Gefahr, auf diese Weise in eine skrupellose Machtpolitik abzusinken, war selbstverständlich vorhanden. Ihr ist BISMARCK bei der sittlichen und religiösen Verankerung seines Charakters zwar nicht immer entgangen, aber niemals erlegen.

Gemeinsames Vorgehen der beiden deutschen Großmächte im Konflikt mit Dänemark

Obwohl der Frankfurter Fürstentag und seine Reformakte am Widerstand Preußens gescheitert waren, wurden die beiden deutschen Großmächte schon im folgenden Jahr zum Zusammenwirken in der deutschen Frage gezwungen, weil der *deutsch-dänische Gegensatz* in den nach dem Londoner Protokoll von 1852 in Personalunion mit Dänemark verbundenen Herzogtümern Holstein, Schleswig und Lauenburg erneut aufflackerte.

Weder die Deutschen noch die Dänen hatten sich mit dem staatsrechtlichen Status der Herzogtümer abgefunden. Die deutsche Seite wünschte die Lösung der – bis auf Nordschleswig – nur von Deutschen bewohnten Herzogtümer aus der dänischen Personalunion und ihre vollständige Einbeziehung in den Deutschen Bund, während die Dänen – zumindest für Schleswig, das im Gegensatz zu den beiden anderen Herzogtümern nicht zum Deutschen Bund gehörte – eine Realunion mit dem dänischen Gesamtstaat anstrebten. Beiden Wünschen stand der im »Londoner Protokoll« von 1852 international vereinbarte politische Status der Herzogtümer entgegen.

Nachdem der dänische König CHRISTIAN IX., der im November 1863 den Thron bestiegen und eine Verfassung bestätigt hatte, die die realpolitische Einverleibung Schleswigs in den dänischen Staat vorsah, brach der offene Konflikt aus.

Im Gegensatz zur öffentlichen Meinung in Deutschland, die die nationalen Forderungen der Deutschen in den Herzogtümern unterstützte, stellte BISMARCK sich auf den *staatsrechtlichen Boden des durch Dänemark verletzten »Londoner Protokolls«*. Er konnte durch diese politische Taktik eine unerwünschte Einmischung der europäischen Großmächte ausschließen und in dieser ganz Deutschland bewegenden Angelegenheit vor allem Österreich auf seine Seite ziehen. Als erste deutsche Großmacht konnte es nämlich Preußen in der Auseinandersetzung mit Dänemark nicht allein lassen. So führten beide einen Beschluß des Frankfurter Bundestages auf *Exekution des Völkerrechts* gegen Dänemark herbei und bekräftigten diesen im Januar 1864 durch eine gemeinsame *Punktation.*

Ohne auf den Verlauf und die internationalen Probleme des deutsch-dänischen Krieges einzugehen, den Preußen und Österreich ab 1. Februar 1864 führten, nachdem Dänemark ein Ultimatum zur Rücknahme seiner im November 1863 erlassenen Verfassung abgelehnt hatte, sei lediglich auf sein für die *Entwicklung der deutschen Frage* wichtiges Ergebnis hingewiesen.

Im *Wiener Frieden* vom 30. Oktober 1864 trat der dänische König seine Herrschaft in den Herzogtümern an den preußischen König und den österreichischen Kaiser ab:

> »Art. 3. Seine Majestät der König von Dänemark entsagt allen seinen Rechten auf die Herzogthümer Schleswig, Holstein und Lauenburg zu Gunsten ihrer Majestäten des Königs von Preußen und Kaisers von Oesterreich und verpflichtet sich, die Verfügungen anzuerkennen, welche die genannten Majestäten in Bezug auf die Herzogthümer treffen werden.«[464]

Die Befreiung der nördlichen Herzogtümer von der Herrschaft des dänischen Königs wurde selbstverständlich von der nationalliberalen deutschen Öffentlichkeit als großer Erfolg begrüßt, schwierig war allerdings die Frage, auf welche Weise sie dem deutschen Staatenbund angehören sollten.

Österreich und ein großer Teil der nationalliberalen deutschen Öffentlichkeit hätten die Herzogtümer am liebsten dem erbberechtigt erscheinenden einheimischen Herzog von Augustenburg übertragen, während Preußen dessen Kandidatur in der Hoffnung auf eine sich ergebende eigene Expansionsmöglichkeit ablehnte. Außerdem war es nicht an der Entstehung einer weiteren Mittelmacht im Deutschen Bund interessiert.

Bismarck äußerte später:

> »Ich habe von Anfang an die Annexion unverrückbar im Auge behalten, ohne die andern Abstufungen aus dem Gesichtsfelde zu verlieren. Als die Situation, welche ich absolut glaubte vermeiden zu müssen, betrachtete ich diejenige, welche in der öffentlichen Meinung von unsern Gegnern als Programm aufgestellt war, d. h. den Kampf und Krieg Preußens für die Errichtung eines neuen Großherzogtums. . .«[465]

Die vielen internen und zweiseitigen Überlegungen und Gespräche der beiden deutschen Großmächte über das zukünftige politische Schicksal der befreiten Herzogtümer zeigten schnell, daß sie *unvereinbar* waren und darüber hinaus dazu führten, ihre *Rivalität in der gesamten deutschen Frage zuzuspitzen.*

Der drohende Konflikt wurde am 14. August 1865 durch die *»Konvention von Gastein«*[466] vorerst dadurch vermieden, daß sie das preußisch-österreichische Kondominium über die Herzogtümer trotz Rechtsvorbehalts faktisch beendete:

Die Verwaltung Holsteins wurde Österreich, jene Schleswigs Preußen übertragen (Art. 1). Kiel sollte unter preußischem Kommando Bundeshafen für eine in Frankfurt zu beantragende Bundesflotte werden (Art. 2).

Rendsburg wurde Bundesfestung (Art. 3).

Außerdem erhielt Preußen die Erlaubnis für zwei Militärstraßen durch Holstein nach Schleswig (Art. 4).

Preußen durfte einen durch holsteinisches Gebiet führenden Nordostseekanal bauen (Art. 7). Das Herzogtum Lauenburg verkaufte der österreichische Kaiser für 2,5 Millionen dänische Taler an den preußischen König (Art. 9).

Der *machtpolitische Gewinner* der Konvention war eindeutig *Preußen*.

In der nationalliberalen deutschen Öffentlichkeit aber stieß der »Gasteiner Vertrag« auf Ablehnung, weil er die von ihr favorisierte Kandidatur des Herzogs von Augustenburg für die Herzogtümer desavouierte und zugleich gegen deren uraltes Recht auf Unteilbarkeit zu verstoßen schien.

Für Österreich waren die Herzogtümer nach wie vor eine Belastung, auch wenn seine unmittelbare Verantwortung jetzt nur noch auf Holstein beschränkt war. Es hätte sein Engagement im Norden Deutschlands am liebsten schnell wieder abgeschüttelt und ließ daher in Holstein Massenversammlungen zugunsten des Herzogs von Augustenburg zu. In diesen aber sah Preußen eine Verletzung der Abmachungen von Gastein.

Ende des Deutschen Bundes und deutscher Krieg

Beide Großmächte erkannten, daß zur Lösung des schleswig-holsteinischen Problems und – damit verbunden – der gesamtdeutschen Frage ein *Waffengang* zwischen ihnen unumgänglich wurde. Ihre Diplomatie bemühte sich zwar zunächst weiter um gegenseitige Vereinbarungen, aber besonders um die vorsorgliche Abwendung eines Eingreifens der europäischen Großmächte in ihre bevorstehende innerdeutsche Auseinandersetzung.

Gefährlich erschien vor allem Frankreich wegen möglicher Kompensations- und Expansionswünsche an der deutschen Westgrenze. Während Bismarck sich Napoleon III. gegenüber zu keinen verbindlichen Aussagen verleiten ließ, war Österreich, um die Neutralität des französischen Kaisers zu erreichen, selbst nach einem siegreichen Krieg gegen Preußen bereit, Venetien an ihn abzutreten und ihm so ein wichtiges Faustpfand im Rahmen der nationalstaatlichen Einigung Italiens zu verschaffen.

Bismarck ergriff die Initiative und schloß am 8. April 1866 ein auf drei Monate befristetes *Offensiv- und Defensivbündnis mit Italien*, durch das dieses Land sich verpflichtete, Österreich anzugreifen, nachdem für Österreich und seine Sympathisanten unannehmbare preußische Bundesreformanträge in Frankfurt gescheitert sein würden. Zur Vorbereitung dieser Politik diente die »Instruktion der Preußischen Regierung gegenüber ihren Gesandten bei den deutschen Regierungen vom 24. März 1866«:[467]

Preußen sei »durch seine Stellung, seinen deutschen Charakter und durch die deutsche Gesinnung seiner Fürsten vor Allem zunächst darauf angewiesen«, die »Garantien« seiner Sicherheit »in Deutschland selbst zu suchen. Auf dem Boden der deutschen Nationalität und in einer Kräftigung der Bande, welche uns mit den übrigen deutschen Staaten verbinden«, hoffe es, »die Sicherheit der nationalen Unabhängigkeit zu finden«.

Der »Bund in seiner gegenwärtigen Gestalt« sei »für jenen Zweck und für die active Politik, welche große Krisen jeden Augenblick fordern können, nicht ausreichend... Seine Einrichtungen«, so erläuterte die Instruktion, »waren darauf berechnet, daß die beiden deutschen Großmächte stets einig seien; sie haben bestehen können, solange dieser Zustand durch eine fortgesetzte Nachgiebigkeit Preußens gegen Oesterreich erhalten wurde, einen ernsthaften Antagonismus der beiden Mächte können sie nicht ertragen, einen drohenden Bruch und Conflict nicht verhüten oder überwinden. Ja, wir haben die Erfahrung machen müssen, daß selbst da, wo die beiden Mächte einig waren, die Bundesinstitutionen nicht ausreichten, um Deutschland an einer activen, nationalen und erfolgreichen Politik Theil nehmen zu lassen«.

Diese Einschätzung verleitete die preußische Regierung sogar dazu, Österreich eine »feindselige Haltung« vorzuwerfen und »eine den realen Verhältnissen Rechnung tragende Reform des Bundes in Anregung zu bringen... Schon durch die geographische Lage«, betonte sie, »wird das Interesse Preußens und Deutschlands identisch – dies gilt zu unsren, wie zu Deutschlands Gunsten. Wenn wir Deutschlands nicht sicher sind, ist unsere Stellung gerade wegen unserer geographischen Lage gefährdeter, als die der meisten andern europäischen Staaten; das Schicksal Preußens aber wird das Schicksal Deutschlands nach sich ziehen, und wir zweifeln nicht, daß, wenn Preußens Kraft einmal gebrochen wäre, Deutschland an der Politik der europäischen Nationen nur noch passiv betheiligt sein würde. Dies zu verhüten, sollten alle deutschen Regierungen als eine heilige Pflicht ansehen, und dazu mit Preußen zusammenwirken. Wenn der deutsche Bund in seiner jetzigen Gestalt... den großen europäischen Krisen, die aus mehr als einer Ursache auftauchen können, entgehen soll, so ist nur zu sehr zu befürchten, daß er seiner Aufgabe erliegen und Deutschland vor dem Schicksale Polens nicht schützen werde«.

Deutlicher als in dieser »Instruktion« konnten die *Grundsätze preußischer Deutschlandpolitik* nicht dargestellt werden:

- Der bisherige Bund deutscher Staaten sei zu reformieren,
- weil seine Funktionstüchtigkeit von der Einigkeit der beiden deutschen Großmächte abhänge;
- diese aber immer nur durch ein Nachgeben Preußens gegenüber Österreich zu erreichen gewesen sei.

Das Verhältnis Preußens zu Österreich habe sich zum Unglück für Deutschland zu einem feindlichen »Antagonismus« entwickelt.

Preußen sei aufgrund

- seines deutschen Charakters,
- seiner geographischen Lage,
- seines Machtpotentials

- und der Identität seiner Existenz mit den nationaldeutschen Staatsinteressen

allein dazu befähigt, in Zukunft die Sicherheit Deutschlands zu gewährleisten.

Es sei daher entschlossen zu einer solchen Reform des Deutschen Bundes, die Deutschland als Ganzes vor politischer Bedeutungslosigkeit und letztlich vor dem Schicksal Polens bewahren werde.

Preußens feste Entschlossenheit zur sofortigen Entscheidung in der deutschen Frage zeigte sich am 9. April 1866, als sein Gesandter von Savigny im Einklang mit dem gleichzeitig abgeschlossenen preußisch-italienischen Offensiv- und Defensivbündnis der Bundesversammlung folgenden *für Österreich unannehmbaren Bundesreformvorschlag* »zu beschleunigter Erwägung und Beschlußfassung« unterbreitete:

»Hohe Bundesversammlung wolle beschließen:

eine aus directen Wahlen und allgemeinem Stimmrecht der ganzen Nation hervorgehende Versammlung für einen noch näher zu bestimmenden Tag einzuberufen, um die Vorlagen der deutschen Regierungen über eine Reform der Bundesverfassung entgegenzunehmen und zu berathen; in der Zwischenzeit aber, bis zum Zusammentritt derselben, durch Verständigung der Regierungen unter einander diese Vorlage festzustellen.«[468]

Der preußische Gesandte konkretisierte am 11. Mai 1866 den Vorschlag,[469] indem er von der »Einführung einer periodisch einzuberufenden Nationalvertretung in den Bundesorganismus« und von einer »Beschlußfassung der Nationalvertretung... auf speciell bezeichneten Gebieten der künftigen Bundesgesetzgebung« sprach, die »die erforderliche Stimmeneinheit der Bundesglieder ersetzt«. Zu diesen speziellen Gebieten sollten »gemeinnützige Anordnungen« gehören, wie etwa »allgemeines deutsches Heimathsrecht«, das Verkehrs-, Zoll- und Handelswesen, Gründung einer Kriegsmarine und »Revision der Bundeskriegsverfassung«.

Soweit diese Vorschläge auf Vereinheitlichung des Bundes zielten, die sich aus der technisch-wirtschaftlichen und gesamtgesellschaftlichen Entwicklung der Zeit ergaben, mußten sie allen deutschen Bundesstaaten zumindest diskussionswürdig erscheinen.

Die Übertragung legislativer Funktionen an eine Nationalvertretung aber, die *auf den demokratischen Grundsätzen der Revolution von 1848/49* beruhte, indem sie »das Prinzip directer Wahlen und des allgemeinen Stimmrechts« und »die bezüglichen Bestimmungen des Reichswahlgesetzes von 1849« anerkannten, wirkten auf Österreich und die mit ihm sympathisierenden anderen deutschen Staaten alarmierend.

Sie mußten ihnen als Vorschläge Bismarcks, also eines Ministerpräsidenten, der gleichzeitig in Preußen und in Schleswig und Holstein eine antiliberale und antidemokratische Politik betrieb, unglaubwürdig und nur als *Mittel* erscheinen, den *Bruch mit Österreich* herbeizuführen. In dieser Absicht schien BISMARCK sich auch in seinem Bündnis mit Italien der ihm innerlich fern stehenden nationalitalienischen Kräfte bedient zu haben.

Man würde allerdings zu vorschnell urteilen, wenn man in der BISMARCKschen Politik, die liberalen und demokratischen Kräfte zu seinen Gunsten auszunutzen, nur ein Mittel sähe, den Entscheidungskampf mit Österreich endlich auszulösen.

Trotz seiner bisher antiliberalen und konsequent obrigkeitsstaatlichen Politik hatte er nämlich erkannt, daß die *nationalen, liberalen und demokratischen Ideen keine* vorübergehende und daher zu vernachlässigende *Zeiterscheinung* waren, sondern politische Strömungen, die sich in der Zukunft durchsetzen würden und daher politisch berücksichtigt und zugleich kanalisiert werden mußten, um ihre Radikalisierung zu verhindern.

> »Am katastrophalsten für das österreichische Lager war die Tatsache, daß die Vormacht Österreich Preußen nichts Positives entgegenzustellen vermochte; sie konnte wegen ihrer inneren Struktur weder eine radikale Bundesreform noch das Prinzip bürgerlicher Nationalstaaten akzeptieren, wußte nichts dagegen zu stellen als die Bewahrung des Bestehenden.«[470]

> »Von österreichischer Seite aus ging es um den Krieg gegen die preußische Revolution von oben wie auch die gesamtdeutsche Revolution von unten... Österreichs entscheidende Schwäche lag in seinen konservativen Kriegszielen. Während das BISMARCKsche Preußen durch den Krieg die Revolution von oben anstrebte und gerade dadurch die Revolution von unten verhindern wollte, kämpfte die katholische Vormacht Österreich bestenfalls für einen modifizierten Status-Quo; Preußen wollte den territorialen Kernbestand der Habsburgmonarchie nicht antasten; die österreichische Führung hingegen war sich einig, daß Preußen im Falle eines österreichischen Sieges zumindest in seinen rheinischen, schlesischen und gegen Sachsen grenzenden Gebieten empfindlich beschnitten werden müßte.[471]

Österreich reagierte am 1. Juni 1866 durch eine Erklärung seines Gesandten im Bundestag, daß »in Deutschland nicht eine Politik der Gewalt, sondern Recht und Vertrag« regieren müßten, Preußen »verfassungsmäßige Beschlüsse des Bundes« zu achten habe und »daß die schleswig-holsteinische Frage, aus welcher der gegenwärtige Konflikt hervorgegangen ist, nicht nach den einseitigen Ansprüchen Preußens, sondern nach Recht und Gesetz des deutschen Bundes und im Einklange mit dem Landesrechte der Herzogtthümer ihre Lösung erhalte«. Die kaiserliche Regierung betrachte »ihre Bemühungen, einen definitiven bundesgemäßen Abschluß der Herzogthümer-Frage durch ein Einverständniß mit Preußen vorzubereiten, für jetzt als vereitelt« und stelle »in dieser gemeinsamen deutschen Angelegenheit alles Weitere den Entschließungen des Bundes anheim..., welchen von Seiten Oesterreichs die bereitwilligste Anerkennung gesichert« sei.

Außerdem verkündete der österreichische Gesandte, »daß dem Kaiserlichen Statthalter in Holstein so eben die erforderliche Spezialvollmacht zur Einberufung der holsteinischen Ständeversammlung übersendet worden ist, damit die gesetzliche Vertretung des Landes, um dessen Schicksal es sich handelt, und dessen Wünsche und Rechtsanschauungen einen der berechtigten Factoren der Entscheidung bilden, nicht länger der Gelegenheit entbehre, ihre Ansichten auszusprechen«.[472]

Österreich hatte sich mit dieser Erklärung seines Gesandten eindeutig *auf die Kompetenz des Deutschen Bundes berufen.* Diese aber *lehnte Preußen ab,* indem sein Gesandter am selben Tage feststellte, »daß der Bund in seiner gegenwärtigen Gestalt seiner Aufgabe nicht gewachsen sei und seine obersten Zwecke nicht erfülle«.[473]

Den preußischen Botschafter in Wien instruierte BISMARCK am 3. Juni 1866, daß Preußen den Vertrag von Gastein als von Österreich gebrochen ansehen müsse, weil die kaiserliche Regierung durch ihr Vorgehen »unsere vertragsmäßigen Rechte an den Herzogthümern antastet, indem sie den Bestand derselben einseitig und eigenmächtig von den Beschlüssen des Bundes abhängig macht«. Dessen »Entschließungen« sichere sie »im voraus ihre Anerkenntniß« zu.

Die preußische Regierung sah in diesem österreichischen Verhalten »die ausdrückliche Lossagung von dem Gasteiner Vertrage« und folgerte:

> »Wir stehen somit wiederum auf dem einfachen Boden des Wiener Friedens vom 30. October 1864 und Seine Majestät der König wird den General VON MANTEUFFEL mit der Wahrung der Preußen aus diesem Vertrag zustehenden Souverainetätsrechte an Holstein beauftragen. Im Princip mit der Berufung der Stände einverstanden, müssen wir doch der Kaiserlichen Regierung das Recht, sie nach ihrer Lossagung vom Gasteiner Vertrage noch einseitig vorzunehmen, absprechen. Damit dieselbe gesetzliche Wirkung habe, ist unsere Zustimmung und eine nicht von Oesterreich allein, sondern von beiden Souverainen ertheilte Vollmacht erforderlich; und die Regierung Seiner Majestät des Königs... muß gegen jeden Versuch dieser Art, die Souverainetät nunmehr einseitig auszuüben, Verwahrung einlegen, wozu Ew. etc. hierdurch den Auftrag erhalten.«[474]

Mit diesen Erklärungen war der *Bruch zwischen Österreich und Preußen vollzogen,* denn gleichzeitig rückten preußische Truppen in Holstein ein, während sich die österreichischen Streitkräfte um Altona zusammenzogen.

Im Bundestag erklärte der österreichische Gesandte am 11. Juni 1866:

> »Preußen hat zum Schutze vermeintlich verletzter Rechte den Weg der Selbsthülfe betreten.
>
> Es liegt demnach der im Artikel 19 der Wiener Schlußacte vorgesehene Fall vor und die Bundesversammlung ist berufen, der unternommenen Selbsthülfe Einhalt zu thun...

> Die Kaiserliche Regierung erachtet die schleunige Mobilmachung sämmtlicher nicht zur Preußischen Armee gehörigen Armeecorps des Bundesheeres für nothwendig. . .
>
> Hohe Bundesversammlung wolle vorbehaltlich weiterer Entschließungen den Beschluß fassen:
>
> 1. Die Mobilmachung des I., II.., III., VII., VIII., IX. und X. Bundesarmeecorps anzuordnen und. . . ungesäumt auf den Kriegsstand zu setzen und selbe. . . binnen 14 Tagen derart marsch- und schlagfertig aufzustellen, daß es auf ergehende Aufforderung innerhalb 24 Stunden mit allem Kriegsbedarf abmarschieren könne. . .«[475]

Der österreichische Antrag auf *Mobilmachung* der nichtpreußischen Bundestruppen berief sich auf Art. 19 der »Wiener Schlußakte«, der der Bundesversammlung das Recht gab, Maßnahmen gegen die Störung von Eintracht und Frieden unter den Bundesgliedern zu ergreifen.

Er wurde am 14. Juni 1866 von der Bundesversammlung gegen den Protest des preußischen Gesandten

- mit den 9 Stimmen Österreichs, Bayerns, Sachsens, Württembergs, Hannovers, Kurhessens, Hessen-Darmstadts, Nassaus und der »16. Kurie« (Liechtenstein, beide Reuß, beide Lippe, Waldeck)
- gegen 6 Stimmen, die sich auf Baden, Luxemburg, die thüringischen Staaten (außer Meiningen), beide Mecklenburg, Oldenburg-Anhalt-Schwarzburg und die freien Städte (außer Frankfurt) verteilten,

»mit geringen Abweichungen« angenommen , während Preußen sich wegen der aus seiner Sicht bestehenden Verfassungswidrigkeit des Verfahrens nicht an der Stimmabgabe beteiligte.[476]

Unmittelbar nach diesem Abstimmungssieg der von Österreich angeführten deutschen Staatengruppe stellte der preußische Gesandte die Unvereinbarkeit des gegen Preußen angeordneten Exekutionsverfahrens mit dem bestehenden Bundesrecht fest und verkündete:

> »Durch die nach dem Bundesrechte unmögliche Kriegserklärung gegen ein Bundesglied, welche durch den Antrag Oesterreichs und das Votum derjenigen Regierungen, welche ihm beigetreten sind, bedingt ist, sieht das Königliche Cabinet den Bundesbruch als vollzogen an. Im Namen und auf Allerhöchsten Befehl Sr. Majestät des Königs, seines Allergnädigsten Herrn, erklärt der Gesandte daher hiermit, daß Preußen den bisherigen Bundesvertrag für gebrochen und deshalb nicht mehr verbindlich ansieht, denselben vielmehr als erloschen betrachten und behandeln wird.
>
> Indeß will Se. Majestät der König mit dem Erlöschen des bisherigen Bundes nicht zugleich die nationalen Grundlagen, auf denen der Bund aufgebaut gewesen, als zerstört betrachten.

Preußen hält vielmehr an diesen Grundlagen und an der über die vorübergehenden Formen erhabenen Einheit der deutschen Nation fest und sieht es als eine unabweisliche Pflicht der deutschen Staaten an, für die letzteren den angemessenen Ausdruck zu finden.

Die Königliche Regierung legt ihrerseits die Grundzüge einer neuen, den Zeitverhältnissen entsprechenden Einigung hiermit noch vor und erklärt sich bereit, auf den alten, durch eine solche Reform modificirten Grundlagen einen neuen Bund mit denjenigen deutschen Regierungen zu schließen, welche ihr dazu die Hand reichen wollen.

Der Gesandte vollzieht die Befehle seiner allerhöchsten Regierung, indem er seine bisherige Thätigkeit hiermit nunmehr für beendet erklärt.«[477]

Für den von Preußen als gebrochen und erloschen betrachteten bisherigen deutschen Staatenbund legte der Gesandte der Bundesversammlung als Grundlage eines neuen deutschen Bundes den *preußischen Entwurf zur Bundesreform* vom 10. Juni 1866 vor.[478]

Er entsprach den bisherigen preußischen Vorstellungen und schlug neben notwendigen politischen und wirtschaftlichen Vereinheitlichungsmaßnahmen vor allem vor, daß

- das Bundesgebiet »aus denjenigen Staaten, welche bisher dem Bunde angehört haben, mit Ausnahme der österreichischen und niederländishen Landestheile« bestehen solle (Art. 1),
- die gesetzgebende Gewalt des Bundes »von dem Bundestage in Gemeinschaft mit einer in regelmäßigen Zeiträumen zu berufenden Nationalvertretung ausgeübt« werde (Art. 2),
- die Nationalvertretung »aus directen Wahlen« hervorgehe, die »nach den Bestimmungen des Reichswahlgesetzes vom 12. April 1849 vorzunehmen« seien (Art. 5),
- in »Krieg und Frieden« der König von Preußen Bundesoberfeldherr der Nordarmee, der König von Bayern Bundesoberfeldherr der Südarmee sei (Art. 9),
- die »Beziehungen des Bundes zu den deutschen Landestheilen des österreichischen Kaiserstaates« durch »besondere Verträge« nach »Vereinbarung mit dem zunächst einzuberufenden Parlamente« zu regeln seien (Art. 10).

Preußen führte also den Krieg gegen Österreich und seine Verbündeten mit der klaren Zielsetzung eines erneuerten deutschen Bundes, dem aber Österreich und die mit der niederländischen Krone verbundenen Herzogtümer Luxemburg und Limburg nicht mehr angehören sollten.

In dieser *kleindeutschen Zielsetzung* zeigten sich erneut jene Pläne, die schon 1848/49 in der Auseinandersetzung um die groß- oder kleindeutsche Lösung der deutschen Frage entstanden, dann im Vertrag von Olmütz gescheitert waren und letztlich auch zur Wirkungslosigkeit des Frankfurter Fürstentages geführt hatten.

Man sollte aber nicht übersehen, daß die kleindeutsche Konzeption, die zwangsläufig auf die Führung eines erneuerten Bundes durch die deutsche Großmacht Preußen hinauslief, *zu keinem Zeitpunkt die Verstoßung Österreichs* und besonders seiner deutschen Landesteile *aus Deutschland von vornherein vorsah.*

Während die kleindeutsch eingestellten Abgeordneten der Frankfurter Nationalversammlung ganz selbstverständlich einen »weiteren« Bund mit Österreich erhofft hatten und mit ihrem auf demokratischem Wege entwickelten Lösungsversuch gescheitert waren, hatte auch die auf obrigkeitsstaatlichem Wege entwickelte und ebenfalls gescheiterte Erfurter Unionsverfassung die Zahl der Mitglieder des vorgesehenen Staatenhauses nur *vorläufig* festgesetzt, »solange die Deutsch-Oesterreichischen Lande an dem Bundesstaate nicht Theil nehmen«. (Art. 85) Und selbst der preußische Bundesreformentwurf, der den gegenwärtigen Austritt Preußens aus dem bisherigen Deutschen Bund begleitete und seine Kriegsentschlossenheit gegen Österreich und seine Verbündeten betonte, sah für die Zukunft entsprechende Verträge mit den »deutschen Landestheilen des österreichischen Kaiserstaates« vor (Art. 10).

Es entsprach dem *deutschen Nationalgefühl*, daß die *deutschen Einwohner Österreichs so selbstverständlich zum deutschen Volk gehörten wie alle anderen Deutschen.* Man wußte nur nicht, wie man sie in Deutschland einbeziehen sollte und konnte.

Das Ziel der von BISMARCK vertretenen preußischen Politik war nicht die kränkende Demütigung oder gar Vernichtung Österreichs, sondern der preußische Ministerpräsident wollte Österreich, das sich aus Gründen seiner Staatseinheit nicht von seinen nichtdeutschen Ländern trennen konnte, zwingen, auf seine bisher führende Stellung in Deutschland zu verzichten, um den außerösterreichischen deutschen Ländern eine unter maßgeblich preußischem Einfluß stehende nationalstaatliche Einigung zu ermöglichen.

Er wollte, wie er sich später erinnerte,[479] gegenüber dem bei Königgrätz besiegten Österreich alles vermeiden, was »die Schwierigkeit unsrer künftigen gegenseitigen Beziehungen unnöthig gesteigert haben würde«.

Der kurze deutsche Krieg, der mit dem Frankfurter Beschluß der einzuleitenden Bundesexekution gegen Preußen am 16. Juni 1866 begann, führte zwar am 27. desselben Monats zu einem siegreichen Gefecht der mit Österreich verbündeten Truppen Hannovers bei Langensalza, wurde aber bereits am 3. Juli 1866 durch den Sieg der Preußen über die Österreicher bei Königgrätz entschieden.

Schon am 26. Juli 1866 schlossen die deutschen Großmächte den Vorfrieden von Nikolsburg, dem am 23. August 1866 der endgültige *Friedensvertrag von Prag*[480] folgte. Er bestätigte in seinen wichtigsten Bestimmungen die Abmachungen von Nikolsburg:

Zwischen dem König von Preußen und dem Kaiser von Österreich, ihren Erben, Nachkommen und Untertanen soll in Zukunft, »beständig Friede und Freundschaft« herrschen (Art. I).

Venedig, das der österreichische Kaiser zunächst dem französischen Kaiser übergeben hatte, wird an Italien abgetreten (Art. II).

Die Kriegsgefangenen beider Seiten werden sofort freigegeben (Art. III).

»Seine Majestät der Kaiser von Österreich erkennt die Auflösung des bisherigen deutschen Bundes an und giebt Seine Zustimmung zu einer neuen Gestaltung Deutschlands ohne Betheiligung des österreichischen Kaiserstaates. Ebenso verspricht Seine Majestät, das engere Bundesverhältnis anzuerkennen, welches Seine Majestät der König von Preußen nördlich von der Linie des Mains begründen wird, und erklärt sich damit einverstanden, daß die südlich von dieser Linie gelegenen deutschen Staaten in einen Verein zusammentreten, dessen nationale Verbindung mit dem norddeutschen Bunde der näheren Verständigung zwischen beiden vorbehalten bleibt und der eine internationale unabhängige Existenz haben wird.« (Art. IV)

»Seine Majestät der Kaiser von Oesterreich überträgt auf Seine Majestät den König von Preußen alle Seine im Wiener Frieden vom 30. October 1864 erworbenen Rechte auf die Herzogthümer Holstein und Schleswig mit der Maßgabe, daß die Bevölkerungen der nördlichen Districte von Schleswig, wenn sie durch freie Abstimmung den Wunsch zu erkennen geben, mit Dänemark vereinigt zu werden, an Dänemark abgetreten werden sollen.« (Art. V)

Der preußische König verspricht, den »Territorialbestand des Königreichs Sachsen in seinem bisherigen Umfang bestehen zu lassen«. Dafür verspricht der österreichische Kaiser, »die von Seiner Majestät dem Könige von Preußen in Norddeutschland herzustellenden neuen Einrichtungen, einschließlich der Territorial-Veränderungen, anzuerkennen«. (Art. VI)

Kein Angehöriger der Herzogtümer Holstein und Schleswig und kein Untertan des preußischen Königs und des österreichischen Kaisers »wird wegen seines politischen Verhaltens während der letzten Ereignisse und des Krieges verfolgt, beunruhigt oder in seiner Person oder seinem Eigenthum beanstandet werden«. (Art. X)

Bereits am 22. August 1866 war Bayern in seinem Friedensvertrag mit Preußen den preußisch-österreichischen Friedensvereinbarungen beigetreten. Auch Württemberg, Baden, Hessen, Sachsen, Meiningen und Reuß ältere Linie schlossen im August bis Oktober 1866 zu den gleichen Bedingungen Frieden mit Preußen.

Die anderen österreichischen Verbündeten erhielten dagegen keine Friedensverträge, sondern wurden von Preußen annektiert.

Schon am 16. August 1866 erging an sie die »Königliche Botschaft betreffend die *Vereinigung* des Königreichs *Hannover*, des Kurfürstentums *Hessen*, des Herzogthums *Nassau* und der freien Stadt *Frankfurt* mit der *Preußischen Monarchie*«.[481]

Ihre einleitenden Sätze begründeten die Annexion :

Die Regierungen dieser Staaten

»haben sich durch ihre Theilnahme an dem feindlichen Verhalten des ehemaligen Bundestags in offenen Kriegszustand mit Preußen versetzt. Sie haben sowohl ihre Neutralität, als das von Preußen unter dem Versprechen der Garantie ihres Territorial-Bestandes ihnen wiederholt und noch in letzter Stunde angebotene Bündniß abgelehnt, haben an dem Kriege Oesterreichs mit Preußen thätigen Antheil genommen, und die Entscheidung des Krieges über sich und ihre Länder angerufen.

Diese Entscheidung ist nach Gottes Rathschluß gegen sie ausgefallen. Die politische Nothwendigkeit zwingt Uns, ihnen die Regierungsgewalt, deren sie durch das siegreiche Vordringen Unserer Heere entkleidet sind, nicht wieder zu übertragen.

Die genannten Länder würden, Falls sie ihre Selbstständigkeit bewahrten, vermöge ihrer geographischen Lage bei einer feindseligen oder auch nur zweifelhaften Stellung ihrer Regierungen der Preußischen Politik und militärischen Action Schwierigkeiten und Hemmnisse bereiten können, welche weit über das Maß ihrer thatsächlichen Macht und Bedeutung hinausgingen. Nicht in dem Verlangen nach Ländererwerb, sondern in der Pflicht, Unsere ererbten Staaten vor wiederkehrender Gefahr zu schützen, der nationalen Neugestaltung Deutschlands eine breitere und festere Grundlage zu geben, liegt für Uns die Nöthigung, das Königreich Hannover, das Kurfürstentum Hessen, das Herzogthum Nassau und die freie Stadt Frankfurt auf immer mit Unserer Monarchie zu vereinen.

Wohl wissen Wir, daß nur ein Theil der Bevölkerung jener Staaten mit Uns die Ueberzeugung von dieser Nothwendigkeit theilt. Wir achten und ehren die Gefühle der Treue und Anhänglichkeit, welche die Bewohner derselben an ihre bisherigen Fürstenhäuser und an ihre selbstständigen politischen Einrichtungen knüpfen. Allein Wir vertrauen, daß die lebendige Betheiligung an der fortschreitenden Entwicklung des nationalen Gemeinwesens in Verbindung mit einer schonenden Behandlung berechtigter Eigenthümlichkeiten den unvermeidlichen Uebergang in die neue größere Gemeinschaft erleichtern werde«.

Hinter der Rigorosität, mit der der preußische Sieger gegenüber Hannover, Kurhessen, Nassau und Frankfurt verfuhr, indem sie ihre staatliche Existenz verloren und Preußen als Provinzen einverleibt wurden, stand gewiß der Wunsch nach einer territorialen Verbindung der östlichen und westlichen preußischen Landesteile und nach Machtvergrößerung in Norddeutschland. Diesem Ziel diente auch der Erwerb Holsteins und Schleswigs, in denen aber niemand wegen seines politischen Verhaltens während des Konflikts verfolgt oder benachteiligt werden durfte.

Entsprach das *Größer- und Mächtigerwerden des Staates* zunächst ureigenen preußischen Interessen, so führte es zugleich dazu, daß diese zunehmend *mit der nationalen Aufgabe zur Lösung der deutschen Frage* verschmolzen.

Die Verständigungsbereitschaft, die Preußen gegenüber Sachsen, Hessen, Bayern, Württemberg und Baden zeigte, gehörte zu den Vereinbarungen des Prager

Friedens, die das Weiterbestehen der staatlichen Existenz Sachsens mit dem Wunsche des österreichischen Kaisers begründeten und Preußen nur in den Gebieten nördlich des Mains die Entscheidungsfreiheit für politische Veränderungen zugestanden.

Aus diesem Grund blieb – abgesehen von kleinen Territorialveränderungen – auch das Großherzogtum Hessen bestehen. Es erstreckte sich zwar mit seinem oberen Teil in die Region nördlich des Mains, lag aber mit seinem übrigen Gebiet einschließlich seiner Hauptstadt Darmstadt südlich dieses politisch wichtigen Flusses.

Hinter der Beachtung der *Maingrenze* für die von Preußen geplante Neuordnung Deutschlands stand auch das Frankreich NAPOLEONS III., das sich als Folge des schnellen preußischen Sieges über Österreich um die erhofften Früchte seiner Einmischung in einen von ihm erwarteten möglichst langen deutschen Krieg gebracht sah.

Und gewiß wollte BISMARCK das besiegte Österreich, dem er fortan für die Sicherung und Konsolidierung der politischen Verhältnisse eine konstruktive Rolle zugestand, nicht in die Versuchung führen, sich mit Frankreich zu verbünden, wenn Preußen seine Macht über den Main hinaus ausdehnen würde.

Angesichts dieser politischen Gesamtlage gehörte es zur Staatskunst BISMARCKS, daß es ihm nicht zuletzt durch Bekanntgabe möglicher französischer Expansionswünsche an die süddeutschen Regierungen gelang, die mit ihnen abzuschließenden Friedensverträge durch geheime *Militärbündnisse* zu ergänzen, die für den Fall eines Krieges die Integrität ihrer Staatsgebiete mit preußischer Hilfe sichern sollten.

Im »Schutz und Trutzbündniß« vom 22. August 1866[482] garantierten sich Preußen und Bayern »gegenseitig die Integrität des Gebietes ihrer bezüglichen Länder« und verpflichteten sich, »im Falle eines Krieges ihre volle Kriegsmacht zu diesem Zwecke einander zur Verfügung zu stellen«. (Art. 1)

Der König von Bayern übertrug sogar »für diesen Fall den Oberbefehl über seine Truppen Sr. Majestät dem Könige von Preußen«. (Art. 2)

Württemberg, Baden und Hessen schlossen am 13. und 17. August sowie am 3. September 1866 gleichlautende Verträge mit Preußen ab.

Gründung des Deutschen Reiches

Norddeutscher Bund und Ausscheiden Österreichs aus Deutschland

Die politische *Neuordnung Norddeutschlands* begann am 18. August 1866 mit dem Bündnisvertrag,[483] den Preußen mit folgenden norddeutschen Staaten schloß:

- Sachsen-Weimar,
- Oldenburg,
- Braunschweig,
- Sachsen-Altenburg,
- Sachsen-Coburg-Gotha,
- Anhalt,
- Schwarzburg-Sondershausen,
- Schwarzburg-Rudolstadt,
- Waldeck,
- Reuß jüngere Linie,
- Schaumburg-Lippe,
- Lippe,
- Lübeck,
- Bremen,
- Hamburg,
- Mecklenburg-Schwerin und Mecklenburg-Strelitz schlossen sich diesem Vertrag nach Berücksichtigung einiger Vorbehalte am 21. August 1866 an.
- Hessen für seine nördlich des Mains gelegenen Landesteile, Reuß ältere Linie, Sachsen-Meiningen und Sachsen traten durch ihre Friedensverträge vom 3. September 1866 und 8. und 21. Oktober 1866 dem Bund bei.

Die einzigen Territorien nördlich des Mains, die bis 1866 zum Deutschen Bund gehört hatten und jetzt nicht dem von Preußen gegründeten Norddeutschen Bund beitraten, waren Luxemburg und Limburg, die vom niederländischen König regiert wurden. Luxemburg verblieb aber im Deutschen Zollverein.

Die norddeutschen Verbündeten schlossen zur sofortigen »gemeinschaftlichen Vertheidigung ihres Besitzstandes« ein »Offensiv- und Defensivbündniß zur Erhaltung der Unabhängigkeit und Integrität, sowie der innern und äußern Sicherheit ihrer Staaten«. (Art. 1)

Die Bündniszwecke sollten gemäß den preußischen Bundesreformplänen vom 10. Juni 1866 »sichergestellt werden, unter Mitwirkung eines gemeinschaftlich zu berufenden Parlaments«. (Art. 2)

Den Oberbefehl über die Truppen der Verbündeten besaß der König von Preußen (Art. 4).

Der Norddeutsche Bund. Karte aus: upload.wikimedia.org/wikipedia/commons/archiv...

Die verbündeten Regierungen – so der weitere Wortlaut des Vertrages –

»werden gleichzeitig mit Preußen die auf Grund des Reichswahlgesetzes vom 12. April 1849 vorzunehmenden Wahlen der Abgeordneten zum Parlament anordnen und letzteres gemeinschaftlich mit Preußen einberufen. Zugleich werden sie Bevollmächtigte nach Berlin senden, um nach Maßgabe der Grundzüge vom 10. Juni d. J. den Bundesverfassungs-Entwurf festzustellen, welcher dem Parlament zur Berathung und Vereinbarung vorgelegt werden soll«. (Art. 5)

Dieser Vertrag, der dem *Norddeutschen Bund* den Weg ebnete, kennzeichnete zusammen mit den Friedensverträgen und den Schutz- und Trutzbündnissen in geradezu exemplarischer Weise die Art und Weise der Machtpolitik des preußischen Ministerpräsidenten BISMARCK.

Als ›Realpolitik‹ wurde sie fortan besonders mit seinem Namen verbunden.

- Sie war einerseits konstruktiv gemäßigt, um den politischen Erfolg nicht zu gefährden, andererseits in diesen Grenzen konsequent und machtbewußt.
- Österreich blieb als Großmacht erhalten, die Maingrenze für die politische Neuordnung unter preußischer Führung wurde vorerst respektiert, und mögliche französische Reaktionen wurden klug abgewehrt.
- Gegenüber den Staaten des Norddeutschen Bundes setzte BISMARCK unnachgiebig die preußische Führungsrolle durch, achtete aber die Legitimität ihrer Dynastien, soweit sie Preußen nicht feindlich entgegengetreten waren. Diese Haltung entsprach seiner eigenen konservativen Loyalität gegenüber seinem König. Die Legitimitätsrechte der ehemals feindlichen Staaten Hannover, Kurhessen, Nassau und Frankfurt aber ignorierte er, indem er sie liquidierte und ihre Territorien Preußen einverleibte.

Ähnlich zwiespältig und *realpolitisch* war sein Verhalten gegenüber den *liberaldemokratischen Tendenzen* seiner Zeit. Er stand ihnen zwar aufgrund seines politischen Werdeganges innerlich *distanziert* gegenüber und hatte sie soeben noch im preußischen Verfassungskonflikt in Loyalität zu seinem König bekämpft. Jetzt aber stellte er sie *in den Dienst seiner Politik*, indem er für den neuen Staatenbund ein Parlament forderte, dessen Vertreter nach dem demokratischen Reichswahlgesetz von 1849 zu wählen waren und sogar das Beratungs- und Vereinbarungsrecht einer künftigen Verfassung erhielten.

Der *konstituierende Reichstag* des Norddeutschen Bundes wurde am 12. Februar 1867 in seinen Mitgliedsstaaten gewählt und besaß eine Mehrheit aus *Freikonservativen* und *Nationalliberalen*.

Beide Parteien entstanden 1866/67 und waren Abspaltungen der bisherigen Konservativen Partei und der Deutschen Fortschrittspartei.

Befürworteten die Freikonservativen vornehmlich die erfolgreiche großpreußische Politik BISMARCKS, so die Nationalliberalen die durch sie bedingten Erfolge auf dem Wege zu einer nationalen deutschen Einheit. Beide stellten sich in der

Erkenntnis, daß die Überzeugungskraft ihrer politischen Prinzipien nur mit Hilfe der Machtpolitik BISMARCKS in der deutschen Frage erfolgreich gewesen war, auf den Boden der Realität, indem sie diesen Erfolg anerkannten und mit BISMARCK in der Hoffnung zusammenarbeiteten, daß sich dabei auch ihre Ideen auf die Dauer durchsetzen würden. Sie mußten anerkennen, daß die preußische Innenpolitik BISMARCKS zwar illegal gewesen war, aber durch Ermöglichung der Heeresreform schließlich zum entscheidenden militärischen Sieg in Deutschland geführt hatte.

Aus dieser Einschätzung hatten sie schon am 14. September 1866 das *Indemnitätsgesetz* im preußischen Landtag durchgesetzt, das BISMARCKS bisherige verfassungswidrige preußische Innenpolitik nachträglich mit diesen Sätzen legitimierte:

> »Art. 2. Die Staatsregierung wird in Bezug auf die seit dem Beginn des Jahres 1862 ohne gesetzlich festgestellten Staatshaushalts-Etat geführte Verwaltung, vorbehaltlich der Beschlußfassung des Landtages über die Entlastung der Staatsregierung nach Vorlegung der Jahresrechnungen, Indemnität ertheilt, dergestalt, daß es rücksichtlich der Verantwortlichkeit der Staatsregierung so gehalten werden soll, wie wenn die Verwaltung in der erwähnten Zeit auf Grund gesetzlich festgestellter und rechtzeitig publicirter Staatshauhalts-Etats geführt worden wäre.«[484]

Die für die Erteilung der Indemnität vorbehaltlich vorgesehene Beschlußfassung des Landtages war in diesem Zusammenhang nur eine formalrechtliche Bedingung, weil deren Erfüllung bereits feststand.

Seine Erfolge in Preußen und Deutschland hatten aus dem in liberalen und nationalen Kreisen abgelehnten und bekämpften BISMARCK in kurzer Zeit einen weithin populären *Vorkämpfer der nationalen Einigung Deutschlands* gemacht.

Die Tatsache,

- daß nicht allein die Kraft der Ideen,
- sondern die durch die Obrigkeit während des preußischen Verfassungskonflikts gehandhabten Mittel des Polizeistaates und des Krieges gegen Dänemark und Österreich diesen Erfolg herbeigeführt hatte, dem die Vertreter der freiheitlichen Ideen sich jetzt konstruktiv anzupassen versuchten,

wurde dabei von vielen ebenso hingenommen

- wie die sich jetzt mit der Verwirklichung der kleindeutschen Lösung der deutschen Frage vollziehende Spaltung des deutschen Volkes durch die Ausgliederung der Deutschen Österreichs.

Die *österreichischen Deutschen*, die Preußen *gegen ihren Willen aus dem Bund deutscher Staaten hinausgedrängt* hatte, waren fortan gezwungen, in Verbindung mit den vielen in der Monarchie lebenden nichtdeutschen Nationalitäten ihren eigenen politischen Weg als *nationale Minorität* zu gehen. Diese Lage war die letztliche Konsequenz aus der einst mit SCHWARZENBERG begonnenen Politik zur Herstellung der staatlichen Einheit Gesamtösterreichs, die eine großdeutsche Lösung der deutschen Frage verhindert hatte, und den von Preußen unterstützten kleindeutschen Einigungstendenzen.

Aus diesem Grunde hatte Österreich sich

- weder in der Revolution von 1848/49 mit seinen deutschen Territorien erfolgreich in den Einigungsprozeß der deutschen Staaten einbringen,
- noch – zuletzt 1863 auf dem Frankfurter Fürstentag – durch seine für den nationalliberalen Zeitgeist längst überholten konservativen Vorschläge sein Verbleiben in Deutschland sichern können.

Eigentlich war es ein merkwürdiges Ergebnis der deutschen Geschichte,

- daß die traditionell erste Macht Deutschlands, deren Herrscher jahrhundertelang die römische Kaiserkrone getragen
- und die deutsche Kultur weit in den Balkanraum hineingetragen hatten,
- jetzt ihre staatliche Verbindung mit dem deutschen Kernland verlor, weil dieses sich, um sich einigen zu können, von ihm abgewandt hatte.

Die mit dem Hinausdrängen Österreichs vollzogene *Spaltung des deutschen Volkes* schien den politischen Wunsch nach einer gesamtdeutschen nationalen Einheit in das Reich der Illusionen verschoben zu haben

Die österreichischen Deutschen mußten sich fortan allein gegenüber der nichtdeutschen Mehrheitsbevölkerung im eigenen Staat behaupten.

Die erste sich aus dieser Lage ergebende Maßnahme war 1867 der schon längst fällig gewordene *Ausgleich mit Ungarn.*

Das innerösterreichische Ringen um eine seit der Niederwerfung der ungarischen Revolution im Jahre 1849 zu erreichende Verständigung mit den ungarischen Nationalforderungen hatte durch die soeben erlittene Niederlage gegenüber Preußen im deutschen Krieg sein Entscheidungsstadium erreicht.

Man teilte die Monarchie in eine östliche und westliche Reichshälfte, die wegen der Leitha als Grenzfluß inoffiziell auch ›Trans- und Zisleithanien‹ genannt wurden. Sie bildeten fortan im Osten unter der Stephanskrone das Königreich Ungarn und im Westen die österreichische Reichshälfte, zu der allerdings auch Galizien und Lodomerien gezählt wurden. Ungarn bekam seinen eigenen Reichstag und wurde innenpolitisch praktisch unabhängig. Österreich und Ungarn besaßen fortan nur noch drei gemeinsame Ministerien, das Außen- und Kriegsministerium und ein Finanzministerium, dessen Kompetenz nur auf die Finanzierung der gemeinsamen Aufgaben beschränkt war.

Der österreichische Kaiser war zugleich Träger der ungarischen Stephanskrone. Für ihn wurde die Bezeichnung ›*Kaiser von Österreich und König von Ungarn*‹ eingeführt, und der Gesamtstaat hieß fortan ›*Österreichisch-Ungarische Monarchie*‹.

Die Teilung der österreichischen Gesamtmonarchie stellte zwar die Ungarn politisch zufrieden, aber diese sahen sich wegen Magyarisierungstendenzen in ihrem Machtbereich bald selbst mit dem Widerstand der hier ebenfalls lebenden nichtungarischen Nationalitäten konfrontiert.

Die österreichischen Deutschen hatten zwar das nationale ungarische Problem gelöst, aber mußten sich fortan um so stärker mit den in ihrer Reichshälfte ansässigen slawischen Völkern, insbesondere den Tschechen, auseinandersetzen. Diese fühlten sich nach der nationalen Emanzipation der Ungarn erst recht in ihrem Bedürfnis nach politischer Gleichberechtigung mit den Deutschen übergangen.

Ebenso wie die ungarische Reichshälfte der jetzigen Doppelmonarchie stellte sich auch die österreichische auf eine verfassungsrechtliche Grundlage, indem sie im Dezember 1867 mehrere Staatsgrundgesetze verabschiedete. Die neue Verfassung konnte jedoch die unterschiedlichen *Nationalitäten nicht* miteinander *versöhnen*, so daß Österreich zusammen mit Ungarn ein von Krisen geschütteltes Reich blieb.

Nach der Trennung von Österreich und der Bildung des Norddeutschen Bundes wuchs *Preußen* mit seinem vom König ernannten Ministerpräsidenten und Bundeskanzler BISMARCK immer stärker in seine *Führungsrolle* zur Durchsetzung der kleindeutsch-nationalen Ziele hinein.

Bei den nationalliberalen Anhängern der deutschen Einheit, aber auch in nationalkonservativen Kreisen verengte sich das nationale Streben zunehmend auf ein Deutschland ohne Österreich, obwohl man die Deutschen Österreichs nach wie vor als Mitglieder des deutschen Volkes akzeptierte.

Der *Verfassung des Norddeutschen Bundes* [485] lag ein von den verbündeten Regierungen ausgearbeiteter Verfassungsentwurf zugrunde, der am 16. April 1867 unter Einbeziehung einiger Änderungen mit 230 gegen 53 Stimmen vom norddeutschen Reichstag angenommen wurde. Einen Tag später erteilten die Regierungen ihre Zustimmung. Anschließend wurde die Verfassung von den Landtagen der Einzelstaaten anerkannt, so daß sie nach ihrer Publizierung am 1. Juli 1867 in Kraft treten konnte.

Einleitend betonten alle Oberhäupter der Bundesstaaten, daß sie »einen ewigen Bund zum Schutze des Bundesgebietes und des innerhalb desselben gültigen Rechtes, so wie zur Pflege und Wohlfahrt des deutschen Volkes« schlössen, der den »Namen des Norddeutschen Bundes führen und... nachstehende Verfassung haben« werde.

➢ Das »Bundesgebiet« (Abschnitt I) umfaßte die Territorien der folgenden 22 Bundesstaaten (Art. 1):

- Preußen mit Lauenburg,
- Sachsen,
- Mecklenburg-Schwerin,
- Sachsen-Weimar,
- Mecklenburg-Strelitz,
- Oldenburg,

- Braunschweig,
- Sachsen-Meiningen,
- Sachsen-Altenburg,
- Sachsen-Coburg-Gotha,
- Anhalt,
- Schwarzburg-Rudolstadt,
- Schwarzburg-Sondershausen,
- Waldeck,
- Reuß ältere Linie,
- Reuß jüngere Linie,
- Schaumburg-Lippe,
- Lippe,
- Lübeck,
- Bremen,
- Hamburg,
- Hessen mit seinem nördlich des Mains gelegenen Landesteil.

➢ Die »Bundes-Gesetzgebung« (Abschnitt II) stand dem »Bund« zu, und zwar »nach Maßgabe des Inhalts dieser Verfassung« und mit der Wirkung, »daß Bundesgesetze den Landesgesetzen vorgehen«. (Art. 2)

Für »den ganzen Umfang des Bundesgebiets« wurde ein »gemeinsames Indigenat mit der Wirkung« festgesetzt, daß die Angehörigen aller Bundesstaaten in ihren Rechten und Pflichten in jedem Bundesstaat »als Inländer zu behandeln« waren und im Auslande »Anspruch auf den Bundesschutz« hatten (Art. 3).

Für 15 Einzelbereiche wurde die Zuständigkeit der Bundesgesetzgebung festgelegt. Sie war ausgerichtet auf eine zeitgemäße politische, rechtliche, wirtschaftliche, technische und militärische Vereinheitlichung innerhalb des Bundesgebietes bis hin zu medizinischen und veterinärpolizeilichen Maßnahmen (Art. 4).

Bundesrat und Reichstag übten das Recht der Bundesgesetzgebung aus. »Die Uebereinstimmung der Mehrheitsbeschlüsse beider Versammlungen« war »zu einem Bundesgesetz erforderlich und ausreichend.« Im Bundesrat sollte allerdings bei Uneinigkeit in Angelegenheiten des Militärs und der Kriegsmarine für die Meinungsbildung die Stimme des Präsidiums ausschlaggebend sein, wenn sie sich für die Beibehaltung bestehender Einrichtungen ausspräche (Art. 5).

➢ Der »Bundesrath« (Abschnitt III) bestand »aus den Vertretern der Mitglieder des Bundes.« Insgesamt verfügte er über 43 Stimmen. Die Stimmenverteilung entsprach der in der bisherigen Deutschen Bundesakte von 1815 vorgesehenen Festsetzung, allerdings mit der Regelung, daß zu der Zahl der ursprünglichen Stimmen für Preußen (4) jene, die bisher auf die von Preußen annektierten Staaten Hannover (4), Kurhessen (3), Holstein (3), Nassau (2) und Frankfurt (1) entfallen waren, jetzt zu den preußischen Stimmen hinzugerechnet wurden.

Auf diese Weise ergab sich folgende Stimmenverteilung:

- Preußen 17,
- Sachsen 4,
- Mecklenburg-Schwerin, Braunschweig je 2
- Hessen, Sachsen-Weimar, Mecklenburg-Strelitz, Oldenburg, Sachsen-Meiningen, Sachsen-Altenburg, Sachsen-Coburg-Gotha, Anhalt, Schwarzburg-Rudolstadt, Schwarzburg-Sondershausen, Waldeck, Reuß ältere Linie, Reuß jüngere Linie, Schaumburg-Lippe, Lippe, Lübeck, Bremen, Hamburg je 1 (Art. 6).

Jedes Bundesglied war »befugt, Vorschläge zu machen«, die vom Präsidium »der Berathung übergeben« werden mußten. Beschlüsse wurden mit einfacher Mehrheit gefaßt, bei Stimmengleichheit gab die Präsidialstimme den Ausschlag (Art. 7).

Sieben dauernde Beratungsausschüsse waren zuständig für Landheer und Festungen, Seewesen, Zoll- und Steuerwesen, Handel und Verkehr, Eisenbahn sowie Post und Telegrahie, Justizwesen, Rechnungswesen. Die Ausschußmitglieder für Heer und Festungen sowie Seewesen wurden vom »Bundesfeldherrn« ernannt, alle übrigen vom Bundesrate gewählt (Art. 8).

➢ Das »Bundespräsidium« (Abschnitt IV) stand der »Krone Preußen« zu, »welche in Ausübung desselben den Bund völkerrechtlich zu vertreten, im Namen des Bundes Krieg zu erklären und Frieden zu schließen, Bündnisse und andere Verträge mit fremden Staaten einzugehen, Gesandte zu beglaubigen und zu empfangen berechtigt« war. Allerdings waren die »Zustimmung des Bundesrathes« und die »Genehmigung des Reichstages« bei allen Verträgen erforderlich, die nach Art. 4 in Bereiche der Bundesgesetzgebung gehörten (Art. 11).

Das Präsidium hatte das Recht, »den Bundesrath und den Reichstag zu berufen, zu eröffnen, zu vertagen und zu schließen«. (Art. 12)

Bundesrat und Reichstag sollten einmal jährlich berufen werden. Der Bundesrat durfte »zur Vorbereitung der Arbeiten ohne den Reichstag, letzterer aber nicht ohne den Bundesrath berufen werden«. (Art. 13)

Dem »Bundeskanzler« stand die »Leitung der Geschäfte« zu. Er war »vom Präsidium« zu ernennen (Art. 15).

Das Präsidium hatte »Vorlagen nach Maaßgabe der Beschlüsse des Bundesrathes an den Reichstag zu bringen«. (Art. 16)

Dem Präsidium stand die »Ausfertigung und Verkündigung der Bundesgesetze und die Ueberwachung der Ausführung derselben zu«. Zur Gültigkeit bedurften sie »der Gegenzeichnung des Bundeskanzlers, welcher dadurch die Verantwortlichkeit« übernahm (Art. 17).

Die Bundesbeamten wurden vom Präsidium ernannt, vereidigt und entlassen (Art. 18).

Für den Fall, daß »Bundesmitglieder ihre verfassungsmäßigen Bundespflichten nicht« erfüllten, konnten sie dazu durch das Präsidium »im Wege der Execution angehalten« werden (Art. 19).

➢ Der »Reichstag« (Abschnitt V) ging »aus allgemeinen und directen Wahlen mit geheimer Abstimmung hervor«, wobei bis zum Erlaß eines neuen Reichswahlgesetzes das Gesetz anzuwenden war, nach dem der erste norddeutsche Reichstag gewählt worden war (Art. 20).

Die Reichstagsverhandlungen waren öffentlich (Art. 22).

Der Reichstag hatte »das Recht, innerhalb der Competenz des Bundes Gesetze vorzuschlagen, und an ihn gerichtete Petitionen dem Bundesrathe resp. Bundeskanzler zu überweisen«. (Art. 23)

Die Legislaturperiode des Reichstages dauerte drei Jahre. Während dieser Zeit konnte der Reichstag nur durch Beschluß des Bundesrates mit Zustimmung des Präsidiums aufgelöst werden (Art. 24).

Nach einer Reichstagsauflösung mußte der neue Reichstag spätestens nach 60 Tagen gewählt werden und nach 90 Tagen zusammentreten. Eine Reichstagsvertagung durfte nicht länger als 30 Tage dauern (Art. 25 u. 26).

Der Reichstag war bei Anwesenheit der Mehrheit seiner Mitglieder beschlußfähig. Er faßte seine Beschlüsse mit absoluter Mehrheit (Art. 28).

Reichstagsmitglieder waren »Vertreter des gesammten Volkes und an Aufträge und Instructionen nicht gebunden«. (Art. 29)

Kein Reichstagsmitglied durfte »zu irgend einer Zeit wegen seiner Abstimmung oder wegen der in Ausübung seines Berufes gethanen Aeußerungen gerichtlich oder disciplinarisch verfolgt oder sonst außerhalb der Versammlung zur Verantwortung gezogen werden«. (Art. 30).

Ohne Genehmigung durch den Reichstag konnte »kein Mitglied desselben während der Sitzungs-Periode wegen einer mit Strafe bedrohten Handlung zur Untersuchung gezogen oder verhaftet werden, außer wenn es bei Ausübung der That oder im Laufe des nächstfolgenden Tages ergriffen« wurde (Art. 31).

Die Reichstagsmitglieder durften »als solche keine Besoldung oder Entschädigung beziehen«. (Art. 32)

➢ Die Bestimmungen über »Zoll- und Handelswesen« (Abschnitt VI) machten aus dem Norddeutschen Bund ein einheitliches Zoll- und Handelsgebiet mit »gemeinschaftlicher Zollgrenze«, wobei allerdings die wegen ihrer Lage zur Einbeziehung ungeeigneten Gebietsteile ausgeschlossen blieben. Auch die Hansestädte Lübeck, Bremen und Hamburg sollten bis zu einem von ihnen gestellten Antrag wegen ihrer Freihäfen vorerst außerhalb des gemeinsamen Zollgebietes bleiben (Art. 33 u. 34).

Die Gesetzgebung über das Zollwesen und gewisse Verbrauchssteuern bei Zucker, Branntwein, Salz, Bier und Tabak besaß der Bund. Die Länder hatten die Aufgabe der »Erhebung und Verwaltung der Zölle«. Ihr Ertrag floß nach Abzug der Unkosten jedoch in die Bundeskasse (Art. 35-38).

➢ Das »Eisenbahnwesen« (Abschnitt VII) konnte »im Interesse der Vertheidigung des Bundesgebiets oder im Interesse des gemeinsamen Verkehrs« durch ein

Bundesgesetz »gegen den Widerspruch der Bundesglieder« gestaltet werden (Art. 41).

Zu seiner einheitlichen Ausgestaltung verpflichteten sich die Bundesregierungen, »die im Bundesgebiete gelegenen Eisenbahnen im Interesse des allgemeinen Verkehrs wie ein einheitliches Netz verwalten und zu diesem Behufe auch die neuherzustellenden Bahnen nach einheitlichen Normen anlegen und ausrüsten zu lassen«. (Art. 42).

Die Sorge für die durch die Verwaltung zu garantierende Sicherheit und Ausrüstung der Eisenbahnen sowie die Kontrolle über das Tarifwesen oblag dem Bund (Art. 43 u. 45).

➢ Auch das »Post- und Telegraphenwesen« (Abschnitt VIII) wurde »für das gesammte Gebiet des Norddeutschen Bundes« einheitlich eingerichtet und verwaltet (Art. 48).

Die »Einnahmen« waren »für den ganzen Bund gemeinschaftlich« und dienten der Bestreitung der Ausgaben, wobei die Überschüsse in die Bundeskasse flossen (Art. 49).

Das Bundespräsidium besaß »die oberste Leitung der Post- und Telegraphen-Verwaltung«. (Art. 50)

➢ Im Rahmen von »Marine und Schiffahrt« (Abschnitt IX) wurde die »Bundes-Kriegsmarine« als »eine einheitliche unter Preußischem Oberbefehl« stehende Einrichtung definiert. Ihre »Organisation und Zusammensetzung« unterstand dem preußischen König. Er ernannte ihre eidlich zu verpflichtenden Offiziere und Beamten.

Kiel und der »Jahde-Hafen« (Wilhelmshaven) waren »Bundeskriegshäfen«.

Der Bundeskasse oblag der ganze durch eine Kriegsflotte entstehende »Aufwand«.

Die »gesammte seemännische Bevölkerung des Bundes« war »zum Dienste in der Bundesmarine« verpflichtet, dafür »vom Dienste im Landheere befreit«. (Art. 53)

Die »Kauffahrteischiffe aller Bundesstaaten« bildeten »eine einheitliche Handelsmarine«. (Art. 54)

Die Flagge der Kriegs- und Handelsmarine war »schwarz-weiß-rot« (Art. 55).

➢ Auch das »Consulatwesen« (Abschnitt X) wurde vereinheitlicht, denn es unterstand fortan für den gesamten Norddeutschen Bund dem »Bundes-Präsidium«. Alle Landeskonsulate sollten auf die Dauer aufgehoben werden (Art. 56).

➢ Die Bestimmungen über das »Bundeskriegswesen« (Abschnitt XI) verpflichteten jeden Norddeutschen zur Wehrpflicht (Art. 57).

Die »Kosten und Lasten des gesammten Kriegswesens« hatten alle Bundesstaaten und ihre Angehörigen »gleichmäßig zu tragen«. (Art. 58)

»Jeder wehrfähige Norddeutsche« gehörte »sieben Jahre lang, in der Regel

Zu S . 368 f. Der von Kaiser FRANZ-JOSEPH 1863 einberufene Fürstentag von Frankfurt. Österreich will seine Vorherrschaft im Deutschen Bund demonstrieren. Preußen blieb dem Fürstentag fern.

Zu S. 374 ff. Eine Ordonnanz bringt dem Kronprinzen FRIEDRICH WILHELM die Nachricht vom Sieg bei Düppel am 18. April 1864. Der Gegensatz zwischen Preußen und Österreich wurde dadurch noch verschärft.

Die Umfassungsschlacht von Königgrätz am 3. Juli 1866. Die drei preußischen Armeen unter Kronprinz Friedrich Wilhelm, Prinz Friedrich Karl und Herwarth von Bittenfeld vereinigten sich während der Schlacht von Königgrätz und besiegelten die endgültige Niederlage des österreichischen Hauptheeres. Der politische Kredit Österreichs in Deutschland war dann endgültig verspielt.

Verhandlungen über einen Vorfrieden zwischen Preußen und Österreich in Nikolsburg am 26. Juli 1866. Der Friede von Prag vom 23. August 1866 bestätigte die Ergebnisse der Nikolsburger Verhandlungen, insbesondere die nunmehrige Vormacht Preußens in Norddeutschland mit der Bildung des Norddeutschen Bundes.

Links, oben: Kaiser WILHELM I., unten: NAPOLEON III. Rechts: Gefecht aus dem Deutsch-französischen Krieg 1870/71, Sturm auf die Spicherer Höhen bei Saarbrücken.

Nach der Schlacht von Sedan: BISMARCK und Kaiser NAPOLEON III. auf dem Weg zu WILHELM I. Gemälde von Wilhelm CAMPHAUSEN.

Anton von Werner, Kaiserproklamation in Versailles (1885). Das eigentlich kurze, schlichte Ereignis wurde von dem nach Versailles beorderten Künstler als prunkvolle Zeremonie wiedergegeben.

Das Wappen des 1871 gegründeten Zweiten Deutschen Reichs. Man entschied sich für den alten einköpfigen deutschen Königsadler, um dessen Hals die Kette des schwarzen Adlerordens liegt.

vom vollendeten 20. bis zum beginnenden 28. Lebensjahre dem stehenden Heere – und zwar die ersten drei Jahre bei den Fahnen, die letzten vier Jahre in der Reserve – und die folgenden fünf Lebensjahre der Landwehr an«. (Art. 59)

Die »Friedens-Präsensstärke des Bundesheeres« wurde »auf ein Prozent der Bevölkerung von 1867 normirt«. (Art. 60) Sie entsprach einer Zahl von etwa 300 000 Mann.

Die preußische Militärgesetzgebung war für das gesamte Bundesgebiet »ungesäumt einzuführen«. (Art. 61)

Finanziert wurde das Bundesheer durch die Festsetzung, daß »bis zum 31. December 1871 dem Bundesfeldherrn jährlich sovielmal 225 Tlr., als die Kopfzahl der Friedensstärke des Heeres. . . beträgt, zur Verfügung zu stellen« war (Art. 62).

Die gesamte Landmacht des Bundes wurde als »einheitliches Heer« in Krieg und Frieden dem »Befehle Seiner Majestät des Königs von Preußen als Bundesfeldherrn« unterstellt (Art. 63).

Durch »Fahneneid« waren alle Bundestruppen »verpflichtet, den Befehlen des Bundesfeldherrn unbedingte Folge zu leisten«. (Art. 64).

➢ Die »Bundes-Finanzen« (Abschnitt XII) mußten jedes Jahr nach Einnahmen und Ausgaben veranschlagt und durch ein Gesetz festgestellt werden (Art. 69).

»Zur Bestreitung aller gemeinschaftlichen Aufgaben« sollten zunächst die »Ueberschüsse der Vorjahre, sowie die aus den Zöllen, den gemeinschaftlichen Verbrauchssteuern und aus dem Post- und Telegraphen-Wesen fließenden gemeinschaftlichen Einnahmen« dienen. Reichten diese nicht aus, hatten, solange keine Bundessteuern eingeführt waren, die »einzelnen Bundesstaaten nach Maaßgabe ihrer Bevölkerung« entsprechende Beiträge aufzubringen (Art. 70).

➢ Für die »Schlichtung von Streitigkeiten und Strafbestimmungen« (Abschnitt XIII) sah die Verfassung Maßnahmen zur Sicherung der Existenz und Verfassung des Norddeutschen Bundes sowie seiner Repräsentanten vor (Art. 74).

Andere Bestimmungen regelten Zuständigkeiten privatrechtlicher Natur oder das Verfahren bei Verfassungsstreitigkeiten in und zwischen den Bundesstaaten (Art. 75–77).

➢ Eine »Allgemeine Bestimmung« (Abschnitt XIV) setzte fest, daß Verfassungsänderungen »im Wege der Gesetzgebung« möglich seien, jedoch im Bundesrate eine Stimmenmehrheit von »zwei Dritteln« erreichen müßten (Art. 78).

➢ Über das »Verhältniß zu den süddeutschen Ländern« (Abschnitt XV) verfügte die Verfassung abschließend, daß die Beziehungen zu ihnen »sofort nach Feststellung der Verfassung des Norddeutschen Bundes durch besondere dem Reichstage zur Genehmigung vorzulegende Verträge, geregelt werden« sollten. »Der Eintritt der süddeutschen Staaten oder eines derselben in den Bund« war »auf den Vorschlag des Bundes-Präsidiums im Wege der Bundesgesetzgebung« möglich (Art. 79).

In den folgenden Jahren wurde der Norddeutsche Bund durch einige wichtige *Gesetze* zu einem *einheitlichen Staatsgebiet* ausgestaltet:

Durch das »Gesetz über die Freizügigkeit«[486] vom 1. November 1867 erhielt jeder Bundesangehörige das Recht, sich an »jedem Orte« aufzuhalten, niederzulassen oder zu wohnen, Grundeigentum zu erwerben oder ein Gewerbe zu betreiben (§ 1).

Weitere Bestimmungen regelten Fragen, ob diese Rechte Unselbständigen, Bestraften, Bettlern, Landstreichern, Verarmten zugebilligt werden konnten, welche Abgaben aufnehmende Gemeinden erheben durften oder welche Ausweisungsmöglichkeiten gegebenenfalls für sie bestanden.

Das nach Artikel 20 der Verfassung des Norddeutschen Bundes in Aussicht gestellte »Wahlgesetz für den Reichstag des Norddeutschen Bundes«[487] wurde am 31. Mai 1869 »im Namen des Norddeutschen Bundes, nach erfolgter Zustimmung des Bundesrathes und des Reichstages« von »Wir WILHELM, von Gottes Gnaden König von Preußen etc.« verordnet.

Es gab jedem mindestens 25 Jahre alten Norddeutschen an seinem Wohnsitz das Wahlrecht für den Reichstag (§ 1).

Ausgeschlossen vom Wahlrecht waren aktive Soldaten des Heeres und der Marine (§ 2), ebenso Personen unter »Vormundschaft oder Kuratel«, Vermögensbesitzer im »Konkurs- oder Fallitzustand«, Empfänger von Armenunterstützung und Personen, denen die staatsbürgerlichen Rechte gerichtlich entzogen waren (§ 3).

Das passive Wahlrecht besaßen alle anderen 25 Jahre alten und bisher mindestens ein Jahr lang einem Bundesstaate angehörenden Personen (§ 4).

Auf »durchschnittlich 100 000 Seelen« sollte ein Abgeordneter gewählt werden, so daß die Gesamtzahl der Reichstagsabgeordneten 297 betrug.

Es entfielen auf

- Preußen 235,
- Sachsen 23,
- Mecklenburg-Schwerin 6,
- Hessen, Sachsen-Weimar, Oldenburg, Braunschweig, Hamburg je 3,
- Sachsen-Meiningen, Sachsen-Koburg-Gotha, Anhalt je 2 Abgeordnete,
- Mecklenburg-Strelitz, Sachsen-Altenburg, Schwarzburg-Rudolstadt, Schwarzburg-Sondershausen, Waldeck, Reuß ältere Linie, Reuß jüngere Linie, Schaumburg-Lippe, Lippe, Lauenburg, Lübeck, Bremen je 1 Abgeordneter (§ 5).

Wahlhandlung und Ermittlung des Wahlergebnisses waren »öffentlich« (§ 9).

»Das Wahlrecht« wurde »in Person durch verdeckte, in eine Wahlurne niederzulegende Stimmzettel ohne Unterschrift ausgeübt.« Die Stimmzettel mußten »von weißem Papier« und durften »mit keinem äußeren Kennzeichen versehen sein«. (§ 10)

»Die Wahl« war »direct« und erfolgte »durch absolute Stimmenmehrheit aller in einem Wahlkreise abgegebenen Stimmen«. Hatte diese kein Kandidat erreicht, so war unter den zwei Kandidaten, die die meisten Stimmen erhalten hatten, erneut zu wählen. Bei Stimmengleichheit entschied das Los (§ 12).

Über die Gültigkeit und Ungültigkeit der abgegebenen Stimmen entschied »unter Vorbehalt der Prüfung des Reichstages allein der Vorstand des Wahlbezirkes nach Stimmenmehrheit seiner Mitglieder«. (§ 13)

Die »allgemeinen Wahlen« waren im ganzen Bundesgebiet an einem von dem Bundespräsidium festgesetzten Tag vorzunehmen (§ 14).

Die Wahlberechtigten hatten »das Recht, zum Betrieb der den Reichstag betreffenden Wahlangelegenheiten Vereine zu bilden und in geschlossenen Räumen unbewaffnet öffentliche Versammlungen zu veranstalten« (§ 17).

Kurz vor Ausbruch des Deutsch-französischen Krieges erließ der preußische König »im Namen des Norddeutschen Bundes, nach erfolgter Zustimmung des Bundesrathes und des Reichstages« das »Gesetz über die Erwerbung und den Verlust der Bundes- und Staatsangehörigkeit«[488] vom 1. Juni 1870.

Es band die »Bundesangehörigkeit« an die »Staatsangehörigkeit in einem Bundesstaate« (§ 1) und enthielt ausführliche Regelungen für den Erwerb dieser Staatsangehörigkeit durch Abstammung, Legitimation, Verheiratung, Aufnahme von Norddeutschen und Naturalisation von Ausländern. Gründlich wurden ebenfalls Möglichkeiten der beantragten freiwilligen und durch behördliche Aberkennung erzwungenen Entlassung aus der Staatsangehörigkeit festgesetzt (§§ 2–25).

Die Verfassung und die Gesetze kennzeichneten die *politischen Grundlagen* des Norddeutschen Bundes.

Wenn er auch das *Produkt preußischer Machtpolitik* war, so wurde die legitime Existenz der ihm angehörenden Dynastien und Fürstentümer und der freien Städte prinzipiell nicht angetastet. Ihr Bund beruhte auf einer *im Wortlaut freiwilligen Vereinbarung aller Souveränitätsinhaber*, obwohl er in Wirklichkeit von dem preußischen Sieger erzwungen war.

Allen Mitgliedern des Norddeutschen Bundes mußte bewußt sein, daß Preußen mit seinem ausgedehnten Territorium, seiner großen Einwohnerzahl und seinem unübertroffenen politischen und wirtschaftlichen Gewicht das bedeutendste Mitglied und der Hegemon des Bundes war. Fast ganz Norddeutschland war Staatsgebiet Preußens geworden. Nicht nur die annektierten norddeutschen Staaten Hannover, Kurhessen, Nassau und Frankfurt, sondern auch Schleswig, Holstein und Lauenburg gehörten jetzt zu Preußen, und die preußischen Provinzen Ost- und Westpreußen, die mit Ausnahme der Jahre 1848 bis 1851 außerhalb der Grenzen des ehemaligen Deutschen Bundes verblieben waren, sowie Posen waren jetzt als preußisches Staatsgebiet fest in den Norddeutschen Bund einbezogen. Im Westen waren das Großherzogtum Luxemburg, das dem niederländischen König gehörte, und das unter seiner Herrschaft stehende Herzogtum Limburg die einzigen nördlich des Mains gelegenen Territorien des ehemaligen

Deutschen Bundes, die nicht in den Norddeutschen Bund aufgenommen worden waren. Ihre Ausgrenzung war schon zusammen mit den dem ehemaligen Deutschen Bund angehörenden österreichischen Territorien in dem preußischen Bundesreformentwurf vom 10. Juni 1866 (Art. 1) angekündigt worden.

Zwar lag der bescheidene Stimmenanteil Preußens im Bundesrat nur bei nicht ganz 20 Prozent, der Vorsitz und die Geschäftsführung aber oblagen dem vom Präsidium – also dem preußischen König – ernannten Bundeskanzler. Im Reichstag verfügten die preußischen Abgeordneten mit einem Anteil von fast 80 Prozent an der Gesamtmitgliederzahl über eine erdrückende Mehrheit.

Der preußische König betrachtete sich wie seine fürstlichen Verbündeten in konservativem Sinne als Herrscher »von Gottes Gnaden«. Aber er war aus ihrem Kreis verfassungsmäßig herausgehoben, denn das »Präsidium« des Norddeutschen Bundes stand nur der »Krone Preußen« zu. Als *preußischer König* besaß er eine von keinem anderen Bundesfürsten auch nur annähernd erreichte *Autorität.* Er war Oberbefehlshaber des Heeres und der Marine. Er konnte den Bundesrat und den Reichstag berufen, vertagen und auflösen. Er besaß das Recht zur Verkündigung der Gesetze und überwachte deren Ausführung. Er ernannte die Beamten und den Bundeskanzler, der nur von seinem Vertrauen getragen wurde und nicht durch eine Parlamentsmehrheit gestürzt werden konnte. Seine Person als König war unverletzlich, denn die Verantwortung für die Gesetze trug durch Gegenzeichnung der zuständige Minister

Hatten seine fürstlichen Verbündeten zwar nicht prinzipiell, aber in der politischen Realität ihre Souveränitätsrechte weitgehend an den preußischen König abgetreten, indem sie ihm die Präsidialrechte des Bundes zugestanden, so hatte er sich allerdings selbst ebenfalls zu einer den liberaldemokratischer Forderungen der Zeit entsprechenden theoretisch freiwilligen, aber faktisch nicht zu vermeidenden Einschränkung seiner Souveränität verstehen müssen, weil die Verfassung den *Bürgern* durch den *Reichstag* politische *Mitregierungsrechte* einräumte.

Das *Reichstagswahlrecht* entsprach ohne Zweifel *demokratischen* Grundsätzen, wenn man davon absieht, daß Frauen und ärmere Schichten noch von ihm ausgeschlossen waren. Es gab für Wähler und Gewählte keine Ungleichheiten mehr wie in den früher erlassenen Verfassungen der Einzelstaaten, etwa in der Verfassung Preußens mit dem weiter bestehenden Dreiklassenwahlrecht für den Landtag. Allerdings sollte man nicht übersehen, daß die ohne Entschädigung bleibende Tätigkeit der Reichstagsabgeordneten zu einer in der Praxis stärkeren Berücksichtigung des Besitz- und Bildungsbürgertums gegenüber den unbemittelten und ungebildeten Schichten führen mußte.

Durch den Reichstag war zwar noch nicht die Volkssouveränität erreicht, aber seine unverzichtbare *Mitwirkung* an der *Legislative* im Sinne einer *konstitutionellen Monarchie.* Entscheidend war, daß kein Gesetz mehr gegen den Willen des Reichstages möglich war. Jedes Bundesgesetz entstand nur durch die Übereinstimmung von Bundesrat und Reichstag.

Die Einrichtung des Bundesrates entsprach dem *föderativen Charakter* des Norddeutschen Bundes und stand in der Tradition der deutschen Geschichte. Trotzdem sollte man die *Tendenzen zur Vereinheitlichung* des neuen Bundesstaates nicht übersehen. Sie wurden sichtbar durch den Grundsatz, daß Bundesgesetze gegenüber Landesgesetzen vorgingen, sowie durch die Bestimmungen über das Zoll-, Handels-, Eisenbahn-, Post- und Telegraphenwesen, die Marine, die Schiffahrt und das Bundeskriegswesen. Den Einzelstaaten verblieb ein gewisses Gewicht, weil der Bund in Ermangelung eigener Behörden zur Ausführung seiner Gesetze zumeist auf die Landesdienststellen angewiesen war.

Die Verfassung enthielt keinen Katalog der bürgerlichen Grundrechte, weil deren Schutz durch die Verfassungen der Einzelstaaten des Bundes festgeschrieben war. Allerdings trug auch der Bund, etwa durch seine Verfassungsbestimmungen zur Freiheit und Immunität der Reichstagsabgeordneten sowie sein Reichstagswahl- und Freizügigkeitsgesetz, zur Sicherung der Grundrechte bei.

Spiegelte die norddeutsche Verfassung somit deutlich

- den *Fortschritt liberal demokratischer Ideen* und politisch-wirtschaftlicher Einheitstendenzen wider,
- so bedeutete sie in der *deutschen Frage* gegenüber der Vergangenheit einen entscheidenden *Wendepunkt.*

Zum *ersten Male* wurde der altehrwürdigen und traditionell ersten deutschen Großmacht *Österreich nicht mehr gedacht*. Wenn die norddeutsche Bundesverfassung sich in ihrem letzten Abschnitt auf das Verhältnis zu den süddeutschen Staaten oder auf die Möglichkeit ihres Eintritts in den Bund bezog, so konnten damit nur noch die Königreiche Bayern und Württemberg, das Großherzogtum Baden und der südlich des Mains gelegene Teil des Großherzogtums Hessen gemeint sein, mit denen man bereits militärisch durch die Schutz- und Trutzbündnisse von 1866 und zusätzlich durch den 1867 erneuerten Zollverein verbunden war.

Wenn man im Norddeutschen Bund fortan am Ziel einer nationalen Einheit festhielt und auf Süddeutschland hinwies, so dachte man dabei offiziell nicht mehr an das Kaiserreich Österreich.

Kleindeutschland unter preußischer Führung, das sich bereits 1848/49 für viele nach nationaler Einheit strebende Politiker in den Debatten über die klein- oder großdeutsche Lösung der deutschen Frage als realistisch einzuschätzendes Wunschziel herausgebildet hatte, war zunächst stets in Verbindung mit einem weiteren Bund gedacht gewesen, der Österreich auf irgendeine Weise in Deutschland einbezog. Sogar die 1850 gescheiterte Erfurter Unionsverfassung, die bereits ein kleindeutsches Reich unter preußischer Führung zu schaffen versucht hatte, hatte die Verbindung zu Österreich offen gelassen (etwa in ihren §§ 1 u. 85).

Erst *durch die Entscheidung von 1866* wurde die Trennung Österreichs von Deutschland und damit die *gesamtdeutsche Spaltung* vollzogen.

Die Vorstellung, daß Österreich nicht mehr zu Deutschland gehöre, schien die politisch mögliche Antwort auf die Frage nach nationaler deutscher Einheit zu werden.

Auf dem Weg zur kleindeutschen Reichsgründung

BISMARCK und der Norddeutsche Bund wußten, daß das *Frankreich* NAPOLEONS III. ohne bedeutende *Kompensationen* niemals den Beitritt der süddeutschen Staaten zum Norddeutschen Bund zulassen würde.

Es bestand zudem die Gefahr, daß sich das von Preußen enttäuschte und besiegte Österreich mit Frankreich verbünden würde, um weiterer preußischer Machtentfaltung vorzubeugen. Trotz der österreichisch-französischen Annäherung, die durch den Besuch und Gegenbesuch Kaiser FRANZ JOSEPHS und Kaiser NAPOLEONS und in Bündnisgesprächen 1867 sichtbar wurde, kam es nicht zu einem Einverständnis.

Sowohl die Ungarn, die erst durch die Trennung Österreichs von Deutschland ihre Sonderstellung in der Doppelmonarchie erreicht hatten und diese durch eine mit französischer Hilfe mögliche Wiedereroberung der österreichischen Position in Deutschland gefährdet sahen, als auch die acht Millionen Deutschösterreicher, die trotz ihres Ausschlusses aus Deutschland nicht zu einem antideutschen Vorgehen im Bündnis mit Frankreich bereit waren, standen einem österreichisch-französischen Bündnis im Wege.

Auch für Frankreich selbst wäre ein Bündnis mit Österreich problematisch geworden, weil es in den österreichisch-russischen Gegensatz auf dem Balkan einbezogen worden wäre, während das seit dem Krimkrieg von den Westmächten enttäuschte Rußland auf die Seite Preußens getreten wäre. Es hätte der Ausbruch eines großen europäischen Krieges gedroht, den zumindest BISMARCK unbedingt vermeiden wollte.

Als politische Alternative schloß der französische Kaiser allerdings auch

»bis 1867 nicht aus, daß zwischen Frankreich und Preußen einvernehmliche Regelungen während des Neuordnungsprozesses in Deutschland erzielt werden könnten, wobei er als selbstverständlich voraussetzte, daß Frankreich von der deutschen Einigung in territorialer Hinsicht profitieren würde und daß Preußen im Norddeutschen Bund sich mit einer gegenüber Frankreich im europäischen Vergleich nachrangigen Machtposition bescheiden würde. Diese Auffassung unterschätzte zweierlei: zum einen die nationale Gemütslage in Deutschland, denn die öffentliche Meinung hätte die Abtrennung deutschsprachiger Gebiete als Preis für die staatliche Einheit nicht hingenommen. . .; zum andern die Zielsetzung BISMARCKS, der gewiß die Stimmungen in Deutschland berücksichtigen mußte, der aber vor allem gar keine Veranlassung zu einem Geschäft auf Gegenseitigkeit sah. BISMARCKs Vorstellungen waren darauf gerichtet, im Alleingang durch Konfrontation und Druck die Hegemonie Preußens in Deutschland und die staatliche Einigung zu erreichen. . .«[489]

Um sich mit Frankreich zu verständigen, versuchte BISMARCK sogar, das Kompensationsbedürfnis NAPOLEONS III. auf die französischsprachigen Teile Belgiens und auf das nicht in den Norddeutschen Bund aufgenommene Luxemburg zu lenken, das dem niederländischen König gehörte und das dieser zu verkaufen geneigt war.

Vorsichtiges Abwägen war vorerst die weitere Richtschnur BISMARCKscher Politik. Einen großen europäischen Krieg wollte er unter allen Umständen vermeiden. Die notwendige Auseinandersetzung mit Frankreich durfte nur durch einen begrenzten und zweiseitigen Konflikt in dem Augenblick erfolgen, für den die aktuelle politische Situation die günstigsten Erfolgsvoraussetzungen bot.

BISMARCK hatte erkannt,

- daß ebenso, wie der Weg zur Reform des Deutschen Bundes durch Preußen nur über die Ausschaltung der bisherigen deutschen Führungsmacht Österreich hatte führen können,
- der Weg zur Vollendung der kleindeutschen Einheit über die Beseitigung des Widerstandes Frankreichs führen mußte.

Die Krise um *Luxemburg* , die in dem Augenblick entstand, als der niederländische König WILHELM III. eine preußische Stellungnahme zu seinen bereits fortgeschrittenen Verhandlungen über den Verkauf des Großherzogtums an Frankreich erbat, führte zu einem nationalen Entrüstungssturm in Deutschland, den BISMARCK aber noch nicht für geeignet hielt, ihn für die entscheidende Auseinandersetzung mit Frankreich zu benutzen. Auf einer Konferenz in London, die die englische Regierung angeregt hatte, stimmte er im Mai 1867 einer internationalen Unabhängigkeits- und Neutralitätsgarantie für das Großherzogtum Luxemburg zu. Luxemburg war fortan ein europäischer Kleinstaat, der zwar im Deutschen Zollverein blieb, aber souverän geworden war.

Mit dieser Regelung fanden sich BISMARCK und der Norddeutsche Bund ab, während NAPOLEONS Plan, durch den Erwerb Luxemburgs sein dringend benötigtes innenpolitisches Prestige zu erhöhen und seinen Thron zu stärken, mißlungen war.

Anschließend verfolgte der französische Kaiser weiter seine Bündnispläne mit Österreich, in die er sogar Italien einzubeziehen versuchte, während BISMARCK immer stärker erkannte, daß die Bildung eines kleindeutschen Reiches ohne Brechung des französischen Widerstandes unmöglich war.

Die entscheidende Auseinandersetzung mit Frankreich wurde schließlich herbeigeführt durch die Tatsache, daß Spanien im Februar 1870 dem Prinzen LEOPOLD VON HOHENZOLLERN-SIGMARINGEN aus der katholischen Linie der Hohenzollern die Königskrone anbot. Hohenzollern-Sigmaringen war ein kleines süddeutsches Fürstentum, eingezwängt zwischen Württemberg und Baden, das dem Deutschen Bund angehört hatte, bis es 1849 zugunsten Preußens auf seine Souveränität verzichtet hatte und jetzt als südlicher Teil der Rheinprovinz zu Preußen gehörte.

Die *spanische Thronkandidatur eines Hohenzollern* wurde *in Frankreich mit Empörung* aufgenommen, nachdem sie vor der öffentlichen Proklamation des neuen Königs bekannt geworden war. Man glaubte nicht an die Version BISMARCKS, die Thronkandidatur sei eine Privatangelegenheit des Hauses HOHENZOLLERN, sondern vermutete eine hinter ihr stehende preußische Politik zum Nachteil Frankreichs. Teilweise sprach man von der Wiederkehr der Zeiten Kaiser KARLS V., der im 16. Jahrhundert als römischer Kaiser und spanischer König Frankreich territorial eingeengt hatte.

Die historischen Einzelheiten, auf welche Weise ausgerechnet die Frage der spanischen Thronkandidatur den deutsch-französischen Krieg herbeigeführt hat, aus dem dann als Folge des deutschen Sieges das Deutsche Reich hervorgegangen ist, sind zu sehr bekannt, als daß sie an dieser Stelle noch einmal ausführlich dargestellt werden müßten.

Erwähnt werden soll lediglich, daß Frankreich, nachdem der Hohenzollernprinz bereits auf seine spanische Kandidatur verzichtet hatte, versuchte, seinen diplomatischen Erfolg in einen *politischen Triumph* zu verwandeln, BISMARCK diesen aber in sein *Gegenteil* verkehrte.

Der preußische König WILHELM I. hatte auf der Brunnenpromenade in Bad Ems eine vom französischen Botschafter BENEDETTI verlangte Garantie, daß er den Thronverzicht des Hohenzollernprinzen billige und niemals wieder einer solchen Kandidatur zustimmen werde, als Zumutung abgelehnt. Die als *»Emser Depesche«* berühmt gewordene Mitteilung des Königs über diesen Vorgang an BISMARCK und die gleichzeitige Erlaubnis, sie zu veröffentlichen, gab BISMARCK die politische Chance, der französischen Diplomatie den entscheidenden Schlag zu versetzen. Indem er die Depesche in gekürzter, zuspitzender, aber nicht gefälschter Form der Öffentlichkeit übergab, so daß sie am 13. Juli 1870 in dieser Fassung im Rahmen einer Sondernummer der *Norddeutschen Allgemeinen Zeitung* erschien, hatte er nicht nur wirksam auf die anmaßende Bitte des französischen Botschafters reagiert, sondern Frankreich in seine Schranken verwiesen.

Frankreich, sich in seiner nationalen Ehre zutiefst verletzt fühlend, antwortete am 19. Juli 1870 mit der *Kriegserklärung* an Preußen. Die französische Kriegserklärung führte überall in Deutschland einen Stimmungsumschwung herbei.

An die Stelle der alten Vorbehalte gegenüber Preußen trat eine *allgemeine deutsche Solidarität*, so daß nicht nur der Norddeutsche Bund, sondern auch die mit ihm durch Schutz- und Trutzbündnisse verbundenen süddeutschen Staaten zu ihren Vertragsverpflichtungen standen, um den französischen Angriff militärisch abzuwehren. Außerdem schien vielen der Zeitpunkt für die als längst fällig angesehene Auseinandersetzung mit Frankreich günstig zu sein; denn wahrscheinlich würde der Konflikt auf Frankreich und Deutschland beschränkt bleiben, weil Frankreich außenpolitisch weitgehend isoliert war. Die Annäherung an Österreich war ergebnislos geblieben, und England und Rußland schienen nicht geneigt, in die deutsch-französische Auseinandersetzung eingreifen zu wollen.

Ohne auf die Einzelheiten des jetzt beginnenden Krieges einzugehen, sei auf die Kapitulation der französischen Armee am 2. September 1870 bei Sedan hingewiesen, durch die sogar NAPOLEON III. selbst in deutsche Gefangenschaft geriet.

Der deutsche Sieg bedeutete aber noch längst nicht das Ende des Krieges, sondern lediglich den Untergang des französischen Kaiserreiches, denn in Paris wurde am 4. September 1870 die französische Republik ausgerufen, die die Franzosen zu einer leidenschaftlichen Verteidigung ihres Landes aufrief. Die Regierung war nicht bereit, der von deutscher Seite begehrten Abtretung von *Elsaß* und *Lothringen* zuzustimmen, und setzte den Krieg fort.

Im Elsaß und im Nordosten Lothringens sprach man größtenteils deutsch, in Metz und seiner Umgebung französisch. Schon 1552 hatte der französische König HEINRICH II. das Vikariat über die zum Heiligen Römischen Reich Deutscher Nation gehörenden Bistümer Metz, Toul und Verdun erhalten. Durch den Westfälischen Frieden wurden sie 1648 endgültig französisch. Ludwig XIV. besetzte 1681 die deutsche Reichsstadt Straßburg und drang durch seine Reunionspolitik bis 1688 weiter in Richtung auf den Rhein vor. Während das Reich im Osten die Türken bekämpfte, waren seine westlichen Territorien mehr oder weniger schutzlos französischer Expansion ausgesetzt.

Trotz französischer Herrschaft konnte sich die deutsche Kultur im Elsaß und in Lothringen behaupten. Man denke nur an den Aufsatz »Von deutscher Baukunst«, mit dem der junge GOETHE begeistert das Straßburger Münster pries. Viele Elsässer und Lothringer hatten sich aber wegen ihrer langen Zugehörigkeit zu Frankreich und besonders aufgrund ihrer seit der Französischen Revolution von 1789 gemachten Erfahrungen mit den liberaldemokratischen Fortschritten an die politische Trennung von Deutschland gewöhnt, zumal auch der Wiener Kongreß 1815 keine Möglichkeit gesehen hatte, die ehemals deutschen Gebiete dem Deutschen Bund einzugliedern.

BISMARCK kannte diese Zusammenhänge, stand den in Deutschland als Folge des Sieges über Frankreich verständlichen nationalen Forderungen nach Rückgewinnung alten deutschen Reichsbodens und seiner Bewohner zurückhaltend gegenüber und lehnte auch entsprechende Volksabstimmungen als Grundlage von Gebietsabtretungen ab. Er akzeptierte aber schließlich das Bedürfnis, Deutschland durch einen territorialen Gewinn vor möglichen zukünftigen Angriffen Frankreichs besser als bisher schützen zu können.

Das öffentliche deutsche Verlangen nach einem wirksamen Schutz vor Frankreich erschien angesichts der seit Jahrhunderten andauernden französischen Expansion, der Erfahrungen unter der Fremdherrschaft Napoleons I. und der teilweise aggressiven französischen Haltung in den letzten Jahrzehnten mehr als verständlich. Aber – und das war die schwere Hypothek für die Zukunft – die Abtretung von Elsaß und Lothringen entfachte ein französisches Revanchebedürfnis, das sich bis zum Ersten Weltkrieg hinzog und von vielen Einwohnern nicht ohne Sympathie begleitet wurde, obwohl Deutschland sich – mitunter ungeschickt, aber insgesamt nach Kräften – bemühte, die alten Reichslande zu integrieren und für das deutsche Volk zurückzugewinnen.

Die neue republikanische Regierung stellte BISMARCK und die deutschen Truppen vor schwere Probleme, weil der bisher vorwiegende Kabinettskrieg sich in einen leidenschaftlichen Volkskrieg verwandelte. Weitere Schwierigkeiten entstanden durch konkurrierende Ansichten zwischen BISMARCK und dem Chef des deutschen Generalstabs VON MOLTKE, die sich nicht nur in der Frage zeigten, ob Paris beschossen werden sollte oder nicht.

Deutsches Kaiserreich

BISMARCK war vor allem an einem raschen Friedensschluß interessiert, um die Einmischung der europäischen Großmächte zu verhindern. Gleichzeitig verhandelte er als Vertreter des Norddeutschen Bundes intensiv mit den süddeutschen Staaten über ihren Beitritt, um mit ihnen einen *Deutschen Bund* zu gründen.

Nach Beratungen im Oktober 1870 in Versailles traten die Großherzogtümer Baden und Hessen am 15. November 1870 in diesen Deutschen Bund ein.[490]

Die Beitrittsverhandlungen mit dem Königreich Bayern waren schwieriger. Der Vertragsabschluß erfolgte am 23. November 1870, nachdem das Land seine Militärhoheit im Frieden und seine Staatshoheit im Eisenbahn-, Post- und Telegraphenwesen behauptet hatte. Außerdem wurde ein Bundesratsausschuß für auswärtige Angelegenheiten geschaffen, der unter bayerischem Vorsitz stehen sollte.

Das Königreich Württemberg, das die Entscheidung Bayerns hatte abwarten wollen, schloß seinen Beitrittsvertrag am 25. November 1870 ab, nachdem es auch gewisse Sonderrechte, wie etwa eine selbständige Post- und Telegraphenverwaltung sowie einige Zuständigkeiten im Bereich des Militärwesens, durchgesetzt hatte.

Die Präsidialrechte des Deutschen Bundes sollten dem preußischen König zustehen und mit dem Kaisertitel verbunden werden. Aus diesem Grunde veranlaßte BISMARCK den bayerischen König LUDWIG II., einen von ihm entworfenen Brief an König Wilhelm I. zu richten, in dem LUDWIG mit Einverständnis der anderen deutschen Fürsten WILHELM bat, den Titel eines ›Deutschen Kaisers‹ anzunehmen.

Schien der Kaisertitel für das Oberhaupt des sich abzeichnenden kleindeutschen Reiches den angemessenen Rang anzudeuten, so war er doch mit einer höchst schwierigen politischen Problematik belastet.

Der preußische König FRIEDRICH WILHELM IV. hatte zwar 1849 der Kaiserdelegation der Frankfurter Paulskirche erklärt, zur Annahme der Kaiserkrone bereit zu sein, wenn sie ihm von den deutschen Fürsten und den freien Städten einmütig angeboten werde, aber WILHELM I. wollte sich, obwohl dieses Angebot jetzt vorlag, nur zum »Kaiser von Deutschland« proklamieren lassen, um dem Kaisertitel den entsprechenden Inhalt und Rang zu geben. Diesen Titel lehnten seine Fürstenkollegen allerdings ab, weil er ihre grundsätzliche Souveränität einzuschränken schien. Wohlweislich hatte daher BISMARCK den Titel »Deutscher Kaiser« befürwortet. Außerdem ließen sich aus ihm keine Ansprüche ableiten, die aufgrund historischer Tradition immer noch mit dem gegenüber dem kommenden kleindeutschen Reich territorial umfangreicheren Begriff ›Deutschland‹ verbunden waren.

Für die Zeitgenossen war es, auch wenn sie von den Überlegungen BISMARCKS und seinem Anteil an dem Inhalt des vom bayerischen König entsandten Briefes nichts ahnten, gewiß überraschend, daß sich der nicht als Preußenfreund bekannte LUDWIG II. in den Dienst der BISMARCKschen Politik stellte. BISMARCK hatte aber gerade in diesem Falle zu einem Mittel gegriffen, das den öffentlichen Glanz, der von der Reichsgründung ausging, nicht entsprach. Dem bayerischen König wurden als Gegenleistung jahrelang hohe Summen in seine Privatschatulle überwiesen, die dem sogenannten Welfenfonds, nämlich dem beschlagnahmten Vermögen des 1866 entthronten Königshauses von Hannover, entstammten.

Inzwischen hatte der Reichstag des Norddeutschen Bundes die Novemberverträge mit den süddeutschen Staaten angenommen und für den nunmehr geschlossenen Deutschen Bund den Namen *›Deutsches Reich‹* beschlossen. Bis auf den bayerischen Landtag, der aber am 21. Januar 1871 seine Zustimmung nachholte, hatten auch die zuständigen Landtage der anderen deutschen Bundesstaaten die Verträge angenommen, so daß am 18. Januar 1871 im Spiegelsaal zu Versailles die *Proklamation WILHELMS I. zum Deutschen Kaiser* erfolgen konnte. WILHELM I. hatte dieses Datum zur Erinnerung an die Krönung der ersten preußischen Königs FRIEDRICHS I. im Jahre 1701 in Königsberg gewählt. Er nannte sich fortan »Deutscher Kaiser und König von Preußen.«

Im Augenblick der Proklamation aber herrschte immer noch eine Mißstimmung zwischen WILHELM I. und BISMARCK, weil es dem Kanzler nicht gelungen war, dem König die Zustimmung zum Titel ›Deutscher Kaiser‹ abzutrotzen. Durch sein einfaches Hoch auf ›Kaiser‹ WILHELM umging der Großherzog von Baden jedoch den Titelstreit.

Inzwischen konnte der Krieg mit dem republikanischen Frankreich erfolgreich zu Ende geführt werden. Dem Waffenstillstand am 28. Januar 1871 folgte am 26. Februar 1871 der Vorfriede zu Versailles und am 10. Mai 1871 der Friede von Frankfurt, in dem Frankreich zur Abtretung des künftigen Reichslandes Elsaß-Lothringen und zur Zahlung einer Kriegsentschädigung von fünf Milliarden Goldfranc verpflichtet wurde.

Der erste deutsche Reichstag wurde am 21. März 1871 eröffnet. Ihm legte der ebenfalls inzwischen gebildete neue Bundesrat den in den Novemberverträgen angekündigten und von ihm an einigen Stellen geänderten Entwurf einer Verfassung vor, die der Reichstag am 16. April 1871 als fortan gültige *»Reichsverfassung«* annahm.

Das Deutsche Reich 1871–1918. Karte aus: wipo.mieo.de/.../04/600px-deutsches_reich1.png

Am selben Tage erließ der Kaiser das »Gesetz betreffend die Verfassung des Deutschen Reiches«[491] mit den Eingangsworten:

> »Wir Wilhelm, von Gottes Gnaden Deutscher Kaiser, König von Preußen etc. verordnen hiermit im Namen des Deutschen Reichs nach erfolgter Zustimmung des Bundesrathes und des Reichstages, was folgt:
>
> § 1. An die Stelle der zwischen dem Norddeutschen Bunde und den Großherzogthümern Baden und Hessen vereinbarten Verfassung des Deutschen Bundes (Bundesgesetzbl. vom Jahre 1870, S. 627 ff.), sowie der mit den Königreichen Bayern und Württemberg über den Beitritt zu dieser Verfassung geschlossenen Verträgen vom 23. und 25. November 1870 (Bundesgesetzbl. vom Jahre 1871, S. 9 ff. und vom Jahre 1870, S. 654 ff.) tritt die beigefügte Verfassungs-Urkunde für das Deutsche Reich.«

Anschließend (§§ 2 u. 3) wurden einige Einzelbestimmungen, etwa aus den Novemberverträgen, als neben der Reichsverfassung bestehende Reichsgesetze anerkannt, bevor der Text der »Verfassung des Deutschen Reichs« mit dieser Präambel folgte:

> »Seine Majestät der König von Preußen im Namen des Norddeutschen Bundes, Seine Majestät der König von Bayern, Seine Majestät der König von Württemberg, Seine Königliche Hoheit der Großherzog von Hessen und bei Rhein für die südlich vom Main belegenen Theile des Großherzogthums Hessen, schließen einen ewigen Bund zum Schutze des Bundesgebietes und des innerhalb desselben gültigen Rechtes, sowie zur Pflege der Wohlfahrt des Deutschen Volkes. Dieser Bund wird den Namen Deutsches Reich führen und wird nachstehende Verfassung haben.«

➢ Im Verfassungsabschnitt »I. Bundesgebiet« wurden alle 25 Bundesstaaten genannt (Art. I).:

- Preußen mit Lauenburg,
- Bayern,
- Sachsen,
- Württemberg,
- Baden,
- Hessen,
- Mecklenburg-Schwerin,
- Sachsen-Weimar,
- Mecklenburg-Strelitz,
- Oldenburg,
- Braunschweig,
- Sachsen-Meiningen,
- Sachsen-Altenburg,
- Sachsen-Coburg-Gotha,
- Anhalt,

- Schwarzburg-Rudolstadt,
- Schwarzburg-Sondershausen,
- Waldeck,
- Reuß ältere Linie,
- Reuß jüngere Linie,
- Schaumburg-Lippe,
- Lippe,
- Lübeck,
- Bremen,
- Hamburg.

➢ Gemäß Verfassungsabschnitt »II. Reichsgesetzgebung« übte »das Reich das Recht der Gesetzgebung nach Maßgabe des Inhalts dieser Verfassung und mit der Wirkung aus, daß die Reichsgesetze den Landesgesetzen vorgehen« (Art. 2).

Für ganz Deutschland wurde ein »gemeinsames Indigenat« festgelegt, das den Staatsbürgern eines Bundesstaates mit jenen in allen anderen Bundesstaaten die Gleichberechtigung zusicherte. Außerdem besaßen im Auslande »alle Deutschen gleichmäßig Anspruch auf den Schutz des Reichs« (Art. 3).

Das Reich hatte das Beaufsichtigungs- und Gesetzgebungsrecht für folgende »Angelegenheiten« (Art. 4):

- Freizügigkeit, Staatsbürgerrecht, Paßwesen, Gewerbebetrieb und andere persönliche Rechte und Angelegenheiten,
- die »Zoll- und Handelsgesetzgebung«,
- das Maß-, Münz- und Gewichtssystem,
- die »allgemeinen Bestimmungen über das Bankwesen«,
- die »Erfindungspatente«,
- den »Schutz des geistigen Eigenthums«,
- den »gemeinsamen Schutz des Deutschen Handels im Auslande, der Deutschen Schiffahrt und ihrer Flagge zur See und Anordnung gemeinsamer konsularischer Vertretung«,
- das »Eisenbahnwesen, in Bayern vorbehaltlich der Bestimmung in Art. 46, und die Herstellung von Land- und Wasserstraßen im Interesse der Landesverteidigung und des gemeinsamen Verkehrs«,
- den »Flößerei- und Schiffahrtsbetrieb« und gemeinsame Wasserstraßen,
- das »Post- und Telegraphenwesen, jedoch in Bayern und Württemberg nur nach Maßgabe der Bestimmung in Art. 52«,
- die »wechselseitige Vollstreckung von Erkenntnissen in Civilsachen«,
- die »Beglaubigung öffentlicher Urkunden«,
- die »gemeinsame Gesetzgebung über das Obligationsrecht, Strafrecht, Handels- und Wechselrecht und das gerichtliche Verfahren,
- das »Militairwesen des Reichs und die Kriegsmarine«,

- »Maßregeln der Medizinal- und Veterinairpolizei«,
- »die Bestimmungen über die Presse und das Vereinswesen«.

Ausgeübt wurde die Reichsgesetzgebung durch den »Bundesrath und den Reichstag.«

Durch die »Uebereinstimmung der Mehrheitsbeschlüsse beider Versammlungen« kam ein Reichsgesetz zustande. Bei »Gesetzesvorschlägen über das Militairwesen, die Kriegsmarine« und einige Angelegenheiten des Zollwesens (gem. Art. 35) gab allerdings bei einer »Meinungsverschiedenheit« im Bundesrate die Stimme des Präsidiums den Ausschlag, wenn sie sich für die »Aufrechterhaltung der bestehenden Einrichtungen« aussprach (Art. 5).

➢ Der Verfassungsabschnitt »III. Bundesrath« regelte dessen Zusammensetzung und Kompetenzen.

Der Bundesrat bestand »aus den Vertretern der Mitglieder des Bundes«.
Von seinen insgesamt 58 Stimmen entfielen auf

- Preußen (mit den ehemaligen Stimmen Hannovers, Kurhessens, Holsteins, Nassaus und Frankfurts) 17,
- Bayern 6,
- Sachsen und Württemberg je 4,
- Baden und Hessen je 3,
- Mecklenburg-Schwerin und Braunschweig je 2 Stimmen,
- Sachsen-Weimar, Mecklenburg-Strelitz, Oldenburg, Sachsen-Meiningen, Sachsen-Altenburg, Sachsen-Koburg-Gotha, Anhalt, Schwarzburg-Rudolstadt, Schwarzburg-Sondershausen, Waldeck, Reuß älterer Linie, Reuß jüngerer Linie, Schaumburg-Lippe, Lippe, Lübeck, Bremen, Hamburg je 1 Stimme.

Jedes Bundesmitglied konnte so viele Bevollmächtigte in den Bundesrat entsenden, wie es Stimmen hatte, doch durfte »die Gesammtheit der zuständigen Stimmen nur einheitlich abgegeben werden«. (Art. 6)

Der Bundesrat beschloß

»1. über die dem Reichstage zu machenden Vorlagen und die von demselben gefassten Beschlüsse,

2. über die zur Ausführung der Reichsgesetze erforderlichen allgemeinen Verwaltungsvorschriften und Einrichtungen, sofern nicht durch Reichsgesetz etwas Anderes bestimmt ist,

3. über Mängel, welche bei der Ausführung der Reichsgesetze oder der vorstehend erwähnten Vorschriften hervortreten.«

Jedes Bundesmitglied durfte »Vorschläge« machen, die das »Präsidium« der »Berathung« zu übergeben hatte. Die »Beschlußfassung« erfolgte – außer in einigen Sonderfällen – mit »einfacher Mehrheit«, wobei bei Stimmengleichheit die Stimme des Präsidiums den Ausschlag gab (Art. 7).

Der Bundesrat bildete Ausschüsse
» 1. für das Landheer und die Festungen,
2. für das Seewesen,
3. für das Zoll- und Steuerwesen,
4. für Handel und Verkehr,
5. Eisenbahnen, Post und Telegraphen
6. für Justizwesen,
7. für Rechnungswesen.«
Außerdem wurde aus den Bevollmächtigten der Königreiche Bayern, Sachsen und Württemberg und zwei vom Bundesrat zu wählenden und jährlich wechselnden zwei Vertretern anderer Bundesstaaten ein Ausschuß für auswärtige Angelegenheiten gebildet, der unter dem Vorsitz Bayerns stand (Art. 8).

Jedes Bundesratsmitglied hatte das Recht, im Reichstag zu erscheinen und dort jederzeit gehört zu werden (Art. 9).

➢ Das Verfassungskapitel »IV. Präsidium« bestimmte, daß dieses »dem Könige von Preußen, welcher den Namen Deutscher Kaiser führt«, zustand.

Der Kaiser vertrat das Reich völkerrechtlich, konnte in seinem Namen Krieg erklären und Frieden schließen, Bündnisse und Verträge mit fremden Staaten eingehen, Gesandte beglaubigen und empfangen. Allerdings war er bei einer Kriegserklärung, wenn nicht vorher ein feindlicher Angriff erfolgt war, auf die Zustimmung des Bundesrates angewiesen. Desgleichen war bei Verträgen mit fremden Staaten, wenn sie die Reichsgesetzgebungsrechte berührten, die Zustimmung des Bundesrates und die Genehmigung des Reichstages erforderlich (Art. 11).

Der Kaiser hatte das Recht, »den Bundesrath und den Reichstag zu berufen, zu eröffnen, zu vertagen und zu schließen«. (Art. 12)

Bundesrat und Reichstag mußten »alljährlich« berufen werden (Art. 13).

Außerdem war der Bundesrat auf Verlangen von einem Drittel der Stimmenzahl seiner Mitglieder zu berufen (Art. 14).

Den Vorsitz und die Geschäftsführung im Bundesrate hatte der Reichskanzler, der durch den Kaiser zu ernennen war (Art. 15).

Dem Kaiser stand die »Ausfertigung und Verkündigung der Reichsgesetze und die Ueberwachung der Ausführung derselben zu. Die Anordnungen und Verfügungen des Kaisers erfolgten »im Namen des Reichs« und bedurften »zu ihrer Gültigkeit der Gegenzeichnung des Reichskanzlers, welcher dadurch die Verantwortung übernimmt«. (Art. 17)

Außerdem ernannte der Kaiser die Reichsbeamten, ließ sie für das Reich vereidigen und konnte sie gegebenenfalls entlassen (Art. 18).

Gegen Bundesmitglieder, die ihre verfassungsmäßigen Bundespflichten nicht erfüllten, konnte der Kaiser nach einem entsprechenden Beschluß des Bundesrates die Bundesexekution vollstrecken (Art. 19).

➢ Der Verfassungsabschnitt »V. Reichstag« setzte für die Volksvertretung eine Gesamtzahl von 382 Abgeordneten fest, die durch allgemeine, direkte und geheime Abstimmung zu wählen waren (Art. 20).

Die Reichstagsverhandlungen waren öffentlich und wahrheitsgetreu zu protokollieren (Art. 22).

Der Reichstag hatte »innerhalb der Competenz des Reichs« das Recht des Gesetzesvorschlags und der Überweisung der an ihn gerichteten »Petitionen« an den Bundesrat und den Reichskanzler (Art. 23).

Seine Legislaturperiode dauerte drei Jahre. Bei vorzeitiger Auflösung war »ein Beschluß des Bundesrathes unter Zustimmung des Kaisers erforderlich« (Art. 24).

Nach einer Reichstagsauflösung mußten anschließend innerhalb von 60 Tagen Neuwahlen stattfinden und innerhalb von 90 Tagen die neugewählten Reichstagstagsabgeordneten »versammelt werden«. (Art. 25)

Eine Reichstagsvertagung durfte ohne Reichstagszustimmung 30 Tage nicht übersteigen und »in derselben Session« nicht wiederholt werden (Art. 26).

Reichstagsbeschlüsse wurden bei Anwesenheit der Mehrheit der Abgeordneten mit absoluter Mehrheit gefaßt (Art. 29).

Die Reichstagsabgeordneten hatten sich als Vertreter »des gesammten Volkes« zu betrachten. Sie waren an »Aufträge und Instruktionen« nicht gebunden, durften zu keiner Zeit weder wegen ihres Abstimmungsverhaltens oder ihrer Äußerungen als Abgeordnete zur Verantwortung gezogen, noch gerichtlich oder disziplinarisch verfolgt werden. Sogar bei mit Strafe bedrohten Handlungen war während der Sitzungsperioden – außer bei Ergreifung auf frischer Tat – jede gerichtliche Untersuchung und Bestrafung nur mit Genehmigung des Reichstages möglich (Art. 29–31).

Die Reichstagsabgeordneten erhielten »als solche keine Besoldung (oder Entschädigung)«. (Art. 32) Erst 1906 wurde ihnen »eine Entschädigung nach Maßgabe des Gesetzes« gewährt.

➢ Im Verfassungsabschnitt »VI. Zoll- und Handelswesen« wurde Deutschland als »ein Zoll- und Handelsgebiet, umgeben von gemeinschaftlicher Zollgrenze« definiert (Art. 33).

Die Hansestädte Bremen und Hamburg blieben vorerst »als Freihäfen außerhalb der gemeinschaftlichen Zollgrenze«. (Art. 34) 1888 wurden sie auf ihren Antrag hin einbezogen.

Ausführliche Bestimmungen (Art. 35–40) regelten die Reichsgesetzgebung über das gesamte Zollwesen, wobei für Bayern, Württemberg und Baden bei der Besteuerung von Branntwein und Bier einige Sonderregelungen bestanden.

Der Ertrag der Zölle und »übrigen Abgaben« floß nach Abzug der Verwaltungskosten und ähnlicher Ausgaben in die Reichskasse (Art. 38).

➢ Der Verfassungsabschnitt »VII. Eisenbahnwesen« unterwarf die Eisenbahnen, »welche im Interesse der Vertheidigung Deutschlands oder im Interesse des gemeinsamen Verkehrs für nothwendig erachtet werden« der Reichsgesetzgebung, und zwar »auch gegen den Widerspruch der Bundesglieder, deren Gebiet die Eisenbahnen durchschneiden«, wobei sogar »Expropriationsrechte« wirksam werden konnten (Art. 41).

Die Bundesregierungen verpflichteten sich, bei der Verwaltung und dem Ausbau der Eisenbahnen »im Interesse des allgemeinen Verkehrs« zu »einheitlichen Normen«. (Art. 42)

Dem Reiche stand die »Kontrolle über das Tarifwesen« zu (Art. 45).

Allerdings waren die Bestimmungen der Art. 42–45 nicht auf Bayern anwendbar. Jedoch auch gegenüber Bayern stand dem Reich das Recht zu, »im Wege der Gesetzgebung einheitliche Normen für die Konstruktion und Ausrüstung der für die Landesvertheidigung wichtigen Bahnen aufzustellen«. (Art. 46)

➢ Durch den VIII. Verfassungsabschnitt wurden für das »Post- und Telegraphenwesen« im gesamten Reichsgebiet »einheitliche Staatsverkehrs-Anstalten eingerichtet und verwaltet«. (Art. 48)

Die Überschüsse flossen in die Reichskasse, und der Kaiser besaß die »obere Leitung der Post- und Telegraphenverwaltung«. (Art. 49 u. 50)

Diese Bestimmungen galten jedoch nicht für Bayern und Württemberg, weil diese für das interne Post- und Telegraphenwesen einige eigene Rechte behielten und daher auch »keinen Theil« an den »zur Reichskasse fließenden Einnahmen aus dem Post- und Telegraphenwesen« hatten (Art. 52).

➢ Das Verfassungskapitel »IX. Marine und Schiffahrt« bestimmte die »Kriegsmarine des Reichs« als eine »einheitliche unter dem Oberbefehl des Kaisers«. Der Kaiser ernannte auch die Offiziere und Beamten der Marine. Kiel und der »Jadehafen« waren »Reichskriegshäfen«. Der »Aufwand« für die Marine wurde »aus der Reichskasse bestritten«. Die »gesammte seemännische Bevölkerung des Reichs« war »vom Dienste im Landheere befreit«, aber »zum Dienste in der Kaiserlichen Marine verpflichtet«. (Art. 53)

Die »Kauffahrteischiffe aller Bundesstaaten« bildeten eine »einheitliche Handelsmarine«. (Art. 54) Die Flagge von Kriegs- und Handelsmarine war »schwarz-weiß-rot«. (Art. 55)

➢ Gemäß Verfassungskapitel »X. Konsulatswesen« stand »das gesammte Konsulatswesen des Deutschen Reichs. . . unter der Aufsicht des Kaisers«. Aufgaben bestehender Landeskonsulate sollten nach Vollendung der »Organisation der Deutschen Konsulate« von diesen übernommen werden (Art. 56).

➢ Das Verfassungskapitel »XI. Reichskriegswesen« setzte für jeden Deutschen die Wehrpflicht fest. Er konnte sich »in Ausübung dieser Pflicht nicht vertreten lassen«. (Art. 57)

Die »Kosten und Lasten des gesamten Kriegswesens des Reichs« waren »von allen Bundesstaaten und ihren Angehörigen gleichmäßig zu tragen«. (Art. 58)

»Jeder wehrpflichtige Deutsche« gehörte »sieben Jahre lang, in der Regel vom vollendeten zwanzigsten bis zum vollendeten achtundzwanzigsten Lebensjahre, dem stehenden Heere – und zwar die ersten drei Jahre bei den Fahnen, die letzten vier Jahre in der Reserve – und die folgenden fünf Lebensjahre der Landwehr an«. (Art. 59)

Die »Friedens-Präsensstärke des Deutschen Heeres« betrug bis zum 31. 12. 1871 1 Prozent der Bevölkerung von 1867 und wurde »für die spätere Zeit« durch die Reichsgesetzgebung festgestellt (Art. 60).

Für das ganze Reich wurde die » Preußische Militairgesetzgebung ungesäumt« eingeführt (Art. 61).

»Zur Bestreitung des Aufwandes für das gesammte Deutsche Heer und die zu demselben gehörigen Einrichtungen« waren dem Kaiser bis zum 31. 12. 1871 »jährlich sovielmal 225 Thaler. . ., als die Kopfzahl der Friedensstärke des Heeres nach Art. 60 beträgt, zur Verfügung zu stellen«. Für die anschließende Betragshöhe wurde ein Reichsgesetz angekündigt (Art. 62).

Die »gesammte Landmacht des Reichs« bildete »ein einheitliches Heer, welches in Krieg und Frieden unter dem Oberbefehl des Kaisers« stand (Art. 63).

Alle deutschen Truppen waren verpflichtet, den »Befehlen des Kaisers unbedingte Folge zu leisten«, eine Verpflichtung, die »in den Fahneneid aufzunehmen« war (Art. 64).

Der Kaiser konnte bei Bedrohung der öffentlichen Sicherheit im Bundesgebiete den »Kriegszustand« erklären (Art. 68).

➢ Dem XI. Verfassungsabschnitt wurde eine »Schlußbestimmung« angefügt, die die in diesem Abschnitt enthaltenen Vorschriften gemäß den mit Bayern und Württemberg am 23. und 25. November 1870 abgeschlossenen Bündnisverträgen zugunsten der beiden Königreiche abwandelte. Nach ihnen unterstanden die bayerischen Truppen im Frieden dem bayerischen König und nur im Kriege dem preußischen König in seiner Eigenschaft als Kaiser und Bundesfeldherr, während die württembergischen Truppen sowohl im Frieden als auch im Kriege dem Kaiser unterstanden, aber ihre Verwaltung durch ein württembergisches Kriegsministerium besorgt wurde.

➢ Der Verfassungsabschnitt »XII. Reichsfinanzen« bestimmte, daß alle »Einnahmen und Ausgaben des Reichs« jährlich »veranschlagt und auf den Reichshaushalts-Etat gebracht werden« und vorher »durch ein Gesetz festgestellt« werden mußten (Art. 69).

Solange keine Reichssteuern ausgeschrieben waren und die Überschüsse aus den Zolleinnahmen und den Verbrauchssteuern nicht ausreichten, hatten die einzelnen Bundesstaaten »nach Maßgabe ihrer Bevölkerung« Beiträge zu entrichten, die durch den Reichskanzler ausgeschrieben wurden (Art. 70).

Der Reichskanzler hatte die Pflicht, über die Verwendung aller Reichseinnahmen »dem Bundesrathe und dem Reichstage zur Entlastung jährlich Rechnung zu legen«. (Art. 72)

Auch diesem Verfassungsabschnitt wurde eine »Schlußbestimmung« angefügt, die für die Ausgaben des bayerischen Heeres eine Sonderregelung enthielt.

➢ Der Verfassungsabschnitt »XIII. Schlichtung von Streitigkeiten und Strafbestimmungen« bedrohte jedes »Unternehmen gegen die Existenz, die Integrität, die Sicherheit oder die Verfassung des Deutschen Reichs« sowie die »Beleidigung des Bundesrathes, des Reichstages, eines Mitglieds des Bundesrathes oder des Reichstages, einer Behörde oder eines öffentlichen Beamten des Reichs, während dieselben in der Ausübung ihres Berufes begriffen sind oder in Beziehung auf ihren Beruf, durch Wort, Schrift, Druck, Zeichen, bildliche oder andere Darstellung« mit Strafe (Art. 74).

Streitigkeiten unter Bundesstaaten sollten, soweit sie nicht privatrechtlicher Natur waren, vom Bundesrat »erledigt« werden. Verfassungsstreitigkeiten wurden letztinstanzlich »im Wege der Reichsgesetzgebung« entschieden (Art. 76).

➢ Der letzte Verfassungsabschnitt »XIV. Allgemeine Bestimmungen« erlaubte »Veränderungen der Verfassung... im Wege der Gesetzgebung«. Sie galten aber bei 14 Gegenstimmen im Bundesrat als abgelehnt. Außerdem konnten sie, wenn »bestimmte Rechte einzelner Bundesstaaten in deren Verhältniß zur Gesammtheit« betroffen waren, »nur mit Zustimmung der berechtigten Bundesstaaten abgeändert werden«. (Art. 78)

Durch die Reichsverfassung wurde im Jahre 1871 ein fest gefügter deutscher Staat geschaffen, der sich gegenüber dem Ausland als *Einheit* darstellte.

Auch innenpolitisch schuf sie ein Reich, das sich trotz seines bundesstaatlichen Charakters wirtschaftlich und technisch vereinheitlichte. Hingewiesen sei auf die Bestimmungen der Verfassungsabschnitte über das Zoll-, Handels-, Eisenbahn-, Post-, Telegraphen- und Konsulatswesen sowie über die Marine und die Schiffahrt, auch wenn Bayern und Württemberg einige Reservatrechte zugestanden waren.

Eine vereinheitlichende Tendenz lag vor allem in der *Reichsgesetzgebung*, weil Reichsgesetze den Landesgesetzen vorgingen.

Preußen fiel zweifellos die *Hegemonie* zu, aber gleichzeitig verwirklichte die Verfassung eine tragfähige Synthese zwischen den überkommenen Souveränitätsrechten der Einzelstaaten und dem Reich und darüber hinaus einen *Kompromiß* zwischen den *obrigkeitsstaatlichen* und *liberaldemokratischen Prinzipien.*

Die Hegemonie Preußens gegenüber den anderen Bundesstaaten, die sich bereits aus seiner sie alle überragenden Größe und Bedeutung ergeben hätte, zeigte ich deutlich auch in der Verfassung, weil der preußische König

- als Kaiser das »Präsidium des Bundes« innehatte,
- in dieser Eigenschaft die Reichsgesetze ausfertigte und verkündete,
- die Reichsexekutivrechte besaß,
- der Reichskanzler als Vorsitzender des Bundesrates nur von ihm ernannt

und entlassen werden konnte und formal nicht auf eine parlamentarische Mehrheit im Reichstag angewiesen war,

- der Kaiser den Reichstag berufen, vertagen und auflösen konnte,
- und oberster Befehlshaber der Streitkräfte war.

Andererseits war die preußische Hegemonie begrenzt, so etwa durch den unter bayerischem Vorsitz stehenden Bundesratsausschuß für auswärtige Angelegenheiten, der gegebenenfalls von Bayern, Sachsen, Württemberg und zwei anderen Bundesstaaten zu bilden war.

Auch bei Verfassungsänderungen war sie eingeengt, weil von den 58 Bundesratsstimmen schon 14 zu ihrer Verhinderung ausreichten und verfassungsmäßige Sonderrechte von Einzelstaaten nur mit deren Zustimmung verändert werden konnten. Diese Bestimmung stärkte vor allem die Positionen Bayerns und Württembergs.

Der *obrigkeitsstaatliche Charakter* des Reiches und seiner Verfassung kam vor allem dadurch zum Ausdruck, daß WILHELM als »von Gottes Gnaden Deutscher Kaiser, König von Preußen etc.« das Verfassungsgesetz verkündete, dabei auf die gültigen Verträge der süddeutschen Regierungen über ihren Beitritt zum Norddeutschen Bund verwies und schließlich in Gemeinschaft mit den namentlich genannten süddeutschen Fürsten feststellte, daß der neue Bund den Namen »Deutsches Reich« tragen und »nachstehende Verfassung« haben werde.

Gleichzeitig zeigte sich aber in dem Hinweis auf die »erfolgte Zustimmung« des Bundesrates und des Reichstages die *Einbeziehung liberaldemokratischer Prinzipien.*

Der *Reichstag* war zweifellos aufgrund seines Gesetzesvorschlagsrechts und seiner durch demokratische Wahlen ermittelten und mit Immunität ausgestatteten Abgeordneten der Ort, in dem sich die liberaldemokratischen Prinzipien äußern und entwickeln konnten. Zwar war seine legislative Mitwirkung nur in Übereinstimmung mit dem Bundesrat möglich, aber ohne seine Zustimmung konnte im Deutschen Reich kein Gesetz mehr verabschiedet werden. Auch war der Reichskanzler in seiner amtlichen Stellung noch nicht auf eine Reichstagsmehrheit angewiesen, aber in seiner praktischen Politik konnte er, wollte er erfolgreich sein, nicht auf sie verzichten. Daß er durch ›Gegenzeichnung‹ für die im Namen des Kaisers verkündeten und ausgeführten Reichsgesetze die »Verantwortlichkeit« übernahm, stärkte ebenfalls die Stellung des Reichstages ihm gegenüber.

Die Reichsverfassung verfügte über keinen Katalog der bürgerlichen Grundrechte, weil diese offensichtlich in der Kürze der während der Novemberverträge zur Verfügung stehenden Zeit nicht erörtert werden konnten und bereits in den Verfassungen der Bundesstaaten berücksichtigt waren.

So sehr die Reichsverfassung die außerösterreichischen Deutschen zu einer Einheit zusammenfaßte, die von vielen Zeitgenossen als großer nationalpolitischer Erfolg angesehen wurde, so sollte man doch nicht übersehen, daß sie alle großdeutschen Hoffnungen endgültig zu begraben schien.

Sie bestätigte die *Spaltung des deutschen Volkes* in *Reichsdeutsche* und *Österreich-* oder *Auslandsdeutsche.*

Der deutschösterreichische Dichter Franz GRILLPARZER soll geklagt haben: »Ihr meint, ihr habt ein Reich gegründet, und habt doch nur ein Volk zerstört.«[492]

Betrachtet man das runde Dreivierteljahrhundert der deutschen Geschichte zwischen dem Untergang des Heiligen Römischen Reiches Deutscher Nation und der Gründung des Deutschen Reiches unter dem Blickwinkel, wie BISMARCK und Preußen 1871 die deutsche Frage zu lösen geglaubt haben, kann man GRILLPARZER kaum widersprechen.

Hatten zahlreiche führende Vertreter des aus vielen Staaten und Stämmen bestehenden deutschen Volkes nach dem zu Beginn des 19. Jahrhunderts eingetretenen Verlust auch des letzten politischen Bandes des faktisch längst untergegangenen Reiches und dem Sieg über die französische Fremdherrschaft gehofft, daß es gelingen werde, zu einer Nation in einem alle Deutschen umspannenden neuen Reich zusammenzuwachsen, so lebte das deutsche Volk seit der BISMARCKschen Reichsgründung fortan getrennt als Reichsdeutsche im Deutschen Reich und als Deutsche als eine der aus vielen Nationalitäten bestehenden und vom Deutschen Reich völkerrechtlich getrennten Doppelmonarchie Österreich-Ungarn.

Der größere Teil der Deutschen, die außerhalb Österreich-Ungarns jetzt zu Reichsdeutschen geworden waren, begrüßten zumeist die Reichsgründung. Man freute sich über die Tatsache, daß die lange Epoche deutscher Ohnmacht und Zerstrittenheit gegenüber dem Ausland beendet war und man endlich die eigene politische Kraft entfalten konnte.

Andererseits ergaben sich von Anfang an im Zusammenhang mit der rasch fortschreitenden technischen Modernisierung und Industrialisierung sowie dem stetigen Bevölkerungswachstum innenpolitisch große soziale Probleme, die zum Anwachsen des marxistischen Sozialismus führten. BISMARCK versuchte vergeblich, ihn sowohl mit Hilfe eines ›Sozialistengesetzes‹ zu bekämpfen als auch ihm durch seine weltweit anerkannten Sozialgesetze die Grundlage zu entziehen.

Die Auseinandersetzung mit der katholischen Kirche im ›Kulturkampf‹ führte namentlich in den von Katholiken bewohnten Provinzen Preußens zu schweren Spannungen.

Unzufrieden waren auch viele Elsässer sowie dänische und polnische Minderheiten, ganz zu schweigen von den noch vorhandenen großdeutschen Anhängern Österreichs und vor allem den seit 1866 entmachteten deutschen Dynastien, deren Territorien sich Preußen einverleibt hatte.

Schließlich gab es die liberaldemokratischen Kreise, die wußten, daß die Reichsverfassung und das demokratische Reichstagswahlrecht nicht darüber hinwegtäuschen konnten, daß sowohl im Reich als auch in den deutschen Bundesstaaten noch viele obrigkeitsstaatliche Elemente zu beseitigen waren.

Alle innenpolitischen Probleme wurden jedoch überlagert von dem wachsenden Prestige des neuen Reiches im In- und Ausland. Eine glänzende Fassade überdeckte äußerlich alle Schwierigkeiten, und es entstand als Folge des Ansehens in großen Teilen der Bevölkerung ein auf das neue Reich bezogener *Nationalstolz*.

Der 2. September wurde als Sedanstag in Erinnerung an den entscheidenden Sieg über das französische Kaiserreich im Jahre 1871 zum Feiertag mit Fahnen, Aufmärschen, Uniformen und patriotischen Reden. Festlich gedacht wurde auch regelmäßig des 18. Januars als des Tages der Kaiserproklamation in Versailles.

An vielen Stellen des Reiches entstanden repräsentative Denkmäler als Ausdruck wachsenden Nationalstolzes.

Erinnert sei nicht nur an die vielen Ehrenmäler zum Dank an die in den Einigungskriegen Gefallenen, sondern besonders auch an jene, die das neue Selbstbewußtsein symbolisierten, wie etwa die Berliner Siegessäule, das Niederwalddenkmal bei Rüdesheim, die Kaiserdenkmäler an der Porta Westfalica bei Minden und am Deutschen Eck bei Koblenz, das Kyffhäuser-Denkmal südlich des Harzes, das das mittelalterliche Reich innerlich mit dem neuen zu verbinden versuchte, das Hermannsdenkmal bei Detmold, das endlich fertiggestellt werden konnte und sogar die germanische Vorzeit in die nationale Geschichte einbezog, sowie das Leipziger Völkerschlachtdenkmal. Auch das Fest zur Vollendung des Kölner Doms, der zu einem Symbol deutscher Einheit geworden war, im Jahre 1880 und die etwa 120 im Reich errichteten Monumente zur Verherrlichung BISMARCKS sollte man nicht vergessen.[493]

BISMARCK wußte, daß der europäische Friede sowie die Existenz und Unabhängigkeit des Reiches nur erhalten werden konnten durch eine maßvolle Außenpolitik. Sein 1879 geschlossenes Bündnis mit Österreich diente vornehmlich diesem Zweck. Es heilte den 1866 eingetretenen politischen Bruch, führte zu einer Art von selbstverständlicher Loyalität zwischen beiden Staaten und trug dazu bei, daß die in ihnen lebenden Deutschen sich weiter als Angehörige des einen deutschen Volkes empfanden. Sie begrüßten es, daß Deutschland und Österreich sich im Zweibund gewissermaßen ›wiedergefunden‹ hatten.

Erst die Katastrophen des 20. Jahrhunderts haben endgültig dazu beigetragen, daß sich die zu Beginn des 19. Jahrhunderts entstandenen Hoffnungen der deutschen Patrioten auf eine gesamtdeutsche Einheit nicht erfüllen konnten.

Anmerkungen

[1] Dieser ursprünglich von Alexis DE TOCQUEVILLE auf die absolutistische Herrschaft im vorrevolutionären Frankreich bezogene Begriff ist in der Geschichtswissenschaft inzwischen verallgemeinert worden und bezeichnet deshalb auch in der vorliegenden Darstellung die absolutistische und feudalistische Herrschaftsform schlechthin.

[2] Immanuel KANT, *Beantwortung der Frage Was ist Aufklärung*, Georg Westermann, Braunschweig 1948, S. 6.

[3] Kurt VON RAUMER u. Manfred BOTZENHART, »Deutschland um 1800 – Krise und Neugestaltung 1789–1815«, S. 3 ff. In: Bd. 3/1a *Deutsche Geschichte im 19. Jahrhundert* des v. Otto BRANDT begr. u. v. Leo JUST u. a. fortgef. *Handbuchs der Deutschen Geschichte*, Akademische Verlagsgesellschaft Athenaion, Wiesbaden 1980.

[4] KLOPSTOCKS Oden und Elegien. Nach der Ausgabe in vierunddreißig Stücken Darmstadt 1771, Heidelberg 1948, Carl Winter, Heidelberg 1948, S. 49.

[5] Fritz MARTINI, *Deutsche Literaturgeschichte*, Kröner, Stuttgart ²1950, S. 224.

[6] wie Anm. 3, S. 21.

[7] *Goethes Werke*, Hg. Gerhard FRICKE, Sonderausgabe der Wiss. Buchgemeinschaft e. V. Tübingen, o. J., 8. Bd., S. 557: Kampagne in Frankreich 1792 – Auch ich in der Champagne.

[8] wie Anm. 3, S. 107.

[9] Jacques PRESSER, *Napoleon. Das Leben und die Legende*, Manesse, Zürich, S. 351.

[10] wie Anm. 9, S. 342 f.

[11] Richard NÜRNBERGER, *Das Zeitalter der Französischen Revolution und Napoleons. In: Propyläen Weltgeschichte*, Bd. 8: *Das neunzehnte Jahrhundert*, Propyläen, Berlin–Frankfurt–Wien, o. J., S. 116.

[12] wie Anm. 9, S. 220.

[13] wie Anm. 11, S. 117.

[14] wie Anm. 9, S. 670 f.

[15] wie Anm. 3, S. 127.

[16] wie Anm. 3, S. 164 f.

[17] »Die Rheinbunds-Acte vom 12. Juli 1806«, in: *Quellen zum Staatsrecht der Neuzeit*, Bd. 1. *Deutsches Verfassungsrecht im Zeitalter des Konstitutionalismus (1806–1918)*, Mathiesen & Co., Tübingen, 1949, S. 11 ff.

[18] Wolfgang BURGDORF, »Wendepunkt deutscher Geschichte. Das Reichsende 1806 und seine Wahrnehmung durch die Zeitgenossen«, in: *Heiliges Römisches Reich Deutscher Nation 962 bis 1806*, Sandstein, Dresden 2006, S. 17 ff.

[19] »Erklärung des französischen Gesandten am Reichstag zu Regensburg vom 1. August 1806«, in: wie Anm. 17, S. 18 f.

[20] »Austritt der Rheinbund-Staaten aus dem Reiche am 1. August 1806«, in: wie Anm. 17, S. 19 f.

[21] »Niederlegung der deutschen Kaiserkrone durch Kaiser Franz II. am 6. August 1806«, in: wie Anm. 17, S. 20 f.

[22] »Napoleon als Protektor des Rheinbundes«, in: wie Anm. 17, S. 22.

[23] wie Anm. 18, S. 22. Freiherr VON TÜRCKHEIM war der hessen-darmstädt. Gesandte, der die Unterzeichnung versäumt hatte, weil er in Regensburg zu spät angekommen war.

[24] wie Anm. 3, S. 172.

[25] wie Anm. 18, S. 29.

[26] wie Anm. 3, S. 344.

[27] wie Anm. 18, S. 22.

[28] wie Anm. 18, S. 24.

[29] wie Anm. 18, S. 25.

[30] wie Anm. 3, S. 235–250.

[31] wie Anm. 3, S. 174.

[32] wie Anm. 9, S. 930.

[33] wie Anm. 9, S. 929.

[34] wie Anm. 3, S. 175.

[35] Hellmut DIWALD, *Geschichte der Deutschen*, Propyläen, Frankfurt/M.–Berlin 1978, S. 415 f.

[36] wie Anm. 11, S. 165.

[37] wie Anm. 3, S. 517.

[38] wie Anm. 3, S. 519 f.

[39] Richard FALCKENBERG, *Geschichte der neueren Philosophie von Nikolaus von Kues bis zur Gegenwart*, Leipzig Verlag von Veit & Comp., Leipzig ⁶1908, S. 350.

[40] wie Anm. 39, S. 377.

[41] Ernst BACH, *Der Reichsfreiherr vom Stein.*

Kleine Biographie eines großen Deutschen, W. Kohlhammer, Stuttgart 1957, S. 69.

[42] wie Anm. 41, S. 79 f.

[43] wie Anm. 41, S. 80 f.

[44] wie Anm. 41, S. 81.

[45] wie Anm. 3, S. 464 f.

[46] wie Anm. 41, S. 83.

[47] wie Anm. 3, S. 419.

[48] wie Anm. 41, S. 98.

[49] wie Anm. 3, S. 553.

[50] wie Anm. 3, S. 558.

[51] wie Anm. 3, S. 560 f.

[52] Nürnberger – siehe Anm. 11, S. 171 – spricht sogar von mehr als 700 000 Mann.

[53] sehr ausführlich und anschaulich: Anm. 9, S. 722–769.

[54] wie Anm. 3, S. 567.

[55] wie Anm. 9, S. 769 ff.

[56] wie Anm. 41, S. 115 f.

[57] wie Anm. 11, S. 173.

[58] wie Anm. 41, S. 114.

[59] wie Anm. 35, S. 404.

[60] wie Anm. 11, S. 175 f.

[61] wie Anm. 9, S. 313.

[62] wie Anm. 11, S. 175 f.

[63] wie Anm. 3, S. 573

[64] *Schauenburgs allgemeines Deutsches Kommersbuch,* Druck und Verlag von M o r i t z Schauenburg, Lahr o. J., 42. Auflage, S. 119 ff.

[65] Heinrich Lutz, *Zwischen Habsburg und Preußen. Deutschland 1815–1866* (*Die Deutschen und ihre Nation*, Bd. 2.) Siedler, Berlin 1985, S. 56.

[66] wie Anm. 41, S. 119.

[67] wie Anm. 41, S. 120.

[68] wie Anm. 9, S. 782 f.

[69] wie Anm. 41, S. 119.

[70] Uwe Puschner, »Reichsromantik. Erinnerungen an das Alte Reich zwischen den Freiheitskriegen von 1813/14 und den Revolutionen von 1848/49«, in: wie Anm. 18, S. 319 f.

[71] wie Anm. 3, S. 577.

[72] wie Anm. 64, S. 108 ff.

[73] wie Anm. 70, S. 320.

[74] wie Anm. 3, S. 586.

[75] Arnold Stelzmann, *Illustrierte Geschichte der Stadt Köln,* J. P. Bachem, Köln 1958, S. 219 ff. u. 248.

[76] wie Anm. 75, S. 428 f.

[77] Anselm Doering-Manteuffel, *Die deutsche Frage und das europäische Staatensystem 1815–1871*, R. Oldenbourg, München ²2001. S. 5.

[78] wie Anm. 3, S. 584, Anm. 77, S. 4.

[79] »Die Deutsche Bundes-Akte vom 8. Juni 1815«, in: wie Anm. 17, S. 22 ff.

[80] wie Anm. 77, S. 6

[81] wie Anm. 77, S. 6 f.

[82] Karl Georg Faber, »Deutsche Geschichte im 19. Jahrhundert. Restauration und Revolution. Von 1815 bis 1851«, S. 23, In: Otto Brandt u. Leo Just, *Handbuch der Deutschen Geschichte,* Akademische Verlagsgesellschaft Athenaion, Wiesbaden 1979.

[83] wie Anm. 77, S. 7.

[84] wie Anm. 82, S. 101.

[85] Lothar Höbelt, *1848. Österreich und die deutsche Revolution,* Amalthea, München 1998, S. 13 u. 20.

[86] wie Anm. 82, S. 26.

[87] wie Anm. 85, S. 23

[88] »Verordnung über die zu bildende Repräsentation des Volks. Vom 22sten Mai 1815.« Quelle: Gesetz-Sammlung für die Königlichen Preußischen Staaten 1815, Nr. 1–15.Berlin o. J., S. 103 f. In: http://www.lwl.org/LWL/Kultur/Aufbruch/popups/politik/verfassung/verfassung/verfassungsversprechen_1815/index2_html

[89] »Verfassungs-Urkunde für das Königreich Bayern vom 26. Mai 1818«, in: wie Anm. 17, S. 65 ff.

[90] »Verfassungsurkunde für das Großherzogtum Baden vom 22. August 1818«, in: wie Anm. 17, S. 82 ff.

[91] wie Anm. 82, S, 105.

[92] »Verfassungsurkunde für das Königreich Württemberg vom 25. September 1819«, in: wie Anm. 17, S. 101 f.

[93] »Patent, die Verfassung der allgemeinen Ständeversammlung des Königreichs Hannover betreffend, vom 7. Dezember 1819«. Quellen: *Hannoversche Gesetzsammlung 1819*, S. 135 ff. *Reich und Länder, Texte zur deutschen Verfassungsgeschichte*, dtv Wissenschaft (dtv 4443) © 20. Juli 2001. In: http://www.verfassungen.de/de/nds/hannover19.htm

[94] »Verfassungs-Urkunde für das Großherzogtum Hessen vom 17. Dezember 1820«, in: documentArchiv.de [Hrsg.], http://www.documentArchiv.de/nzjh/verfhessen. html
[95] wie Anm. 82, S. 106.
[96] wie Anm. 82, S. 112.
[97] wie Anm. 82, S. 189.
[98] wie Anm. 82, S. 67.
[99] wie Anm. 82, S. 84 f.
[100] Golo MANN, *Politische Entwicklung Europas und Amerikas 1815–1871,* in: wie Anm. 11, S. 388.
[101] wie Anm. 35, S. 393 f.
[102] wie Anm. 82, S. 87.
[103] wie Anm. 77, S. 10.
[104] »Die Karlsbader Beschlüsse«, in: wie Anm. 17, S. 39 ff.
[105] »Verfügungen über die Preßfreiheit« waren bereits in der »Deutschen Bundesakte«, Art. 18, Abs. d, angekündigt worden.
[106] wie Anm. 82, S. 90.
[107] »Die Wiener Schlußakte vom 15. Mai 1820«, in: wie Anm. 17, S. 29 ff.
[108] »Austrägal-Ordnung des deutschen Bundes, bestehend aus der Vermittlungs-Ordnung und der Austrägalgerichts-Ordnung in Streitigkeitren zwischen Bundesgliedern vom 16. Juni 1817«, in: wie Anm. 17, S. 44 ff.
[109] wie Anm. 17, S. 47 ff.
[110] wie Anm. 82, S. 138 ff.
[111] »Verfassungs-Urkunde für das Kurfürstentum Kurhessen vom 5. Januar 1831«, in: wie Anm. 17, S. 143 ff.
[112] wie Anm. 82, S. 144.
[113] »Die sechs Artikel. Beschluß der Bundesversammlung vom 28. Juni 1832 (Art. I)«, in: wie Anm. 17, S. 50.
[114] wie Anm. 113, Art. II.
[115] »Neue Landschaftsordnung für das Herzogtum Braunschweig vom 12. October 1832«, Quellen: Braunschweigsche Ges. und VOSlg. 1832, S. 191 ff. K.H.L. Pölitz, Die europäischen Verfassungen seit dem Jahre 1789 bis auf die neueste Zeit, Erster Band Zweite Abt., 1832 F.A. Brockhaus © 5. August 2001 – 15. April 2004 Quellen: Braunschweigsche Ges. und VOSlg. 1832 S. 191 ff. In: http://www.verfassungen.de/de/nds/braunschweig32-index.htm
[116] »Verfassungsurkunde für das Königreich Sachsen vom 4. September 1831«, in: wie Anm. 17, S. 170 ff.
[117] Siehe Anm. 93.
[118] »Grundgesetz des Königreiches Hannover vom 26. September 1833«. Quellen: *Hannoversche Gesetzsammlung 1833,* S. 286 ff. *Reich und Länder, Texte zur deutschen Verfassungsgeschichte,* dtv Wissenschaft (dtv 4443), 2001. In: http://www.verfassungen.de/de/nds/hannover33-index.htm
[119] wie Anm. 82, S.142.
[120] wie Anm. 82, S. 148 f., u. Anm. 65, S. 176.
[121] Nach: Johann Georg WIRTH, *Das Nationalfest der Deutschen zu Hambach,* Neustadt a. H. 1832 <Nachdruck Neustadt 1981>, S. 31. In: http://www.demokratiegeschichte.eu/fileadmin/user_upload/Material/Rede_Siebenpfeiffer.pdf-
[122] wie Anm. 82, S. 152.
[123] »Die sechs Artikel«, in: wie Anm. 17, S. 50 f.
[124] wie Anm. 82, S. 150.
[125] »Die geheimen Beschlüsse der Wiener Minister-Konferenz von 1834«, in: wie Anm. 17, S. 51 ff.
[126] wie Anm. 65, S. 190.
[127] wie Anm. 5, S. 348.
[128] Georg BÜCHNER, *Der hessische Landbote,* in: ders., *Werke und Briefe,* dtv, München 1965, S. 133 ff.
[129] wie Anm. 128, S. 313.
[139] wie Anm. 82, S. 191.
[140] wie Anm. 82, S. 143.
[141] Ausführlicher: siehe aaO. Anm. 82, S. 158 ff.; Anm. 77, S. 18; Anm. 35, S. 358 ff.; Anm. 65, S. 200 ff.
[142] wie Anm. 64, S. 31.
[143] wie Anm. 64, S. 90 f.
[144] wie Anm. 64, S. 19 f.
[145] wie Anm. 64, S. 84 f.
[146] wie Anm. 65, S. 204 f.
[147] wie Anm. 65, S. 213 f.
[148] wie Anm. 65, S. 206; Anm. 82, S. 184 f.
[149] »Gesetzliche Bestimmungen über den Vereinigten Landtag vom 3. Februar 1847. Patent die ständischen Einrichtungen betreffend vom 3. Februar 1847«. Quellen: Ernst Rudolf HUBER, *Dokumente zur deutschen Verfassungsgeschichte,* Bd. 1, Kohlhammer, Stuttgart 2000, in: http://

www.verfassungen.de/de/preussen/plandtag47.htm

150 wie Anm. 82, S. 100 f.

151 A. R. L. GURLAND, »Wirtschaft und Gesellschaft im Übergang zum Zeitalter der Industrie«, in: wie Anm. 11, S. 309.

152 Karl MARX u. Friedrich ENGELS, *Manifest der Kommunistischen Partei*, in: http://www.mlwerke.de/me/me04_459.htm

153 Auf eine Differenzierung der in ihrer Anfangszeit häufig synonym verwendeten Begriffe ›Sozialismus‹ und ›Kommunismus‹ wird an dieser Stelle verzichtet.

154 Alte Bezeichnung für eine alle Kantone betreffende politische Versammlung.

155 wie Anm. 82, S. 190.

156 wie Anm. 100, S. 471.

157 wie Anm. 100, S. 481.

158 wie Anm. 100, S. 484.

159 Um die Legitimität einer napoleonischen Dynastie zu manifestieren, nannte er sich NAPOLEON III. Als NAPOLEON II. mußte bei dieser Zählung der ehemalige König von Rom und schon 1832 als Herzog von Reichstadt auf Schloß Schönbrunn bei Wien gestorbene Sohn NAPOLEONS I. und der habsburgischen Erzherzogin Marie Louise gelten, den die Bonapartisten 1821 erfolglos zum Kaiser ausgerufen hatten. Offensichtlich hoffte NAPOLEON III. wie sein großer Vorgänger, die Legitimität seiner Herrschaft durch die Verbindung mit den Habsburgern, der traditionell vornehmsten europäischen Dynastie, zusätzlich zu festigen, obwohl seine Macht und sein Rang prinzipiell auf der Volkssouveränität beruhten. Seine zunächst erfolgreiche Innen- und Außenpolitik stärkte Frankreich als Großmacht, bis er aus machtpolitischen Gründen zum Gegner der deutschen Einigungspolitik BISMARCKS wurde und wegen seiner Niederlage im Deutsch-französischen Krieg 1870/71 abdanken mußte.

160 wie Anm. 82, S. 209.

161 wie Anm. 82, S. 206.

162 wie Anm. 82, S. 220, u.: http.//www.bundestag.de/geschichte/parlhist/wahlhist/wg1848.html

163 wie Anm. 82, S. 220, u. Anm. 65, S. 262.

164 Hartmut BOOCKMANN, *Deutsche Geschichte im Osten Europas. Ostpreußen und Westpreußen.* Siedler, Berlin, 2002, S. 364.

165 »Der Entwurf der Siebzehn vom 26. April 1848«, in: wie Anm. 17, S. 233 ff.

166 Dazu im einzelnen wie Anm. 65, S. 264 f.

167 Friedrich PRINZ, *Deutsche Geschichte im Osten Europas. Böhmen und Mähren*, Siedler, Berlin 2002, S. 311 ff.

168 Franz PALACKY, *Gedenkblätter. Auswahl von Denkschriften, Aufsätzen und Briefen aus den letzten fünfzig Jahren*, Prag 1874, S. 149 ff.
Josef REDLICH, *Das österreichische. Staats- und Reichsproblem. Geschichtliche Darstellung der inneren Politik der habsburgischen Monarchie von 1848 bis zum Untergang des Reiches.* Bd. 1: *Der dynastische Reichsgedanke und die Entfaltung des Problems bis zur Verkündigung der Reichsverfassung von 1861*, Leipzig 1920, S. 149 ff.

169 wie Anm. 82, S. 226.

170 wie Anm. 65, S. 268 f.

171 Dazu und im Folgenden ausführlich wpe Anm. 82, S. 226 ff.

172 »Reichsgesetz über die Einführung einer provisorischen Zentralgewalt für Deutschland vom 28. Juni 1848«. Quellen: *Reichsgesetzblatt* 1848, S. 3.
Ernst Rudolf HUBER, *Dokumente zur deutschen Verfassungsgeschichte*, Bd. 1, Kohlhammer, Stuttgart 2000, in: http://www.verfassungen.de/de/de06-66/provzentralg48.htm

173 wie Anm. 65, S. 272.

174 wie Anm. 82, S. 229.

175 »Gesetz zum Schutze der verfassunggebenden Nationalversammlung und der Beamten der provisorischen Centralgewalt« [»Reichsverfassungsschutzgesetz«] vom 10. Oktober 1848, in: documentArchiv.de [Hg.], URL: http://www. document Archiv.de/nzjh/1848/reichsverfassungsschutzgesetz.html

176 »Gesetz, betreffend die Grundrechte des deutschen Volks« [vom 27. Dezember 1848], in: documentArchiv.de [Hg.], URL: http://www.documentArchiv.de/nzjh/1848/grundrechte1848_ges.html

177 Rudolf STADELMANN, »Das Jahr 1848 und die deutsche Geschichte (1948)«, in: *Wege der Forschung*, Band CLXIV: *Die deutsche Revolution von 1848/49*, hg. von Dieter LAN-

GEWIESCHE, Wissenschaftliche Buchgesellschaft, Darmstadt 1983, S. 30.

[178] wie Anm. 168, Josef REDLICH, S. 30.

[179] wie Anm. 85, S. 34 ff.

[180] wie Anm. 168, Josef REDLICH, S. 169 f.

[181] wie Anm. 168, Josef REDLICH, S. 189.

[182] Joseph Alexander Freiherr VON HELFERT, *Geschichte der österreichischen Revolution im Zusammenhang mit der mitteleuropäischen Bewegung der Jahre 1848–1849*, 2 Bde., Freiburg i. Br.–Wien 1907 u. 1909, 1. Bd.: S. 231.

[183] Heinrich FRIEDJUNG, *Österreich. von 1848 bis 1860*, 1. Bd., Stuttgart–Berlin 1908, S. 479.

[184] wie Anm. 182, S. 280 u. 446.

[185] Franz VIOLAND, *Enthüllungen aus Österreichs jüngster Vergangenheit. Von einem Mitgliede der Linken des aufgelösten österreichischen Reichstages*, Hamburg 1849 (anonym erschienen), S. 41.

[186] wie Anm. 82, S. 212.

[187] Heinrich RESCHAUER u. Moritz SMETS, *Das Jahr 1848. Geschichte der Wiener Revolution*, 2 Bde., Wien 1872, 1. Bd., S. 167.

[188] wie Anm. 187, zitiert. nach dem Abdruck des Patentes, ebenda, S. 418.

[189] wie Anm. 187, 2. Bd., S. 76; Veit VALENTIN, *Geschichte der deutschen Revolution von 1848–49*, 2 Bde., Berlin 1930/31, 1. Bd., S. 556.

[190] wie Anm. 187, 2. Bd., S. 104 ff., u. in: http://www.verfassungen.de/at/verfassung48-i.htm

[191] wie Anm. 187, 2. Bd., S. 76.; Anm. 189, Veit VALENTIN, 1. Bd., S. 556.

[192] wie Anm. 185, S. 24.

[193] wie Anm. 187, 2. Bd., S. 167.

[194] wie Anm. 187, 2. Bd., S. 195, u. : http;//www.verfassungen.de/at/verfassung48-i.htm Zu den Maivorgängen, Anm. 189, Veit VALENTIN, 2. Bd., S. 75 f.

[195] wie Anm. 85, S. 86.

[196] wie Anm. 167, S. 320.

[197] wie Anm. 187, 2. Bd., S. 430.

[198] Rudolf KISZLING, *Die Revolution im Kaisertum Österreich 1848/49*, 2 Bde., Wien 1948, 1. Bd., S. 203.
Karl SCHNEIDER, *Der Reichstag von Kremsier*, Leipzig–Prag–Wien 1917, S. 14, in: Karl SCHNEIDER (Hg.), *Aus Österreichs Vergangenheit.*

[199] wie Anm. 187, 2. Bd., S. 451. *Reichstagsgalerie.* Geschriebene Porträts der hervorragendsten Deputierten des ersten österreichischen Reichstages, Erstes Heft, Wien 1848, S. 3.

[200] Paula GEIST-LANYI, *Das Nationalitätenproblem auf dem Reichstag zu Kremsier 1848/49*, München 1920, S. 48.

[201] wie Anm. 182, HELFERT, 2. Bd., S. 13 u. 58 ff.

[202] »Protokolle des Verfassungsausschusses im österreichischen Reichstage 1848/49«, herausgegeben und eingeleitet von Anton SPRINGER, Leipzig 1885, S. 365.

[203] Hans KUDLICH, *Rückblicke und Erinnerungen*, 3 Bde., Wien–Pest–Leipzig 1873, 2. Bd., S. 81.

[204] Anton SPRINGER, *Aus meinem Leben*, Berlin 1892, S. 131 f.

[205] wie Anm. 199, *Reichstagsgalerie*, I, S. 3.

[206] Joseph Alexander Freiherr VON HELFERT, *Aufzeichnungen und Erinnerungen aus jungen Jahren. Im Wiener konstituierenden Reichstag Juli–Oktober 1848*, Wien 1904, S. 22.

[207] wie Anm. 206, S. 29.

[208] wie Anm. 203, 2. Bd., S. 52.

[209] wie Anm. 187, 2. Bd., S. 452.

[210] wie Anm. 200, S. 64.

[211] wie Anm. 185, S. 54.

[212] wie Anm. 203, 2. Bd., S. 26 f. u. 44.

[213] wie Anm. 200, S. 67 ff.

[214] wie Anm. 203, 2. Bd., S. 24.

[215] »Verhandlungen des österreichischen Reichstages nach der stenographischen Aufnahme«, 5 Bde., Wien 1848/49, 1. Bd., S. 91; wie Anm. 198, Dr. Karl SCHNEIDER, S. 26.

[216] wie Anm. 187, 2. Bd., S. 450.

[217] wie Anm. 203, Verh. d. österr. R.,1. Bd., S. 303.

[218] wie Anm. 215, Verh. d. österr. R.,1. Bd., S. 64.

[219] wie Anm. 215, Verh. d. österr. R.,1. Bd., S. 248.

[220] wie Anm. 215, Verh. d. österr. R.,1. Bd., S. 611.

[221] wie Anm. 203, 2. Bd., S. 48 f.

[222] »Stenographische Berichte über die Verhandlungen der deutschen konstituierenden Nationalversammlung zu Frankfurt am Main«, herausgegeben von Franz

WIGARD, 9 Bde., Frankfurt/M. 1848/50, Bd. 1, S. 184.
Wilhelm SCHÜSSLER, *Die nationale Politik der österreichichen Abgeordneten im Frankfurter Parlament,* Berlin–Leipzig 1913, S. 24 f.

[223] wie Anm. 222, WIGARD, 1. Bd., S. 214.
Hans LADES, *Die Tschechen und die deutsche Frage,* Diss., Erlangen 1938, S. 120.

[224] wie Anm. 168, PALACKY, S. 194.

[225] Heinrich Ritter VON SRBIK, *Deutsche Einheit. Idee und Wirklichkeit vom Heiligen Reich bis Königgrätz,* 1. Bd., München 1935, S. 346.

[226] wie Anm. 203, 3. Bd., S. 244 f.

[227] wie Anm. 185, S. 52.

[228] Jakob RAPPAPORT, »Die nationale Frage im Kremsierer Verfassungsentwurf«, in: *Nation und Staat.* Deutsche Zeitschrift für das europäische Minoritätenproblem, 5. Jg., Heft 10/11, S. 719–739, Juli–August 1932.

[229] Emanuel RÁDL, *Der Kampf zwischen Tschechen und Deutschen,* Reichenberg (Böhmen) 1928, S. 169 f.

[230] Anton FÜSTER, *Memoiren vom März 148 bis Juli 1849. Beitrag zur Geschichte der Wiener Revolution,* 2 Bde., Frankfurt/M., 2. Bd., S. 3 u. S. 265.

[231] wie Anm. 168, PALACKY, S. 191.

[232] wie Anm. 168, REDLICH, 1. Bd., S. 113 f. u. 118.

[233] wie Anm. 202, SPRINGER, S. 70.

[234] wie Anm. 185, S. 33.

[235] wie Anm. 215, Verh. d.. österr. R., Bd. 1, S. 382.

[236] wie Anm. 215, Verh. d. österr. R., Bd. 1, S. 379.

[237] wie Anm. 203, Bd. 2, S. 88.

[238] Franz SCHUSELKA, *Deutsche Fahrten,* 2 Bde., Wien 1849, S. 258.

[239] wie Anm. 215, Verh. d. österr. R., Bd. 1, S. 6 ff.; vgl. Anm. 228, S. 728 f.

[240] wie Anm. 215, Verh. d. österr. R., Bd. 2, S. 327 f.

[241] wie Anm. 215, Verh. d. österr. R., Bd. 2, S. 333.

[242] wie Anm. 215, Verh. d. österr. R., Bd. 1, S. 10.

[243] wie Anm. 215, Verh. d. österr. R., Bd. 2, S. 461.

[244] Siehe aaO., Anm. 183, S. 33.

[245] wie Anm. 187, 2. Bd., S. 96.
Franz Freiherr VON PILLERSDORF, *Rückblicke auf die politische Bewegung in Österreich in den Jahren 1848 und 1849,* Wien ²1849, S. 27.
Ernst MÜSEBECK, »Anton Springer als nationaler Politiker des deutschen Liberalismus«, I. Teil: »Anton Springer und das deutsch-österreichische Problem«, in: Hermann HAUPT u. Paul WENTZKE (Hg.), *Quellen und Darstellungen zu Geschichte der Burschenschaft und der deutschen Einheitsbewegung,* Bd. 13, Heidelberg 1931, S. 31 f.

[246] wie Anm. 215, Verh. d. österr. R., 1. Bd., S. 159; wie Anm. 203, 2. Bd., S. 91; wie Anm. 198, SCHNEIDER, S. 30.

[247] wie Anm. 203, 2. Bd., S. 219 f.

[248] wie Anm. 215, Verh. d. österr. R., 2. Bd., S. 468 ff.; wie Anm. 230, 2. Bd., S. 156 ff.; wie Anm. 238, 2. Bd., S. 309 ff.; wie Anm. 206, S. 221 ff.; wie Anm. 185, S. 106 ff.

[249] wie Anm. 85, S. 198.

[250] wie Anm. 182, 2. Bd., S. 225 f.

[251] Joseph Alexander Freiherr VON HELFERT, *Geschichte Österreichs vom Ausgange des Wiener Oktober-Aufstandes 1848,* 4. Bde., Prag–Leipzig 1869–1886, 2. Bd., S. 224.
Wie Alexander Graf VON HÜBNER (in: *Ein Jahr meines Lebens 1848–1849,* Leipzig 1891, S. 200) berichtet, befürchtete man auch in Hof- und Regierungskreisen von den Ungarn »die Zertrümmerung Österreichs« zur Errichtung eines großen Ungarns, Polens und Deutschlands.

[252] wie Anm. 187, 2. Bd., S. 590; wie Anm. 185, S. 171.
Friedrich WALTER, »Der permanente Ausschuß des österreichischen Reichstages 6.–31. Oktober 1848. Ein Beitrag zur Geschichte der Oktoberrevolution«, in: *Mitteilungen des Vereins für Geschichte der Stadt Wien,* Bd. V, S. 42.

[253] wie Anm. 168, PALACKY, S. 197.

[254] wie Anm. 251, HÜBNER, S. 231.

[255] wie Anm. 198, SCHNEIDER, S. 55 f.

[256] wie Anm. 206, S. 231.

[257] wie Anm. 206, S. 175 f.

[258] wie Anm. 215, Verh. d. österr. R., Bd. 1, S. 266.

[259] wie Anm. 203, 2. Bd., S. 27.

[260] wie Anm. 215, Verh. d. österr. R., Bd. 2, S. 488 ff.

261 wie Anm. 251, HÜBNER, S. 200.
262 wie Anm. 230, 2. Bd., S. 7 u. 9.
263 wie Anm. 203, 2. Bd. S. 13.
264 wie Anm. 215, Verh. d. österr. R., Bd. 2, S. 78.
265 wie Anm. 206, S. 177 ff.
266 wie Anm. 215, Verh. d. österr. R., Bd. 1, S. 375.
267 wie Anm. 215, Verh. d. österr. R., Bd. 4, S. 66.
268 wie Anm. 215, Verh. d. österr. R., Bd. 1, S. 417.
269 Hans-Günther TELLE, *Das österreichische Problem im Frankfurter Parlament im Sommer und Herbst 1848*, Diss., Marburg 1933, S. 73 f.
270 wie Anm. 203, Bd. 3, S. 244.
271 wie Anm. 187, 2. Bd., S. 590; wie Anm. 185, S. 158.
272 wie Anm. 198, 1. Bd., S. 198.
273 wie Anm. 187, 2. Bd., S. 452.
274 wie Anm. 200, S. 80 f.
275 wie Anm. 206, S. 180.
276 wie Anm. 185, S. 279 ff.
277 wie Anm. 206, S. 211.
278 wie Anm. 203, 1. Bd., S. 303.
279 wie Anm. 187, 2. Bd., S. 431.
280 wie. Anm. 203, 3. Bd., S. 244.
281 wie Anm. 203, 2. Bd., S. 12 f.
282 wie. Anm. 203, 3. Bd., S. 187.
283 wie Anm. 203, 2. Bd., S. 54 f.
284 wie Anm. 203, 2. Bd., S. 18.
285 wie Anm. 215, Verh. d. österr. R., Bd. 1, S. 248.
286 wie Anm. 215, Verh. d. österr. R., Bd. 2, S. 325.
287 wie Anm. 238, 2. Bd., S. 320 ff.
288 wie Anm. 215, Verh. d. österr. R., Bd. 2, S. 604 f.
289 wie Anm. 238, Bd. 2, S. 109.
290 wie. Anm. 238, Bd. 2, S. 256 f.
291 wie Anm. 200, S. 73.
292 wie Anm. 238, Bd, 2, S. 179, 195, 201, 266.
293 wie Anm. 238, Bd. 2, S. 322.
294 wie Anm. 215, Verh. d. österr. R., Bd. 1, S. 323.
295 wie Anm. 187, 2. Bd., S. 480 f.; wie Anm. 203, 2. Bd., S. 61; wie Anm. 238, 2. Bd., S. 281 f.
Fritz VON REINÖHL, »Die Frage der deutschen Einheit und der Wien-Kremsierer Reichstag«, in: *Gesamtdeutsche Vergangenheit.* Festgabe für Heinrich Ritter von Srbik zum 60. Geburtstag am 10. November 1938. S. 281.
296 wie Anm. 215, Verh. d. österr. R., Bd. 1, S. 490.
297 wie Anm. 215, Verh. d. österr. R., Bd. 1, S. 417.
298 wie Anm. 238, 2. Bd., S. 270.
299 wie Anm. 215, Verh. d. österr. R., Bd. 1, S. 609 ff.
300 wie Anm. 203, 2. Bd., S. 61.
301 wie Anm. 215, Verh. d. österr. R., Bd. 1, S. 583.
302 wie Anm. 238, 2. Bd., S. 278 f.
303 wie Anm. 215, Verh. d. österr. R., Bd. 2, S. 100 f.
304 wie Anm. 189, Veit VALENTIN, 2. Bd., S. 141.
305 wie Anm. 203, 2. Bd., S. 12 f.
306 wie Anm. 189, Veit VALENTIN, 2. Bd., S. 190 f.
307 wie Anm. 215, Verh. d. österr. R., Bd. 2, S. 439; wie Anm. 203, 2. Bd., S. 220.
308 wie Anm. 251, HÜBNER, S. 249 f.
309 wie Anm. 185, S. 159.
310 wie Anm. 252, (Friedrich WALTER, *Der permanente Ausschuß...*), S. 42 f.)
311 wie Anm. 251, HELFERT, Bd. 3, S. 185.
312 wie Anm. 251, HÜBNER, S. 231 f.
313 wie Anm. 203, 3. Bd., S. 76 ff.; wie Anm. 198, 1. Bd., S. 258 f.
314 wie Anm. 183, 1. Bd., S. 91. FRIEDJUNG berief sich auf eine ihm persönlich gemachte Mitteilung.
315 wie Anm. 203, 3. Bd., S. 182.
316 wie Anm. 310, S. 70; wie Anm. 238, 2. Bd., S. 407 ff.
317 wie Anm. 215, Verh. d. österr. R., Bd. 3, S. 187; wie Anm. 198, Bd. 1, S. 259.
Hugo TRAUB, »Die Reichstagspermanenz im Oktober 1848«, in: *Mitteilungen des Instituts für österreichische Geschichtsforschung*, 36. Bd., Innsbruck 1915, S. 144.
318 wie Anm. 215, Verh. d. österr. R., 3. Bd., S. 279 f., 299, 304 f., 338; wie Anm. 310, S. 73.
319 wie Anm. 185, S. 172.
320 wie Anm. 187, 2. Bd., S. 627.
321 wie Anm. 198, KISZLING, 1. Bd., S. 259 f.
322 wie Anm. 215, Verh. d. österr. R., 3. Bd., S. 312; wie Anm. 185, S. 179.

[323] wie Anm. 238, 2. Bd., S. 389.

[324] wie Anm. 251, HÜBNER, S. 232.

[325] wie Anm. 215, Verh. d. österr. R., 3. Bd., S. 351 u. 393; wie Anm. 198, Dr. Karl SCHNEIDER, S. 58 f.

[326] wie Anm. 251, HÜBNER, S. 248; wie Anm. 251, HELFERT, 3. Bd., S. 273 ff.; wie Anm. 198, KISZLING, 1. Bd., S. 249.

[327] wie Anm. 168, PALACKY, S. 180; wie Anm. 223, LADES, S. 133.

[328] »Patent Sr. Majestät des Königs von Preußen Friedrich Wilhelm IV., wegen Einberufung des preußischen Vereinigten Landtages (14. 3. 1848)«, in: documentArchiv.de [Hg.], URL: http://www.documentArchiv.de/nzjh/preussen/1848/vereinigter-landtag-einberuf_patent.html

[329] »Patent Sr. Majestät des Königs von Preußen Friedrich Wilhelm IV., wegen beschleunigter Einberufung des preußischen Vereinigten Landtages (18. 3. 1848)«, in documentArchiv.de [Hg.], URL: http://www.documentArchiv.de/nzjh/preussen/1848/vereinigter-landtag-einberuf_patent02.html

[330] Gemeint waren die »Deutsche Bundesakte« von 1815 und die »Wiener Schlußakte« von 1820.

[331] »Proklamation Sr. Majestät des Königs von Preußen Friedrich Wilhelm IV. ›An Meine lieben Berliner‹ (18./19. 3. 1848)«, in: documentArchiv.de [Hg.], URL: http://www.documentArchiv.de/nzjh/preussen/1848/friedrich-wilhelmIV-liebe-berliner_prkla.html

[332] »Amnestie-Erlaß Sr. Majestät des Königs von Preußen Friedrich Wilhelm IV. (20. 3. 1848)«, in: documentArchiv.de [Hg.], URL: http://www.documentArchiv.de/nzjh/preussen/1848/friedrich-wilhelmIV-amnestie_erl.html

[333] »Proklamation Sr. Majestät des Königs von Preußen Friedrich Wilhelm IV. ›An mein Volk und die deutsche Nation‹ (21. 3. 1848)«, in: documentArchiv.de [Hg.], URL: http://www.documentArchiv.de/nzjh/preussen/1848/friedrich-wilhelmIV-volk-dt-nation_prkla.html

[334] »Königlicher Entwurf eines Verfassungs-Gesetzes für den preußischen Staat (20. 5. 1848)«, in: documentArchiv.de [Hg.], URL: http://www.documentArchiv.de/nzjh/preussen/1848/verfassungsgesetz-preussen_entwurf.html

[335] wie Anm. 65, S. 261.

[336] wie Anm. 82, S. 229 f.

[337] Karl MARX u. Friedrich ENGELS, *Forderungen der Kommunistischen Partei in Deutschland*. Geschrieben zwischen dem 21. und 29. März 1848. Gedruckt als Flugblatt um den 30. März 1848 in Paris und vor dem 10. September 1848 in Köln. Nach dem Kölner Flugblatt, in: http://www.mlwerke.de/me/me05/me05_003.htm

[338] wie Anm. 65, S. 262.

[339] »Entwurf der Verfassungs-Urkunde für den preußischen Staat durch die Verfassungs-Kommission der preußischen verfassunggebenden Nationalversammlung [›Charte Waldeck‹] 26. 7. 1848)«, in: documentArchiv.de [Hg.], URL: http//: www. documentArchiv.de/nzjh/preussen/1848/preussische-charte-waldeck.html

[340] »Motive zum Verfassungs-Entwurf der Verfassungs-Kommission der preußischen verfassunggebenden Nationalversammlung [›Charte Waldeck‹] (26. 7. 1848)«, in: documentArchiv.de [Hg.], URL: http://www.documentArchiv.de/nzjh/preussen/1848/preussische-charte-waldeck_motive.html

[341] »Antrag Stein« [Anti-Reaktions-Beschluß der preußischen verfassunggebenden Nationalversammlung] (9. 8. 1848), in: documentArchiv.de [Hg.], URL: http://www.documentArchiv.de/nzjh/preussen/1848/antrag-stein.html

[342] »Schreiben des preußischen Staatsministeriums von Auerswald an den Präsidenten der preußischen verfassunggebenden Nationalversammlung Grabow betreffend dieAnnahme des ›Antrags Stein‹ durch die Nationalversammlung (2. 9. 1848)«, in: documentArchiv.de [Hg.], URL: http://www.documentArchiv.de/nzjh/preussen/1848/antrag-stein-staatsministerium_schr.html

[343] »Beschluß der preußischen verfassunggebenden Nationalversammlung über den

Vollzug des ›Antrags Stein‹ (7. 9. 1848)«, in: documentArchiv.de [Hg.], URL: http:// www.documentArchiv.de/ nzjh/preussen/1848/antrag-stein-vollzug_bschl.html

344 »Kampfprogramm Sr. Majestät des Königs von Preußen Friedrich Wilhelm IV. (11. 9. 1848)«, in: documentArchiv.de [Hg.], URL: http://www.documentArchiv.de/ nzjh/preussen/1848/friedrich-wilhelmIV-kampfprogramm.html

345 »Denkschrift Sr. Majestät des Königs von Preußen Friedrich Wilhelm IV. über die preußische Staatsverfassung (15. 9. 1848)«, in: documentArchiv.de [Hg.], URL: http://www.documentArchiv.de/nzjh/ preussen/1848/preussische-verfassung_ denkschrift.html

346 »Kompromiss-Programm des preußischen Ministeriums von Pfuel (19. 9. 1848)«, in: documentArchiv.de [Hg.], URL: http://www.documentArchiv.de/ nzjh/preussen/1848/ministerium-pfuel_programm.html

347 wie Anm. 82, S. 253.

348 wie Anm. 82, S. 254.

349 Er war der Sohn König FRIEDRICH WILHELMS II. aus einer morganatischen Ehe.

350 »Verfassungsurkunde für den preußischen Staat vom 5. Dezember 1848«, in: Anm. 17, S. 198 ff.

351 wie Anm. 168, REDLICH, S. 221 u. 147.

352 wie Anm. 251, HÜBNER, S. 222 u. 247.

353 wie Anm. 203, Bd. 3, S. 201.

354 Alfred FISCHEL, *Die Protokolle des Verfassungsausschusses über die Grundrechte. Ein Beitrag zur Geschichte des österreichischen Reichstages vom Jahre 1848*, Wien–Leipzig 1912, S. XX.

355 wie Anm. 251, HÜBNER, S. 312.

356 wie Anm. 215, Verh. d. österr. R., 4. Bd., S. 13 f.

357 wie Anm. 251, HELFERT, Bd. 3, S. 305.

358 wie Anm. 203, Bd. 3, S. 202.

359 wie Anm. 215, Verh. d. österr. R., 4. Bd., S. 221.

360 wie Anm. 215, Verh. d. österr. R., 4. Bd., S. 56 f.

361 wie Anm. 203, Bd. 3, S. 183; wie Anm. 251, HELFERT, Bd. 3, S. 313; wie Anm. 198, 1. Bd., S. 308 f.

362 wie Anm. 215, Verh. d. österr. R., 4. Bd., S. 110.

363 wie Anm. 215, Verh. d. österr. R., 4. Bd., S. 641 <FISCHHOF>; S. 675, 685, 710 f. <HEIN u. HAWELKA>.

364 wie Anm. 203, Bd. 3, S. 183.

365 wie Anm. 251, HELFERT, Bd. 3, S. 314; wie Anm. 198, KISZLING, Bd. 1, S. 309.

366 Zitate des Programms nach den Abdrukken bei: wie Anm. 251, HELFERT, Bd. 3, S. 314; wie Anm. 295, REINÖHL, S. 278. Vgl. auch bei: Anm. 203, Bd. 3, S. 184; Anm. 198, KISZLING, Bd. 1, S. 309.

367 wie Anm. 251, HELFERT, Bd. 4, 2, S. 59; wie Anm. 230, Bd. 2, S. 263.

368 Briefe: WINDISCHGRÄTZ an WESSENBERG vom 2. 11. 1848 und SCHWARZENBERG an WINDISCHGRÄTZ vom 3. 11. 1848 nach dem Abdruck bei: Anm. 251, HELFERT, Bd. 3, Anhang, S. 26 f.

369 Vgl. Anm. 185, S. 253 u. 256; wie Anm. 203, Bd. 3, S. 236.

370 wie Anm. 251, HELFERT, Bd. 3, S. 414.

371 wie Anm. 230, Bd. 2, S. 9 f. u. S. 247 ff.

372 wie Anm. 230, Bd. 2, S. 257.

373 wie Anm. 354, S. 118 u. 165.

374 Vgl. Anm. 203, Bd. 3, S. 184 ff.; wie Anm. 251, Bd. 3, S. 315 ff.

375 wie Anm. 198, KISZLING, Bd. 1, S. 304.

376 Vgl. Karl Gottfried HUGELMANN, *Das Nationalitätenrecht des alten Österreich*, Wien–Leipzig 1934, S. 50.

377 wie Anm. 203, Bd. 3, S. 188.

378 wie Anm. 251, HELFERT, Bd. 3 , S. 315.

379 wie Anm. 198, KISZLING, Bd. 1, S. 310; wie Anm. 238, Bd. 2, S. 443; wie Anm. 251, HELFERT, Bd. 3, S. 317.

380 wie Anm. 203, Bd. 3, S. 190.

381 wie Anm. 185, S. 173 u. 216.

382 wie Anm. 269, S. 42 ff.

383 wie Anm. 269, S. 46.

384 wie Anm. 269, S. 74.

385 wie Anm. 269, S. 77.

386 wie Anm. 269, S. 79 u. 81 f.

387 wie Anm. 215, Verh. d. österr. R., Bd. 4, S. 221; wie Anm. 238, Bd. 2, S. 67.

388 wie Anm. 203, Bd. 3, S. 186 f.

389 wie Anm. 230, Bd. 2, S. 256.

390 wie Anm. 225, S. 423.

391 wie Anm. 203, Bd. 3, S. 189.

392 Hierzu u. z. Folg. siehe Anm. 203, Bd. 3, S. 190 f.

[393] wie Anm. 251, HELFERT, Bd. 4, 1, Anhang, S. 33 f.
[394] wie Anm. 251, HÜBNER, S. 334.
[395] wie Anm. 202, S. 269.
[396] wie Anm. 215, Verh. d. österr. R., Bd. 4, S. 15.
[397] »Frankfurter Reichsverfassung 1849«, in: Anm. 17, Quellen, Bd. 1, S. 255.
[398] wie Anm. 215, Verh. d. österr. R., Bd. 4, S. 88.
[399] wie Anm. 251, HÜBNER, S. 288.
[400] wie Anm. 202, S. 94,
[401] wie Anm. 18, S. 248, zit. von HÖBELT aus Briefen JOHANNS.
[402] wie Anm. 222, WIGARD, Bd. 4, S. 2717.
[403] wie Anm. 65, S. 304.
[404] wie Anm. 225, Bd. 1, S. 384.
[405] wie Anm. 222, WIGARD, Bd. 6, S. 4233 f.
[406] Nach dem Abdruck des Protokolls im Auszug bei: Eduard HELLER, *Fürst Felix Schwarzenberg. Mitteleuropas Vorkämpfer*, Wien 1933, S. 230.
[407] wie Anm. 183, S. 171; wie Anm. 225, Bd. 1, S. 397; wie Anm. 251, HELFERT, Bd. 4,1, S. 88.
[408] Brief SCHWARZENBERGS an Graf BUOL vom 31. 12. 1848, abgedruckt bei: Anm. 251, HELFERT, Bd. 4,1, Anhang S. 9.
[409] wie Anm. 225, Bd. 1, S. 396.
[410] Zu den Verhandlungen vgl.: Anm. 225, Bd. 1, S. 398 ff., u. Felix RACHFAHL, *Die deutsche Politik Friedrich Wilhelms IV. im Winter 1848/ 1849*, München–Leipzig 1919.
[411] Golo MANN, *Politische Entwicklung Europas und Amerikas 1815–1871*, S. 473, in: Anm. 11.
[412] wie Anm. 222, WIGARD, Bd. 7, S. 5437 ff.
[413] Abdruck bei: Anm. 251, HELFERT, Bd. 4,3, S. 82.
[414] wie Anm. 222, WIGARD, Bd. 7, S. 5149 ff.
[415] wie Anm. 215, Verh. d. österr. R., Bd. 5, S. 169 f.
[416] wie Anm. 222, WIGARD, Bd. 8, S. 5707 f.
[417] wie Anm. 215, Verh. d. österr. R., Bd. 5, S. 221 ff.; wie Anm. 168, PALACKY, S. 184 ff.
[418] wie Anm. 251, HELFERT, Bd. 4,3, S. 263.
[419] wie Anm. 168, PALACKY, S. 155.
[420] wie Anm. 230, Bd. 2, S. 256.
[421] wie Anm. 215, Verh. d. österr. R., Bd. 5, S. 318; wie Anm. 185, S. 269.
[422] wie Anm. 238, Bd. 2, S. 139.
[423] wie Anm. 215, Verh. d. österr. R., Bd. 5, S. 170.
[424] wie Anm. 215, Verh. d. österr. R., Bd. 5, S. 335.
[425] wie Anm. 185, S. 236.
[426] wie Anm. 215, Verh. d. österr. R., Bd. 5, S. 378 f.
[427] Slawischer Nationalverein.
[428] wie Anm. 185, S. 270.
[429] wie Anm. 203, Bd. 3, S. 247 ff.
[420] wie Anm. 198, KISZLING, Bd. 2, S. 122 u. 124.
[431] wie Anm. 183, Bd. 1, S. 134.
[432] wie Anm. 215, Verh. d. österr. R., Bd. 5, S. 429; wie Anm. 198, SCHNEIDER, S. 109 ff.
[433] Ungarn.
[424] Kremsierer Verfassungsentwurf, http://www.verfassungen.de/at/at.htm Quellen: FISCHER/SILVESTRI, *Texte zur österreichischen Verfassungs-Geschichte*, Geyer-Edition 1970 © 28. Dezember 2001
[435] Reichsverfassung für das Kaisertum Österreich, http://www.verfassungen.de/at/at.htm Quellen: W. ALTMANN, *Ausgewählte Urkunden zur deutschen Verfassungsgeschichte seit 1806*, R.Gaertners Verlagsbuchhandlung, Berlin, FISCHER/SILVESTRI, *Texte zur österreichischen Verfassungs-Geschichte*, Geyer-Edition 1970 © 29. Dezember 2001–3. Januar 2004.
[436] wie Anm. 85, S. 260.
[437] wie Anm. 65, S. 306.
[438] wie Anm. 85, S. 263.
[439] »Die Verfassung des Deutschen Reiches vom 28. März 1849«, zit. aus: Anm. 17 (Quellen ..., Bd.1), S. 241 ff.
[440] wie Anm. 82, S. 138.
[441] »Das Frankfurter Reichswahlgesetz vom 27. März 1849«, in: Anm. 17 (Quellen ..., Bd.1), S. 265 ff.
[442] rbbonline P Preussen Chronik eines deutschen Staates: http://www.preussen-chronik.de/_/ereignis_jsp/key=chronologie_006420,html 29. 8. 2008
[443] wie Anm. 82, S. 266.
[444] Vgl. Anm. 82, S. 266 ff.
[445] wie Anm. 85, S. 279 f.
[446] wie Anm. 82, S. 272.
[447] wie Anm. 65, S. 316.
[448] »Das Dreiklassenwahlrecht vom 30. Mai 1849«, in: Anm. 17 (Quellen ..., Bd.1) , S. 223 ff.

[449] »Verfassungsurkunde für den Preußischen Staat vom 31. Januar 1850«, in: Anm. 17 (Quellen ..., Bd. 1), S. 209 ff.

[450] Mit dem Entwurf vom 26. Mai 1849 waren die in einem Dreikönigsbündnis zwischen Preußen, Sachsen und Hannover getroffenen Vereinbarungen gemeint.

[451] Vgl. Peter STEINHOFF, *Preußen und die deutsche Frage 1848'1850,* Diss., Münster/ Westf. 1999, Hg.: dissertation.de – Verlag im Internet GmbH.

[452] wie Anm. 82, S. 274.

[453] »Die Erfurter Unionsverfassung«, in: Anm. 17 (Quellen ..., Bd. 1), S. 269 ff.

[454] wie Anm. 77, S. 29.

[455] »§ 143 der Verfassung Kurhessens von 1831«, in: Anm. 17 (Quellen ..., Bd. 1), S. 166.

[456] »Die Olmützer Punktation vom 29. November 1850«, in: Anm. 17 (Quellen ..., Bd. 1), S. 279 ff.

[457] Walter BUSSMANN, *Das Zeitalter Bismarcks*, S. 48, in: Otto BRANDT u. Leo JUST, *Handbuch der Deutschen Geschichte,* Bd. 3, 2, Akademische Verlagsgesellschaft Athenaion, Konstanz.

[458] Ludwig BAUER, 1859. Entnommen: http://ingeb.org/Lieder/odeutsch.html

[459] »Die Reformakte des Frankfurter Fürstentags vom 1. September 1863«, in: Anm. 17 (Quellen ..., Bd. 1), S. 281 ff.

[460] »Wiener Schlußakte vom 15. Mai 1820«, in: Anm. 17 (Quellen ..., Bd. 1), S. 32.

[461] Lothar GALL, *Bismarck. Der weiße Revolutionär,* Propyläen, Berlin 1980, S. 289.

[462] Ernst ENGELBERG, *Bismarck. Urpreuße und Reichsgründer,* Siedler, Berlin, S. 542.

[453] Otto Fürst VON BISMARCK, *Gedanken und Erinnerungen,* Volks-Ausgabe, 1. Bd., J. G. Cotta'sche Buchhandlung Nachfolger, Stuttgart–Berlin 1905, S. 369.

[464] »Der Wiener Frieden zwischen Oesterreich und Preußen einerseits, Dänemark andererseits, vom 30. Oktober 1864«, in: Anm. 17 (Quellen ..., B. 1), S. 294.

[465] wie Anm. 463, S. 25 f.

[466] »Die Konvention von Gastein zwischen Oesterreich und Preußen vom 14. August 1865«, in: Anm. 17 (Quellen ..., Bd. 1), S. 294 ff.

[467] »Instruktion der Preußischen Regierung gegenüber ihren Gesandten bei den deutschen Regierungen vom 24. März 1866«, in: Anm. 17 (Quellen ..., Bd. 1), S. 298 f.

[468] »Erklärung des preußischen Gesandten von Savigny am Bundestage in der Sitzung vom 9. April 1866«, in: Anm. 17 (Quellen ..., Bd. 1), S. 299.

[469] »Die preußischen Reformvorschläge«, in: Anm. 17 (Quellen ..., Bd. 1), S. 299 f.

[470] wie Anm. 462, S. 576.

[471] wie Anm. 462, S. 580 f.

[472] »Anrufung des Deutschen Bundes durch Österrreich«, in: Anm. 17 (Quellen ..., Bd. 1), S. 300 f.

[473] »Die preußische Entgegnung«, in: Anm. 17 (Quellen ..., Bd. 1), S. 301.

[474] »Instruktion Bismarcks an den Wiener Gesandten Freiherrn von Werther vom 3. Juni 1866«, in: Anm. 17 (Quellen ..., Bd. 1), S. 301 f.

[475] »Oesterreichs Antrag auf Mobilisierung des Bundesheeres gegen Preußen«, in: Anm. 17 (Quellen ... , Bd.1), S. 302 ff.

[476] »Beschluß der Bundesversammlung vom 14. Juni 1866«, in: Anm. 17 (Quellen ..., Bd. 1), S. 304 f.

[477] »Preußens Rücktritt vom Bundesvertrag vom 14. Juni 1866«, in: Anm. 17 (Quellen ..., Bd. 1), S. 305 f.

[478] »Preußischer Entwurf zur Bundesreform vom 10. Juni 1866«, in: Anm. 17 (Quellen ..., Bd. 1), S. 306 ff.

[479] Siehe Anm. 463, 2. Bd., S. 55 f.

[480] »Friedensvertrag von Prag zwischen Preußen und Oesterreich vom 23. August 1866«, in: Anm. 17 (Quellen ..., Bd. 1), S. 312 ff.

[481] »Annexion von Hannover, Kurhessen, Nassau und Frankfurt«, in: Anm. 17 (Quellen ..., Bd. 1), S. 310 f.

[482] »Geheimes Bündnis zwischen Preußen und Bayern vom 22. August 1866«, in: Anm. 17 (Quellen ..., Bd. 1), S. 310.

[483] »Der Bündnisvertrag vom 18. August 1866«, in: Anm. 17 (Quellen ..., Bd. 1), S. 316 f.

[484] »Das Indemnitätsgesetz vom 14. Dezember 1866«, in: Anm. 17 (Quellen ..., Bd. 1), S. 315.

[485] »Verfassung des Norddeutschen Bundes vom 16. April 1867«, in: Anm. 17 (Quellen ..., Bd. 1), S. 317 ff.

[486] »Gesetz über die Freizügigkeit vom 1. November 1867«, in: Anm. 17 (Quellen …, Bd. 1), S. 332 ff.

[487] »Wahlgesetz für den Reichstag des Norddeutschen Bundes vom 31. Mai 1869«, in: Anm. 17 (Quellen …, Bd. 1), S. 335 ff.

[488] »Gesetz über die Erwerbung und den Verlust der Bundes- und Staatsangehörigkeit vom 1. Juni 1879«, in: Anm. 17 (Quellen …, Bd. 1), S. 337 ff.

[489] Siehe Anm. 77, S. 49.

[490] »Die Novemberverträge 1870«, in: Anm. 17 (Quellen …, Bd. 1), S. 342.

[491] »Gesetz bereffend die Verfassung des Deutschen Reiches vom 16. April 1871«, in: Anm. 17 (Quellen …, Bd. 1), S. 344 ff.

[492] Siehe Anm. 65, S. 485.

[493] Dazu ausführlich: Helmut Scharf, *Kleine Kunstgeschichte des deutschen Denkmals*, Wiss. Buchgesellschaft, Darmstadt 1984.

Benutzte Quellen

(in alphabetischer Reihenfolge der fettgedruckten Namen bzw. Hauptstichworte)

Ablehnung der Kaiserkrone durch Friedrich Wilhelm IV.: rbbonline P Preussen Chronik eines deutschen Staates: http://www.preussen-chronik.de/_/ereignis_jsp/key=chronologie_006420,html 29.08.2008

»**Amnestie-Erlaß** Sr. Majestät des Königs von Preußen Friedrich Wilhelm IV. (20. 3. 1848)«, in: documentArchiv.de [Hg.], URL: http://www.documentArchiv.de/nzjh/preussen/1848/friedrich-wilhelmIV-amnestie_ erl.html

»**Antrag Stein**« [Anti-Reaktions-Beschluß der preußischen verfassunggebenden Nationalversammlung] (9. 8. 1848), in: documentArchiv.de [Hg.], URL: http://www.documentArchiv.de/nzjh/preussen/1848/antrag-stein.html

»**Beschluß** der preußischen verfassunggebenden Nationalversammlung über den Vollzug des ›Antrags Stein‹ (7. 9. 1848)«, in: documentArchiv.de [Hg.], URL: http://www.documentArchiv.de/nzjh/preussen/1848/antrag-stein-vollzug_bschl.html

Bismarck, Otto Fürst von, *Gedanken und Erinnerungen*, Volks-Ausgabe, 2 Bde., Herausgeber Horst Kohl, J. G. Cotta'sche Buchhandlung Nachfolger, Stuttgart–Berlin 1905.

Bismarck Gespräche, 2. Bd.: *Von der Reichsgründung bis zur Entlassung*, hg. von Willy Andreas unter Mitwirkung von K. F. Reinking, Schibli-Doppler, Birsfelden-Basel 1980.

Büchner, Georg, *Der hessische Landbote,* in: Georg Büchner, *Werke und Briefe*, dtv, München 1965 (1. Auflage).

»**Denkschrift Sr. Majestät des Königs von Preußen** Friedrich Wilhelm IV. über die preußische Staatsverfassung (15. 9. 1848)«, in: documentArchiv.de [Hg.], URL: http://www.documentArchiv.de/nzjh/preussen/1848/preussische-verfassung_denkschrift.html

»**Entwurf der Verfassungs-Urkunde** für den preußischen Staat durch die Verfassungs-Kommission der preußischen verfassunggebenden Nationalversammlung [›Charte Waldeck‹] (26. 7. 1848)«, in: document-Archiv.de [Hg.], URL: http://www.documentArchiv.de/nzjh/preussen/1848/preussische-charte-waldeck.html

Fischel, Dr. Alfred, *Die Protokolle des Verfassungsausschusses über die Grundrechte. Ein Beitrag zur Geschichte des österreichischen Reichstages vom Jahre 1848,* Wien–Leipzig 1912.

Füster, Anton, *Memoiren vom März 1848 bis Juli 1849.* Beitrag zur Geschichte der Wiener Revolution, 2 Bde., Frankfurt/M. 1850.

»**Gesetz, betreffend die Grundrechte** des deutschen Volks[vom 27. Dezember 1848]«, in: documentArchiv.de [Hg.], URL: http://www.documentArchiv.de/nzjh/1848/grundrechte1848_ges.html

»**Gesetz** zum Schutze der verfassunggebenden Nationalversammlung und der Beamten der provisorischen Centralgewalt [›Reichsverfassungsschutzgesetz‹][vom 10. Oktober 1848]«, in: documentArchiv.de [Hg.], URL: http://www.documentArchiv.de/nzjh/1848/reichsverfassungsschutzgesetz.html

***Goethes** Werke*, Herausgeber Gerhard Frikke, Sonderausgabe der Wissenschaftlichen Buchgemeinschaft e. V. Tübingen, o. J., 8. Bd.: Kampagne in Frankreich 1792 – Auch ich in der Champagne.

»**Gesetzliche Bestimmungen** über den Vereinigten Landtag vom 3. Februar 1847. Patent die ständischen Einrichtungen betreffend vom 3. Februar 1847«. Quellen: Ernst Rudolf Huber, *Dokumente zur deutschen Verfassungsgeschichte*, Bd. 1, Kohlhammer, Stuttgart 2000, in: http://www. verfassungen.de/de/preussen/plandtag47.htm

»**Grundgesetz** des Königreiches Hannover vom 26. September 1833«. Quellen: *Hannoversche Gesetzsammlung 1833*, S. 286 ff. *Reich und Länder, Texte zur deutschen Verfassungsgeschichte*, dtv Wissenschaft (dtv 4443), München 2001.

In: http://www.verfassungen.de/de/nds/hannover33-index.htm

Helfert, Joseph Alexander Freiherr von, *Geschichte Österreichs vom Ausgange des Wiener Oktober-Aufstandes 1848,* 4. Bde., Prag–Leipzig 1869 bis 1886.

Helfert, Joseph Alexander Freiherr von, *Geschichte der österreichischen Revolution im Zusammenhang mit der mitteleuropäischen Bewegung der Jahre 1848–1849,* 2 Bde., Freiburg i. Br.–Wien, 1907 u. 1909.

Helfert, Joseph Alexander Freiherr von, *Aufzeichnungen und Erinnerungen aus jungen Jahren. Im Wiener konstituierenden Reichstag Juli–Oktober 1848,* Wien 1904.

Hübner, Alexander Graf von, *Ein Jahr meines Lebens 1848–1849,* Leipzig 1891.

»**Kampfprogramm** Sr. Majestät des Königs von Preußen Friedrich Wilhelm IV. (11. 9. 1848)«, in: documentArchiv.de [Hrsg.], URL: http://www.documentArchiv.de/nzjh/preussen/1848/friedrich-wilhelmIV-kampfprogramm.html

Kant, Immanuel, *Beantwortung der Frage Was ist Aufklärung*, Georg Westermann, Braunschweig 1948

Klopstocks *Oden und Elegien,* Nach der Ausgabe in vierunddreißig Stücken Darmstadt 1771, Carl Winter Universitätsverlag, Heidelberg 1948.

»**Königlicher Entwurf** eines Verfassungs-Gesetzes für den preußischen Staat (20. 5. 1848)«, in: documentArchiv.de [Hrsg.], URL: http://www.documentArchiv.de/nzjh/preussen/1848/verfassungsgesetz-preussen_entwurf.html

»**Kompromiss-Programm** des preußischen Ministeriums von Pfuel (19. 9. 1848)«, in: documentArchiv.de [Hg.], URL: http://www.documentArchiv.de/nzjh/preussen/1848/ministerium-pfuel_ programm.html

»**Kremsierer Verfassungsentwurf«,** http://www.verfassungen.de/at/at.htm Quellen: FISCHER/SILVESTRI, *Texte zur österreichischen Verfassungs-Geschichte,* Geyer-Edition 1970 © 28. Dezember 2001

Kudlich, Hans, *Rückblicke und Erinnerungen.* 3 Bde., Wien–Pest–Leipzig 1873.

Marx, Karl, u. Friedrich Engels, *Manifest der Kommunistischen Partei,* in: http://www.mlwerke.de/me/me04_459.htm

Marx, Karl, u. Friedrich Engels, *Forderungen der Kommunistischen Partei in Deutschland.* Geschrieben zwischen dem 21. und 29. März 1848. Gedruckt als Flugblatt um den 30. März 1848 in Paris und vor dem 10. September 1848 in Köln. Nach dem Kölner Flugblatt, in. http://www.mlwerke. de/me/me05/me05_003.htm

»**Motive** zum Verfassungs-Entwurf der Verfassungs-Kommission der preußischen verfassunggebenden Nationalversammlung [›Charte Waldeck‹] (26. 7. 1848)«, in: documentArchiv.de [Hrsg.], URL: http://www.documentArchiv.de/nzjh/preussen/1848/preussische-charte- waldeck_motive.html

»**Neue Landschaftsordnung** für das Herzogtum Braunschweig vom 12. October 1832.« Quellen: *Braunschweigsche Ges. und VOSlg,* 1832, S. 191 ff. K. H. L. PÖLITZ, *Die europäischen Verfassungen seit dem Jahre 1789 bis auf die neueste Zeit*, Erster Band Zweite Abt., 1832 F.A. Brockhaus © 5. August 2001–15. April 2004 Quellen: *Braunschweigsche Ges. und VOSlg.*, 1832, S. 191 ff., in: http://www.verfassungen.de/de/nds/braunschweig32-index.htm

Palacky, Franz, *Gedenkblätter. Auswahl von Denkschriften, Aufsätzen und Briefen aus den letzten fünfzig Jahren,* Prag 1874.

»**Patent,** die Verfassung der allgemeinen Ständeversammlung des Königreichs Hannover betreffend vom 7. Dezember 1819«. Quellen: *Hannoversche Gesetzsammlung,* 1819, S. 135 ff. *Reich und Länder, Texte zur deutschen Verfassungsgeschichte,* dtv Wissenschaft (dtv 4443), München 2001. In: http://www.verfassungen.de/de/nds/hannover19.htm

»**Patent Sr. Majestät der Königs von Preußen** Friedrich Wilhelm IV., wegen Einberufung des preußischen Vereinigten Landtages (14. 3. 1848)«, in: documentArchiv.de [Hg.], URL: http://www.document Archiv.de/nzjh/preussen/1848/vereinigter-landtag-einberuf_patent.html

»**Patent Sr. Majestät des Königs von Preußen** Friedrich Wilhelm IV., wegen beschleunigter Einberufung des preußischen Vereinigten Landtages (18. 3. 1848)«, in: documentArchiv.de [Hg.], URL:

http://www.documentArchiv.de/nzjh/preussen/1848/vereinigter-landtag einberuf_patent02.html -

Pillersdorf, Franz Freiherr von, *Rückblicke auf die politische Bewegung in Österreich in den Jahren 1848 und 1849*, Wien ²1849

»**Pillersdorfsche Verfassung** vom 25. April 1848«, in: http://www.verfassungen.de/at/verfassung48-i.htm

»**Proklamation Sr. Majestät des Königs von Preußen** Friedrich Wilhelm IV. ›An Meine lieben Berliner‹ (18./19. 3. 1848)«, in: documentArchiv.de [Hg.], URL: http://www.documentArchiv.de/nzjh/preussen/1848/friedrich-wilhelmIV-liebe-berliner_prkla.html

»**Proklamation Sr. Majestät des Königs von Preußen** Friedrich Wilhelm IV. ›An mein Volk und die deutsche Nation‹ (21. 3. 1848)«, in: documentArchiv.de [Hg.], URL: http://www.documentArchiv.de/nzjh/preussen/1848/friedrich-wilhelmIV-volk-dt-nation_prkla.html

Protokolle des Verfassungsausschusses im österreichischen Reichstage 1848/49, herausgegeben und eingeleitet von Anton SPRINGER, Leipzig 1885.

Quellen zum Staatsrecht der Neuzeit, Bd.1. *Deutsches Verfassungsrecht im Zeitalter des Konstitutionalismus (1806–1918)*, Dr. M. Mathiesen & Co. KG. Tübingen 1949.

»**Reichsgesetz** über die Einführung einer provisorischen Zentralgewalt für Deutschland vom 28. Juni 1848«, Quellen: *Reichsgesetzblatt* 1848, S. 3; Ernst Rudolf HUBER, *Dokumente zur deutschen Verfassungsgeschichte*, Bd. 1, Kohlhammer, Stuttgart 2000, in: http://www.verfassungen.de/de/de06-66/provzentralg48.htm

Reichstagsgalerie. *Geschriebene Porträts der hervorragendsten Deputierten des ersten österreichischen Reichstages.* Erstes Heft, Wien 1848.

»**Reichsverfassung für das Kaisertum Österreich**«. http://www.verfassungen.de/at/at.htm Quellen: W. ALTMANN, *Ausgewählte Urkunden zur deutschen Verfassungsgeschichte seit 1806*, R. Gaertners, Berlin 1898, Verlagsbuchhandlung FISCHER/SILVESTRI, *Texte zur österreichischen Verfassungs-Geschichte*, Geyer-Edition, Wien 1970 © 29. Dezember 2001–3. Januar 2004.

Schauenburgs *allgemeines Deutsches Kommersbuch.* Unter musikalischer Redaktion von Fr. SILCHER und Fr. ERK. Zweiundvierzigste Auflage. Druck und Verlag von Moritz Schauenburg, Lahr o. J.

Schneider, Dr. Karl, *Der Reichstag von Kremsier*, Leipzig–Prag–Wien 1917, S. 14, in: *Aus Österreichs Vergangenheit. Quellenbücher zur österreichischen Geschichte*, herausgegeben von Dr. Karl SCHNEIDER (Nr. 2) = 4. Reihe des Gesamtwerkes: Österreichs Ruhmeshalle, herausgegeben von A. HERGET.

»**Schreiben** des preußischen Staatsministeriums von Auerswald an den Präsidenten der preußischen verfassunggebenden Nationalversammlung Grabow betreffend die Annahme des ›Antrags Stein‹ durch die Nationalversammlung (2. 9.1848)«, in: document Archiv.de [Hrsg.], URL: http://www.documentArchiv.de/nzjh/preussen/1848/antrag-stein-staatsministerium_schr.html

Schuselka, Franz, *Deutsche Fahrten*, 2 Bde., Wien 1849

Schuselka, Franz, D*as Revolutionsjahr März 1848–März 1849.* Zweite Auflage des II. Bandes der *deutschen Fahrten*,. Wien 1850.

Springer, Anton, *Aus meinem Leben*, Berlin 1892.

Stenographische Berichte über die Verhandlungen der deutschen konstituierenden Nationalversammlung *zu Frankfurt am Main*, herausgegeben von Franz WIGARD, 9 Bde., Frankfurt/M. 1848/50.

Traub, Hugo, »Die Reichstagspermanenz im Oktober 1848«, in: *Mitteilungen des Instituts für österreichische Geschichtsforschung*, 36. Bd., Innsbruck 1915.

Töchter-Album. *Unterhaltungen im Häuslichen Kreise zur Bildung des Verstandes und Gemütes der heranwachsenden weiblichen Jugend.* Unter Mitwirkung von..., herausgegeben von Thekla VON GUMPERT, XLI. Jg., Carl Flemming, Glogau.

Mein ***Vaterland.*** Ein deutsches Lesebuch für die Quinta höherer Lehranstalten. Herausgegeben von Dr. Franz EWALD und Dr. Stephan HEIB, ges. Ausgabe für Westdeutschland. Vierte und fünfte Auflage, Ferdinand Schöningh, Paderborn.

»**Verfassungs-Urkunde** für das Großherzogtum Hessen vom 17. Dezember 1820, in: documentArchiv.de [Hrsg.], http://www.documentArchiv.de/nzjh/verfhessen.html

»**Verhandlungen des österreichischen Reichstages** nach der stenographischen Aufnahme«, 5 Bde., Wien 1848/49.

»**Verordnung** über die zu bildende Repräsentation des Volks. Vom 22sten Mai 1815«. Quelle: Gesetz-Sammlung für die Königlichen Preußischen Staaten 1815, Nr. 1–15. Berlin o. J., S. 103 f., in: http://www.lwl.org/LWL/Kultur/Aufbruch/popups/politik/verfassung/verfassung/verfassungsversprechen_1815/index2_html

Violand, Franz, *Enthüllungen aus Österreichs jüngster Vergangenheit. Von einem Mitgliede der Linken des aufgelösten österreichischen Reichstages,* Hamburg 1849 (anonym erschienen).

Walter, Friedrich, »Der permanente Ausschuß des östereichischen Reichstages 6.–31. Oktober 1848. Ein Beitrag zur Geschichte der Oktoberrevolution«, in: *Mitteilungen des Vereins für Geschichte der Stadt Wien,* Bd. V.

Wirth, Johann Georg, *Das Nationalfest der Deutschen zu Hambach,* Neustadt a. H. 1832 <Nachdruck Neustadt 1981>, S. 31. In: http://www.demokratiegeschichte.eu/fileadmin/user_upload/Material/Rede_Siebenpfeiffer.pdf

Verwendete Fachliteratur

BACH, Ernst, *Der Reichsfreiherr vom Stein. Kleine Biographie eines großen Deutschen*, W. Kohlhammer, Stuttgart 1957.

BOOCKMANN, Hartmut, *Deutsche Geschichte im Osten Europas: Ostpreußen und Westpreußen*, Siedler, Berlin 2002.

BUCHNER, Rudolf, *Deutsche Geschichte im europäischen Rahmen*, Wiss. Buchgesellschaft, Darmstadt 1975.

BURGDORF, Wolfgang, »Wendepunkt deutscher Geschichte. Das Reichsende 1806 und seine Wahrnehmung durch die Zeitgenossen«, in: *Heiliges Römisches Reich Deutscher Nation 962 bis 1806. Altes Reich und neue Staaten 1495 bis 1806*. Essays. 29. Ausstellung des Europarates in Berlin und Magdeburg. Im Auftrag des Deutschen Historischen Museums. Herausgegeben von Heinz SCHILLING, Werner HEUN und Jutta GÖTZMANN, Sandstein Verlag, Dresden.

BUSSMANN, Walter, »Das Zeitalter Bismarcks«, in: Bd. 3, 2. Teil des v. Otto BRANDT begr. u. v. Leo JUST u. a. fortgef. *Handbuchs der Deutschen Geschichte*, Akademische Verlagsgesellschaft Athenaion, Konstanz.

DIWALD, Hellmut, *Geschichte der Deutschen*, Propyläen, Berlin 1978.

DOERING-MANTEUFFEL, Anselm, *Die deutsche Frage und das europäische Staatensystem 1815–1871*, R. Oldenbourg, München [2]2001.

Enzyklopädie deutscher Geschichte, herausgegeben von Lothar GALL.

ENGELBERG, Ernst, *Bismarck. Urpreuße und Reichsgründer*, Siedler, wo?? wann??.

ERDMANN, Karl, »Drei Staaten – zwei Nationen – ein Volk? Überlegungen zu einer deutschen Geschichte seit der Teilung, in: *Geschichte in Wissenschaft und Unterricht*, Heft 10/1985.

FABER, Karl Georg, »Deutsche Geschichte im 19. Jahrhundert. Restauration und Revolution. Von 1815 bis 1851«, in: Bd. 3/I, 2. Teil, des v. Otto BRANDT begr. u. v. Leo JUST u. a. fortgef. *Handbuchs der Deutschen Geschichte*, Akademische Verlagsgesellschaft Athenaion, Wiesbaden 1979.

FALCKENBERG, Richard, *Geschichte der neueren Philosophie von Nikolaus von Kues bis zur Gegenwart*, Veit & Comp., Leipzig [6]1908.

FRIEDJUNG, Heinrich, *Österreich von 1848 bis 1860*, 1. Bd., Stuttgart–Berlin 1908.

GALL, Lothar, *Bismarck. Der weiße Revolutionär*, Propyläen, Berlin 1980.

GEBHARDT, Bruno, *Handbuch der deutschen Geschichte*, achte, völlig neu bearbeitete Auflage herausgegeben von Herbert GRUNDMANN. Bd. 4: ERDMANN, Karl Dietrich, *Die beiden Weltkriege*, Union Verlag, Stuttgart 1959.

GEIST-LANYI, Paula, *Das Nationalitätenproblem auf dem Reichstag zu Kremsier 1848/49*, München 1920.

GURLAND, A. R. L., »Wirtschaft und Gesellschaft im Übergang zum Zeitalter der Industrie«, in: MANN, Golo (Hg.) *Propyläen Weltgeschichte*, achter Band: *Das neunzehnte Jahrhundert*, Propyläen, Berlin–Frankfurt–Wien, o. J.

HELLER, Eduard, *Fürst Felix Schwarzenberg. Mitteleuropas Vorkämpfer*, Wien 1933.

HÖBELT, Lothar, *1848. Österreich und die deutsche Revolution*, Amalthea, München 1998.

HUGELMANN, Karl Gottfried, *Das Nationalitätenrecht des alten Österreich*, Wien–Leipzig 1934.

KISZLING, Rudolf, *Die Revolution im Kaisertum Österreich 1848/49*, 2 Bde., Wien 1948.

LADES, Hans, *Die Tschechen und die deutsche Frage*, Diss., Erlangen 1938.

LANGEWIESCHE, Dieter (Hg.), *Die deutsche Revolution von 1848/49*, Wissenschaftliche Buchgesellschaft, Darmstadt 1983.

LUTZ, Heinrich, *Zwischen Habsburg und Preußen. Deutschland 1815–1866*, Siedler, Berlin 1985

MANN, Golo, *Politische Entwicklung Europas und Amerikas 1815–1871*, in: MANN, Golo (Hg.), *Propyläen Weltgeschichte*, achter Band: *Das neunzehnte Jahrhundert*, Propyläen, Berlin–Frankfurt–Wien, o. J. Pen-Verlag bei Ullstein. Berlin.Frankfurt.Wien, o. J.

MARTINI, Fritz, *Deutsche Literaturgeschichte*, Kröner, Stuttgart [2]1950.

MOLISCH, Paul, »Die politischen Ideen im ersten österreichischen Reichstag«, in: *Nachrichtenblatt des Vereins für Geschichte der Stadt Wien*, 1. (56.) Jg., Nr. 2.

MÜSEBECK, Ernst, *Anton Springer als nationaler Politiker des deutschen Liberalismus.* I. Teil: Anton Springer und das deutsch-österreichische Problem, in: HAUPT, Harmann, u. Paul WENTZK (Hg.) *Quellen und Darstellungen zu Geschichte der Burschenschaft und der deutschen Einheitsbewegung,* Bd. 13, Heidelberg 1932.

NÜRNBERGER, Richard, »Das Zeitalter der Französischen Revolution und Napoleons«, in: MANN, Golo (Hg.), *Propyläen Weltgeschichte,* achter Band: *Das neunzehnte Jahrhundert,* Propyläen, Berlin–Frankfurt–Wien, o. J.

PRESSER, Jacques, *Napoleon. Das Leben und die Legende,* Manesse, Zürich o. J.

PRINZ, Friedrich, *Deutsche Geschichte im Osten Europas: Böhmen und Mähren,* Siedler, Berlin 2002.

PUSCHNER, Uwe, »Reichsromantik. Erinnerungen an das Alte Reich zwischen den Freiheitskriegen von 1813/14 und den Revolutionen von 1848/49«, in: *Heiliges Römisches Reich Deutscher Nation 962 bis 1806. Altes Reich und neue Staaten 1495 bis 1806.* Essays. 29. Ausstellung des Europarates in Berlin und Magdeburg. Im Auftrag des Deutschen Historischen Museums. Herausgegeben von Heinz SCHILLING, Werner HEUN und Jutta GÖTZMANN, Sandstein Verlag, Dresden.

RACHFAHL, Felix, *Die deutsche Politik Friedrich Wilhelms IV. im Winter 1848/1849,* München–Leipzig 1919.

RÁDL, Dr. Emanuel, *Der Kampf zwischen Tschechen und Deutschen,* Reichenberg (Böhmen) 1928.

RAPPAPORT, Jakob, »Die nationale Frage im Kremsierer Verfassungsentwurf«, in: *Nation und Staat,* deutsche Zeitschrift für das europäische Minoritätenproblem, 5. Jg., Heft 10/11. Juli–August 1932.

RAUMER, Kurt von, u. Manfred BOTZENHART, : »Deutschland um 1800 – Krise und Neugestaltung 1789–1815«, S. 3 ff., in: Bd. 3/1a des v. Otto BRANDT begr. u. v. Leo JUST u. a. fortgef. *Handbuchs der Deutschen Geschichte,* Akademische Verlagsgesellschaft Athenaion, Wiesbaden 1980.

REINÖHL, Fritz von, »Die Frage der deutschen Einheit und der Wien-Kremsierer Reichstag«, in: *Gesamtdeutsche Vergangenheit.* Festgabe für Heinrich Ritter VON SRBIK zum 60. Geburtstag am 10. November 1938.

REDLICH, Josef, *Das österreichische. Staats- und Reichsproblem.* Geschichtliche Darstellung der inneren Politik der habsburgischen Monarchie von 1848 bis zum Untergang des Reiches. 1. Bd.: *Der dynastische Reichsgedanke und die Entfaltung des Problems bis zur Verkündigung der Reichsverfassung von 1861,* Leipzig 1920.

RESCHAUER, Heinrich, u. Moritz SMETS, *Das Jahr 1848. Geschichte der Wiener Revolution,* 2 Bde., Wien 1872.

SCHARF, Helmut, *Kleine Kunstgeschichte des deutschen Denkmals,* Wissenschaftliche. Buchgesellschaft, Darmstadt 1984.

SCRINZI, Otto, u., Jürgen SCHWAB (Hg.), *1848. Erbe und Auftrag,* Aula, Graz 1998.

SCHÜSSLER, Wilhelm, *Die nationale Politik der österreichischen Abgeordneten im Frankfurter Parlament,* Berlin–Leipzig 1913.

SIEMANN, Wolfram, *1848/49 in Deutschland und Europa. Ereignis – Bewältigung – Erinnerung,* Ferdinand Schöningh, Paderborn–München–Wien–Zürich 2006.

SRBIK, Heinrich Ritter von, *Deutsche Einheit. Idee und Wirklichkeit vom Heiligen Reich bis Königgrätz,* Bd. 1, München 1935.

STADELMANN, Rudolf, »Das Jahr 1848 und die deutsche Geschichte (1948)«, in: LANGEWIESCHE, Dieter (Hg.), *Wege der Forschung,* Bd. CLXIV: *Die deutsche Revolution von 1848/49,* Wissenschaftliche Buchgesellschaft, Darmstadt 1983.

STEINHOFF, Peter, *Preußen und die deutsche Frage 1848–1850,* Diss., Universität Münster/ Westf. 1999. Hg.: dissertation.de – Verlag im Internet GmbH.

STELZMANN, Arnold, *Illustrierte Geschichte der Stadt Köln,* J. P. Bachem, Köln 1958.

TELLE, Hans-Günther, *Das österreichische Problem im Frankfurter Parlament im Sommer und Herbst 1848,* Diss., Marburg 1933.

VALENTIN, Veit, *Geschichte der deutschen Revolution von 1848–49,* 2 Bde., Berlin 1930/31.

Personenverzeichnis

Geschichte besonders aufbereitet!

500 S., Ln., Lexikonformat, ca. 800 Abb. ***€ 19.80*** *(bis zum Erscheinen, Juni 2010, dann € 24.80)*

ISBN 978-3-87847-255-1

Eine besondere Form der Darstellung der Geschichte hat sich Horst Petersen mit seinem in Kürze in unserem Verlag erscheinenden Buch *Das Heilige Römische Reich Deutscher Nation* einfallen lassen. Er hat darin die Geschichte der Deutschen von den Anfängen in der Vorzeit bis zum Ende dieses Heiligen Reiches 1806 dargestellt, als Kaiser Franz II. nach Gründung des Rheinbundes durch die reichsvergessenen Fürsten die ehrwürdige Kaiserkrone niederlegte.

Dabei hat der Verfasser das allgemeine Geschehen, nach Epochen und – für die Kaiserzeit – nach einzelnen Herrschern geordnet, stichwortartig beschrieben. Dazu werden, unterteilt nach außen- und innenpolitischen, wirtschaftlichen, kulturellen und gesellschaftlichen Begebenheiten die wichtigsten Ereignisse der jeweiligen Zeit aufgeführt. Besonders reichhaltig sind für die verschiedenen Abschnitte die kulturellen Neuerungen durch Nennung der wichtigsten zeitgenössischen Werke in Baukunst, Literatur, Musik, Malerei oder Skulptur aufgeführt. Auf die jeweiligen gesellschaftlichen Veränderungen wird ebenfalls hingewiesen. Eine Zeittafel mit genauen Jahreszahlen für die bedeutendsten Vorgänge in den einzelnen Epochen gibt die genaue Einordnung an.

Auf diese Weise ist es möglich, wegen dieser übersichtlichen Anordnung sehr schnell sowohl einzelne Begebenheiten wie auch größere Zusammenhänge zu finden und sie in ihrer Zeit einzuordnen. Das Werk bildet somit in einem sowohl eine politische und gesellschaftliche als auch eine Kunstgeschichte.

Eine Darstellung der Geschichte des Heiligen Römischen Reiches Deutscher Nation, also der Zeit von den Sachsenkaisern bis 1806: ***1000*** *Jahre deutsche Geschichte! Der Autor stellt die Regierungzeit jeden Kaisers vor und die Ereignisse nach festen Rubriken (Innen-, Außenpolitik, Wirtschaft, Gesellschaft, Literatur, Bauwerke, bildende Kunst, Musik, Religion, Kriegswesen usw.). Ein ganz besonderer Text-Bild-Band für jeden Geschichtsinteressierten!*

Grabert-Verlag-Tübingen

Postfach 1629 · 72006 Tübingen
www.grabert-verlag.de